营销大师的顶级智慧　决战商场的制胜宝典

科特勒

营销全书

李洪伟◎编著

北方妇女儿童出版社
·长春·

图书在版编目（CIP）数据

科特勒营销全书/李洪伟编著. —长春：北方妇女儿童出版社，2015.1
ISBN 978－7－5385－8127－0

Ⅰ.①科…　Ⅱ.①李…　Ⅲ.①市场营销学　Ⅳ.①F713.50

中国版本图书馆CIP数据核字（2015）第007459号

科特勒营销全书
KETELE YINGXIAO QUANSHU

出版人　刘　刚
策　划　师晓晖
编　著　李洪伟
责任编辑　王天明
开　本　787mm×1125mm　1/10
印　张　60.8
字　数　850千字
印　刷　北京一鑫印务有限责任公司
版　次　2015年1月第1版
印　次　2015年1月第1次印刷

出　版　北方妇女儿童出版社
发　行　北方妇女儿童出版社
地　址　长春市人民大街4646号
邮　编：130021
电　话　总编办：0431－85644803
发行科：0431－85640624

定　价　78.00元

前言

菲利普·科特勒生于1931年，是现代营销学集大成者，被誉为“现代营销学之父”、“营销界的爱因斯坦”。多年来，科特勒一直致力于营销战略与规划、营销组织、国际市场营销及社会营销的研究，他创造的一些概念，如“反向营销”和“社会营销”等，被人们广泛应用和实践。他的许多著作被译成几十种语言，传播于近60个国家，被世界营销人士视为营销宝典。他的《营销管理》是现代营销学的奠基之作，被誉为市场营销学的“圣经”，是全球最佳的50本商业书籍之一。

科特勒见证了美国经济40年的起伏跌宕和繁荣兴旺史，他的理论深刻地影响了一代又一代美国企业家。尤其是在美国超大型跨国企业的成长中，科特勒做出了巨大的贡献。从1975年到1995年的20年间，科特勒多次获得美国国家级勋章和褒奖，包括“保尔·D. 康弗斯奖”、“斯图尔特·亨特森·布赖特奖”、“营销卓越贡献奖”、“查尔斯·库利奇奖”。此外，他是美国营销协会（AMA）第一届“营销教育者奖”的获得者，也是至今唯一三次获得过《营销杂志》年度最佳论文奖——阿尔法·卡帕·普西奖的得主。

不仅在美国国内，科特勒的营销理论放射出耀眼的光芒，在亚洲地区，特别是在中国，他的思想同样受到了无与伦比的推崇。1986年以来，科特勒多次造访中国，与中国的学者及营销人员亲密接触，共同探讨市场营销在中国的发展。他先后出版《营销管理（亚洲版）》《亚洲新定位》《科特勒看中国与亚洲》等近十种著作，将近百万册，专门针对亚洲市场与中国市场的特性作出了论述，被我国的企业家与学者奉为圭臬，MBA几乎人人都研读过科特勒式的“百科全书”。

因此，无论是从国际化的角度还是本土化的影响来看，科特勒的营销思想都是营销相关人员了解和掌握营销学精髓的不二选择。每一位营销人员，无论你是普通的销售者，还是运筹帷幄的营销管理者，都可以在科特勒的著述中找到你所需要的内容，从而为自身所从事的营销工作找到指导方略。为此，我们编写了《科特勒营销全书》这本书，本书集合了科特勒的《营销管理》《水平营销》等多本著作及一些演讲的思想精华，总结了科特勒几十年的营销经验，集中撷取科特勒所说的主要观点，并进行了生动的阐述。

本书系统解析了科特勒营销理论，内容全面，涵盖营销的所有重要课题，试图帮助企业最高领导层、营销部门及营销人员在短期内快速掌握科特勒营销理论要领、营销艺术及营销的具体操作方法和技巧，从而从整体上提高企业的市场竞争力。通过科特勒渊博的见解，你可以迅速更新你的营销知识和技能，了解到资料库营销、关系营销、高科技营销、全球化营销、网络营销等热门营销理念，从容应对超级竞争、全球化和互联网所带来的新挑战和新机遇。科特勒的许多营销操作和实践已经得到美国电报电话公司、通用电气、福特汽车、杜邦公司、IBM 公司、惠普公司等全球财富 500 强企业的验证和推广。

同时，为了能够帮助广大营销人员更好地理解科特勒的思想，本书本着实用、全面的原则，通过科特勒营销理念的引导，从如何进行市场调研、制定营销策略、进入国际市场、紧跟时代潮流等方面，结合具体的营销经典案例，教给大家全面、具体的营销实战操作方法和技巧，就如同科特勒亲身传授你营销知识一样亲切、自然，能让你迅速领悟它的精髓，从而在市场营销中获得成功。

目录

第 1 篇　理解营销：创造并收获顾客价值

第 2 篇　营销环境：从市场中来，到市场中去

第 3 篇　营销战略与管理：为企业勾勒蓝图

第9篇　定价：征服消费者的价格攻略

第10篇 渠道：构建共赢的价值网络

第11篇　整合营销沟通：对话消费者

第❶篇

理解营销：创造并收获顾客价值

第1章 企业的核心职能在于营销

营销至简：满足别人并获得利润

市场营销是用来辨别并满足人类和社会需要的。对市场营销最简洁的定义，就是“满足别人并获得利润”。当eBay公司意识到人们在当地不能买到最想要的物品时，就发明了网上竞拍业务；当宜家公司意识到人们想购买廉价、质量高的家具时，就创造了可拆卸与组装的家具业务。所有这些都证明：市场营销可以把社会需要和个人需要转变成商机。

——科特勒《营销管理》

什么是市场营销？美国营销协会最新修订的定义如下：“营销是一种组织职能和一套流程，用来对顾客创造、沟通和交付价值，以及以有益于组织及其利益相关者的方式管理顾客关系。”而对许多普通人来说，营销就是销售和广告。而在科特勒看来，营销就是满足别人并获得利润，也就是说，营销就是把价值交付出去，把利润交换回来。

关于营销，有这样一句话：“市场营销的目的就是使推销成为多余。”那么，怎样才能使推销成为多余？很简单，其最关键之处就在于“辨别并满足人类和社会的需要”。市场营销就是要为顾客提供卓越的价值，并以此建立可赢利的顾客关系，也就是科特勒所说的“满足别人并获得利润”。在这一点上，四季酒店是一个很好的例子。

美国名嘴奥普拉·温弗瑞曾经问过好莱坞一线女星朱莉亚·罗伯茨一个有趣的问题：“你最喜欢睡在什么上面？”这位大嘴美女答道：“睡在四季酒店的床上。”她所说的这家四季酒店，是世界性的豪华连锁酒店集团，曾被Travel and Leisure杂志及Zagat指南评为世界最佳酒店集团之一，并获得AAA5颗钻石的评级。

这家酒店之所以能成为世界酒店行业的标杆，能得到众多名人的青睐，最主要的原因就是因为它能让客户得到极致的满足，它的服务堪称尽善尽美。

以上海的四季酒店为例：当它接待美国CNBC（消费者新闻与商业频道）电视台的客户时，酒店会马上与上海专业机构联系，购置解码器，专门给CNBC一行的所有客房加上 CNBC 的频道播放，并精心印制专门的节目单；当它接待百事可乐的客户时，房间就全换上百事公司的产品；当菲利浦公司的客户下榻时，客房里全换上菲利浦公司的照明；当丰田公司的客户前来，床头上会放上注有丰田标牌的模型小汽车；三星电子公司的客户住店，酒店会不惜重金把高级套房其他品牌的等离子电视拆下来，换上最新型号的三星产品。这些待遇不只是对知名企业的大客户，就是对小孩儿，酒店也会一视同仁。当一对夫妇带了一个六岁孩子前来入住时，酒店会马上配上儿童浴袍、儿童拖鞋和气球等小玩具，加床也会符合孩子的身高。可以说，对每一位客户，只要有来客信息，四季酒店都会事先把细节工作做得妥妥帖帖。

四季酒店集团创始人伊萨多·夏普曾说："人们常问我，对四季酒店最初的设想是怎样的。实际上，根本没有设想或任何宏伟的计划。当我在建造我的第一座酒店时，我根本不懂酒店业。我从未想到过这将会变成我一生的事业，我也从未想到过有一天我将建造和管理世界上最大和最负盛名的五星级酒店集团。我从客户的角度开始涉足酒店业。我是主人，客户是我的宾客。在建造和运营酒店时，我这样问自己：客户认为最重要的东西是什么？客户最认同的价值是什么？因为如果我们给予客户最有价值的服务，他们就会毫不犹豫地为他们认为值得的东西掏腰包。这就是我一开始的策略，直到今天仍然如此。"

四季酒店能成为世界最佳酒店集团之一，归根结底，其经验就在于"满足别人并获得利润"。它为客户创造出了最大化的价值，最终也就收获了最大化的回报。

科特勒将一个市场营销过程分成五个步骤：

第一步，理解市场和顾客的需求和欲望；

第二步，设计顾客导向的营销战略；

第三步，构建传递卓越价值的整合营销计划；

第四步，建立赢利性的关系和创造顾客愉悦；

第五步，从顾客处获得价值和利润回报。

企业只有做好前面的四步，才能赢得最后一步，获得以销售额、利润和顾客忠诚为形式的价值回报。可以说，企业的一切市场营销活动都是为了满足顾客的需要，只有满足了顾客的需要，才能得到顾客的肯定和市场的认可。

营销即识别、创造、沟通、交付和监督顾客价值

很久以前我说过："营销不是找到一个精明的办法处理掉你制造的产品，而是创造真正的客户价值的艺术。"营销是为你的客户谋福利的艺术。营销人员的格言是：质量、服务和价值。我们可以把市场营销看作识别、创造、沟通、交付和监督顾客价值的一种过程。

——科特勒《科特勒说》

科特勒将"顾客价值"摆到了一个非常重要的位置，他将营销视为一个识别、创造、沟通、交付和监督顾客价值的过程。与之相似的是，亚马逊的创始人杰夫·贝泽斯也曾说："每件事情的驱动力都是为顾客创造真正的价值，没有这个驱动力就没有一

切。如果你关注顾客所需并与之建立良好关系，他们就会让你赚钱。”价值是市场营销中的一个核心概念，一般来说，顾客会在不同的产品与服务之间做出选择，而选择的基础就是哪一种可以给他们带来最大的价值。成功的企业都有一个共同点，那就是高度重视顾客并努力地去创造顾客价值并使之满意。

宜家公司是瑞典一家著名的家庭装饰用品零售企业，从最初的小型邮购家具公司到现今全球最大的家居用品零售商，宜家的秘诀在于它独有的营销理念——“与顾客一起创造价值”。在这种理念的指导下，宜家公司把自己与顾客之间的买卖关系发展成共同创造价值的关系，你中有我，我中有你，共同组成了一个价值链。

宜家有一个口号——“有价值的低价格”，宜家的创始人英格瓦早年在参加家具展览会时，发现展览会上满目都是豪奢的展品，他想，普通人难道就不能享受最好的家具吗？富人只是少数，给大多数普通人生产家具才会有最大的市场。于是，他决定要将少数人才能享用的奢侈品改造成大众都能接受的产品，以低价格提供高质量的产品。要做到这一点，降低成本就成了不二法门。实际上，降低成本贯穿了宜家产品的整个过程，从产品构思、设计、生产到运输和营销，英格瓦无时不想着“成本”二字。宜家销售的家具价格比竞争对手平均要低30%～50%。

除了为顾客提供有价值的低价格产品，宜家还有一个制胜的法门，那就是“DIY”(do it yourself，意思是“自己动手”)。宜家认为，不论是生产者还是消费者，都有创造价值的能力。问题的关键在于，作为销售商如何为每一个消费者施展能力、创造价值搭建一个舞台。宜家从来不把向顾客提供产品和服务视为一种简单的交易，而是当作一种崭新的劳动分工，即：将一些原来由加工者和零售商所做的工作交给顾客去做，公司方面则专心致志地向顾客提供价格低廉而质量优良的产品。

宜家每年都要印刷几千万份、十多种语言的产品目录。而每份目录同时又是宜家理念的宣传品和指导顾客创造价值的说明书。宜家销售的可随意拆卸、拼装的家具，消费者可以根据自己的爱好进行再创造，比如，宜家负责提供所需的油漆，消费者就可以自己设计家具的颜色。进入宜家的商场，顾客不仅可以无偿使用商场提供的各种设施，还可以得到产品目录、卷尺、铅笔和记录纸，以便在选择家具时使用，可谓“想顾客之所想”。

宜家的商品标签也与众不同，除标有商品的名称、价格外，还有尺寸、材料颜色以及定制、提货的地点。宜家希望顾客能够明白，来这里不仅可以消费，而且可以再创造。在一些家具商津津乐道于现场定制、送货上门的时候，宜家却别出心裁地向顾客提供了无数个自由创新的条件和机会。这正是宜家的高明之处。

因循这些思路，宜家形成了自己特有的风格。在宜家商场，家居用品应有尽有，它把各种商品组合成不同风格的样板间，淋漓尽致地展现每种商品的现场效果，激发人们的灵感和购买欲。而它的服务人员，决不会追在顾客屁股后面做烦人的推销。在宜家，一切贴近顾客，一切鼓励顾客自己去体验。正是这种独特的经营方式使得宜家成为最受顾客欢迎的家居用品零售巨头。

在当下这样一个顾客至上的商业时代，很多企业都在强调“以顾客为中心”、“为顾客创造价值”，但这些，说起来容易，做起来艰难。科特勒曾说，营销是一种通过创造、交付和传播优质的顾客价值来获得顾客、挽留顾客和提升顾客的科学与艺术。通过宜家的经营，我们可以看到，它不但在销售产品和服务，更是在销售一种理念和价值。“与顾客一起创造价值”的经营理念，不仅拉近了宜家与顾客之间的距离，更是激发出了顾客无穷的活力和想象力，这样一种价值甚至远远超出了产品本身给顾客带来的价值。

差的、好的和伟大的营销之间迥然不同

差的、好的和伟大的营销之间迥然不同。“差营销”的公司只想着现有的产品，以及如何把它变得更好。他们是“近视”的，看不到顾客有变化的需求。“好营销”的公司认真观察市场，选择最具赢利性的细分市场来服务、来主导。这种公司贴近顾客和变化的需求。“伟大营销”的公司尽力为顾客想象新的利益，也许是顾客自己永远想象不出的利益。

——科特勒《世界经理人》采访

科特勒提出的“差的”、“好的”和“伟大的”三个营销层次，正体现了三种不同的驱动类型：“差营销”的公司是市场驱动型，他们埋头做出自己的产品，然后再到处去寻找顾客，去拓展市场；而“好营销”的公司则是顾客驱动型，他们不会盲目地去生产产品，而是会首先深入研究市场的情况和顾客的需求，然后选准最适合自己的细分市场去耕耘；而“伟大营销”的公司则是驱动市场型，他们能准确把握住市场趋势，能够为顾客创造出超越期望、超越想象的利益和价值。乔布斯及其领导的苹果公司就是驱动市场型的杰出代表。

“在所有伟大的硅谷创业英雄里，乔布斯是我们无法绕过的一颗最闪亮的明星。道理很简单，没有乔布斯，今天的世界就一定是另一副模样；没有乔布斯，就没有 1977 年的 Apple II、1984 年的 Macintosh，1998 年的 iMac，2001 年的 iPod，2007 年的 iPhone 和 2010 年的 iPad；没有乔布斯，今天我自己可以随时打开 iPad 上微博、玩‘植物大战僵尸’的快乐生活就至少要被推迟 3 年！”这是李开复对乔布斯的一段评价。

在很多公司看来，营销就是满足顾客的需要，顾客想要什么就给他们什么，而乔布斯则说：“那不是我的方式。我们的责任是提前一步搞清楚他们将来想要什么。我记得亨利·福特曾说过——如果我最初问消费者他们想要什么，他们应该是会告诉我，‘要一匹更快的马！’人们不知道想要什么，直到你把它摆在他们面前。正因如此，我从不依靠市场研究。我们的任务是读懂还没落到纸面上的东西。”

乔布斯总是从消费者会有怎样的体验这一点出发，对事物进行思考，他要做的不仅是满足顾客的需要，更是引导甚至是创造顾客的需要。

在开发 Mac 的时候，乔布斯就完全颠覆了当时传统计算机的概念，他称自己受够了“方正、矮胖的电脑”，他拿出一本电话簿，对自己的团队说，这就是 Mac 的最大尺寸，绝对不能再大。他还推出了人们前所未见的“鼠标”，当时有杂志批判说“用鼠标去操作那小小的符号，简直会让人发疯”，但乔布斯就是认定这种设计会成为未来市场的大势所趋。

后来iPod的出现，更是掀起了一场新的消费革命，它已经不仅是一个播放器终端，而是成了一种社会现象。iPod简易到极致的操作面板和独特的设计引发了消费者近乎宗教式的狂热追捧。

再到后来的iPhone，iPhone已经不仅是一部手机，它还是一台便携式电脑，是一台高质量的微型电视机、摄像机、收音机、录音机、照相机，游戏机、导航仪……可看电子书，可发Email。乔布斯的无所不能概念，被它体现得淋漓尽致，基于此，其他手机被其远远地抛在身后。同时，iPhone4做工精良，软件丰富，操作简单，使用携带方便，集合了当今最先进电子信息技术，成了手机的风向标。

乔布斯本人很推崇“冰球大帝”韦恩·格雷茨基的一句名言——“我滑向球将要到达的地方，而不是它已经在的地方。”这与他领导苹果公司的理念是异曲同工的，苹果公司走在了市场趋势的前端，做到了真正的“驱动市场”。

“没有顾客问苹果公司要一个iPhone，因为顾客想象不出在一部手机里可以有这样一整套令人兴奋的功能。苹果是一家驱动市场的公司，赋予有价值的新产品以生命。”这是科特勒对苹果公司的评价。他强调说，驱动市场才是对生活水准的提高，它包含真正的创新，而非鸡毛蒜皮的创新，他希望能涌现出更多驱动市场的公司。

驱动市场型的企业其营销的出发点是市场，注重环境分析、注重市场变化、注重从整体市场中寻找目标市场和客户、关注竞争、关注市场培育、关注行业动态、注重市场份额、注重市场占有和开拓，甚至关注培养和引导需求、引导消费观念。这样的一种视野和高度，能让企业的营销收到更好的效果。

营销不是短期销售行为，而是长期投资行为

营销经常与销售混为一谈。其实销售只是营销的冰山一角。在销售之外，营销还包括了广泛的营销调研、相应产品的研发、产品定价、分销渠道的开辟拓展，以及使市场了解这种产品。营销不是一种短期的销售行为，而是一种长期的投资行为。良好的营销在企业生产产品之前就已经开始了，并在销售完成之后仍然长期存在。

——科特勒《科特勒说》

科特勒指出，与销售相比，营销是范围更广且更具综合性的过程。市场营销的目的就在于深刻地认识和了解顾客，从而使产品和服务完全适合特定顾客的需要，进而实现产品的自我销售。因此，理想的市场营销应该可以自动生成想要购买特定产品或服务的顾客，而剩下的工作就是如何使顾客可以购买到这些产品。科特勒举例说，索尼公司的索尼Play Station 3（PS3）游戏机、苹果公司的iPod Nano数码音乐播放器，这些产品推向市场后，订单滚滚而来，原因就在于，它们都是在从事了大量的市场营销研究基础上才成功地设计出了这些适销对路的产品。

营销和销售之间的区别，简单来说，销售在于一个销字，也就是要把产品售与客户；营销除了销以外，还要营，就是经营，思考如何去进行销售，更多的在于宏观方面。营销活动在产品生产之前就已经开始，在产品销售出去之后依然延续。一个营销人员需要有很多方面的知识和经验，需要策划、管理、制定战略，而销售就是将产品

卖给客户。销售人员一般较少考虑产品的发展，而重点考虑如何将现在的产品售出。可以说，销售的目的是把产品推销给用户以换回金钱，而营销的目的是让用户拿着金钱主动购买企业的产品。

很多企业将营销定义得过于狭隘，认为营销就是促进产品的销售，而这种狭义的营销观导致一些企业的营销行为具有两面性。积极的一面，企业能通过促销等手段快速实现销售，取得利润；消极的一面则表现为急功近利，并因此伤害渠道商和终端客户，造成营销无序、营销资源浪费，甚至会出现伤害品牌等诸多负面的影响。

奉行狭义营销观的企业，往往只遵从于两个“凡是”，凡是有利于销售提升的行为都敢于实施，哪怕需要铤而走险，甚至是旁门左道；凡是不能带来即时销售效果的行为都不予实施。这样一来，企业就可能会放任伤害品牌的营销举措发生，而不关注品牌的未来，在短期利益与长期利益之间毫不犹豫地选择前者。这样的营销行为就像洪水猛兽，最终冲击的是企业自身。

狭义的营销观念会给企业带来三大恶果：一是会陷入价格战泥潭，导致企业无利可图；二是营销缺乏方向和灵魂，导致每一次营销行为都无法形成累积效应，为品牌积累资产；三是与品牌倡导的价值观背道而驰，毁了品牌。

如果将营销等同为销售，那么结果很可能是一场无序的、无效的营销，虽然能获得短期的利润，但并不能持续增长品牌的价值，不能持续有效地积累品牌的资产，甚至为企业埋下隐患，给企业的发展带来难以估量的损失。

市场营销的一个要素是“整合”，也就是将公司现有的各种要素及公司想要达到的目标与市场需求有机结合起来，并密切关注竞争者的情况和可能采取的措施。营销是一种现代经营思想，其核心是以消费者需求为导向，消费者或客户需求什么就生产销售什么，这是一种由外向内的思维方式。营销往往以长远的战略眼光来确定大的方向和目标，以切实有效的战略战术达成中短期目标，在这中间，销售只是起着先锋的作用。

全面意义上的市场营销，不仅限于我们常见的促销、广告和人员销售，它包括了市场调研、市场需求预测、选择目标市场、产品开发、定价、分销、促销及售后服务等一系列活动。良好的营销就是要做好这其中的每一环，尽管有些环节从表面上看，不能给企业带来即时的利润，但最终会显现它们的价值。企业应将营销视为长期的投资行为，而不是短期的销售行为。

营销是企业一切活动的核心

在企业界和公众的意识中，营销被极大地误解了。企业认为营销存在的目的在于支持生产，消除企业的存货。而事实恰恰相反——生产存在的目的是为了销售。企业可以将其生产外包，而造就一个企业的则是营销的创意和产品。生产、采购、研发、融资以及其他所有职能都是为了支持企业在营销上的工作。

——科特勒《科特勒说》

科特勒对很多企业将营销视为“支持生产、消除存货”工具的看法很不认同，他把这个关系倒了过来，即生产并非企业的核心环节，真正造就一个企业的是营销的创意和产品。企业的一切活动都应该为营销服务，都应该支持营销上的工作。企业赢得顾客，创造利润，都必须通过营销来实现。就像一位管理大师曾说的那样："20世纪50年代以后，欧洲经济以惊人的速度和规模得到恢复，日本在世界市场上所取得的经济成就以及因此而形成的日本经济奇迹，根本原因得益于市场营销，得益于欧洲和日本企业把市场营销当作企业的一项核心职能。"

在一些企业里，营销似乎还没有引起管理层足够的重视，它常常被忽略，甚至处在边缘地带，处在角落里，对它的预算一般来讲都是花在广告、促销上的，而没有真正地提升到战略的高度。

科特勒曾说："营销是你想要完全精准地满足顾客需求时，一定要做的功课。而当你良好地完成了这项工作，就不太需要销售了。"他还告诉我们："营销大有学问，好消息是——只要一天就可以理解；坏消息是——要一辈子才能专精。"

在这个动荡不安、竞争激烈而又过剩生产的全球化大环境下，正确的营销知识不会有很大的帮助，我们真正需要的是正确的营销行动。换句话说，就是企业是否把市场营销作为一项核心职能对待，能否把市场营销这一企业核心思想真正地落实。在这方面，耐克的经验很值得借鉴。

关于耐克公司，最有意思的一句形容语就是——"耐克公司从来不生产一双耐克鞋"。有人曾说，在美国俄勒冈州比弗顿市四层楼高的耐克总部里，看不见一双鞋。因为总部的员工们在忙着做两件事：一是建立全球营销网络，二是管理它遍布全球的公司。正是这种独特的经营思路，让耐克用了不到50年的时间，打败了体育用品界的另一大佬阿迪达斯，创造了惊人的销售神话。

众所周知，制造业是一个低利润的行业。耐克的领导者们当然深知这一点。他们明白，生产一双耐克鞋可能只能获得几美分的收益，但凭借其在全球的营销活动，耐克总公司却能从一双鞋上获得几十甚至上百美元的利润。于是，他们果断脱离传统的生产模式，不再投资建工厂、招募工人、组织庞大而复杂的生产部门，而是采用了将生产这一环节外包出去，实行"虚拟化生产"，也就是耐克公司将设计图纸交给生产厂家，让它们严格按图纸式样进行生产，之后由耐克贴牌，并通过公司的行销网络将产品销售出去。外包的对象则从一开始的日本、西欧渐渐转移到韩国、中国台湾地区，进而转移到中国大陆、印尼等地。这些都是世界上劳动力相对低廉的地区。因此同样是生产鞋子，耐克付出的成本却比同类企业低得多。

业务外包的模式彻底将耐克从低端的生产线中解放出来，有了更多的财力、物力、精力投入于营销与设计之中。这大大精简了企业繁冗的机构部门，减少了成本，也让耐克在产品设计上一直走在潮流的前端。而且，当耐克将生产外包给其他国家的时候，也促进了当地的经济发展，增加了当地的就业，因此不仅可以轻松地完成生产计划，还得到许多优惠政策。这种情况比起美国国内多种严格的限制和激烈的竞争环境要好很多。在国外进行生产外包，也让耐克在销售方面起到了推波助澜的作用。特别是在发展中国家，消费潜力巨大，加上政府的优惠政策，使耐克很容易就打入当地市场并形成品牌效应。与此同时，在当地进行生产和销售也让耐克节省了大量的政府进口税。

这种经营模式令耐克品牌的影响力很快蔓延至全球，成为运动品牌中的权威。

宏碁集团创始人施振荣先生曾提出过“微笑曲线”的理论，说的是，在 PC 产业链乃至整个创造业，上游的研究开发与下游的营销服务环节附加值较高，而中间的生产则属于劳动密集型工序，随着标准化作业和竞争加剧，中间环节利润空间最小。这样的两头高、中间低就形成了一个 U 形曲线，看起来就像微笑的嘴唇，故称“微笑曲线”。耐克的成功就是因为牢牢把握住了“微笑曲线”的两个价值制高点：上游的研发设计与下游的营销服务。

试想一下，如果当初耐克按照传统的思维，牢牢抓住中间的生产环节，而将产品设计或市场营销进行外包的话，那么，今天的耐克或许就只是一个生产鞋子和其他体育用品的大型加工厂了。

耐克公司的案例充分说明了科特勒所说的一句话——“企业可以将其生产外包，而造就一个企业的则是营销的创意和产品。”对企业而言，营销不能被忽视，不能被置于边缘地带或角落里，营销不能单纯地等同于广告、促销或销售，它应该被提升到战略的高度。营销不光是一个功能，而应该被看作是整个公司的引擎，是它驱动着所有业务的增长。忽视营销作用的公司必然走不长远，不能从战略角度来看待营销的企业必将不能做强。

第 2 章

大败局：将企业拖入困境的致命营销过失

营销的大敌是“赚了就跑”的短线思维

什么是最糟糕的营销？营销本质上是一种理念，它对于理解、服务和满足客户需要的重要性坚定不移。营销的大敌是“赚了就跑”的销售思维，其目标就是不惜一切代价把产品卖出去，而不是创建长期的客户。诱饵调包的手法、夸张性广告、欺骗性定价等做法都歪曲了大众和企业对于营销的理解。

——科特勒《科特勒说》

科特勒始终认为，营销是创造顾客价值的艺术，企业要想真正做好营销，就要真正认识到理解、服务和满足客户需要的重要性，并坚定不移地去贯彻它。如果企业一门心思求利润，不计手段将产品推销出去，赚了就跑，这样不负责任的做法只会给企业带来一时半会儿的甜头，根本不可能有长远的发展。

我们耳熟能详的一种说法是：“企业是以营利为目的的经济组织。”追求利润确实是企业的一种本能，甚至是义务，但是，企业应以合理的方式去营利，而不能以牺牲客户利益为代价。客户是企业的生存之本，而“赚了就跑”的企业是不可能长久赢得客户的，没有了客户，就等于动摇了自己企业的根本。

2011 年 7 月，央视《每周质量报告》播出了一期《达芬奇天价家具“洋品牌”身份被指造假》的节目，爆出了达芬奇家居在家具质量和产地上均存在欺诈消费者行为。

达芬奇家居可以说是国内最具影响力的家具高端品牌，以价格昂贵著称。一张单人床能卖到 10 多万元，一套沙发能卖到 30 多万。之所以能将这些家具卖到如此高的天价，是因为达芬奇宣称说其销售的家具是 100%意大利生产的“国际超级品牌”，而且使用的原料是没有污染的“天然的高品质原料”。

然而，记者经过深入调查发现，达芬奇公司售卖的所谓意大利卡布丽缇家具，其实是从东莞长丰家具公司秘密订购，生产的家具由深圳港口出港，再从上海港进港回到国内，通过“一日游”的方式，就成了手续齐全的意大利“进口家具”。天价家具并不像其宣称的那样是 100%意大利生产，所用的原料也不是名贵实木“白杨荆棘根”，而是高分子树脂材料、大芯板和密度板。

上海市工商局曾介入调查并发布公告称，初步发现并认定达芬奇家居公司主要有三大问题：一是涉嫌虚假宣传，达芬奇公司在宣传时使用了诸如“最大、顶级品牌、最高”等绝对用语。二是部分家具产品被判定不合格，例如，售价 92800 元的卡布丽缇床头柜，号称是实木，实际上是密度板贴三聚氰胺，背后是多层面板。三是大部分家具产品标志不规范，没有标明产地和材质，按照国家相关规定，应该标明具体使用什么材质。

对此，上海市工商局向达芬奇家居发出行政处罚决定书，没收该公司经销的部分不合格家具产品，并开出了 133.42 万元的罚单。

国内生产的产品“出国一日游”，回来便以天价卖给消费者，这样的做法不仅欺骗了消费者的感情，也极大地损害了企业自身的信誉与品牌。以后企业要想重建在消费者心目中的形象，可以说比登天还难。

短线思维的营销，只会制造“短命”的企业。真正想要做大做强的企业，它不会满足于“赚了就跑”，竭泽而渔；它会沉静下来，用心地经营客户，用心地创造客户价值，着眼于长远的利润和回报。

营销是 4P，绝不能被缩减成 1P

小心 4P 剩下 1P。道戈·霍尔的一项调查显示，有 75%的新产品、服务以及业务会失败。无论市场调查观念更新、产品试验、业务分析、产品开发和试验以及市场调研、开办商业实体等工作的进展如何，这些失败仍然会发生。这是为什么呢？部分原因就在于，当一种新的产品或服务出现时，大部分的营销工作被缩减成一个 P——促销，而不是一套 4P 的工作。

——《营销力——科特勒观点》

科特勒所提及的“4P”指的是传统的 4P 理论，分别是产品、价格、渠道和促销：

产品（Product），从市场营销的角度来看，产品是指能够提供给市场被人们使用和消费并满足人们某种需要的任何东西，包括产品、服务、人员、组织、观念或它们的组合。

价格（Price），是指顾客购买产品时的价格，包括折扣、支付期限等。价格或价格决策，关系到企业的利润、成本补偿以及是否有利于产品销售、促销等问题。

渠道（Place），所谓销售渠道是指商品在从生产企业流转到消费者手上的全过程中所经历的各个环节和推动力量之和。

促销（Promotion），是指公司或机构向目标市场展示自己的产品、服务、形象和理念，说服和提醒他们对公司产品和机构本身信任、支持和注意的任何沟通形式。

4P 理论是营销策略的基础，对企业来说，产品、价格、渠道、促销这四者，哪一个环节都不能疏忽。然而事实却是，很多企业常把 4P 缩减成 1P，也就是过于依赖促销，为了赢得市场、保住市场，以逼近成本价的方式去促销，譬如，大打价格战，或者疯狂地打折、赠送，等等。

从事营销工作的人大都熟悉这样一句话——“没有业绩一切免谈”，正是这样一种过度营销的思维，使得很多企业渐渐地将4P砍成了1P，为了追逐业绩，在促销上不惜投入。事实上，企业的业绩从周期上可分为长期业绩、中期业绩和短期业绩；从表现形式上也可分为显性的定量业绩，如年度销售量、客户开发量、利润达成量等；还有隐性的定性业绩，如客户满意度、员工满意度、品牌知名度等。由此可见，业绩是企业的一个综合平衡发展系统，不能将其定义为单纯意义上的短期销售业绩，否则必然会以偏概全、助长过度促销之风。有的企业只盯着短期的利益，为了获利，不惜用上各种各样的促销方式，甚至挑起恶性竞争，这样的做法只会使得竞争环境恶化、消费潜力枯竭、可持续发展的空间收窄，最终削弱企业的长期发展动力。

当4P变成了1P，企业在短期内的确可能获益良多，但这种过度营销会使得消费群体流行着超前消费、畸形消费等不良消费风气，强化消费者的不良心理预期，从长远来看，无论是对企业自身，还是对整个行业、整个市场，都是极其不利的。

促销是产品成功走向市场的关键性一环，但绝对不是唯一的一环，过度依赖促销只会缩短产品的生命周期。根据木桶理论，各方面因素相互匹配才是关键。如果研发力跟不上营销力，工艺落后导致产品质量不稳，无法满足客户需求，那么无论促销如何卖力，产品在市场上的表现也必然受到制约；如果价格方案不合理，定价过高或过低，也会影响产品的销量；还有渠道，如果没有一个上通下达的渠道，无法保障顾客能方便、快捷、满意地获取产品，那也会造成客户不满和客户流失。

科特勒强调，75%的新产品、服务以及业务之所以会失败，很大一部分原因就在于，大部分的营销工作被缩减成1P——促销，而不是一套4P的工作。一个新产品的成功，不能仅仅依赖于促销，而应该做好4P的每一个细节。

营销不是单兵作战，而是全员战役

市场营销不仅仅是市场营销部门的事，它会影响到顾客体验的方方面面。这就意味着市场营销无处不在——从商店布局、包装设计、产品功能、员工培训、运输物流等所有可能与顾客接触的地方，都与市场营销息息相关；同时，也包括诸如管理创新和业务拓展等各种管理活动。市场营销是如此重要，以至于绝不可能使营销变成只是市场营销部门的事情。

——科特勒《营销管理》

科特勒认为，市场营销职能处于企业职能的核心支配地位。因为企业的主要任务就是创造和保持顾客，而这正是市场营销职能的重任，但同时顾客实际得到的满足程度也受到其他职能部门工作的影响。因此，市场营销职能必须影响或控制其他职能部门，向这些职能部门贯彻以顾客为中心的市场营销思想，才能使顾客得到期望的满足。无论是生产管理、研发管理还是财务管理、人力资源管理，都应服从于市场营销管理，成为市场营销的支持性职能，使之密切配合企业总体战略的发展。

市场营销不是营销这一个部门的事情，而是需要企业所有部门、所有人员共同配合来完成。在这一点上，杰克·韦尔奇在通用电气所推行的“群策群力”和“无边界”的管理模式就是绝佳的典范。

韦尔奇经常把公司比喻成一幢楼房。楼层好比组织的层级，房屋的墙壁则如同公司各职能部门之间的障碍。公司为了获得最佳的经营效果，就必须将这些楼层和墙壁拆除，以便创造各种想法都可自由流动的开放空间。

韦尔奇“群策群力”和“无边界”的管理思想源于克罗顿维尔管理学院的成功实践。每年公司在克罗顿维尔开设三期最高级的管理课程，从 1984 年开始，每一次课程开班韦尔奇都要去与学员们见面。大家在这里感到说话很自由，这种公开而广泛的直接交流让韦尔奇受益匪浅。韦尔奇从不发表演讲，他希望每一个人都能给他以反馈和挑战。

在克罗顿维尔的收获使韦尔奇决心在 GE（美国通用电器公司）推行“群策群力”计划，他要让所有的子公司都创造出这种自由沟通的氛围。他不能让公司的领导组织这些交流会，因为他们认识自己的这些员工，人们很难敞开心扉自由交谈。韦尔奇想出的办法是聘请外面受过训练的专业人员来提供帮助。这些人员多数是大学教授，他们听员工们的谈话不会别有所图，员工们与这些人交谈也会感到放心。

在“群策群力”座谈会上，有大约 40～100 名员工被邀请参加，他们可以自由地谈论对公司的看法，意见整理汇总之后，经理进入会场，他们必须对至少 75%的问题给予“是”或“不是”的明确回答。如果有的问题不能当场回答，那么对该问题的处理也要在约定好的时限内完成。由于员工们能够看到自己的想法迅速地得以实施，他们会更为积极地建言献策。

韦尔奇进一步提出“无边界”的理念，他认为，无边界公司应该将各个职能部门之间的障碍全部消除，营销、工程、生产以及其他部门之间能够自由流通、完全透明。无边界公司还将把外部的围墙推倒，让供应商和用户成为一个单一过程的组成部分。此外，它还要推倒那些不易看见的种族和性别藩篱。

无边界公司将不再仅仅奖励千里马，它还要奖励那些甄别、发现、发展和完善了好主意的伯乐。其结果是鼓励公司的各级领导与他们的团队一起分享荣誉，而不是独占，这将大大改善人与人之间的关系。无边界公司还将向其他公司的好经验、好主意敞开大门，例如从日本学习弹性生产，“每天发现一个更好的办法”这个口号出现在世界各地的 GE 工厂和办公室的墙上。

在随后的几年中，GE 的主营业务增长速度翻了一番，尽管业务种类没有增加，但都注入了新的活力。公司的营业收入从 1995 年的 700 亿美元增长到了 2000 年的 1300 亿美元，营业利润率从 1992 年的 11.5%增长到了 2000 年创纪录的 18.9%。而“群策群力”和“无边界”的新思维方式无疑发挥了极其重要的作用。

韦尔奇的“群策群力”和“无边界”理念，打破了层级与部门的观念，扫除了隔阂与藩篱，不再各自为政，让所有人都能全心投入到那些对企业而言最具建设性的事务中去。

曾任沃尔玛公司首席营销官的卡特·卡斯特说过：“最让我感到惊讶的就是，在我成为首席营销官后我跟除了营销部门之外的其他部门之间的互动与合作越来越多了。

在一开始，我并没有意识到这种关联，后来才知道我必须去了解产品供应、盈亏平衡点和会计等管理活动。”

营销是企业与顾客之间的一道桥梁，它为顾客创造价值并使企业赢利。通常来说，企业都会构建一个专门的营销部门，并由该部分负责创造与交付顾客价值，但正如惠普公司创始人之一的大卫·帕卡德所发现的：市场营销是如此的重要，以至于绝不可能使营销变成只是市场营销这个部门的事情。现在，企业都知道每个员工都会对顾客产生影响，并把顾客视为企业繁荣发展的根基所在。因此，它们开始在关键流程中重视跨部门的团队合作，同时，它们也很重视对新产品创造、顾客获取与挽留以及履行订单等核心业务流程的管理。

当你忽视竞争者的时候，他会悄悄闯入你后院

公司需要更好地界定并监视它的竞争对手。从未考虑过竞争的企业会蓦然发现这些对手已经来到自家后院了。公司不能只关注邻近的竞争对手而忽略远处的竞争对手和破坏性的技术，也不能没有收集和分发竞争情报的系统。公司必须建立竞争情报办公室，关注竞争对手的员工，留心可能影响公司的技术，准备好竞争对手所准备的资源。

——科特勒《营销管理》

科特勒特别强调的一点是，企业不仅要关注眼前直接威胁到自己的竞争对手，更要留意到那些潜在的、远处的竞争对手，还有那些破坏性的技术，它们与眼前的竞争对手相比，更具有隐蔽性，也更具有杀伤力。企业如果忽视了这些潜在的对手和破坏性的技术，那么，有朝一日，它们会悄无声息地出现在后院里，给企业以致命的打击。

施乐与佳能在复印机行业的鏖战就是一个值得深思的案例。

施乐公司曾经是美国企业界的骄傲。在复印机随处可见的今天，人们不容易理解施乐向市场推出复印机时所引起的轰动。但在20世纪50年代，用得最多的是一种叫蓝图的复印技术，用它复印出来的东西味道极重，而且湿乎乎的，就像洗相片一样。在这个时候，施乐发明了静电复印机——迅速、洁净而清晰，可以直接使用普通纸。这几乎就是复印机行业的一大革命。施乐当时推出的最著名的复印机，因为使用的纸张尺寸为9×14英寸，所以命名为914复印机。914复印机简直就是施乐公司会生金蛋的鸡，为公司赢来了滚滚财富。靠它，施乐公司1968年的收入突破了10亿美元。20世纪60年代，这么多钱对于一家公司来说，简直就是花不完的。施乐的成功使得当时的人们一想起复印机一定想起施乐这一品牌。施乐成了复印机行业的老大和代名词。

为了保护自己，为了让专利壁垒尽可能无法逾越，施乐先后为其研发的复印机申请了500多项专利，几乎囊括了复印机的全部部件和所有关键技术环节。当这个庞大的技术壁垒完成以后，施乐认为可以高枕无忧了。可惜，以后的事实表明，这个壁垒并不能阻止后来者。美国这类产品的专利有效期为十年，在这段时间里，佳能开始了对施乐的深入研究，它试图从施乐产品那些不能满足人们需要的地方入手，需要没有得到满足，就意味着机会。佳能遍访施乐的用户，了解他们对现有产品不满意的地方，

同时走访没有买过施乐复印机的企业，寻找没有买的原因。最后发现这样几点：

第一，施乐复印机是大型的，当时叫集中复印，一个有钱的大企业也最多能买得起一台，因为施乐产品要几十万、上百万元一台，速度和性能非常好，但价格太高，不是每个企业或企业的部门都能消费得起的。

第二，施乐的复印机非常庞大，一个公司假如说是十层楼，一台复印机放在任何一个地方，所有人哪怕复印一张纸也要跑到那里去，不方便。

第三，如果某人要复印一些保密的东西，他不愿意把文件交给专门管复印的人，因为复印机的保密性不好。

针对这几点，佳能提出了解决方案：

第一，设计一个小型复印机，把造价降低到十分之一、十二分之一。

第二，将复印机做成像傻瓜相机一样，简单易用，轻巧便携，不用专人使用。

第三，力求简单、便宜，让每个办公室都可以拥有一台，老板房间可以自己用一台，解决保密问题。

这三个问题都解决了，是不是就可以打倒施乐了？不是！施乐是当时复印机行业的巨无霸，即使佳能能将这种复印机生产出来，施乐只要一反击，佳能很可能就会吃不消，毕竟那时候施乐誉满天下，而佳能还只是一个不太知名的小品牌。

那么怎么办呢？佳能想到了协同竞争，它找其他的日本厂商，如东芝、美能达、理光等。佳能把自己造出来的产品拿给这些企业看，提出联合生产这种复印机。佳能设计了一个其他人难以拒绝的合作方案。如果其他企业从佳能这里购买生产许可，相比于他们自己从头研究开发，投产时间要快一年多，而开发费用只需十分之一。

经过佳能的努力，十来家日本企业结成了一个联盟。这些企业都从佳能那里购买生产许可证，同时针对施乐的“集中复印”，推广“分散复印”概念，大举向小型化复印机市场发动集体进攻。于是，施乐的对手从佳能一家一下子变成十几家。这样一来，施乐可就不那么容易夺回失地了。

这种企业联盟还创造出佳能复印机行业领导者的地位。施乐过去的用户都是一些大企业，许多普通人、非专业人员由于没有接触过复印机，从来没有听说过施乐，看到佳能率先推出小型复印机以后，便把佳能认成了复印机行业的老大。

在佳能领导的企业联盟的全力攻击之下，施乐遭遇了全方位的挑战和严重的挫折。从 1976 年到 1981 年，施乐在复印机市场的市场份额从 82%直线下降到 35%。在其后的市场份额争夺当中，施乐也曾经成功地从佳能手中夺取过部分的市场份额，但已经不可挽回地从一个市场垄断者、领导者变成了一个追赶者，而且，这种追赶还很吃力。

施乐公司当初并非没有想到过“分散复印”、“简单复印”，但是，当时施乐从大型复印机中获利丰厚，又有貌似铜墙铁壁的专利壁垒保护，没有将小型复印机太当回事，因此，才给佳能留下了一个切入口，也丢了行业老大的地位。

俗话说：“只见树木，不见森林。”施乐一心防守着大型复印机这一块市场，却没料到，佳能会从小型复印机这里突破，并且，后来居上，击败施乐。这一案例正验证了科特勒的观点——不仅要关注那些直接威胁自己的竞争者，更要提防潜在的威胁者和破坏性的技术。

离市场顾客越远，离衰败倒闭越近

致命过失：公司没有充分关注市场，没有以顾客为导向，没有充分地了解其目标顾客，最近一次对顾客的研究已是三年前，顾客不再像以前那样购买你的产品，竞争对手的产品卖得更好，高层次的顾客时有退货与抱怨。

——科特勒《营销管理》

科特勒曾引用过西班牙的一句古谚语——“欲成斗牛士，必先认识牛的习性”。他指出，营销的目标是使目标顾客的需要和欲望得到满足和满意，而要做到这一点，必须要非常熟悉市场，非常了解顾客。然而，“认识顾客”绝不是一件轻而易举的事情。顾客往往对自己的需要和欲望言行不一致。他们不会轻易暴露自己的内心世界，对环境的反应在最后一刻都有可能会发生变化。

营销人员必须时时保持对市场和顾客的关注，研究目标顾客的欲望、知觉、偏好以及购买行为。这些研究将为开发新产品、生产特色产品、价格、渠道、信息和其他营销组合因素提供依据。

在买方市场条件下，顾客已经成了企业最重要的稀缺性资源，顾客决定着企业的命运与前途。因此，谁最贴近顾客、最懂顾客、最能满足顾客，谁就可能拥有更多的市场份额。就像一位管理大师所说的那样“衡量一个企业是否兴旺发达，只要回过头看看其身后的顾客队伍有多长就一清二楚了。”

然而，市场调查显示，很多公司平均每年顾客流失率在10%～30%，而这些公司中的大多数都不知道自己失去的是哪些顾客，什么时候失去的，也不知道为什么失去，更不知道这样会给他们的销售收入和利润带来怎样的影响。他们并没有意识到自己的企业正离顾客越来越远，反而依然按着传统的做法拼命地招揽新顾客。

在今天的企业中，常见到这样的现象——很多企业在刚开始创业的时候，他们可以为了一个客户、一个订单、一笔货款，不辞辛劳，跑很远的路，花很多的时间，用很大的诚意去服务客户、培养客户，他们很乐意向客户学习、请教，探讨企业的发展、产品的改良和服务的改善。但是，当企业慢慢做大了，客户越来越多了，有的企业就不愿意再花过多的时间和精力跑市场、访客户了，也静不下心去倾听客户的建议了。他们将更多的时间用来思考怎么把市场做得更大，怎么争取到更多的客户，结果是，规模似乎是扩大了一点点，可是客户却流失得更为厉害了。

当企业离客户越来越远时，财富与利润也会离企业越来越远，企业没有持续的营业收入，再大的企业也会坐吃山空，所以说，企业离客户越远，离倒闭就越近。虽然这是一个很简单的道理，但是很多企业就是很难做得到。

企业竞争的是什么？就是竞争客户。客户可以成就一家企业，也同样可以毁灭一家企业。特别是随着网络时代的到来，如果哪家企业做了有损客户利益的事情，那么客户很可能立即就能获得信息，并将负面信息广为传播。

对客户来说，一个企业规模的大小、资本的多少跟他们真的没有多大关系，而企业能提供什么样的产品和服务就跟其有直接关系。所以很多小企业打败大企业，比的不是经济实力，而是服务态度。特别是在今天这个高速发展的市场经济时代，行业在变，产品在变，客户在变，如果企业更新或创新的速度跟不上客户变化的速度，那么客户就会离你而去。

所以企业千万不能远离客户，不管企业做得有多大，部门有多少，所有员工都不能忘记客户、忽视客户。而且企业越大，员工越需要下基层、下市场，了解客户的需求，倾听客户的心声。企业只有离客户越近，生命力才会越旺。

少了有效的沟通，营销绝对“赢”不起来

现代市场营销需要的不仅仅是开发一个好的产品，制定一个有吸引力的价格，使得人们可以接受。公司也需要与现有的和潜在的利益相关者以及公众进行沟通交流。如果公司的品牌建设能力和沟通能力薄弱，不能够处理好与利益相关者的关系，会是一个致命的过失。

——科特勒《营销管理》

科特勒认为，在现代市场营销中，有一个好的产品，有一个有吸引力的价格，并不意味着该产品就能在市场上获得成功。就像一句俗语所说的那样“酒香也怕巷子深”，如果企业的品牌建设能力和沟通能力薄弱，无法将产品有效地营销出去，那么，好产品也很可能会被埋没。

很多人都读过“把梳子卖给和尚”的故事：第一个人只知道跟和尚推销梳子如何如何好，结果只卖出一把梳子；而第二个人却另辟蹊径，说前来庙里上香的香客们远途而来，头发难免会被吹乱，这样子上香有些不敬，如果庙里备有梳子，供香客们梳洗，那就好多了，因此，他推销出去了十把；而第三个人则突破了传统思维的限制，梳子除了用来梳头发还可以做什么呢？可以做纪念品。如果在其上刻上“积善梳”三字，其意义又非同寻常了，根据不同的香客身份赠送不同品种的梳子，市场也就更为广阔了，他因此推销了一千把梳子。

第三个人的推销成绩之所以远远胜过前两位，就是因为，他善于有效沟通，他能将产品的价值和利益很好地传达出去。企业也是一样的，要将一个有潜力的产品成功推向市场，沟通力是必不可缺的。

美国有一种“汉斯”牌番茄酱，其味道远比其他牌子的味道浓。然而在推向市场时，由于流速太慢而引起消费者不满，人们纷纷抱怨这种牌子的番茄酱“倾倒的时间太长”，而其他产品没有这种毛病，因而“汉斯”番茄酱的销售受阻。

面对这种情况，公司老板一时拿不定主意，是改变番茄酱配方，降低番茄酱浓度，还是改变包装，使之更容易倒出？但不论哪一种方案，都将使“汉斯”番茄酱失去特色。这时，公司的一个员工想出一个妙招，既不改变包装，也不降低浓度，而是因势利导，改变广告宣传重点，通过企业与消费者最常见的沟通方式——广告去转变消费者的观念。

在“汉斯”番茄酱的广告中指出，这种番茄酱之所以流速慢，是因为它比别的番茄酱浓，味道也比稀的好，广告中甚至特别强调，“汉斯”是流动最慢的番茄酱。这一

广告方案不仅没把消费者抱怨的“流速慢”视为短处，反而是抓住这一点，向消费者传达此种番茄酱浓度高、味道美的特色。这个广告推出之后，果然效果奇佳，原先抱怨的消费者现在争相追捧这一品牌，“汉斯”的市场占有率也从原来的19%迅速上升为50%。

“汉斯”番茄酱的反败为胜，就是在沟通上下了工夫，将原来的产品缺点从新的角度去阐释，去传播，使之成为产品的独特卖点，从而吸引消费者。从这个案例不难看出，沟通力有多么重要。再好的产品如果不能将其价值清楚明白地传递给消费者，那么，它就可能被消费者所忽视，得不到“出头”的机会。

企业要让营销成为“赢”销，沟通是极其重要的一个环节。这种沟通，不仅仅是针对客户的，还有针对股东、员工、渠道合作伙伴等各方面的，只有所有的利益相关方都了解到企业在做什么，产品是什么，产品的价值何在，这样，内外合力才能让好的产品在市场上立住脚，并成功地推广开来。

不创新，企业永远长不大

如果没有创新，企业将无法在市场上生存、发展，竞争者将复制或取代你现有的优势。通过降低成本，只能给改进运营带来较小的改进，真正的提升是通过更伟大的市场分享——创新性的改良和新产品来实现。

——摘自《营销力——科特勒观点》

在科特勒看来，企业即使具备了一定的优势，也是很容易被复制、被取代甚至被赶超的，只有不断地创新，企业才能在市场上生存、发展。创新对企业而言是一种真正的提升。他指出，每个企业都必须思考这些问题：创新的焦点是在公司内部搜索，还是外部？创新思想是自上而下，还是自下而上？源自企业内部或者外部的创新成果如何实现？企业内部的创新责任由谁负责？创新是否该脱离核心业务，或者在核心业务内整合？正式或非正式的创新管理流程如何？

很多杰出企业家都非常重视创新。乔布斯就曾说：“领袖与跟风者的区别就在于创新。”杰克·韦尔奇也说：“这是一个快时代，是一个竞争的时代，距离已经消失，要么创新，要么灭亡；要么做到数一数二，要么被淘汰出局；要么立即、马上、快速行动，要么被快鱼一口吞掉。”比尔·盖茨则说：“好的创意如原子裂变，每一盎司的创意都会带来无以数计的商业利润。”

“每一盎司的创意都会带来无以数计的商业利润”，比尔·盖茨的这句话毫不夸张，从下面这个例子中，我们就能看出一二。

2002年秋季，中国联通CDMA的销售在全国范围内陷入了历史性低谷。以福建来说，从5月份进入福州市场，到11月份，CDMA销量才达2万多用户，其中数千部还是靠员工担保送给亲朋好友的。与国内其他城市相比，这个成绩实在是拿不出手。联通委托了一家全球著名的专业咨询策划公司做了一套策划方案，但根据这一方案在近一年内投进去的大量广告费都未起到作用。

省会城市的市场都未能启动，福建省内其他城市的销售可想而知，也一直徘徊不前。可以说，不仅福州市联通公司面临巨大的压力，就连省联通公司也是如履薄冰。因为中国联通把 CDMA 作为一项公司业绩新的增长点来隆重推出，如果哪个省的业绩不好，那么主要的责任人也许就得做好“下课”准备。

在这个时候，一位年仅 24 岁、大学毕业才两年的年轻人走到台前，这个人叫杨少锋。当时他所在的广告公司正在为福州联通做策划方案。当他看过那家全球著名策划公司所做的方案后，得出了四个字——“不切实际”。

被他评价为“不切实际”的这家公司成立于 20 世纪 20 年代，在全世界拥有 70 多家分支机构，是被美国《财富》杂志誉为“世界上最著名、最严守秘密、最有声望、最富有成效、最值得信赖和最令人仰慕的”企业咨询公司。而杨少锋竟然一口否定了这家公司的方案！

他深入考察了福建市场，在大量调研的基础上，提出了一个创新性的大胆方案。他所做的第一步，就是全面暂停 CDMA 手机的促销方案，引起公众对于 CDMA 未来命运的关注，让媒体陷入新闻大战中。在静默一段时期后，他迅速开始第二步，抛出了“手机不要钱”的概念，推出赠机活动。在当时，公开喊出“手机不要钱”，这绝对是首创。这个全新的消费理念瞬间吸引了消费者的注意力，激发了购买狂潮。

CDMA 手机的热销让移动坐立不安，这家移动通讯市场的巨头也开始使出各种形式的促销作为回击。对此，杨少锋亮出了第三招，通过媒体宣布联通赠机活动将于次年 3 月底结束。这一举措，让那些还在观望迟疑的消费者纷纷投入 CDMA 的怀抱，引发了市场的另一波抢购热潮。

在今天看来，杨少锋所采取的这一系列营销方案并不怎么新鲜，但在当时的市场环境中，他所提出的方案是极富创新创意的，该方案使得联通 CDMA 在福建扬眉吐气，得到消费者热捧，创造了 CDMA 月销售 7000 万元的历史纪录，福州联通也成为当时中国联通发展业绩最好的分公司。这一方案中的很多举措不少在全国都属首创，其中的经验被各地联通分公司所借鉴。可见，创新创意改变市场格局，这不是一句空话。

宏碁集团董事长施振荣曾针对目前的大多数员工只知道拼命工作（work hard），而不懂得如何聪明工作（work smart）的现状提出了“不换脑袋就换人”的理念。所谓换脑袋就是换掉习以为常的工作模式，而聪明工作的首要条件就是创新。随着社会的发展，创新性思维显得越来越重要，也越来越被人们所认识。特别是在现今网络时代的大背景下，消费者几乎可以即时无障碍地获取任何信息，寻常的营销方式很难再吸引消费者的注意，企业必须在营销上积极创新、勇于创新，不创新，不换思路，企业很难长大，很难在激烈的竞争中胜出。

如果不去索求，机遇永不存在

有的公司不擅长寻找新的机遇，甚至已经有多年无法找出任何令人兴奋的新机遇，而且公司发起的一些新计划完全失败了。这种情况下，公司应建立刺激新思潮的体系。

——科特勒《营销管理》

科特勒认为，企业不能坐等机遇上门，而应该主动去寻找机遇。为了尽量不错过难得的机遇，企业应建立一套专门的体系去发现机遇甚至创造机遇。

美国石油大亨约翰·洛克菲勒曾经说过这样一句话："设计运气，就是设计人生。所以在等待运气的时候，要知道如何策划运气。这就是我，不靠天赐的运气活着，但我靠策划运气发达。"他不仅如此说，更是如此做的。

20世纪40年代，洛克菲勒在纽约市郊买了一大片荒地，按常规地产开发办法，此地可建设一个独立的小区，可以是住宅，可以是办公区，可以是商业区，也可以综合化。但无论如何规划，这么一大片地，投资成区，需要巨额资金，工期也会特别长，而且由于不在黄金地段，卖不出好价格，所以当时许多人认为这是个投资败笔，至少不是个好项目。而此时，洛克菲勒已在此投入了数亿美元，取得了这大片土地的独家开发权，项目已走上了无归路。

此时，联合国在美国宣告成立，但由于经费拮据，一直没有一个有规模、有档次的总部办公大楼。洛克菲勒得知后，对联合国的情况进行了全方位的调查，结论是联合国不同于其他世界性组织，它将成为处理国际性实质问题的权威机构，它的决策将涉及全世界每个国家的利益，为此各国都会花一定的代价来争取联合国做出对自己国家有利的决策，所以，联合国总部所在地必然是各国外交的重要发生地，各国会就近安营，派代表参与联合国事务。

尽管当时联合国还处于艰难维持的初期，但未来趋势必然如此。得到这个结论之后，洛克菲勒从他那片纽约的土地之中，分割出了价值3800万美元的一块土地，以1美元的价格"出售"给了联合国，这对于尚无安身之地的联合国来说的确是雪中送炭，于是联合国决定在洛克菲勒的土地上安营扎寨。

不久，二战结束后新的世界格局形成，联合国的作用迅速显化，各国纷纷去争取在联合国的利益，许多建筑商、宾馆发展商等也都看准了联合国的商业价值，于是洛克菲勒以联合国作为王牌，在大片土地上规划了外交区，土地迅速增值，获利无法计数，且名利双收，这种投资效果是用3800万美元的传统广告投入所无法达到的。联合国总部落成后，在它周围那一片片同样是属于洛克菲勒财团的地皮，立马成倍成倍地涨价，富丽堂皇的外交公寓，第一流的大旅馆、大饭店、大商场，都围绕着这个世界组织的中心，一个个拔地而起。原本眼看着被人遗弃的地段，现今成了纽约最昂贵的街区。

美国前总统乔治·布什曾说："要把握时机确实要眼明手快地去'捕捉'，而不能坐在那里等待。"洛克菲勒能将一块完全不被看好的地变为寸土寸金的最昂贵街区，就是因为，他发现了联合国这个大"金蛋"，他以1美元的价格卖出3800万美元的土地，看似吃亏吃大了，但实际上，他抓住了一个前所未有的机遇。在别人都未知未觉之时，他已经先知先觉，牢牢"捕捉"到了这个机会。

如果企业一直坐等机会上门的话，那么机会可能永远都不会到来。就像一句美国谚语说的："通往失败的路上，处处是错失了的机会。坐待幸运从前门进来的人，往往忽略了从后窗进入的机会。"企业必须要能准确洞察市场变化，并且能在研究其发展规律的基础上，准确把握目标和发展方向，从而引领市场潮流并抢先占据有利地位，使企业立于不败之地。

饿死的企业可怜，而撑死的企业更可悲

很少有企业是因为做得小而死，大多数都是因扩张过快而死的。成功的中小企业有一个共同特点：关注细分市场需求。牢牢抓住一个细分市场，第一步做到比竞争者提供更好的解决方案，把核心客户群体做起来；第二步再去考虑衍生产品和扩张周边市场。

——《营销力——科特勒观点》

"很少有企业是因为做得小而死，大多数都是因扩张过快而死的"，科特勒的这句话对企业而言是一记警钟。一个企业扩张过快，首先资金链就会有风险，盲目的扩张会使资金链紧张甚至崩断；第二是迅速扩张会给企业管理带来更大的挑战，管理是否能跟得上扩张，这是一个很现实的问题；第三是信息不对称，扩张过快，你会很难把握企业的运行，尤其是跨行业扩张，隔行如隔山，风险会更大。

盲目地扩张"求大"是很危险的，它葬送了很多优秀的企业。像德隆系的崩盘，格林科尔系的散架，还有三九集团。该集团从一家资产不到 500 万元的企业，发展到拥有 3 家上市公司和数百家直属企业的大集团，资产达到 200 多亿元。但就是这样一家"明星"企业在扩张的道路上栽了大跟头——从一家制药企业裂变成一个涉及房产、汽车、食品、酒业、饭店、商业、农业、媒体等行业的超级经济怪物，结果欠下银行 98 亿元贷款。这样简单地看似在做着加法，实际上它相加之后却是大大的负数。

浙江霸力集团，是一家以生产为主导，集研发、制造、服务等功能为一体，并涉及鞋材、能源等多个领域的大型企业。在这家企业的头上，曾经冠有"中国名牌"、"温州名牌产品"、"中国鞋王"、"创新鞋王"、"浙江省著名商标"等美誉，它拥有七项国家专利技术，三项世界"吉尼斯"纪录，当时产品不仅畅销国内，而且进入了国际市场。

但就是这样一家风光无限的企业，却在 2005 年之后迅速衰败。当时，矿业投资热在温商中兴起，不少在传统制造业遭逢经营瓶颈的企业主，纷纷将资金投向矿产、房地产等。霸力集团创始人王跃进也成了其中的一员，他在广西壮族自治区贺州市新路矿区注册成立"浙江霸力集团贺州矿业有限公司"，注册资本 2000 多万元，主要开采磁铁矿、锡锌矿。并不精通矿业的王跃进，将此后几年的大部分时间和精力都投在广西，据估算，他向广西的矿山陆续投资了 2 亿元。

不久之后，负债累累的王跃进破产了。随着他的离去，这家曾经前景大好的企业以"猝死"的方式结束了自己。其身后，是过亿的银行欠贷和数百万的供货商债务。

霸力的"猝死"，与 2005 年的扩张是有很大关系的，王跃进没有将重心放在自己最根本也最熟悉的鞋业，而是投巨资到一个完全陌生的行业，这种扩张最终加速了霸力的崩塌。

汪中求先生曾说，盲目地做加法是不自信的表现。我们要极大程度地满足市场的

需求，但还是无法满足所有客户的所有需求。认真地做好一个特定的市场，满足某一类特定客户的某一特别需求就是极大的成功。在生产上，为了维持庞大的规模，要建造更多的厂房，添置更多的机器设备，增加更多的人员，要求更多的原料和产品库存，造成流动资金匮乏；遇到经济周期波动，或产业调整，或行业格局大变动的时候，庞大的固定资产就会成为负担。体积庞大的机构很难做出及时调整，很容易陷入困境，从而导致管理低效率、产品低价格、业绩低收益和运营成本高、资产负债高、经营风险高这一系列危局。

企业快速扩张是很危险的，虽然有时为了抓住机会，需要迅速做大，但企业必须认识到做强才是根本。而这两者很有可能会发生冲突，在很多时候，需要在这两者之间做出艰难的选择。企业的成长应当是做久、做大和做强三个过程的统一。做久是企业成长首要的和根本的目标，即实现基业长青的目的，做大是企业成长过程中的外在变化，而做强则是企业内在的质的变化。

在企业成长过程中，做大必须以做强为基础，脱离做强片面追求做大，即使取得一时的成功，也是建在沙滩上的城堡，很快就会分崩离析。只有把做大和做强结合起来，才能顺利实现企业的持续成长。

盲目的营销是企业的催命符

很多企业的营销计划流程是有缺陷的，营销计划框架缺少正确的组成部分，无法进行不同战略的财务预测，没有应急预案。企业应建立包括环境分析、SWOT 分析、主要议题、目标、战略、途径、预算、控制在内的营销计划标准流程。

——科特勒《营销管理》

科特勒指出，很多企业的营销计划流程并不完善，常常缺乏必要的正确的部分，这样的营销计划执行起来是很可能出问题的。他所强调的这一点很容易让人联想到许多企业里盛行的“三拍”决策——拍脑袋决策，拍胸脯保证，而出了问题则拍屁股走人。盲目、缺乏计划性与系统性的营销对企业而言是极具危险性的。

A 药业集团，为了开发某省市场，成立了一个专门的事业部，希望可以将这块市场做成公司最重要的一块根据地，为此公司高层给予了很多的关注，挖到了一位颇有建树的职业经理人担任事业部总经理，接着招聘人员建队伍，事业部热热闹闹地做了起来。

一晃半年多过去了，当公司老板看到该事业部半年来的财务报表的时候，却皱起了眉头。人员 50 多位，产品代理 200 多种，库存 60 多万元，特别是最后盈亏一栏的月均亏损 10 万元的数字让公司老总又急又恼。究其原因，就是前期公司对事业部的期望太高，制定了半年达到月均销售额 100 万元，一年达到月均销售额 300 万元的目标。为了实现这个目标，新来的事业部总经理一下子启动了招商、商业物流、第三终端和 OTC 药店四个渠道运营，寄希望每个渠道都可以广种广收。为了培育市场，事业部又相继投入好几笔不小的费用在终端药店和当地媒体上做宣传。而现实的情况却是，由于事业部所在的市场基础薄弱，新招聘的人员短期内又不能很好地起到作用，摊子铺得过大反而拖累了事业部发展，虽然宣传推广起到了一定的效果，但最终巨大的成本还是将事业部搞得入不敷出，这位刚聘请的事业部总经理也只能狼狈走人。

这样的案例几乎每时每刻都在很多企业里发生，往往都是因为营销计划不够科学完善，对市场中的各种可能性缺少预期和准备，盲目地营销所造成的结果。营销方面的失误对企业的影响是极大的，盲目的营销甚至会成为企业的催命符。

在发展初期，企业从内部管理到外部市场基础都很薄弱，这个时候企业的首要任务是快速提升销量，保证企业可以生存下来。企业要千方百计将工作中心放在产品的选择、市场策略的制定和开发、市场服务、销售人员的激励和培养等方面，将企业80%以上的精力放到市场开发和销售提升方面，从而可以保证企业的产品能快速走向市场，用销量换回企业的生产空间和机会。至于内部管理、流程、制度等方面的内容，可以暂时为销售工作让路。

在经过两三年的发展后，企业有了属于自己的成熟市场，基本受到渠道和客户的认可，在一定区域或领域有了一定的影响力，此时应该注重调整完善，实现匀速、健康发展。这个阶段，企业要考虑解决影响销量的内部管理和流程的问题，逐渐解决只重销量不重其他的问题，完善企业制度和管理。同时，还要集中解决前期市场发展过快留下的种种问题，在发展中不断改进完善。这是个稳步推进的过程，需要一定的时间来理顺企业的内外部资源和市场基础，为下一步的腾飞奠定较为坚实的基础。

当企业经过一两年的调整和完善后，就到寻求进一步突破和提升的时候了。这个阶段，伴随企业各项制度的完善以及对市场的理解深入，是时候对企业的发展进行重新定位和审视，确定企业的优势在哪个方面，从而在企业的优势方面做好文章。同时，这个阶段的企业也是一个资源整合和运用的过程，从生产、技术、人员、营销手段、社会网络等方面，都可以借鉴外部资源为己所用。而对于企业确定的突破口，要集中优势资源予以关注，从各个方面来进行创新，最终促使企业有一个较大的提升，跻身行业领跑者行列。

第3章

大趋势：未来营销唯一不变的就是变化

真正的顾客为王：从参与、互动直至主导

当今的市场，已经不再是昔日的市场了。顾客已经取代生产商、分销商，成为强势、主导的一方。顾客为王。

——科特勒2011年《IT经理世界》采访

科特勒曾经提出，新经济的时代是逆向经济的时代。在过去，顾客处在相对弱势的一方，很多时候都是企业在引导甚至是支配着顾客，而现在反转了，顾客由被动地接受，转变为参与、互动直至主导。有一位营销专家甚至说："现在的企业，从某种意义上说，已经成了代理商——向顾客出租自己的制造设备、物流设施以及其他资源，让顾客去发现、选择、设计，进而使用它们所需要的产品。"的确如科特勒所说的一样，顾客已经取代生产商、分销商，成为强势、主导的一方，这是真正的顾客为王。

企业生存的全部意义，就是在产品、品牌与消费者之间建立起有效连接，随着产品的同质化进一步加剧，产品和产品之间、品牌和品牌之间的差异越来越小，如何让品牌吸引消费者，促成消费者购买呢？让客户充分参与，与客户保持互动，甚至让客户来做主导者，这是一种拉近并深化企业与客户之间关系的好方式。营销人员必须意识到这样一点：一切应以客户为主，未来的世界是客户主导的时代。

有一家房地产开发商准备开发高档别墅，在前期设计时他们就邀请目标客户参与，按照客户的要求来建造别墅。通过与客户的互动，企业不仅满足了消费者个性化的要求，更重要的是企业有了销售量的保证。再如，一家装潢公司开发了一套三维数字化装潢软件，设计师可以根据顾客的需求，在电脑上设计出直观的三维室内装潢效果图。在整个设计过程中设计师随时和客户保持互动，利用软件方便地修改装潢图，最终，不仅装潢的色彩、结构、布局等令客户满意，而且还能让客户选择不同价格的材料；把它们写入施工面积，就能精确地显示出各部位的装潢费用以及总的装潢费用。这样的做法，在提升客户参与度的同时，也为企业带来了巨大的利益。

让客户参与、互动，甚至是主导，是对传统营销中企业对消费者的单向推动的大改变。随着居民收入的提高、消费意识的成熟以及消费理念的转化，差异消费、个性消费成为时尚，未来营销模式将是一个个性化的客户关系的竞争模式。从以企业自我为中心转向以客户为中心，这不仅有利于客户，更有利于企业。

第一，这种转变非常符合马斯洛的需要层次理论。如果客户能够充分参与到企业的生产经营这个过程中来，他们得到的就不仅仅是产品，而是一种被尊重、被重视以及自我实现的成就感。“DIY”的模式为什么会受到消费者的欢迎，就是因为在“DIY”的过程中，消费者的内心得到了最大程度的满足，这样的产品，不再是企业推销给他们的，而是融合了他们自身心力付出的珍品。他们当然更愿意消费这样的产品。

第二，让客户参与、互动、主导，这跟头脑风暴法、德尔斐法等有异曲同工之妙，企业可以跳出自身的局限，从客户那里获得意见建议与创新的启发。这种“换位思考”会带来全新的观察问题的视角。

第三，以客户为中心，对企业来说，还能带来一个实质性的收获，那就是能帮助企业对顾客需求的未来趋势更早感知，更早察觉，更及时地预测和把握，在制定并实施具体的营销计划时就能做到未雨绸缪，决胜未来了。

客户的参与、互动和主导，不仅缩短了企业与消费者之间的实际距离，并通过消费者积极参与生产的全过程，使企业既可获得大批量生产的规模经济，又能使其产品适应单个消费者的独特需求，既满足了大众化的需求，又满足了个性化的需求，从而实现最大限度地提高消费者满意度这一目的。

全面营销：广泛、整合的视角不可或缺

今天的企业正面临前所未有的激烈竞争，而企业如果能从产品理念和销售理念走出而转向全面营销理念，就能有效地应对竞争。全面营销者认为，在营销实践中每个细节都是特别重要的，采纳广泛的、整合的视角不可或缺。

——科特勒《营销管理》

科特勒所提倡的全面营销观念是由关系营销、整合营销、内部营销和社会责任营销四部分组成的。关系营销强调了外部合作伙伴的重要性，整合营销强调了对系列营销工具的合理组合与运用，内部营销明晰了内部成员的工作思路，社会责任营销则突出了平衡短期利益与长期利益的必要性。

有专家曾说，80 年代的市场是“高生产、快贸易”；90 年代商品经济是“跟市场、做推销”；跨入新世纪那几年的市场奉行“打品牌、建销路”；而现在及未来一段时间的市场，则是企业全面营销的时代。

“全面营销”观念提倡营销者在通过有效的营销实践活动保证企业内外部“直接利益相关人”（股东、员工、供应商和分销渠道成员等）综合需求满足的同时，还要去践行能够保证“间接利益相关人”综合需求（如社会公众对保护自然资源与环境的需求、顾客需求即时满足与长期健康之间的平衡和社会对弱势群体的关怀等）的组织公民行为。总之，“全面营销”观念是一种要求组织，尤其是商业企业在商业利润、消费者需

求与福利、社会经济与人类社会福利等诸方面达到和谐平衡，进而实现可持续发展的营销观念。“全面营销”观念可以被广泛应用到不同行业的营销领域，成为指导企业日常营销行为的有效原则。我们可以先来看一个全面营销的案例。

北京心力源源电子有限公司，其前身北京富达中天电子有限公司，是国内知名的电子通讯产品商，在中国市场销售的正品摩托罗拉汽车电话的90%都是由富达中天代理销售的。因此，富达中天是摩托罗拉在中国最亲密的战略合作伙伴之一。早在2000年，富达中天就获得了摩托罗拉的授权，成为中国内地唯一全权代理其汽车电子及汽车通讯产品的经销商。在推广摩托罗拉汽车电话的时候，心力源源公司打了一场漂亮的全面营销的仗。

这次活动，由2002年初发起，心力源源公司宣布，活动期间，任何拥有汽车的消费者个人或者单位客户，可以完全免费得到一部摩托罗拉汽车电话，并可以与心力源源公司签订正式赠送协议，从而得到法律保护。受赠人所履行的义务很简单：只需要将按照正常要求的汽车保险费交纳，或者转移，或者延伸到心力源源公司的合作保险公司那里即可。年“赠送”的总量达到了1.4亿元人民币。

这个模式创造了一种全新的市场模式：无竞争市场。以完全免费的方式赠送给消费者高价值的名牌产品。而一般的制造商或者代理商是不大可能有实力并能够如此深刻把握转型期中国消费者心理，来大胆执行这个免费模式的。

当然，这种免费也并非无偿，否则这个快乐的循环链的发起者心力源源公司之举无异于竭泽而渔。其实，心力源源在实施方案之前已和中国平安保险公司签署了协议，作为平安的保险代理，从车主交纳的车保费中获得8%的正常与合理的返利。消费者的车保也只是按照正常的标准交纳，并无涨价。心力源源要求消费者稳定投保的期限也并不长，仅仅两年。两年之后，按照赠送协议，消费者可以完全拥有这台电话的产权。

2002年，舒尔茨教授到访中国时，听说了这个案例，他称赞说：“在心力源源这个案例中，消费者得到了满足，而且没有付出额外代价；保险商得到了稳定和高价值的客户；代理商得到了合理的佣金；心力源源获得了市场、品牌和资金回报。这样就形成了一个良性的闭环财务系统，没有任何资源的浪费。”

心力源源通过与直接消费者、保险公司、代理商等利害关系者的沟通，组成一个“快乐的商业链”，由于这个商业链本身就是一个良性的物流和财务的回环，所以才能顺利地完成产品的销售任务。这是一个良性的全面营销的过程。

“全面营销”观念的提出与不断完善，向我们揭示出市场营销——“建立和管理可赢利的顾客关系”，本身是一个处于不断变化的动态管理过程。在未来，只有那些融“关注顾客需求、获取合理利润、平衡社会福利”为一体的营销设计，才能让企业在市场竞争中赢得更响亮的掌声。

差异化：成为与众不同的“紫牛”

差异性市场营销针对不同细分市场，设计不同服务产品，制定不同的营销策略，满足不同的消费需求。越来越多的公司已开始采用差异性市场营销战略，差异性市场营销往往能带来比无差异性市场营销更大的总销售额。

——科特勒《市场营销教程》

雅虎前营销副总裁赛思·高丁曾提出——今天的营销竞争如同一群带着花斑的牛在前行，你分辨不出任何差异，这时一头紫色牛的出现，才会吸引你所有的关注。差异化就是让企业成为那一头引人侧目的“紫牛”。

科特勒大力倡导的 STP 营销，也就是市场细分（Segmentation）、目标市场（Targeting）、定位（Positioning），其中很关键的一个要点就是差异化，企业通过市场细分选定目标市场，然后进行差异化的定位，让自己从激烈的市场竞争中脱颖而出。

差异化市场营销战略与无差异化市场营销战略，二者各有利弊。

无差异市场营销是指企业在市场细分之后，不考虑各子市场的特性，而只注重子市场的共性，决定只推出单一产品，运用单一的市场营销组合，力求在一定程度上满足尽可能多的顾客的需求。其优点在于：第一，它比较有效地适用于广泛需求的品种、规格，款式简单并能够标准化大量生产、大量分销的产品。它可凭借广泛的分销渠道和大规模的广告宣传，往往能够在消费者或用户心目中建立起“超级产品”高大而不可摧的形象。第二，它可大大降低成本费用。这是无差异营销战略的最大优点。首先，标准化和大批量生产可降低生产成本、储存成本、运输成本。其次，无差异市场营销的广告等促销活动可缩减促销费用。最后，它不必对各子市场进行市场营销研究和计划工作，又可以降低市场营销研究和产品管理成本。第三，它简单易行，便于管理。单一的市场营销组合便于企业统一计划、组织、实施和监督等管理活动，减少管理的复杂性，易于操作。

然而，无差异市场营销战略的弊端也是明显的。首先，消费者需求客观上千差万别并不断变化，一种产品长期为所有消费者和用户所接受非常罕见。其次，当众多企业如法炮制，都采用这一策略时，会造成市场竞争异常激烈，同时在一些小的细分市场上消费者的需求得不到满足，这对企业和消费者都是不利的。最后，当其他企业针对不同细分市场提供更有特色的产品和服务时，采用无差异策略的企业可能会发现自己的市场正在遭到蚕食但又无法有效地予以反击。正由于这些原因，世界上一些曾经长期实行无差异营销策略的大企业最后也被迫改弦更张，转而实行差异性营销策略。例如，曾被视为实行无差异营销典范的可口可乐公司，面对百事可乐、七喜等企业的强劲攻势，也不得不改变原来的策略，一方面向非可乐饮料市场进军，另一方面针对顾客的不同需要推出多种类型的新可乐。

相比之下，差异性市场营销战略的优点在于：

第一，它可以通过不同的市场营销组合服务于不同子市场，更好地满足不同顾客群的需要。第二，企业的产品种类如果同时在几个子市场都具有优势，就会大大增强消费者对企业的信任感，进而提高重复购买率，从而争取到更多的品牌铁杆忠诚消费者。第三，它对企业市场经营风险的分散具有重要意义。第四，它可通过多样化的渠道和多样化的产品线进行销售，通常会有利于扩大企业的销售总额。

差异化市场营销需要对不同的细分市场采取不同的营销策略，针对不同的细分市场做不同的广告促销，这就导致了营销成本的额外增加，这也是差异化营销战略的一大不足。

唯有让产品成为本行业中的“紫牛”，让产品与众不同、出类拔萃，才有可能在不消耗大成本的广告运作下使企业扩大市场规模。正如紫牛在一群普通的黑白花奶牛中脱颖而出一样，真正的营销应该是让人眼睛会为之一亮的、可以把人们的注意力恰到好处地引向我们的产品和服务的一门艺术。

精准营销：广泛的精准和精准的广泛

精准也就意味着会获得更高的效率，即用更低的成本去做更多具体的事情。在现代追求高效率以及存在诸多需求的市场中，精准营销无疑会让企业获得巨大优势。

——科特勒 2011 年 GMC 总裁论坛巡回演讲

科特勒认为，市场细分最终的层次将会“细分到个人”，甚至是“定制营销”、“一对一营销”。当今的顾客在决定购买什么和如何购买时，已经具有了很大的主动性。他们登录互联网，浏览有关产品与服务的信息和评价，与供应商、用户和产品的批评者进行交谈。在很多情况下，他们还可以设计自己想要的产品。面对这样的顾客，千篇一律的产品已经很难对他们构成冲击力和吸引力。企业必须开展精准化的营销。

传统的营销模式有些类似于战争中的狂轰滥炸，而精准营销就如同现代战争中利用先进的定位系统来有效击中目标的做法。当产品日趋同质化、价格战使得利润空间日渐趋薄的时候，企业为了在竞争中体现出差异性，纷纷高举服务牌、文化牌和品牌等。面对这种情形，谁能够把握客户的需求，分析趋势、把握潮流，将个性化服务视为营销的重要组成部分，谁就能够将营销工作做深、做细、做透，能够牢牢占据更多的市场份额。

精准营销，简而言之，就是如何增加营销效益。一方面，营销开始更加重视技术，比如营销的数据化、自动化，另一方面，营销的过程不仅仅只是涉及创新，还必须考虑到财务因素，进行投资回报的计算。我们不可否认，精准营销的优势符合现代市场经济发展的需要，而且其必将成为未来的营销发展趋势。“有的放矢”的战略更能帮助企业赢得“竞赛”。

华院分析技术（上海）有限公司的技术总监何直曾经对淘宝网上的一些高端皇冠店铺做了一次深入的调查，调查发现，很多淘宝大卖家现在面临发展瓶颈，其中一个最大的问题是他们已经面临精确营销的挑战。

何直说，淘宝网商经过数年的快速发展，已经涌现出数万家年销售额超百万、千万的皇冠卖家。这些大卖家在发展过程中，虽然也探索和创新了许多营销手段，但总体来说还是传统的营销方式。

第一种是以低价为卖点，争夺的是传统渠道的客户资源，但现在，这种方式的竞争力已经明显弱了很多，淘宝网上有些商品已经便宜得离谱，出现了“没有最便宜只有更便宜”的奇怪现象。拼低价的营销模式难以维系持续发展。

第二种则是拼广告，在产品种类饱满、竞争激烈的淘宝网上，要想获取新客户的注意，打广告成了很多商家不得不选的方法。淘宝网上选择做直通车的网店越来越多，这种继续拼投入的方式很多卖家已无法承受。

这些问题困扰着淘宝网商。而对此，何直开出的药方是：以最快的速度熟悉网络上的精确营销。从以产品为中心，转向以客户为中心；从抢新客源为重，转向新老并重，关注回头客生意；从粗放营销转向精确营销；从凭感觉营销转向可精确度量的营销。

譬如，淘宝网上一家三皇冠的店铺，是何直重点调查的一家，该店店主说，她从何直的调查数据中学到了很多，有些数据让她很诧异，比如客户的购物周期，“我以前根本不知道我的客户购物周期是多少时间，现在我很清楚地知道是平均 120 天。这个时间比我想象的要长。我还知道了自己店铺里有多少客户是睡眠客户，怎么去激活他们。”“比如，和蛋白粉关联最紧密的东西是钙、B 族维生素和维生素 C，我现在就学会了把这几个产品打包卖，或者在产品描述上面的相关推荐中有针对性地放上上述产品，缩短客户的购物路径，这样才是真正的关联推荐。以前的方法是在所有产品上面都生硬地放上几个广告商品，那样客户的体验是非常不好的。”“比如发促销信息，现在我促销什么产品，就发什么人群，没有目的的群发很浪费。”该店主已经学会了用数据工具方便地归类人群，“以后我会慢慢转型成为某类人群服务，这是未来商业零售的趋势。以前都是我有某种商品，然后找客户。现在我想转型成先锁定一群人，然后分析他们的需求，再帮他们找东西，倒过来做，因为现在物质很丰富，组织产品的难度并不是太大。”这位店主的第一个营销策划，是想帮助减肥的人找健康食品，她认为这就是为人群服务。

何直在总结这次调查时，说了这样一番话：“如果说拼价格、拼广告是针锋相对的搏杀，精确营销开启的则是没有硝烟的战争。后知后觉者将在悄无声息中被蚕食，而先行者将确立在此战场上的竞争优势！”

何直的这番话值得每一位从事营销工作的人深思。精准营销，它寻求的是一种广泛的精准和精准的广泛。广泛的精准是指，面对广泛的消费群体，企业不可能做全网的营销，只能针对自己的目标群体，选择自己的精准客户进行营销和推广。而精准的广泛如何理解呢？当企业走上了精准营销的道路，如果只能找到一个人，而不是一万人、一百万人甚至更多的人，那么这样的精准是没有任何价值的。所以说，在确定精准路线后，企业要找到足够量的符合要求的客户人群，实现精准情况下的广泛。

无边界：未来的竞争是营销网络间的竞争

强大的公司往往在核心业务过程管理方面培育了卓越的能力。其中，核心业务过程可能是：新产品开发过程、存货管理过程、顾客获取和挽留过程。有效地管理这些核心过程就意味着要创建一个营销网络。在这个网络里，公司与生产与分销链中的所有合作伙伴保持密切的合作关系，包括从提供原料的供应商到零售分销商。未来的竞争不是公司间的竞争，而是营销网络间的竞争。

——科特勒《营销管理》

“未来的竞争不是公司间的竞争，而是营销网络间的竞争。”科特勒的这句话很有启发意义。他指出，在市场营销以及寻求营销系统中的合作伙伴以追求竞争优势的过程中，企业需要超越自身的价值链，去观察供应商、销售商乃至最终顾客的价值链。今天，有更多的企业正仔细地挑选合作伙伴，并制定出能够共同获利的策略。它们在与营销系统内的其他成员组成紧密的合作关系，以便改善整个顾客价值交付网的性能。未来，企业间不会再直接竞争，因为企业构建了包括供应商、分销商和合作伙伴的网络，现在由这个网络与其他网络进行竞争。所以，作为一家企业，一定要建立一个强有力的、垂直的营销系统或是价值链。

科特勒在剑桥演讲时曾经举过这样的例子，他说：

在纽约市，有一位设计运动衫的先生，他将他的设计展示给一家大型百货公司，比如说 Sears，他说："我能以每件 10 美元的价格得到像这样的运动衫，而你可以将他们以每件 20～30 美元的价格卖掉，你是否对此感兴趣呢？"百货公司的人仔细看了该设计样品，说如果你能以 10 美元的价格拿到货是最好不过了。

现在这位先生仍然没有自己的工厂，但他在中国香港有一个联络点来负责设计运动衫，并外包给工厂生产，生产好以后他会打电话给运输公司，由后者负责把运动衫运送到 Sears 的商店，而不是运到他的仓库，因为他没有仓库。不管他获得多少收入，赚到的钱全是自己的，因为他没有成本。如果你要试图计算他的回报率，就要用他的收入除以他的固定资产，但除了一台电脑、一张桌子和一部电话外，他基本上没有什么资产，所以，通过整合这样的一条从供应商到零售商的价值链，他获得的是无限高的回报率。

这样的案例表明了一个趋势——合作。合作是现代营销的起点，是未来营销的趋势。在商业世界里，边界的概念越来越模糊，无边界的时代就要到来。就像科特勒在《混沌时代的管理和营销》中所说的那样——

"'蝴蝶效应'之所以会产生，是因为我们生活在一个存在着联系日益紧密、相互依赖日益加深而且全球性日益加快的全球化世界中。所有人、所有政府、所有企业——地球上的每个人和每个实体如今都在某种程度上相互联系着，动荡对个体的影响会被其他个体以某种方式感受到。"

通过与适当的公司建立战略合作关系，企业更容易达成目标、开拓新市场并增长其底线。要想自己的公司成功，你必须认识到单凭自己不能满足目标市场的需要。你需要别的企业家或公司的帮助，共同合作和承担金融风险。合作伙伴不见得非得是大公司，但是要能帮你进入新的市场，更快地将你的产品和服务推向市场。战略伙伴关系能让企业增强市场竞争力并跟上技术革新的迅猛变化。

只有跨越边界的合作，搭建企业自己的营销网络与价值链，才能成就营销的未来。

数字化时代：顾客常去的地方就是营销的所在

营销人员必须紧紧跟随顾客的脚步，到顾客常去的地方去。如今网络正成为顾客常去的一个趋势。美国消费者平均在网络上的时间占所有媒体时间的 15%。顾客有自己的原则，并且不愿意接受代理和中介机构提出的产品推荐。顾客往往只在意他们需要的、他们喜欢的以及他们愿意支付的商品。

——科特勒《市场营销教程》

科特勒所说的"营销人员必须紧紧跟随顾客的脚步，到顾客常去的地方去"有着很深的内涵，他告诉我们，顾客所在的地方，就是营销人员的阵地，要赢得顾客，就得到顾客常在的地方去。而在当今这样一个数字化时代里，顾客已非传统的顾客，他们与数字化几乎牢牢绑定在一起，在这种形势下，营销人员同样也要融进这个数字化的时代，用好诸如网络、手机媒体这一类的信息工具。在这方面，万科王石是一个很好的榜样。

在 2007 年，当王石为《新经济与传统行业结合更有活力》一书作序时，他曾写道："新经济兴起的背后，是新制度、新技术和新知识的出现。对于传统行业的管理者来说，面对这些未知的领域，常常会判断出错。新千年到来之后的那段时间里，曾经有两个年轻人找到我，说要创业，搞电梯间的液晶屏广告业务。当时我哑然失笑，'怎么会有人看这样的东西？反正我不看！'我觉得这个商业模式不成立，劝他们赶快找其他正经事情去做。结果几年后，这个名叫江南春的年轻人和他的分众公司，就是靠这个我看走眼的经营方式，在纳斯达克上市，并成长到了百亿元的规模。"

这件事给他带来的震撼是很大的。事实上，王石对互联网和新兴商业模式一直是很关注的。早在 1999 年，他辞去万科总经理职务，理由之一就是，当时以互联网为代表的新经济扑面而来，他却看不懂新经济同传统经济的内在联系，他提出"我要用一年时间搞懂互联网，如果一年后还搞不懂，说明我跟不上时代的脚步了，董事长的职务我也会辞去，千万不要'以其昏昏，使人昭昭'。"

于是，王石专门飞到硅谷，待了很长一段时间，试图对互联网多了解一些，他还集中阅读介绍互联网的书籍。一年过去，他自称还是没有搞懂新经济是怎么回事，却也郑重宣布，自己不会辞去董事长职务，他幽默地解释称："我发现，嘿嘿，大伙儿都说不清新经济是怎么回事，也不想弄清，而我至少在力图弄懂。"他指出，面对互联网，传统行业可以选择的三条路是：第一，不理睬互联网，继续传统行业；第二，淡化传统行业，投入 IT 产业，转向高科技概念；第三，运用互联网技术改造传统行业。第一种做法忽略互联网的存在，企业将没有出路；第二种转型的做法有成功的可能性，但概率很小；万科选择的是第三条道路，积极接受互联网技术的"改造"。

到现在，王石不仅对互联网颇有见地，甚至成了著名的"网虫"，即使是在登山的时候，他也必会随身带着一台电脑。万科公司对外开办了总经理网站、王石网站和 BBS 等，以对话的形式与客户、与员工进行沟通。王石自己还曾做过"王石在线"的论坛版主，他每天除工作时间外还会花三小时以上管理这个版块，甚至在登山期间也坚持如此，他认为通过这个版块能够及时地获得内部员工与外部人士传递来的信息与意见，这些对于万科的发展是很重要的。除此之外，王石还开辟了个人的博客，他应该是企业家群体中开博较早和更新较勤的一个。这些平台都成了王石及时了解新趋势、新动向、新事物的有效途径。他的这种态度深深影响着万科的全体员工。

王石指出了企业在面对互联网时可以走的三条路，第一条是不理不睬，我行我素；

第二条是淡化传统行业，投入互联网行业；第三条是将互联网引入到传统行业，接受互联网的改造。企业在面对数字化时代时也会面临这三条路的选择。不管企业正视与否，重视与否，数字化时代已经到来，与其回避它，不如用好它。将数字化的技术运用到营销中来，贴近客户群，融入客户群，这才是企业必然的选择，像当前的微博营销、事件营销、病毒营销，等等，都是值得尝试的方法。

利基成长：小企业在夹缝中也能生存兴旺

对小公司而言，除了在一个巨大的市场中成为跟随者外，另一个选择就是在小市场中成为领导者，或称之为利基者。小公司通常都要避免与大公司竞争，因而它们会选择大公司不感兴趣的小市场作为目标。那些只有较小市场份额的公司也可通过明智的市场利基来获取高额利润。这些公司往往倾向于提供高价值、收取溢价、降低制造成本和营造强势的公司文化和愿景。

——科特勒《市场营销教程》

科特勒提到的这个“利基”，是英文单词“Niche”的音译，这个词原意是“壁龛”，有拾遗补缺或见缝插针的意思。科特勒给“利基”下的定义为：更窄地确定某些群体，这是一个小市场并且它的需要没有被服务好，或者说“有获取利益的基础”。通常确定利基市场的方法是把市场细分再细分，或确定一组有区别的为特定的利益组合在一起的少数人。

利基市场营销常被形象地称为“缝隙营销”或“补缺营销”，是指企业为避免在市场上与强大竞争对手发生正面冲突，而采取的一种利用营销者自身特有的条件，选择由于各种原因被强大企业忽视的小块市场作为其专门的服务对象，对该市场的各种实际需求全力予以满足，以达到牢固地占领该市场的营销策略。

罗素·西蒙斯针对嘻哈文化所打造的商业王国就是一个典型的利基成长的例子。

罗素·西蒙斯曾是美国著名的黑人饶舌说唱歌手。凭借自身在嘻哈文化中的影响力，以嘻哈文化为起点，他在短短几年间建立了拥有电信、时装、媒体、金融、消费品和咨询等行业的庞大帝国，创造了利基营销的神话。

嘻哈文化（Hip Hop）融合饶舌说唱、街头涂鸦艺术、黑人装扮等文化形式，一度被认为是黑人帮派和街头流氓不入流的草根文化，仅在很小一部分黑人青年中流行。但从20世纪80年代末期开始，这种饶舌说唱音乐形式逐渐走出了贫民窟，受到越来越多年轻人的喜爱。

罗素·西蒙斯也在这一时期成了明星。而罗素最令人敬佩的不是他那高超的演唱技巧，而是比其他人更早地发现了隐藏在嘻哈音乐以及嘻哈群体之后的巨大商业价值。

1992年，他推出了用自己昵称命名的嘻哈时装品牌——Phat Farm。他非常清楚自己的目标顾客是那些喜欢嘻哈文化的年轻人。在寻找目标市场这一点上，他甚至比大名鼎鼎的维真集团总裁理查德·布兰森更有天赋。布兰森把不循规蹈矩、反叛的年轻人作为目标顾客，与之相比，罗素所选择的目标市场显然更有针对性，也更狭小。选择了明确的市场，而且是在自己最熟悉的领域内做生意，这对罗素来说实在是太得心应手了。他知道如何才能最大限度地利用嘻哈文化，同时也通过公司的营销活动为嘻哈文化的发展推波助澜。

谁也没想到，这个小小的细分市场有如此大的发展空间！很多人在罗素获得了巨大的成功以后才发出这样的感叹。以嘻哈文化为基础，罗素又创立了一家唱片公司，与众多一线说唱歌手签约，并建立了以自己名字命名的Rush基金，专门赞助尚未成名的说唱艺术家和街头涂鸦艺术家，推动着嘻哈文化的发展潮流。接着，罗素又推出了Rush维萨卡和Baby Phat Rush维萨卡，上市第一年就吸引了超过10万的用户；罗素公司推出的碳酸饮料也大获成功，被美国的青少年视为最酷的功能饮料。罗素公司出版的《One World》杂志，订户也超过了25万。嘻哈文化以及罗素·西蒙斯的影响是如此的广泛和深远，以至于包括哈佛和麻省理工学院在内的30多家大学都开设了专门研究嘻哈文化和罗素·西蒙斯的课程。

如今，嘻哈文化已经冲出美国，在全球范围内流行。当初的利基市场，已然发展成为令人垂涎的庞大蛋糕。

在营销界，流行这么一句话："越来越小的大众，越来越大的小众。"利基营销针对的就是"越来越大的小众"。在常人看来，利基市场大多是名不见经传，默默无闻的，不像大众市场，由于有巨大需求的支撑，时常表现得轰轰烈烈，蔚为大观。但尽管表面上毫无英雄式的做派，利基营销却无可争辩为地成为真正适宜于中小企业的市场营销策略。

混沌生存力：稳定是相对的，混沌是绝对的

绝大多数企业都相信一种"自我恢复"的平衡法则——如果供过于求，生产商将降价，带来销售增长，抵消过量供应。与之相反，如果供不应求，生产商会把价格提升到可以平衡市场供求的水平。平衡，就这样实现。在存在着周期性和间歇性的经济繁荣和经济下滑的当今社会，动荡已成为一种"新常态"。

——科特勒《混沌时代的管理和营销》

当经济危机和经济衰退降临的时候，人们津津乐道的大都是经济在什么时候可以复苏。而科特勒给出的答案是——混沌和动荡已经取代了"自我恢复"的平衡法则，成了新的常态。他认为，二战后，经济发展相对缓慢，呈现5～7年高峰，12个月低谷往复的发展曲线。但今天不同了，变化峰谷呈现为锯齿状。世界经济将结束以往优雅的正态曲线的发展节奏，经济危机会在更快更短的时间影响我们的经济生活。如果说在过去，确实存在着一种"自我恢复"的平衡法则的话，那么现在，混沌与动荡就是新的常态。

在传统上，"混沌"一词常用来描述混乱、杂乱无章、缺少规律性的事物或现象，而将"混沌"引入管理，则是指对处于混沌环境或处于混沌状态的系统加以管理。对于企业来说，它指的是为了适应内外环境的混沌变化或现象而树立起来的思想、观念和采取的一系列行动。

汤姆·皮特斯在其著作《振兴有赖于混沌》中指出，“混沌将导致一场革命，向我们自认为熟知的关于管理的一切知识提出了挑战，也向传统的管理实践提出了挑战”。今天，变化的速度和震荡的程度比以前更大了。这在过去是不正常的，这是新常态。世界已经进入了一种新的常态，在可预见的将来，包含增长和下跌两个周期的日子已经一去不复返了。我们已经进入了一个持续的、不断加剧的动荡和混乱时代。

在依存度日益增强的全球化时代，在间歇性繁荣和经济下滑过程中，混沌是常态。在此基础上，营销理念开始更多地关注企业内部，以及企业与客户的关系，涉及技术变革、环境，以及更广泛的利益相关者等因素的影响，而这对于企业的营销工作提出了前所未有的挑战。

现在动荡比以往更多，企业一定要做好准备，随时进行变化，不能够再像5年前、10年前那样经营业务，现在变革是企业最基本的战略。企业要想在混沌和动荡的新常态下生存，就必须构建一整套混沌管理系统，以帮助管理者重新考虑在经济衰退和其他动荡的条件下如何降低脆弱性并利用机会，还有如何进行管理和营销。

企业重点要采取的有三项措施：第一，建立预警体系；第二，进行情景规划；第三，进行有灵活性的预算。科特勒强调说，企业在制订战略时，必须平衡短期和长期因素，必须维持并增强影响它们声誉的主要因素，建立一个人们为之忠诚的企业。只有逃脱传统的营销局限，转而由营销来打造企业战略，才能对市场容量及企业自身定位做出更明确的界定，才能在混沌时代的转型中蜕变成功。

2009年科特勒启动天阶计划时，曾经一再提醒企业——

未来几年，很可能会出现动荡，因为许多西方国家正在经历一场大规模的去杠杆化。事实将证明，在德国等储蓄国与希腊、爱尔兰、葡萄牙和西班牙等负债国之间的结构性失衡不断改善的过程中，欧元区的动荡将会特别剧烈。需要说明的是，这些动荡将波及所有市场，包括资本市场、货币市场、贸易市场和劳动力市场。

对此，企业应深入了解可能会出现动荡的各个领域，并鉴别潜在冲击的影响范围，努力开拓外围视野、提高对事物的观察能力。波动性将长期存在，企业应学会识别它、适应它、管理它，乃至利用它并从中获利。但是，千万不能忽视它！

可持续营销：责任与担当铸就基业长青

可持续的市场营销不仅关注当前顾客的需要和欲望，还要关心未来的顾客，确保企业、股东、员工以及赖以生活的地球的存续和发展。可持续的市场营销要求公司承担对社会和环境的责任，既满足顾客和公司的当前需要，也满足他们的未来需要。

——科特勒《市场营销原理》

科特勒提出，可持续市场营销要求满足消费者和企业当前需要的同时，保护或加强后代满足他们需求的能力。真正的可持续市场营销需要一个运行顺畅的市场营销系统，其中消费者、公司、公共政策的制定者以及其他人齐心协力，努力确保市场营销行为符合社会责任和道德规范。

公司制定市场营销决策时，必须考虑消费者的欲望和利益、公司的要求和社会的长期利益。公司应该明白，忽略消费者和社会长期利益会给消费者和社会造成损害。明智的公司将社会问题视为市场机会。麦当劳就曾经历这样的转变——

麦当劳公司早期营销味美但含有过多盐分的油腻快餐的决定，曾经为很大一部分顾客创造了即刻的满足，也给公司带来了销售利润。但是，批评家指出，麦当劳和其他快餐食品连锁企业所推出的食品，对造成长期以来美国肥胖流行病是负有很大责任的，损害了消费者身体健康，并加重了国家医疗系统的负担。

随着人们对健康的日益重视，许多消费者开始寻求更加健康的饮食选择，导致对快餐食品行业的需求骤降。除道德行为和社会福利问题，麦当劳还因其规模巨大的全球经营活动对环境产生的诸多影响受到指责，包括从产生废弃的包装和固体垃圾到其门店中低效的能源使用等各个方面。基于这些事实，麦当劳的战略无论从消费者还是从公司利益而言，都是非持续性的。

近年来，麦当劳公司开始采取了一系列改革措施，它推行“渴望成功”战略，推出多样化的沙拉、水果、烤鸡、低脂牛奶和其他健康食品。而且，在对一种更健康的食用油长达 7 年的研究后，麦当劳在无损其薯条的美味的情况下，逐步淘汰了容易引发动脉脂肪堵塞的传统烹饪方式。并且，该公司推出一场盛大的公众教育运动——宣称“这就是我吃的和我做的……我就是喜欢”。通过这些活动来帮助消费者更好地理解享受积极和平衡的生活方式有多么重要。

“渴望成功”战略还对环境问题作出了回应。例如，它呼吁食物供应的可持续性，减少包装，并采用环保包装，倡导循环使用，以及更加负责任的商店设计。麦当劳甚至制定了一份环境平衡积分表，用于评价其供应商在诸如用水、能耗和固体废物管理等方面的表现。

麦当劳的这种可持续发展的战略正使公司和顾客受惠。“渴望成功”战略实施之后，麦当劳的销售额提高了 57%，利润几乎是先前的 3 倍。由于麦当劳在可持续的经济、环境和社会责任等方面的投入和表现，它已经跻身道琼斯可持续发展指数之列。

麦当劳营销战略的变革着眼于长远，在承担责任的同时，也推进了自身的发展。可持续市场营销要求公司，不仅提供使人感到愉悦的产品，而且生产能为消费者和社会带来利益的产品。

现在的企业面临的是这样的状况：政府的法规及监管越来越严格；环境保护、劳动保护等方面的非政府组织发挥着越来越重要的作用；跨国公司对企业社会责任越来越重视，并通过采购供应链，传导到上游的供应商；媒体及社会公众的舆论监督越来越普遍；消费者绿色消费浪潮兴起等。企业一旦跨越了某些底线，不仅无法迅速发展、壮大，而且可能面对来自整个社会的巨大压力，遭遇灭顶之灾。

在可持续营销方面，杜邦公司堪称楷模，它要求所有的员工都记住“尽量不要在地球上留下脚印”。这句话强调的是：其一，尽量少用不可再生的资源；其二，将排放物尽量减少到最低限度，不对环境造成污染。废弃物减量和资源再生利用成为杜邦公司环境管理的重点，公司也是全球第一家追求污染物零排放目标的企业，并因此而获得联合国颁发的嘉奖。

市场营销的基础是这样一种信念，即满足顾客需求和欲望的公司才能够兴旺发达。不能满足顾客需要的公司，以及有意或无意伤害当前顾客、社会或未来顾客的公司将衰亡。企业必须以承担社会、环境和道德责任的行为为顾客创造价值。

第❷篇

营销环境：从市场中来，到市场中去

第 1 章
宏观环境：鱼不离水，营销脱不掉社会力量影响

企业必须掌握的六种主要宏观环境因素

宏观环境由影响微观环境的较大的社会力量——人口、经济、自然、技术、政治法律和文化——构成。为了应付迅速变化的全球形势，营销人员必须监测这六种主要的宏观环境因素。

——科特勒《市场营销原理》

科特勒指出，公司的营销环境由影响市场营销管理者与其目标顾客建立和维持稳固关系的能力的所有外部行为者和力量构成。市场营销环境由微观环境和宏观环境构成。微观环境由影响公司顾客服务能力的联系紧密的组织或个人——企业、供应商、市场营销中介、顾客、竞争者和公众——构成。而宏观环境则是由影响微观环境的较大的几种社会力量——人口、经济、自然、技术、政治法律和文化——构成。

人口是第一要素，人口的数量决定市场的规模与潜在容量，人口的性别、年龄、民族、婚姻、职业、居住地等等因素也影响着市场格局，影响着企业的营销活动。所以，企业应重视人口环境因素的研究，从而及时地调整营销策略，适应人口环境的变化。

经济也是一个对企业营销活动影响极大的主要宏观环境因素，它包括消费者收入、消费支出、产业结构、经济增长率、银行利率等因素，尤其是消费者收入状况和消费结构对营销活动有直接影响。

自然环境指的是自然界提供给人类的各种物质资料。经济的发展，工业化的进程，一方面给我们创造了丰富的物质财富，满足了人们不断增长的需求，但另一方面，也给自然环境造成了巨大的压力与破坏。自然环境保护越来越被各国政府和公众所重视。这些问题都是企业营销过程中必须予以高度重视的。

技术影响着人类社会的历史进程和社会生活的方方面面，它对企业营销的影响更是显而易见的。技术的发展，会给企业带来新的市场机会，会造就新的行业，同时也会给一些行业、一些企业带来威胁甚至颠覆，它还会改变消费者的购买行为和习惯，进而会促使企业在营销上进行变革和创新。

政治法律这二者共同对企业的营销活动发挥作用，施加影响，政治环境引导着企业营销的方向，而法律环境则为营销活动定下了行为准则。企业在营销活动中，特别是在对外贸易活动中，必须要对目标市场的政治法律环境有深刻的认识和了解。

文化环境指的是价值观念、宗教信仰、风俗习惯、道德规范等等。无论是消费者，还是企业，都处于一定的社会文化环境之中，企业营销活动必然受到文化环境的影响与制约。因此，企业制定营销策略，应了解和分析文化环境，在此基础上开展营销活动。

宏观的市场营销环境是不容忽视的，它虽不能直接决定企业的效益，但对企业的发展方向、发展目标都会有很大的帮助。企业的发展必须在市场营销的宏观环境中进行。宏观环境的发展变化，既会给企业制造有利条件与发展机会，同时也会给企业的生存发展带来不利因素甚至造成环境威胁，企业必须密切注视宏观环境的发展变化，并注意从战略的角度与之保持适应性。

读懂人口环境才能透视营销受众

人口统计是根据人口规模、密度、地理位置、年龄、性别、种族、职业和其他一些统计量进行的人口研究。由于人口统计环境与人相关，而正是人构成了市场，因此，市场营销者要密切追踪国内外市场中的人口变化趋势和动态，关注不断变化的年龄结构和家庭构成、人口的地理迁移、教育特点以及人口多样化。

——科特勒《市场营销原理》

科特勒认为，只有读懂了人口环境，才能更精准地透视营销受众。在人文环境中，营销人员必须认识到世界性的人口增长、年龄结构变化、重组民族构成和教育水平改变、非传统家庭的发展和大量的人口迁移。人口是很关键的一个环境因素，因为市场是由人所组成的。营销人员尤其感兴趣的是不同城市、地区和国家的人口数的多寡和成长率；年龄分布和种族组合、教育水平、家庭结构、地区特征和迁移。

有句话说：“顾客就是上帝。”消费群体是企业的服务对象，如果不了解“上帝”的喜好，以及目前的状况和未来动向，又怎能赢得消费者的青睐呢？特别是当企业进入到一个全新市场的时候，更要对自己的消费群体有深入的了解。

2006 年，一则 PSP 广告也引起了各界的广泛关注，这则索尼为陶瓷白色 PSP 在欧洲打出的广告一推出就立刻引发了激烈的争议。广告中一名白人女子单手掐住一名黑人女子的下巴，面露威胁之情，也正是这个动作，被普遍认为有严重的种族歧视倾向，遭到许多人的反对。最后，索尼撤下了分布在各地的引起争议的 PSP 广告，并就此事公开赔礼道歉。索尼的一位官方发言人表示：“广告中使用的人物形象是为了强调黑、白两种颜色 PSP 的对比，我们承认，其中一个画面所表现的主题可能在某些国家或地区引发争议，因此我们决定撤回这些广告。”此外，索尼方面还对由于广告所带来的不良影响而道歉，并保证“索尼在将来的广告图片选择上将更加谨慎，同时也将加强对这类地区广告所带来的广泛影响以及对其他国家的潜在效果的预见和控制。”

营销就是要为消费者创造价值，而要创造出这种价值，首先就要了解消费者，了解自己所要面对的人口环境。

在营销上，对人口环境的分析，大致分为三部分——人口数量分析、人口结构分析和人口分布分析。近些年来，世界人口呈爆炸式的速度增长，对企业有着很大的影响。人是市场需求的主体，这也意味着市场需求也会随人口增长而发生爆发式膨胀。另外，人口结构老龄化，以及区域分布的一些特征，都是企业进行营销活动不得不考虑的因素。

分析人口环境，不能只是单纯地对数量、密度、分布、年龄、性别等数据的统计分析，最重要的是要能结合企业自身特点，从这些数据信息中寻找潜在机会。譬如，大众汽车就曾经注意到残疾人中有很大一部分人有着旅游驾驶的需求，因此，它不仅开发出了能很好满足需求的产品，更成功地运用了一些营销手段，开创性地占领了这个细分市场。

人口环境对企业有重要的意义。就拿中国来说，当年，为控制人口的快速增长，计划生育政策被全面地贯彻执行。结果催生了一批批“小皇帝”、“小公主”——他们受到父母、爷爷奶奶、外公外婆格外的溺爱和关注。现在，这个被宠爱群体的年龄从新出生的婴儿到20多岁不等，他们正显著地影响着从儿童用品到金融服务、饭店和奢侈品的营销。在很多家庭，年轻父母们将家庭收入的很大一部分都花在这些宝贝孩子身上，这为儿童教育产品创造了巨大的市场机会。例如，时代华纳就看准机遇，推出了一种名为“英语时代”的互动型语言课程，包含200节课、40张CD，历时4年，针对的就是中国这个具有高赢利性、庞大的孩子市场。该课程售价3300美元，几乎是许多中国父母一年的薪酬。可见，把准了人口大环境的脉，从某种程度上说，就等于是把准了消费者的脉。

每一种新技术都是一种“创造性破坏”力量

改变人类命运最戏剧化的力量之一是技术。每一种新技术都是一种“创造性破坏”力量。晶体管使真空管行业没落、复印机使复写纸行业衰败。新技术创造了新的市场和机会，新技术终将替代老技术。如果旧产业忽略甚至抵制新技术，它们自身就会衰弱。因此，市场营销者应该密切关注技术环境。不能紧跟技术进步步伐的公司很快会发觉自己的产品过时了，并错失了新产品和市场机会。

——科特勒《市场营销原理》

科特勒曾说：“技术创造了许多奇迹，如青霉素、开胸手术、避孕药；技术也创造出了恐怖的‘魔鬼’，如氢弹、神经性毒气、冲锋枪；技术还创造出了诸如手机、电子游戏机这样好坏参半的产品。”

新技术能创造新的市场和机遇，然而每项新技术的诞生往往也意味着旧的技术要被淘汰，例如彩色电视机的出现慢慢淘汰了黑白电视的市场。如果企业跟不上科技进步的步伐，就会发现自己的产品已过时，同时也就失去了一些新的市场机会，从而市场竞争力会被大大削弱。相反，如果企业重视科技环境的发展变化，并能及时采取行动，则能在科技进步中不断获益。因此对于企业而言，科技环境的分析就显得异常重要。

提到新技术的"创造性破坏"作用，就不得不提互联网。互联网对传统行业的冲击，几乎可以说是毁灭性的。举一个很明显的例子——互联网媒体对传统媒体。

从 2008 年下半年开始，美国报业就面临着债务攀升、广告收入大幅下滑的压力。许多公司不得不通过裁员、申请破产等方式渡过难关。2008 年 12 月，拥有《洛杉矶时报》、《芝加哥论坛报》、《巴尔的摩太阳报》等知名报纸和 23 家广播电视台、美国年收益第二、总发行量第三的报业集团"论坛报"提请破产保护。2009 年 2 月，拥有近 20 多家日报的 Journal Register 公司申请破产保护。第二天，大费城报业协会也在电子邮件中向该协会会员通知了费城报业公司申请破产保护的消息。而全美第一大报《纽约时报》在即将到期债务、股价及信用评级调低的重压之下，已经开始减少采编人员和削减股东红利。

市场通常将这些传统媒体所面临的困境解读成金融危机带来的附带伤害，但事实上，更主要的一个因素是互联网媒体的冲击。这是一股势不可挡的趋势，金融危机只是加速了趋势的到来，只是起到了催化剂的作用。互联网技术的革命将在未来改变人们诸多生活方式。

试想一下，当某地出现了一件突发事件，记者接到爆料线索后，以最快速度赶到现场采访，写完新闻稿之后连夜发回报社，排版印刷之后第二天送到读者手中。传统新闻报道一直以来都是这样的流程。而现在，借助于互联网技术，那位现场的爆料人不仅可以联系传统媒体，更可以用手机轻松拍下现场照片然后上传到自己的博客或论坛中，同时以相对客观的立场发表一些自己的见解，那么他创造这条新闻的成本将远低于报纸，而这条新闻的传播成本更是大大低于传统渠道，网友只要把链接发给别人就行了。事实上，现在很多新闻都是在网上热炒很多天之后，才被传统媒体所关注。

报纸除了提供新闻，还提供有价值的评论，特别是一些作者的专栏具有很高的用户粘着度，但是现在多数有"粉丝"的作者都会在网上开设专栏，通过方便的 RSS 订阅功能（类似于订报纸），读者甚至可以做到实时监控作者的最新文章，而不必等报纸拿到手。更关键的是，读者还可以通过留言等方式直接和专栏作者互动。这些，是传统的媒体无论如何都难以做到的。

在传统媒体广告日渐萎缩的今天，互联网媒体广告却持续高增长，艾瑞咨询曾发布研究报告称，2008 年中国综合门户网络广告市场高速增长近 60%，广告营收达到 47.4 亿元；而搜索引擎广告营收也实现了翻番。写博客赚钱也已经不是新鲜事了，加拿大有一位叫 John Chow 的华人，他每个月通过博客获得的收入超过 3 万美元，为此他还特地把自己的成功经验总结成了一本书免费发布。

互联网技术所带来的改变远不止于此，在未来，它还将继续这种"创造性破坏"。随着网络媒体的兴起，人们越来越多地选择通过网络来获取信息，势必将大大影响报纸等传统媒体的发行量，并减少其广告收入，未来数年内裁员、降薪和破产可能会伴随着它们，如何及早顺应趋势进行调整，是当前传统媒体不得不考虑的生存选择。

熊彼特曾说：创新固然会创造利润，但是有创新就有破坏，因为创新会破坏现有的经济模式，但破坏之后新的取代旧的，结果更美好，这就是著名的“创造性破坏”理论。技术环境是“双刃剑”，也是促进市场优胜劣汰进程的一个重要力量。重视技术、合理分析技术环境变化趋势，才能做到趋利避害，为企业的营销活动做出正确的指导。

政治法律有底线，企业要“做正确的事情”

有多种原因使得商业立法很有必要。首先是保护公司的利益，其次是保护消费者免受不公平的商业活动的损害，再次是保护社会的利益免受无序商业活动的损害。明智的公司鼓励其管理者遵守法律和法规，“做正确的事情”。

——科特勒《市场营销原理》

科特勒提醒企业，尤其是进行国际化的企业，在开展营销活动的时候，会遇到十几种甚至数百种为执行贸易政策和规定而设立的形形色色的机构。政府机构在执法时有一定的自主权，因此它们对公司的市场营销活动会产生重要影响。新的法律及其执法部门持续增加。企业经理在计划产品和市场营销方案时，必须关注这些发展。市场营销者需要了解地方、州、国家和国际各个层次的保护竞争、消费者和社会的重要法规。

企业必须把握住法律底线。企业经营活动须依法进行，不能逾越法律的规范。毫无疑问，非法经营、进行内幕交易和向国家工作人员行贿这些行为都是违法的，只要有所逾越，纸终究包不住火，违法的代价最后终究得由企业来承担。在这方面，默多克旗下的《世界新闻报》就是一个典型的反面案例。

2011 年 7 月，传媒大亨默多克新闻集团旗下的英国通俗小报《世界新闻报》曝出非法截取、窃听私人电话信息的丑闻，由此使默多克集团陷入窃听风暴。《世界新闻报》是一份英国小报，每周日发行。该报纸是默多克所有的新闻集团旗下的报纸，通常被认为是太阳报的周日版。该报纸停发之前每周出版印刷 300 多万份，是世界上发行量最大的英语报纸。

它以名人新闻、丑闻、八卦消息、揭秘报道等为卖点，风格属于“小报”。英国小报素有靠窃听电话、付费购买名人隐私、骚扰王室等涉嫌违法行为来报道的传统。有人讽刺说，只要有“卖点”，任何人都逃不出《世界新闻报》的掌心。

2006 年，《世界新闻报》记者因雇用私家侦探窃听威廉王子、哈里王子的手机，2007 年被捕、受审入狱。它曾最先爆出美国游泳名将菲尔普斯吸食大麻、美国高尔夫名将伍兹性丑闻……

英国警方调查表明，受雇于《世界新闻报》的私家侦探格伦，家中有长达 9200 页的英国公民信息资料，包括谋杀案和恐怖袭击的受害者、影视和体育明星、政客及跟英国王室成员关系密切的人士，甚至还包括阵亡英军士兵家属。警方说，可能有 4000

人的电话遭《世界新闻报》雇员窃听。

很多民众认为，《世界新闻报》的做法，“极其恶心”，“他们应该受到审判，付出代价”。因为窃听丑闻，这份有 168 年历史、英国最畅销的周报被停刊，而默克多的新闻集团亦因此事件形象一落千丈。

德鲁克曾提出“先做正确的事，再正确地做事”的理念，“做正确的事情”比“正确地做事”更重要。而谨守政治、法律、道德的底线，就是在“做正确的事情”。

美国管理学者卡罗尔曾将企业社会责任分为经济责任、法律责任、伦理责任、慈善责任四个部分。经济责任是指企业必须赢利，给股东以回报，这是最低层次的社会责任，是实现其他更高层次社会责任的基础；法律责任是指企业必须依法经营，一切活动必须遵守法律的相关条款；伦理责任是指企业的各项活动必须符合社会基本伦理道德，不能做违反社会公德的事情；慈善责任是指企业作为社会的一个组成部分，需要为社会的繁荣、进步和人类生活水平的提高做出自己应有的贡献，是最高层次的企业社会责任。这其中的法律责任非常重要，就好比地雷一样，企业一旦触碰了这条红线，会给自身带来极大的负面影响甚至是灭顶之灾。当企业实力还很弱小的时候，它可能无力履行慈善责任，但它必须履行法律责任和伦理责任，这是处于发展阶段的企业所需要谨守的底线。

《孟子·尽心上》中有一句“穷不失义”，这不仅是对人而言，也是对企业而言。在创业初期或发展遭遇困境的时候，企业追求自身的发展必须有底线，求生存、求发展不能成为企业无视法律、违背伦理的借口。这也就是说，企业只有守法经营，加之适应市场、立足创新、经营有方，才能保持较长的生命力。

文化环境直接影响着消费心理与行为

文化环境由制度和影响社会的基础价值观、认知、偏好和行为等其他力量构成。人们在特定的社会中成长，逐步形成自己的基本信念和价值观。社会文化环境因素决定了独特的生活方式，规定了人们的行为准则及道德规范，这些都会直接影响到消费者的购买行为。

——科特勒《市场营销原理》

科特勒指出，文化环境会影响到社会的基本价值观、理解、偏好和行为，而且，它会对消费者的心理与行为产生潜移默化的影响。

社会文化环境包括了企业所处地区的社会结构、风俗习惯、信仰和价值观念、行为规范、生活方式、文化传统、人口规模与地理分布等因素。社会文化也可以说是一个社会全体成员长期共同形成的行为特征的总和，各国家或地区都已形成了各自的社会文化特点。

社会文化还体现了一个国家或地区的社会文明程度。社会文化中教育水平的高低对企业营销调研、目标市场选择和采用何种经销方式等均有很大影响。另外，价值观念对消费者的消费需求和购买行为也有重要的影响，面对不同价值观的消费者，企业必须采取不同的营销策略。另外，消费习俗、宗教信仰等也都是企业不得不考虑的社会文化环境因素。很多跨国企业在这方面都有过长时间的探索与尝试，譬如雀巢、宝洁等。

雀巢的营销策略，正体现了社会文化的影响力。在雀巢咖啡之前，人们一直要通过煮咖啡才能尝到咖啡的美味，既费时且费力。当划时代的雀巢速溶咖啡面世时，改变了这一结果，使喝咖啡成为一件可以快速完成的事情。于是，雀巢速溶咖啡广告便强调因速溶而带来的便利性，然而，令雀巢未曾料到的是，这种以“速溶”为独特卖点的产品竟然没能像想象中的那样热销。

这时，雀巢的全球研究网络开始发挥它的作用，经深入调查了解，许多家庭妇女在购买速溶产品时存在顾虑，认为这是一种偷懒行为，甚至是对客人和丈夫的一种怠慢，这与男人心目中贤惠能干的妻子形象相距甚远。在男尊女卑的三四十年代，速溶咖啡显得有点不合时宜。

雀巢搜集到这些信息后，开始调整自己的营销策略，既然方便性已经不能令消费者心动，于是，广告的重点就转向表现产品的纯度、良好的口感和浓郁的芳香，强调雀巢咖啡是“真正的咖啡”。这一变，雀巢咖啡才真正火了起来。后来，随着妇女解放，人们越来越能接受雀巢的“速溶性”，雀巢大受广大家庭主妇的欢迎，尤其对那些没有磨豆道具的家庭来说，更是方便。

后来，当调研人员发现人们逐渐认可“好咖啡就是雀巢咖啡”后，雀巢咖啡的广告又开始变化了，由理性诉求转变为感性诉求，由对产品功能性的宣传转变为对新生活方式的倡导。

宝洁的帮宝适也是这样的，一开始它也将产品的诉求点定为方便好用，后来经过调研以后发现这个宣传让很多年轻妈妈感觉有偷懒的嫌疑，后来宝洁重新确定了广告诉求，重点宣扬帮宝适能够帮助宝宝更加健康地成长。广告的出发点改变了，以前是从妈妈的角度出发，强调产品能够给妈妈们带来更多的方便，后来的广告是从宝宝出发的，强调这个产品能够让宝宝更加健康的成长，所以帮宝适才越来越被妈妈们所喜爱。

不同的态度、价值观念和需求，就要求企业运用不同的营销方法以及不同的营销组合。每个人都是在特定的文化氛围中成长起来的，其所在的国家、地区、家庭等的文化，都会深深影响到他的价值观、世界观以及行为方式。

社会文化环境是一种长期积淀下来的环境因素，而且以企业的一己之力是很难去改变的，糟糕的是，对社会文化环境的分析往往容易被企业所忽视，结果也总是“惨败而归”。因此，熟悉和适应市场所在地区的社会文化环境，是每个企业必须要认真完成的先行工作，何况这些社会文化中经常还隐藏着一些商机！

营销人员应分析自己的市场营销活动将涉及哪些层次的文化因素，从而灵活地采取相应的策略。另外，在每一种文化的内部，都包含若干亚文化群，即那些有着共同生活经验或生活环境的人类群体。对亚文化群的研究甚至更为重要，根据他们的需求与消费行为，将其划分为不同特征的目标市场，从而更方便实行精确营销。

即使不能改变环境，也要积极主动去适应环境

市场营销管理者并不总是能够始终影响环境因素。在很多情况下，他们只能够关注环境，并对它作出反应。例如，公司要影响人口的地理迁移、经济环境或重要的文化价值观只能是徒劳。但是只要有可能，聪明的市场营销经理就会对市场营销环境采取积极主动而非消极被动的行动。

——科特勒《市场营销教程》

“聪明的市场营销经理会对市场营销环境采取积极主动而非消极被动的行动。”科特勒的这句话告诉我们，即使不能改变环境，也不能消极被动地等待，而应该积极主动地去适应。就像鱼离不开水一样，任何一家企业都无法脱离其生存与发展的环境，环境是企业赖以生存的条件。企业要生存、发展，就要像变色龙一样随着环境的温度、光线、颜色的变化而变化，主动地适应周围的环境。

马云曾说：“优秀的企业家必须学会比别人提前适应这个环境，这个灾难一定会在两三年内打击到每一个人，谁先适应谁就有机会。做企业至少是 5～10 年的考虑，两三年的灾难不算什么。假如你没有思考过 5 年和 10 年，我觉得两三年内的打击是没什么意义的。”

我们应该都能发现，即使是在最糟糕的环境中，也依然会有“活”得很好的企业，并不是外界的环境影响不到这些企业，而是他们比同行们更懂得如何去适应环境，如何在最坏的环境中找寻最好的机会。

在任何时候，当经营环境发生改变后，企业绝不能坐以待毙，而应该积极地适应环境，甚至在这个基础上进一步去改变环境，这样企业才能获得生存和发展。好耶在互联网行业的“冬天”里，一方面大力提升为客户服务的能力，为客户创造更多的价值；另一方面积极开拓新的渠道和利润增长点，以变通求存活，正是这些因素使得好耶转危为安，在最艰难的时期却实现了最快速的增长。

要适应环境，首先就要改变自己。很多公司都能意识到这一点，但有的公司会急中生乱，盲目地改变，一有风吹草动就立刻调整自己的方向和战略，这是不可行的。在不利的环境中，各个公司面临的情况是千差万别的，到底应该向哪个方向转变，怎样转变，要根据企业自身的情况而定。在营销上，企业可以重点考虑这样三种调整方案：

第一，改变、提升自己的产品。如改变产品样式，增加产品功能等等，这是最常见的一种。

第二，以现有的业务为核心，谨慎地进行业务的延伸。像海尔集团，从生产电冰箱，到发展成拥有包括电冰箱、洗衣机、空调、彩电、电脑、微波炉等在内的 58 大门类 9200 多个规格品种家电群的“海尔家族”，通过这种全覆盖的方式来增强企业对于不利环境的抵御能力。

第三，寻求新的业务，必要的时候，甚至跳出原有的行业。这方面，最典型的例子当属诺基亚，这家公司最初生产的是纸浆和纸张，接着，进入橡胶行业，甚至一度

成为橡胶公司的代名词。而后，诺基亚转入了通讯行业，并成了这个行业的主导者之一，引领风骚数十年。

世界著名的未来学家约翰·奈斯比特有一句名言："要经常问自己，我的企业是干什么的?"企业存在和生长的唯一条件就是满足市场与客户的需求。任何一家企业都必须时时处处关注市场和客户需求的变化，随需而变。若稍有松懈，便会失去市场。当公司的经营环境改变时，公司必须适应变化，随之而变，这是小公司在此情况下唯一的生存与发展之道。

第 2 章
微观环境：层层面面构建起企业的价值传递网络

企业必须掌握的六种主要微观环境因素

微观环境由影响公司顾客服务能力的联系紧密的组织或个人——企业、供应商、市场营销中介、顾客、竞争者和公众——构成。一个公司必须掌控这六种主要的因素。虽然这些因素有一定的独立性，但营销人员必须对其进行监视并采取相应的行动，因为它们会导致新机会与新威胁。

——科特勒《市场营销原理》

企业微观营销环境是指与企业营销活动发生直接联系的外部因素。科特勒认为，企业要取得市场营销的成功，必须与微观环境因素建立关系，与它们联合在一起，构建企业的价值传递网络，这个价值传递网络，也就是指企业为获得原始资源、扩展自己和交付产品而建立起的合伙人和联盟合作系统。具体而言，微观环境因素主要包括了企业本身、市场营销渠道企业、顾客、竞争者和社会公众。

第一，企业。企业内部环境是指企业内部组织划分和层次以及非正式组织所构成的整体。企业内部环境是企业市场营销环境的中心，不仅强调组织的正式和非正式关系，还强调组织成员的协作关系。企业内部环境包括营销部门、生产、研发、财务人力资源等部门的配合。

企业市场营销一般由企业主管市场营销的副总经理、销售经理、广告经理、营销研究与计划以及专家顾问等组成。企业营销要达成各职能部门相互理解和支持。营销部门在制定和实施营销计划时，必须考虑其他部门的意见，处理好同其他部门的关系。

第二，供应商。供应商是指向企业及其竞争者提供生产经营所需资源的企业和个人，包括提供原材料、设备、能源、劳务和资金等。企业选择供应商要考虑质量、价格、运输、信贷和承担风险等各方面的条件，择优用之。

供应商对企业营销的影响很大，供应商所供应的原材料数量和质量将直接影响产品的数量和质量；所提供的资源价格会直接影响产品成本、价格和利润。在物资供应紧张时，供应商更起决定性的作用。企业应尽可能与其保持良好的关系，开拓更多的供货渠道，甚至采取逆向发展战略，兼并或收购供应商企业。

第三，市场营销中介。市场营销中介是指协助企业促销、销售和经销其产品给最终购买者的机构，包括中间商、物流公司、营销服务机构（如调研公司、广告公司、咨询公司等）金融中间人（如银行、信托公司、保险公司等）。它们都是市场营销不可缺少的中间环节，大多数企业的营销活动都需要有市场营销中介的协助才能顺利进行。

第四，顾客。顾客是企业营销活动的出发点和归宿，是企业最重要的环境因素。企业的一切市场营销活动以满足顾客的需要为中心。企业面对的顾客可分为以下几种类型：消费者市场，即购买商品或服务供自己消费的个人和家庭；生产者市场，即购买商品及劳务投入生产经营活动过程以赚取利润的组织；中间商市场，即为转售获利而购买商品的组织；非营利组织市场，即为提供公共服务或转赠需要者而购买商品和服务的政府机构和非营利组织；国际市场，即国外购买者，包括消费者、生产者、中间商和非营利组织所构成的市场。这几类顾客都各有特色，企业需要深入地了解每一类顾客，并以相应的方式提供产品和服务。

第五，竞争者。每一家企业在经营过程中都不可避免要与竞争者打交道。要在竞争中胜出，企业就必须充分了解自己的竞争者，努力做到比竞争者更好地满足市场的需要。企业可以根据对消费者购买决策过程的分析来识别众多的竞争者。一个企业所在市场上面对的竞争者主要类型包括：愿望竞争者，指满足购买者当前存在的各种愿望的竞争者；平行竞争者，是指能满足同一需要的各种产品的竞争，如顾客要买电脑，可买笔记本电脑、台式电脑甚至是智能手机等，它们之间是平行的竞争者；产品形式竞争者，指满足同一需要的同类产品不同形式间的竞争，如笔记本电脑有各种型号、式样，其功能各有不同特点；品牌竞争者，指满足同一需要的同种形式产品的各种品牌之间的竞争，如笔记本电脑有华硕、联想、惠普、戴尔等牌子。

这其中，产品形式竞争者和品牌竞争者是同行业的竞争者，此外还有来自代用品生产者、潜在加入者等多种力量的竞争。企业需要全面地了解这些信息——目标市场上谁是自己的竞争者；竞争者的策略是什么；自己同竞争者的力量对比如何；以及他们在市场上的竞争地位和反应类型等等。正所谓，知己知彼才能扬长避短、发挥优势。

第六，公众。公众是指对一个组织实现其营销目标的能力具有实际或潜在利害关系和影响力的一切团体和个人。企业所面临的公众主要有：融资公众、媒介公众、政府公众、社团公众、社区公众、一般公众、内部公众。融资公众，指影响企业融资能力的金融机构，如银行、投资公司、保险公司等；媒介公司，主要是报纸、杂志、广播电台和电视台等大众传播媒体；政府公众，指负责管理企业营销业务的有关政府机构；社团公众，包括保护消费者权益的组织、环保组织及其他群众团体等；社区公众，指企业所在地邻近的居民和社区组织；一般公众，指上述各种关系公众之外的社会公众；内部公众，指企业的员工，包括高层管理人员和一般员工。

企业应树立良好的形象，力求保持和主要公众间的良好关系。现在许多公司都设有公共关系部门，专门负责处理与公众的关系。

持续地监控和适应外部市场环境是极其重要的

所有的营销人员都应该了解，营销环境会不断地为企业带来新的机遇和新的威胁，因此持续地监控和适应外部市场环境对企业来说是十分重要的。只有能快速获得正确信息的公司才能获得竞争优势，因为这些公司能更好地选择市场、开发产品、实施营销计划。

——科特勒《营销管理》

科特勒认为，虽然组织中的每个管理者都需要了解外部环境，但识别外部市场变化则是营销人员的主要职责。因为营销人员具备两项优势更能胜任这份工作。首先，他们具有一整套搜集信息的专业方法；其次，相对于组织中的其他管理者，他们能够投入更多的时间与顾客进行互动，并观察竞争对手和公司外部企业及其他组织的一些情况。

微观环境时刻处于变化之中。微观环境的变化，既可以给企业营销带来市场机会，也可以形成某种威胁。企业进行微观环境监测，就是为了从中发现并抓住有利于企业发展的机会，避开或减轻不利于企业发展的威胁，在一定条件下还可以因势利导、化害为利，将威胁转化成机会。

对微观环境进行持续的监测，市场机会往往就在市场营销环境变化中出现，这是机会出现的一般规律。企业应当建立系统的营销信息系统，采取适当的措施，经常监视和预测企业微观环境的变化，从中寻找有利于企业发展的市场机会。

监控市场环境，了解市场环境，进而适应甚至是引导市场环境，这是企业成长的基因，是营销和企业成功的关键。瑞士洛桑国际管理发展研究院营销与战略学教授肖恩·米汉和伦敦商学院管理和营销学教授帕特里克·马维茨曾在英国《金融时报》发表文章说，一家公司必须能够做到以下两点：首先，它必须能够感受市场的动向，做到这一点最常用的方法就是进行市场调研，加强经理人员和客户（顾客）间的联系，密切关注竞争对手的动向。其次，这家公司如想要利用这种对市场的认识改善经营状况的话，还必须形成一种鼓励灵活性和首创精神的企业风气。

由于微观环境风险的客观性和多变性，企业可以建立一套对微观环境变化风险的预警管理系统，来监测与评价环境对企业的影响，明确企业面临或可能面临的不利环境变动，然后采取有效对策，保持企业更好地适应变化之中的微观环境。企业微观环境预警管理系统由预警分析与预控对策两大任务体系构成：预警分析是对企业微观环境风险的识别、分析与评价，并由此做出警示的管理活动；预控对策是根据预警分析的活动结果，及时矫正与控制企业内部管理活动，采取有效管理活动来迎接环境的变化。这样就可以建立防范企业环境风险的有效机制，使企业可以早做准备，防范风险。

只有关注微观环境、关注外部市场、关注竞争对手，知己知彼，努力获取并保持竞争优势，企业才能谋求生存和发展的机会，才能在激烈的竞争中立于不败之地。如果企业仍将眼光局限于企业内部，只关注企业内部效率的提高，那么企业在竞争中必然一败涂地，再优秀的企业也必须通过外部市场才能转化为效益。

营销人员在关注企业微观环境的变化、分析企业内部数据信息的同时，更要为企业提供外部市场环境及竞争者的信息，通过收集、分析、比较竞争对手具有战略相关性的信息，了解本企业在市场竞争中的地位，从而保持和增强企业的竞争能力。

对于一个企业来说，持续对微观环境保持监控和关注，有利于降低经营风险、有利于企业及时调整战略，应对市场变化，抢占市场。一个企业如果缺乏对市场、竞争对手的敏感度，缺乏创造力和想象力，缺乏对企业内部的自身管理，那么在激烈竞争的经济体制中被淘汰是必然的。

企业最大的风险就是放松对顾客和竞争对手的关注

对于企业而言，最大的风险就是没有能够认真地对顾客和竞争对手进行监视，也没能够持续改进其产品与服务。他们只是注重短期利益，奉行销售至上的原则，结果无法满足股东、员工、供应商和渠道商的需求。

——科特勒《营销管理》

科特勒非常强调一点，那就是，对于任何一家企业而言，顾客和竞争对手都是应该给予最大关注的对象，这二者可以说是微观环境中至为关键的两大因素。对于营销人员来说，“谁是我们的顾客，谁是我们的竞争对手，这是企业的首要问题”。

经营企业，商业模式是一个怎么也绕不开的问题，而其重点又在四个方面，第一个是用户模式，就是要回答谁是自己的用户，给他们提供什么样价值的东西。第二个是产品模式，就是你要做什么，不做什么。第三个是市场模式，就是如何定位，用什么手段去推广。第四个是赢利模式，就是怎样把用户价值变为商业价值。

要理清楚这四大模式，最关键的就是要深入地了解自己的顾客群体和竞争对手。

一方面，应从用户中来，放下架子，真正从用户角度去看产品，把一切花哨的玩意儿去掉，让用户看到的是简单、简洁，让用户用起来是顺手、顺心。这样做出来的东西，才会受到用户的欢迎，才会让产品到用户中去，从而会聚起大规模的用户基础。另一方面，要紧盯竞争对手，进行优劣势的对比分析，找准对方的弱势与短板，采取最有效的竞争策略。

我们可以看一个软银孙正义的案例。

在日本，最大的在线游戏公司、最大的入口网站、最大的电子交易网站、最大的网络拍卖平台网络服务，都是孙正义的公司，他曾自豪地说道：“在日本，我们就等于雅虎加 Google 加 eBay。”

2001 年的时候，当时日本大部分用户还在用拨接上网，电信公司 NTT DoCoMo 独占光纤网络。但孙正义认为随着网络的全面普及，对广大的网上人口而言，宽带时代是必然的趋势，他为软银争取到了经营宽带业务的机会。

虽然资本额只有竞争对手的十分之一，但孙正义却并不畏惧，他刻意拉高技术竞争门槛，为用户创造更高的价值。当时 NTT DoCoMo 只能提供最快每秒 1.5M 的宽带服务，软件银行一出手就推出每秒传送 8M 数据的宽带服务，传输速度增加五倍多。当时日本的国内长途电话十分昂贵，孙正义又推出让软件银行的宽带用户免费打的网络电话，这些服务，为软银赢得了庞大的用户群体，同时又削弱了对手的获利能力。

这种投入是巨大的，开头四年，软银每年要亏损 10 亿美元。而 NTT DoCoMo 绝无孙正义那种破釜沉舟的勇气，难以推出和软件银行竞争的宽带服务。六年后，软银累积出近千万户的宽带用户，2007 年，软银终于有了 575 亿日元（约 40 亿人民币）的税后净利润。

孙正义认为，从拨号到宽带，不过是网络革命性改变的第一阶段，接下来，手机宽带上网将会是最能吸引用户的下一个主流，手机上网时代的到来是大势所趋。孙正义现在要抢的下一个第一名，就是手机宽带上网。

2007 年 4 月，孙正义花了 155 亿美元买下日本第三大移动电话公司沃达丰，作为进军手机宽带上网的入口。为了与竞争对手全面拉开差距，孙正义果断将手机网络全部更新为高速 3G（第三代移动通信技术）网络，同时改造手机，一键即可直接通过 3G 网络连上软银集团旗下的日本雅虎网站，让消费者可以轻松用手机取代电脑上网。2007 年软银卖出的手机中，99%是 3G 手机。到 2007 年下半年，软银收购的移动电话公司沃达丰已经是日本移动电话企业中新用户增加最快的公司。

孙正义是一个传奇式的人物，而造就他传奇的一个很重要的因素，便是他对用户需求的精准把握，他总能准确地判断用户的更高一级需求是什么，他从来都是根据用户的需求来决定公司的未来走向。而对于竞争对手，他则是又狠又准，他能够看透自己的对手，更能针对竞争对手的弱点采取强势的竞争策略。

紧盯顾客和竞争对手，在此基础之上，持续地改进产品和服务。只有这样，企业才能少走弯路，少犯过错，才能稳健地发展。

企业必须关注大趋势，并时刻准备从中获利

大趋势是社会、经济、政治和技术的大变化，它的形成速度很慢，但一旦形成，将影响 7～10 年甚至更长。一个公司必须关注大趋势，并时刻准备从中获利。

——科特勒《营销管理》

科特勒曾经对时尚、趋势和大趋势这三者进行区分。

他认为时尚是“不可预测的、短暂的和没有社会、经济及政治意义的”。一个公司可以抓住一些时尚元素并且赚钱，在这方面运气和时机是较为重要的。

而趋势是具有某些持久性的事件的演进或方向。趋势比时尚更具有可预见性，也更持久。趋势能够展示未来的雏形并且提供很多机会。例如，重视体态苗条和健康的人的百分比正逐年稳步上升。

那么，什么是大趋势呢？大趋势是“社会、经济、政治和技术的大变化，它的形成速度很慢，但一旦形成，将影响 7～10 年甚至更长”。企业必须关注这样的大趋势，因为，一旦把握住了这种大趋势，将给企业的发展带来百年难遇的契机。而忽视或者错过这种大趋势，企业将深受其害。在一点上，柯达就是一个典型的商业悲剧。

2012 年 1 月 19 日，一个让很多人觉得震惊但又让很多人觉得不出意料的消息传

出——美国伊士曼柯达公司因负债68亿美元申请破产保护。这样一个庞然大物的倒塌似在顷刻之间，而往前推15年，感光产业的百年霸主柯达却正值巅峰状态。全球三分之二的市场份额，310亿美元的市值，近15万名员工，一万多项专利技术，这些是柯达在1997年时候发展规模的数字写照。而刚跨入2012年的门槛，前几年一直靠出售专利聊以度日的柯达最终还是申请了破产保护，一个已经有了130多年发展历史的跨国公司，悲剧性地谢幕了。

柯达的落败，很多人将其评价为“生于胶卷，死于数码”。柯达曾创造了胶卷行业的几个第一：它发明了胶卷，让摄影由高贵转向平民化；它发明了便携照相机，让固定笨拙的相机变为轻巧方便的无处不在；它创下了照相机销量的世界最高纪录，曾让摄影爱好者以拥有“柯达”而骄傲……在“胶卷时代”，柯达是毫无悬念的世界霸主，但自2000年进入“数码时代”以来，其霸主地位受到了严峻的挑战，并最终完败。

当“胶卷”遭遇“数码”的冲击时，富士公司及其他日本同类行业高层能看到远景趋势并及时转型，以极小的代价夺取了世界“数码”的老大地位。富士敢于挑战霸主地位的柯达，开发生产数码技术态度坚决，虽然比柯达推出首台民用数码相机晚22年，却力顶数码走自己的路。仅5年时间，已占据60%数码产品市场份额的富士就把只占25%的柯达远远甩在后头，成了深受欢迎的摄影新产品。而看看2011年两家公司的表现，更可以看出“柯达”与“富士”经济效益上的巨大差别：柯达股价在2011年累计下跌了88%，仅为0.55美元，市值不到1.5亿美元。同一个月，富士胶片在拉斯韦加斯召开的消费电子展发布了重量级单电相机X Pro1，富士市值将近120亿美元，全年营收接近500亿美元。2004年至今，柯达除了2007年一年实现全年赢利，其余年份日趋萎缩，公司市值也从1997年2月的310亿美元降至如今的1.75亿美元，10多年蒸发90%以上。

而最具讽刺意味的是，虽然柯达败于“数码”，但世界第一台数码相机却正是出自柯达之手。早在1975年，时任柯达应用电子研究中心工程师的史蒂夫·塞尚就创造出了世界上第一台“数码照相机”——重8.5磅，由16节AA电池驱动，照片记录在磁带里。这就是柯达公司的“未来相机”项目。如今数码相机所使用的许多技术，都是柯达工程师的专利——CCD图像传感器、OLED显示器、全世界第一个摄像头、第一个35毫米彩色胶卷、全世界第一台数码单反相机……当时，柯达公司并非对未来没有考虑，他们在“未来相机”项目报告里如是写道：“随着技术的进步，摄影系统必将对未来的拍照方式造成实质性的影响。未来相机的照片将存储在一种稳定性极佳的存储器里，可从相机内取下以进行播放。照片将保存在胶卷、磁带或视频光盘上，并且相机存储介质将可重复使用。”

那么，既然意识到了数码时代这样的一个大趋势，为何柯达还是错过了这趟“车”呢？拖住这个胶卷王者前进脚步的，竟然恰恰是它的成功。就像加拿大赖尔森大学罗伯特·伯利所说：“这是一家在时光中定格的企业。历史对柯达而言非常重要。柯达有一个多世纪的历史，一路走来，做了许多奇妙的事情，同时赚了许多钱。而历史已成为柯达的负担。”当时柯达在胶卷市场的丰厚收益使得它对数码的趋势一直保持保守观望的态度。由于担心数码业务可能冲击当时利润丰厚的胶卷业务，柯达把这种数码产品束之高阁。柯达曾经认为胶卷时代会永远存在，而数码时代将是个过渡时代。

柯达百年辉煌，是它曾准确地洞察市场趋势，把握了产品的更新和服务，满足了市场需求。而它的破产，却是因为它明明预见了下一个趋势，却因为留恋曾经的辉煌，瞻前顾后坐失良机，未能及时转型所造成的。数码相机的首创者却最后败于数码，这不能不令人叹惋。

柯达之殇告诉我们，决定企业命运的关键，也许就在于对某个趋势的把握上。抓住了，成王，错过了，败寇。密切关注趋势，积极变革转型，是一个卓越企业长远发展不可回避的一道槛。转型当然有风险，当然有刻骨的阵痛，但是，只有跟紧趋势，淬炼出更强大的竞争力，才是企业发展的安全之道。

企业营销工作中如果只盯着手头的这点情况，而不花一点儿时间去登高望远，自然难以看到一两年后、三五年后、十数年后的趋势与大局，只能看到眼前，最终能做的也就是眼前这点工作，再等到趋势成为定势，大局成为现局，唯一能做的就是被动承受，淘汰出局，甚至是“任人宰割”。优秀的企业会鼓励营销人员主动地了解趋势和大局，并且积极做出改变，跟上这种趋势，把握住其中的机遇。这样企业才不会被趋势踢出局，反而有可能利用趋势，转变为一个成功的做局者。

谁的全球网络建得好，谁就能取得竞争的胜利

为了在其他国家开展经营活动，企业往往面临授权许可生产、与当地企业组成合资企业、购买当地原材料以满足国内要求等选择。结果，许多公司都在迅速地创造全球战略网络。谁的全球网络建得好，谁就可能取得竞争的胜利。

——科特勒《营销管理》

科特勒认为，在企业与企业之间，除了竞争，更有合作。很多优秀的跨国企业在全球范围内构建起全球网络，也就是组建战略联盟，通过强强联合、互补联合，以最小的成本和投入来创造最大的效益。这种合作多发生在企业与其供应商或市场营销中介企业之间。更具体来说，企业间联盟有四种类型：

一是产品或服务联盟。一家公司许可另外一家企业生产自己的产品，或是两家公司共同推销各自生产的互补产品或新产品。例如，信用卡行业是一个复杂的产品或服务联盟，由银行和信用卡公司和关联公司共同开拓和维护市场。

二是促销联盟。一家公司同意为另外一家公司的产品或服务进行促销。例如，麦当劳公司联合迪士尼公司，向购买套餐的人促销迪士尼公司的电影衍生产品。

三是物流联盟。一家公司为另外一家公司的产品提供物流服务。例如，雅培制药公司为 3M 公司储存医药产品并运送到美国的各家医院。

四是价格联盟。一家或几家公司加入特定的价格合作中来。例如，在旅游业，有的酒店会和航空公司联合推出有很大价格折扣的整体服务方案。

科特勒指出，公司在寻找合作伙伴的时候要发挥更多的创造性，以便扩大它们的优势和弥补自身的劣势。许多企业都把建立和管理合作伙伴关系的能力看作核心技能的重要组成部分，并把这方面的管理称为合作伙伴关系管理。很多世界知名的企业在合作伙伴关系建设方面都颇有成效，例如可口可乐、丰田等公司。

20世纪90年代初，可口可乐掌门人罗伯特·戈伊祖塔将其在菲律宾的成功实践加以总结、提炼，提出如果国外装瓶业务能保证可口可乐公司获得至少20%的利润，就对该装瓶厂进行投资，而且要以最小的投资争取最大的利润，并将这一方式称为“锚式”装瓶策略，并在全球推广。可口可乐通过“锚式”装瓶策略实现了在全世界的快速扩张和其“少投入、多产出”的经营信念。在与装瓶商的利益分配上，可口可乐不是强制性地要求他们必须俯首称臣，而是通过“渠道合作伙伴价值创造模型”进行管理。

可口可乐通过营销费用的投资管理控制了装瓶商的关键市场活动。可口可乐按照营销活动影响范围和投资数额的大小将营销费用划分为线上费用与线下费用，无论线上还是线下费用，均由可口可乐与装瓶商各出一半。线上费用由可口可乐统一制订计划，装瓶商执行；线下费用则是由装瓶商自主支配，报总部审批。对于投给装瓶商的费用，可口可乐并不直接以资金形式投入，而通常是在装瓶商的营销活动完成之后以报销的形式投入。营销活动的直接收益由装瓶商获得，可口可乐则通过浓缩糖浆销量的扩大和年终的分红取得收益。

可口可乐作为大型跨国企业，在其他合作公司面前，是很占优势的，但是，它并没有压榨和剥削对方，而是搭建了一个更大的平台，建立起一个全球性的价值传递网络，将合作公司真正变为自己的合作伙伴，实现互利共赢。

随着全球化和数字技术的推进，企业与企业之间的距离也越来越近，大量的货币、商品、数据和人员正以前所未有的速度跨境流动。从某种程度上可以说，每一个公司都是全球性企业，每一个公司都应努力把全球网络的特征融入自己企业的DNA中，不论该公司的规模有多小。

在未来，就像科特勒所言——“谁的全球网络建得好，谁就可能取得竞争的胜利”。合作能让企业更好地对抗竞争。而深度合作的基本前提是实现共赢。合作必然要建立在目标一致的基础之上，以持续成长为目标的企业会去研究合作伙伴的需求，理解他们想要什么，分给对方合理的利益。只有与合作伙伴分享利益，带给他们从别处难以获得的价值，才可能打造坚固紧密的合作关系。

第 3 章

市场信息与顾客洞察：信息的价值在于应用

营销胜利的基础越来越取决于信息，而非销售力量

营销胜利的基础越来越取决于信息，而非销售力量。今天的市场营销者能够接触到大量的市场营销信息。由于信息技术的迅猛发展，公司现在可以产生大量的信息。他们需要更好地利用已经得到的信息。

——科特勒《市场营销原理》

任何营销活动，都离不开信息，没有信息，营销就很容易“失明”，寸步难行。在国家之间，都会有专门的情报机构负责信息的收集、处理，情报是一个国家首脑决策的重要参考，而对于一个企业而言，信息情报同样极为关键，如果没有市场情报的支持，无异于在茫茫的黑夜中盲目航行。

一项对华东地区 252 家大中型企业的调研结果表明，有过调研作业的仅 60 家，占 24%；设立营销调研部门的只有 23 家，占 9%；坚持日常调研作业的才 3 家，仅占 1.19%。

现代企业开展市场营销活动，离不开人、财、物等方面的资源，尤其是信息资源。商场如战场，在战场上，如果一支军队没有情报信息，很难想象其能够打胜仗，在商场上亦如此，如果没有情报的搜集和分析工作，是很难在激烈的商场竞争中存活的。现代社会可以说是一个由信息主宰的社会，对信息处理的优劣也成为决定性的环节。越来越多的公司都在忙于探知竞争对手们在做什么，市场环境是怎么样的情况。

随着企业市场活动范围的不断扩大，在不断面对新的环境时，也需要收集、加工许多新的信息；另外，消费者对产品与服务的需求也越来越多样化，这也就决定了市场的多元化趋势，企业面对的市场信息也愈加复杂。因此，企业为了求得更好的生存与发展，就必须建立起高效的市场营销信息系统，通过系统的分析和研究来提高信息的质量，为企业的经营决策服务，达到提高其经营能力和竞争能力的目的。

成功的数据库营销战略都要求建立客户分群，并且通过对客户群的行为价值分析，设计出针对性的营销策略来吸引不同客户分群。这往往要求企业采集和掌握与客户相关的更深入的知识，并且运用这些知识来指导相关营销策略的设计。

而实际的情况是，很多公司并没有对信息提起十分的关注，也从未系统建立过客户分群，更谈不上开发相应的营销策略。企业在客户信息管理策略方面，更多的是从交易和技术出发，很少考虑和分析客户的需求和行为，这些企业在系统性的采集和积累客户信息时往往缺乏经验，造成在展开营销时发现信息很多很杂，但真正需要的有价值的重要信息却少之又少。

与那些轻视营销调研、信息搜集的企业相比，某些企业走了另外一个极端，他们过分依赖于“专业调研公司”，迷信图表、模型之类的东西，总要拿着调研公司作出的一大堆厚厚的调研数据和调研报告才觉得安心。但是，他们却不太注意自身平时的调研，其实，在公交车上、在聚会时、在旅游途中、在网上论坛里，都存在大量的有用信息，有心的营销人员都可以借着这些机会向周围的人询问他们的喜好、消费习惯等问题，甚至去翻翻人家的垃圾桶，也可能有意外的收获。

真正重视信息的企业，应该把信息搜集作为一门基本的功课。在请专业公司调研的同时，更要让自己的员工经常走到市场上去了解情况。企业高层管理者也不能总是等着听下属长篇大论的市场汇报，多去市场里走走，增强对市场的感性认识，说不定就会有新的发现。

太多的信息与太少的信息一样有害

一些管理者会想要所有能够得到的信息，而不仔细考虑自己真正需要什么。其实，太多的信息与太少的信息一样有害。还有一些管理者忽略应该知道的信息，或者他们并不清楚自己应该想要什么信息。实际上，大多数市场营销经理数据载荷太大，甚至常常被数据淹没。

——科特勒《市场营销原理》

科特勒指出，企业在面对信息时，容易走入两个误区，一是信息过少，也就是企业不注重信息的收集和调研；二是信息过多，企业搜集的信息太多太多，却没有系统地加以整理，更别提有效地利用。很多企业都面临着这样的窘境：一方面，存在这种数据过剩；另一方面，市场营销者却经常抱怨他们缺乏足够有价值的信息。他们不需要更多的信息，而是需要更好的信息。所以说，太多的信息与太少的信息一样有害。

在这个信息至上的社会中，最不难获得的是信息，最难获得的同样还是信息。沃尔玛每小时从收银扫描仪更新销售数据，每天增加的就是10亿条数据，相当于大约9.6万部DVD电影，需要分析的数据实在太多了。

面对海量的营销信息，搜寻和分析出自己所需的信息很重要，还好，这有着高速发展的信息技术的支撑，然而，对于信息的解读与处理，则是未完全智能化的科技所难以解决的，这需要决策者们的经验与准确的信息判断能力。若不能精细且合理地处理信息，那前面关于营销信息的一切工作都是徒劳，最后的结果必定是功亏一篑。例如，管理者需要知道有利或不利的消费者网络口碑，即消费者在博客或网上社交网络中关于其品牌的讨论。如果他们对这些讨论浑然不知，自然就想不到要去了解。市场营销信息系统必须监督市场营销环境，以便为决策制定者提供所需信息，帮助他们更好地理解顾客和制定市场营销决策。

在过去几年里，有几桩收购案值得一提，雅虎公司收购付费搜索服务供应商 Overture；IBM 公司（国际商业机器公司）收购澳大利亚 Web 内容管理软件供应商 Aptrix 公司；Interwoven 公司收购数字资产管理解决方案供应商 MediaBin 及文档整合管理以及协同内容管理解决方案供应商 iManager；EMC（易安信）公司将以 17 亿美元的高价收购内容管理软件公司 Documentum……

这些被收购的企业都有一个共性，它们都是面向企业用户，对企业内部和外部多种信息资源进行全面整合管理的企业。在这样一个数字信息极度膨胀的年代，对信息进行整合与管理，成为企业 CIO（首席信息官）的头等大事。

对于一个信息化发展到一定程度的企业来说，在企业内部同时运行着数百个甚至数万个不同的程序和应用系统，这些不同的程序和系统往往都会产生一些信息和内容。这些信息和内容之间往往不能相互传递和利用，而是形成一个个的“信息孤岛”，使用者如果要寻找一份特定的资料，就可能要到很多个“信息孤岛”里的浩如烟海般的内容中去查询和搜索，尤其是对于历史久远的内容来说，这个工作往往像大海捞针一般困难。

面对这样的问题，企业开始意识到，必须建立起一个跨平台、破除“信息孤岛”的内容管理系统，无论企业有多少个应用系统、多少内容，也无论这些内容放在哪里、谁在更新、谁在使用，所有内容都通过一个中间的内容管理平台进行转换、重新定向和提供，才能真正、有效地利用整个企业内部的信息和内容，使之发挥最大的效益。这对于机构遍布全球的大企业集团来说尤其重要。

大企业需要处理的营销信息很广泛，而且量大，处理起来就比较麻烦，重要数据还容易丢失，所以必须要建立营销信息系统，才能高效地处理数据并及时地服务于决策；对于中小企业来说，建立相对简单的营销信息系统，同样可以提升营销决策的质量。建立营销信息系统是企业处理营销信息的必然趋势。

内部资料、市场情报、营销调研中都藏着宝贵信息

市场营销者可以从内部资料、市场营销情报、市场营销调研中获得所需信息。公司尤其要积极地监督竞争者的行为。公司运用竞争者情报来获得竞争者动态和战略、新产品上市、新的或改变的市场、潜在竞争优势和弱势的预警。

——科特勒《市场营销原理》

企业可以从多种渠道获取信息，例如，对本公司员工的临时测验，对竞争对手的产品分析，与顾客进行访谈，利用互联网进行相关信息搜索等，更有甚者，派出商业间谍潜入竞争对手中去寻找情报信息。搜取情报的手段层出不穷，合法的以及铤而走险的，都充斥在这个尔虞我诈的商业斗争中。准确有效的情报信息不但是企业决策制胜的关键，更对企业战略规划有着深远的影响。

掌握情报的主动权，就能在战略上占得先机。情报的来源极其广泛，不但可来自供应商、转售商和客户那里，还可以是公司内部人员所得来的情报信息，甚至还可以通过观察对手来获得情报信息。只要是与公司或行业有关的，无论是公开还是非公开的信息都应成为搜集的对象。比如，对手的年度报告、商业刊物、贸易展览品以及新闻报道等，然而，往往那些不被多少人掌握的非公开情报信息却具有更大的价值，这也是各公司极力想弄到手的情报。

必胜客在顾客信息搜集与处理方面做得非常专业。它的数据库包含了4000万美国家庭的详细顾客资料，这些数据是从遍布全国的7500多家网点的电话订购、网络订购和销售点交易中慢慢收集而来的。这些数据细致到什么地步呢？必胜客可以根据消费者偏爱的配料、最近订购什么、是否在购买奶酪和意大利腊肠比萨的同时购买过色拉，等等，归纳和解析数据，然后运用所有这些数据强化客户关系。例如，基于对数年来购买交易的深入分析，必胜客设计了一个“VIP（贵宾）项目”以留住最佳顾客。它邀请这些顾客交14.95美元参加“VIP项目”，从而可以收到一个免费的大比萨。然后，每月每订购两个比萨，VIP顾客自动获得另一个比萨免单的优惠券。必胜客追踪VIP购买，并用电子邮件的方式与他们保持联系与互动。总之，该活动不仅留住了必胜客的顶级客户，而且吸引了新顾客。该项目还引发了网上热议。一位作者在博客中写道：“当我想吃比萨时，首先出现在我脑海里的会是谁的品牌？谁发给我优惠券和免费的东西让我想吃比萨而不做晚饭？你猜对了，是必胜客。它吸引我，现在还拥有了我的忠诚。它使一切如此方便，以至于我不想再烦心去别处了。”

必胜客从顾客的消费记录出发，一点点累积顾客信息，最终构建起了一个既庞大又细致的信息数据库。根据这个数据库中的信息，必胜客又有针对性地对某些群体开展相应的营销活动，既提升销量，又巩固了顾客忠诚。

内部资料、市场营销情报、市场营销调研，等等，这些都是很好的客户获取渠道，而科特勒还特别强调了一点，那就是从竞争者方面挖掘信息。普华永道的一次研究发现，在制定战略时，将竞争者情报用作关键要素的公司增长速度比没有这样做的公司快20%。

在企业与企业之间的竞争中，谁快一步，就可能领先一大步。营销人员要培养一种对市场信息的敏锐度，争取在第一时间获取第一手信息，而一些特别出色的营销者更能从已知的一星半点儿的信息中迅速判断出机会，进而先下手为强。

聪明的公司在每个可能的顾客接触点上捕捉信息

如何最好地分析和使用顾客数据是一个特殊问题。许多公司几乎被淹没在海量的顾客信息中。实际上，聪明的公司在每一个可能的顾客接触点上捕捉信息。这些接触点包括每一次顾客与公司之间的接触，例如，顾客购买、销售人员联系、服务和支持电话、网站访问、满意度调查、信贷和支付、市场调研等。

——科特勒《市场营销原理》

信息的重要性，每一家公司都心知肚明，但是，很多公司仍然在苦恼，到底如何才能捕捉信息。在科特勒看来，聪明的公司在每一个可能的顾客接触点上都会用心去搜集信息。有顾客存在的地方，就会有信息，企业应留意每一个可能的顾客接触点，对客户信息的正确认识、有效的获取是企业开拓市场、取得成功的第一步。

信息获取的渠道其实非常之丰富，例如展览、搜索引擎、专业网站、权威数据库、专业机构、客户企业、会议与论坛、老客户、竞争对手，等等。有心的营销者在每一个顾客接触点上都能捕捉到有效的信息。

营销人员要先跟着顾客走，然后，才有可能让顾客跟着自己走。也就是说，营销人员先要搜集到足够的顾客信息，有了深厚的认识之后，才可能有针对性地为顾客提供有价值的产品与服务。

日本常磐百货公司的经营物品几乎包揽了当地所有人的日常生活用品和食品。自从它的新任老板长川上任以后，该公司营业额几乎每年翻一番，长川到底有什么秘诀呢？

他刚刚到常磐百货公司上任时，公司只是一个很普通的生活用品商场，当地和他们公司同样大小的百货公司还有五家。怎样才能为自己争取到更多顾客呢？

人们到百货公司买东西的时候，常集中采购，也就是三五天或者一周左右的时间集中地来商场购物，为防止丢三落四，他们通常会先写一张购物清单。有一次，长川看见一位女顾客买完一件东西要走时，把一张纸条扔到商场门口的纸篓里，他心里一动，便走过去捡起来，发现这是一张购物清单，上面写了顾客需要的另外两种商品，他们商场里也有，只是质量不如顾客注明要买的品牌好。他根据这一信息，更换了该商品的品牌，果然有很好的效果。

从此，长川开始组织员工每天把废纸篓里的纸条全部捡回去，仔细研究顾客的需要。很快，他就知道了顾客对哪几类商品感兴趣，尤其青睐哪几种牌子，对某类商品的需要集中在什么季节，顾客在挑选商品时是如何进行合理搭配的，等等。在长川的带动下，常磐百货公司总是能以最快的反应速度适应顾客，并且合理地引领顾客超前消费，一下子把顾客全部吸引进了他们的店里。

在顾客的每一个举动中，都会有丰富的信息流露出来。即使废纸篓里的一些废纸条，有时也潜藏着某些宝贵讯息。关键要看营销人员能否从这些细节中去发现，去提取。

在收集信息的同时，营销人员也要对信息加以归类整理，以便于及时挖掘提炼信息价值，使收集的各类资料最大限度地服务于企业。特别是对于大客户资料、竞争对手资料、项目资料，更是营销人员需要重点搜集、细心梳理的。

市场信息只有“变现”为顾客洞察才有价值

信息本身是没有价值的，它的价值来自它的应用。市场营销信息如果没有被用于制定更好的市场营销决策，就没有意义。为了在当今的市场中取得成功，公司必须知道如何将堆积如山的市场营销信息转化为可以帮助自己为顾客递送价值的、新鲜的顾客洞察。

——科特勒《市场营销原理》

科特勒曾提及这样一句话——“将今天海量的、不断增长的消费者信息转化为可靠的市场营销洞察，是数字时代市场营销者面临的首要挑战。”优秀的产品和市场营销方案始于优质的顾客信息。公司不仅仅要收集信息，更重要的是，还必须运用信息来获得可靠的顾客和市场洞察。

信息是为决策服务的，也只有当企业利用信息做出了更好的决策时，营销信息才具有价值。在现代企业中，营销经理们或其他营销决策人员，需要定期的业绩报告、最新情报、有关调查结果的报告，甚至一些针对特殊场合和现场决策的非日常信息来做出营销决策。同时，信息技术的迅速发展，也为营销信息的获取带来了革命性的进步。例如，现在的营销经理可以在任何时间、从任何实际场所直接接触到信息系统，能从公司数据库或外部信息服务公司获得信息。

毫无疑问的是，能否正确了解客户需求是营销活动面临的核心问题。今天的消费者变得越来越难以捉摸，不仅是因为人口多元化，消费者的喜好也在不断变化。营销人员不但应搞清谁是顾客，还应通过信息的挖掘与提炼去了解顾客需求及其购买原因。许多企业处理各种海量的用户信息，但只有少数企业有效利用了这些信息。然而，领先企业却进行了有效的数据分析。埃森哲研究表明，在客户数据的战略分析上，卓越绩效企业比低绩效企业要多五倍。

通过对市场信息进行深度分析，形成“顾客洞察”，这对企业的营销活动将会是极为有益的指导。例如，有的网站会采用较先进的网络分析方法，了解网站访问者在不同时间段使用网站的具体情况，通过这些分析之后的信息，网站再进一步改进网站内容和模式，提高访问者的满意度。

深入的预测分析也可以使营销人员能更准确地预见顾客行为的变化，有针对性地改变他们的价值主张，法国化妆品和个人护理用品零售商丝芙兰就是一个典型案例。

丝芙兰（Sephora，意思是“美中之美”）是 Sephos 和 Zipporah 两词的合并，Sephos 在希腊语中代表美丽，而 Zipporah 则源于摩西因美貌而闻名的妻子。自从在法国设立首家专卖店以来，丝芙兰为全球美容行业带来了革命性的变化。这家公司为广大女性用户提供免费试用套装，让顾客可以在没有任何购买压力的环境下了解化妆品的信息，而这一做法在当时却遭到多数传统经销商的反对。借助于其独特的营销手段，丝芙兰已成为化妆品的知名品牌，为全球 20 多个国家的女性提供高质量的化妆品。

丝芙兰的成功之道在于对顾客的关注，公司营销队伍利用各种方式关注顾客需求。店铺销售顾问要接受皮肤保养、头发护理、化妆、香水和一般美容常识等方面的培训，为消费者提供必要的帮助。公司还利用 sephora. com 和 Facebook 进行网络营销，进一步加深丝芙兰专卖店与消费者之间的联系与相互了解。

丝芙兰为了更贴近顾客，制定了一套有效、完善的客户关系管理计划。营销分析人员多渠道地利用直邮、电子邮件、店内交流等直销形式，帮助丝芙兰深刻了解用户需求，使之拥有了业内最忠实的用户群。丝芙兰的用户奖励计划“Beauty Insider 积分卡”的成功，就归功于客户分析。

这一计划邀请消费者注册个人基本信息，以获得产品打折、试用装、参加店铺活动等奖励，同时获得个人美容建议。例如，根据丝芙兰的直接反应采取营销战略，当某用户的在线资料显示她重视皮肤保湿，其网络和实体店的购买记录表明她倾向选择有机产品时，公司每推出适合该用户肤质的保湿新产品时，都会通知该用户，甚至免费赠送该款产品。

通过不同触点密切关注每一个消费者的需求，为丝芙兰带来了可观的回报。丝芙兰获得零售业最高的调查回收率。公司还利用主营业务大大增加了销售利润，尽管遭遇全球经济危机，丝芙兰在全球市场的营业收入却节节攀升。

客户分析是了解个人品位和喜好的关键，也是满足客户需求的关键，在确保客户忠诚度方面发挥着至关重要的作用。这也就是丝芙兰为什么能够留住那些有价值的顾客的原因所在。

对很多企业而言，他们不缺数据，不缺客户，但却缺乏有效的客户分析经验，市场信息无法得到有效的“变现”，不能形成顾客洞察，这无疑是一种极大的资源浪费与失误。要将海量的数据变成有价值的顾客洞察，企业必须注重分析研究，让专业的营销分析人员来管理和处理市场信息和数据。

对竞争优势的追逐实际就是对顾客洞察的追逐

为了创造顾客价值并与他们建立可赢利的关系，市场营销者必须首先获得关于顾客需求和欲望的新鲜的、深入的了解。公司运用这种顾客洞察来建立竞争优势。在今天超竞争的世界中，对竞争优势的追逐实际上就是对顾客和市场洞察的追逐。这些洞察来自优质的市场营销信息。

——科特勒《市场营销原理》

科特勒指出，市场调研部门的价值不是由它所进行的调查研究的数量决定的，而是由它产生的洞察以及影响的决策的商业价值来决定。公司的市场营销调研和信息系统仅仅完成信息收集功能是不够的。它们的真正价值在于如何运用，如何提供顾客洞察。收集、传递和应用深度顾客洞察的公司能使它们的品牌获得强有力的、有利可图的持续竞争优势。在现今的商业环境中，谁对顾客了解越深，洞察越准，谁就占据了竞争优势。

越来越多的企业认识到了这一点，为了加强企业的竞争优势，这些企业开始重构和重新定位市场营销调研和信息职能，创建专门的“顾客洞察团队”，由公司高层管理者领导，由公司所有职能领域的代表组成。像卡夫食品公司，就有这样一支团队，由“消费者洞察和战略总监”领导。

顾客是企业之生命，企业要建立最强大的竞争优势，就必须从顾客着眼，与顾客相关的信息之中往往藏着巨大的金矿，如果能把它们挖掘出来，企业就将在竞争中略胜一筹。有一个很好的例子，就是英国皇家莎士比亚公司，它为了提升公司的赢利能力，对过去7年的售票数据进行了一次深入而全面的分析。他们对顾客的姓名、住址、观看戏剧的类型、购票价位等数据进行研究后，制定出有针对性的销售计划，结果将旗下剧院的上座率提高了70%以上。

优秀的公司往往都懂得如何在数据信息和顾客洞察之上培养并加强企业竞争优势。当然，并不是所有的企业都拥有这种能力，或者已经意识到顾客洞察对于构建竞争优势的价值。只要管理层愿意通过顾客洞察来提高企业竞争力、强化自身的竞争优势，那么即便他们并不打算重新对企业战略进行全面部署，也能轻而易举地发现公司内部埋藏的价值金矿。

哈珀—柯林斯出版集团在信息的利用方面成效卓著，它在业内率先实现了内容的数字化。通过创建全球数据库提供在线服务，满足用户不断增长的需求，哈珀—柯林斯利用读书会、推荐读物网和Authonomy记者社群网站（邀请创作者上传作品、请读者点评）等各种互动活动创造了大量业务增长机会。

哈珀—柯林斯力推其Inkpop项目，这是由美国知名出版商支持的、首个青少年互动写作平台，能实现青少年读者与作者的交流，也可以帮助青少年通过最具活力、增长最快的栏目——青少年小说版块，发表自己的作品。

哈珀—柯林斯的编辑每月会评出五大精选作品，并为作者提供反馈信息和必要的指导。任何年满13周岁的青少年都能提交他们的作品。Inkpop自2009年开放以来共收到一万多部作品。Inkpop的成功坚定了哈珀—柯林斯完善网站的决心。哈珀—柯林斯计划增加照片、录像、画作等形式，鼓励年轻人分享他们的创意作品。

Inkpop网结合了用户作品、社会出版和社会化网络等众多年轻读者所热衷的要素，吸引了大批喜爱阅读的青少年。它不仅为读者和作者架起沟通的桥梁，更帮助哈珀—柯林斯成功地把握住年轻用户的需求，并深深地融入这个目标用户群体。

今天的信息时代给企业营销带来的挑战是，一方面，它拉开了企业与用户之间的距离，因为用户可以方便地通过多种信息渠道了解企业，很多时候，不再需要实地地去与企业接触；而另一方面，它又拉近了企业与用户之间的距离，因为用户可以借助多种信息渠道对企业有更多了解，而企业也可以借助网络更贴近用户。企业需要做的就是如何把距离拉得更近，直至融入用户群体中去。哈珀—柯林斯就做到了这一点，借助Inkpop这个平台，它可以轻松获得大量目标用户的信息，这使得它更能理解用户，也更能把握准并满足好用户的需求，而做到了这些，有了稳固、活跃且忠诚的用户群体，哈珀—柯林斯自然也就形成了一种强大的竞争优势。

从海量数据库中挖掘营销机会与改良之道

数据仓库是公司范围内存储大量详尽顾客信息的电子数据库，需要从中筛选出对管理者决策有价值的东西。数据仓库的目的不仅仅是收集信息，而是将信息放在一个集中的、可用的地方。一旦数据仓库集中了数据，公司运用强大的数据挖掘技术从成堆的数据中过滤出有意义的发现。这些发现常常带来市场营销机会。

——科特勒《市场营销原理》

数据库的真正意义不在于存储，而在于挖掘。通过对数据库进行挖掘，企业可以更好地理解顾客，可以提供更高水平的客户服务和建立更加深入的客户关系，还可以运用数据库找出高价值的顾客，更有效地瞄准他们，交叉销售公司的产品，并针对顾客的特殊要求度身定制产品和服务。

数据库营销重在对现有数据的系统分析，从中发现客户的一定规律，从而制定出相应的营销计划。例如，产品有几种类别，而每一种类别都分别适合不同类型的客户。基于这一点，我们就可以对现有的客户数据库进行统计总结，从版本、购买时间、企业应用情况、企业发展规律、行业趋势等方面分别得出客户的一些规律。根据行业的发展规律及相关政策，就可以初步判断企业的应用需求变化，根据客户目前的应用情况可判断出需要做怎样的升级。知道了这些，再去向客户推荐相关的产品，成功的概率就要大很多。

2005 年 7 月科特勒在剑桥演讲时，曾就数据库营销，讲了一个有趣的案例，来自于一个名叫 Land' s End 的商品目录公司，它拥有两百万的客户，但该公司没有充分利用该数据库，他们请来了 IBM 的专家对该数据库进行分析。IBM 的专家在完成了数据挖掘的过程之后说："你们有一个数据仓库，换句话说就是你有如此多的信息，而且是有关两百万名消费者会购买什么，你卖出给他们什么东西。"专家指出：Land' s End 有 5225 个细分市场，这个数字很让人吃惊，很难给每个细分市场命名，因为它们不是真正的细分，它们更应该被称为超微级市场。什么是超微级市场？例如，公司发现 850 人都买一个蓝色衬衣和一个红色领带，可那不是细分，那只是交易记录，是顾客留下的历史镜头。但这些信息的价值何在呢？"因为很多人买了蓝色衬衫和红色领带，那很可能意味着深蓝色夹克的良好市场前景。"

那么，现在，了解到这一信息后，公司没有必要向两百万人的总客户群体做深蓝色夹克的广告，而只需向那 850 人发出讯息，通过这种针对性，公司可能获得的反馈要高得多。这就是数据库营销的意义所在。

宝洁是世界上最熟练的营销者之一。这个公司的产品范围和业绩都非常惊人。它在 180 多个国家雇用了十多万名员工，在 22 个不同的竞争品类中其产品大多数都是全球领导者，有价值 230 亿美元的全球品牌，每天在研发上的花费超过 500 万美元，每年在世界范围的销售额高达 760 亿美元。它的持续领导地位与它出色的市场信息数据挖掘能力是密不可分的。

宝洁通过持续的市场研究和情报收集来研究它的顾客，包括终端顾客和交易伙伴。它每年在超过 10000 个正式的消费者研究项目中花费超过 1 亿美元，通过 Email 和电话中心产生超过 300 万次的消费者接触。宝洁也重视让自己的营销人员和研究人员进行现场研究，在现场他们能与消费者和零售商在轻松自然的环境下互动。

意大利 Darden 饭店公司旗下的橄榄花园连锁饭店，通过对饭店经营数据的分析，预测下一阶段的经营情况。他们开发了一个专用程序，将人员需求及食物配备需求细化到每一道菜和配料。通过这一改革，Darden 公司过去两年间有效改善了橄榄花园饭店的员工管理状况，并且避免了很多浪费。

这些例子都告诉我们，数据库是用活了才会有价值的宝藏，数据库里有着丰富的营销机会和改良之道，就待企业的挖掘和利用。

客户数据分析得出的是客户规律，同时也为制订营销计划提供了参考，而对市场营销的研究又是营销计划有效执行的保障，并且有效执行需要多个部门的齐心协力。所以，数据库整合营销是以点到面的营销运用，除了制定有效的营销计划之外，还需要建立相应的沟通机制，以保证执行的有效性。

营销调研不是大企业专利，小企业灵活机变也能成事

小企业和非营利组织的管理者往往认为，市场营销调研只有大公司中拥有大笔调研预算的专家才能完成。诚然，小企业确实难以承担大规模的调研。但是，许多市场营销调研技术也同样适用于小企业，形式可以不那么正规，费用也可以很少。

——科特勒《市场营销原理》

科特勒认为，营销调研不是大企业专利，即使是小公司，也应该像宝洁那样去思考，在推出一个新产品之前宝洁会怎么做？它们会怎样发现自己的顾客与竞争者。小公司也需要市场信息和顾客洞察。刚刚起步的企业需要关注潜在顾客、行业、竞争者、未满足的需求，以及消费者对新产品或服务的反应等各种信息。已经成功的企业必须追踪现有顾客需求和欲望的变化、对新产品的反应，以及竞争环境的改变。

在很多小企业看来，营销调研是一项大工程，需要投入大量的人力物力财力，而这种投入，不是一般的小企业能承受得来的。小企业在人力上，可能没有配备专职的调研人员，或没有独立的营销部门；财力上，可能请不起专业的市场调研公司……而市场调研这项工作又不能不做，不做就不知道企业要面对的用户是谁，他们在想什么，做什么；不做就不知道自己的竞争对手过去、现在和未来是怎么做的和将怎么做……其实，投入大的营销调研未必就能换回真正优质的信息，而投入少甚至零投入的营销调研也未必就不能成事。

小企业的营销人员可以运用小规模的便利样本进行非正式的调查，还可以想办法获取大部分大企业可获得的二手资料。许多行业协会、当地媒体、商务部门、政府机构也都会为小企业提供一些特殊的帮助。即使不能像大企业那样展开大规模的调研，但通过观察并与自己的顾客交流，小企业同样可以获得优质的市场营销洞察。在网络化时代里，小企业还可以以非常低的成本在网上收集数量可观的信息。它们可以查找竞争者和顾客的网站，运用互联网搜索引擎研究特定的公司和问题。

总之，只有少量预算的小企业同样可以有效地运用资料收集、观察、调查和实验等方法。尽管这些非正式的调研方法不是很复杂、花费也不太大，但是企业在执行过程中仍然要认真去做。营销人员必须仔细考虑调研的目的和问题，认识到由于样本规模较小和调研人员不熟练可能带来的问题，并系统地展开调研活动。

对小企业而言，最重要的是“观念”，企业的营销管理者对市场调研重视与不重视，抓与不抓，这是最为关键的。如果企业从上到下都能贯彻一种重视市场调研、关注消费者行为的理念，那么，就算是规模再小的企业，都能做好市场调研，更能从中获益。

狭隘的营销调研理念可能导致极大的决策失误

许多经理把营销调研仅仅看成是一种发现事实的运作方式。他们心目中的调研人员只会设计问卷、选取样本、执行访问和报告结果，而往往对调查的问题没有作出严谨的界定。当有些调查结果没有对营销决策提供帮助时，他们就更认为营销调研没有作用。这是一种狭隘的营销调研概念。

——科特勒《营销管理》

科特勒指出了企业的管理层对市场调研容易抱一种狭隘的看法，对市场调研抱过高的期望，一旦调研的结果没能达到自己的预期时，就认为调研无用。还有的营销人员把市场调研看得过于技术化，注重形式甚于实质，也会让市场调研出现很大的偏差。

有些人认为营销调研无非是设计一份问卷、选定几个样本、面谈访问，然后写个报告；有些人认为营销调研就是了解顾客需求，针对需求就可制定出有效的决策；有些人认为有了负责营销调研的人员或者是部门就有了营销调研，企业自己能完成全部的营销调研活动，无须委托专业的营销调研公司；还有些人则认为调研就是听取汇报，或者认为调研就是到市场里走访。

在实际工作中，有的营销人员自恃阅历深厚，不经过认真的营销调研和分析，光凭经验主观臆断，然后拍脑袋做决策；稍微有点儿民主意识的则召集几个心腹下属，大家往会议室一坐，来个所谓的“集思广益”，认为这样就是科学决策了。市场作为一只看不见的手，永远处于变动之中，而我们的经验，哪怕是成功的经验，很多时候都是赶不上这种变化的。这些在办公室里闭门造车“造”出来的东西，最终十有八九会因为脱离实际而受挫。

狭隘的甚至是错误的营销调研理念可能导致极大的决策失误。举一个企业的现实案例——

一家日用品企业委托广告公司设计了一套新品包装。企业想了解一下这套新包装与竞争品牌的相比，是否更胜一筹。为此，他们采用了小组座谈会的方法，邀请顾客参与，在各地召开了若干场会议。结果大部分目标顾客认为这个包装的创意不如某竞争品牌的创意好。于是，企业要求广告公司重新设计包装。然而，广告公司方面的团队对这个结论很不服气，他们又做了一次调研测试。不过，他们采用的是观察法。也就是在一间屋子里放一张桌子，上面并排摆放若干个竞争品牌产品包装，中间混入这家企业的新品包装，而且为了避免误导，他们让所有包装的材质和印刷的亮度保持一致。房间里安放一个秘密摄像头，专门观察参与调研顾客的眼球活动。被观察者需要做的事情就是，站在桌子前面看这些包装即可，全程没有任何提示，时间长度为一分钟。这样做下来，却得出恰恰相反的结果：绝大多数目标顾客的目光更长时间停留在这个新设计的包装上，而不是某竞争品牌包装。

厂家的调研和广告公司的调研，到底哪一方的做法更准确呢？很显然，广告公司所采取的方法要更好一些。因为小组座谈会可能受到很多变量的干扰，比如品牌知名度的干扰、包装材质的干扰、印刷质量的干扰、意见领袖的干扰，等等。而观察法有效避免了很多干扰因素，能够更为准确地反映目标顾客对新品包装的关注程度。

从这个案例中，我们可以看出，市场调研绝对不是一项简单的工作，在观念与操作上的一点点偏颇，都有可能导致调研结果的不准确，甚至是完全颠覆。

许多企业也作营销调研，但并不是说他们对调研真正重视，在他们看来，营销调研不过是一个漂亮的花瓶，它的真正价值倒没谁去在乎了。这些好作表面文章的企业在进入新的市场前，通常的做法是先把主意拿下来，然后再去找依据来支撑，也就是通过调研把我们大致知道的东西给出定量的结果，让理由看起来更科学、专业一点。还有些企业，调研报告出来后，市场部将其交给领导就算完了，领导说好，项目就算好，但里面大量的数据并没有被充分地运用到企业的营销活动中去，实在令人可惜。

“不能解决企业市场难题的调研是无用的调研”。花瓶式的营销调研，除了浪费金钱，对解决企业营销问题并没有实质的帮助，因此不做也罢。如果真想做的话，从产品开发到后面的市场推广，每个阶段的正式决策前都要事先做计划，针对某些营销难题制定相应的调研方案，然后踏踏实实地去了解、分析市场情况，这样的调研才是有价值的。

营销信息与情报的获取不能越出法律道德界限

市场营销情报的广泛使用产生了一些道德问题。尽管上述技术大多是合法的，其中有一些还被认为极有竞争力，但很多还是会引发道德争议。显然，公司应该利用可以公开获得的信息，而不应该求助于窃听。公司现在拥有充分的合法情报来源，不必为获得情报而违反法律或公认的道德准则。

——科特勒《市场营销原理》

在调研过程中，要获得被调研者的信任与配合是很不容易的。由于利益的驱使，在营销情报呈现爆炸式增长的同时，也出现了一些法律道德上的问题。有的企业为了获得信息与情报，不惜铤而走险，采取不正当的方式。如果一家公司的行为违背了法律道德规范，那么，不仅会损害自己的公众形象，更可能要面临惩罚。在情报信息源如此多元化的今天，对情报采集不可忽略所造成的道德层面上的影响，一些光明的手段或许会损耗更大的成本，但站在公司声誉与维护行业公平竞争氛围的层面来考虑，这些成本是必需的，也是值得的。

出发点良好的市场营销调研与信息情报搜集工作仍然有可能由于触犯或忽视了对象群体的道德禁忌或采用了不道德的方法和手段而导致了最终结果的真实性下降。有三类问题是最为常见的：

一是信息调研与搜集过程中对隐私的侵扰。虽然大部分消费者可以理解和接受市场营销调研在产品和服务提供方面所扮演的正面角色，但还是有相当一部分消费者愤恨调研过程或方法对隐私的侵扰。虽然大多数调研问卷和活动都会问及受访者的年龄、收入级别等，同时避免问及详情和细节，但还是有很多受访者认为这是对隐私的严重侵犯；还有一些潜在的目标受访者会拒绝接听陌生的调研电话访问或参与陌生的邮件调查，也十分反感被调研人员在大街上拦住而进行面对面的问卷调研。个人信息的泄露，尤其是在营销领域，会将隐私的暴露程度提升，使受访个体失去对隐私的控制权，也会间接导致调研结果的不真实性。

优秀的调研人员有两项基本任务：首先，保证调研活动对受访者不造成侵扰；其次，他们要保证数据是可信的。前项任务要求对隐私性和受访者适意性原则的遵守，后项任务则强调要采用有力而科学的方式来进行调研。

二是有的企业会打着市场营销的旗号，却行销售之实。那并非真正的调研，而是披着调研外衣的销售公司所实施的不择手段的推销手法。他们设计狡猾的问卷，通常以较为有掩盖性的调研问题，然后逐渐转移到真正的推销本质，问及受访者是否愿意购买某类商品或接受销售人员的电话访问。这些公司给消费者留下很不好的印象，进而也就影响到了那些真正想要进行市场调研的公司。

三是通过非法手段获取信息。一些无道德原则的公司可能会派出一些商业间谍到竞争对手的公司，或者假装成公司的供应商来进行电话调研以探求竞争对手公司的供应链情况，在展览会装扮成潜在的客户或通过安装隐形摄像头等不道德的手段来获取竞争者的信息，甚至花钱贿赂购买信息。

一些公司为了获得信息，甚至翻检竞争对手的垃圾，因为在法律上垃圾离开公司之后就成为废弃物。2001 年 4 月，宝洁和联合利华之间就曾经有过一起“垃圾抢夺战”，宝洁聘用专业人员扮成清洁工人，进入联合利华内部，收集和整理从联合利华公司芝加哥分公司新产品办公处抛弃的办公室垃圾，从中得到了数十份关于洗发和护发产品的文件。这些垃圾中包含了关于护发产品品牌战略的大量信息。后来，当宝洁公司高层管理者得知这种充满争议的策略时非常震惊，归还了这些文件，并停止了这一行动。

信息与情报的搜集是一项复杂的工作，在实施过程中难免会碰到这样那样的问题。营销人员应注意以下几个方面，避免在搜集营销信息与情报时越过法律道德界限。

首先，熟悉相关法规。在我国，相应的法规有《反不正当竞争法》、《商业秘密保护法》、《专利权法》、《著作权法》等。法律是市场营销人员的底线，每一个从业人员都应该把相关的法律规定作为自己行动的准则，在进行信息情报搜集的时候，必须将相关法律的每一个条款都加以研究，运用于实践活动中，要清楚何种行为能导致什么后果，各种法律后果该如何解决。

其次，加强自身职业道德修养。信息情报工作很容易导致歧途，在竞争情报产业刚刚兴起的今天，营销人员需要加强自身素质和职业道德的培养。对自己所从事的事业有合适的道德把握，才能保证在从事实践工作的时候能守住道德的底线，真正在合法合理的范围内完成相关的信息搜集任务。

最后一点，遵守信息保密的原则。信息与情报是企业商业秘密的重要部分，其中包含的大部分信息都是经过企业投入资金和人力成本得来的，是企业核心资源的一个重要方面。很多信息与情报一旦公开，或者落入竞争对手手中，就会失去本来的意义，或是对企业造成不良影响。而且，相当大一部分的信息都是与消费者相关的，有的还属于隐私范围，这样的信息泄露出去，会引起消费者的极大愤慨与声讨。所以，企业要严格管理收集到的信息与情报，绝对不能泄露出去。

第❸篇

营销战略与管理：为企业勾勒蓝图

第 1 章
成功的营销是精心计划出来的

没有认真计划，那么你正在孕育失败

制订计划并不好玩，并且它还要消耗工作时间。然而企业必须进行计划。倘若失败地做出计划，那么你正在计划失败。正式的计划能为各式各样的企业，无论大小和新老，带来许多益处。

——科特勒《市场营销教程》

科特勒强调，所有的企业都必须向前看并且制定一个长期战略，以适应本行业中不断变化的各种条件。在形势、机遇、目标和资源一定时，每个企业都必须找到最合理的战略。

许多企业在经营时没有正式的规划。在那些刚成立不久的企业中，管理层忙着维持企业的生存以至没有时间来制订计划。在小企业里，很多经理们都认为只有大企业才需要正式计划。而在成熟企业，许多经理们又坚持说他们没有正式计划也做得很好，因此计划并不太重要。他们可能会拒绝“浪费”时间制定一个书面计划。他们可能会争辩说，市场变得太快了，计划只能等着积灰尘，根本没用。

“倘若失败地做出计划，那么你正在计划失败。”机会是留给有准备的人的，在市场营销中也一样，缺乏一个切实的计划，必然不会得到市场的青睐。计划能够激励管理层去系统地思考已经发生的、正在发生的以及将要发生的事情。一个清晰明确的计划，往往还能帮助企业完善与实现其目标和政策，能够协调好各个部门之间的工作。同样，一个全面且实际的计划还能够应付不断变化的市场需求。

完整的营销计划制订流程包括：扫描企业的内外部环境，确定企业在特定时期内要实现的目标及实施规划，在此基础上，将企业的计划细分，确定各部门的工作目标，制订各部门的工作计划。

企业在制订营销计划时，容易出现三种问题。

第一，计划不完整。比如，缺少对企业内外部环境的整体扫描，容易出现企业营销计划方向不符合企业实际情况的问题；再如，制订计划时，没有处理好营销计划和企业战略规划的关系；或者企业缺少战略规划，这都会导致营销计划缺乏方向性。

第二，计划目标不切实际。这是企业制订营销计划时常犯的一种错误，营销计划最突出的特点是其目标在特定的时期内是可以实现的，这就要综合考虑企业的人力、物力、财力情况，确立切实可行的计划目标，否则制订的计划只能是空中楼阁，遥不可及。

第三，营销计划缺少细分。企业的生产、销售、财务、市场等职能部门彼此独立，按照各自职能独自运作，而企业营销计划需要将各职能部门的职能工作与企业的计划结合起来，这就需要确立各职能部门的工作目标及其相应工作内容。

在营销计划工作中，企业最高层要扮演战略决策者的角色，要能够从战略的角度审视企业全局，对企业的发展方向作出判断。另外，企业营销计划是企业整体战略规划实施的重要组成部分，因此，在制订企业营销计划之前，企业需要明确其战略发展方向，并且将企业的营销计划与战略规划有机结合起来。

所有公司总部都在从事这样四项计划活动

所有公司总部都从事以下四项计划活动：一是确定公司使命，二是建立战略业务单位，三是为每个战略业务单位配置资源，四是评估增长机会。

——科特勒《营销管理》

科特勒将公司高层管理者最为关键的计划活动划分为四大项：

第一项就是确定公司使命。

公司使命就是战略管理层为公司定下来的总方向、总目的和总体的指导思想，它能够表明本公司与其他公司的差异所在，能够界定公司的主要产品、目标群体以及服务范围。公司使命是公司战略制定的前提，也是战略执行的基础，它能为公司的发展指明方向。

有句古话是这样说的："执道循理，必从本始。"这句话的意思是说要找到问题的最终答案，就要溯本求源，而对于一个现代公司来说，公司使命就是一切公司行为的"本"。像福特公司，它的创始人亨利·福特很早就为公司树立了这样一个共同的使命——"我将有一个伟大的目标：建造每一辆汽车……它要很便宜，使得那些没有很高收入的人也能买得起，从而使他们能与家庭一起分享上帝赐予我们的快乐时光……马车将会从公路上消失，拥有汽车将会变成一件理所当然的事……为此我们要让大量的工人在更好的收入下工作。"正是这样的一种使命，使得福特一度成为汽车业的霸主，取得了长远的发展。

确定公司使命是一切公司计划的根与本。一个没有使命的公司，即使是在短时期内取得了市场成功，也会失去长久发展的动力，是不可能走远的。

第二项是建立战略业务单位。

战略业务单位是公司的职能单元，它有独立的业务，有具体的任务，有自己的竞争者，有一定的资源，有自己的一套管理班子，它可以独立地计划业务。战略业务单位就像一个个细胞一样，只有强大的战略业务单位联合起来，才能构成一个强大的公司。

公司需要有自己核心的战略业务单位，它能在一个多元化经营的公司或集团中占据核心的竞争优势，并创造主要的利润收入。这样的战略业务单位在公司所有的业务组合中一定是在该行业中最具有竞争能力的。它的存在可以给市场和消费者传达一个明确的概念——“我（公司）主要是做什么的。”

第三项是资源的分配。

一个拥有多个战略业务单位的公司，资源的分配是一个很关键的环节。资源分配的主与次、多与少在很大程度上会影响到每一个战略业务单位的表现与效益。

公司的资源是多方面的，但最重要的两大类就是财务资源和人力资源。财务资源是支撑公司发展的最关键的资源，“钱多好办事”，这句话未必准确，但是有一定道理的，没有资金财力上的支持，战略业务单位即使作出了出色的规划计划，也仍然会寸步难行。人力资源也是各个战略业务单位所看重的，有了高水准、能力强的人才队伍，业务才能顺利地、快速地推进。

可以说，资源分配是战略规划的核心任务。公司要根据各战略业务单位对整个公司战略的重要性来设置财务资源和人力资源分配的优先权与比重，以实现资源的高效利用和最大回报。

第四项是评估增长机会。

一个绝佳的市场机会，足以让一个公司快速壮大，甚至是起死回生。公司在评估增长机会时，首先要判断的是市场定位，一个好的增长机会必会有其特定的市场定位。公司要评估市场定位是否明确、顾客需求是否明晰、顾客接触渠道是否流畅、产品是否有持续衍生力等，由此来判断此机会可能创造的市场价值。

接下来，公司要评估的是市场结构和规模，要看围绕该增长机会，进入障碍如何，供货商、顾客、经销商的谈判力量如何，还有替代性竞争产品的威胁，以及市场内部竞争的激烈程度如何等。这个增长机会能创造一个多大的市场规模？在这个市场中成长速度和利润空间如何？这些都是公司需要研究的。

此外，公司还要评估市场渗透力以及投资回报率。公司的能力与实力是否能够驾驭这个市场机会，是否能够获得可预期的赢利，是否能够抵御其中的风险，以及应该选择什么样的最佳时机进入，等等，每一点都不容轻视。

这四项就是公司总部最应该重视的计划活动，只有将这四者梳理清晰，公司这艘大船才能行得稳、行得快。

有效而清晰的使命声明能让企业走得更稳更远

企业制定使命声明的目的，是使管理人员、员工和顾客可以共享公司的使命（在许多情况下是这样）。一份有效而清晰的使命声明往往可以使员工对组织目标、方向和机会达成共识，并为之提供指导。当公司的使命能够反映公司的远景——一个“几乎不可能实现的梦想，可以在未来的10年到20年里为公司提供发展方向”，就达到了使命的最高境界。

——科特勒《营销管理》

科特勒认为，一个好的企业使命声明或者说企业愿景往往具有以下五个显著特点：第一，它们集中在有限的目标上。“我们要生产最高质量的产品，并以最低的价格建立最广泛的分销网络和提供服务。”这样的使命声明听上去还不错，但实际上却由于目标太多而导致目标不明确。第二，使命声明应该强调公司的主要政策和价值观，并有助于对员工的自主范围进行限制，从而使员工的努力与组织目标保持一致。第三，使命声明应该明确公司想要参与竞争的主要领域与范围。第四，使命声明必须立足于长期视角。使命声明必须具有持久性，管理人员只有在使命变得与企业目标完全不相关时，才可以改变或调整公司使命。第五，使命声明应该尽可能简单、容易记忆和意味深长。

企业使命声明是企业未来的目标、存在的意义，也是企业之根本所在。它是指，根据企业现有阶段经营与管理发展的需要，对企业未来发展方向的一种期望、一种预测、一种定位。它回答的是企业为什么要存在、对社会有何贡献、未来的发展是什么样子等根本性的问题。

日本松下电器的创始人松下幸之助有这样一个习惯，每当有人晋升为中层经理时，他都会向这些中层的管理者讲述松下的使命声明是什么。松下这么做的用意在于，首先，告诉中层，松下是一个有愿景的企业；其次，给中层以信心；最后的一点，就是让这些中层能够根据整个企业未来的发展，制定自己的生涯规划，使个人生涯规划与企业的使命保持方向一致。

如果一个企业有清晰明确且有效的使命声明，员工就会追随它，而不至于迷失方向。许多杰出的企业大多具有一个特点，就是强调企业使命声明的重要性，因为唯有借助于它，才能有效地培育与鼓舞组织内部所有人，激发个人潜能，激励员工竭尽所能，增加组织生产力，达到顾客满意度的目标。

企业的使命声明不只专属于企业管理层所有，企业内部每位成员都与之息息相关。企业使命声明的作用是促使组织的所有部门拥向同一目标并给予鼓励。同时，它也是员工日常工作中的价值判断基准。

在树立使命声明的时候，企业需要遵从这样几点：

第一，要确立焦点，比方说，海尔将焦点放在开创中国的世界名牌上，这样一个焦点不仅能带来高曝光率，也能增强品牌的影响力和号召力。

第二，要持久一贯。如果企业今天是这个使命，明天是那个使命，换来换去的话，那么，比没有使命还要糟糕。使命声明需要长期的坚持，持久一贯，能为企业带来惊人的累积效果。

第三，要能将使命声明和品牌结合。一个结合品牌和使命声明的方式，就是选择一个和本业紧密相关的议题领域。例如：美国 Merck 公司的“帮助同疾病斗争的人”。

第四，取个响亮的名字。在宣扬企业使命声明时取个响亮的名字，往往能取得极佳的效果。例如，麦当劳为疾病儿童建立了一个温暖的治疗之家，就取名为“麦当劳之家”。响亮的名称能让主张更清楚，让影响更加深刻。

营销策划是一个周密而系统的六步过程

营销策划包括六个步骤：情景分析、目标、战略、战术、预算和控制。

——科特勒《科特勒说》

在企业的经营过程中，营销策划是非常重要的一个环节，它决定着在未来的一段时间内企业应该做什么，应该怎么做。科特勒将营销策划分成了六个步骤，每一个步骤都不可或缺，任何一步的缺失都可能会导致营销策划无法有效地执行到底。

第一步，情景分析。

情景分析是为了让企业对所处的大环境、小环境都能有一个全面而清晰的了解和把握。情景分析重点需要关注的是这样四个方面：

其一，宏观环境。企业需要对所处环境的各种宏观力量进行分析，这包括人口环境、经济环境、技术环境、政治法律环境、社会文化环境等等。

其二，市场状况。掌握目标市场的规模及其成长性的有关数据、顾客的需求状况等。

其三，竞争状况。判断企业的主要竞争者，并摸清楚竞争者的规模、目标、市场份额、产品质量、价格、营销战略及其他的有关特征，以了解竞争者的意图、行为以及竞争者的变化趋势。

其四，机会与风险分析。就是对计划期内企业营销所面临的主要机会和风险进行分析，对企业营销资源的优势和劣势进行系统分析。科特勒建议企业变 SWOT 分析（优势 Strengths、劣势 Weaknesses、机会 Opportunities、威胁 Threats）为 TOWS 分析，也就是先分析威胁与机会，再分析劣势与优势。科特勒认为，这两种模式虽然针对的是四个同样的要点，但是，后者分析思维的顺序是由外而内，而不是由内而外的，相比之下，后者更理性、更实际一些，它可以防止企业根据自身的优势来选择性地认识外部威胁和机会。

第二步，确立目标。

通过情景分析，企业需要判断出那些最好的机会，然后，需要对这些机会进行排序，由此出发，确定目标市场，设立目标，并制定完成时间表。

确定营销目标是企业营销计划的核心内容，目标要用数量化指标表达出来，要注意目标的实际、合理，并应有一定的挑战性、开拓性。目标应重点从两方面去定义。

其一，财务目标，也就是确定每个战略业务单位在计划期内所要达到的财务报酬目标，这包括投资回报率、利润额、利润率等指标。

其二，营销目标，主要由这些指标构成，如销售收入、销售量、销售增长率、市场份额、品牌知名度、分销范围，等等。

第三步，制定战略。

任何营销目标都有许多达成途径，而战略的任务就是要选择最有效的行动方式来完成目标。制定营销战略，包括了目标市场选择和市场定位、营销组合策略等。企业要明确营销的目标市场是什么市场，如何进行市场定位，如何树立品牌形象，企业要采用什么样的产品、渠道、定价和促销策略，等等。

第四步，制定战术。

战术是将战略充分展开成细节，包括产品、渠道、定价和促销的具体营销方案和企业内营销相关人员的任务与时间表。根据营销战略制定详细的行动方案，也就是要理清楚这样的一些问题：要做什么？何时开始？何时完成？谁来做？成本是多少？怎么操作？整个行动计划要具体说明每一个时期内应执行和达成的目标，以及时间安排、任务要求、费用开支、人员分配，等等，使营销战略能落实于行动，并能循序渐进地贯彻执行。

第五步，制定预算。

预算就是企业为了达到其战略目标所计划的一系列行为和活动所需要花费的成本。制定预算，一方面要定下企业预期的销售量与销售收入总额，另一方面要将生产成本、分销成本以及营销费用等都考虑进来，而且要制定再细分的明细支出，预计出支出总额与各部分的支出额度。预计销售收入与预计支出之间的差额就是预计利润。预算是企业材料采购、生产调度、劳动人事以及各项营销活动的依据。

第六步，控制。

控制就是对营销计划进行检查和控制，以监督计划的进程。企业必须设立检查时间和措施，及时掌控计划完成情况。如果计划进度滞后或遇到问题，企业可以通过对目标、战略或者各种行为的修正或调整来纠正这种局面。

为便于监督检查，企业应将计划规定的营销目标和预算按月或季分别制定，营销主管每期都审查营销各部门的业务实绩，检查是否完成了预期的营销目标。凡未完成计划的部门，应分析问题原因，并提出改进措施，以争取实现预期目标，使企业营销计划的目标任务都能落实到位。

这六个步骤环环相扣，企业如果能够一步一步地执行到位，那么营销策划不仅能更贴近现实，更能保障最后的完成结果与效果。

营销计划是指导和协调市场营销工作的核心工具

营销计划是指导和协调市场营销努力的核心工具。一般而言，营销计划的制订包括两个层次：战略营销计划和战术营销计划。战略营销计划是在分析当前最佳市场机会的基础上确定目标市场并提出价值主张。战术营销计划则描绘了特定时期的营销战术，包括产品特征、促销、销售规范、定价、销售渠道和服务等。

——科特勒《营销管理》

营销计划可分为战略营销计划与战术营销计划，前者是着眼于目标市场之设定，并制定相应的战略。战术营销计划则是在公司的大战略之下，制订各项营销活动的实施方案。

战略营销计划对企业而言是“做正确的事”，而战术营销计划则是“正确地做事”。在企业的实际经营过程中，营销计划往往碰到无法有效执行的情况。一种情况是战略营销计划不正确，战术营销计划只能是“雪上加霜”，加速企业的衰败；另一种情况则是战术营销计划无法贯彻落实，不能将战略营销计划转化为有效的战术。可见，战术营销计划充分发挥作用的基础是正确的战略。

战略营销计划关心的问题是“什么人”、“需要什么”、“什么时间”、“什么地点”以及“为什么”。只有在解决了这些问题之后，企业才能成功地实施战术环节的诸多个“怎么做”。

战略是全局性、深远性、纲领性的，战术则是局部性、短暂性、操作性的。市场营销的战略是稳定、发展、收割、撤退，而战术则是产品、价格、渠道、促销等。战略和战术既有本质区别，又密切联系，贯穿于市场营销活动的整个过程。战略是企业为实现长期营销目标而设计的行动规划，是企业的营销目标与具体战术的协调，是目标与手段的统一。战术作为战略的基础，既可以将各种因素综合运用，也可以根据企业情况和市场特点，有重点地运用其中一个或两个因素，设计或制定相应的战略。战术体现战略，战略凌驾战术。一个完善的战略的目的在于推动战术的运用。

市场营销计划几乎是所有企业的核心计划之一，它是指导和协调市场营销努力的核心工具。正确的市场营销计划往往能为企业的成功做出最基本的贡献。在制订营销计划时，企业要避开这样几个误区：

第一，过于理想、忽视对现状的分析。

很多营销主管在制订计划的时候，不重视数据的收集和信息的质量，过于理想化，在这一阶段所做的分析缺乏思考和推敲，这样得出的营销计划难保不出错误。有的主管甚至事先就已经决定了要采取的策略，在分析阶段刻意选择一些支持这些策略的数据，这更是一种不负责任、不职业的做法。

现状分析要求对上一阶段的营销工作进行全面的分析和反思，利用营销分析工具，确认当前的形势，对市场进行划分，对竞争者进行比较分析，对顾客的购买行为进行分析等。这方面的数据收集是十分必要的，而且应该保证数据的质量和数量，对这些关键数据信息的正确分析可以为制定有效的策略打下扎实的基础。

第二，营销计划制订得过于严苛或草率。

有的营销管理者对营销计划的制订过程要求苛刻，对每个阶段或者每部分的内容都追求不切实际的“完美”。我们知道，计划的本质是基于现有情况的分析和对未来进行的预测和部署。企业不可能对现有情况做到100%的了解，也不可能对未来的推断做到100%的准确。未来可能会有很多的情况变化是我们无法预知的。所以，制订营销计划的过程不可能完美，我们必须在有限的信息基础上制定尽可能合理的战略目标和方案。

还有的管理者制订营销计划的过程过于草率，在企业中常常出现这样的情景，总经理在年度营销总结会上宣布：明年我们的目标是较今年增长30%。如果要问这个30%是怎么来的，回答很可能是，因为今年我们增长了20%。很多企业的营销计划就是这么定下来的。这其实是一个误区，但也是我国目前多数中小企业制订营销计划的一个比较普遍的做法。这样草率的营销计划破坏性极大，可能给公司造成严重的失误，甚至带来灾难。

第三，缺少营销计划执行人员的参与。

很多公司在制订计划的时候，往往是高层管理者的“一言堂”，很少听取执行人员的意见和建议。其他的公司计划或许还好说，但是，营销计划如果缺少营销计划执行人员的参与，那结果将会很糟糕。营销计划是要用来指导营销实践，忽视了执行人员，那么这样的计划很容易脱离实际，难以落到实处去。

许多优秀的公司，比如艾默生电气集团崇尚的就是“计划者就是执行者“的理念，营销计划的制订者除了对营销负有最重要责任的营销部门以外，其他相关职能部门也会参与这一过程。这样的做法不仅提升了让执行部门的人员在管理和决策方面的参与满意度，而且大大提高了达成计划的积极性，它还可以充分借鉴一线经理们的经验和对市场的敏感、直觉、经验，增加计划的可靠性和可操作性。

第四，将战略营销计划与战术营销计划混为一谈。

这两者是不同的。战略营销计划一般时间跨度比较长，发生在更高级别的组织层次，目标和原则广泛适用于整个公司；而战术营销计划发生在业务单元这个层次，计划的时间通常是一年，不是一份方向性的文件，而是一份操作性的文件。只有弄清楚了这二者的区别，企业才不会把战术营销计划搞成一份空而泛的文件，而是对公司全年营销工作的目标、策略、执行计划有一个具体的描述。

变化越频繁，计划越紧要

有一种论点认为，计划在快速变化的环境中没多大意义，很少有用。事实上，与其相反的论点才是正确的，即健全的计划能帮助企业对环境变化进行预测并快速地做出反应，为突发事件做更充分的准备。

——科特勒《市场营销教程》

“计划赶不上变化，那计划还有什么用?”很多营销人员都抱着这样的观点。而科特勒对此持有的观点则是，正是因为变化太快，所以企业更需要有计划，这样才能“对环境变化进行预测并快速地做出反应，为突发事件做更充分的准备”。

一个公司在刚开始制订计划时往往是很有把握的。开始时，它的任务或目标较为明确。但随着时间的推移，由于公司的发展，新产品和新市场的开发或者环境中出现的一些新情况，它的任务和目标会变得模糊。因为这些变化，营销计划也会变得有些不太适应。营销管理者不得不面对是否更改营销计划的难题。

正是因为这种原因，很多企业的营销计划都沦为“摆设”。企业老板或者高层在每年年前把年度营销计划大费周章地制定出来，然而，在接下来的执行过程中，总是变化多多，于是管理者们开始渐渐偏离计划，适应变化。最后的结果是，那份营销计划就被搁置到了老板的办公桌上或者扔到档案柜里。很多企业年初制订计划轰轰烈烈，到头来草草收场，落得个虎头蛇尾的结局；而更多的企业信奉“走到哪里黑，就在哪里歇”，干脆就不制订计划。企业在营销计划上的失败折射出企业在计划力上的缺失。于是，营销计划半路夭折，成了“花瓶”。

要让营销计划赶得上变化，甚至引领变化，企业需要掌握一个“命门”，那就是企业的成功关键因素。成功关键因素是指影响企业成功的关键因子，把握住这些关键因子，企业就会在制订营销计划时充分考虑如何调动和利用资源，不会陷于无谓的浪费。行业不同，成功的关键因素不同。例如，对百货业而言，成功的关键因素是提高单位面积的销售额。因此，对商场的选址和布局、货品的陈列和出样、促销时机和商品的选择、物流等都要有通盘的考虑。

围绕成功关键因素，我们可以考虑一旦环境发生变化，将会如何影响企业成功的关键因素，从而制定出相应的应变措施，因此，掌握了成功的关键因素，计划就会有章可循，不会无的放矢，应变计划也有了，不打无准备之仗。成功关键因素分析使我们把计划 80%的内容已经考虑进去了。

为了避免企业的营销计划因为变化而与执行脱节，我们需要用 SMART 标准来规划整个计划，SMART 是以下五个词的简称：

S（Specific）：一个含含糊糊、模棱两可的计划跟无计划是没有多大区别的，营销计划必须是具体的。

M（Measurable）：计划必须是可以量化、可以衡量的。数字是精确化的，完成了就是完成了，没完成就是没完成，是无法耍赖的。

A（Attainable）：计划必须是现实的，是可以达成的。一个好高骛远、不切实际的计划不仅难以完成，而且会给企业员工带来重大的挫败感与失落感。

R（Relevant）：计划必须与企业想要达成的目的有相关性。定计划是为了更好地开展工作，如果计划与企业的目标丝毫相关性都没有，那么，这不能称为一个合格的、科学的计划。

比如，一个家电企业这一年度总的目标是“销售收入比上年增长 15%，完成销售额 118 亿，市场占有率提高 5%，达到 25%，应收账款控制在 5%以内，回款率 95%以上，营销费用控制在销售额的 20%”。这样的目标制定出来，那么就要分析销售增长的源泉是什么？增长的源泉来自于两个方面，一个是市场的自然增长，另外一个是抢夺竞争对手的市场。要实现这样的增长需要什么手段？在老产品增长乏力的情况下，是否可以利用新品抢占市场？是否可以通过营销网络延伸来实现增长？一般企业的营销费用每一年占销售额的比例基本是持平的，那么营销费用的增长比例与销售额的增长比例是一致的，我们就可以根据上一年度营销费用的执行情况，合理地规划下一年度的营销费用。这样在各个营销项目的用度上不至于太离谱。那么这一年度的任务可以是：“有 40 个新品上市，达到销售额 10 亿；营销渠道重心向下移，开发县级市场；把销售队伍扩大到 250 人，成立西北分公司；规划合理的产品线组合和销售政策。”

当变化干扰计划，营销应该怎么做

市场条件是不断变化的。条件变化时，企业并不需要改变营销策划的目标。第一道防线是改变战术和预算，如果这不够，那么还需要修改营销策划的战略。以上都失效时，修改营销目标才是必要的。最重要的事情是不断地更新你的计划，不断更新计划要求计划者深入、超前地进行更系统化的思考。

——科特勒《科特勒说》

科特勒很推崇艾森豪威尔的一句话："准备一场战役时，不断更新计划才是关键。"营销计划制订后，并不意味着就一成不变，而要根据市场的变化，主动对营销计划进行调整，这就需要对营销计划进行分解，分解到每一个月份、每一个区域，这才能既保证营销计划的稳定性，又能保证营销计划的适应性。

具体来说，到底哪些变化会对企业的营销计划产生至深的影响呢？

第一个是竞争环境的变化。这既包括整个大环境，又包括各区域的小环境，由于不同企业的市场重点不同，资源的投入也有差异，造成不同区域之间的竞争环境各有特点，因此营销计划的执行也不能一刀切，应该根据不同区域市场竞争环境的差异进行相应调整，使营销计划符合实际状况。

第二个是行业趋势的变化。某些行业的发展趋势变化很快，而各区域之间行业的发展是不平衡的，因此营销计划在执行过程中应根据行业发展状况的分析，提出相应的应对措施，使营销计划能符合行业在不同发展阶段的特点。比如彩电行业，可能营销计划的目标是加强网络建设，但由于价格战导致整个行业的利润率降低，将迫使各企业不得不加强技术创新和产品创新，这就是整个行业发生了迅速的变化，相应地就促使营销计划在实施过程中进行调整。

第三个是消费趋势的变化。消费趋势指的是消费心理和消费行为模式的变化趋势，比如现在网络购物的迅速发展使消费者的行为模式发生了很大的变化，以前买东西是在批发市场、百货商场、超市等，而现在买东西很大一部分都通过网购来完成，因此企业在加强传统渠道建设的同时，也不能忽视了网络渠道的建设。

这三大因素的变化是企业必须时刻关注的，企业的营销计划必须能跟得上这些变化。科特勒指出了在市场条件变化的情况下，企业的三步走策略，第一步是考虑改变战术和预算，如果这样还不足以适应变化；那么，可以考虑修改营销策划的战略；最后，当所有的调整都难以跟上变化时，企业才应该考虑去动"根本"，也就是修改营销目标。总而言之，企业的营销目标是纲领性的，不到万不得已，不能随意地变更，这样不仅会让企业容易偏离其正常的发展轨道，也会"动摇军心"，使得企业员工在朝令夕改之下变得无所适从。

在变化面前，计划出现偏差并不可怕，问题在于是否对计划的实施结果进行跟踪并采取有力措施，并在下一个阶段对计划进行修正，处理计划实施过程中的偏差。美国质量管理学家戴明曾提出一个戴明环，也就是"PDCA"，它是指：P（Plan）代表计划；D（Do）代表执行；C（Check）代表检查；A（Action）代表行动。计划制定出来之后，在执行过程中要时时检查并总结，对总结检查的结果进行处理，成功的经验加以肯定并适当推广、标准化，失败的教训吸取归纳，未解决的问题再放到下一个PDCA循环里。这样的四个过程不是运行一次就结束，而是周而复始地进行，一个循环完了，解决一些问题，未解决的问题进入下一个循环，这样阶梯式进行的。

当今营销计划中最常出现的三个缺点

大多数营销计划大概有5到50页左右，以年度为单位。营销经理们认为，当今营销计划中最经常出现的缺点是：缺乏现实性、竞争对手分析不充分以及过于注重短期

行为。

——《营销管理》

缺乏现实性、竞争对手分析不充分以及过于注重短期行为——科特勒所提及的这三点，的确是很多企业在制订营销计划过程中最常出现的缺点。

第一点，缺乏现实性。

在很多企业，市场营销战略和市场营销计划通常是由上层的管理人员制定的，而执行则要依靠市场营销人员，这两类人员之间如果缺少必要的沟通和协调，那么很容易导致下列问题的出现：

其一，企业的上层管理人员只考虑总体战略而忽视执行中的细节，结果使计划过于笼统和流于形式。

其二，管理人员往往不了解计划执行过程中的具体问题，所定计划脱离实际。

其三，上层管理人员和市场营销人员之间没有充分的交流与沟通，致使市场营销人员在执行过程中经常遇到困难，因为他们并不完全理解需要他们去执行的战略。

其四，脱离实际的战略导致管理人员和市场营销人员相互对立和不信任。现在，许多企业已经认识到，不能光靠管理人员为市场营销人员制订计划。因为市场营销人员比管理层更了解实际，让他们参与企业的计划管理过程，会更有利于市场营销执行。

在企业里，谁的意志最大？表面上是“顾客至上”，但实际上，在很多企业中领导者才是主导性的。在这样的现状之下，企业的营销计划自然很容易成为领导们意志的附属品，以致脱离现实。

第二点，竞争对手分析不充分。

很多营销者都喜欢用兵家中的战略战术来作为商业运作的参考，特别是《孙子兵法》，更是备受推崇。孙子在《虚实篇》中写道：“因形而错胜于众，众不能知；人皆知我所以胜之形，而莫知吾所以制胜之形。故其战胜不复，而应形于无穷。”意思是，根据敌情变化而灵活地运用战术，就如同胜利摆在面前一样，这不是平常人所能理解的。人们只知道我克敌制胜的方法，但是不知道我是怎样运用这些方法来出奇制胜的。所以取胜的谋略战术每次都是不一样的，应适应敌情灵活运用。他还有一句话叫作“践墨随敌，以决战事。”其意是作战要依敌情变化，随时调整自己的作战计划，做到敌变我变，因敌而制胜。

对竞争对手实时跟进、即时应变，这可以为企业制定行业产品战略规划、产品各条子产品线布局、市场占有率提供一种相对客观的参考依据；企业可以随时了解竞争对手的产品和市场动态，如果挖掘数据的渠道可靠稳定，根据相关数据信息还可判断出对方的战略意图和最新调整方向；可以掌握竞争对手资本背景、市场用户细分群体的需求满足和空缺市场，包括产品运营策略；可以相应地进行快速调整，以保持自身产品在市场的稳定性或者快速提升市场占有率。

第三，过于注重短期行为。

营销战略通常着眼于企业的长远目标，涉及今后三五年的经营活动。但具体实施这些战略的营销人员通常是根据他们短期的工作绩效，如销售量、市场占有率或利润率等指标来进行评估和奖励的。因此，营销人员常常选择短期行为。

有的企业管理者为了做出业绩，常会对营销人员承诺在什么时间做到什么样的业绩，就会给予什么样的奖励。于是为了这些短期利益，营销人员将企业的长远目标放在一旁，虽然表面上看作出了业绩，但实际上却牺牲了组织的整体利益和长远利益。比方说，过分追求销售额的增长，采用一些急功近利的措施，会导致企业发展失去平衡。

因此，企业应采取适当措施，克服这种长远目标和短期目标之间的矛盾，设法求得两者之间的协调。

第2章 先想“做什么”，再想“怎么做”

优胜劣汰，规划出最佳的业务组合

在企业使命和目标的指导下，管理部门现在可以着手规划企业的业务组合。所谓业务组合，是指组成企业的业务和产品的集合。最佳业务组合是指使企业的强项和弱项最好地适应环境所提供的机会的业务组合。

——科特勒《科特勒市场营销教程》

科特勒指出，企业要规划出最佳的业务组合，需要从两方面着手：其一，分析现有业务组合，并决定对哪些业务追加、减少或不进行投资。其二，为业务组合中增添的新产品或业务制定增长战略。企业通过对各项业务进行评估，对赢利的业务追加较多的投资，而对软弱的业务则会逐步减少投资或者放弃。

科特勒认为通用电气就是一个很好的例子，它通过有技巧地规划并管理其业务组合，抛弃了许多业绩不高的业务，如空调、家居用品等，只保留了那些在行业中数一数二的业务，最终成长为世界上规模最大、赢利性最高的企业之一。

乔布斯曾说：“我们所需的只是四大产品平台，如果我们能够成功构建这些平台的话。我们就能够将A级团队投入到每一个项目中，而不需要使用B级或者C级团队。也就是说我们可以更加迅速地完成任务。这样的组织结构非常流畅、简单，容易看明白，而且责任非常明确。”当其他公司都在追求把产品做全的时候，乔布斯却一直在做着减法，规划苹果的最佳业务组合。

在乔布斯逝世之后，李开复在一次采访中曾经这样说过：“乔布斯最狠的地方是他回去苹果之后，砍了公司里杂七杂八的项目，他看到当时的苹果内部非常混乱，于是就非常简单地说：‘我们只需要四个产品。’针对不同的用户，用四个产品规划了一个二乘二的矩阵，这是一个经典例子。”

当年乔布斯重返苹果后，他看到的是一家产品种类复杂、庞大的公司，苹果销售的产品大概有40种，涉及从喷墨打印机到Newton掌上电脑等各种产品。所有产品中很少有占领市场主导地位的。而且这些产品中的一类又有多个系列，每个系列又有十几种型号，不同型号产品之间的差别很小，名称让人困惑。乔布斯对此感到不可思议，他说：“我看到的是数目繁多的产品。太不可思议了。于是我开始问公司员工，为什么推荐 3400 而非 4400？为什么直接跳到 6500，而非 7300？三个星期后，我依然无法弄清楚到底是为什么。如果连我都无法弄懂这一点的话，我们的顾客怎么可能弄清楚？”

乔布斯提出：“如果苹果公司要生存下去的话，我们就一定要砍掉更多的项目。我们要有焦点，做我们擅长的事。”

他在一次大型产品战略会议上喊道：“这真是疯了。”他抓起记号笔，走向白板，在上面画了一根横线一根竖线，做成一个方形四格表。“这是我们需要的。”他继续说。在两列的顶端，他写上“消费级”和“专业级”。在两行的标题处，他写上“台式”和“便携”。他说，他们的工作就是做四个伟大的产品，每格一个。他开始了大刀阔斧地削减产品线，苹果公司的产品一下子被缩减到了四种。

此后，乔布斯也一直保持着产品规划的聚焦与集中。从他重掌苹果至他因病离任，苹果公司最多也只涉及六大产品：台式电脑、笔记本电脑、显示器、iPod 以及 iTunes。后来又增加了迷你 Mac、iPhone 和 AppleTV 以及一些附件。

在乔布斯看来，太多的公司把摊子铺得太大，它们生产大量产品，以降低风险，最终都流于平庸。而苹果公司的做法是聚焦、简化，把手中所有的资源集中在几样产品上，从而保持 A 级战斗力，让每一款产品都卓尔不群。

优胜劣汰是市场的游戏规则，同样，也是企业在规划其业务组合时的游戏规则。企业资源是有限的，如果什么都想做，反而什么都做不好，更不用说构建企业的核心竞争力。所以，企业必须像通用电气，像乔布斯那样，做减法，做规划，摒弃弱项，甩掉包袱，保留强项，并使之更强。

找准战略业务单位，力争数一数二

管理部门进行业务组合分析的第一步，是鉴定企业的关键业务，这些业务被称为战略业务单位。所谓战略业务单位，是指具有单独的任务和目标，并可以单独制订计划而不与其他业务发生牵连的企业的一个单位。战略业务单位可以是企业的一个部门或部门内的一个产品系列，有时可以是一种产品或品牌。

——科特勒《科特勒市场营销教程》

科特勒认为，很多大型企业往往都同时经营着一系列不同的业务，而且每项业务都有着独特的战略，像通用电气公司就曾把自己所经营的业务划分为 49 个战略业务单位。通常，战略业务单位具有以下这样三个主要特征：

第一，它是一项独立的业务或相关业务的集合体，而且在计划工作时能够与该公司经营的其他业务分离开来而单独编制计划；第二，它有自己的竞争对手；第三，它有专门的经理人员负责战略计划、利润业绩，而且该经理可以控制对利润产生影响的大部分因素。

对企业的关键业务进行鉴定，是为了制定独立的战略，并分配适当的资源。在公司的业务组合中，既有昨天的辉煌业务，也有明天可以支撑企业生存或成长的业务，既有价值潜力巨大的业务，也有鸡肋型的业务。企业需要对这些业务一一进行鉴定区分。

一般来说，企业的业务单位可以简单地划分为四大类：

一是问题类。这一类“战略业务单位”是高市场增长率和低相对市场份额的，多数“战略业务单位”最初都处于这一类。该类单位需要大量资金，因为企业要进一步提高这类业务单位的相对市场份额。因此企业的最高决策者要慎重考虑经营这种业务单位的获利性，以做出正确的决策。

二是明星类。问题类的“战略业务单位”如果经营成功，就会转入明星类。这一类单位是高市场增长率和高相对市场份额的单位。这一类单位因为迅速增长，同时要击退竞争对手的攻击，投入也会是巨大的。由于产品都有其生命周期，这一类单位的增长速度会慢慢降低，最后就转入金牛类。

三是金牛类。明星类的“战略业务单位”的市场增长率下降到10%以下，就转入金牛类。金牛类的“战略业务单位”是低市场增长率和高相对市场份额的单位。这一类单位因为相对市场份额高，赢利多，现金收入多，可以为企业创造现金流。企业可以用这些现金来支援其他业务单位。

四是瘦狗类。这是指低市场增长率和低相对市场份额的单位，赢利少或亏损。这类业务一般不在保留之列。

在将企业的业务单位进行区分之后，企业需要制订业务组合计划，并确定对各个业务单位的投资战略。企业通常采用以下四个战略：

一是发展策略，即提高产品的市场占有率，有时甚至不惜放弃短期收入来达到这一目的，因为提高市场占有率需要足够的投资和时间才能奏效。

二是维持策略，也就是保持业务的地位，维持现有的市场占有率。在产品生命周期中处于成熟期的业务，大多数采用这一策略。

三是收缩策略，即追求业务的近期收入，不考虑长期影响，这是为了短期内增加投资收益率而牺牲长期收益的做法。

四是放弃策略，也就是出售产品不再生产，把资源抽出来用于其他业务。这种策略适用于没有太大发展前途的瘦狗类或问题类业务。

企业要找准自己的关键业务，除了从目前各业务的市场增长率和相对市场占有率去判断外，还要重点考虑两大因素，一个是行业吸引力，这取决于行业市场规模、市场增长率、利润率、竞争激烈程度、周期、季节性、规模效益等因素。另一个则是企业战略业务单位的业务力量，也就是竞争力，它包括了相对市场占有率、价格竞争力、产品质量、顾客了解度、推销效率、地理优势等。从这些角度出发，企业可以甄选出最值得投入的战略业务单位。

企业目标不是成长，而是赢利性增长

如果企业想更有效地进行竞争，满足其股东的需要，吸收高层人才，那它就需要高速的增长。企业应小心，不要将成长本身设为一个目标。企业的目标必须是“赢利性增长”。

——科特勒《科特勒市场营销教程》

“企业目标不是成长，而是赢利性增长”。——科特勒的这一提醒很值得企业去深思。许多企业，特别是熬过生存期进入成长期的企业，往往会过度地追求将企业做大，一心想要四面出击，快速扩张。表面上看，企业规模一天比一天大，员工人数一天比一天多，貌似蒸蒸日上，但实际上，很多都只是假象，企业的确在成长，但却不是“赢利性增长”。成长如果只有速度，而没有质量，那么对企业来说不是福，反是祸。

赢利性增长是一种理性健康的成长，它在注重发展速度的同时，更加注重发展质量。当量的追求与质的目标发生矛盾时，企业应始终坚持质量优先、效益优先，确保赢利性增长。与其盲目地多点出击，全面开花，企业不如通过加快技术进步，调整改善结构，全面推进精益管理，加强全价值链成本管理控制，提高投入产出效率，改善各项业务的收益性，提升整体的赢利能力。

那些卓越绩效型的企业指的是能有效地平衡当前需求和未来机遇，在收入、利润增长和股东回报方面持续超越竞争对手，并能在历经了时间、业务周期、行业分化和领导层更替等考验后持续保持绝对优势的企业。

贝恩管理咨询公司在 2012 年 5 月曾发布一份研究报告称，企业要想获得持续的赢利性增长，就应围绕正确的核心业务进行扩张，而不是单纯追求扩张的速度和广度。贝恩对 12 个发达和新兴经济体超过 2000 家公司进行了研究发现，企业为了追求新的增长点，往往会受盲目多元化策略的驱使，将最多的资源投入到实力最弱的业务中，而忽略甚至过早放弃了强大的核心业务。贝恩通过这次研究指出，强大的核心业务是企业获得竞争优势的关键来源和取得领先地位的根本因素，深耕核心业务是发掘潜在利润的有效手段，也是成功实现业务扩张的最佳经营之道。调查还表明，在那些创造的价值持续超越资本成本的企业里，95％都是其各自核心业务领域内的市场领导者。

需要注意的是，核心业务不能狭义地定义为企业销售的主要产品和服务，或是所在的主要市场。其定义应更为广泛，通常由几项资产和能力构成，包括品牌、知识产权和人才等无形资产，以及差异化生产系统和技术、以客户为导向的创新体系、最佳的供应链管理以及世界一流的营销能力等。

很多企业家喜欢为“做大还是做强”而争论，有的人认为他们的企业必须做到最大，才能做到最好。为什么这么多企业对规模如此看重？因为规模自然可以带来生产效率的提高，这也就意味着更强的品牌效应和更大的市场份额，而且更有能力应付愈演愈烈的外来竞争，用一些企业家的话来说就是：“大到让别人无法吃掉你。”

这样的观念，在一个静态的市场或许适用，但在当下这样一个竞争格局中，所谓的“规模经济”效应往往很难发挥出来。市场环境瞬息万变，新技术和竞争对手层出不穷，客户的需求也在不断改变，很多规模庞大的企业反而无法迅速作出反应，导致企业绩效严重下滑，这种现象被经济学家们称为“规模不经济”。

很多原本走专业化路线的企业，由于过于追求“做大做强”，反而陷入了泥沼之中。而能冲破盲目扩张的误区，坚持赢利性增长的企业，方能更健康、更平稳地发展。

企业三种通用战略：总成本领先、差异化和聚焦

企业的通用战略可归纳为三种类型：总成本领先战略、差异化战略和聚焦战略。这为公司进行战略性思考奠定了基础。

——科特勒《营销管理》

科特勒所提及的“总成本领先战略、差异化战略和聚焦战略”源自于迈克尔·波特的三大竞争战略理论。

第一，总成本领先战略。

实施这一战略的企业往往努力实现生产成本和分销成本的最小化，以便能够以低于竞争对手的价格获得较大的市场份额。如果消费者对价格很敏感，产品和服务的价格弹性较大，那么努力获取成本优势、成为行业中总成本最低的公司不失为一种好的竞争途径。总成本领先战略一般在以下情况时更容易获得成功：

市场上的产品或服务基本上是标准化的，而且产品或服务差异化的途径并不多；行业中各公司的价格竞争十分激烈；价格是决定顾客购买的主要因素，价格弹性较大；顾客转换供应商或品牌基本不需要什么成本，而且顾客有很强的价格谈判能力；竞争对手在相比之下，获得低成本的优势并不容易，而且也难以模仿到降低成本的方法。

总成本领先战略有两种基本方式，一是利用成本优势及产品、服务的价格弹性，以低于竞争对手的价格吸引顾客；二是保持现有的价格及市场份额不变，而是通过提高单位产品和服务的利润率来提高公司的总利润。像美国西南航空公司就是成功实施总成本领先战略的代表。

这一战略的确是许多公司攻城略地的有力武器，但它同时具有很大风险。这主要体现在：

一是容易被后来者模仿，使企业深陷价格战中不能自拔，导致极低的利润率；二是公司过分追求低成本，而忽视了对顾客需求趋势的关注与跟进，使得低廉的产品或服务再也难以吸引顾客，或者顾客转向那些差异化、高质量、高价值的产品与服务，使得低成本优势失去意义；三是在向国际市场扩张时，外国政府为了保护本国市场，很可能对低价商品发起反倾销调查，近年来中国纺织品、鞋类产品、家具、家电等公司在国际市场遭遇的反倾销调查及配额设限就是明显的例子。

所以，总成本领先战略有利有弊，企业应在此基础上，尝试建立新的竞争优势，如通过产品、服务、技术或者经营模式的创新来提高公司的赢利能力与水平。但无论如何，不管企业实施何种战略，成本控制都是必需的。

第二，差异化战略。

差异化战略的核心是向顾客提供对顾客来说有价值的、与众不同的、具有独特属性的产品或服务。采取这一战略，企业需要确保自己的产品或服务的差异化特征必须是顾客认为有价值的，必须与竞争对手的同类产品或服务有明显且容易辨识的区别，而且这种差异化还不容易被竞争对手模仿或复制。

持久的差异化，尤其是建立在产品革新、技术创新、优质的顾客服务基础之上的

差异化优势，跟公司的核心能力和竞争力往往有着密切的联系。

企业实行差异化的途径有很多种，例如，产品差异化、服务差异化、渠道差异化、采购差异化、制造差异化、形象差异化，等等。

在市场需求快速变化、顾客日益追求个性的现代社会，产品或服务的差异化战略已经成为许多公司追求的首选竞争战略。

第三，聚焦战略。

这一战略是指公司把力量集中在一个或几个范围相对较窄的细分市场上，在该特定市场建立起竞争优势，比竞争对手更好地服务于这一特定市场的顾客，并以此获取高的收益率。聚焦战略可以是聚焦于某一特定的顾客群，或是某一特定的市场区域，或是某特定用途的产品等。

尽管公司舍下整个市场，而取其中一个细分市场，但由于可以集中资源和精力向特定的顾客提供更好的产品和服务，因此公司仍然可以通过聚焦战略获得超过平均水平的收益率。在以下这样几种情况下，聚焦战略更容易获得成功：

公司所聚焦的目标市场足够大，而且具有较大的增长潜力，能够保证公司的赢利；行业中有多个细分市场，而且没有一家公司有足够实力全面进入各个细分市场；公司具备服务于某个特定聚焦市场的资源和能力；公司所聚焦的这块市场不是行业中主要竞争者的重点市场，或者这些竞争者在该市场没有很强的竞争优势。

在进入目标市场后，企业要尽快通过聚焦战略建立竞争优势，构筑一定的进入该市场的壁垒，以防御后来的挑战者和潜在的进入者。

“产品—市场”扩展的四步走战略

公司应该考虑：在现有市场上，现有产品是否能够获得更多的市场份额（市场渗透战略）。之后，应该考虑的是能否为现有产品开发新的市场（市场开发战略）。然后，应该考虑的是能否在现有市场上开发出新的产品（产品开发战略）。最后，再去考虑是否存在为新市场开发新产品的机会，即多样化战略。

——科特勒《营销管理》

科特勒从产品和市场这两个维度，提出了四步走的战略——

第一步，市场渗透战略是指现有的产品在现有的市场上，思考如何以更积极的方法提高销量，例如，吸引竞争者的顾客，增加那些游离型顾客的消费忠诚度，或者鼓励增加顾客购买的次数与数量，等等。

第二步，市场开发战略是指企业以现有产品在新的市场中营销以提升销量，例如，开发新的地理市场，开发新的销售渠道，开发新的目标市场，或者实现不同目标消费者的交叉销售，等等。

第三步，产品开发战略是指在现有市场上推出经改良的或新的产品，以提高销量。例如，发展新产品特性或内容，创造不同等级品质的产品，改变原有产品模式或大小，或者将不同产品或服务进行捆绑销售，等等。

第四步，多样化战略是指开发新的产品并满足新的目标市场的需要。例如，开发与现有产品相关的新产品并吸引新的目标客户，或者跨行业多元化，等等。

这样一步步地推进，能让企业的发展更为平稳，不至于因为扩张过快、过度而跌入险境中去。而且，通过这样的四步走战略，能让企业充分发掘产品与市场中的机会。

有“中国品牌先生”之称的营销专家龚文祥先生，曾经列举过他在大学时代利用“产品—市场”四步走的战略经营一家家教中心的真实案例。

当时，龚文祥先生通过竞选成了武汉大学管理学院学生会下设的一个家教中心的主任。他为了将这个家教中心真正做起来，就用上了“产品—市场”扩展的战略，做到了在不投入任何资金的前提下扩大业务，实现赢利。

第一，市场渗透战略。

通常大学生找家教工作的方法就是做一个小广告，然后在人流量大的地方蹲守，吸引有需求的家长们的注意。那时，这样的蹲守摊点随处可见，怎样才能在现有服务、现有市场的前提下获得更多的家教业务呢？龚文祥的方案是这样的：

首先，利用“明星”效应。武汉大学有好几个省文理科状元，龚文祥请出他们现身说法拉家教，海报上打出鲜明的一条：“省文科状元做你孩子的家教”。冲着“状元”两个字，望子成龙的家长纷纷涌过来。

其次，利用家长心理附加值竞争。当时武汉有报纸开始关注和报道大学贫困生的问题，龚先生在联系了一批品学兼优的贫困学生后，在家教海报上加上一条“名牌大学贫困生欲做家教”。很多家长反正总是要请家教，他们更倾向于请一个家庭确实有困难的大学生。因为这样的学生有生计的压力，在辅导孩子时会更尽心。

最后，直接争夺竞争对手的客户。凡是在其他摊点咨询过的家长，都是有意向请家教的，在他们咨询过不满意离开后，龚文祥这边再上前拉他们到自己这边的摊点来谈。凭武汉大学在武汉的名气，业务又大大提高了一步。

第二，市场开发战略。

龚文祥想到，同样是做家教业务，除了将业务在地理位置上从武昌扩大到汉口外，还可以拓宽几条销售渠道以大大增加成交量。传统的家教业务大都在商场门口摆摊设点，而龚文祥则在同学的帮助下，到其他的目标对象集中的地方摆摊设点拉业务：学校门口，摆摊时间设在家长接小孩放学时，还未放学的等待时间效果最好；大型菜场集贸市场门口及住宅小区门口、公园门口等。

第三，产品开发战略。

传统的家教概念就是为中小学生请一个大学生来家里教课。当时在龚文祥所负责的家教中心登记的大学生有几百个，而能找到的家长有限，于是他思考如何针对中小学生扩大家教服务范围来增加业务，他是这么做的：

首先，开设钢琴、舞蹈、书法、绘画等兴趣类的专业家教项目。大学除了艺术系的大学生可以揽下以上专业方面的家教，校园里其他获得了各种等级证书的大有人在。而专业家教确实一直都是一个家长关心的热点。只需将这些大学生证书的复印件摆摊拿出来，就能吸引很多家长。

其次，开发“周日校园家教”项目。开发新的家教服务项目需要潜心关注市场的需要，并适时推出。比如龚文祥碰到的一个家长说他的小孩学习成绩很好，他只是想小孩从小就多感受名牌大学的气氛。于是他就推出了“周日校园家教”项目，改变了大学生上门服务的传统，将孩子们带到武汉大学来上家教课，顺便可以接受名校的熏陶，这个点子一推出就大受家长欢迎。

最后，开发奥林匹克竞赛等高端家教项目。一般家长只有孩子成绩不好才请家教，但也有一部分家长是为了让孩子优异的成绩好上加好，或者为了备战奥赛，而武大恰恰有很多在奥赛上拿过全国前几名的大学生，他们是最好的奥赛家教老师。这一类需求虽然不大，但是属于高端一类，家教的收费和中介费也是普通家教的好几倍。而且，这个业务一开展，几乎是供不应求。

第四，多样化战略。

家教多样化经营的关键是能跳出中小学家教的限制，吸引成年人这类新的目标客户。这类市场有着很大的商业价值。比方说，开发 TOEFL、GRE 等高端家教服务项目，开发小语种家教市场项目，开发自考、考研家教项目，等等。

通过这一系列的革新与拓展，龚文祥将这个家教中心做得风生水起，他因此成了当时武汉最大的家教中间商。

这个案例虽然只是一个小小的家教中心的发展经验，而且时间上也很久远了，但是，龚文祥在其中运用到的很多“产品—市场”扩展的战略战术以及思路模式都很有借鉴意义。一个家教中心在这四步走的战略指导下，都能想出这么多的良方对策，更何况是一个企业呢？只要用好了这四步扩展战略，企业就不愁没有生路。

小企业也能从健全的战略规划制定中极大地获益

对战略规划制定的许多讨论，都集中于有许多部门、许多产品的大企业。但是，小型企业也能够从健全的战略规划制定中极大地获益。尽管绝大多数小型企业开始时总会指定大量的业务和营销计划，但是当小企业发现其负债太多，或增长超过生产能力，或市场份额正丢失给价格更低的竞争者时，它该怎么办？战略规划制定能够帮助小企业的经理们预测这些情况，以及决定怎样避免或处理这些情况。

——科特勒《科特勒市场营销教程》

战略规划，对于大企业而言是必要的，对于小企业而言同样是不可或缺的。健全的战略规划能让小企业获益良多。科特勒曾举过俄亥俄州的金斯医疗仪器公司的例子。

这家公司经营的是核磁共振成像设备，也就是每套价值 100 多万美元的 X 光片拍摄仪器。威廉·帕顿博士是这家公司的顾问和“规划大师”。他指出，战略规划是小企业成长和实现高额利润的关键。他说：“许多书上都认为对小企业来说有至关重要的三点：现金流量，现金流量，还是现金流量。我同意这些都是非常重要的，但是还有另外三点也同样重要，即规划，规划，再规划。”在他的建议下，这家公司使用简单的战略计划工具每三年就会制定并修正一次公司的战略路线。这家公司的战略规划过程包括这样的六步：

1. 分析公司前几年经营所处的商业环境中的主要因素。
2. 依据公司在未来两到三年的目标来定义公司的任务。

3. 分析会影响公司任务的内部和外部力量。

4. 找出能指导公司未来的基本驱动力量。

5. 制定长期目标，用来指明公司在未来想成为什么样的公司。

6. 将长期目标分解，制定出行动计划大纲。

金斯医疗仪器公司正是通过这样三年一规划、三年一修正的方式实现了公司业务的持续稳定增长。

中小企业战略规划的制定的确不同于大企业，这是由其企业特点决定的。但这并不是说，战略规划对中小企业没多大意义。一提到企业战略规划，人们就觉得好像是大企业的事。由于自身在资金、人才等方面的不足，中小企业一般不轻易涉足退出障碍比较高的行业。一旦遇到市场风险，便匆匆地临时应对，实在没办法，就退出市场。很多中小企业缺少一个长远规划。据调查，中国中小企业与美国的中小企业相比，后者的平均寿命是7岁，而前者的平均寿命仅仅2.9岁。很多快速成长的中小企业由于战略定位不清晰都走向了高度多元化的道路，结果造成企业资源分散、缺乏市场竞争力。

在中小企业，许多老板集中了经营管理过程中所必需的各种决策权力，他们总觉得没有必要建立复杂的组织机构。同时，中小企业多处于创业初期。资金上的困难迫使中小企业保持组织结构的简单，并压缩开支。组织结构简单了，决策权就集中了。所有权与经营权被统一起来了。决策权、指挥权与监督权划分的不明确，使得企业在考虑长远战略规划时，受经营者的影响很大。如果经营者的能力有限的话，那么企业发展到一定规模时便会遭遇成长的天花板现象。

中小企业战略失败的主要原因，往往就在于企业领导对战略管理的价值认识不够和企业专业管理人员的缺乏，这种情况约占企业战略管理失败的60%以上。总的来说，国内的企业在战略规划上常见这样几大误区：

一是缺乏长远发展规划，战略变化太过于频繁。二是盲目跟风，追逐市场热点，使得企业的投资过度多元化。三是战略决策随意性较大，没有一个科学有效的战略管理和信息化管理体系。四是缺乏对市场和竞争环境的认识和分析，缺乏量化的客观分析。五是企业战略计划流于书面形式，没有明确的切实可行的战略目标。六是企业战略计划难以得到中高层的有力支持，也没有具体的行动计划。

小企业应避免这几点，不必盲目地效仿大企业去做战略规划，要从自身实际出发，结合自身的优势与长处，例如经营机制灵活、劳动力成本低、敢于冒险开拓等，来制定最适合自己的企业战略。

小企业可以通过四种途径胜过大企业

小企业可以有四种途径胜过大企业：以专业的市场利基为目标，使自己的市场供给品更加富于弹性，提供更好的服务，使自己与客户的互动更加个性化。

——科特勒《科特勒说》

科特勒给小企业指出了四种战胜大企业的方法，这四种方法都有一个共同点，那就是都充分发挥了小企业的优势。小企业的规模与实力在大企业面前可能不值一提，但它灵活机变，可以扎进一个利基市场中深耕细作；可以在自己的产品上下大工夫，使之更适应顾客的需要；可以针对自己有限的客户，在服务上精益求精，做到最好；可以灵活地与客户互动，巩固和维护客户关系。这些策略很多大企业不是不可以做，而是难以抛开自身庞大的市场和规模，去专攻一个小的利基市场和一个小的客户群体。正因此，小企业才有了对抗大企业的机会与切入点。

小企业与大企业抗衡，最重要的就是要找到“巨无霸”的软肋，同时找到自己最强大的地方，然后寻找一个攻击支点，在潜移默化中改变强弱对比，进而以小搏大，蚂蚁绊倒大象。这很好理解，就譬如，两个人打架，一个是身高 2 米多的姚明，一个是 1.7 米左右的小个子，小个子如何才能胜过大个子姚明？要是比扣篮，那小个子胜算真是微乎其微。但是如果换一种思维方式考虑，那就不一样了。从身高来讲，小个子在姚明面前绝对是矮子，但是小个子身体灵活，要是比一比对灵活性要求较高的项目，那么，小个子的胜算就大多了。

总的说来，与大企业竞争关键在于两点：第一，利用小而灵活的特点，迅速出手，偷偷袭击，在对方尚未重视之前打他个措手不及，不让他们有反应的机会。第二，避免正面硬碰硬的作战，而应该利用自己的优势避开大公司的锋芒，直攻其软肋。

在油漆这块市场中，立邦是一个大名鼎鼎的品牌。长期以来，立邦漆以其优良的产品、高端的价格和准确的广告诉求赢得了市场，成为同业中的龙头老大。立邦漆产品种类齐全，多姿多彩，覆盖了几乎所有的门类和应用范围，可以说是能满足各种消费者的不同需求。

要挑战这样一个行业领导者，不是一件容易的事情。但是，有这么一家油漆小厂却依靠其独特的战术，在立邦漆的重重包围中找到了出路，在区域市场上战胜了这个巨头。

这家企业先是对市场做了周密调查，通过对立邦漆的买主进行分析后发现，消费者的确欣赏立邦漆的质量和品牌，但是对其价格不尽满意。也就是说，在立邦漆的目标消费群体中，有那么一部分消费者并不是都能消费得起立邦漆的产品，他们只能零星、少量地购买使用。这是突破立邦漆的第一个缺口——价格渗透。通过统计分析立邦漆的销售状况，结果发现最畅销的产品有 5 种，而其他产品销量远远低于这 5 种漆。也就是说尽管立邦漆有着长而宽的产品线，但是消费者只喜欢其中的一小部分，因此，立邦漆长而宽的产品线表面上看是威胁，但实际上却也是这家小油漆企业的机会。

于是，这家企业找到了方向——忽略立邦其他产品线上的产品，集中力量专注于其最畅销的 5 个产品，开发出 5 种对应的产品，再辅以合理的价格就能成为攻破立邦漆的致命武器。同时，在走访中发现，由于立邦漆种类多，对资金的需求大，库存也是一大问题，代理商的压力很大。很明显，立邦漆的售价较贵，而本地消费者消费量最大的只有其中 5 个品种的产品，而立邦为了平衡整个产品线，会施以压力使得代理商储存所有产品线上的产品，这造成了代理商潜在的不满。这也是立邦的一个软肋。

结合这些分析结果，这家小公司做出了这样的决策：只生产 5 种最畅销的产品，减轻代理商在库存和资金上的压力；保持与立邦漆同等的质量，通过权威机构和宣传手段使消费者认同其质量；价格定为立邦漆的三分之二，吸引大批的中档消费者；发动强大的市场攻势，诉求很简单——“如果你买的产品是我们生产的5种门类产品中的一种类型，你没有理由买立邦漆；如果你买的产品是我们生产的5种门类产品以外的一种类型，请你去买立邦漆。”

通过这样的战略，这家小企业经过几年的不懈努力，夺得了将近三分之一的市场份额，成为油漆市场上的几大巨头之一。

面对这家小公司的进攻，立邦是很难全面还击的。因为立邦如果保留5大畅销产品而减少其余品种，就会失去其特有的优势。为了照顾其余品种的销售，立邦也不会放任代理商只进5个品种的产品，它更不可能跟小公司去拼价格，打价格战。正是因为这种种原因，才使得这家小公司突破了立邦漆的壁垒，在这块市场上获得了竞争的胜利。

在西方有这样一句话：“熊和鳄鱼的战斗，其结果取决于它们的战场——是在陆地，还是在水中。”比方说，如果一个小零售商要跟巨无霸沃尔玛竞争，那么，最好不要正面跟它比拼，不应想着要盖比沃尔玛还要大的商场，选比沃尔玛还要优越的地段，卖比沃尔玛还要低价的商品。小零售商应该深入地潜到消费者人群中去，选准某一个消费者群体，有针对性地为其提供比沃尔玛更好的产品和服务。沃尔玛的创始人山姆·沃尔顿就曾这么说过：“我建议这些小店主做我一直做的并引以为荣的事情——与顾客直接接触。让你的顾客知道你对他们有多么感激，亲自收钱找钱。这种人与人之间的直接接触对这些小店来说十分重要——这是沃尔玛这样的大店想做而又做不到的事情。”没有任何一个看似强大的对手身上没有弱点，只要善于发现，小企业也能克敌制胜。

从“营销十诫”的完成状况就可判断企业的前景

你去医生那里做体检时，他会有一个相对固定的检查程序来确定你的身体情况。在检查一个企业的营销健康状况时，也有这样的检查程序。根据企业“营销十诫”的完成状况可以判断其前景。

——科特勒《科特勒说》

科特勒所说的“营销十诫”是指这样的十个关键点：

一是企业对市场进行市场细分，选择最适合的细分市场，对于选定的细分市场进行强有力的定位。二是企业对客户的需要、知觉、偏好和行为有清晰认识，并且激励企业所有的利益相关者全力以赴地服务和满足客户。三是企业对其主要竞争对手有全面的了解，尤其是其强项和弱势。四是企业将关键的利益相关者如员工、供应商、分销商等，发展为合作伙伴，慷慨地回报他们，与之一起成长。五是公司有一个体系来发现机会、评价机会和从中挑选最好的机会。六是企业建立了一个营销策划体系，能做出出色的长期和短期策划。七是企业对其产品和服务组合进行强有力的控制。八是企业通过充分有效的沟通和促销工具建设强有力的品牌。九是企业确定营销的领导地位和构建各部门的团队精神。十是企业不断地研发、引入新技术以增强自己的市场竞争力。

这十个关键性点对企业而言就好比是一个个的体检项目，只有这十个点一一做到位了，企业才能说是顺利通过了“体检”，才会有一个理想的前景。

科特勒提醒企业的营销管理者，要常思考两个问题，一是企业正在犯哪些营销错误，二是解决这些问题的最好方法是什么。科特勒说：“如果我经营一家公司的话，我会和同事坐在一起，逐条检查这十个点。我们会找出哪个点上犯了最严重的错误，然后找出最好的解决方案并进行追踪，我会配备一个高级主管负责对这些方面进行改进。我会认识到有些不足可能需要长时间的持续投入，但是只要它能使我们成功，我就会支持它。”

科特勒所强调的“营销十诫”，简单地说，就是，对内，要重视关键的利益相关者，要以营销为主导，团结企业内各个部门做好营销；对外，要对顾客和竞争者皆有至深的了解，时时刻刻关注之；而在营销的实践中，则要践行 STP 战略，要对市场机会保持高度的敏锐，要重视营销计划体系，规划好产品、服务组合，通过有效的沟通和促销建设好品牌；还要重视技术，尤其是“破坏性技术”，借此来强化自己的市场竞争力。

一个企业的营销做得好不好、到不到位，并不能光从表面去判断。企业规模大，市场份额大，产品线丰富，赢利能力强，这并不能说明这家企业的营销成功了。科特勒所指出的十个要点，从各方面决定着营销的成败，企业在某一个方面做得出色是不够的，必须在每个点上都下足工夫，做到最好。这可以用“木桶原理”来进行解释，这个木桶只要有一块短了，或者破了，就会漏水，即便能装水，也装不满，只有所有的板块都完好，才能装更多的水。

第3章 营销管理，把战略计划落到实处

从营销角度出发 CEO 可分成四种类型

根据经营一家公司时思考营销的不同角度，我把 CEO（首席执行官）分成四种类型——“1P 式 CEO”，“4P 式 CEO”，“STP 式 CEO”，“ME 式 CEO”。

——科特勒《世界经理人》采访

科特勒从营销角度区分 CEO 类型的方法新颖而有趣。他认为，根据思考营销的不同角度，CEO 主要有四种类型：

第一类 CEO 是“1P 式 CEO”，他们把营销看作 1 个 P 的职能，这个 P 就是促销，也就是通过各式各样的促销手段，例如拼价格、买赠、加大人员推销力度等方式来达成营销目标。这类型的 CEO 看待营销的视角是极为狭隘的。

第二类 CEO 是“4P 式 CEO”，他们能够制定较为完善的营销计划，重视产品、定价、渠道、促销这四者的每一个环节，这样的 CEO 已经具备了一定的营销水准。

第三类 CEO 则是“STP 式 CEO”，他们冷静而理性，在 4P 之前，他们会先对市场进行细分，选择最适合自己企业的目标市场，然后进行定位和差异化。这是睿智型的 CEO，在他们眼中，战略性营销要优先于策略性营销。

第四种 CEO 是“ME 式 CEO”，“ME”代表“营销就是一切”（Marketing is everything）。这类 CEO 深知营销对企业的意义与分量，他们在运营企业时，一切以营销为先，一切以营销为重，他们会调动上下所有人员，为企业的营销目标服务，打造出全员营销型的企业。这样的企业在市场竞争中无疑会拥有更强的竞争力和更好的发展前景。

所有的 CEO，如果想要企业获得长足的发展，在市场中有持续的、上佳的表现，就都应该从“1P 式”、“4P 式”向“STP 式”、“ME 式”转变，最终站稳在“ME 式”的层级上。坚持这种“营销就是一切”的理念，CEO 是有可能将一个企业带向全新天地的。

比方说，雅芳最令人瞩目的女性CEO钟彬娴，她在接掌雅芳帅印时，这家公司正遭遇巨大危机，业绩极度下滑，股票一落千丈，公司很不景气，原来的CEO查尔斯·佩林引咎辞职。钟彬娴接下这个"烫手山芋"后，展开了一系列以营销为核心的变革，她亲自主导，大刀阔斧地重新创建雅芳的营销体系，除了雅芳的原则、价值和公司的诚信，钟彬娴几乎改造了一切，用她的话说就是——"这个品牌，它的形象、生产技术、销售渠道、激励体制、价值链，以及企业更高效的运作方式、赢利方式都变化了，现金流也变化了。"从营销入手的这一场大变革，使得雅芳这个百年公司重新焕发生机，它不仅走出了低谷，而且股价上涨达23%，年营业额超过60亿美元，还被《商业周刊》评为全球"最有价值的品牌"百强之一。

还有飞利浦公司也是如此。飞利浦旗下各个事业部都设立有一个首席市场官(CMO)。公司还规定，所有业务部门的主管都要有市场营销背景。在中国市场，飞利浦专门成立了"飞利浦中国市场营销委员会"，由各个事业部总经理组成，高度重视市场，全力为顾客实现价值创新。在新技术革命的浪潮冲击每一个生产领域的时候，飞利浦能够抢先向市场提供新设备、新材料、新的消费品，并因此赢得顾客，赢得市场。在实施技术创新时，飞利浦坚持将技术与市场的需求，与顾客的要求相结合。不管是意见和建议，还是抱怨或投诉，飞利浦都会真诚地听取这些来自顾客的声音，他们坚信，顾客所反映的正是公司需要寻找和解决的不足之处，搜集顾客的抱怨和意见来改进产品正是产品适应市场的过程。飞利浦会以最快的速度、最先进的技术来实现用户需求的满足。

营销是一切企业活动的核心。企业核心竞争力的构建和提升，离不开对市场的了解、开拓和占领，离不开消费者的喜好和认知。企业的CEO应当以营销为中心，以市场为导向，以顾客价值的提升为方向，这样才能争取到更多的优质顾客，赢得企业的成功。

杰出营销的关键不在于做什么，而在于做成什么

一个杰出营销企业，它的杰出并不在于"它做什么"，而在于"它做成什么"。营销执行是一个将营销计划转变为具体任务，并确保按计划要求实现目标的过程。如果执行不力，一份出色的战略营销计划就毫无价值。

——科特勒《营销管理》

科特勒认为，在营销活动中，战略解决"是什么"（what）和"为什么"（why）的问题；而执行解决"谁"（who）、"何地"（where）、"何时"（when）、"如何做"（how）的问题。它们是密切联系的。有关管理实践的研究表明，持续的高绩效往往依赖于充分的执行能力、着眼于高目标的公司文化、灵活的组织结构和明确而聚焦的战略方案。

有一个真实的案例很多人都曾经听过——

一家工厂破产后被日本某企业收购。厂里的人都翘首盼望着日方能带来让人耳目

一新的管理方法，让这家厂子起死回生。但出人意料的是，日本企业收购后什么都没有改变，制度没变，员工没变，机器设备也没变。日方只立了一个规矩：把先前制定的制度坚定不移地执行下去。结果不到一年，这家工厂就扭亏为盈。这其中的关键在哪里？两个字——执行，把已定的制度规则全部执行到位。

营销的战略制定得再怎么尽善尽美，没有有效的执行，它就只能是镜花水月。杰出的营销不仅要能明确做什么，更要能做成，能执行，能将战略和计划“兑现”。

杰克·韦尔奇有一次到中国演讲，台下的很多企业家听后觉得有些失望，好像没取得什么真经，没什么新意，就对杰克·韦尔奇说：“你所说的这些常识我们都知道。”杰克·韦尔奇则回应说：“你说得对，这些原则你们都知道，但我做到了。”

任何企业要发展壮大，必须在每一个环节、每一个阶段都做到一丝不苟，否则，一个环节、一个岗位、一个人员出了问题，就会像烂苹果一样迅速将箱子里的其他苹果腐烂掉，影响其他的环节，这样企业的发展也会被慢慢腐蚀掉。

企业中执行不力的“烂苹果”必须剔除，否则企业无法变强。杰克·韦尔奇对待公司中的“烂苹果”就从不手软，他的做法是——“每年，我们都要求每一家GE旗下的公司为他们所有的高层管理人员分类排序，其基本构想就是强迫我们每个公司的管理者对他们领导的团队进行区分。他们必须区分出：在他们的组织中，他们认为哪些人是属于最好的20％，哪些人是属于中间大头的70％，哪些人是属于最差的10％。如果他们的管理团队有20个人，那么我们就想知道，20％最好的四个和10％最差的两个都是谁，包括姓名、职位和薪金待遇。表现最差的员工通常都必须走人。”将“烂苹果”挑出来，就是为了保证整个团队的执行力。

马云曾经说过：“比起一个一流的创意、三流的执行，我宁可喜欢一流的执行、一个三流的创意。”什么是一流的执行力？按培训师余世维的观点，执行力就是保质保量地完成自己的工作和任务的能力。这中间有四个字最为关键，那就是保质保量。把战略和计划保质保量做下来，这就是执行力。

执行力是企业的核心竞争力。有执行力的企业会在市场竞争中获得成功。企业能够赢得市场，站稳脚跟，完美执行是其制胜的法宝之一。执行不到位，营销战略就会打水漂；执行不到位，客户就会对企业失去信心；执行不到位，企业就难以将构想变成现实。“做成什么”比“做什么”，更能决定企业营销的成败，更能决定企业的生死。

企业应该在短中长三个规划期的视角下进行管理

我们认为，企业需要制定三个层次的规划：短期、中期（三至五年）和长期。在常态时期，每家企业都应该将其项目和措施放进三个方框里：短期、中期和长期。一家企业可能会将50％的项目放入第一个方框，30％放入第二个方框，20％放入第三个方框。如果第三个方框中一个项目都没有，它就不是一家拥有大胆创新意识的富有挑战性的企业！

——科特勒《混沌时代的管理和营销》

科特勒指出，在常态时期，很多企业都能准备好三个方框，做好短中长期的规划，但当企业受到动荡冲击时，许多企业可能就会改变这些比重。惊慌失措的企业很可能会将全部资源都投入到短期项目中去，甚至会放弃很多短期项目，而对于中长期项目，他们则很难顾得上了；而冷静的企业在将主要精力投入短期项目的同时，可能会继续开展中期规划中的一些项目，但很可能没有时间去关注长期规划的项目了。只有那些明智的企业会继续原有的规划，在三个方框中都保留一些项目，尽管数量上会有所减少，但绝不会放弃中长期的规划。科特勒认为，冷静的和明智的企业，特别是明智的企业，更有可能在动荡冲击之下生存下来，而且还会拥有长远而强劲的未来。

明智的企业会在短中长三个规划期的视角下进行管理。员工会被长期规划的愿景所激励，也会被中期规划的挑战所推动。不仅员工是如此，其他的利益相关者，像供应商、分销商、投资者等，也是如此。

有一位管理大师曾说过这样一句话："既要有'近忧'，又要有'远虑'。在做决策的时候，必须将长远发展与权宜之计通盘考虑。"一个企业如果缺乏长期规划，其短期效益的取得未必能够给企业带来正面的影响，甚至有可能成为发展的包袱。

很多企业不缺长期规划，只是在忙于实现短期、中期规划的过程中，渐渐偏离了长期规划。时间长了，长期规划就变得模糊，甚至是面目全非了，结果有的企业就干脆放弃了长远规划，走一步算一步。

作为管理者，他的特定任务在于，首先他要规划出一个整体目标，并使得整体目标的绩效大于部门目标的总和，同时要保障整体目标的顺利实现；其次，管理者要深入分析每一项决策和行动的可行性，并有效协调近期目标和远期目标，不能顾此失彼。

倘若管理者没有远虑，不能规划好企业的长期目标，那么企业在市场中很容易陷于被动地位。管理者在做出企业决策的同时，必须将长远发展与权宜之计通盘考虑。管理者要将近期和远期作为两个时间维度，即使不能使两个维度的决策保持一致，至少要在两者之间找到一个平衡。的确，有时候，企业不得不为了当前利益而牺牲未来，但必须把握好这种牺牲的尺度，如果当前的利益将为未来埋下巨大的隐患，甚至危及企业的长远发展，那么，这样的当前利益就不可取。集中精力完成重要的短期目标，同时不断密切关注长期远景，这样的公司才能实现非凡的收入增长。

策略趋同：任何行之有效的营销策略都会被模仿

今天的市场没有永远的赢家。随着市场和技术变化日新月异，营销战略过时比以往快得多。任何行之有效的策略都会被模仿。正是这样的"策略趋同"造成了"策略无效"。公司必须向他们的竞争者和世界级的企业看齐以确保核心业务的竞争力。企业的战略思维不仅包括对现在境况的判断，更应包括对未来可能的情形及其对企业影响的设想。

——科特勒《科特勒说》

2011 年科特勒考察三一重工时曾说过这么一句话："5 年内，如果你在企业经营方式上一成不变，那么你最终将会被市场淘汰。"之所以会如此，是因为现在的市场、技术、环境变化太快了，尤其是网络发展起来后，基本上这一刻什么概念流行起来了，下一刻就有人跟风甚至超越了。就如科特勒所言“任何行之有效的策略都会被模仿”，有了“策略趋同”，就会造成“策略无效”。

伴随着技术的突破、新的竞争同盟、消费者需要和偏好的变化等等因素的多变，一个已经在市场上确立其地位的企业都有可能在一夜之间被挤垮。企业要在竞争中生存下来，在营销策略上创新是必需的，但仅仅创新又是不够的，因为很容易被别人跟风模仿，企业必须持续不断地对其营销策略进行创新，而不能停留在过去取得的一两次成绩之上。

有一个故事，流传很广，很多人对这个故事几乎是耳熟能详，但这个故事很能说明“持续创新”的重要性。

在某山区，乡民们很多都靠山吃山，开山为生，他们将山上的石块砸成石子运下山去，卖给建材商。而其中有一个年轻人却从不这么做，他直接把石块运到码头，卖给外地搞园林建筑的商人。因为这儿的石头总是奇形怪状，很有观赏性，他认为卖重量不如卖造型。于是，三年后，他成为村里第一个盖起瓦房的人。

后来，山区不许开山，只许种树，于是这儿又成了果园。等到秋天，漫山遍野的鸭梨招来八方商客，商客们把堆积如山的鸭梨成筐成筐地运往大城市，有的还通过港口销往国外。因为这儿的梨汁浓肉脆，鲜美无比，所以客商络绎不绝。就在村里人为鸭梨带来的小康生活欢呼雀跃时，曾经卖石头的那个年轻人却卖掉果树，开始种柳。因为他发现，来这儿的客商不愁买不到好梨，只愁买不到盛梨的筐。五年后，他成为第一个在城里买房的人。

再后来，一条铁路从这儿贯穿南北，北到北京，南抵九龙。小山区更加开放，果农也由单一的卖水果开始涉及果品的加工及市场开发。就在一些人开始集资办厂的时候，这个年轻人在他的地头砌了一座三米高百米长的墙。这座墙面向铁路，背依翠柳，两旁是一望无际的万亩梨树。坐火车经过这儿的人，在欣赏盛开的梨花时，会清晰地看到墙上的四个大字——可口可乐。据说这是五百里山川中唯一的广告。这个年轻人凭着这墙，每年凭空多出了几万元的额外收入。

有一次，日本一家公司的负责人山田来华考察。当他坐火车路过这个小山村时，听到这个故事，他被主人公罕见的商业头脑所震惊，当即决定下车寻找这个人。当山田找到这个人的时候，他正在自己的店门口跟对门的店主吵架，因为他店里的一套西装标价800元时，同样的西装对门就标价750元；他标价750元时，对门就标价700元。一个月下来，他仅仅批发出8套西装，而对门却批发出800套。山田看到这情形，以为被讲故事的人骗了。但当他弄清楚事情的真相后，立即决定以百万年薪聘请他，因为对门那个店也是他的。

这个人所做的就是不停地在营销策略上进行创新。别人开山卖石子，他就卖整块的石头；别人卖鸭梨，他就卖柳筐；别人办工厂，他就做广告；就连开店，他都一明一暗开两家，抬着扛地卖。他的任何一步策略其实后来者都可以很快地加以模仿，但关键在于，他从不给别人模仿他的机会，他不断地更新自己的策略，不断地创新，别人想跟都跟不上。

企业也应该如此，如果是营销战略的引领者，那么，应不断地提升并尝试新的营销策略，不应止步不前；如果是营销战略的跟随者，那么，不能东施效颦，而应该借鉴性地学习，选择性地采纳。很多企业为了提升自身的营销能力，会以巨额的成本去购买一些领先企业的成熟制度或战略模式在本企业实施推广，但这样的标杆学习方式往往效果并不好。盲目地模仿别人的战略和策略成功率并不高。

策略趋同带来的结果就是竞争恶化，利润锐减，赔本赚吆喝。正是在这些策略趋同的悲剧下，使策略倡导者变成后来者的垫脚石，更使战略追随者变成了无头苍蝇，最终搅乱的是整个行业的氛围和风气。所以说，企业要根据自己的实际情况进行策略的创新，并且要不断地创新，真正做到“人无我有、人有我优、人优我新，人新我变”。

CEO 不能做阿尔电锯，而要通盘考虑运营的每一环节

CEO 们需要站在企业利益相关者的立场上，而不只是股东的立场，来看待公司的成功。否则，他会成为一位“阿尔电锯”（AL Dunlap），无情地削减成本和岗位，损害供应商和分销商的利益来获得额外的短期利益。长期来看，这会毁掉整个企业。

——科特勒《科特勒说》

科特勒所提及的“阿尔电锯”，其实是指一个人，他叫阿尔·邓洛普，是 20 世纪 90 年代美国工商界最富有传奇色彩的企业家。为什么他被称为“阿尔电锯”呢？这与他在经营阳光公司时所采取的一系列残酷手段有关。

阿尔·邓洛普曾经是阳光公司的掌舵人，当时阳光公司的经营状况不佳。他入主阳光公司后，首先对管理层和董事会进行了梳理，接下来，为了追求短期利益，他开始了一场狂风暴雨一般的精简计划。他关闭工厂，裁减员工，几乎有一半的员工被裁员，有超过一半的设备被关停。

这样大幅度的裁减计划，给许多家庭带来了毁灭性的打击，也给企业留下了致命的创口。邓洛普几乎成了工薪阶层的仇敌。而另一方面，华尔街的投资者们则将他视为英雄与宠儿，邓洛普刚上任，阳光公司的市值就上涨了 5 亿美元，而这种表面上的辉煌，则是以“电锯”式的裁减，以很多人的利益换来的。

邓洛普的这种快刀手一般的经营方法，虽然给阳光公司带来了短暂的表面成绩，但还是未能真正挽救阳光公司，这家公司最终走向了崩溃，邓洛普也被击倒了。这时候，再想祭起快刀手裁减的法宝，却发现阳光公司不但没有“肉”，连“骨头”都剩得不全了。

邓洛普之所以成为“阿尔电锯”，就是因为他过于注重短期的利益和表现，满足了投资者的要求，却忽视了其他企业利益相关者的感受。作为一个企业的领导者，要考虑到所有的利益相关者的立场，而不能仅仅照顾到股东、投资者的立场。明智的 CEO 知道企业的强大取决于其运营中最薄弱的环节，不满的员工、供应商、分销商、交易商和用户都可能给企业造成损害。

现在，越来越多的企业 CEO 们开始运用平衡计分卡来描述企业利益相关者的满意

程度。平衡计分卡是哈佛大学教授罗伯特·卡普兰与诺朗顿研究院的执行长戴维德·诺顿提出来的。它体现了这样的一种管理思想：企业愿景的达成要考核多方面的指标，不仅仅是财务要素，还应包括客户、内部运营、学习与成长。平衡计分卡超越了传统的以财务度量为主的绩效评价模式，兼顾了财务、客户、内部运营、学习与成长四个角度，以保证企业战略得到有效的执行。

在平衡计分卡中，股东与客户为外部群体，员工和内部业务流程是内部群体，而平衡计分卡的用意就是要平衡这些群体之间的利益关系，提升企业利益相关者的满意度。

回头看邓洛普的案例，他在执掌阳光公司的过程中，过于看重财务，而忽视了其他方面，最后导致了企业的失衡，也伤了企业的元气和根本。

CEO不能做"阿尔电锯"，不能一心只想着追求财务上的光鲜好看，追求短期的利润，进行盲目的精简和裁汰，而应该通盘考虑运营的每一环节，在满足股东、投资者的要求之外，还要充分考虑员工、客户、渠道合作伙伴等多方的利益。

聪明的企业应关注的是所有利益相关方的价值最大化

对于股东概念的理解，现在有一种新的观点，这种观点认为管理层要做的不仅是满足其股东的投资收益，聪明的企业应当关注的是所有利益相关方的回报。利益相关方是一个更宽泛的概念，其中包括消费者、员工、渠道合作伙伴、政府、非营利机构甚至广大民众，而不只是狭义的股东。

——科特勒《营销革命3.0》

科特勒认为，一家成功的企业绝对不仅仅是自己成功，它的成功源自于和所有利益相关方形成互利共赢的关系，它的成功源自于所有利益相关方的积极参与和投入。换句话说，如果企业能够满足利益相关方的利益回报，那会让企业拥有更长远的赢利能力；如果企业只关注如何使得股东的短期利润最大化，那么企业的发展只能是昙花一现。

企业是以赢利为目的而存在的，在很长一段时期内，"股东价值最大化"一直是很多企业的终极目标。但是，如今经济和社会的发展在潜移默化中改变了企业的原始面貌，包括"企业的目的到底是什么"。企业行为对股东以外的利益相关群体产生着越来越大的影响。如果现在的企业仍然一心追求"股东价值最大化"，那么很难得到员工、顾客、渠道合作伙伴、政府以及广大民众的支持，这样的企业也不可能走多远。

企业在经营过程中，着眼点不能仅仅停留在股东身上，还应关注其他的利益相关方。它们对企业的经营、生存与发展都起着至关重要的作用，忽视任何一种利益相关者的存在，都可能对企业产生严重的后果。利益相关者除了股东之外，还包括：

一是管理层与企业员工。管理层是企业经营权的实际控制者，能够在董事会的授权下进行经营活动。而企业员工则是企业经营与发展的原动力和主力军。管理层与员工在企业中工作，主要关心的是企业未来的前途、个人的发展机会及福利、待遇等，企业应尽可能满足他们在这些方面合理的要求，提高企业的凝聚力和向心力。

二是消费者。在企业的生产经营活动中，消费者扮演着极为重要的角色。企业所提供的产品或服务必须能满足消费者的需求，离开了消费者，企业就失去了存在的意义，更不用说企业的发展了。从产品的研究开发至生产销售的整个过程，企业都要对用户的需求、偏好、购买动机等进行分析，关注目标消费群体的需求与需要。

三是渠道合作伙伴。企业要正常地运营，就免不了要与供应商、分销商、代理商等打交道。要从源头上控制原材料的成本与质量，保证产品的竞争能力与企业的获利能力，企业需要加强同供应商的合作，与供应商建立长期互惠互利的关系。要为产品打开渠道和市场，企业需要倚重下游的合伙伙伴，如果企业为了短期利益大肆压榨分销商、代理商等渠道商的利润空间，那么，很容易引起渠道冲突，使得产品流通不畅，最终损及企业根本利益。

四是政府。政府的宏观调控政策对企业的发展也起着至关重要的作用。政府的货币政策、财政政策和税收政策是政府宏观调控的工具，但它却能直接作用于企业。另外，作为游戏规则的制定者，政府制定的各种立法，如经济法、环保法等等，都对企业产生约束力，企业必须遵照执行。现在很多企业都将政府公关视为公关工作的一大重点，与政府处理好关系、赢得政府的支持对企业发展是极为有利的。

五是其他利益相关者。除了以上列举的利益相关者之外，非营利组织、广大民众在某种程度上都是企业的利益相关者，企业的很多经营活动对他们也会有直接或间接的影响力。所以，企业在经营的过程中也不能忽视他们的存在。

现在的企业不再仅仅是一种利益最大化的工具，也不再仅仅是股东手中谋利的机器。曾被视为“股东价值”运动之父的杰克·韦尔奇甚至指出：“从表面上看，股东价值是世界上最愚蠢的想法，股东价值是一种结果，而不是一种战略……你主要依靠的是你的员工、你的客户和你的产品。”现代企业不仅具有经济性特征，还有社会性特征，而企业的社会性特征要求企业作为社会成员更多考虑到利益相关者的利益。股东主义对应的是经济性，利益相关者主义对应的是社会性。

科特勒曾说：“从旧的营销模式向新的营销模式的过渡中，营销者大多是旧模式的囚犯。他们往往没有意识到客户逐渐成长的能力、没有意识到渠道和其他利益相关者逐渐成长的能力、没有意识到新的社会媒体世界和他们逐渐增长的社会责任。”企业营销者的思想应该由“股东利益最大化”向“利益相关者利益最大化”转变，不仅要实现企业的经济价值，还要实现企业的社会价值。要超越股东至上，企业和企业家不仅要对“股东负责”，更要对“社会负责”，而且二者之间是密不可分的。

企业的成功取决于能否协调各方高效完成核心业务

企业的成功不仅取决于各个部门完成其本职工作的质量，更取决于企业是否能够协调好各个部门的工作，以便更高效地完成核心业务过程。

——科特勒《营销管理》

科特勒将企业的核心业务过程归纳为五大项：

一是市场感知过程，包括收集市场信息、在企业内部发布市场信息和对市场信息作出反应的所有活动。

二是新产品实现过程，包括在预算范围内进行研究与开发和快速投放高质量的新产品的所有活动。

三是顾客获取过程，包括界定目标市场和探察潜在的新顾客的所有活动。

四是顾客关系管理过程，包括加深对顾客的理解、构建顾客关系和向目标顾客提供定制化产品与服务的所有活动。

五是订单履行过程，包括接收和通过订单并按时装船和取得货款的所有活动。

这五大核心业务过程中的任何一个都不是营销部门一力所能完成的，而是需要企业各个部门的协调与配合。科特勒曾说，即便是一个有着世界上最好的营销部门的公司，它依然有可能出现营销失败，这是因为，就算营销部门做得再好，可是生产部门可能会产出残次品，物流部门可能会送货晚点，财务部门可能会开出数额不准的发票，售后部门可能会对顾客的要求不理不睬，不及时回应……这些都会导致丧失客户，都会导致营销部门的所有努力瞬间归零。所以，只有所有部门、全体员工都致力于为客户提供承诺的价值，满足和取悦于客户，营销才会是有效的。从这个层面上来说，企业的所有部门都是营销部门，企业的所有员工都是营销人员。

为顾客创造价值不只是“市场营销的职能”，这就好比是一个交响乐团，需要企业全员的参与。企业价值链的结实程度取决于其最薄弱的环节，有一个环节出了问题，整个价值链就会出问题。因此，成功取决于每个部门在为顾客创造价值工作中的表现情况，以及各个部门之间的协调情况。

李·艾柯卡是管理史上的一个传奇式人物，他创造了两个世界五百强，他先是担任福特汽车公司的总裁，后又担任克莱斯勒汽车公司的总裁，把这家濒临倒闭的公司从危境中拯救过来，奇迹般地东山再起，并一跃成为全美第三大汽车公司。

艾柯卡总结自己的管理经验时，说了一句很有哲理的话，他说，对于一个优秀的管理者来讲，协调能力就是一切，他是怎么获得成功的呢？他做好了两个协调功能，第一个是外协调，第二个是内协调。外协调就是管理者对自己组织外部资源整合的能力，对社会的政治、经济、文化等资源进行整合的能力。而内协调则是对内部组织资源整合的能力，对人力、物力、财力资源的整合能力。

艾柯卡既善于外协调也善于内协调，在外协调方面，他入主克莱斯勒后，第一件事就是对组织外部的资源进行整合，他说服国会同意给他濒临破产的企业贷款做担保；而在内协调上，他对组织内部进行资源的整合，他说服员工在困难时期携起手来共渡难关，他提出了削减工资的方案。在一开始，这个降薪的方案遭到工会激烈反对，他无奈之下，在一次劳资双方核心人物参加的会上，当场表态自己只拿一美元的年薪。他的这一举动感动了工会，也赢得了员工的支持，降薪方案顺利实施了。随后，他带着全体员工鼓舞士气，共同携手共渡难关。经过五年的努力，这个濒临破产的企业终于起死回生，又回到了世界五百强。

美国管理学家哈罗德·孔茨曾在其著述《管理学》中提出一个观点，他认为，从某种意义而言，协调就是管理的本质。企业管理者的中心任务就是协调组织内外部资源，弥合多方在时间上、利益上，力量上的分歧，将大家分散的目标都协调到与组织目标相一致。

杰克·韦尔奇曾告诉过其雇员："企业不能给你工作保障，只有顾客可以。"他跟所有通用电气的员工一再强调，无论其所属部门是什么，都对顾客的满意程度以及是否能留住顾客有影响。他的名言是："如果你不为顾客着想，你就不是在思考。"

企业所有部门都必须通力合作来完成市场营销这一重要任务。每个部门都可以看作是企业价值链中的一个环节。这就是说，每个部门都要参与设计、生产、营销、交付和支持企业产品的价值创造活动。企业的成功所依靠的不仅仅是每个部门的努力，还要依靠各个部门各项活动之间的相互协调。

内部营销有时甚至比外部营销更为重要

内部营销的任务是雇用、培养、激励那些想要为顾客提供好的服务而且也有能力这样做的员工。聪明的营销者已经认识到，内部营销是同样重要的，有时甚至比外部营销更为重要。在企业员工没有准备好提供优质服务之前就向顾客做出承诺，是毫无意义的。

——科特勒《营销管理》

科特勒提出的全面营销的理念里，其中很重要的一个组成部分就是内部营销。内部营销其实是一种把员工视为客户，先让员工满意，而后员工再让客户满意的哲学。简单地说，如果一个员工他不了解也不喜欢他所服务的公司以及他所营销的产品，那么，不难想象，他在面对客户时会是何种表现。企业只有让自己的员工热爱公司，热爱公司的品牌和产品，然后，才有可能让员工们去感染客户，去说服客户，让客户也爱上公司，爱上公司的品牌和产品。

企业对员工的内部营销，包含两大方面，一是向员工营销企业的使命、价值观和愿景，使员工对此达成共识，认同企业的文化与组织目标，并使员工个人的目标与组织目标更好地融合。二是向员工营销企业自身的产品与服务，让员工熟悉并热爱产品和服务。

内部营销的实质是强调企业要将员工放在管理的中心地位，使员工认同企业的价值观，接受企业的组织文化，通过为员工提供令其满意的服务，促使员工能更好地为企业服务。因此，企业内部营销的核心就在于提高员工的满意度。很多企业的成功都与其出色的内部营销是分不开的。

许多人都去过海底捞火锅，有些顾客甚至成了忠诚的粉丝，不但自己常来这里消费，并且还经常介绍朋友来这里。在海底捞，顾客可以享受到优质的服务，比如，客人过生日的时候，服务员会非常真诚地为客人合唱"生日快乐"；门口的等候区，有服务员为排队的客人提供擦皮鞋和美甲的服务；有孕妇用餐，服务员会贴心地送上酸爽可口的小菜……许多顾客来到这里之后，真正感觉到了什么是"上帝"。因此，海底捞火锅的味道并不是其制胜的关键，其员工热情周到的服务与良好的精神面貌才是吸引顾客的真正法宝。

而海底捞能够让顾客感觉幸福的关键，就在于其让员工首先感觉到了幸福。海底捞给员工的待遇并不是特别高，但令人不解的是，在员工流动频繁的餐饮业，海底捞的员工年流动率仅为10%，远低于28.6%的中国餐饮行业员工的平均流动率。在海底捞看来，每个员工都是企业的品牌，同时也是品牌的管理者，为了留住员工，让员工真情实意地为客人提供优质的服务，就必须对员工真诚以待，并把这些员工真正地当作合伙人，而不是普通的工作人员。因此，在海底捞一个普通的服务员不仅有权给自己的老客户免费送上一盘菜或者果盘，还可以给不满意的顾客打折乃至免单的优惠，这充分体现了海底捞对员工的信任与尊重。

不仅如此，海底捞还非常关心员工生活的方方面面。比如公司请了四川最好的师资资源，在四川简阳投资千万建立了一所学校——通才学校，让海底捞员工的孩子免费上学；店长及以上级别的高管，公司可以帮忙把小孩接到家长所在地上学；所有员工租住配有空调的正式住宅小区的居室，而不是地下室，宿舍距离店面走路不能超过20分钟；夫妻俩都在海底捞工作的，公司还会为他们单独提供一个房间；为了提高员工的住宿质量，公司还配了阿姨，负责员工宿舍的保洁工作，等等。这一系列的举措看似微不足道，却俘获了员工的心，让他们在海底捞真正找到了家的感觉，而不是一个低微的“打工仔”、“打工妹”。

为了公司，员工们或许不会倾尽心力，但为了这个特殊的“家”，他们再苦再累都甘之如饴。员工感动了，幸福了，顾客也就感动了，幸福了。这就是海底捞能给顾客以幸福感的根源所在。

当大家都在强调顾客是上帝的时候，马云却说出了这样一番话：“我认为，员工第一，客户第二。没有他们，就没有这个网站。也只有他们开心了，我们的客户才会开心。而客户们那些鼓励的话又会让他们发疯一样去工作，这也使得我们的网站不断地发展。”“员工第一”的理念是他多年创业的心得。只有员工才是企业发展的直接动力。

企业内部员工满意是达成顾客满意的第一步，内部营销并不是最后的结局。实行内部营销是为了把外部营销工作做得更好。从这个角度而言，内部营销有时比外部营销更为重要，它能为外部营销打好基础。

企业必须让员工成为价值观大使，营销品牌使命

有些公司的员工根本不知道自己的企业价值观是怎样的，或是简单地认为那不过是公司用来搞公关的说辞。企业必须说服消费者和公司员工，让他们重视公司的价值观。员工价值观和行为方式的结合应反映出一个企业的品牌使命，因此，企业必须让员工成为价值观大使，向消费者营销品牌使命。

——科特勒《营销革命3.0》

科特勒认为，构建企业的文化实际上就是把共享价值观和员工共同行为这二者整合起来。而共享价值观，顾名思义，就是引导员工认同并践行企业的核心价值观。企业价值观是企业全体成员所追求的一种思维方式、行为方式和信念的综合，它是企业的生命力，对企业的现在和未来都有着巨大的影响，是企业应对挑战的力量源泉。

让员工成为企业的价值观大使，其意义在于：

第一，增强企业的吸引力和向心力。

企业价值观最大的作用便是构建起企业目标和企业成员个人目标的一致性，使得这二者之间的信念、价值观趋同。企业价值观可以长期引导员工为实现企业目标而自觉努力，使之向着对企业有利的方向进行。

第二，能发挥巨大的整体效应。

共享价值观能加深员工之间思想感情的交流，融合员工的理想、信念、作风，培养和激发员工的团队意识。在特定的信念氛围之下，员工们通过自己的切身感受，会产生一种对工作的自豪感和使命感以及对企业的认同感和归属感。有了这样一股思想力量，对内，员工之间更能互帮互助共同提升，对外，能为消费者提供更优质、更一致的服务。共享的企业价值观不仅可以指导员工工作的方式，还能使他们团结一致，实现共同的目标。

第三，能向消费者营销品牌使命。

只有把自己和企业的价值融为一体、从企业的角度来考虑问题的员工，才能将这种价值观传递给消费者，让消费者更了解企业，更了解品牌，从而创造出更卓越的业绩。所以，培养员工对企业价值观的认同感是相当重要和必要的。

花旗银行是一家有 200 年经验、分行遍布世界 100 多个国家和地区的跨国公司。它被誉为“金融界的至尊”。这在很大程度上离不开花旗银行在共享价值观上的塑造。花旗银行根据与客户的接触程度，把员工分为四类：与客户直接接触者、间接干涉者、施加影响者和隔离无关者。在营销中，花旗银行的管理者首先将银行推销给员工，先吸引员工，再吸引客户，让员工主动地去营销和服务客户，效果极佳。

花旗银行之所以能够在全世界范围内创造这么好的成绩，与其企业文化是分不开的。我们看到，在花旗的企业文化中，很重要的一点就是“以人为本”。这一点正是服务利润链的关键所在。花旗以人为本，通过科学的管理和明确的奖惩制度激发员工主动向客户提供优质服务的积极性。

花旗银行自创业初始就确立了“以人为本”的战略，十分注重对人才的培养与使命。它的人力资源政策主要是不断创造出“事业留人、待遇留人、感情留人”的亲情化企业氛围，让员工与企业同步成长，让员工在花旗有“成就感”、“家园感”。

花旗银行一方面通过科学的管理、人员职位的合理升降、企业文化方向、明确的规划程序，激发员工主动向客户提供优质服务的积极性。另一方面，则采取一系列措施提高员工素质和技能，如经常举办培训班、加强内部沟通、组织各种性质的集会、加快信息的交流和沟通等。通过这些方式，将员工和企业的价值观融合在一起。

通过价值观的建设，花旗银行建立了低成本、高效能的供应链和具有高度凝合力的服务利润链。在供应链中，营销人员、部分联络人员、客户服务代表以及分行经理的工作就是发现未满足的潜在客户并为其提供产品，而不是将产品强加于不需要或不想要的客户。利润链的作用是把银行的利润和员工及客户的满意连在一起。

员工是最直接与客户打交道的人员，他们的一举一动、一言一行代表的就是公司的形象和品牌。所以，企业不仅仅要让员工知道自己的产品与品牌的独特之处，更需要让员工知晓企业的使命、价值观、愿景，知晓品牌的文化、内涵与个性，这样才能在企业与员工间形成一种深度的沟通，并使企业品牌的价值观与员工的价值观形成高度一致。这样一来，客户无论接触哪一位员工，无论接触哪一个环节，都会看到同样的风貌，同样的展现，客户对企业的好感和信任也就会更加强烈。

CEO 怎样才能创造一个以市场和顾客为中心的企业

一位首席执行官要创造一个以市场和顾客为中心的企业，需要采取哪些步骤？第一，说服资深管理者关于实施顾客导向的必要性。第二，任命资深市场专员和营销团队。第三，获取外部帮助与指导。第四，改变公司奖励测评制度。第五，雇用强势的营销人才。第六，开展完善的内部营销培训活动。第七，建立现代营销计划体系。第八，建立年度营销卓越人才认同计划。第九，关注焦点从部门转向流程结果。第十，授权予员工。

——科特勒《营销管理》

很多企业都在强调要“以市场和顾客为中心”，那么，到底怎样才算是“以市场和顾客为中心”？作为 CEO，怎样做才能打造出这样的一家企业？科特勒总结了十大准则：

第一，向高层管理者强调关于实施市场、顾客导向的必要性。CEO 应该以身作则，为下属的管理层做出表率，关注市场，重视顾客，并对企业中同样如此做的优秀者给予奖励与表扬。很多知名的 CEO 尽管工作繁忙，但都会将关注市场与顾客视为头等大事，例如，通用电气前任 CEO 杰克·韦尔奇和 IBM 前任 CEO 卢·格斯特纳据说每年都要花 100 天的时间拜访客户；星巴克的吉姆·唐纳德每周也要访问 10 到 20 个门店，在店里与店员、顾客交流；在国内企业家中，像娃哈哈的宗庆后，一年也有一大半时间都泡在市场中。市场与顾客就是企业的命门所在，CEO 应将此视为企业的重中之重。

第二，任用资深的市场专员和营销团队。这里所说的营销团队，并不仅仅是指营销方面的人员，而应该包括公司其他部门的精英。真正看重市场和顾客的企业绝不会马虎地组建这个营销团队。它应该有首席执行官亲自参与，由销售、研发、零售、生产、财务和人力资源等部门的精英组成。这样一支队伍才能成为营销的尖兵。

第三，获取外部帮助与指导。当局者迷，旁观者清。很多时候，CEO 应该主动寻求外部资源的帮助与指导，例如咨询公司、行业领先者、行业专家，甚至是竞争对手，他们都可以成为企业的特殊外援和智囊团。

第四，改变公司奖励测评制度。企业的一切测评制度都应该围绕市场与顾客来制定。例如，如果企业规定，生产部或采购部可以因维持低成本而受到奖励的话，那么，该部门的员工可能就会想方设法，甚至以损害公司长远利益的手段来压低成本，生产部可能会偷工减料，采购部可能会放松对原材料质量的要求而将采购价格视为头等要素，这些行为最终会让企业失信于顾客、失利于市场。所以，CEO 在确定公司内部奖惩制度时，应牢牢把握一个标尺，那就是是否以顾客为导向，是否以市场为导向。

第五，雇用强势的高级营销人才。强将强兵才能组成一个战斗力十足的团队。公司需要一个强势的营销负责人，他不仅能够管理营销部门，而且受到其他部门负责人的尊敬，并且对他们具有影响力。一个强势的营销部门会让企业从中受益。

第六，开展完善的内部营销培训活动。就像杰克·韦尔奇所提倡的“无边界”理念一样，CEO 应打通营销部门与其他部门、营销人员与其他员工之间的一切障碍，可以为公司管理层、部门总经理、营销和销售人员、生产人员、研发人员等设计完备的营销培训活动，让全员了解营销、关注营销、参与营销。

第七，建立现代营销计划体系。营销计划的设计需要管理层首先对营销环境、机遇、竞争趋势和其他影响因素都有全面深入的了解分析。然后，针对特定产品和特定细分市场进行战略准备和营销计划的安排，使营销计划能更贴近市场，更贴近实际。

第八，建立年度营销卓越人才奖励计划。重赏之下，必有勇夫，营销工作需要有胆略、有创意的人才。如果某个团队开展了杰出的营销策划，给公司带来了实际的利益，就应该获得奖励。CEO 要采取合适的方法激励这些人才，让他们保持这样的活力和干劲，为企业的营销创造更多的惊喜。

第九，关注焦点应从部门转向流程结果。在对企业部门进行考核评价的时候，不应从各部门各自为政的表现出发，而应该看这些部门在协调配合之下所完成的流程以及结果。这样做能够打破部门与部门之间的藩篱，让各部门能在共同目标的驱使下共同努力。

第十，授权于员工。如果一个员工在与客户打交道的过程中，没有丝毫自主权利，动辄就要请示上一级，那么，不仅会让客户觉得员工的素质与能力有问题，更会影响营销人员的工作效率与工作效果。明智的企业会对员工给予科学合理的授权，让他们可以更有底气地向客户推荐产品和服务，可以更及时地处理顾客的抱怨与意见。例如，IBM 允许它的前线员工现场解决顾客的问题，只要这个花费的额度在 5000 美元之内。

通过这些方法，企业能够拉近与顾客、与市场之间的距离，能更灵活、更有力量地应对身边的环境与竞争。

第❹篇

消费者：企业存在的目的与根基

第1章
顾客为什么购买：影响消费者行为的因素

消费者的购买行为受文化、社会、个人因素的影响

购买者行为受到三种主要因素的影响：文化因素（文化、亚文化和社会阶层）、社会因素（相关群体、家庭、角色和地位）、个人因素（年龄、生命周期阶段、职业、经济环境、生活形态、个性和自我观念）。所有这些因素都为如何更有效地赢得顾客和为顾客服务提供了线索。

——科特勒《营销管理》

科特勒指出，对消费者的购买行为影响至深的三大因素分别是：文化因素、社会因素和个人因素。

首先是文化因素。它的影响则是最为广泛和最为深刻的，它是影响人的欲望和行为的最基础的决定因素。低级动物的行为主要受其本能的控制，而人类行为大部分是学习而来的。在社会中成长的儿童通过其家庭和其他机构的社会化过程学到了一系列基本的价值、知觉、偏好和行为的整体观念。每一文化都包含着能为其成员提供更为具体的认同感和社会化的较小的亚文化群体，如民族群体、宗教群体、种族群体、地理区域群体等。

一个想打入中国市场的美国清洁剂厂商投放了一则广告，我们以该广告为例来说明：人们在兴高采烈地抛帽子，在所有帽子中，有一顶绿色的帽子特别起眼，因为它洁净如新，这顶绿帽子最后落到了一位男士头上。

先不说这则广告能否体现产品的特色和卖点，能否达到传播效果，但从绿色这一色彩的使用，就足以预见这家厂商的产品在中国市场的命运。因为在中国传统文化中，人们以“被人戴绿帽子”暗示妻子的不贞。在这样的广告宣传下，即便其产品质量再好，哪位丈夫还愿买它，哪位妻子还敢买它呢？市场营销中的大量实例表明，色彩这一文化因素在营销中发挥着经济、政治、法律等其他因素所不能替代的作用，对营销的成败有着不可低估的影响。

色彩仅仅是文化因素中的一个小点。每个文化都包含小的亚文化，亚文化包括国籍、信仰、种族、地理区域等，理解亚文化可以帮助营销人员更具体地进行细分识别。当一种亚文化的影响力足够大的时候，公司通常需要设计特别的营销计划来为之服务。要读懂消费者群体的文化因素，企业需要下大力气去努力。

第二个是社会因素。消费者的购买行为总是受到诸多社会因素的影响。社会因素包括消费者所属群体、家庭以及社会角色和社会地位。每个人都在一定的组织、机关和团体中占有一定位置，每个位置也就是其所扮演的各种角色。例如一个男子不仅扮演父亲和丈夫的角色，而且还可能是公司的总经理、某个登山协会的会员等。个人角色不但影响一般的行为，还会影响到购买行为，而且多种角色的消费需求可能不一致。比如，作为父亲，会触发你的许多有利于儿子成长的消费需求；同样作为丈夫，会激起你源自对妻子关爱的一些消费需求；作为公司管理人员，则会使你产生维护自己与团队利益的一些消费需求。

社会阶层是由具有相似的社会经济地位、利益、价值倾向和兴趣的人组成的群体或集团。社会阶层具有四个特征：一是处于同一阶层的人，行为大致相同；二是人们都依其社会阶层而占有优劣不等的社会地位；三是一个人处于哪一个阶层，不是由某一种因素决定的，而是由一系列因素决定的，如职业、收入、财富、教育、价值取向等；四是一个人在其一生中，其社会阶层并非一成不变，而可能由高层跌入低层，也可能由低层进入高层。企业了解这些特征，可以专门生产和经营适合某个或某些社会阶层所需要的产品和劳务。

第三个因素是个人因素。购买者决策也受其个人特征的影响，特别是受其年龄所处的生命周期阶段、职业、经济环境、生活方式、个性以及自我概念的影响。消费者的购买行为会受其动机、感觉、经营和态度等方面的因素支配，而且随着经济的发展，个人因素对购买行为的作用会越来越大。不同的人用不同的方法同时看到同一事物的结论是不一样的，同样，同一个人在不同的时间用不同的方式看同一事物，结论自然也不同，这就是感觉的作用。

一个人的选择是文化、社会、个人这些因素之间复杂影响和作用的结果。其中很多因素是营销人员所无法改变的。但是，营销人员必须尽可能去了解它们，进而适应它们，引导它们，最后影响甚至改变它们。

核心价值观决定了消费者的长期决策和需求

消费者的决策受核心价值影响，核心价值观是指由消费者的态度与行为所构成的一个信念系统。核心价值观比态度或行为更深入存在于消费者心中，它决定了消费者的长期决策与需求。锁定消费者价值观的营销人员认为如果能吸引人们内在的自我，就能影响到他们外在的自我，即他们的购买行为。

——科特勒《营销管理》

消费者的行为是受其价值观支配的。有一个众所周知的故事很能反映不同国别的消费者在消费价值观上的巨大差异——两个即将走完一生的中美老太太碰到一起，中国的老太太说："我辛辛苦苦一辈子，攒了一辈子的钱，终于可以买房子了。"而美国的老太太说："我终于把住了一辈子的房子的贷款还清了。"同样买了一套房子，一个住了一辈子，一个还没有享受过，这两种截然不同的消费价值观反映了中西方消费观的差异。虽然到了现在，中国消费者的价值观念越来越与世界接轨，甚至在某些方面开始引领潮流，但不可否认的是，价值观上的差异仍然是存在的。

核心价值观是在一段较长的时期内形成并被广泛持有的居于主导地位的一些基本的价值观念，这些观念很大程度上影响消费者的消费行为和习惯。受中国传统文化观念的影响，中国的消费者也形成了自己的核心价值观念，这些是营销人员一定要去发现并加以重视的。

比方说，家庭至上的观念。在中国这个儒家思想根深蒂固的社会，家庭有着很深刻的含义。家庭的和睦、幸福、小康是很多人为之奋斗的目标。孝顺和尊敬父母也是传统的美德之一。像"孝敬爸妈还是'脑白金'"正是抓住了子女的软肋，抓住了一个"孝"字。很多商家在春节和中秋节等传统节日，都会大打广告，鼓励消费者向自己的父母送礼物，如营养保健品，来表示对父母的关爱。围绕家庭这个概念，营销人员能够作出很多的"好文章"。

从家庭延伸开去，我们还能发现一种消费者对本土、本地的热爱。市场营销人员应该意识到，在消费者乐于尝试新鲜事物的同时，他们在内心深处更有一种对本土的文化、传统和品牌的认同。因此他们在购买东西时，很多时候，信赖和支持的还是本地品牌，希望本地品牌能够得到良好的发展。所以，品牌传播应注意到这一点，在本土、本地上发掘产品的卖点与特色。例如，非常可乐一直强调"中国人自己的可乐"，就是为了勾起消费者的本土、爱国观念。

还有，追求社会认可与尊重。根据马斯洛的需求理论，在物质需求得到满足之后，获得尊重和自我价值的实现成为追求。中国的消费者现在正在从物质层面向精神层面过渡，重视他人和社会的评价，追求外界的认可和尊重，譬如，买了辆好车需要炫耀，买了套名牌服饰需要更多人知道，请重要客人吃饭要去豪华饭店、要上好酒，等等，为了"面子"观念，很多消费者可以违背内心的真实想法，去迎合别人的看法，也正是这种"面子"情结，让更多的消费者喜欢买品牌的东西，喜欢买昂贵的东西。简单地打个比喻，就好比肚子饿了，要去吃饭，饿了是现实的需求，而选择去五星级酒店吃饭还是路边的大排档就是心理需求了。

如果仔细地观察，在很多家庭会发现这样一种现象，摆放在客厅的很多家电像电视机、音响等都是大品牌的，而摆放在厕所、阳台的一些家电，像洗衣机就很可能不是那么大牌了。这其中的原因很简单，客厅里的家电是朋友来可以看到的，是一个家庭的"脸面"，而摆放在偏僻角落的东西不是每个朋友都会去看的，相比之下，就要随意一些。从这样的一些小细节中，也可以看出面子观念对消费者的影响有多深。

现在的消费者思维与行为都变得越来越复杂，他们不会轻易相信营销人员的推销术语的。他们只相信"自己认为的事实"，只认可自己眼中的价值观。营销人员再也难以单纯地采用一招半式来征服消费者，而应该把准消费者的价值观念，并且迎合这种价值观，从而让消费者产生"自己认为的事实"。

营销者要关注消费者的人生大事或重大变迁

营销人员还应该考虑到消费者的人生大事或重大变迁，如结婚、生子、患病、搬迁、离婚、职业生涯改变、孤寡等都会导致新的需要：这些都能提醒服务提供者，如银行、律师、婚姻、求职、丧葬咨询机构等应当对他们提供协助。

——科特勒《营销管理》

购买者的决策也受到个人特征的影响，这些特征包括年龄、生命周期阶段、职业和经济情况、个性和自我概念、生活形态和价值观。这其中许多因素对消费者的行为具有很直接的影响。科特勒曾经在“科特勒（中国）战略营销年会”演讲中分享过这样一个案例：

有一个英国的公司，它是超市行业的第一，大家看看这家公司，能够学到很多的东西，特别是搞食品行业的，更能学到不少的东西。他给每一个客户发一张卡，然后这个公司就会了解这个客户今天买了什么，只要你在他的店里购物了，他就有一个清单，每周他都有记录，所以这个公司有一个非常非常大的数据银行，可以进行一些数据的处理。数据的整合、数据的处理可以帮助他们了解趋势，比如说是不是更多的人买了一些小的包装，而不是买这种大包装的食品，也许更多的人他们对那种蓝色的包装，而不是绿色的包装更感兴趣，另外他们也了解了一些买家的分类，这家公司基本上把客户分成了一千多个群体，你们可能觉得一家市场最多也就四五个分区，他们把市场分成了一千多个区。你这么想一想，如果说你现在在这个公司的信息部门工作，那你知道有一些家庭突然开始买婴儿食品了，这能告诉你什么？为什么会这样？那他们家里一定出了什么事情，他第一次买婴儿食品你会怎么想？那不是说他们突然想吃小孩儿食品了，那一定是他们家里有了新生儿。因此，这家公司就邀请了刚刚升级为母亲的人来聚会，来讲座，分享怎么样让婴儿进行营养的补充……这是信息的力量，如果你了解你的客户在买什么，你可以做很多事情，你可以进行分区、客户的细划，你可以建立各种各样的社区，就是说有很多人和你是合作伙伴，他们是消费者，从你这里获得价值。

科特勒所举的这个案例很有启发意义。这家超市从信息中挖出了很多的宝贵机会。一个家庭开始购买婴儿食品了，公司就针对这样的家庭开展一系列针对性的后续营销，既拴住了顾客，又提升了自己的销售额。可见，营销人员如果能关注消费者的人生大事或重大变迁，那么获益不仅丰厚，而且会是长期性的、持续性的。

比如在美国，有一代人非常有特色，他们被称为“婴儿潮”一代，二战之后，美国百废待兴，很多男性从战场返乡，结婚生子，从 1946～1964 年，这 18 年间婴儿潮人口高达 7800 万人，平均下来就是每位女性平均生 4 个小孩。这一代人在过去近 20 年内主导了美国社会的方方面面，特别是在 2005～2006 年之间到达了他们的消费巅峰，那个时候也是房地产泡沫的巅峰时期。

同样地，在中国，也有一代特殊的群体，他们就是“80 后”，80 后的人口数超过两亿，这一代人经历了互联网的兴起，被称为独生代或新新人类。而今，这个群体正走向成年，如果说10年前80后的“独立”、“叛逆”和“娱乐”精神带给中国社会一个思想的浪潮，那么，如今的80后已经从“思想新秀”开始走向“消费新秀”。今天的他们基本都已经走上社会、参加工作，年龄偏大的80后已经过了而立之年，正处于职场上的黄金阶段，不仅趋于成熟，而且有了一定经济实力，成为一股不可小看的消费生力军。从他们的消费特征上看，他们与70后、60后有着较大的差别，80后这一代追求多变、刺激、新颖的生活方式，不愿意拘泥于教条、固化和墨守成规。他们崇尚品质生活，对各类名牌产品如数家珍。很大一部分的80后将大量的精力和财力投入到网络上，网上购物日渐成为80后的主要购物方式。据淘宝网分析，未来随着这一人群的成长，他们将成为网络消费的主体力量，对整个社会的消费模式将产生深刻影响。更加值得一提的是80后的“提前消费”意识。他们是敢于“花明天的钱，圆今天的梦”的人群。正因为这样，他们常常被人们称为“月光族”。这一点，也使得他们迥异于70后和60后。

举“婴儿潮”和80后的例子，是为了说明，营销人员可以对目标消费群体进行这样的代际划分，不同的代际人群之间有着鲜明的差别，而同一代际人群之间又有着显著的共性。这种差别和共性能帮助营销人员设计出更符合某一代际人群的营销方案和计划。

消费者对彼此的信任要远远超过对企业的信任

营销3.0时代是一个消费者彼此进行水平沟通的时代，垂直控制对他们丝毫不起作用，企业只能靠诚实、特性和可靠来赢得消费者的青睐。如今，消费者对彼此的信任要远远超过对企业的信任，社会化媒体的兴起本身就反映了消费者信任从企业向其他消费者的转移。

——科特勒《营销革命3.0》

科特勒指出，如果说过去是一个企业对消费者进行“垂直控制”时期的话，那么，现今，这种控制方式的效力已经非常弱了，更多的消费者倾向于水平沟通，他们更信任彼此，而不是企业。

麦肯锡咨询公司曾发布一份调查报告，其中列出了2007～2009年金融危机之后商业发展的十大趋势，其中一个重要趋势是企业所面对的市场正日益转变为低信任度市场。实际上，这种信任感并没有缺失，它只是从垂直关系转化成了水平关系。根据尼尔森全球调查报告，现在几乎没有多少消费者真正把企业制作的广告当一回事，更不会以此来决定自己的购买行为，他们认为消费者之间的口碑作用往往比企业广告可靠得多。根据这份调查，约有90%的消费者相信朋友或熟人推荐的产品，70%的消费者信任网络上的顾客观点。有调查咨询公司的研究甚至发现，消费者似乎更愿意相信社交网络上的陌生人，而不愿听从产品专家的指导建议。

这些研究结果对企业而言如同警钟。它们表明，从某种程度而言，消费者已经对商业经营失去信心。有的营销人员或许会说，这是商业道德问题，已经超出了营销者的能力范围。但事实是，营销对此难辞其咎。营销在很多人眼中已经和销售画上了等号，它靠说服艺术来打动消费者，有时候甚至会操纵消费者。虽然，现在的市场营销活动越来越强调关注消费者，但营销行为有时还是难免会夸大、掩饰甚至是欺瞒，以此来实现销售。

这是一个强调口碑效应的时代，消费者信任圈子成员胜于信任企业，虚伪的品牌很难有生存机会。如今的企业面临的，不再是单个的弱势的消费者，而是具有集体智慧的消费者群体。企业的欺骗和谎言在这样的群体智慧面前很快就会被揭穿。

在运动用品行业，很多大公司都会花费巨额广告费用邀请一些明星来拍广告、做活动、搞推广，而有一家 Lululemon Athletica 的运动服饰制造商却采用了一种很草根的方式吸引了大量的消费者。

这家公司为了推广其 100 美元的瑜伽装，制定了一个“大使计划”，在某个区域市场，他们会招募当地运动员以及健身教练，不付代言费，只是为每个代言人提供价值 1000 美元的运动服装和器材，让他们体验产品，在学生面前穿着该公司的服装，以及在当地的店面里穿着这些服装上健身课。

该公司市场营销部主管说：“我们的大使穿着我们的服装，无论他们去哪里都能为我们进行宣传。”这样的一种营销方式简单而卓有成效。该公司 2012 年的预计收入为 10 亿美元。有营销专家评价说：“这些品牌大使和他们所处社区的联系十分紧密，通过这种方式扩大品牌影响力是十分有效的，并且能让人们感觉到这家企业正在对消费者进行回馈。”

Lululemon Athletica 的这种营销方式，走出了传统的“垂直控制”，而是利用消费者之间的信任与口碑传播，以较低的成本却收到了最好的效果。

用消费心理及消费行为的理论解释，在消费者购买决策过程中，现身说法的案例可以刺激消费者觉察自己对产品的需要，并为消费者收集信息提供资料，尤其是身边的或熟悉的人购买或使用的感受对消费者的鼓动作用是非常大的。现身说法策略就是用真实的人使用某种产品产生良好效果的事实作为案例，通过宣传手段向其他消费者进行传播，达到刺激消费者购买欲望的策略。

企业应找到一种方式，将自己的顾客变成品牌的推广者。营销不能小看普通人，普通人口口相传的力量比起名人推广或者大手笔的广告来，丝毫不逊色。一个品牌说自己很好是一回事，但是它的顾客说它很好就是另一回事，效果更好。

消费者对营销活动的抵制达到了前所未有的水平

消费者对营销活动的抵制达到了前所未有的水平。大多数消费者都对营销和广告表现出消极情绪：他们表示，他们会避免购买那些感觉过度营销的产品。

——科特勒《营销管理》

科特勒认为，现在的营销越来越难，因为消费者越来越占据优势地位，对营销活动的抵制达到了前所未有的水平，他们会避免购买过度营销的产品。

Yankelovich Partners 曾对 601 名被访者进行电话调查，发现消费者对于营销信息与活动越来越抱着抵制的情绪和否定的态度。65%的被调查者感到被太多营销信息轰炸，61%认为信息量已经失控了。更糟糕是，69%的消费者倾向于使用某种工具来完全跳过或阻止营销广告。Yankelovich 进一步指出，被调查者中每 10 人中就有 6 人觉得营销人或广告商没有尊重顾客，59%的人认为大部分营销广告信息跟他们没有一点关系，65%认为对于营销广告应该有更多的规章制度进行限制。

面对铺天盖地、无孔不入的广告信息，消费者的确已经达到了对营销耐受的极限。与传统的消费者相比，今天的消费者不再是被动、顺从的，营销者对消费者的任意操纵必将招致激烈的反抗和抵制。在日常的消费实践中，存在着形形色色的消费者抵制现象。举一个很简单的例子，数字录影机这种功能之所以大受欢迎，就是因为它可以帮助消费者更便利地跳过商业广告。

消费者的抵制源自于现代的营销范式与消费文化之间的深层冲突。在很大一部分消费者看来，现代营销活动本质上是一种被扭曲的、不对称、不平等的交流形式，是一种操纵消费者的技术。而对于日益具有消费主权意识和敏感性的消费者来说，这种交流形式是不能容忍的。正是这种积蓄日久的冲突和矛盾，最终导致了反营销的消费者抵制行动。

网络时代，信息以难以想象的速度传播，人与人之间、企业与消费者之间已经实现零距离的沟通，这种信息大爆炸在带给企业传播便利的同时，也像一把达克斯魔剑悬在企业头上。消费者正睁大眼睛在等着看，他们用选择和行动来维护心中崇高的品牌，叫得最响没用，拿出实际的真功夫来，消费者才认可，否则迎接企业的就是互联网的围追堵截。

营销人要意识到消费者对于其信息的这种抵触情绪，从而在目标市场定位上更加准确，并调整信息方式及内容，以适应被信息轰炸得筋疲力尽的消费者。现在，正当营销泛滥、营销乏力的时候，一种“不营销”的理念正在发芽。所谓的“不营销”，并不是不做营销，而是一种横向联合、纵向穿插、利益共享的合作方式，是真正把“客户至上”放在心里，而不是挂在口头的切实行动。

美国“厕所大王”就是这样一个例子，它在美国为市民免费提供移动厕所，而后在卫生间墙壁上张贴广告，市民可以免费使用，自然聚集非常多的关注，这样，使用者也理解商家的用心，很乐意接受这种形式。使用者、提供者、广告客户，三方皆大欢喜。

这种厕所模式在中国也有类似的范例。江南春开创的楼宇电梯广告就是如此，他提出的价值观是“让等候电梯的人轻松快乐”。目标客户等电梯的时间变得多姿多彩，而写字楼和公寓楼并不需要为楼宇电梯的液晶屏买单，这样的一个“空子”成就了一个响当当的分众传媒。

其实，消费者不是讨厌营销活动，他们需要的是有“度”的营销活动。铺天盖地、无孔不入，这样的营销只会让消费者烦不胜烦，甚至深恶痛绝。现在的营销活动应该从新意与心意上多下工夫，不仅要赢消费者的眼球，更要赢消费者的心。

消费者能从多种渠道获得丰富的信息资源

消费者的主要信息来源分为四种：个人来源、商业来源、公共来源和经验来源。消费者最多的信息来源是商业来源，即营销人员们所控制的来源。然而，最有效的信息通常来自于个人来源或属于独立权威的公共来源。

——科特勒《营销管理》

科特勒所指出的四大主要信息来源具体是指：

第一，个人来源：家庭、朋友、邻居、熟人等。个人来源很好理解，前面我们提到过，消费者之间的水平沟通比企业的垂直控制更有效，消费者更相信彼此，尤其是亲近的熟人，他们的推荐往往是最有分量的。

麦肯锡的研究表明，在中国，推荐的重要性比他们所研究的任何其他市场中都要大得多。对中国消费者来说，家人和朋友的推荐在信息来源中仍然排在前列，这意味着企业需要找到能使品牌、产品产生口口相传效应的方式。

第二，商业来源：即广告、网站、推销员、经销商、包装、展示等。商业来源一般是企业在“发声”，向消费者传递的信息，这也是消费者平时接触最多的。但是，近年来，这一类信息几乎泛滥成灾，而且一部分企业所发布的信息有违商业准则，带有欺骗成分，诸多原因使得这类商业信息的冲击力与影响力正逐渐减小，但是它们的作用依然不容忽视。

对企业来说，商业来源的信息是可以控制的，它有很强的针对性，既能向消费者普及知识、传达消息，还能刺激购买。

第三，公共来源：大众媒体、消费者评级机构等。公共来源的信息覆盖面广，且具有一定的公信力与权威性，对消费者有着极大的影响。特别是随着新媒体的兴起，媒体的形式变得日益多样且丰富，消费者接收信息的渠道更是趋向于多元化，一条新闻的获得在过去只有通过传统媒体如电视、报纸等才能获得，而在现在，消费者可以从互联网、手机等多种途径获取。

特别值得一提的是，好事不出门，坏事传千里，如果是有关于企业、品牌、产品的负面信息或者丑闻内幕，一旦曝出，更是有可能瞬间酿成满城风雨，人尽皆知。像三株口服液、南京冠生园、肯德基苏丹红事件、三鹿三聚氰胺事件、丰田召回门等等，这些事件一露出苗头，通过各类媒体的传播，立刻成为万人瞩目的事件，而其中的一些企业甚至因此而声誉尽毁，走向了穷途末路。

所以说，企业必须要维护好各类媒体关系，必须做好舆情监督，特别是网络舆情监督工作，通过媒体传递企业的正面信息和积极的形象。

第四，经验来源：是指消费者亲自接触、处理、检查和使用产品的过程中得到的信息。很多消费者使用某产品后感觉良好，就会对该产品、该品牌慢慢形成一种信赖，甚至是重复购买；还有的消费者如果对某产品使用感觉不佳，或者在体验过程中未能满意的话，很可能就会背离该产品及其品牌。这些都是经验来源的信息在发挥效用。

总的来说，商业来源的信息是最为直接的，也是消费者接触最多的，但是最有效、对消费者的购买决策影响最深刻的却并非这一渠道的信息，而是公共来源、个人来源以及经验来源的信息。

顾客认知比实际情况更重要，认知影响购买行为

在营销中，人们的认知比该商品的事实更重要，因为认知对消费者行为有实质性的影响。认知是指一个人选择、组织并解释外来信息输入，以产生其内心世界有意义的图像的过程。认知不但取决于刺激物的物理特征，而且还依赖于刺激物周围环境的关系以及个人所处的状况。

——科特勒《营销管理》

科特勒指出，现在的消费者在作出购买决定时，越来越依赖认知而不是事实。他们依靠的是自以为重要、真实、正确的认知，而不是具体的、理性的、有经济意义的信息。所以，我们常常能够看到，当消费者掌握的据以作出购买决定的信息足以充分时，通常他们就不会相信与此相冲突的大量信息或资料。在消费者看来，自己的认知就是真理，尽管个人的认知未必永远正确。

现在的企业面临着更多精明的消费者——他们不再满足于作为市场营销的最后一个环节，不再容忍“我们制造，你们使用”或者“我们说，你们听”的营销方式。他们有自己的主见和认知。如果说过去是一个“请消费者注意”的时代，那么现在则是一个“请注意消费者”的时代。

有专家曾说，企业营销要做的其实就是两件事，一是将产品铺到市场中，二是将产品铺到消费者心中。能否进入消费者的心智，获得消费者的认同，成为事关企业生死存亡的关键。但许多企业往往重视了前者，而忽视了后者，结果大量产品从工厂中生产出来，进入了市场，却始终无法进入消费者的心中，最终导致营销的失败、企业的衰败。

20世纪60年代，美国战略定位大师特劳特发现企业的竞争焦点开始从市场向顾客的心智转移。简单地说，心智就是一个人的心思和智慧。在营销中，心智就是消费者蕴藏在内心深处的对待各种产品理性而又明智的看法或价值认知认同的程度。而心智营销就是要了解和把握消费者的心智规律，利用这种心智，并促使其转化为购买动机，达到营销产品的目的。心智营销就是要将产品铺到消费者的心里去。

企业一定要去了解产品以及竞争品牌在消费者认知中的地位，因为营销的战场在消费者心中，产品的质量和销量不再由制造商判定，而是取决于消费者对商品的认知。在消费者心智中的价值才是真正的营销价值，重要的不是该价值是否真实，而是消费者相信什么；不是消费者能否了解这项产品与其他品牌的差异，而是消费者心中想的是什么。

企业必须研究消费者的心智，研究如何在消费者的心智中突出自己，树立自己在消费者心智中的一个特定形象，如今营销的焦点也就转移到顾客心智的争夺战上。那么，企业怎样才能走进消费者认知，赢得消费者的心智呢?

第一，要寻找产品与消费者心智之间的诉求点。从某种程度而言，产品是死的，

需要营销人员去激活它，从而让消费者信任它、购买它，那么营销人员需要找到产品与消费者之间的人文气息相通点，找到那个能牵动消费者的点。

第二，要善于刺激消费者心智的兴奋点。消费者对一些企业营销活动或产品可能感兴趣，又有可能对一些企业营销活动或产品无动于衷。营销人员要做的就是让消费者对感兴趣的产品有欲罢不能、非买不可的感觉，并想方设法延长其对产品的兴奋感并形成多次购买或口碑效应；对消费者不感兴趣的营销活动和产品，要设法让其有兴趣，积极提升兴奋度，要在产品与消费者之间形成心灵共振。

第三，要挖掘产品的亮点，满足消费者心智的期待值。要占领消费者的心智资源，最关键的一步是要让消费者在众多同类产品中记住企业的产品，这就需要营销人员去深入地挖掘产品的亮点，让消费者想忘都难忘。比如，性价比可以是亮点，产品的新意、创意可以是亮点，产品的高科技含量或悠久的历史，等等，都可以塑造成亮点。

由于消费者认知的差异化，企业要在顾客的心智中占据一席之地，需要有很高明的智慧和胆略。如今，企业竞争最重要的资源已不是土地、资本和人力，而是顾客的心智资源。在顾客心智竞争的时代，企业必须在对市场充分了解的基础上，寻找属于自己的一个细分品类，明确定位，让自己的品牌成为行业里的主导，牢牢占领顾客的心智。一个企业如果没有拿下顾客心智的制高点，那么这个企业将是毫无意义的。只有真正进入顾客心智，企业才算是真正的诞生！

简单地向顾客提供他们想要的东西已经远远不够了

简单地向顾客提供他们所想要的东西已经是远远不够了，要想保证具有竞争力，企业就应该帮助顾客学习，使他们认识到自己真正需要什么。

——科特勒《营销管理》

科特勒认为，要了解顾客的需要和欲望，并不总是十分简单的事情。有些顾客甚至自己都并不知道自己真正需要什么，或者说他们很难描述清楚自己的需要。科特勒将顾客的需要模型划为五个层次：

第一是明确表述的需要（例如顾客想买一套房子）。

第二是真正的需要（例如顾客想买一套价格适中的两居的房子）。

第三是未明确表述的需要（例如顾客希望买房的过程安全，不要有任何风险）。

第四是令人愉悦的需要（例如顾客希望能得到热情周到的服务）。

第五是秘密需要（例如顾客希望自己购买的房子能让亲友同事们“艳羡”）。

由这五个层次我们可以看出，顾客明明确确表达出来的需要，与其内心所想的比起来，只是冰山一角。如果营销人员把这冰山一角当成顾客的全部需要，并针对这个开展营销的话，那么，结果可能会很不理想，也就是费力不讨好。所以，营销人员千万不要认为，向顾客提供他们想要的东西，就是成功的营销了。真正要让顾客满意，营销人员需要透过顾客所说的话，去探顾客的心，去探冰山下的那部分。

需要注意的是，消费者的需要并不一定都是合理的，不是说消费者想要什么，企业就该满足什么，这根本不可能。所以，在营销中，有一个理念，叫“消费者教育”，它是指企业通过一定的手段，将公司、产品、服务、政策、策略等期望消费者了解的信息传播给消费者，并获得认同的过程。说到底，就是要帮助消费者判断哪些需要是合理且应该得到满足的，哪些需要是不合理的应该予以排除的。

企业的营销仅仅“迎合”顾客需求已经远远不够了，企业还必须进一步分析消费需求，辨别消费需求的合理性，判断这种需求的满足对消费者利益的影响。在这个基础之上，企业再运用营销手段，去引导消费者、教育消费者，增强消费者的理性程度，实现消费者需要的满足。

苹果的iPad曾创下令人称奇的28天卖出100万台的辉煌“战绩”。不管你是否认同iPad，这一款介于手机或者电脑之间的产品的确堪称是划时代的。很多制造商在过去几十年里面绞尽脑汁想涉足这一类产品，而苹果成功了。那么，苹果是怎么做到的？苹果是如何在这个空白领域获得如此快的成功的？

答案是：苹果用了十年时间和心血对消费者进行“教学和教育”。

苹果之所以能引发一次又一次的市场疯狂，其秘诀就在于，它愿意花别的公司不愿花的时间向消费者灌输信息，并集中精力在几年内长期向他们展示一些关键功能。从产品尚未面市之前，苹果就开始不遗余力地向消费者介绍和灌输关于产品的一切。如果不这样的话，苹果产品也不可能持续卖得那么火爆。

就拿iPod来说，iPod的第一份广告的内容是，一个男子，原本在用电脑听歌，但是当他连接了iPod并插入标志性的白色耳机之后，便开始翩翩起舞。而口号也是简单明了的，iPod就是“便携的1000首歌曲”。几年后，苹果向概念性广告开始努力，比如增加了iPod彩色照片的技术。不久之后，又多了视频播放技术，并接着创造首个可以下载小游戏和教育类应用程序的程序商店。

后来，当iPhone被引入市场的时候，苹果更加聪明地花更多时间灌输给顾客它的各种重要核心功能。而每一个广告无一例外只介绍一项功能——电邮、浏览网页、音乐等等，都被绑定在iPhone这个终端上。对于消费者来说，谁也没有见过功能如此丰富的手机，这是一场手机终端的革命。然而iPhone的功能不止于此，还有一个大规模的流行软件集散地——程序商店，这为苹果用户提供了无限可能。

苹果成功的秘诀并不难，但是要真正实现很难。一是在用户之前洞察用户的潜在需要；二是持之以恒地去培育，将一个个概念植入到用户脑中去。这种洞察和植入需要十几年甚至几十年的决心、耐心以及虚心去实行。

消费者教育不仅仅只是将企业想要用户了解的信息告知用户而已，它的目的在于灌输正确的观念，引导消费者、教育消费者，提高消费者素质，培养理性成熟的消费者，最终实现消费者利益和企业利益的高度统一。

第 2 章
消费者的购买决策心理与行为

消费者典型的购买决策会经历五个阶段

营销研究者开发了一个购买决策过程的“阶段模型”。消费者会经历五个阶段：问题认知、信息搜索、方案评估、购买决策和购后行为。很清楚，购买过程早在实际购买发生之前就开始了，并且购买之后很久还会有持续影响。

——科特勒《营销管理》

科特勒总结说，消费者典型的购买过程包括这样几个步骤：问题认知、信息搜索、方案评估、购买决策和购后行为。对于营销人员来说，购买决定是导致购买行为的关键，但前三个阶段都能影响到购买决定阶段，即整个购买决策过程的阶段是环环相扣的，因此，营销人员需要关注的是整个购买过程，而不是只单单注意购买决定。

第一，问题认知。引发购买者的动机，是整个购买过程的开始。一个产品要能销售出去，首先应该能让消费者“注意”及“知道”这个产品的存在。所以新的产品推出时，沟通的目标就应该是帮助消费者认识这种产品。让消费者意识到自己的需要和需求，这既可以凭借内在刺激唤起，也可以借助于外在的刺激。比方说，一个人渴了、饿了，他会去主动寻找可以喝、可以吃的食物，而另一方面，饮食店通过色香味俱全的鲜美食物也可以刺激人的饥饿感。营销人员一方面要帮助消费者认识到其自身需求，另一方面更要主动地去激发、去引导消费者的需求。史玉柱当年在江阴市场推广脑白金的例子就很经典，他在深入走访江阴市场后，免费向市民派发出了大量的脑白金产品，市民们感受到效果后，纷纷去药店询问，而看到广告的市民也四处打听哪里可以购买。问的人多了，经销渠道自然就打开了。他走访市场，赠送产品，大打广告，其实就是为了培育这个市场，进而引发消费者的关注与追捧。引导消费者认识自身需求、认识产品，这是将产品营销出去的第一步。

第二，信息搜索。当消费者意识到自己有某方面的需求时，一般会主动地去获取信息，进行信息的搜索，以了解产品的特性、功能与价值。在这个过程中，消费者会多方面、多渠道地搜集信息，企业广告宣传、网络、熟人介绍，等等，都是消费者常用的信息渠道。

第三，方案评估。消费者在掌握了足够的信息后，会对这些信息进行分析、对比，以选出自己最为满意的方案。不同消费者评价产品的标准和方法会有很大的差别。就拿衣服来说，有人喜欢大品牌的，有人喜欢款式新潮的，有人喜欢布料安全无刺激的，等等。当消费者充分认识到产品的优点后，自然而然会对其进行评价，并与同类产品相比较，从而得出好或不好的印象。消费者可能喜欢某一产品，但并不特别偏爱，营销人员要做的就是设法建立消费者的偏爱。

第四，购买决策。消费者即使对自己的需求有了认知，也搜集了信息，并进行了评估，但未必就会将购买行为落实了。

营销人员要想促成消费者的购买行为，那么，一方面，要向消费者提供更多详细的有关产品的情报，便于消费者比较优缺点；另一方面是要通过各种销售服务给顾客提供方便，加深顾客对企业及产品的良好形象，促使其作出购买企业产品的决策。

第五，购后行为。消费者购买了产品，并不代表一切就结束了。就像科特勒所说“购买过程早在实际购买发生之前就开始了，并且购买之后很久还会有持续影响”。消费者购买产品后，往往会通过使用，通过家庭成员与亲友的评判，对自己的购买选择进行检验和反省，重新考虑购买这种产品是否明智、效用是否理想等，形成购买后的感受。

很多营销人员过于偏重售前，而忽视售后，这是一种典型的营销短视。消费者对企业真正形成印象往往是从购买了产品、使用了产品之后开始的，双方之间的信任关系也是从此刻才开始真正起步。因此，销售圈子里有句话说：“真正的销售是从售后开始的。”营销人员要重视消费者在购后的使用情况和感受，争取与顾客建立长期、紧密的合作关系。

人类学研究，从宏观上把握消费者心理

人类学研究是一种特殊的观察方法，研究者通过使用人类学和其他社会科学领域中的一些概念和工具，能够对人们的生活与工作方式得到深层次的了解。这种方法的目的是研究者通过深入消费者的生活，以揭示用其他研究方法所不能清楚表示的消费者无法言传的需要。

——科特勒《营销管理》

科特勒所提及的人类学研究是一种新的研究方式，它把焦点放在观察人们的日常行为上，比方说，食品企业会去观察人们是如何吃饭喝饮料的，清洁用品制造企业会观察人们是如何清洁、打扫的，化妆品企业会去观察人们的肌肤问题并观察他们是如何应付的……人类学研究是观察人们在干什么，而不是问人们在干什么，这样能给企业带来最有益的信息。观察消费者的日常行为比收集客户对产品的主观反应和评价更能让企业获得突破性的启示和灵感。

很多成熟的企业在进行营销活动时，非常注重人类学研究这种方法，它们通过这

种方式去了解最为真实的消费者群体。

美国某研究团队曾在香港电信、金山工业和摩托罗拉资助下对中国香港普通居民进行为期六周的生活观察。他们拍摄了数千张照片和居家生活的录像，包括居民们在烧菜、打电话、帮助小孩做作业、把工作带回家完成以及其他生活中的细节。尽管这些照片和录像第一眼看上去，很杂乱无章，然而，经过分析后的结果立即就显示，从这些资料中除了发现三个可预见的市场领域外，还发现了六个此前从未考虑过的潜在市场。让企业管理层最感兴趣的三个亮点是：家庭成员如何保持相互联系、购买新鲜食品和父母帮助小孩完成功课。

这些企业管理者惊讶地发现，这支对香港人生活毫无了解的团队在短短六周内就帮助他们找到了全新的潜在市场。当然，这些潜在市场的规模和可行性还有待验证，但如果不是这样的研究，企业管理层可能永远发现不了这些潜在的消费者需求，也可能永远不会考虑到这些市场。更让人惊讶的是，这六个新市场还都是没有竞争者涉足的，而另外三个预见到的市场，竞争者已如过江之鲫。

这个例子很有借鉴意义，仅仅是通过拍照、录像、观察，就发现了如此多的惊喜和机会。正像科特勒所说的那样"揭示用其他研究方法所不能清楚表示的消费者无法言传的需要"，很多时候，直接跟消费者面对面进行调研，虽然看起来很有互动感、真实感，但是消费者未必就会把自己真实的一面完全展露出来，甚至有的消费者都不知道自己真正想要表达的是什么，所以，这样得来的信息准确率就需要打一个折扣了。而人类学研究更多的是在不惊扰到消费者的情况下，真实地记录消费者的行为、言语和反应，然后再去分析、去研究，虽然没有与消费者进行直接、深入的交流，但是，通过这种方式挖掘出来的信息更丰富，也更可靠。

2010 年的时候，奥美任命了一位名叫麦克·格里菲斯的博士担任社会人类学总监，麦克博士加入其大中华区发现团队消费者洞察和趋势研究小组，致力于研究中国的社会文化，以求为客户创造更有效果、更能融合本土文化又兼具创意的作品。

"社会人类学总监"，这个职务对于大多数中国企业而言仍然是陌生的，但是，这从一个侧面反映了一些知名企业对社会人类学研究的关注和倚重。中国的企业也应该重视这种研究方法，通过这样一种新型的方式去更深入地了解一个更真实的消费者群体。

理性的行为其实并不是具有最后决定性的力量

我们发现理性的行为其实并不是具有最后决定性的力量。公司必须要在有关的品牌和公司之间增加一种感性的色彩，我们要构建一种感性，不仅能够触及人们的头脑，也能够触及到购买者的心灵。

——2009 年科特勒启动天阶计划的演讲

科特勒认为，消费者并不总是以深思熟虑和理性的方式处理信息或作出购买决策。他指出，消费者在作购买决策时，会受很多不同的捷思以及偏误的影响。比方下面几种捷思。

可得性捷思，这是指消费者很可能会想起过去的存在于记忆中的一些先例。譬如，某女士曾在某个专卖店里买过一件衣服，结果穿了没多久，就开线了，那么，她再次想到这家店的时候，就会想起过去不愉快的购买经历，从而影响她现在的选择和决定。

代表性捷思，这是指消费者对某个产品有意向时，会不由自主地想到它的同类产品，会想到这些产品的共性。这就是为什么许多不同品牌的同类产品，在包装、容量等方面或多或少会有些相似之处的原因。

定锚与调整捷思，消费者在了解产品之后，会形成一个初步的印象和评断，这个印象与评断虽然深刻，但并不是不变的，消费者会根据后续的了解来调整第一印象。譬如，某顾客初次见到一位销售员时，可能会觉得这个人缺少经验，不太专业，但随着彼此了解的加深，顾客很可能会发现销售员的闪光点，比方说热情、细心、服务周到等，从而改变印象，加深好感。所以，营销人员应该从第一印象开始经营，让消费者第一眼就看着顺，这样才能在消费者后续的体验中占得一个更有利的角度和位置。

简单地说，顾客作决策的过程，并不是完全理性的，他们脑海里会有无数营销人员想象不到的想法和念头冒出来，或者干扰，或者推进其购买决策。

我们平时购买产品和服务经常会在不理性的情况下发生。例如，有的女孩子因为感情上受挫了，会大买零食，大吃大喝，结果长胖，这是不理性的；很多女性如果跟一群姐妹出去购物，会比自己一个人出去逛街买得更多，这是不理性的；很多人即便经济能力并不是很宽裕，仍会节衣缩食省下钱来去为一个限量品牌包埋单上万元，这是不理性的；因为某个特定事件的发生，人们纷纷抢购食盐、大蒜等，把价格推高好几倍，这也是不理性的……

通过分析这些不理性的过程，我们会得出一个理性的结论——当消费者心里觉得是对的时候，错的也会是对的，不理性的也会是理性的。可以说，在很多情况下，营销往往需要更多的“非理性”。营销人员不仅要能从理性上征服消费者，更要善于从感性上、从情感上打动消费者。

在营销中，有一个情感营销的概念。所谓情感营销，是指通过心理的沟通和情感的交流，赢得消费者的信赖和偏爱，进而扩大市场份额，取得竞争优势的一种营销方式。如果我们把这种最真挚的情感渗入进营销中，从营销模式上进一步沉淀或升华，一定会引发一场情感营销的革命。情感的影响力和心灵的感召力在营销过程中是一股可以颠覆结果的力量。

一个好的情感营销，必须是能引起消费者共鸣的，必须是能打动消费者心灵的。在情感消费时代，消费者购买商品所看重的已不完全是商品数量的多少、质量好坏以及价钱的高低，他们更是为了一种感情上的满足、一种心理上的认同。

这是一个情感经济的时代，情感正在创造财富，情感正在创造品牌，情感正在创造一切。情感营销时代，企业要摒弃饮鸩止渴式的价格战，创造有魅力的产品，营造有情感的品牌，要尽其所能打动消费者，使其对品牌“一见钟情”、“一往情深”。一个品牌如果能够充满丰富的感染力，与消费者进行情感上的交流，就会使品牌从冰冷的物质世界跨入到有血有肉的情感世界，也会使品牌“楚楚动人”、“风情万种”。

消费者购买决策追求的是价值最大化

顾客是寻求价值最大化的。他们形成一个对价值的期望并付诸实践。购买者将从他们认知的能提供最高顾客让渡价值的公司购买产品，顾客让渡价值是整体顾客利益与整体顾客成本之差。

——科特勒《营销管理》

顾客是如何做出选择的呢？科特勒指出，顾客会在有限的搜寻成本与知识、流动性和收入约束下，追求价值最大化。顾客在购买产品时，总希望把有关成本包括价格、时间、精神和体力等降到最低限度，而同时又希望从中获得更多的实际利益，以使自己的需要得到最大限度的满足。因此，顾客在选购产品时，往往会从价值与成本两个角度进行比较分析，从中选择出价值最高、成本最低，即“顾客让渡价值”最大的产品作为优先选购的对象。企业为在竞争中战胜对手，吸引更多的潜在顾客，就必须向顾客提供比竞争对手具有更多“顾客让渡价值”的产品，这样，才能使自己的产品为消费者所注意，进而购买本企业的产品。

人都是理性的，也都是自利的。顾客会估计产品或服务能够传递最大的认知价值并采取一些行动。这个产品或服务是否能够达到顾客的期望，是否能令顾客满意，这直接影响顾客的购买和再次购买的可能。

比如某顾客欲购买一台空调，现在该顾客将目标锁定在甲品牌和乙品牌之间。假设他比较了这两种空调，并根据款式、工艺及主要性能、参数等指标作出判断——乙品牌具有较高的产品价值。他也发觉了在与乙品牌人员沟通时，促销导购介绍产品耐心、知识丰富、并有较强的责任心及敬业精神，结论是：在人员价值方面，乙品牌较好。但在顾客的印象中，甲品牌的知名度、整体形象等方面优于乙品牌，同时甲品牌售后服务、承诺等服务价值也高于乙品牌。最后他权衡了产品、服务、人员、形象等四个方面，得出了甲品牌的总顾客价值高于乙品牌。那么，顾客就一定会购买甲品牌吗？不一定，他还要将两个品牌交易时产生的总顾客成本相比较，总顾客成本不仅指产品价格，正如亚当·斯密曾说过的“任何东西的真实价格就是获得它的辛劳和麻烦”，总成本还应包括购买者的时间、体力和精神费用。购买者将这些费用与产品价格加在一起，就构成了总顾客成本。

这位顾客要考虑的是，相对于甲品牌的总顾客价值，其总顾客成本是否太高，如果太高，他就不会购买甲品牌产品，我们就认为其让渡价值小。反之，相对于乙品牌的总顾客价值，若其总顾客成本较小，则这位顾客就可能会购买乙品牌产品，我们就说其让渡价值大。通常情况下，理性的顾客总会购买让渡价值大的产品，这就是顾客让渡价值理论的意义。

现在顾客除了关注产品的质量和价格外，也越来越注重产品的售后。比方说，相同质量的两个产品，一个服务态度恶劣，且经常断货缺货，甚至还需要客户支付邮费，保修时间也很短；而另一个服务态度友好，能保证准时免费送货上门，并且保质期较长，维修网点分布也比较合理。这时，顾客会选择哪个呢？答案很明显，没有谁愿意花费更多的时间、精力等成本。产品质量固然重要，但非质量因素对顾客同样影响很大。要想赢得顾客青睐，就必须要充分认识并满足顾客的让渡价值。

正常情况下，顾客都是成熟的、理性的，若某种产品的让渡价值大，则该产品对顾客的吸引力就大，购买该产品的可能性就越大。当然，让渡价值越大，顾客的实惠就越多，但公司方面的利润就会减少，所以，根据市场及竞争产品情况，合理定价至关重要，既要保证有吸引顾客的让渡价值，又要兼顾公司的利润。

顾客让渡价值概念的提出为企业经营方向提供了一种全面的分析思路。

首先，企业要让自己的商品能为顾客接受，必须全方位、全过程、纵深地改善生产管理和经营。企业经营绩效的提高不是行为的结果，而是多种行为的函数，以往我们强调营销只是侧重于产品、价格、分销、促销等一些具体的经营性的要素，而让渡价值却认为顾客价值的实现不仅包含了物质的因素，还包含了非物质的因素；不仅需要有经营的改善，而且还必须在管理上、服务上适应市场的变化。

其次，企业在生产经营中创造良好的整体顾客价值只是企业取得竞争优势、成功经营的前提，一个企业不仅要着力创造价值，还必须关注消费者在购买商品和服务中所倾注的全部成本。由于顾客在购买商品和服务时，总希望把有关成本，包括货币、时间、体力和精神降到最低限度，而同时又希望从中获得更多实际利益。

因此，企业还必须通过降低生产与销售成本，减少顾客购买商品的时间、体力与精神耗费，从而降低货币、非货币成本。显然，充分认识顾客让渡价值的含义，对于指导企业如何在市场经营中全面设计与评价自己产品的价值、使顾客获得最大限度的满意，进而提高企业竞争力具有重要意义。

组织市场与消费者市场相比有很大的不同

与消费者市场相比，组织市场一般包含人数较少且购买量较大的买主。供需双方关系密切，购买者地理区域集中。组织市场的需求派生于消费者市场的需求和业务周期波动的影响。此外，许多企业商品和服务的总需求相当缺乏弹性。组织市场的营销者除需要了解专业采购员和他们的影响者的作用外，还要了解直接采购、互购和租赁的重要性。

——科特勒《营销管理》

组织市场是与消费者市场相对的一个概念。消费者市场通常面向的都是最终的需求方，而组织市场则不然，这个市场的购买者大多是为了生产或加工出其他商品，以满足其他市场的需要。也就是说，组织市场购买者的需求是一种派生需求，组织机构购买产品是为了满足其顾客的需要，组织机构对产品的需求归根结底是从消费者对消费品的需求中派生出来的。比方说，皮鞋制造商之所以购买皮革，是因为消费者要买鞋的缘故。如果说消费者市场的购买方主要是普通大众的话，那么组织市场的购买方则以企业、组织机构为主。这是一块不容忽视的市场。

组织市场与消费者市场之间，既有相同的地方，也有不同的地方。

在共性方面，比方说，两个市场都存在买卖双方，存在购买者作出决策的过程。

而不同之处很多，比方说，在市场结构与需求、购买单位的性质等方面都存在着一些明显的差异。组织市场客户要远少于消费者市场，但组织市场的每笔交易额一般都会远高于消费市场。消费者市场是企业商家与普通个人交易，而商业市场则是企业组织之间采购或租赁的交易。

组织市场具有一些鲜明的特征：

第一，购买者比较少，但购买量很大。组织市场的营销人员通常不会像消费者市场的营销人员那样，需要接触大量的购买者，他们要接触的是少但是大型的购买者。比方说，大型工程机械设备，这种产品就不是普通的消费者所需的，它针对的一般是从事工程建设的企业单位。而一旦成交，订单金额通常都小不了。

第二，购买决策过程复杂。组织市场与消费者市场相比还有个重要的差异点，那就是购买决策过程的差异，与消费品购买者相比，组织购买者的购买决策过程更为复杂，牵涉的人员也更多。组织市场购买过程要远复杂于消费市场。组织市场中购买者购买决策关乎一个组织的利益，而且其数量、金额都是消费市场上单笔交易难以比拟的。在组织市场交易中还会涉及一些复杂的技术和复杂的关系，因此，相比于消费品购买者决策过程，组织购买者决策过程是一个庞大的工程，需要花费更多的时间和资源来决定。购买决策过程的参与者往往不只是一个人，而是由很多人组成，甚至连采购经理也很少独立决策而不受他人影响。营销人员要对采购者内部的人际关系和组织架构进行细致的梳理和深入的了解。

第三，与客户关系更为紧密。组织客户数量虽然少，但采购金额大，而且影响力也大。企业针对这类型客户，一般会为其量身定做产品，定制服务，甚至提供一对一的服务。企业与组织购买者之间，往往会建立一种长期性的、互利的伙伴关系。比方说，一家造纸厂从化学制剂厂购买原材料，而这家化学制剂厂很可能也会反过来成为造纸厂的客户，购买其纸张。

在组织市场上，买方与卖方通常会更加相互依赖，因为每笔交易无论从数量金额上，还是战略性质，对双方来说都很重要，长期的合作关系也会为双方节省成本与精力。因此，组织市场的营销人员更应注重长远的合作利益，也就必须要满足客户需求，照顾到其决策过程的方方面面。

第四，采购专业化。组织购买者通常会成立专门的采购部门，有专门的采购人员或者委托专业的采购代理。他们的采购流程非常专业化，从报价、招标到最后签合同以及交货验货等，都有着一系列的规定和操作方法。组织市场的购买通常都需要详细的产品说明、细致的供应商分析报告、书面的购买订单以及合同等，其过程活动还包括对供应商的调研、与供应商的谈判等，可见，其购买过程相对要正式化许多。很多专业采购者将其一生的工作时间都花在了学习如何更好地进行采购上。

第五，需求波动大。组织市场产品和服务的需求比消费者市场产品和服务的需求更易变。当消费者的需求浮动时，企业为了适应消费者的需求变动，往往会在产出以及所需的工厂和设备上做很大的调整。有时候，消费者需求仅上升 10%，却可能使得组织采购者的需求上升 200%，而当消费者需求下降时，对组织采购者的影响将更大。

环境因素对于组织市场购买者的影响是比较大的。比方说，经济环境不好的情况下，企业会倾向于采购相对低廉的原材料，或削减采购来减小生产规模；相反，经济环境强健时，则会扩张采购规模，甚至采购高级原材料来提升产品质量。

第六，直接采购。组织市场的采购者一般都会直接跟生产厂商联系，从厂家那里直接购买，尤其是那些技术复杂和昂贵的项目，避开中间环节能够为采购者节省更多的成本。

正因为组织市场的这些特点，所以企业的营销人员不能照搬对待消费者市场客户的一套工作方式来应对组织市场的客户。很多企业将这类客户称为大客户、VIP客户、战略性客户，根据二八法则，这些客户往往能为企业贡献相当大一部分的利润。因此，营销人员应充分重视组织市场的客户，努力为其提供定制化的产品和服务。

营销者不可能创造需要，但可以影响购买欲望

营销者不可能创造需要：需要优先于营销者而存在。不过，营销者和其他社会因素共同对人们的欲望产生影响。营销人员可能会激发为满足社会地位而购买奔驰汽车的需求。但是，他们并没有创造出购买者对社会地位的需要。

——科特勒《营销管理》

科特勒指出，需要是人类最基本的要求。不管是空气、食物、水、服装和住所，还是教育、娱乐等等，都是人们需要的。当市场上有具体的商品可以满足人们的需要时，需要就会转变为欲望。比方说，当一个人饿的时候，他就会对食物有欲望。但是仅有欲望是不够的，这个人还必须有足够的支付能力来满足这种欲望。举一个很简单的例子，很多人都希望能有房有车、安家乐业，但是只有一部分人具有这样的支付能力。

科特勒因此特别强调一点，企业不仅应该知道有多少人需要这些产品，更重要的是要测算出有多少人实际上能够买得起。有需要、有欲望、又有购买力的人才是目标客户群体。科特勒反对这样的说法："营销者创造了需要"或是"营销者诱使人们购买那些并不需要的产品"。他认为，市场营销不会创造需要，需要在营销之前就已经存在了。营销创造的是对可能满足需要的那些产品和服务的诉求。换句话说就是，营销者不可能创造消费者的需要，但可以影响消费者的购买欲望。

消费者的需求由浅入深，有三个层面：

一是现实存在的需求。消费者自己能够清楚地意识到这一类需求，而营销人员的工作就是发现它，结合自己现有的产品和服务，通过有效的营销活动去满足它。满足这类现实需求并不十分困难，因为消费者已经有了明显的需求，只要营销人员善加引导，就能将这种需求变为实际的购买行为。

二是潜在的需求。这一类需求存在于消费者内心深处，并未明显表现出来，或者这种需求尚处于萌芽状态，动机不是非常强烈。营销人员需要进一步地去激发、挖掘并满足这种需求。创新的产品服务或者创新的营销模式能够将消费者某种刚刚萌芽的需求和若有若无的需求强化，能够将消费者深层次需求牵引出来，成为表面的、可意识需求，并产生购买的欲望和冲动。

三是消费者未能意识到的需求。当消费者自己也不知道他的需求是什么，或者需

求微乎其微，或者需求很难实现，这就像是福特所说的那样，当人们被问起需要什么时，他们会说需要一匹更快的马。对这一类需求，营销人员需要技术创新结合营销模式创新，技术创新和营销模式创新结合可以爆发出裂变式的力量，有可能从根本上改变行业的竞争环境。

科特勒认为，需要不可能凭空被创造出来。如果消费者根本不存在某方面的需要，那么营销人员无论花多大力气去培育和引导，都很难成功。营销人员应该去发现那些消费者尚未认识到的、满足得不充分的需求。在引导顾客需求的过程中，营销人员要注意这样几点：

一是要弄清楚，消费者需要的到底是什么。美国有位推销专家曾说“客户需要的不是钻头而是钻头打出的孔。”当消费者买化妆品的时候，她们买的并不是瓶子里膏状、液体状的东西，而是美丽和希望；当消费者购买房子的时候，他们买的也并不是那一栋建筑，而是一个家，是一种幸福和美满。营销人员必须要认识到消费者表面需求背后的东西，不能只见树木不见森林。如果只是一个劲地营销产品，那么效果是有限的，但如果能够透过产品去营销产品背后的深层涵义，那么效果会有极大的提升。现在很多产品的广告都是走这一路线的，比方说，凌仕男士香氛，它的广告就没有将重心放在介绍该产品上，而是重在突显使用此产品后男士在女性之中的魅力和吸引力的提升，意在向消费者灌输，使用该产品后，能拥有更旺的女人缘，这样的一种暗示对于产品的主力购买人群中青年男性是非常有效的。

二是区分要求和需求，有选择性地满足消费者。对消费者而言，他们希望以最小的成本买到最好的东西，恨不得白白拿走产品，如果可以，他们会提出数不清的要求。比方说，你的产品是一款售价在五六万左右的车，而消费者很可能会说“这车内部空间太小了，要是更宽敞一点就好了”、“应该再多两个安全气囊，这样更安全”、“发动机的性能还应该再提升下”，等等。如果营销人员真的拿客户的这些要求当需求了，那就很可能走进了误区。客户的要求并不一定都是需求，营销人员需要去判断，哪些是应该满足客户的，哪些是不大可能的，这种判断力是必不可少的。

营销者要潜心去解除消费者对于购买的“阻抗”

我认为现在营销者的任务是需要克服消费者对于购买的阻碍，也就是他的阻抗。

——2009 年科特勒启动天阶计划的演讲

科特勒指出，营销者的任务就是去解除阻碍消费者购买的一切“阻抗”。他举了一个例子说，假设一客户喜欢一款车，但他心里担心以后会降价，如果你是市场营销人员，该怎么样解决这样一个问题？你可以告诉客户，如果你买了这辆车之后价钱下降了，我们将会向您补差价。也就是说在未来降价的话，降价的这部分会退还给你。客户又担心了，他愿意分期来购买这辆车，但他担心在经济危机之下，他要是失业了付不起分期了，怎么办？关于这个问题，现代汽车给出的答案是这样的，如果顾客买了车之后失业了，现代汽车将给顾客退款并收回这辆车，这让顾客可以无忧无虑去买车，不用担心以后失业了养不起车。还有一家男装厂商，他们给顾客的承诺是，如果顾客买了他们的成衣之后失去工作了，顾客不仅可以保留衣服，还能拿回当时买衣服的钱。这些例子里，作为企业一方，看似很吃亏，将本该由顾客承担的风险都担了过来，但事实上，最后真正上门来索要差价、退款退货的客户又有多少呢？企业的这些承诺主要是为了解除消费者购买的“阻抗”，帮助消费者尽快作出购买决策。

法国知名的化妆品品牌欧莱雅就很善于通过与消费者保持良好沟通，帮助消费者解除“阻抗”，从而接受欧莱雅的产品。

欧莱雅的染发产品最初打入中国市场的时候，中国消费者尚未能接受染发的观念，许多人认为染发是不“正经”的表现，只有十几岁到二十出头的一些男青年才会把头发染得五颜六色。欧莱雅为了消除消费者的这种心理影响，帮助中国消费者了解染发产品，便邀请巩俐来做广告模特。巩俐是一位有很高国际知名度的中国影星，她拥有标准的东方人的头发，她身上具有东方人的高贵、典雅和美丽，欧莱雅邀请她作为品牌代言人，目的是告知消费者：染发是一种时尚，是适合中国人的。通过这种沟通，欧莱雅的染发产品很快在中国热销起来，红极一时。

在非洲市场，为了快速提高欧莱雅在当地的品牌知名度，欧莱雅通过开办培训班的形式，向当地美发师介绍欧莱雅的护发产品，并教她们如何使用产品。通过这样的消费者教育，让当地的美发师都自愿接受欧莱雅，这样一来，欧莱雅很快就在当地建立了品牌影响力。

欧莱雅在面对消费者消费观念上的抗拒时，总是会积极寻求破解方法。无论是在中国市场请巩俐代言，还是在非洲市场请当地美发师宣传，都是为了解除消费者的“阻抗”而做出的积极努力。

顾客从注意到产品到最后作出购买决策，这个过程中，会受到多方面因素的影响和干扰，而营销人员的任务就是去一一化解这些阻碍。

其实，在平时，我们可以看到很多有经验的营销人员顺利地解决这一难题。比方说，一些训练有素的推销员在推销商品时，并不是直接向你提出买他的商品，而是先提出试用、试穿，接受他的殷勤服务和赞美，等这些免费体验的要求实现之后，他才会提出让你掏钱购买的要求。像有的女性顾客本来没有购买衣服的打算，但是架不住推销员在一边热情地说：“不买也没关系，你先免费试试，看看效果，不会使你失去任何东西。”这样一来，顾客很可能真的会去试一下，而在试穿时以及试用之后，推销员会抓住机会介绍产品，“瞧瞧，这衣服的款式和颜色跟你多么搭配啊，真漂亮！”就这样一步步引导，先是让顾客来体验，然后让顾客来进一步了解，最后让顾客爱上产品，这个过程就好像“登门槛”一样，一点点瓦解顾客的购买“阻抗”，使得顾客在不知不觉中就喜欢上了产品，甚至买下产品。

营销者需要刺激消费者的潜在需求和购买动机

营销人员们需要识别能引起消费者某种需要的环境，通过一些从消费者处收集来的信息，就能识别一些常见的会引起对产品兴趣的刺激因素。这样，营销人员们就可以制定引起消费者兴趣的各种营销战略。营销人员需要刺激消费者的购买动机，所以要仔细地考虑潜在的购买需求。

——科特勒《营销管理》

科特勒所说的这段话的意思是，作为营销人员，对顾客要观察入微，要有敏锐感和洞察力，能挖掘出消费者的潜在购买需求和购买动机，并刺激、激发这种需求和动机，促成购买。

“顾客为什么要买我们的产品?”这个问题看似简单，但真要回答其实一点都不简单。顾客的购买过程始于其对自身需要与需求的确认。需求可以由内在和外在的刺激所触发。内在的刺激，比如人的正常需要，饿了，渴了，身体出现问题，到了某一种程度就会成为一种驱动力，促使着人们去寻求解决方式。外在的刺激，比方说，参加同学聚会，看到过去同窗的好友们都有了车子来去方便，这就能激发没有车的人的购买欲望。

人们从事任何事情都是受一定动机支配的，所谓购买动机是直接驱使消费者采取购买活动的一种内部动力，反映了消费者在心理、精神和感情上的需求，购买动机推动购买行为。动机不同，行为也会不同。比如同样是口渴喝水的需求，有些人选择凉白开是出于节约的动机，有些人选择矿泉水是出于自然纯净的动机，有些人选择可乐是出于时尚的动机。

营销活动的重心就在于刺激消费者的购买欲望和动机。许多成功的营销公司，就是把重点放在研究“买”上，即通过一系列的营销活动不断挖掘消费者的潜在需求，不断地刺激消费者的购买欲望，引导消费者的购买行为。俗话说“打蛇打七寸”，只要把握准了消费者的需求和动机，就等于把握准了消费者的“七寸”。在这方面，小米手机就做得很出色。

2011 年 7 月 12 日小米创始团队宣布进军手机市场，2011 年 8 月 16 日，小米手机发布。在其后的几个月里，小米左右逢源，迅速成为中国乃至全球手机市场上闪亮的一颗明星。从小米手机诞生之日起，它就注定了要成为手机市场上一个“不一样”的因子。

小米手机以“饥饿营销”而闻名。所谓“饥饿营销”，是指商家有意控制产量，以期达到调控供求关系、制造供不应求“假象”、维持商品售价和利润率，以达到维护品牌形象、提高产品附加值的目的。小米的每轮开放购买，都是“米粉”的一次大狂欢，每次 10 万台手机，总能在很短时间内售罄。小米创始人雷军曾总结说：“（2011 年）9 月 5 日，小米手机 34 个小时预定了 30 万部。（2011 年）12 月 18 日，三个半小时公开发售了 10 万部。2012 年 1 月 4 日，三个多小时零售了 10 万部。1 月 11 日，由于很多人认为我们在做‘饥饿营销’，每次都买不到，于是我跟同事商量，把所有存的 50 万台，一次付费预定。这样做的目的很简单，就是这 50 万台只要想买，不用不停地刷我们的网站就可以买到。用了一大半的时间，这付费预定的 50 万台小米手机也预定结束了。”

雷军刚开始做小米手机的时候，曾经从一些行业老大那里了解到，国际品牌的高端智能手机，一个月能销售 10 万台就很理想了，而国产手机一个月能售出三四万台就很厉害了，而小米手机的这种销量和火爆程度，无疑让很多公司艳羡。

小米手机的这种营销模式，在某种程度上是受苹果公司“饥饿营销”的启发。苹果公司非常善于运用这一策略一次又一次地挑动消费者的神经。就拿2012年1月13日iPhone4S手机在中国内地发售为例，虽然在中国内地的正式销售比欧美晚了三个多月，但苹果依然大获成功。在每家苹果直营店前，都有数百人通宵达旦地排队。

苹果公司和小米手机采取的饥饿营销，从根本上而言，目的就是要刺激消费者的潜在需求和购买动机，越是难以得到，就越是有吸引力，也就越能挑动消费者的“神经”和购买欲。当一个企业有了一定的产品品牌和产品质量方面的号召力时，如果巧妙运用饥饿营销，就能使其价值和号召力成倍放大，为持续热销打下基础，同时还能建立起其客户群体的品牌忠诚度。

要刺激消费者的需求和购买动机，饥饿营销只是其中的一种方法。针对不同的产品、不同的用户群，企业应发挥创新能力，运用各种可能的方法去吸引消费者，打动消费者，引导消费者采取购买行为。

营销者必须识别出购买决策者和影响因素

为了了解消费者在实际上是怎样作出决策的，营销人员必须识别谁作出购买决策和影响作出购买决策的因素：人们可以是购买行为的发起者、影响者、决策者、购买者和使用者。对不同类型的人应当采用不同的营销活动。

——科特勒《营销管理》

科特勒指出，任何一个公司都有必要认识参与购买过程的各种角色，如发起者、影响者、决策者、购买者、使用者，等等，因为这些角色对于购买决策和最终的购买行为都是有关联意义的。了解购买决策中的主要参与者和他们所起的作用，有助于营销人员妥善地协调营销计划。

犹太人有句名言：“男人征服世界，女人征服男人。”聪明的犹太商人有一条商业真经，那就是帮助女人去“征服”男人，目的是为了赚女人的钱。犹太商业巨子内森·施特劳斯就深谙这一法则，作为美国著名连锁百货公司梅西百货的经营者，他非常善于赚女人的钱。

在创业的初期，施特劳斯一度徘徊在低潮中，生意非常惨淡。从地段而言，梅西百货处于市中心最繁华的商圈之中，人流如织，但是偏偏就没有多少顾客去关照梅西百货的生意。问题到底出在什么地方？施特劳斯为此亲自跑到那些生意较好的商场里，仔细观察顾客的一举一动，结果他发现，很多男士到商场里一般都不买任何商品，即使男士陪伴女士一起逛商场，购物的最终决策权还是在女人的掌握之中。

他突然醒悟过来，女人才是真正的买主！女人才是真正的决策者！比方说，一个男人和一个女人在餐厅就餐，通常情况下，如果是男人结账说明他们是情侣，如果是AA制说明他们是同事，如果是女人结账则可以判断他们是夫妻。施特劳斯彻底悟到了这样一个秘诀——金钱围绕着女人花。从此，梅西百货的一系列促销活动都围绕着女人展开，例如“赠品法”、“有奖竞赛法”、“赠品积分法”、“新产品试用法”等，这些活动都有力地促进了各种商品的销售。

在赚女人钱方面，哈根达斯更是不可不提。哈根达斯在情人节的时候会推出“情侣冰淇淋”，还会为情侣们免费拍照纪念，这代表是哈根达斯送出的爱情标签。哈根达斯曾打出著名的爱情宣言——“爱我就请我吃哈根达斯”，这一宣言使得哈根达斯在世界各地备受追捧。

这是在普通的消费者市场，还有一种更为特别的市场，就是组织市场。在面对组织市场的采购时，企业必须了解客户方面的采购组织，不仅要了解都有谁参与了采购决策过程，还要了解他们在其中充当的角色与起到的作用。不同企业的采购组织会有所不同。小企业可能是总经理亲自领导采购，大企业则可能会派出专门的采购部门。有些公司的采购经理有权决定采购什么规格的产品、由谁供应，有些采购经理则只对一定金额的采购项目有决策权，至于主要设备的采购以及金额巨大的采购，则还是要按照决策者的意图办事。

在组织市场的采购中，除了专职的采购人员之外，还会有一些其他人员也参与到购买决策过程中。他们的地位与权力或许不大，但是由于他们特殊的身份和职务，也可能对采购产生一定的影响，这是营销人员不应忽视的。所有这些参与购买决策过程的人员，我们可以将其称为企业的采购中心，这个中心通常会有六类成员。

第一类是发起者，也就是提出采购需求的人。

第二类是使用者，也就是具体使用要购买的某种产品或服务的人员。这一类人的意见即便不是决定性的，也是举足轻重的。

第三类是影响者，也就是在企业外部和内部直接或间接影响购买决策的人员，他们通常协助企业的决策者决定购买产品的品种、规格等。一般来说，技术人员、专家、顾问是最主要的影响者。

第四类是采购者，也就是在企业中有组织采购工作的正式职权的人员，他们会负责甄选供应商、与供应商谈判等。采购者是采购行为具体的执行者。

第五类是决定者，他们是企业中有批准购买产品权力的人。在较为普通的例行采购中，采购者往往就是决定者；而在较复杂的采购中，公司领导者常常是决定者。

第六类是守门者，他们是有权阻止营销人员与其采购中心各类成员接触的人。像前台、接线员甚至保安、门卫，这些都可能是守门者。这一道槛，虽然对方大都是“小人物”，但营销人员不可不重视。

当然，并不是说在组织市场客户的每一次采购中，这六类人员都会参与，企业采购中心的规模和成员多少会随着所要采购产品的不同而有所不同。如果客户方采购中心的成员很多，作为供应方的营销人员可能很难接触到所有成员，但一定要设法了解主要的决策参与者，并集中力量去影响其中最有影响力和决策权的人物，越靠近采购核心，成功可能性越大。

营销的角色是感知未被满足的需要，并去解决它

营销的角色是感知人们未被满足的需要，创建新的有吸引力的解决方案。现代厨

房及其附属用具就是一个很好的例子，展示了营销是如何把家庭主妇从繁重的家务劳动中解放出来，在更高的层次发展自己的。

——《科特勒说》

科特勒曾提出这样一个命题——营销的任务是什么？他认为，这个问题，至少有三种回答。第一种回答是营销的任务是负责把企业的全部产品销售给所有可能的人。第二种回答思考就深入了一些，认为营销应以满足目标市场未被满足的需要为任务。最后一种则具有哲学上的意义，认为营销的任务是提高人们生活的标准和质量。

营销的角色是感知人们未被满足的需要，并且创建有吸引力的解决方案，最终实现提升人们生活标准和质量的目的。

沃尔玛在对卖场销售数据进行分析时，曾发现一个很奇怪的现象：尿不湿和啤酒的销售额增幅极其相近，增幅曲线几乎完全吻合，并且发生时段一致。卖场经理对此很奇怪，做了很多分析和调查后才发现：很多年轻的父亲常被妻子打发出来给孩子买尿不湿，而他们往往又有喝啤酒的习惯，于是，买尿不湿的时候，常会顺带着买些啤酒回家。发现这一现象后，卖场干脆作出调整，将这两种原本不搭边的产品陈列在一起，最大限度方便消费者，同时也提升卖场的销售额。

这个例子就是通过对消费者千奇百怪的心理进行细致入微的观察，分析消费者的购买行为，从中发现规律和机会，并顺势而为，满足顾客需求，为顾客提供更大的便利。这正是营销人员应该做和必须做的工作。

曾经有专家在剖析苹果公司的营销之道的时候，提出这样的观点——从表象看，苹果的成功是基于漂亮的产品设计、一流的用户界面、独特的销售渠道、创新的营销手法等，但如果拨开这些表象，从实质上去分析，苹果的产品成功原因在于，它真正洞察了顾客想要什么。乔布斯曾说："为什么不用我们的手指代替那些经常会掉，而且并不好用的书写笔?"就这样一句话，就足以看出，他比消费者更懂消费者。他会代替顾客对产品进行严格的把关和测试，凡是他不满意的地方，他会厉声责骂，这换来的是市场对苹果产品的褒扬，也换来了世界第一的占有率和利润率。

苹果最成功的基因就是深刻洞察顾客的能力。把顾客真正视为生活者，视为活生生的人，视为希望过上更高质量生活的人，去发现他们想要的，并以最完美的方式实现它，这成就了乔布斯，也成就了苹果。

张瑞敏曾经提出过一个很有意思的关于营销的观点，他说，对普通企业的营销人员来说，营销无非就是千方百计推销产品，扩大市场占有率。但在他看来，营销的本质绝对不是"卖"，而是"买"。买什么呢？买的是用户的意见和建议，然后根据这些信息进行改进提升，达到用户的满意，最后才能得到用户的忠诚度，企业也才能获得成功。不是以"卖"求"买"，不是以"卖"强"买"，更不是短视的"一锤子买卖"，而是以"买"来促"卖"，先从顾客那里"买"，然后将更能满足顾客需求的产品"卖"给顾客。

然而，还有很多的企业并未能意识到这一点，在生产经营过程中过于注重"卖"而轻视了"买"。他们恨不得今天晚上生产出来的产品，第二天就能卖出去。这样的想法固然是可以理解的，但结果却未必如愿。企业的产品在市场上卖得好不好，是否受消费者欢迎，最终还得由顾客说了算，从这个角度上来说，善于倾听顾客意见，要比单纯地把产品卖出去显得更为重要。只有既重卖又重买，才能实现双赢。如果企业面对一些消费者反映的问题不予重视，或束之高阁，或不理不睬，久而久之消费者对其企业和产品就会产生反感，失去信心，最终企业将失去市场、失去效益。

第3章 打造深度的用户体验营销

顾客期待从购买中获得理性、感官、社会和自我的满足

消费者总是期待从一个产品中得到以下四种回报之一：理性满足、感官满足、社会满足和自我满足。购买者可能通过三种体验形象化这些回报：使用后的结果体验，使用中的产品体验，附带使用体验。

——科特勒《科特勒市场营销教程》

科特勒认为，消费者期待从购买中获得的是理性的满足、感官的满足、社会的满足和自我的满足。比方说，“头屑去无踪”就属于使用之后理性的满足；而“滴滴香浓，意犹未尽”带来的则是使用过程中的感官满足；“喝杯清酒，交个朋友”体现的是一种社会的满足；“我的地盘我做主”体现的是一种自我的满足。

科特勒所总结的理性、感官、社会和自我这四大类满足，追根究底的话，跟亚伯拉罕·马斯洛所提出的需求层次理论是非常契合的。理性满足对应的是生理与安全上的需求，感官满足对应的是情感与归属的需求，社会满足对应的是尊重的需求，自我满足对应的是自我实现的需求。

顾客是不会轻易满足的，他们的需求总是不断发生着变化，当基本需求得到充分满足后他们会去寻求更高一层的需要。而企业也需随着顾客不断提升的需求去完善并改进自己的产品和服务，以使顾客得到更大的满足。在这个顾客至上的商业环境中，谁能更好地满足顾客，谁就会在竞争中更胜一筹。

网上曾流传过一句很有意思的话——“人类已经无法阻止海底捞”。海底捞是一家绝不普通的火锅店。它的一家店面日翻台达7次，一家旗舰店年营业额达5000万，一家店面6个月就可以完成从开店到回本的赢利周期。这样的成绩足以让其成为行业翘楚。它的案例曾经被《哈佛商业评论》收录，它的经验甚至吸引了餐饮老大百胜集团的区域经理们前来观摩学习。那么，海底捞为什么能取得这样出色的成绩呢？

本来，餐饮业满足的只是马斯洛需求层次最底层的生理需求，这个行业吸引顾客的传统方式就是食物的口味。然而，随着人们生活水平的提高，消费者对餐饮业的需求已经不仅仅满足于“吃饱喝足”，更希望能获得感官、社会以及自我的全面满足。

海底捞的高明之处就是在于看到了这之中的巨大市场空间。搞定了客户的心，就等于占有了市场份额。可如果想让顾客获得超乎寻常的满足，单靠标准化的服务方式显然无法做到。在海底捞，从一个洋溢热情的微笑、一句贴心的话语，到一块干净的毛巾，桌面上的一个小摆设，这些都让顾客感觉幸福和温馨。

几乎在每家海底捞都能看到一样的情形，等位区里等待人数几乎与就餐的人数持平。如果是在普通的饭店，等候就餐会是一件痛苦的事，而海底捞却将这变成了一种愉悦——顾客在等候的过程中，可以享用免费的水果、饮料、零食，可以打打扑克牌、玩玩跳棋等游戏，还可以在上网区上上网、听听音乐，或者也可以享受免费的美甲、擦皮鞋服务。这些服务虽然是免费的，可是海底捞从来不曾马虎。有顾客曾说，有一次美甲的时候，有个女孩不停更换指甲颜色，反复折腾了有 5 次，连旁边的其他顾客都看不下去了，可那位帮她美甲的阿姨却仍然耐心十足。

在客人就餐的过程中，服务员会更加细心。他们会为披着长发的客人递上皮筋和发夹，以免头发垂落到食物里；他们会为戴眼镜的客人送上擦镜布，以免火锅的热气模糊了镜片；如果你把手机放到了桌面上，他们会拿来小塑料套，帮你装好，防止油沾到手机上；每隔一刻钟左右，就会有服务员主动更换你面前的热毛巾；如果你带了孩子，服务员还会主动帮着喂孩子吃饭，陪他们在儿童天地做游戏；为了消除口味，海底捞在卫生间中准备了牙膏、牙刷，甚至护肤品；过生日的客人，还会意外得到一些小礼物；如果你点的菜太多，服务员会善意地提醒你适当减菜；随行的人数较少，他们还会建议你点半份；天凉的时候，客人打一个喷嚏，服务员马上就会从厨房端来一碗热热的姜汤；客人随口问一句有冰淇淋吗，服务员就会抽空跑到附近商店去买来冰淇淋；如果客人特别喜欢某个小菜，服务员还会细心地打包一份，在结账的时候交到客人手中；餐后，服务员会马上送上口香糖；店里的服务员都会向你微笑道别……

海底捞的这些服务被顾客们称为“花便宜的钱买到星级的服务”，在这里，顾客享用的不仅仅是饱腹的食物，还有感官的满足、社会的满足，以及获得关怀、重视、礼遇的自我的满足。这样的一种感受是顾客所渴望的，也是最能让顾客牢牢记住的，它带给顾客的是全面的“四合一”式的满足，这远远超越了美食所带来的满足感。

随着消费者自我意识的觉醒，企业很难仅仅凭借基础性的产品和服务取悦消费者。企业面对的会是一个越来越精明、越来越难被打动的顾客群体。顾客获得了理性满足、感官满足，还会进一步期待社会满足、自我满足。要赢得顾客的心，企业需要提升产品、提升服务，以最严苛的方式要求自己，这样才能让顾客更加满意、更加满足。

向顾客传达一种愉悦的体验比推销产品更重要

什么是体验营销？营销人应当更多地关注产品或服务的设计，要向客户传达一种愉悦的体验，而不仅仅是销售一种产品或者服务。营销商应当通过从客户的体验出发来考虑对其产品或服务的营销和在营销中增强客户的良性体验。

——科特勒《科特勒说》

在提及体验营销的时候，科特勒特别提到了星巴克咖啡，他认为，星巴克提供了一种独特的咖啡体验。顾客在这里可以享受到优雅的环境，可以欣赏到咖啡的制作过程，可以躲避外面的熙熙攘攘。

体验有这样一个定义——体验是企业和顾客交流感官刺激、信息和情感的要点集合。这种交流发生在零售、批发环节中，发生在产品和服务的消费过程中，发生在售后服务的跟进中，也发生在与用户的交流活动中。可以说，体验存在于企业与顾客接触的所有时刻。体验营销就是要打破过去那种企业与顾客之间的鸿沟与障碍，打破企业说、顾客听的“独角戏”状态，让顾客充分参与到企业的活动中来，通过这样的融合，让顾客感觉到，整个企业都是在为他特别服务。

在西雅图有个派克街鱼市场，这个市场并不在黄金地段，规模也不大，仅由不到20名员工组成，但市场的日均收入却高达5万美元，人均近三千美元！西雅图人口才58万人，可是每年到派克鱼市观光游览的人却多达1000万人。这个市场被称为“世界上最快乐的鱼市”。派克鱼市成名的原因不仅因为海鲜丰富，还因为鱼贩们身手矫健的“飞鱼”技巧和现场欢愉的气氛，更因为鱼贩工作态度中所蕴含的哲理。

只要你一进入派克市场，就可以看到身穿工作服和黑色橡胶长靴的年轻人，他们唱着歌，大声吆喝着“三条鳕鱼飞往华盛顿”、“五只螃蟹奔向堪萨斯”，然后把不同的海鲜“飞”到顾客们的篮子里或者手中。各式海鲜像球一样在空中飞来飞去，鱼贩们的动作就像杂耍演员一样流畅而熟练。每个鱼贩都笑容高挂、歌声不断、合作无间，就如同正在游戏一般的快乐。

面对顾客的询问，他们耐心十足、经验老到、充满热情与诚意。要是有顾客带着小孩光顾，鱼贩们甚至会掰着鱼的嘴，让鱼嘴一张一合，然后自己装出小丑一样的表情和声音，逗得孩子们直发笑。在这里，看不到脸色沉重的人，无论是鱼贩，还是顾客，个个都面带笑容。顾客们只要到了派克鱼市，就鲜少空手离开的。

这个如今人声鼎沸、客流如梭的著名鱼市，在很多年前，却并不是这番光景。派克鱼市原本是一个死气沉沉、充满敌意的市场，每天，这里都充斥着吼叫声、叫骂声，有的员工偷窃、酗酒闹事、吸毒，还搞派系争斗。这样下来，生意自然不会好。到后来，大家都受不了了，于是决定做一些改变，卖鱼的时候唱唱歌、“飞飞鱼”、与顾客们逗笑一番，这样改变之后，大家发现不仅自己心情好多了，顾客们也跟着开心起来了，市场的生意简直可以用火爆来形容。

后来，斯蒂芬·伦丁得知这一故事，于是深入考察了这个市场，并且写出了一本畅销全球的书，书名就叫《鱼》，从此，派克鱼市成了西雅图的一大景，在全世界都享有极高的知名度。

派克鱼市吸引人的地方不是它的各式海产，而是它的气氛，是它带给顾客的那种轻松和欢乐。传达一种愉悦的体验比向顾客推销产品更重要，为产品融入文化、品位以及情感内涵，然后再传递给消费者，这就是派克鱼市的秘诀，也是体验营销的秘诀。

值得一提的是，完美的顾客体验绝不仅仅是营销部门或客服部门的事，要让顾客获得难忘的体验，企业必须找出哪些是影响顾客体验的因素，然后把这些因素分解，分解到每一个岗位、每一个职能，这样才能知道哪一环、哪些因素影响到了顾客体验。

例如，当顾客反映他买的东西没有按时到货时，企业就一定要分清楚，送货不及时是由什么因素引起的，是订单处理不及时，还是付款环节不及时，还是仓库里分拣不及时，还是物流运输不及时？总之要细化到每一个环节，一定要把一个大的问题分解到所有的环节里面去，最后才能找到给顾客造成不良体验的因素在哪里。

体验营销满足的是消费者的思想、成就感和自我表达

消费者将会受到以下三种动机的鼓舞：思想、成就感和自我表达。那些以思想为主要动机的人将会以知识和原理为指导。而以成就为动机的人会用产品和服务来向同伴显示自己的成功。而以自我表达为动机的人将会热衷于社交活动，追求多样化，敢于冒险。

——科特勒《营销管理》

科特勒认为，最能鼓舞消费者的是思想、成就感和自我表达这三种动机，而体验营销从本质上说，要为消费者创造的也正是这三方面的满足感——思想、成就感与自我表达。一个能和消费者进行沟通对话、能与消费者有双向交流的品牌，其影响力要远远大于只向消费者进行单方面宣传的品牌，因为，前者不仅凝聚了企业自身的努力，更融入了消费者的个人元素在其中，这样的品牌不单纯只属于企业，而是为企业与消费者所共有、所共享。

让消费者充分参与体验营销，充分参与到品牌活动中来，在这个过程中，消费者的思想、成就感和自我表达都会得到极大满足。消费者与品牌、企业之间的距离也会无限拉近。对一个品牌而言，最重要、最有分量的代言人莫过于消费者。

Method 是旧金山的一家环保洗衣用品公司。当他们进军洗衣粉市场的时候，面临着巨大的挑战，他们烦恼的是，要怎样做才能改变消费者的购买习惯，才能使汰渍洗衣粉的忠实用户相信，Method 这个仅仅 500 多克的洗衣液能够洗干净整整 50 桶的衣服。而且，他们的推广预算只有少得可怜的 20 万美元。Method 的联合创始人兼品牌设计师雷恩最后提出了一个想法——要用最少的钱达到最佳的宣传效果，最好的办法就是寻求客户的帮助。Method 最后雇佣了媒体代理公司 Mekanism 拍摄了一个众包广告。他们绘制了一个情节串联图板，邀请人们来自行拍摄这个图板上的具体动作，然后再将他们拍摄的素材提交给 Method 进行最终剪辑。这次活动共有 332 名消费者参与其中。当这条众人你一笔我一笔创造出来的广告最终成型之时，它成了 YouTube 上观看次数排名第 93 位的视频，这段视频也使得 Method 的 Facebook 粉丝数量增长了 68%。一位营销界人士一针见血地指出："这条众包广告的美妙之处就在于，从这条广告完成之日起，它本身就构建起了一个分销网络。"

一般而言，企业推出的广告通常都是委托专业的机构制作，然后推向消费者群体，而 Method 从一开始就打破了这种固有传统，它将广告交付到消费者手中，让他们来主导广告的创意、内容与呈现方式。这样做的益处是多方面的，第一，让消费者来制作企业的广告，这种形式本来就是一种开创式的革新，当消费者充分参与其中的时候，

无论是那332名贡献了素材的人，还是“围观”的其他人，都会获得一种极大满足，这正是思想、成就感与自我表达的满足。第二，消费者在参与制作或“围观”这段广告的过程中，势必要深入地去了解Method及其产品特点、特色，而这样的主动了解，比起企业“推”式的宣传，效果要好很多倍，他们在无形之中很可能就已经接受了这个产品，甚至喜欢上了这个产品，成了一个特殊的目标客户群体。这就是那位营销专家所说的“从这条广告完成之日起，它本身就构建起了一个分销网络”的含义所在。

消费者已经不再满足于充当“看客”的角色，他们希望能够有更高的参与度。谁能给他们带来最深刻、最精彩的顾客体验，他们就最有可能倾向谁、选择谁。

像星巴克，它从来不满足于仅仅向顾客提供一杯咖啡。星巴克咖啡就要求每一位服务生都掌握咖啡知识以及制作饮料的方法，并成为这方面的专家，他们可以详细地为顾客解说每一种咖啡产品的产地、特性、冲泡方法，而且很善于与顾客进行沟通。在某些城市的星巴克，还会有一项叫作“咖啡教室”的服务：如果三四个顾客一起来喝咖啡，星巴克就会根据顾客的要求，为他们专门配备一名咖啡师傅。顾客对咖啡豆的选择、冲泡、烘焙等方面有任何问题，咖啡师傅都会耐心细致、毫无保留地向他讲解，使顾客能在品尝咖啡的同时，也学到了星巴克的咖啡文化，如果顾客非常想要自己尝试冲泡咖啡，咖啡师傅也会从旁指导。这样的一家星巴克店，已经不纯粹是饮咖啡的场所了，而是顾客深入体验咖啡文化的一座殿堂。

很多顾客都有着与生俱来的强烈求知欲与好奇心，帮助顾客实现学习有关产品的相关知识、弄清产品原理或制作方法的愿望，这既是在为顾客制造乐趣，营造体验，满足其思想、成就感与自我表达的欲望，更是企业营销自己的最佳方式。

企业必须深入开展与消费者的合作

消费者之间强调合作的趋势也开始影响到商业。如今，营销者已经无法全面控制自己的品牌，他们必须向日益强大的消费者团体妥协。企业必须和消费者合作，它表现出来的第一个特征是营销经理必须学会倾听消费者呼声，了解他们的想法，获取市场信息。当消费者开始主动参与产品和服务共建时，企业和他们的合作就会进入一个更深的层次。

——科特勒《营销革命3.0》

科特勒指出，消费者的传统角色正在发生大转变——他们不再是一个个孤立的个体，而是开始汇聚成一股股不可忽视的群体力量；在作出购买决策时，他们不再盲目地被卖方所引导，而是积极主动地通过线上线下多种途径搜集各种有关信息；他们不再被动地接受广告，而是主动向企业提出实用的反馈；他们不再是旁观者的角色，而是要求有更多的参与权甚至是主导权。

正是因为这种大转变，营销也就不可避免地发生演变。在过去，营销活动或者以产品交易为中心，强调如何实现销售，或者以消费者关系为中心，强调如何维系回头客并增加销售；而现在，营销开始演变为邀请消费者参与产品开发和信息沟通等活动。

当代商业大师普拉哈拉德及其同事克里施南教授曾提出一个“协同创新”的概念，

他们认为，协同创新有三个层面：第一个层面，企业建立一个“平台”，可为消费者进行一般性产品的个性化定制；第二个层面，企业允许某个群体中的个体消费者为自己量身定制产品，以满足自己独特的需要；第三个层面，整合消费者的定制化信息，对其进行深入的研究分析，据此来丰富平台的内容。简而言之，就是给消费者以发挥创意的空间，让消费者可以充分地表达自己的意见、建议、创想，企业通过与消费者之间的这种合作，不断地改进、提升产品与服务。

宝洁公司在与消费者沟通和合作方面做得就很出色，它的营销策略彻底走出了传统的消费者调研和开发方式，更接近于海星模式。

海星模式是什么样的？如果你砍掉海星的一条腿，它还会长出一条新腿，就连那只砍掉的腿也会长成一个新的海星。《海星模式》的作者布莱福曼和贝克斯特朗认为，这种模式将是企业未来的营销发展方向，它“无头无尾，更像是一群努力协作的细胞”。

宝洁就是一个坚持开放创新计划的“海星”，宝洁公司很多知名产品都是和消费者共同开发创建的，如玉兰油新生唤肤系列产品、速易洁除尘拖把和佳洁士电动牙刷等。外部创新计划对宝洁的营业收入贡献高达 35%。正是因为与消费者之间的这种合作，使得宝洁在全球的管理者和供应商们都能源源不断地获取各种鲜活生动的营销创意。

消费者不仅能在产品开发上襄助企业，在营销方式上也能贡献他们的力量和灵感。多力多滋曾经向用户征集广告创意，最后采用的由用户制作完成的“多力多滋免费送”广告一举登上了第 21 届美国超级碗广告点播量榜首的位置，反响之强烈，让众多专业广告公司的作品都相形见绌。

有消费者合作参与的营销活动，往往更容易接近消费者，也更容易被消费者所认可和接受。让消费者参与产品共建，消费者可以借此展现自己的能力，满足自己的成就感，还可以以类似于“DIY”定制的方式打造自己想要的产品和服务，这个体验的过程能给消费者带来极大的愉悦与满足。

企业从这种合作中获益会更多，不仅能加深与目标用户群体的关系与信任，更能获得最真实的市场反馈和创意构想。企业应努力推进与消费者的合作，倾听消费者的声音。

如何让消费者从低介入度转变为较高介入度

我们可以将消费者介入度定义为消费者在购买过程中对于一些营销刺激的反映和参与程度。营销人员须使消费者由低介入度转变为高介入度。

——科特勒《营销管理》

科特勒曾举例说，有的产品品牌间无多大差别，价格也较为低廉，顾客在购买时一般都是低度介入的。比方说，食盐就是很好的例子。顾客去买盐，很大一部分人都是长期购买同一个品牌的食盐，与其说是出于品牌忠诚，倒不如说是出自于习惯。消费者的介入度低，那么对企业及其品牌也难以形成深刻印象与特别的偏向，所以，营销人员要做的就是想方设法将消费者从低介入度转变为较高介入度。

让消费者的介入度由低变高，主要有四种途径。

一是将产品与某些消费者关心的主题做关联。比方说，家居用品商宣传自己绿色无污染，节能灯具商宣传自己节能环保，等等。

二是将产品与某些涉及个人的具体情况做关联。比方说，某些饭店会推出这样的活动，如果顾客在生日当天前往就餐，可以打折。还有的商店会举行抽奖，例如，身份证尾数为3的顾客在某段特殊时期在商店消费的话可以获得礼品或打折优惠等。

三是将产品与消费者的价值观或自我保护的强烈情感做关联。比方说，将女性内衣产品与预防乳腺癌关联起来，向女性顾客宣传正确选择和穿戴内衣对于预防乳腺癌的意义。很多女性对乳腺癌心有恐惧，又缺乏了解，如果内衣店做这样的营销活动，是能够吸引很多女性顾客的。

四是在产品中增加一些重要的属性，引起消费者的关注。例如，LG竹盐牙膏就是凭借“竹盐”的文化内涵在竞争激烈的日用品市场夺得一片天地，还有采乐去屑也是因为在洗发液中添加了独特药物成分，并通过药房渠道顺利打开市场。

这些策略都可以将消费者的介入度提高。科特勒曾经说过这样一番话——“如今营销沟通更像是一种公司和顾客之间的私人对话，并且这种私人对话的频率正在不断增加。公司必须搞清楚的不仅仅是‘我们怎样才能接触到顾客’，而且还要弄明白‘顾客怎样能够接触到我们’。”现在的消费者在营销的过程中，扮演的是较以往而言参与度更高的角色，这既是消费者的要求，也是企业的需要。

提高消费者的介入度，创造绝佳的用户体验，主要包含三个基本的方面：

一是多与用户进行交流。现在的大部分消费者不愿意再充当被动接受广告宣传和市场营销的目标。他们要求在公司或产品的市场营销活动中发挥更大作用。那些希望和顾客成为伙伴关系的公司需要改变他们一贯的做法，将营销策略由“从上到下”转变为“从下到上”，也就是说，不再单纯依赖有影响力的媒体力量，将对产品的正面宣传强加给公众，而是应该发挥顾客对所使用产品和所接受服务的体验、感受与宣传作用，在顾客群体当中建立起公司的口碑。

二是多关心顾客的感受。很多公司都推崇“产品至上”或“服务至上”的信条，他们致力于推出优秀的产品和周到的服务来吸引顾客。但是，现在这种信条和理念已经不那么实际了。许多消费者已经不再仅仅看重产品和服务，他们还关心自己所获得的体验，他们是否有愉悦的感受。提升客户的介入度和体验感受，要求营销人员站在顾客的角度去审视企业所提供的产品和服务，并尽可能使产品和服务给顾客带去美好的享受。

三是密切联系顾客。传统的营销策略和广告宣传方式是面向整个市场，向成百上千万的消费者发布信息。现在，越来越多的公司开始注意到顾客群体的力量。这些各自不同的顾客群有着共同的想法和感受，并且能与公司的营销活动建立联系。让顾客更多地介入进来，能够引发消费者群体的共鸣和更多关注，甚至达到“轰动”的营销效果。

向消费者营销企业使命或产品使命有三个步骤

想向消费者营销企业使命或产品使命有三个步骤，提出具有变革性的使命，围绕使命构思品牌故事，最后引发消费者积极参与。

——科特勒《营销革命 3.0》

科特勒指出要想向消费者营销企业使命或产品使命，重在三点，一是明确使命，二是构思品牌故事，三是激发消费者的热情参与。

在明确使命时，企业应认识到，使命永远是排在第一位的，有了正确的使命，经济回报就会自然而然地产生。像阿里巴巴的使命“让天下没有难做的生意”，百度的使命“让人们更便捷地获取信息，找到所求”，联邦快递的使命“使命必达”，玫琳凯的使命“丰富女性人生”，等等，都称得上是“具有变革性的使命”。

接下来，要将企业确立的使命传播开去，最好的方式就是构思品牌故事。围绕品牌使命讲故事实际上就是建立故事特征和情节。要想说服消费者，那么这个故事必须真实可信，能激发他们来关注、谈论这个品牌。

品牌专家杜纳·科耐普曾说“品牌故事赋予品牌以生机，增加了人性化的感觉，也把品牌融入了顾客的生活。因为人们都青睐真实，真实就是品牌得以成功的秘籍。”从这句话可以体会出，一个卓越品牌的成长历程往往与许多动人的经典故事相随相伴，品牌如果能够通过故事与消费者进行深入的情感交流，那么就很容易融入消费者心中。

美丽动听而内涵深远的故事，总是能让产品和品牌带上感情色彩。看一看世界知名的奢侈品牌就知道了，这些品牌的背后无一例外都会有一些吸引人的故事，或者是关于产品本身，或者是关于创始者，或者是关于创立历程等等。产品如果没有内涵、没有故事，那么，它就很难树立起品牌，也很难吸引人们的眼球，至于卖出像奢侈品那样的价格就更难了。

人们总是充满好奇感的，如果想让品牌更具有价值，那就要给自己的品牌添加一些“故事佐料”，让品牌活起来，消费者会因为生动的故事而记得你的品牌。

提出了产品使命，构思好了品牌故事，营销人员还需要将这些信息传递给消费者，让消费者知晓，并且应以创造性的方式引起消费者的兴趣，让消费者可以积极参与进来，能够实现与消费者之间的这种活跃的互动，才能更好地将企业使命、产品使命“营销”给消费者。譬如下面的案例。

“微电影”是当前很火热的一种视频形式。一些企业开始尝试通过“微电影”的方式来讲述用户与产品、与企业、与品牌之间的点滴故事。温州有一家六维宠物用品公司就对这种新颖时尚的品牌营销模式进行了积极尝试。他们投入 300 多万元，启动系列“微电影”的拍摄，来推广其内销品牌“诗卡维”。

六维公司的“微电影”里会出现这样的场景——在一个忙碌的家庭，调皮捣蛋的小狗“诗卡维”不甘心被忙碌的主人忽视，它一会儿卖萌讨开心，一会儿把家里大人小孩的鞋子统统藏起来故意让大家着急，惹出笑话连连。很萌的动物、很搞笑的场景、很温暖的故事，这些都是六维“微电影”的主要元素。

为了获得更好的“微电影”创意，也为了让更多的消费者有参与感和点击欲望，六维还通过网络向众多网友征集 6 部“微电影”的剧本、主角，甚至邀请网友围绕相关的产品元素制作“微电影”。

将“微电影”运用到品牌营销中是一种创举。这类影片的片长一般就是五到十分钟，很适合忙里偷闲或上下班途中的网友观看，也就是说，手机、平板电脑等新媒体平台用户都可随时点击下载观看。这种形式的营销，既能将与企业产品和品牌相关的内涵故事以有趣的方式展现给广大用户，更重要的是，消费者不再是旁观者，而是可以充分参与其中，发挥自己的创造力，发表自己的看法与意见，这样更能使品牌深入人心。

体验营销带来了体验经济

体验经济时代的来临，人们的需求由对物质的追求转变为对精神的追求，人们更多地关注自己的体验，企业需要通过满足顾客体验期望来实现顾客满意，体验营销成为企业赢得财富和竞争的重要利器。

——科特勒《营销力——科特勒观点》

科特勒所指的体验经济时代，是所有的业务都要为其顾客组织和筹划印象深刻的用户体验的新经济时代。体验营销以满足消费者的体验需求为目标，以服务产品为平台，以有形产品为载体，生产、经营适合消费者需求的产品和服务，并在消费过程中拉近企业和消费者之间的距离，让顾客产生愉悦的体验感，更让企业因获得忠诚用户而产生更多的经济效益。

在这个感性消费的时代，顾客的愉悦体验就是影响他们购买决策的主要因素。谁在顾客体验上征服了他们，谁就会赢得未来。这也是为什么很多知名企业，像苹果、宝洁、耐克、索尼等纷纷兴建体验店的原因所在。因为，如今的市场是顾客“认知”说了算的，顾客的体验跟顾客的购买决策、顾客的品牌忠诚联系越来越紧密。

体验经济不仅仅是要娱乐顾客，更需要的是顾客参与。只要顾客参与，正所谓有人的地方就有江湖，有江湖的地方就有无数可能，比方说，一本书被改编成电影，再被改编为游戏，这个过程其实就是用户一步步深度参与的过程。体验经济里的企业，更确切地说，应该是营造者，营造的是故事、情绪、气场、角色、冲突、细节等等，在这一出戏剧里，员工是演员，管理者是导演，企业是舞台，产品是道具，而所有的这一切都是为了向顾客提供难忘的体验。

现在的消费者追求的不再是简单的吃穿住行的本能生理需求，更多的是精神需求，而体验经济就是通过满足顾客精神需求来实现经济效益。体育比赛、明星演唱会、电影院里的电影，这些为什么能吸引顾客，很大一个原因就在于顾客能置身其中，主动参与，亲身体验。为了这种深刻的体验，为了这种精神需求的满足，顾客愿意付出时间和金钱。

星巴克咖啡帝国的缔造者霍华德·舒尔茨曾经这样回忆他初次走进星巴克的感觉——“我来到这里，首先闻到了咖啡的芬芳，完全是原汁原味的那种。我感觉它就像未成品的钻石，而我则有能力把它切磨成璀璨的珠宝……原来放松的气氛、交谊的空间、心情的转换，才是咖啡馆真正吸引顾客一来再来的精髓。大家要的不是喝一杯咖啡，而是渴望享受咖啡的时刻。”

舒尔茨开始在美国推行一种全新的“咖啡生活”，他认为，星巴克的产品不单是咖啡，而且是咖啡店的体验。他提出：“星巴克是人们的第三个场所，第一个是家，第二个是办公室，星巴克则介于两者之间。在这里待着，让人感到舒适、安全和家的温馨。”

“舒适、安全和家的温馨”，这主要靠在咖啡店中同顾客进行交流来打造，特别是咖啡生同顾客之间的沟通。每一个咖啡生都要接受严格的培训，包括客户服务、基本销售技巧、咖啡基本知识、咖啡的制作技巧等。咖啡生要能够预感客户的需求，在耐心解释咖啡的不同口感、香味的时候，大胆地进行眼神接触。星巴克靠员工的耐心和经验慢慢地建立与顾客的关系。最初他们以一对一方式开始教导稍有品位的顾客，区分各种咖啡的不同之处，并指导客户磨豆以及在家泡煮咖啡的技术。这种与客户分享咖啡资讯的方法打响了知名度，也培养了一群忠实顾客。

星巴克的成功证明了一点，要让品牌深入人心，不是非要靠传统意义上铺天盖地的广告和巨额促销，也不是非要用大笔大笔的投入砸出来。为消费者创造最佳的体验，同样能够制造良好的经济效益，更能让消费者喜欢上这个品牌。

体验经济社会中，企业通过提供更好的体验舞台，让顾客在参与中获得愉悦的、满意的、难以忘怀的美好体验，并以此抓住顾客的心而吸引与留住顾客。企业需要通过创造各种氛围与利益，既让顾客获得更多的体验价值，也为自己赢取更多的经济利益。

第 4 章

客户关系管理：让顾客价值最大化

客户关系管理就是管理好顾客详细信息和所有“接触点”

客户关系管理是一个过程，它是管理个体顾客的详细信息和所有顾客的“接触点”，目的是追求顾客忠诚最大化。顾客的接触点是指顾客会接触到品牌和产品的机会——从实际的接触体验、个人或大众传播的沟通，再到不经意的观察。

——科特勒《营销管理》

从产品和服务走出公司的时候开始，它们就会在各个或明或暗的接触点上穿行。在这些接触点上，它们时刻都在和顾客发生着千丝万缕的关系，最后的结果则会通过顾客的行为体现出来，他们可能会踊跃购买，也可能会置之不理。要掌控这个结果，那么，营销人员就需要去管理顾客，管理这一个一个的接触点。

为了在每一个接触点上都能给客户以最佳的体验感，许多知名企业从来不敢轻视在接触点上下工夫。比方说，英国石油公司通过调研发现，很多司机之所以乐意光顾他们的加油站，并不是完全受广告和促销活动的影响，而是大家口口相传，加油站里的休闲便利店和洗手间给他们的感觉还不错。于是，英国石油公司专门聘请专业的咨询公司对加油站的便利店和洗手间进行再设计，进一步完善细节。果然，经过这样的一番改进，加油站的顾客量与营业额大大提升。

客户关系管理使得公司可以通过有效地利用客户的详细信息来提供卓越的客户服务。借助于客户数据库，营销人员可以梳理并管理每一个细小的客户接触点，还可以将产品、服务定制化。譬如，对有价值的客户提供一对一的 VIP 服务，记住并叫出老客户的名字，记住老客户的生日并送去祝福，建立客户俱乐部以使老客户享受到更有价值的服务。只要利用好信息，管理好接触点，营销人员就能让客户体验到真正的尊崇备至。

新加坡有一家酒店，几乎天天客满，不提前一个月预订很难有入住机会。有一位客人在一年前曾入住过该酒店，此次到新加坡洽谈生意，仍然预订了这家酒店下榻。

当他亮出户照登记时，服务台小姐礼貌地问他："威尔逊先生，请问还住原来的1002 号房间吗?"这位客人心里一惊，随之又很高兴，隐约记得 1002 号房间是他一年前的住处，这位服务台小姐居然还记得这个。

客人来到 1002 号房间后，发现一切与一年前的装饰都一样，照例先沐浴，再稍事休息。当他打开衣柜取出睡衣时，不由眼前一亮，原来睡衣左胸绣上了他的名字，因为是金线绣的，所以特别醒目。

他从洗手间走出，到沙发上坐下，抽出一支烟，随手从茶几上拿起火柴，无意中发现自己的名字又被印在了火柴盒上，而且是烫金的，不由得又是一阵惊喜。

他走南闯北，到过世界各地许多五星级饭店，这样的礼遇还是平生首次享受到。他把火柴盒前后左右仔细端详了几遍，烫金工艺相当精巧，于是情不自禁地赞叹道："真难为了这家酒店的真心实意。"

午餐时间到了，他一路坐电梯下楼去餐厅，途中遇到的服务员和电梯驾驶员都微笑向他问候："威尔逊先生好!"他很惊奇，为什么一路上遇到的所有服务人员都知道他的名字? 被他问到的服务员笑答："我们服务人员需要记住每一个房间客人的名字。"

威尔逊先生来到餐厅，那里的服务员迎上来，告诉他一年前他坐的那个位子给他预留下来了，问他是否愿意仍坐在那里。他心中又是一阵亲切感。坐在位子上，立刻有服务员过来问他是否仍要一份浇汁牛柳套餐，一杯咖啡不加糖。威尔逊先生彻底呆住了，那正是一年前他所点的食物。他不解地问："你们怎么做到的? 你们怎么可能记得一年前客人的所有资料?"服务员答道："我们酒店对每一位客人的资料都有完整的记录，哪怕您只来过一次。"

威尔逊回国后仍念念不忘那家酒店，尤其是在每年生日时，都会收到那家酒店寄来的贺卡，贺卡上写着："亲爱的威尔逊先生，祝您生日快乐。我们饭店全体上下都很想念您，下次经过新加坡请一定要来看看我们。"

现在，威尔逊先生只要出差到新加坡，就一定会入住这家酒店，并且，他还积极地向自己的朋友和合作伙伴推荐这家酒店。

这家酒店可以说是客户信息管理和接触点管理的典范，它将客户的历史信息利用得尽善尽美，在每一个接触点上，都为客户创造感动与震撼，它的服务大大超越了客户的期望值，让客户心甘情愿地贡献出用户忠诚。

客户信息如果不善加利用，那么，跟数据垃圾没有区别，每一条细微的客户信息中其实都有很多可供挖掘的内涵。它能告诉营销人员客户的喜好、习惯、禁忌、情感，将这些内涵信息用之于接触点的管理上，营销人员就更能迎合客户的心理，更能满足甚至超越客户的需求与期望。

企业如何真正做到"以客户为中心"

大多数企业标榜自己是以客户为中心的，不过真正去做的却很少。经理们常常反复强调客户至上的理念，然而这种信息并没有能够真正进入中低层管理者的思维，因为他们的时间被太多其他琐碎事务占据着，绩效评估标准也往往与满意客户的宗旨相左。

——科特勒《科特勒说》

科特勒曾指出，现在很多企业，“客户是首要的”更多还是停留在口头上，特别是那些产品和服务需求强劲的企业，在客户服务上往往做得极差。他举例说，有一家在业界领先的投资银行，它的分析师就像是剧院的首席芭蕾明星，对客户的电话迟迟不给予回应，让客户长时间地等候，对客户不理不睬。这样的企业是很危险的，即便它有暂时的优势，但其他的竞争对手只要在服务上多下工夫，就很容易超越它。

科特勒认为，企业要真正践行“以客户为中心”，就必须追踪监测客户满意度，并与竞争对手的客户满意度相比较；必须梳理出员工与客户之间所有可能的接触点，尤其要注意那些容易给客户带来损失和失望的接触点；必须构建完善的培训体系来培养正面的员工态度，让员工可以以专业、亲和、高水准的标准服务于客户；必须时时听取客户声音，及时发现问题，及时作出调整改善。

日本经营之圣松下幸之助，曾总结自己七十余年的经营经验，得出了 30 条经营秘诀，而这其中有 16 条都是在讲服务质量：

第一条，不可一直盯着顾客，纠缠不休，要让他们轻松自在地购物，否则顾客会被你赶走。

第二条，能否把顾客看成自己的亲人，决定了商品的兴衰。只有把顾客当成自家人，将心比心，才会得到顾客的好感和支持。因此，要诚恳地去了解顾客的需求。

第三条，销售前的奉承，不如事后的服务。生意的成败取决于能否使新顾客成为常客。而要做到此，就得看是否有完美的售后服务了。

第四条，要把顾客的所有责备当成神佛的呵护，倾听顾客意见后立即着手改进，这是做好生意绝对必要的条件。

第五条，只花一元的顾客，比花一百元的顾客，对生意兴隆更具有根本影响力。小顾客是多数，对他们的热情接待可以给商店带来源源不断的生意。

第六条，不是卖顾客喜欢的东西而是卖对顾客有用的东西，这样是真心为顾客着想，当然了，也要尊重他的嗜好。

第七条，无论发生什么情况，都不要对顾客摆出不高兴的脸孔，这是商人的基本态度。切记遇到顾客前来退换货品时，态度要比出售时还要和气，这样才能换来顾客的满意。

第八条，当着顾客的面斥责店员，或夫妻吵架，这同样是对顾客的不礼貌。

第九条，广告是把商品情报正确、快速地提供给顾客的方法。因此宣传好商品和出售好商品一样是件善事。为好商品打广告也是企业对顾客应尽的义务。

第十条，即使赠品是一张纸，顾客也会高兴的。如果没有赠品，就赠送“笑容”。赠品送久了会失去新鲜感，但笑容是魅力长存的。

第十一条，要不时创新、美化商品的陈列，这是吸引顾客登门的一个秘诀。

第十二条，商品卖完缺货，等于是怠慢顾客，这时理应道歉，并记住留下顾客的地址，说“我们会尽快补寄到府上”。但漠视这种补救行动的商店特别多。平日是否注意累积这种能力，会使经营成果有极大的差距。

第十三条，要节约生产经营的成本，争取低价，但决不二价。对杀价顾客就减价，对不讲价的顾客就高价出售，这种行径对顾客是极不公平的。对所有顾客都应统一价格。

第十四条，孩子是“福神”，先照顾好跟随来的小孩，使顾客心里舒服，是永远有效的经商手法。

第十五条，商店应该制造顾客能轻松愉快进出的气氛。敞开商店的大门，并且精神饱满地工作，使店里充满生气和活力，顾客自然会聚拢过来。

第十六条，要得到顾客的真心赞美：“只要是这家店卖的，就是好的。”商店如人，也有自己独特的面孔，因为信任那张脸、喜爱那张脸，人们才会去亲近光临。

松下幸之助认为，形形色色的促销方法只是皮毛和枝节，“顾客至上”的根本在于服务。松下幸之助说：“在任何场合，都应在服务的范围内做买卖。如果对于销售的产品无法做完全的服务，这时就应该考虑把销售的范围缩小。”顾客希望买到优质的产品，并在购买的时候，受到热情的接待，在售后能获得周到的服务，这才是企业经营要注意的重点。

“以客户为中心”，喊出口号容易，真正做到则非常不容易，就像松下幸之助的 16 条所提及的那样，“以客户为中心”是要落实到每一个小细节上去的。营销人员需要经营好每一个可能的接触点，让客户在购买和使用产品的全过程中都能获得很好的体验。

数据库营销，深入了解目标顾客

更加个性化的偏好和满足这些偏好的能力都在增长——现在我们正在倡导数据库营销，我们希望建立一个数据库，通过此库我们可以了解很多消费者个体的信息。数据库只有用活了才有价值。

——科特勒 2005 年 7 月在剑桥的演讲

数据库营销是建立、维系与使用顾客数据库与其他数据库如产品、供应商、零售商数据库的过程，以达到联系、处理与建立顾客关系的目的。

科特勒提醒企业，不要将顾客名单与顾客数据库混为一谈。顾客名单仅仅是一组姓名、地址和电话号码，而顾客数据库的内容则更为广泛，它包含许多由交易行为、注册信息、电话沟通记录，以及与每个顾客的接触历史等所累积而来的信息。一个理想的顾客数据库应当包括顾客的过去购买记录，过去购买的数量、价格、利润；采购中心成员的信息，包括他们的年龄、生日、爱好等等；竞争的同行资料；顾客的意见和要求等等。

法国化妆业的某巨头企业，为每一位女顾客都建立有一份详细的个人诊断报告，专家们为她们做完皮肤检测之后的第四周，诊断书就会以私人信件的形式寄到顾客手中，其中包括对女顾客在美容方面所遇到问题的改善建议，并根据顾客标明的个人收入情况，开列出适合使用的产品品名。这项举措的实施使该公司的美容类产品销量在 3 个月内增加了 75%。亚马逊同样是这方面的先锋，首先在它的网站上定制了相关商品推荐的功能，研究每一位顾客买过的书，然后根据读者的特点通过互联网向个人推荐新书，以提升图书销量。

通过这样庞大而精细的数据库的建立和分析，企业可以准确了解客户信息，确定企业目标消费群，同时使企业的促销工作和策略更具有针对性，从而提高营销效率和效果。没有客户数据库作为基础，企业的营销工作就会仅仅停留在浅层次上，而难以贴近消费者。

科特勒在一次演讲中曾讲过这样一个案例——

Mars 公司不仅是一个条形糖果的生产商，也是宠物食品的制造商，它是宠物食品行业的世界领导者。在德国，它几乎收集到了绝大部分养有宠物猫的家庭的名字，并想尽办法收集相关的详细信息，这家公司会定期给这些宠物猫发送生日贺卡，譬如“亲爱的 Felix，你已经两岁了，祝贺你！你的食谱会有一点变化，这里是一些优惠券。”宠物主人对这些充满新意的贺卡一般都不会排斥，反而会觉得很惊喜，再加上随信附上的优惠券，更能引发宠物主人为宠物而消费。

试想一下，如果 Mars 公司将广告刊登在报纸上，或者发布于电视媒体，而广告受众之中只有 2%的人群养有宠物猫，那也就是说，这则广告对于 98%的人群而言是没有多大意义的。既然如此，那为什么不收集那些养猫者的名字与信息，并针对他们进行定向的营销呢？Mars 公司之所以要广而收集几乎整个德国养猫者的信息，就是为了借助于数据库，找到真正的目标客户群体，让营销可以有的放矢。

使用数据库还能让企业避免一些重大的失误和损失。比方说，国外有一家大型银行就曾因为未能用好数据库而犯过一系列错误。该银行曾向一个未能按期支付抵押贷款的顾客收取滞纳金，但是，银行方面却没有注意到这位顾客所执掌的公司是该银行的存款大客户。结果，客户发现自己被罚以滞纳金，当即断绝了与这家银行的往来。还有一个例子是，这家银行的两位职员先后致电一些想要办理房屋抵押贷款的客户，但两位职员提供的却是完全不同的两个贷款利率，原因是这两位职员还不知道已有同事正在跟进这些客户，结果，这一失误导致这家银行失去了这批客户。这样的损失是非常可惜的，如果企业能够在营销中好好利用数据库，对目标顾客有一个全面而深入的了解，那么，这些失误都是可以避免的。

现代企业的竞争其实是信息的较量，谁拥有强大的信息谁就有可能胜出。因此任何一个追求卓越的企业都应建立这么一个完善的数据库，用它来支持营销工作。

社区化：企业必须渗入消费者的圈子

科技不仅把世界上的国家和企业连接起来，推动它们走向全球化，而且还把消费者连接起来，推动他们实现社区化。消费者更愿意和其他消费者而不是和企业相关联。如果企业想接受这种新趋势，就必须帮助消费者实现这种需求，让他们更便利地形成圈子、相互沟通。要想实现成功营销，企业必须取得消费者圈子的支持。

——科特勒《营销革命 3.0》

科特勒提醒企业关注“社区化”的趋势，关注消费者的圈子。未来的营销，面向的不再是一个一个的消费者，而是一个一个的消费者圈子，只有赢得了消费者圈子的支持与认可，企业的营销才能事半功倍。

哈佛商学院教授苏珊·福尼尔和李拉瑞指出，消费者可组成池状、网状或星状社区。

池状社区是由共享相同价值观的消费者所组成的，成员之间并无多少互通互动，吸引他们走到一起的是对某个品牌的信仰与热衷；

网状社区与池状社区的不同之处在于，网状社区内的成员之间存在互动关系，他们不仅共享价值观，更能影响到彼此；

星状社区则是群体内的成员围绕某个明星领袖人物形成一个忠实的粉丝团，这样的社区是有核心的，居于核心的明星人物对社区内其他成员有着极大的影响力和号召力。

尼尔森咨询公司曾对 Facebook 上的广告效果进行长期的跟踪研究，他们发现，带有好友信息的品牌信息以及通过好友传播的品牌信息，在广告识别、品牌认知、预购度等广告效果指标上都胜过常规的硬性推广。

可以说，社区化营销比任何传统媒体都要更了解"人"，它懂得如何把每个"人"的活跃性都调动起来，发挥圈子的巨大影响力，催生社区化消费。在社区化时代，一个消费者对某个品牌的一个分享，带来几百个朋友对这个品牌的了解、关注甚至购买，这是毫不夸张的现实。

这其实很好理解，比如，你从家到上班的地方有一公里，你每天步行上班，这一路上，能想象一个人要接受多少广告信息吗？路边的广告牌、广告帖、横幅、商店的橱窗广告、促销员的广告等等，数不胜数，可是，你能记忆这些广告信息吗？恐怕能够记住两三个就很不错了。可是，换一种方式，如果你的某位朋友告诉你，你上班途中经过的某家餐馆的菜非常好吃，正是你喜欢的口味，而且价格公道，你会怎么做？你十有八九会相信，会去那家餐馆尝试一下。这就是圈子的力量。

传统广告的特点是企业告诉大众，是以企业为中心的传播模式；而圈子的特点是：你告诉我，我告诉他，大家告诉大家。

现在，只要细加观察，我们就不难发现身边形成的众多圈子，而且更多的圈子还在不断形成，像 SOHO（Small Office Home Office，家居办公）族、乐活族、剩女剩男族、单身贵族，等等。这些都是圈子。而基于圈子进行营销，也让很多企业尝到了"甜头"。

比如，佳能的"色友部落"，就是摄影爱好者和粉丝发起的摄影圈子，佳能提供经费，提供管理和宣传，开展摄影主题游、论坛、展览等，将分散的摄影迷凝聚为一个紧密的圈子，带动其摄影器材的销售，也更风格化了其品牌性格。

社区营销就是企业通过这样一个个的消费者圈子，引导、组织、发起那些能满足成员社交需求的活动，让他们成为品牌理念、精神和故事最生动的演员，成为品牌与消费者沟通的一个焦点舞台，将消费者和品牌凝聚到一起。社区化营销的核心就是企业将自己融入到消费者的关系链中，参与他们的内容讨论和创作，从而达到营销目标。要达到这个目标，核心就是要先了解社区人群的关系网络，对用户的行为、爱好、特征等信息进行分析，然后通过合适的话题和内容，切入用户的这种关系网络，成为他们当中的一员。

营销人员的工作并非在消费者购买后就结束了

购买后，消费者可能会听到一些其他品牌的优点或偏好的属性而产生认知失调的情况，这便需要一些信息来支持其原先的购买决策。营销沟通的任务是提供消费者能够强化原先选择的信念与评价，以帮助消费者对原先购买的品牌仍然留有正面的感觉。所以，营销人员的工作并非在消费者购买后就结束了，他们必须监测消费者的购后满意度、购后行为和购后产品的使用情况。

——科特勒《营销管理》

“营销人员的工作并非在消费者购买后就结束了”，科特勒的这句话与营销圈子中流行的一句“真正的销售始于售后”在内涵上是一致的。企业与顾客之间长期合作关系的建立、顾客对企业的满意度与忠诚度的建立，很大程度上都是自购买后开始的。“真正的销售始于售后”其含义就是，在成交之后，营销人员能够关心顾客，向顾客提供良好的服务，既能够保住老顾客，又能够吸引新顾客。你的服务令顾客满意，顾客就会再次光临，并且会给你推荐新的顾客。

营销人员要创造出更多的顾客，一个极为重要的途径是确保老顾客，使现有的顾客成为忠实的顾客。能否留住老顾客，则取决于营销人员在成交后的行为。营销人员不仅要促成生意，而且要与顾客建立长期的关系。在成交之后，营销人员要努力使顾客的大门对未来的销售总是敞开着，而不是断送机会。

有的营销人员在消费者完成购买行为之后，就认为交易结束了，自己该奔赴下一个目标了，他们只顾寻找新顾客而丢掉了曾与自己有过合作的老顾客。一位营销专家曾指出，失败的推销员常常是从找到新顾客来取代老顾客的角度考虑问题的；成功的推销员则是从保持现有顾客并且扩充新顾客、使顾客越来越多、销售业绩越来越好的角度考虑问题的。对新顾客的销售是有必要的，但如果没有老顾客做稳固的基础，新顾客也只能填补失去的老顾客的位子，总的销售量是不会有很大提升的。

在顾客所有的考量中，对营销人员产品售后服务的忧虑是不可避免的。个别营销人员把成交当成了销售的终结，而顾客则把成交当成了一种开始——使用产品的开始。顾客会忧虑营销人员会不会成交后就对自己不管不问，产品出了问题也能推就推、能拖就拖。如果营销人员不能做到前后一致，就很难取得顾客的认可，后续的合作必然会受影响。

很多时候，顾客看重的不是服务质量的高下，更在乎的是营销人员履行承诺的态度。若营销人员对自己的服务承诺采取只说不做的态度，只会搬起石头砸自己的脚，断绝了与顾客再次合作的可能。这就要求营销人员在售前许诺时，要慎之又慎。而在兑现诺言时，则要态度诚恳，仔细倾听顾客的要求、埋怨，等等。惟其如此，顾客才愿意和营销人员长期、稳定、友好地合作下去。

最后，也是最重要的一点：顾客一方出现产品问题，营销人员应绝不推诿，马上解决。第一时间内为顾客解决问题，营销人员不但能化顾客的不悦于无形，还能树立自己说到做到的良好形象，巩固好与顾客的关系。

成交不是销售的终点站，而是售后服务的起点站。在顾客购买后，营销人员如果依然保持不打折扣的销售服务，让顾客在放心、开心中享受使用产品的乐趣，那么，顾客才会形成对企业、对品牌的忠诚。

在成交之后，营销人员还要继续不断地关心顾客，了解他们对产品的满意程度，虚心听取他们的意见，对产品和推销过程中存在的问题采取积极的弥补措施，防止失去顾客。只有与顾客保持密切的关系，才有可能战胜所有的竞争对手。

得到顾客重复购买的最好办法就是与顾客保持联系和接触，建立长远的关系。优秀的营销人员会坚持记录与顾客的每一次接触。他会把每个顾客所订购的商品名称、交货日期，以及何时会缺货等项目，都作详细的记录，然后据此记录去跟进。他们会很注重与顾客相关的一些细节。如成交之后及时给顾客发出一封感谢信，向顾客确认发货日期并感谢他的购买；货物发出后，致电询问顾客是否收到货物以及产品能否正常使用；在顾客生日时，寄出一张生日贺卡；建立一份顾客和他们所购买的产品的清单，当产品的用途或价格出现变化时，及时通知顾客；在产品包修期满之前通知顾客带着产品做最后一次检查；外出推销时前去拜访买过产品的顾客，等等。

“你忘记顾客，顾客也会忘记你”，这是国外成功推销员所推崇的格言。成功的营销人员把成交之后继续与顾客维持关系视为重中之重。他们信奉的准则就是：与客户建立长期的合作关系，要比一锤子买卖更有价值，更有意义。

企业能够做的最好的事情是让顾客易于抱怨

事实上，不论营销项目设计和执行得如何好，错误总会发生。一个公司能够做得最好的事情是让顾客易于抱怨。如果处理得当，每个抱怨都是一个“礼物”。那些鼓励失望的顾客抱怨并授权员工马上在现场采取纠正措施的公司，往往比那些没有采取系统方法来解决服务失败问题的公司获得更高利益和更多的利润。

——科特勒《营销管理》

科特勒曾举出一组调研数据，他说，在购买和使用产品的过程中，有 25%的顾客会产生不满意的情绪，但这部分群体中，只有 5%的顾客会将自己的不满反映出来，而另外 95%的顾客则认为不值得抱怨，或者不知道去哪里抱怨，或者认为即便抱怨了也未必会得到重视和解决，于是他们不抱怨，只是悄无声息地停止再次购买，转向其他供应商的怀抱。

另一方面，在那 5%的提出抱怨和投诉的顾客中，如果他们反映的问题能够得到解决，那么有 54%～70%的投诉顾客还会再次同该公司合作；如果他们的问题能够得到快速而圆满的解决，那么 95%的顾客会继续保持与公司的合作。顾客如果对公司的处理结果感到满意，他们平均每人会把这种满意的经历告诉他们身边的 5 个人，而倘若不满意，平均每人会告诉 11 个人，负面口碑往往比正面口碑传播得还要迅速，甚至可能以指数级数增长。

从这些数据中不难看出，不管企业多么力求完美，都必定会有不满意的顾客，而这些不满意的顾客在有的企业看来是“麻烦”、“问题”，可事实上，这些顾客中的大多数并不是针对企业来“找碴儿”的，他们只是想要反映问题，想要一个答复、一个解决方案。他们能够找到企业主动发出抱怨，这本身就足以表明，这些顾客对企业是有一定感情的，如若不然的话，他们只需要另找一家供应商就行了，完全不必费时费力地找企业反映情况。所以说，企业应将这些顾客、这些抱怨、这些投诉视为“礼物”，用心地去帮助顾客解决问题。这样不仅能赢得这部分顾客的好感，更能通过口碑赢得更多的新顾客。反之，企业如果对顾客的投诉、抱怨置之不理的话，那么后果是非常可怕的。

科特勒就曾提醒企业千万不可低估愤怒的顾客所产生的力量，特别是当顾客的不满通过网络传播出去的时候，那种传播力和破坏力将会是惊人的，企业要想补救这种破坏，付出的代价要比当初及时解决顾客的投诉大得多，也沉重得多。

因此，为了让顾客的抱怨与投诉产生积极的而不是负面的效果，企业应该建立起某些机制，使得感到不满的顾客能便利快捷地与公司取得联系，这也就是科特勒所说的“一个公司能够做的最好事情是让顾客易于抱怨。”如果有顾客投诉，应该快速有效地解决问题。科特勒曾指出过一个有趣的现象，那些提出抱怨又得到满意解决的顾客比起那些从未感到失望的顾客，反而有更高的忠诚度。

例如，迪斯尼公司就建立了一种对顾客投诉“马上解决”的体系，所有的员工在与顾客打交道时，公司会授予他们一定的权力，并且让他们依情况决定该怎样处理。

在英国航空公司，员工有权自行处理价值5000美元以内的投诉案，并且有一个包括了12种可供挑选礼物的清单，员工可以从清单中选择合适的礼物赠送客户。

Grand Vision是一家光学与冲印摄影制品公司，在15个国家拥有800多家零售店，它的员工十大权利中有一条就是“无论什么，只要让顾客满意，你都有权去做”。

这些企业采取这些措施，就是为了让顾客可以在遇到问题、在心有不满的时候，能顺畅地反映，能及时地得到解决。事实上，这样做，不单单是顾客获益，企业同样也能从中获益的。像3M公司（明尼苏达矿务及制造业公司），就曾宣称它的产品改进创意有2/3来自于顾客抱怨。妥善处理顾客的抱怨，不仅能赢得顾客的忠诚，更能从顾客反映的情况中找到提升和改进的方向。

松下幸之助说：“顾客的批评意见应视为神圣的语言，任何批评意见都应乐于接受。”善待客户的抱怨与投诉，企业将从中获得丰厚的回报。

科特勒给企业提出了这样几条建议：一是开通全天候的24小时免费热线来接受和处理顾客的抱怨。光是开通热线还不够，还要保证热线随时畅通，有人接听，而且还应让有一定水准和服务技巧的客服专员来担当接线员。二是要尽可能快速回应顾客的抱怨，公司的反应速度慢的话，客户的不满情绪会迅速滋长，即便是接下来公司恰当地处理了顾客的投诉，他们也仍然会觉得被怠慢了，不会获得100%的满意感。三是尽量雇用性情亲和的员工负责售后的客户服务工作。四是主动回访。顾客没有找上门来，并不代表顾客就完全满意，他们很可能把不满存在心里了，营销人员只有通过主动回访才能及时发现问题，从而挽留住顾客。

要想留住顾客，预防更甚于回应

大部分公司都能及时地采取措施，有些甚至可以在一小时之内作出回应。但是，比对不满意的顾客简单地作出回应更重要的是：预防这种不满在未来的重复发生。简单地说，就是花费一些心思来经营顾客关系，让企业员工（而不是机器）去关注顾客及其个性化的需求。

——科特勒《营销管理》

科特勒认为，对于消费者的抱怨和投诉，快速回应固然重要，但是更有效的、更重要的方法则是防患于未然，在问题刚刚萌芽的时候就妥善地解决它。

投诉预防是一个很关键的重头环节，所谓防范胜于救灾，重视投诉预防并大力推行之，将客户的不满化解在最小阶段，充分利用最前端的资源解决问题，可以避免问题的升级及企业的实际投入。

在投诉管理工作中，最重头的环节就在于投诉预防工作。投诉预防应从识别客户的抱怨做起。抱怨是客户不满意的一大讯号，企业应在发现苗头的最初期就把问题处理好，无论是销售过程中还是在服务接触中，无论是在现场还是热线电话中，都应调动公司内每一位员工的服务热情，鼓励他们及时处理好每一起客户不满或抱怨，这种积极主动的员工风气对于完美化解顾客抱怨和投诉是能起到关键性作用的。营销人员如果可以在问题出现的初期就认真以待，挽回大部分不满客户的满意度和忠诚度，这可以大大降低由于投诉引起的损失赔偿，从这个角度说，做好投诉的预防工作本身也是一项能够降低成本的管理手段。要预防投诉，以下这几点是营销人员需做到的基本功。

一是全程礼貌待客，要有耐心和细心。营销人员的待客态度在很大程度上影响着顾客的满意度。如果营销人员给顾客留下的第一印象好，顾客即使对服务有不满，也会心平气和，就事论事地与公司一起寻求解决之道；反之，如果营销人员态度恶劣，或者对顾客的投诉与抱怨无动于衷，爱理不理的话，那么，顾客恼怒交加，往往会带着反感提出非常苛刻的处理要求。一个礼貌待客、受顾客信任和欢迎的营销人员，即使碰到问题，一般也不会形成纠纷，在良好的服务态度下，纠纷就比较容易避免或化解了。

二是在介绍产品与服务时要表达清楚，交代明白。有的营销人员为了促成顾客购买，或者为了让顾客放心，在介绍产品和服务时常会做一些夸大，或者许下难以达成的承诺。这样的虚假宣传无形中让顾客有了一个很高的期望值，而最后如果实际的体验远远达不到这个期望值，顾客就会觉得受了欺骗，对营销人员、对企业的好感都会一落千丈，由此引发了顾客抱怨与投诉。所以说，营销人员在介绍产品与服务时要将有必要说明的细节以及可能出现的问题、处理方法尽量解释清楚，以防顾客误解。

三是细心观察，及时调整。顾客的不满意和抱怨往往不会突然产生，它有一个产生、发酵、爆发的过程，营销人员发现得越早，处理得越及时，就能大大降低对顾客、对企业这两方所造成的伤害和损失。所以，营销人员应细心观察顾客在购买和使用产品过程中所遇到的问题，及时帮助顾客解决难题，并做出必要的处理。

四是做好跟进与回访服务。随时与顾客保持联系，做好跟进和回访工作，这样营销人员可以及时发现并消除易引发顾客纠纷的隐患。在消费和使用中出现一些问题，顾客是可以理解和接受的，他们需要的是有人能及时帮助他们解决这些问题，只要跟进与回访服务做得好，顾客的问题就可以更快速地得到解决，他们的不满就会转变为对企业的好感甚至是忠诚。

五是做好舆情监督工作，特别要关注网络。很多顾客在遇到产品与服务问题时，往往不会主动去找企业抱怨或者投诉，他们觉得那样做比较麻烦，而且未必能有结果。但是，他们仍然想要发泄内心的不满。于是，有很大一部分顾客会将自己的不满意与抱怨在网络上表达出来，这已经成了现今顾客抱怨的一大主流途径。所以，企业应做好舆情监督工作，特别要关注的是网络舆情。现在有很多可以进行舆情监测的软件，企业是可以加以利用的。如果在网络上监测到顾客所发出的负面消息，营销人员应该主动去跟顾客沟通，商量出解决之道来。

什么是建立客户满意度的最重要的因素

什么是建立客户满意度的最重要的因素？客户最关心的是质量、服务和价值。三者缺一，就会造成市场上的竞争机会。但是，在大多数企业都对这三者不遗余力地进行改进的今天，这三项要求已经成为消费者的基本期望，而不只是企业获得成功的筹码。现在，产品的设计、更新速度和个性化在更大程度上影响着消费者的选择。

——科特勒《科特勒说》

科特勒认为，企业要提升客户的满意度，不仅要在质量、服务和价值上下足工夫，还应该注重产品设计、更新速度以及个性化。消费者对自身权益越来越关注，也越来越懂得维护，因而，大多数的企业都在质量、服务和价值上不遗余力。在这样的形势下，企业要赢得顾客，还需更进一步，满足顾客的个性化需求，在产品设计、更新速度上也要领先一步。

新时代商业环境中的顾客，对个性化的需求已突出地体现出来，这一点，看看苹果产品所引发的狂热，特别是年轻消费群体的狂热；看看“凡客体”广告持续至今的火热，就能体会出一二了。年轻的一代消费者，他们更加时尚新潮，更加特立独行，他们追求新、奇、特，他们希望商家能为自己提供个性化的产品和服务。

在某种程度上，个性化服务是竞争的需要。个性化服务是指以顾客需求为中心，在满足顾客共性需求的基础上，针对顾客的个性特点和特殊需求，主动积极地为顾客提供差异性的服务，以便让接受服务的顾客有一种自豪感、满足感，从而留下深刻的印象，赢得他们的满意、忠诚而成为回头客。很多公司已把个性化服务作为提高服务质量的重要手段，根据顾客不同的性格、年龄、收入、职业、购物目的、购物时段、购买历史等要素划分顾客的层次，细分顾客群体，并根据不同群体的需求提供个性化的服务和商品。

就拿酒店业来说，大部分连锁酒店的装潢、设施以及提供的食品、客房类型等都大同小异，顾客走进不同的酒店，感受到的差异并不大。那么，酒店如果要脱颖而出，吸引更多的顾客，在这些已经标准化了的服务上做文章，是不会有很大起效的，个性化的服务成了酒店赢得顾客的关键。标准化服务能尽量避免顾客的不满，但要想使顾客达到满意、培养顾客忠诚，还必须通过细致入微、周到得体的个性化服务来实现。

泰国有一家长盛不衰的百年酒店，它是怎么做出个性化服务的呢？有一位客人时隔 30 年后再次下榻该酒店，他无意中说起自己当年入住时，是睡在蚊帐里的，乐趣十足。结果，当晚，当他进入自己的房间就寝的时候，发现在房间里，挂着一顶大大的蚊帐，房间里的布置也做了一些细微的改变，很有 30 年前的那种风情。这位客人看到此景十分之感动。

还有一位客人，盛夏时入住，看到酒店有泳池，于是跟服务员提出下午三四点的时候想去游游泳，并拜托服务员帮他准备一套泳衣。这本来并非难事，难的是这位客人体型非常胖，服务员无论是在酒店还是在外面的各大商场，都无法买到那么超大尺码的泳衣。客人听了服务员的回复后有些失望，但还是表示理解。这位服务员看出客人的确很想游泳，于是向酒店经理反映了情况，经理当即让服务员买来四条普通的泳衣，然后请了一位裁缝师傅，当场将这四条泳衣拆开，再缝合，做成了一条超大尺码的泳衣。到下午三点多的时候，这件泳衣被送到了客人房中。结果当然不用说了，这位客人十分惊喜，不停地道谢。

国外的酒店业曾经提出过这样一个理念——Breaking the rules for better service，也就是：打破规范去创造更好的服务。这家酒店能做到经营百年而长盛不衰，从这两个案例中已经能看出一些它的成功之道。它真正做到了个性化服务，不仅重视顾客的心理感受，而且尽最大的可能去满足顾客的个性化需求，使顾客享受到了一种尊荣的服务。

在传统的营销观念中，营销者力求让顾客 100%满意，但到了现在，很多营销人员开始强烈地意识到一点，即使顾客达到了 100%的满意，出于一种求奇求新的心理，他还是有很大的可能会尝试其他的品牌选择。因此，为了使顾客成为某一品牌的绝对拥护者，仅仅让其 100%满意是不够的，必须使其得到“100%+n%”的满意度，这额外的“n%”就是意外的惊喜、超值的享受、个性化的服务、让顾客难以忘怀的经历，唯有如此，才能使品牌区别、突出于其他众多的同类品牌。

顾客满意度既是营销目标，也是营销工具

对于那些以顾客为导向的公司来说，顾客满意度既是营销目标，也是营销工具。

——科特勒《营销管理》

“顾客满意度既是营销目标，也是营销工具。”科特勒这句话的内在含义是指，企业要以提升顾客满意度为营销目标，而反过来，如果顾客满意度提升了，又会成为最有效的营销工具，助力企业营销和企业发展。

在企业与顾客建立长期伙伴关系的过程中，企业向顾客提供超过其期望的“顾客价值”，使顾客在每一次的购买过程和购后体验中都能获得满意。而每一次的满意都会增强顾客对企业的信任，从而使企业能够获得长期的赢利与发展。如果对企业的产品和服务感到满意，顾客也会将他们的消费感受通过口碑传播给其他的顾客，扩大产品的知名度，提高企业的形象，为企业的长远发展不断地注入新的动力。

马云曾经提出过一个“一块布理论”，他是从自己生活中的一个例子感悟到的——

马云的母亲从来没有买过电器，但她老跟马云强调要买海尔的电器、空调。马云不解，他说海尔要比别人贵，而且不见得它的质量就特别好，现在的电器，空调、冰箱都差不多的，为什么非要买海尔的？老太太说我要买，她说海尔的售后到家装空调都会带一块布把这个地擦干净。马云不由感叹，他说这块布要贵10%，这块布擦的不是顾客家地板，擦的不是顾客家的机器，擦的是顾客的心。由此，他提出，阿里巴巴要向海尔学习，学习这“一块布”的精神。从这里可以看出来，企业让顾客满意，顾客反过来也会对企业形成极高的认可度，会给企业以极高的回报。

科特勒认为，21世纪的企业经营之道最重要的是使顾客满意。顾客是利润的源泉，如果公司提供的服务、产品不能让顾客满意，公司就会失去顾客，失去利润的来源。有营销专家曾经说过：“满意的客户便是最佳的广告”，“满意的顾客会变成你的信徒”。顾客希望在那些他们信任且满意的公司那里购买商品和接受服务，购买率与对公司的满意度成正比，而且，很大一部分满意度高的顾客乐于担任公司产品的“传道者”的角色，向其他人做推介。

顾客的满意度影响着顾客的忠诚度，忠诚度帮助企业维系老顾客并带来新顾客。然而，营销人员需要注意的一点是，顾客的满意度并不等于忠诚度。顾客满意度提升了，不一定伴随顾客忠诚度的显著提高。从满意度到忠诚度之间还有一段过程，譬如说，某顾客对海尔的家电产品很满意，但不一定就会购买海尔的电脑，他可能还会考虑惠普、华硕、戴尔，等等；再比如，某顾客可能对脑白金的广告并不满意，但是当他要给父母买营养品的时候，当他要去医院探望病人的时候，他可能想都不想就会买脑白金。顾客对你的产品和服务满意，但并不意味着他每次要消费相关的产品和服务时，都会毫不犹豫地想到你。顾客满意不一定就会产生顾客购买，顾客购买也不一定产生重复购买。

顾客忠诚度受到顾客满意度、产品及服务差异化水平、市场竞争等因素影响。营销人员想要建立和维系顾客的忠诚度，需要从企业各个方面去提升和实现，包括塑造优秀的企业品牌、企业文化，提供创新产品和定制化差异化服务等等，实现顾客价值最大化。只有当顾客满意度变成顾客忠诚度，变成最有力的营销工具时，它才有了实际的价值和意义。

顾客满意度与公司的赢利能力是紧密相连的

顾客满意度与公司赢利能力是紧密相连的。高度顾客满意可以支持较高的价格和较低的成本。那些想用削减成本来走捷径的公司，由于顾客体验质量的下降而付出了代价。

——科特勒《营销管理》

科特勒为了说明顾客满意度与公司赢利能力之间的关系，特别列举了两个案例：一个是家居零售商家得宝，该公司在决定向承包供应业扩展业务时，在其全美1816个店铺实行削减成本并简化运营流程的措施。他们用兼职人员来取代专职员工，以大幅度降低成本。很快，公司兼职人员的比例就占到了40%。而结果呢？成本确实有所下降，但公司的顾客满意指数下降得更快，在全国各大零售商中排名垫底。比起其主要的竞争对手，以对顾客友好型著称的劳氏公司，它的顾客满意指数要低 11 个点。随着顾客满意度指数的下降，该公司股价也“一泻千里”，在家具业最繁荣时期反而下跌了 24%。

另一个案例是西北航空公司，该公司为了降低成本，停止在国内航班提供免费杂志、枕头、电影，还有小包装的椒盐卷饼，可在此同时，该公司又提高了票价并减少了航班班次。这些举措引发了客户的极大不满，有一位乘客就抱怨说：“西北航空的机票一点都不廉价，可提供的服务却是实实在在的廉价。”结果毫不奇怪，在美国各大航空公司的顾客满意度指数排行榜中，西北航空公司排在了最末位，至于业绩，该公司甚至一度陷入了破产保护。

哈佛商学院学者厄尔·萨塞通过对众多服务行业进行大量的实证研究发现，顾客忠诚度在决定利润方面比市场份额更重要。在某些服务行业中，当顾客忠诚度上升 5 个百分点时，利润的上升幅度将达到 25%～85%。厄尔·萨塞还发现，在行业内拥有较高顾客满意度与忠诚度的企业不仅有较高的赢利能力，这些忠诚顾客在一定时期内还会为企业带来更多的赢利。大量的实践证明，那些出色的企业并不过多强调利润目标和市场份额，他们更重视那些能提高赢利水平的因素，更重视顾客满意度与顾客忠诚度的经营。

顾客满意度与企业赢利能力之间存在着正相关关系。若顾客满意度指数平均每年能提高哪怕 1 个百分点，那么 5 年内资产回报率将提高 10%以上。反之，即使企业当前的主要经济指标，如市场占有率、利润率等都表现良好，但顾客满意度指数却比较低，那么，企业在将来的经营中迟早都会遇到危机。

提高顾客满意度可以增加顾客忠诚度，进而促进企业赢利。企业拥有了良好的顾客忠诚度，意味着有更多的顾客在将来会重复购买该企业的产品。这最终都会体现于企业的赢利能力中：拥有忠诚的顾客群，就等于保证了企业拥有一个稳定的未来的现金流。顾客的忠诚度越高，他们继续从同一个企业购买产品的持续时间就越长，企业也就可以从一个顾客身上获得源源不断的销售利润。

对于自己喜爱和信赖的产品，顾客对其价格变动的容忍程度往往比较高；而对于那些不喜爱或者不信赖的产品，只要稍有价格变动，顾客就能感知出来，而且会很快寻求其他的替代产品。也就是说，如果顾客对某产品、某品牌非常钟爱，那么，即便这个产品的价格提高了一点，顾客也很可能会接受，而不大可能弃之而去。

现在的企业每年的广告、促销等都需要巨额的投入，如果企业能够提高顾客满意度，增强顾客忠诚度，那么它就会拥有固定的顾客群，这样相对而言，就不需要花费过多的广告宣传费用来吸引新顾客，因为忠诚的顾客会自动自发地帮助企业做宣传。如果一个企业拥有很高的顾客满意度，就会通过口口相传来赢得更多的新顾客。

全面质量管理，从根本上创造顾客满意

质量是创造价值和顾客满意的关键。正如营销是所有人的职责一样，全面质量管理也是每个人的职责。在帮助公司识别目标顾客并向目标顾客传递高质量产品和服务

方面，营销人员也扮演着重要角色。

——科特勒《营销管理》

科特勒是这样定义顾客满意的——“满意是一个人通过对产品的可感知效果与他的期望值相比较后，所形成的愉悦或失望的感觉状态。”当感知价值超越顾客期望的时候，顾客会非常满意；当感知价值低于顾客期望的时候，顾客会觉得吃了大亏，感到很不满意，并由此生出抱怨与投诉。顾客这种对产品和服务的感知价值与顾客满意度、顾客忠诚度之间是有非常紧密的关系的。如果顾客不满意，他们很难对企业产生忠诚度，而且会转换供应商；如果顾客能获得满意甚至是惊喜的体验，那么，顾客就很可能与企业建立起长期的合作关系。

要让顾客获得满意体验，那么，企业就必须提供高质量的产品与服务。一个企业如果不断地出现产品退货、更换、修理、返工，而且顾客抱怨和投诉总是难以得到圆满的解决，那顾客满意就无从谈起。质量是根本，也是关键，如果连质量都没有保障，那么企业是根本留不住顾客的。全面质量管理，就是要做好每一个环节，让顾客有全程的满意体验。在这方面，戴尔的做法很值得我们学习。

服务是戴尔公司持续发展的基石和保证。戴尔一直致力于以更好的价格提供最高水平的服务。自从戴尔公司开辟直销模式以来，很多企业都仿效这一模式，但却很难再造一个“戴尔”，这其中，服务意识与产品质量是形成差距的一个重要原因。

戴尔某款新产品上市后，加州的一所大学反映，他们买了一部分这个机型，发现它存在一定问题。大学里面的用户在课堂和办公室经常进进出出，机盖的关合很频繁，这款计算机频繁开合以后面板就撑不住了。

戴尔的工程部对此做了一系列分析，发现是有技术的问题，大概有30%的产品要回收。但如果一台台退回来的话，不仅影响不好，而且运费、人工，加上零件的成本，每件产品的回收成本要两三百美金。那戴尔是怎么处理的呢？它利用了自己的直销优势，马上从数据库中查出过去购买该机型的客户都在哪里，每个客户买了多少台，然后让技术员巡回服务一遍，帮所有购买这个机型的客户免费更换零件。这种集中服务不仅使得维修成本大幅度降低，而且客户认为戴尔的质量意识高，维修服务非常贴心，对戴尔的满意程度大幅度提升。

在戴尔，员工的奖金是与客户的满意度挂钩的。每一个向戴尔客户服务部打来问讯、投诉电话的客户，在问题得到解决后都会收到戴尔发来的服务满意度调查邮件，反馈结果作为员工的考核记录，客户满意度越高，员工奖金数额也越高。

戴尔创始人迈克尔·戴尔曾经在清华大学演讲，当时有学生问他：“我是一个年轻的中国创业者，您有什么忠告？”戴尔先生几乎是本能地回答道：“最重要的是倾听客户！”戴尔公司完全是客户至上的，客户有什么样的需求，戴尔会全力为客户实现。就举一个细节来说，对一些集中采购的客户，戴尔甚至连财产标签都会帮客户做好，这样，客户采购电脑之后只需要登记好数量以及财产标签的编号，就可以直接发放员工使用了。

戴尔为了加强与客户的沟通，为客户设计了很多种特色服务，通过创新性的技术和服务项目协助客户以最恰当的方式快速解决问题。

戴尔的服务远不止于此。戴尔是真正把客户“宠坏”了，而客户享受到如此高质量的产品与服务之后，也就跑不掉了，对戴尔也就形成了很高的忠诚度。

全面质量管理，要求营销人员每一个人在每一个细小环节上都要为客户提供最佳的体验。营销人员必须能够正确识别顾客需求和欲望，必须能够确保将顾客的要求正确地传达给产品的设计者；必须确保顾客的订货能够满足顾客需求，并使货物准时送达；必须检查顾客在有关如何使用产品方面是否得到了适当的指导、培训和技术性帮助；在售后还必须与顾客保持接触，确保他们满意并将满意持续下去；此外，还应该收集顾客有关改进产品与服务方面的意见，并将其反映到公司的各有关部门。只有这一个个环节都做到位了，才能保障顾客满意，才能从根本上留住顾客。

第❺篇

STP 目标市场营销：多能不如一专

第 1 章

市场细分：舍大取小，分而制胜

所有的营销战略都建立在 STP 基础之上

所有的营销战略都建立在 STP——市场细分、目标市场选择和定位的基础上。一家公司以在市场中发现不同的需求和群体为目标，以更好的方式来满足，然后定位供应物，使得目标市场能够识别公司独特的产品和形象。

——科特勒《营销管理》

科特勒指出，要想在今天竞争激烈的市场中获胜，企业必须以顾客为中心，从竞争对手处赢得顾客，并通过提供更大的价值来留住顾客。而要做到这一点，企业必须首先了解顾客的需要和欲望。一个企业无论如何强大，都难以满足整个市场内的所有消费者，至少不能以同一种方式来满足所有的消费者。消费者的类型太复杂，他们各自的需求差别也相当大。企业必须对整体市场进行分割，从中选择自己的最佳细分市场，并制定战略以便以优于竞争对手的方式服务于选定的细分市场，获取利润。这就是 STP 战略：市场细分（Segmentation）、目标市场（Targeting）、定位（Positioning）。

市场细分意味着放弃进攻整个市场，向顾客证明自己是某个亚类别市场中的最佳选择，这样才能成为该细分市场的领跑者，用一句中国古语来说，就是“宁为鸡头，不做凤尾”。

市场定位则是指我们给顾客留下什么样的印象。企业要给顾客以与众不同的感觉，要展示出企业的特色，并且要投顾客之所好，让顾客意识到这个企业的产品就是最好的选择。

从根本上说，市场细分与市场定位就是为了四个字——分而制胜。如果企业不进行细分，而是进攻整个市场，那么最终得到的很可能只是极其微小的一块市场份额；而通过有效的市场细分，企业却有可能拿到这个细分市场的大部分市场份额。

而且，市场细分并不意味着企业的市场被锁定了，被圈定了，当消费者在细分市场有了优质的体验，觉得自己的需求得到了很好的满足之后，他们会增加自己的消费量，还会尝试企业其他类型的产品，于是，市场细分就会产生双重效应——既细分了市场，又扩大了市场。我们可以来看一个香飘飘奶茶的例子。

香飘飘这家食品企业在 2004 年首创了方便型杯装奶茶，这款产品推出之后，很受市场欢迎，很多厂家也纷纷跟风。到 2006 年，生产这种产品的厂家已经达到 50 多家。虽然香飘飘一直处于行业的领先地位，但随着众多厂家的围剿，香飘飘所面临的市场境况并不乐观。

为了改变现状，香飘飘开始筹谋转变，这主要体现于四个方面：第一，香飘飘此前一直生产用开水泡的纸杯装奶茶，所以公司打算在此基础上，推出瓶装奶茶，也就是液体奶茶，计划投资两个亿，引进先进的生产线，首期付了 500 万元给设备厂家；第二，开发奶茶之外的另一款完全不同的方便食品，叫方便年糕，就像方便面一样，方便面市场有 300 多亿，香飘飘想的是如果能在这个市场占据哪怕仅仅是 3%～5%的市场份额，那也相当可观了，在这款方便年糕产品上香飘飘投资了 2000 多万，产品已经投入生产线生产了；第三，打算拓展全国连锁奶茶公司，计划三年内在全国开 500 家香飘飘的奶茶连锁店，五年内扩张到 1000 家，当时香飘飘的管理层是比较看好这个想法的：卖奶茶，开奶茶店，看起来顺理成章；第四，当时房地产正是如火如荼的时候，香飘飘还计划投资做房地产。

如果按照这些想法去做转变的话，那么很难想象香飘飘会变成什么样的一个企业。要做杯装奶茶、液体奶茶、方便年糕、奶茶店，甚至还要做房地产，如果全部实施的话，有可能做到三四十个亿，但是这其中到底能剩下多少利润，就很难说了。香飘飘的转型一直处于迷茫纠结之中，直到 2007 年下半年遇到特劳特公司，这家公司给香飘飘提出的建议是“只做杯装奶茶，砍掉其他所有业务”，要一直做到使香飘飘成为奶茶品类的代名词。香飘飘开始执行这一战略，放弃了投资 2000 多万的瓶装奶茶生产线，放弃了已经上线的方便年糕项目，放弃了连锁奶茶店计划，放弃了房地产业务，整个公司从上到下都集中精力聚焦到杯装奶茶上来。

香飘飘开始了深耕细作，业务员只卖杯装奶茶，加起来一共就只有 12 个单品，一年 365 天，除了休息日和节假日，天天就卖杯装奶茶，而且只能卖杯装奶茶。业务流程开始标准化，分销有标准、陈列有标准、价格有标准，业务员天天帮着经销商一家门店一家门店踏踏实实地做。这样一天两天、一个月两个月，一年两年，业务员渐渐成了一支卖奶茶的专业队伍。

香飘飘当时在全国有一千多个经销商，有超过 1/3 的经销商主营业务来自于奶茶，销量超过了主营业务的 50%～80%。也就是说，这三百多位经销商就是靠着奶茶来赢利的，因此，这支队伍相当稳定。

香飘飘将所有的力量都集中于杯装奶茶，这样的细分和定位使得业务团队与经销商都沉静了下来，开始老老实实、认认真真卖奶茶。这样做的结果是什么呢？2008 年香飘飘奶茶销量超过 3 亿杯，2009 年突破 7 亿杯，2010 年突破 10 亿杯，销售额突破 20 亿元。在奶茶行业，香飘飘成就了自己独一无二的王者地位。

当一个企业在某个细分品类中占第一，所有的营业额都来自于这个品类，那么，企业在这个品类里就会拥有绝对的话语权和定价权。因为你量大，聚焦在一个品类上面，你的原材料、内部组织、业务团队、经销商都会变得专业且强大，竞争对手就很难瓜分你的资源，也很难抢夺你的市场份额。香飘飘就是这样的一个例子。

每个企业的资源都是有限的，因而必须细分产业的价值链，集中自己的资源在某一个环节上打造核心的竞争力。当企业在某个环节当中成为同行业中的老大，甚至具有垄断性的时候，它必将成为撬动整个产业链的杠杆，从而赚取丰厚的利润。

做所有事，服务所有人，不如在一特定领域做到出色

在巨大、广阔及多样化的市场中，一个公司不可能为所有的顾客服务。事实上，新的营销趋势是：与其做所有的事情、服务所有的人，不如在某一特定领域做得出色。

——科特勒 2011 年在三一重工的演讲

科特勒认为，任何一种产品都不可能满足所有消费者的需求，每一家公司只有以部分特定顾客为其服务对象，才能充分发挥其优势，提供更多更有效的服务。公司可以根据消费者不同的需要和欲望将其划分为不同的消费群体或细分市场。在此基础上，公司再选择出自己能为之有效服务的细分市场。

日本著名的管理学家大前研一有一句名言："避免竞争就是最聪明的竞争"。在庞大的市场中，只有通过对市场进行差异化细分，针对市场之中的某一消费层次或某一类消费对象生产出适合他们需求的产品，才可能避免竞争，从而提高企业的竞争能力。

对企业来说，不是所有的子市场都有吸引力，任何企业都没有足够的人力资源和资金满足整个市场或追求过分大的目标，只有扬长避短，找到有利于发挥本企业现有的人力、财力、物力优势的目标市场，才不至于在庞大的市场上瞎撞乱碰。通过市场细分，有利于企业明确目标市场，进而满足目标市场的需要。因此，通过市场细分，确定本企业的目标市场，明确企业应为哪一类用户服务，满足他们的哪一种需求，是企业在营销活动中的一项重要策略。

一把小小的指甲钳能做出近两亿元的年销售额，你相信吗？梁伯强就做到了这一点。

指甲钳在我们日常生活中是再寻常不过的。在指甲钳领域，最精致、最出名的产品来自于德国的"双立人"，这家公司创立于 1731 年，它拥有着人类历史上最古老的商标之一。

1997 年，我国国务院总理在看到德国双立人指甲钳产品之后，在接见全国轻工集体企业代表时说："要盯住市场缺口找活路，比如指甲钳子，我没用过一个好的指甲钳子，我们生产的指甲钳子，剪了两天就剪不动指甲，使大劲也剪不断。"

当时以生产旅游纪念品和人造首饰为主业的梁伯强先生，偶然在报纸上读到了总理的这番讲话，于是他下决心投身指甲钳的研发制造，生产人人需要而又无人关注的指甲钳。当时，国内为数不多的几家国有指甲钳厂已经处于濒临倒闭的境况，市场上销售的国产指甲钳大多产自广东、浙江一带的小作坊。这些产品都有一个共同点：价格低廉，但做工粗糙。而与此形成鲜明对比的是，当时韩国产的"777"牌指甲钳则基

本只出现在高档的百货商店里，价格更是国产指甲钳的十倍以上。

到底是选择低门槛、低利润路线还是高门槛、高利润路线？梁伯强毫不犹豫选择了后者，他手头有一定的资本去参与高风险的市场游戏，更重要的是，他决心通过打造品牌为企业注入长期生命力。为了全面地了解世界高档指甲钳的生产、销售情况，他进行了一次环球商业考察，到美国、德国、日本、韩国等国家了解市场情况。

梁伯强在指甲钳研发上投入巨大，他的工厂生产的指甲钳在原材料、产品功能和造型设计上较国内同行高出了一大截。与德国双立人产品相比，梁伯强所生产的“非常小器”指甲钳结构更简单、功能更胜一筹，其制造方法甚至成功申请国家发明专利。这一点，让很多专家人士都钦佩不已，因为指甲钳的构造太过于简单，要做出一个指甲钳的发明专利比作高科技安防产品的专利更难，这也足见梁伯强在高门槛、高利润上所下的工夫。也正是这一点，让他的产品在国内脱颖而出，梁伯强本人也因为“非常小器”指甲钳的出众品质而被冠以“中国的指甲钳大王”的称号。目前，梁伯强生产的中高档指甲钳占据着国内第一、世界第三的市场份额。他希望“将指甲钳打造成瑞士军刀、Zippo 打火机一样的产品”。

把极不起眼的小商品经营成了大企业，梁伯强的故事正好验证了科特勒所说的话：“与其做所有的事情、服务所有的人，不如在某一特定领域做得出色。”只要找准了细分市场，掌握了正确的经营理念，企业就能获得很好的发展机会。在市场之中，其实还有很多的“梁伯强”式的创业者，他们所经营的大都是生活中极不起眼但是又不可或缺的商品，他们占据了某个细分市场的大部分市场份额，虽然默默无闻，但是企业的利润与前景都是不可小视的。

市场细分为公司寻求到更具体的目标客户群体，同时，也让企业找到区别于竞争对手的竞争力。市场细分将具有相似需求特点的消费者归类在一起，把具有不同需求特点的消费群体区分开来，以此划出许多子市场，使得企业的生产与营销都更有目标性，也能够集中力量打造在目标市场中的竞争力。企业有限的人力、财力、物力资源能够集中使用于一个或几个细分市场，扬长避短、有的放矢地展开针对性经营，不仅费用低，竞争能力也会因此而得到提高。差异化市场细分使得企业易于看清楚每一个细分市场上各个竞争者的优势和劣势，有利于企业避实就虚地确立自己的目标市场，这也利于增强竞争能力，提高经济效益。

地理细分：地域不同，消费习惯也会有差异

地理细分是指将市场分成不同的地理区域，诸如国家、地区、州、城市或者街区。公司可以决定在一个或几个地理区域从事经营活动；或者在所有区域内经营，但同时关注需求和欲望的地理差异。

——科特勒《市场营销原理》

科特勒说，现在有很多公司都已经对其产品、广告、促销和销售进行本土化尝试，进行地理细分，以适应各个地区、城市甚至是街区的需要。

地理细分是细分市场的一种简单明确的方式。公司在选取自己的目标消费市场时，

第一步往往是根据目标市场所处的地理位置，如国家、地区、县市、城市或地段来用以区分。不同的地区所孕育的历史文化也各不相同，消费者的偏好与消费习惯自然也各有千秋。因此，地理细分已经成了一种很常见的细分方式。

科特勒举例说，有的食品公司总是会在靠近减肥中心的社区商店额外多配送几箱低卡路里的快餐食品；电子游戏公司会在全球范围内根据不同的区域市场创造和出售同一个游戏的不同版本；有的公司为了逃离竞争激烈的大城市，在郊区或者小城镇建立商店。例如，家得宝公司正在发展一种新的商店模式，这些商店只有其传统店铺一半的规模，主要针对那些不够支撑大规模商店的小市场和空白区域设计，旨在提供更加亲切方便的五金产品购物环境。还有沃尔玛，在那些不足以新建大规模商场的地方，沃尔玛会开设小型的超市风格的街坊百货店与社区店，这类商店规模只有购物中心的十分之一左右，但足以满足当地的消费者需求。

地理细分抓住了消费者日益多样化这一特征，针对区域细分市场的地理特征和人文特征进行分析，进行个性化的市场营销设计，确保市场营销活动的利益最大化、风险最小化。这种细分方式要求营销人员深入了解某一地区的地理区域特征和消费群体人文特征，制定有针对性的战略策略措施，进行地理区域本土化市场营销运营。

麦当劳是国际餐饮巨头，创立之初，由于其创始人及时抓住了快速发展的美国经济形势下广大的工薪阶层需要方便快捷的饮食的良机，并且进行了准确的细分和定位，使得麦当劳一举成功。回顾麦当劳的发展历程就可以发现，麦当劳非常重视市场细分的重要性，尤其是地理细分。无论是美国国内市场，还是国际市场，都有各自不同的饮食习惯和文化背景。麦当劳因此进行地理细分，针对不同的地理单位采取不同的营销策略，从而做到因地制宜。

麦当劳每年都要投入大量的资金进行认真严格的市场调研，研究各地的人群组合、文化习俗等，然后再做出详细的细分报告，以便为每个国家甚至每个地区的本土化市场策略提供市场依据。

它在刚进入中国市场时，带来了大量的美国文化和生活理念，并试图让这些文化和理念在中国市场扎根，当时麦当劳希望以其主打产品——美国式的牛肉汉堡来征服中国消费者的“胃”。但事实却是，中国人更爱吃鸡，鸡肉产品比牛肉产品更符合中国人的口味，也更容易被接受。针对这种情况，麦当劳改变了原有的策略，打破了它在全世界从来只卖牛肉产品的惯例，在中国市场推出了鸡肉产品。这一转变正是针对地理因素所做的，也大大加快了麦当劳在中国市场的扩张步伐。

麦当劳的地理细分还给我们带来了另一重启示，在进行地理细分时，一定要提高研究所得的市场策略应用到实际营销活动中的效率。麦当劳虽然每年都投入甚多用于各个地理细分市场的研究，但应用效率却因为各种各样的原因不尽如人意。麦当劳在全球市场都领先于肯德基，唯独中国市场是个例外，落后于肯德基，这其中很重要的一个原因就是肯德基更加本土化、中国化。麦当劳在最初进入中国市场时对中国消费者的口味必然有所研究，但它一开始还是主推牛肉汉堡，直到后来才被动改变策略，主推鸡肉产品，这不能不说是市场研究与市场应用之间脱节的一种表现。

地理细分，一定要做好市场研究工作，并根据研究所得开拓市场。现在，越来越多的企业都意识到了地理细分的重要性。他们从产品设计、营销方案、市场服务等方面开始注重地理区域市场带来的差异，在营销差异化战略基础上，紧密结合地理区域特征，开展细分消费者市场的建设，走在了市场的前列。

需要注意的是，地理变量易于识别是细分市场应予考虑的重要因素，但即便是同一地理细分市场的消费者在需求上仍是大有差异。就拿一个城市来说，它可以视为一个地理细分市场，但在这个城市里，有着几十万甚至数百万的人口，这些人群的需求有共性，但必然也有其差异性。所以，企业不能简单地以某一地理特征区分市场，还应该结合其他的细分变量综合考虑，去选择适合自己的目标市场。

人口细分：将消费者区分为有差异的群体

人口细分是将市场按年龄、性别、家庭规模、家庭生命周期、收入、职业、教育、宗教、种族、世代和国籍等人口统计因素分为多个群体。人口统计因素是最常用的市场细分基础。

——科特勒《市场营销原理》

科特勒指出，年龄、性别、职业、收入等都是人口统计学中的典型指标。将之应用在市场细分中，也就形成了人口细分方式。由于人口是构成消费品市场的基本要素之一，同时具有易区分、可衡量的可操作性，因而人口细分已成为市场细分最常用和最重要的标准之一。目前，企业中常用的人口细分变量主要有以下几个：

一是年龄和生命周期阶段。消费者的需要和欲望随着年龄的增长而变化。一些公司针对不同年龄和生命周期的消费者提供不同的产品，运用不同的市场营销策略。例如，一家食品公司为儿童提供一种充满趣味的儿童午餐，而为老人们提供的则是一种只需要用微波炉简单加热就能食用的热乎乎的、松软的新鲜三明治。

再比如，高露洁在生产牙膏和牙刷时，就分别建立了不同的生产线，以便能够为儿童、成年人和老年人提供产品；帮宝适将它的市场按月为单位分为不同的消费者市场；几乎所有奶粉企业都将奶粉划分为婴儿奶粉、幼儿奶粉、成人奶粉、中老年奶粉，而婴儿奶粉又按月划分为不同的阶段。

在运用年龄和生命周期细分市场时，营销人员要避免落入陈规俗套。比方说，一些老态龙钟的老人，他们的确上了年岁，可是，他们很可能比年轻人还要活跃，还要“年轻态”；还有，40多岁的中年人有的可能已经将孩子送入了大学，而有的则很可能刚刚开始组建家庭。也就是说，不能单纯地根据年龄去判断一个消费者的生命周期、财富、工作以及家庭情况、购买能力。营销人员需要透过表象看本质，对消费者加深了解。

二是性别。在服装、化妆品、日用品等市场，性别细分是很有必要的。男性与女性在很多产品的消费上，是有截然不同的需求和喜好的。比方说，宝洁推出过一个品牌叫“秘密”，这就是一个专门为展现女性魅力而设计的产品，无论是产品本身还是包装与广告都突出了女性的形象。在过去，男性是不大使用护理用品或化妆品的，但现在，随着男士越来越重视自身形象，一些专门生产女性化妆品的公司也开始营销适合男性使用的产品，例如，妮维雅推出的男士系列产品就将自己定位为“专为积极健康的男性而设计的护理产品”。

三是收入。收入水平直接决定着消费者的购买力，所以，根据收入进行细分也是不容忽视的。特别是汽车、服装、化妆品、理财、旅游等需要一定购买实力做支撑的产品，收入一直是一个重要的市场细分化变量。比方说，汽车就有针对富裕阶层的售价几十万甚至上百万的豪车，也有针对中产之家的定价在十几万、二十几万的车型，还有针对普通收入群体的定价在几万元左右的车型。在零售业，很多连锁商店瞄准中低收入群体，为他们提供物美价廉的商品，这些商店因为定位准确，能很好地满足占据人口大多数的中低收入人群，因此大获成功。

企业在进行人口细分的时候，要特别注意对人文变量的理解，营销策略如果触及了消费者群体的敏感神经，如宗教信仰、民族种族等，就很可能被市场所排斥，严重的时候甚至会威胁到企业的生存。

心理细分：心理模式影响购买行为

心理细分是根据社会阶层、生活方式或个性特征将购买者划分为不同的群体。具有相同人口特征的人，在心理模式上可能大相径庭。

——科特勒《市场营销原理》

消费者的心理模式对其购买行为有着直接且深刻的影响。即使是具有相同人口特征的人群，也可能表现出差异性极大的心理特性。所以，企业需要从社会阶层、生活方式以及个性特征等因素对消费者进行心理细分，具体而言是这样的：

社会阶层是指在某一社会中具有相对同质性和持久性的群体。同一阶层的成员往往具有类似的价值观、兴趣爱好和行为方式，而不同阶层的成员之间则会表现出较大的差异性。所以，识别不同社会阶层的消费者所具有的不同特点，可以为很多产品的市场细分提供重要的依据。

生活方式是指一个人怎样生活。人们追求的生活方式各不相同，如有的追求新潮时髦；有的追求恬静、简朴；有的追求刺激、冒险；有的追求稳定、安逸。生活方式不同，消费者所偏向的产品风格与类别自然也会有差异。

个性是指一个人比较稳定的心理倾向与心理特征。俗话说，千人千面，每个人的个性都会有所不同。通常，个性会通过自信、自主、支配、顺从、保守、适应等性格特征表现出来。因此，企业可以对消费者按照性格特征进行分类，从而为企业细分市场提供依据。在这方面最为知名的例子，就是万宝路，它塑造了西部牛仔这一形象，吸引了无数崇尚自由野性、洒脱阳刚、粗犷豪迈的消费者群体。

人们的心理状态直接影响他们的购买趋向，特别是在具备一定购买力的顾客群体中，他们购买商品已经不限于满足基本生活需要，心理因素左右购买行为的情况更为突出。美国斯坦福咨询中心曾经进行过深入的调研，并将美国的成年人的心理模式划分为八大类，分别是改革者、有思想者、成就者、尝试者、有信仰者、斗争者、生产者和挣扎者。这些群体每一类之间都有着很大的差距，对他们有必要进行心理细分，进而采取针对性的营销策略。

国内的消费者同样也是如此，在心理模式上是有很大差异的。比如《老男孩》的火热就是因为它把准了中青年一代人浓厚的怀旧心理。

特殊的经历与背景会造就特殊的心理情结，而有着共同经历与背景的群体很容易对同样的事物产生同样的癖好、同样的看法与心理，对于那些能够契合他们心理、引发他们共鸣的东西，他们会产生一种普遍的认同感、偏爱感和亲切感。所以说，根据消费者的心理模式来细分市场是一种行之有效的方法。

国内的长虹彩电在很早之前，就将心理细分市场这种策略运用得恰到好处。早在长虹推出彩电之时，它就抓住了人们强烈的爱国情结，打出“以民族昌盛为己任”的口号，不仅取得了消费者的认可，甚至得到整个社会的肯定，不但提升了市场销售量，更是极大地提升了品牌价值。这句口号在那个特定的年代，落在那个时代的消费者心里，就会收到意想不到的效果。

从这也可以看出，人们的心理模式是处于不断变化之中的，每个人在每个不同时期的心理状态是大不相同的。企业要深入地了解消费者，掌握他们的心理“密码”，然后根据消费者的不同心理模式对市场进行细分。

行为细分：建立细分市场最好的出发点

行为细分是根据人们对产品的了解、态度、使用情况或反应，将购买者划分为不同的群体。许多市场营销者认为，行为变量是进行市场细分最好的出发点。

——科特勒《市场营销原理》

科特勒指出，消费者的行为变量——如时机、利益、使用者状况、使用率、购买者准备阶段、忠诚状况及态度等——是建立细分市场最好的出发点。

第一，购买时机。营销人员可以根据消费者产生购买意图、采取实际购买行动以及使用所购买的产品的时机来细分市场。就拿我们身边的例子来说，城市公共机车运输公司就可以根据上下班高峰期和非高峰期乘客的需求特点来划分不同的细分市场并制定不同的营销策略。再比方说，航空公司就可以按照消费者的购买时机大致划分为公务、休假、家庭旅游这样几类。

通过购买时机细分市场还有助于帮助企业扩大产品的销量。例如，在母亲节、父亲节、情人节、圣诞节等节日，商家会对很多产品进行大力的推广和促销，但除了这些广为重视的节日之外，其他的一些小节日或者普通的假日也可以通过创意性的营销运作，对产品进行营销推广。可口可乐公司就曾推出过主题为“早上好”的宣传运动，它将软饮料宣传为一种适宜清晨饮用的提神饮品，从而提高健怡可乐的销量。

第二，追求的利益。消费者购买某种产品总是为了解决某类问题、满足某种需要。然而，产品提供的利益往往并不是单一的，而是多方面的。利益细分就是根据消费者从产品中追求的不同利益，将他们划分为不同的群体。比方说，同样是购买汽车，有人看重的是安全性，有人看重舒适感，有人看重驾驶的快感，有人看重档次与品位，还有人看重的是性价比。营销人员就可以根据消费者所追求的主要利益的不同，对他们进行细分。

第三，使用者状况。营销人员还可以根据使用者是否使用产品以及使用的频次情况，将消费者分为非使用者、曾经使用者、潜在使用者、首次使用者和经常使用者。市场营销者希望巩固和留住经常使用者，吸引目标市场的非使用者，以及重建与曾经使用者的关系。

第四，使用率。根据消费者使用产品的量的大小也可以对市场进行细分。通常会有大量使用者、普通使用者和轻度使用者。大量使用者的人数虽然不多，但其消费量在企业全部营收中占的比重是非常大的。美国有一家啤酒公司发现，其80%的啤酒产品被50%的顾客消费掉了。因此，公司决定将啤酒重度饮用者作为目标市场。那么，这部分群体有哪些特征呢？经调查发现，重度饮用者大多是蓝领工作者，年龄在25～50岁之间，喜欢看体育节目，每天花在看电视上的时间不少于3～5五个小时。显而易见，根据这些信息，企业就可以在其定价、广告传播等方面改进策略和思路。

第五，用户忠诚程度。有的消费者对企业非常忠诚，在较长时期内他们就专注于某一个或者有限的几个品牌，有的消费者却经常变换品牌。根据用户的忠诚程度，企业可以对用户的忠诚程度进行细分，针对不同忠诚程度的用户采取不同策略；同时，企业还可以从中去了解，为什么有的消费者忠诚于本企业，而另外一些消费者却忠诚于其他的竞争对手。

第六，购买的准备阶段。消费者对自身需求还有对产品的认识程度是不一样的。有的人尚未能察觉到自己对某类产品有需求；有的人能够意识到自己的需求，但还不知道该使用哪些产品；还有的人知道产品的存在，但对产品的价值、特性等等还缺乏了解；还有一些消费者则可能已经在考虑是否要购买。所以，从消费者所处的购买的准备阶段，企业可以进行细分并采用不同的刺激和引导策略。我们可以来看一个例子。

国外有一家高档厨房和烹饪用品零售商，它看准了一个特殊的消费者群体，那就是新婚人士与年轻情侣，为了向他们推广其产品，该公司在《新娘》杂志登了一则插页广告，广告上展示是年轻的情侣在公园散步，还有在厨房中亲密交谈的画面，在广告中，女孩问道："现在我已经找到了爱，我还缺什么呢？"广告画面中，在显眼的位置，就是该公司的刀具、烤箱、平底锅、碗等产品的精美图片，给人以强烈的暗示意味。该零售商还邀请新人们登记信息与需求。此次营销的结果是，登记信息的新人们几乎有一半成为该品牌的新顾客，而在未来，开始新的家庭生活的他们将会购买更多的厨房和烹饪用具。

这家零售商就是从消费者购买的准备阶段入手来进行市场细分和目标市场选择的，他们瞄准了年轻的情侣与新婚夫妇，刺激他们的需求和购买欲望，引导其消费。

第七，态度。不同消费者对同一款产品的态度可能会有很大不同。有的人持肯定态度，有的人持否定态度，还有的人则是无所谓的态度。企业可以根据顾客对产品所持的态度来细分市场，并在广告、促销等方面采取不一样的措施。

上述的这些行为变量能够直接地反映消费者的需求差异，因此被很多营销人员视为市场细分的最佳出发点。

大众营销日渐衰落，微观营销日益兴起

在大众营销中，卖方为所有的购买者提供单一产品，并进行大批量的生产、分销和促销。大众营销的倡导者认为，大众营销能够创造最大的潜在市场，从而实现成本最低化，进而可以转化为更低的价格或更高的利润。然而，许多批评者指出，随着市场的日益分化、广告媒体和分销渠道的多元化，想要接触到大量的受众也变得越来越困难，费用也越来越昂贵。有人声称大众营销正在衰亡，许多公司已经开始转向微观营销。

——科特勒《营销管理》

大众营销就是卖方试图对同一种产品用同一种方式进行市场营销并卖给所有的消费者。在这一营销战略上，亨利·福特是一个典型。他所领导的福特汽车生产出了一种黑色的 T 型汽车，这款汽车给福特汽车带来了荣耀与辉煌，然而，当人们的需求和品位日趋多元化的时候，亨利·福特却始终认为他的黑色 T 型车才是“王道”，拒不做其他的尝试。这一决策让福特汽车错失了很多机会，也失去了在行业中一方独霸的王者地位。

与大众营销相对应的就是微观营销，也就是企业打破原有的标准化营销模式，使自己的产品和营销策略与地理、人口、心理和行为变量等因素相适应和匹配。微观营销主要包含了这样四个层次：细分营销、利基营销、本地营销和个体营销。细分是在一个市场上识别各种群体。利基是进一步细化那些被确定的群体。在本土化层次，营销人员为特定的市场区域或者消费群体定制其营销活动。

大规模的、无差异的大众营销的确提高了效率，降低了成本，可是，同时也降低了对人个性的关心，降低了对人情感与爱的关注。科特勒所著的《市场营销原理》一书曾经在开篇之中就提醒人们：“大众营销的普及模糊了消费者一直作为个体服务的事实。”

随着消费者获取信息渠道的增多、知识的增多、辨别力的增强和要求的增加，企业要面对的市场变得越来越分化和动荡。大多数的营销人员已经认识到，消费者之间并不完全相同——他们在人口统计、态度、需求、地位和社会归属方面存在着很大差别。细分市场是必然的趋势，而微观营销的兴起也是难以阻挡的。

微观市场营销发展到极致就是大规模的定制，即为大量的顾客提供个性化服务、定制化服务。

著名的里兹一卡尔顿饭店有一个极其细致的数据库，里面记录了每一位入住过该饭店的客人的喜好，如果某位客人在某城市的里兹饭店入住时要了一床防过敏的羽绒被，那么，几个月后，甚至是几年后，当他入住全球其他任何一家里兹饭店时，都会有一床防过敏的羽绒被在等着他使用。

还有一家名为“软件运动服饰”的公司，它可以利用特殊的计算机软件为顾客定制泳衣。一台与照相机相连的电脑会量出顾客的尺寸并列出适合该顾客的泳衣式样，还会从前、后、两侧展示出顾客穿上泳衣之后的样子，顾客可以从 150 多种样品中挑

选衣料并将设计送到生产车间，只需几天时间，用户便能拿到为自己量身定制的泳衣。

微观营销给企业带来了希望，但同时也带来了挑战。对多个微观市场进行差异性的营销与对一个市场进行标准化营销，这两者比起来，前者的难度与复杂性不言自明，而且在制造成本和营销费用上，前者的投入也要更大。尽管如此，大多数的营销人员仍然坚信，微观营销是一个全新的市场营销时代的开始，企业用一种促销手段有效地将产品推销给所有消费者的时代已经一去不返了。

细分营销：更细、更精、更快、更好

细分市场是由具有相似需要和欲望的顾客组成的群体。营销人员需要做的是识别出细分市场，并确定哪些细分市场将作为目标市场，而不是创造细分市场。通过细分营销，企业可以更好地对产品或服务进行设计、定价、宣传和分销，而且也可以更好地对营销计划和营销活动进行调整，从而更好地应对竞争者的营销活动。

——科特勒《营销管理》

细分营销能够帮助企业更细、更精、更快、更好地开展营销。这主要体现于以下几方面。

第一，通过细分市场，确定目标市场，企业把人力、物力、财力集中投入目标市场，可以形成经营上的规模优势，取得理想的经济效益。

第二，在市场细分之后，企业可以面对自己的市场，生产出适应消费者需求的产品。只要产品能够满足该细分市场上的消费者需求，就能加速商品流通，提高资金利用率，从而降低销售成本，提高企业经济效益。

第三，细分后的市场小而具体，营销人员可以深入细致地探求每个细分市场中的潜在需求，研究该市场的发展趋势、潜在需求量的大小、需要提供什么样的产品和服务等等，然后，企业可以根据潜在市场的需要，有针对性地去开发新市场，使潜在需求尽快地转化为现实需求。这样，既能为企业带来新的顾客，达到扩大销售、增加赢利的目的，又满足了潜在消费者的需求而受到消费者的欢迎，实现企业的社会效益。

细分营销到底能产生什么样的效果，我们可以看一看维达的案例。

多年来国内的生活用纸市场一直以价格战和终端战为主。近年来，为了抢夺年轻消费者这一黄金市场，各大厂商都下足了工夫，尽力迎合年轻人的潮流品位。像恒安就推出了吉米系列，将漫画形象搬上了包装；而洁柔则重金聘得小S担当形象代言人，推出百花、古龙等多种香味的产品，来迎合消费者的感官需求。而定位于中高端市场的维达，该如何从这些眼花缭乱的“品牌战”中突围呢？从《功夫熊猫》、《喜洋洋》的热播中，维达找到了突破口。

维达对市场进行了细分，划出了0～12岁、青少年以及时尚白领这样几个细分市场，展开了产品和营销攻势。

其中，维达棉柔系列主要面向0～12岁市场，该系列传承了“喜羊羊”活泼向上、开心快乐的精神，以“轻松、童趣、酷尚、快乐”的产品设计吸引儿童以及年轻妈妈群体。

维达“功夫熊猫”系列则面向青少年群体。这个系列的产品是维达与全球顶级动画公司“梦工场”跨界合作的结晶。《功夫熊猫》在国内的票房成绩十分惹眼，阿宝憨态可掬的形象以及乐观风趣、柔韧自强的精神与维达的品牌理念很好地融合在一起。影片的热映也带火了维达“功夫熊猫”系列产品的销售，树立了品牌的年轻形象，受到了青春一族和动漫爱好者的青睐。

维达“FEEL”系列则是针对白领市场，该系列产品以时尚潮流的包装设计打破了传统产品沉闷守旧的形象。“FEEL”系列以年轻女性为目标消费群，这一群体个性鲜明，时尚触觉敏锐，对生活品质要求高，注重社交，对纸巾这样的贴身用品，她们要求能反映其审美、个性以及情趣。而“FEEL”系列恰恰迎合了年轻时尚白领的这些心理需求。

为配合品牌内涵的整合，维达还在传播手段上下了很多工夫，考虑到目标消费群体的特征，维达抛开了传统的媒体形式，而是启用了新兴的媒介传播手段，主要通过网络来进行整合营销推广。其中的一个活动叫“DIY 属于你我的幸福纸巾盒”，活动很简单，用户只要上传四张照片，就可以自动生成以这些照片为画面的纸巾盒，DIY 的纸巾盒可以进行 3D（三维）预览，可以打印，更可以分享到 SNS（社会性网络服务）、微博，供网友欣赏、投票。最后得票最高的一批用户，可以获得由维达为其精心制作的 DIY 纸巾盒。这个轻松温馨的小活动备受网友喜爱，仅一个月时间内，就有上千参赛作品上传，点击量超过 40 万。

这一系列营销策略给维达带来了丰厚的回报，据维达 2011 年财报显示，其营业收入为 47.65 亿港元，较上年增加 32.3%；利润 12.97 亿港元，比上年增长 22.1%。这份出色的成绩单表明，维达的细分市场策略和多品牌跨界整合营销是卓有成效的。无论是维达对 STP 战略的有效执行，还是传播手段的整合与创新，都是很有借鉴性的。维达不仅使自身的品牌内涵与形象得到提升，而且成功赢得了细分市场消费者的青睐。

在未来，消费者群体还会进一步分裂，市场也将进一步细分，企业必须调整营销策略，着眼细分市场，并选择自己的目标市场，开展差异性的细分营销。

利基营销：细分再细分，缝隙小、利润大

利基是指从更为狭窄的角度定义的、寻求独特利益组合的消费者群体。营销者确定利基的方法通常是把细分市场再细分。

——科特勒《营销管理》

利基营销是指企业选定一个被市场中的领先者或是有绝对优势的企业所忽略的某些细分再细分的市场，集中力量进入并成为领先者，进而建立起竞争壁垒，逐渐形成持久的竞争优势的过程。

科特勒认为，具有吸引力的利基市场应该满足这样几个条件——该利基市场的消费者有未被满足的需求；他们为了选择能满足其需要的公司，愿意支付一定的溢价；这个利基市场既要足够大，也要足够小，足够大是指该市场要大到能够满足企业生存

所需的规模、利润空间以及成长潜力，同时又要小到足以令强大的竞争者对之视而不见、不屑一顾；最后一点是要足够相称，也就是企业的能力和资源与为该市场提供优质服务所需之条件相称，换句话说，企业要能驾驭得了这个利基市场。

每个行业几乎都有这样的一些企业，它们专心关注市场上被大企业忽略的某些细小市场，在这些小市场上通过专业化经营来获取最大化的收益，也就是在大企业的夹缝中求得生存和发展。

利基营销的兴起主要是由于两方面的客观原因，一方面是资源的稀缺性，另一方面则是迫于竞争的压力。在冷峻的现实之下，越来越多的企业变得理智实际起来，它们不再对小产品、小市场不屑一顾，相反，只要与自身实力相称，而且有赢利的空间，它们就愿意在小市场上精耕细作，全力以赴。不仅小企业如此，很多大企业也意识到，自己有可能会输给一些追求利基市场的原本不起眼的对手，这被称为“游击队对抗正规军”，或者说“蚂蚁绊倒大象”。因此，一些大企业也开始重视利基营销。

有着百余年历史的贺曼公司，是世界最大、最知名的贺卡生产商。它凭借贺卡这一“小生意”把自己做成了美国500强企业之一，年收入超过40亿美元，其销量占到美国贺卡市场总销量的一半。贺曼公司的成功，在很大程度上要归功于其对贺卡市场的严格细分。

贺曼公司根据消费者不同情况下的不同需要，将贺卡的种类进行了细化再细化的分类，比如说，基本的分类是按送贺卡的目的分，可分为圣诞节、情人节、周年庆祝、生日等等，这其中又根据送卡人和收卡人的关系可分为父母、夫妻、情侣、兄弟、朋友、同学、上下级等等，而贺卡本身的风格又可以分为传统贺卡、幽默贺卡和专用贺卡等类别。每年贺曼公司所创制的贺卡品种达18000种。这样一层层细分下来，几乎每一位消费者都能在贺曼找到最能够表达自己心意的贺卡产品。

贺曼公司还有一项举措就是牢牢抓住30～65岁的女性核心消费者，这个群体在节日期间购买贺卡的量是最大的，这其中既包括送家庭成员、亲人朋友的，也包括帮助丈夫选购送给客户的，她们在传统贺卡与网络贺卡之间更偏向于后者，是贺曼的忠诚用户。为了稳住这一用户群体，贺曼会通过超市、专卖店、杂货店、杂志和邮寄直投等渠道向她们发放大量的优惠券。现在，贺曼公司将关注点放到18～35岁的女性中，贺曼在这些用户身上加大投入，希望能将她们培养成为未来的忠诚用户。

小卡片也能做成大生意，贺曼公司在利基市场的经营无论是对中小企业，还是对大企业，都是一大启示。利基营销给一些专注其中的中小企业带来了高速成长。利基市场利润高、增长快、核心竞争力强等特点，引发了许多原先对利基市场不太关注的企业的注意。越来越多的企业开始划小业务经营单位，开辟利基市场。对此，中小企业在收获利基市场所带来的好处的同时，更要注意保护自己开发出来的利基市场，要善于敏锐发掘消费者的需求信息，并且要比竞争对手更有效、更优质地传送目标顾客所期望的产品与服务。

本地营销：越草根，越亲近目标消费者

本地营销是将营销计划按照本地顾客群体（贸易地区、邻近区域，也可以是个性

化商店）的需要和欲望来制定。本地营销反映了一个不断增长的趋势——草根营销。营销活动开始关注于尽可能地接近和满足消费者个性化的需求。

——科特勒《营销管理》

科特勒指出，本土化与草根化是一种不断增长的趋势，营销需要尽可能地贴近并满足消费者的个性化需求。科特勒举了沃尔玛的例子，沃尔玛会根据不同地区消费者的需求、喜好，来调整超市中的商品与布置。比如，在佛罗里达的巴拿马城海滩的沃尔玛店，就将很大的一片商店空间留给了绿色植物和树木。

贴近本土，贴近草根，其本质就是贴近消费者。其实，早在十几年前，许多保健品品牌的推广采取的就是本地营销的方式——刷墙、贴电线杆、沿街发宣传单页、口口相传，没有大众传媒的参与，没有知名人物代言，但这些都没有妨碍这些保健品在营销上大获成功。

还有康佳集团的例子。早在 20 世纪 90 年代，电视机正从饱和的城市向农村普及的时候，康佳提出了"重心下移"的开发农村市场的口号。为了大举拓展农村市场，康佳开辟了一种独特的广告形式，那就是墙体广告。在农村，可以在农居的一面墙上刷上广告，或者挂上大幅的广告；如果有高大建筑，还可以将一整面墙做成整体广告，这样面积可以达到百平方米左右，具有十足的视觉冲击力。康佳通过这种形式顺利进军全国范围的农村市场，它的成功也引得长虹、TCL、厦华等同行跟进。康佳的墙体广告就是一种本土与草根的营销方式。

本土营销有这样几个特征：其一，在传播渠道上，它不再单纯地依赖传统的大众传媒，而是倾向于一些更加贴近草根的传播方式。比方说，传统的小广告、口碑传播、面对面的演示与互动以及互联网所创造的 BBS、论坛、博客、微博等等；其二，在传播内容上，不再倚重名人明星效应，而是更多地开始讲述消费者身边的故事；其三，在交流方式上，不再是企业引导教育消费者，而是转变成了一种"我就是你，我理解你"的形式。举个例子来说，淘宝曾经有一个口号"淘你喜欢"，但很快，这个口号变更为"淘我喜欢"，虽然是一字之变，但其中的意味却发生了很大的转变，两相对比就能看出，"淘我喜欢"意味着企业与消费者已经融为一体了。

我们有句俗话说："到什么山上唱什么歌。"其实营销也应该如此。万圣的目标客户群是知识分子群体，所以，它就采取了这个群体最喜欢、最欣赏的营销方式，这就是一种本土化的营销方式。本土营销就是要创造一种与消费者之间零距离的感觉。

然而，还有一点是非常重要的。虽然通过本土营销拉近企业与消费者之间的距离是一种趋势，但并非所有的品牌都适合于这种营销方式。如果品牌定位为奢侈品，那么还是需要保持一个适当的品牌距离比较好。如果满大街跑宝马，人人都喝茅台，那么，对宝马和茅台来说，并不是一个好消息。所以说，采取什么样的细分方式与营销方式，要视品牌的定位而定。

个体营销：细分到个人，一对一的定制化

市场细分的最终层次个体营销——"细分到个人"、"定制营销"或"一对一营

销”。越来越多的公司在开展个性化和大众化的定制活动。将来会出现更多的自我营销，这是定制营销的一种形式，在这种活动中个别的消费者在确定购买哪种产品和品牌时显得更为主动。

——科特勒《营销管理》

科特勒认为，当今的顾客在决定购买什么以及如何购买时，已经具备了相当大的主动性。他们不仅会通过网络、各种信息渠道获取自己想要的信息，并与企业、用户还有产品专家交流，在很多情况下，他们还希望能按照自己的想法与设计来造就一个产品。

2006年，美国时代周刊在评选年度风云人物的时候，评出了一位特别的人物，那就是“你”。这在某种程度上标志着一个“你时代”的全面到来，标志着以个体为中心的营销时代的到来。每一个人都是一个有个性的个体，他们有自己的主张和需求，他们不再满足于接受大众化的产品和服务。

个体营销就是在这种背景之下兴起的。个体营销指的是企业在大规模生产的基础上将每一位顾客都视为一个单独的细分市场，根据其个人的特定需求来进行市场营销组合，以满足每位顾客的特定需求。个体营销一切为顾客要求而作，为顾客节省时间，为顾客提供方便，为顾客提供超值的服务。某些制造商甚至可以将顾客的个人资料、个性化的要求等信息存入数据库，随时根据顾客的现实要求和数据库资料综合起来为顾客提供超乎想象的服务，为客户提供竞争对手所不能提供的差异化产品和服务，同时也构建起了自身的最大竞争力。

李维·施特劳斯公司就是一个典型的例子，该公司希望让顾客有机会当时装设计师。近年来，李维·施特劳斯公司推出了“合体裁制”计划，为顾客量体裁制牛仔裤。

在服务人员的帮助下，顾客可以自行设计他们自己喜欢的牛仔裤，可以从十多种颜色、六种基本款式、五种不同的裤腿和两种式样的前襟中自行挑选，然后测量腰、臀和腿的尺寸。在将订单发给生产车间的网络终端以前，顾客可以试穿一下各类普通牛仔裤，以确保自己喜欢这种式样。顾客还可以给自己的牛仔裤起名，例如称它为“叛逆者”等。几星期以后，做好的牛仔裤邮寄到客户的手中，口袋里的条形码记录的尺寸可供客户以后订货用。如今，任何一家号码齐全的李维·施特劳斯公司的商店都有130多种款式的裤装，任何腰围和腿围以及特殊尺码成裤应有尽有，该公司的“合体裁制”计划使它供应市场的裤装款式大大增加，进一步刺激了市场需求。

在李维·施特劳斯公司看来，大规模定制并不代表给顾客无限的选择，而是提供适当数量的标准件，并使之进行成千上万种搭配，这既可以给顾客一种无限选择的感觉，也可以对复杂的制造程序进行系统管理。李维·施特劳斯公司对每一条定制的牛仔裤只额外收取少量的费用。

该公司发现，通过“合体裁制”式的个性化定制，公司真正成了顾客的“牛仔裤顾问”，在过去，售出现成的牛仔裤就等于结束了与顾客的关系，顾客一走出商店就可能不再回来。而个性化定制则开创了一种新的关系，顾客如果喜欢他定制的裤子，愿意再订货，那么李维·施特劳斯公司就会留下顾客姓名和地址，以便公司向他及时推介新产品。这些乐于设计自己牛仔裤的顾客是理想的调研对象，公司可以从他们的要求中获取有用的信息，并且运用到服装的大批量生产上。

在未来，人们定制服装时，可能只需要走进一个体型扫描间，然后会有仪器设备自动扫描，并精确记录下顾客的尺寸数据，由这些数据生成设计图，然后直接投入生产。现在就有公司正在积极开发这样的技术。凭借着数字化的定制技术，这些企业将能更加得心应手地展开个体营销，让裁剪师跪在地上为顾客量体裁衣的手工定制时日一去不复返了。

需要注意的是，定制化并不一定适合所有的公司。对于一些复杂的产品，像汽车、房子等，要做到定制化是较为困难的。定制化所增加的产品成本可能会超出顾客愿意为之支付的费用。而且，在有的情况之下，顾客虽然尝试了定制，但他们在定制的时候并不能看到实物产品，他们不知道产品到底是个什么样子，可是公司一旦收到定制订单开始生产这种产品，顾客就很难取消订单。还有，定制的产品在维修、售后方面都会产生一些麻烦和问题，这些都是个体定制营销需要攻克的一些难题。不过，尽管如此，对很多产品而言，个性化定制仍然是十分有效的。

个体定制化的营销可以帮助企业确立新的竞争优势。如果说 20 世纪是大批量生产的时代，那么，21 世纪将会是数字定制生产的时代。

有效的市场细分必须具备的五项条件

有效的市场细分必须具备这样几个条件：可测量性、可接近性、规模大、差异性、可操作性。

——科特勒《营销管理》

科特勒提出，有效的市场细分需要达到以下几个条件：

一是可测量性，就是说这个细分市场的规模、购买能力和市场基本情况是可以测量的。有些细分变量是很难测量的，比方说，在我们身边，常会发现一些左撇子的人，可是，却少有产品是专门针对左撇子这个市场的。其中一个原因就在于，这个市场很难识别，也很难测量，缺少有关左撇子的统计数据。即便是全国范围的人口统计，也不会专门统计左撇子的数量。

二是可接近性，指的是公司应当可以有效地影响和服务这个细分市场。如果细分市场的目标消费群体难以接触，而公司也难以影响到他们，那么，要开辟这个市场会非常艰难。

三是规模要大。细分市场的规模不能太小，如果市场太小，那么企业的发展空间和利润空间就极为有限。一个细分市场应该是值得公司用度身定做的营销策略去追求的尽可能大的同质群体。比方说，前面提过左撇子的例子，如果一家电脑公司专门为左撇子开发适用的电脑就不是很现实。

四是要存在差异性。细分市场与其他市场相比，应有明显的区分和差异，否则的话，这种细分就失去意义了。例如，如果 35～50 岁的男性和 20～35 岁的男性对某品牌酒的反应是差不多的，那么，这两个群体就不能构成独立的细分市场。

五是可操作性。这个很好理解，公司要在一个细分市场立足，就必须有足够的能力和实力来驾驭这个市场，还必须能以有效的营销方案服务好细分市场。比方说，如果一个公司确定了几个细分市场，但是其人力、物力资金都不足以满足这些细分市场，那么，公司就需要对其 STP 战略进行重新思考与调整。

在进行市场细分时，有的公司会偏于盲目自信，认为，只要进行市场细分，就肯定能解决公司所面临的一切问题。但是，真正在实行 STP 战略的时候，这些公司又不够谨慎，或者只是选择单一的细分变量来划分市场。具体而言，公司在市场细分过程中容易走进这样几个误区：

一是没有清楚界定细分市场范围。我们常会听到一些公司这样介绍自己："我们在全国各地都开辟了市场，所有人都是我们的目标用户。"这样的介绍听起来很大气，但也暴露了一个问题：将全部的市场看成自己的市场，没有清楚地界定细分市场的范围，甚至不进行市场细分。这样求全求大，如果是实力非常过硬的大型企业，或许还能承受，但如果是实力一般的中小企业，则很难消化。

二是光凭产品对市场进行细分。以产品为基础进行市场细分是企业根据产品的不同种类来寻找自认为适合的目标市场，这是一种以生产为导向的做法。比方说，补钙的营养品，如果只从产品角度出发，那么，企业很可能将一款补钙的产品不加区分地推荐给所有消费者，但事实却是，由于消费者年龄和身体状况的差异，他们在选择此类营养品时，需求是大不相同的：孩子补钙是为了长身体；而老年人补钙则是因为年纪大了，骨质疏松，腿脚远不如从前；还有中青年人补钙，也会有他们独特的需求。所以说，仅凭产品进行细分，是难以奏效的。

三是简单地按照地理区域细分市场。比方说，很多企业对国内市场进行划分时，常根据地域分为东北、华北、华中、华南、西北、西南、华东等，这样划分的确有一定的道理，既能体现出地区之间的差异，又能降低交通运输的成本。但是，不难看到，即使是在某个地理区域之内，不同的群体之间需求还是有极大差异的，不能一以概之。

四是仅仅以人口统计变量来细分。就是说，按照消费者的年龄、性别、家庭人数、家庭生命周期、收入、职业、教育、宗教等因素来细分市场。对企业来说，取得这些人口统计资料较为容易，所以它们也成为企业进行市场细分的重要标准。然而，消费者的欲望和需求并不单纯取决于人口统计因素，还受很多其他的因素影响。所以，光是从这个角度来细分市场，是不太可靠的。

科特勒曾经说过，并不是所有的市场细分都是有效的。市场细分不是解决一切营销困境的万能灵药。企业细分市场不仅要理性，更应务实。

当市场被过度细分时，企业应该转向反细分

企业应该慎于市场的过度细分。当这种现象发生时，它们可能会转向反细分或拓宽顾客基础。

——科特勒《营销管理》

科特勒提倡企业采取 STP 战略，进行有效的市场细分，但同时，他也提醒企业，

要警惕市场的过度细分。在追求经营差异化的过程中，企业可能会创造出越来越多的细分市场和利基市场，这将导致极度细分，最终出现“一对一”营销的局面。这样一来，要形成有利可图的营销规模就变得相当困难。企业每推出一款新产品只能带来增量上的附加值，而不是实质性的附加值。

市场细分策略确实是企业的一种有效的营销策略，但是，随着市场不断被分割、子市场越来越小，利润势必越来越薄。最终的结果必然是特定市场的无限细分和需求饱和，以至于子市场最终会缩小到让企业无法赢利的地步，这也是现在很多企业面临的一大营销困境。

比如我们去超市的时候，哪怕只买一盒酸奶，都能在货架上看到几十个品种，像原味的、无糖的、果汁的、果粒的、红枣的、双味的、多味的、低脂的、脱脂的、添加益生菌的、帮助消化的，等等。这样的细分，甚至都细到了不可再“分”的程度。

20 世纪 90 年代的时候，联合利华公司在全球 50 多个国家中一共开发出了 1600 个品牌，为此不堪重负，公司的收入结构很不健康——3%的品牌贡献了 63%的营业收入，而其他绝大多数的品牌都表现不佳，公司的增长一度出现停滞。到 2002 年时，联合利华花大力气进行了一次品牌重组行动，将品牌数量削减为 400 个，这样公司就能将资源集中在更少数量的产品上。

宝洁公司同样也曾遇过过度细分的难题。宝洁曾经在全球 160 多个国家和地区推出过 250 多个品牌，在众多品牌之中，如帮宝适、汰渍、Bounty 纸类产品等十大品牌占到了公司销售总额的 50%，利润的 50%以上。也就是说，绝大多数的品牌是处于微利、盈亏平衡甚至亏损状态的。

在这种情况下，将过度细分的市场进行合并，对品牌进行收缩，不仅不会降低利润，反而能够削减成本、增加利润。

有的企业为了更准确地锁定自己的目标市场，常会采用多种细分变量来细分市场，然而，物极必反，过度细分也会给企业带来很多的风险。

第一，会让企业错失一些有利的市场机会。这个很好理解，企业细分市场的过程其实就是一个“先舍后取”的过程，必然会舍弃大部分的市场，而选择某个或者某些个细分的市场。如果企业过度细分，一方面会造成市场支离破碎，给企业的营销管理带来很多麻烦；另一方面，也会使企业失去很多有潜力的市场，错失很多营销机会。

第二，会造成企业营销资源的浪费。如果一个企业对市场分割过细，那么，它需要将企业的资源投入到多个细分市场中去，这不仅会造成资源紧张，还会造成资源浪费。因此，企业细分市场有必要多关注一下各细分市场在成本、经营和技术上的联系。

第三，会大幅度增加营销成本。市场细分得越厉害，企业的成本也会随之不断攀升。企业要满足不同细分市场消费者的差异化需求，就必须为每个市场的消费者开发合适的产品，仅是研究开发费用就是很大的一笔投入，更不用说生产成本、存货成本、营销成本了。

很多企业为了避免过度细分，会着力进行反细分。这就出现了一个相对的理念，即市场泛化。所谓市场泛化，是对过度细分的反思与矫正，它指的是企业将顾客在消费上具有某种相关性的不同需求综合起来，形成一个统一的新市场，并通过推出具有多种功能的产品来满足这个市场的消费者需要。比方说，很多品牌的牙膏都在细分上做文章，不同的产品主打不同的诉求，有美白的、防蛀的、防上火的，而世界知名的非处方药生产商史克必成公司推出的牙膏，则走的是“市场泛化”的路线，它的牙膏涵盖的是追求清新香气、洁白牙齿、口腔防护这三种利益的消费者群体。再举一个例子，尽管很多人对山寨手机嗤之以鼻，但从某种程度上来说，山寨手机也是在尝试“市场泛化”，它将诸多功能融于一身，就是为了吸引各种不同需求的消费者。

市场泛化并不是对市场细分的颠覆，相反，它的基础所在仍然是市场细分。市场细分是对客户的细分，是在一个大市场上辨别具有不同需求的消费群体并加以分类的过程；而市场泛化则是将客户不同的需求综合起来，形成一个特定消费群体。市场泛化也有一个辨别具有不同需求的消费群体、并加以分类的过程，只是它进一步看到了不同客户在消费上具有某种相关性并加以综合而已。市场细分是“分”，而市场泛化则是“合”。

第 2 章
目标市场：选定最适合自己的区域

评估细分市场时，企业必须考虑三大因素

市场细分有助于公司识别细分市场的机会。随后，公司必须评价各个细分市场并决定自己能够最好地服务于哪些细分市场。在评估各种不同的细分市场时，公司必须考虑三大因素：细分市场的规模和增长潜力、细分市场的结构吸引力，以及公司的目标和资源。

——科特勒《市场营销原理》

科特勒指出，企业要确定目标市场，首先要对细分市场进行评估。具体来说，要评估的是三方面的因素：

首先是评估细分市场的规模和增长潜力。公司应收集和分析各个细分市场的资料，包括细分市场当前的销售量、增长速度和预期的赢利性等。大企业对于较小的市场，往往不屑一顾；而小企业对于较大的市场，又缺乏足够的资源来进入，而且也难以在大市场上与大企业竞争。如果细分市场的规模狭小或趋于萎缩状态，那么企业进入后就难以获得发展，无利可图。只有选择具有恰当规模和增长空间的细分市场，企业才能更好地发挥。

其次是评估细分市场的结构吸引力。该细分市场中是否已经有了很多强大的竞争者，是否有许多现有的或潜在的替代产品，是否有足够的具备一定购买能力的顾客等等，这些都会影响到细分市场的吸引力。无论是大企业，还是小企业，都在寻找赢利潜力超过平均水平、成长前景看好的细分市场。市场吸引力取决于他们比对手更好地利用这些特性的能力。每一细分市场的成长前景取决于未被利用的机会。即使是成熟的市场也可能存在着非常重要且未被人注意的增长潜力。

最后是评估企业的目标和资源。某个细分市场即使很有吸引力，但它很可能与企业的长期目标不相符，或者说，公司缺乏在该细分市场立足所必须具备的资源和实力。如果进入这样的细分市场，非但不能推动公司实现发展目标，甚至还会分散公司的精力。如果企业实力雄厚、资源充裕、具有较多高素质的生产技术人员和经营管理人员，当然可以选择较大的市场作为服务对象。相反，如果企业资源有限，人力、物力、财力不足，则需集中使用有限的资源，也不要妄想“狮子大开口”地吞下过大的市场。只有选择那些公司有条件进入、能充分发挥其资源优势的市场作为目标市场，公司才能成功地实施其营销组合计划。

此外，产品的特点、生命周期阶段、供求趋势，还有竞争对手的策略等等，都是企业在选择目标市场的时候不得不考虑的一些因素。

企业选择目标市场时应综合考虑上述各种因素，权衡利弊，方可作出决策。

提起内衣店，很多人第一印象里想到的大都是女士内衣店，这样的内衣店大街小巷比比皆是，竞争非常激烈。有个人创业的时候就选择了开一个内衣店，不过，他选择的是男士内衣。很多人劝他，男士内衣相对于女士内衣来说，市场要小很多，做起来恐怕会很困难。这个人却仍然坚持，他在选址时没有选择传统的商业街，因为成本太大了，他在商业街后面的另一条普通街上选择了一个店铺，成本要低很多。他店里的男士内衣，样式多种多样，还有一些稀奇古怪的。而且，每一条内裤的定价至少都在50以上，好的需要几百块。旁人看他店里的内裤款式奇特，都以为他的主打顾客群应该是年轻人，可事实却是，他店里的购买主力是35岁以上的中年男性，这部分顾客占到80%左右。年轻顾客也有，但是看热闹的居多，购买的少。

经营不到一年时间，这个人就连开了四家分店，生意相当不错。在谈及该店的定位时，这个人说，店里这些款式新奇的内衣在一开始的确定位在年轻人，他试过很多方式，如打折、促销、减价，这的确能吸引来年轻顾客，但是动辄百元的价格即使打折过后，年轻顾客仍然难以承受。而相比之下，中年顾客群体则大不相同，他们买的时候并不注重价格，更在乎样式和质量，注重产品的内质与舒适度，而且，这些顾客很容易培养出忠诚度，他们只要穿得舒服，下一次还会继续购买，而且很多顾客还会给这家店做免费的口碑传播。所以，内衣店的生意才蒸蒸日上。

这个例子说明，找准目标市场是多么重要。如果一开始就找错了目标消费群体，那么，即便营销手段再高明，也只能争取到本来就只占小份额的那一部分顾客，而真正的消费群体却没有办法被这些营销手段打动。上面例子中的店家，在目标市场的选择上，就非常明确，他锁定的就是35岁以上有一定经济基础的中年顾客群体。

在STP战略中，目标市场的选择是非常关键的一步。目标市场的确定意味着营销对象的确定，也意味着对营销战略规划具有直接指向性的影响。企业的营销战略必须适应目标市场的地理环境与人文环境，必须迎合目标消费人群的习惯和爱好，以满足其特定的需求。目标市场策略应有相对的稳定性，但这并不意味着目标市场策略一经确立就不能改变，当企业的内、外条件发生重大变化时，目标市场策略也需进行调整和转变。

企业理智的做法应该是一次进入一个细分市场

公司的明智做法应该是一次进入一个细分市场，并将全盘计划保密，不能让竞争者知道本公司下一步将要进入哪个细分市场。

——科特勒《市场营销原理》

科特勒提醒企业，在确定细分市场时，最好是一次进入一个细分市场，并做好全盘计划的保密工作。企业一次进入多个细分市场，很大程度上是为了分散风险、增加赢利，他们认为，同时在多个市场经营，即便有几个市场的表现比较失败，但总会有一两个市场能给企业带来丰厚的回报。但事实上，同时开辟多个细分市场，会给企业带来不小的风险，会造成企业资源的紧张、成本的增加，最终会给管理带来很大的挑战。

企业如果一次只进入一个细分市场，那么就能集中优势力量，实行专业化生产和销售，降低成本，提高企业和产品的知名度，提升企业在细分市场的地位和竞争力。

日本尼西奇公司最初是一家生产雨衣、尿布、游泳帽、卫生带等多种橡胶制品的小厂，由于订货不足，面临破产。当时的日本，正值经济复兴，人民生活日益提高，生活方式也在逐渐发生变化。尼西奇的总经理多川博在一个偶然的机会，从一份人口普查数据中了解到，日本每年约出生 250 万个婴儿，这个数据让他惊讶，要知道 250 万新生婴儿，如果每个婴儿用两条尿布，一年就会有 500 万条尿布的广阔市场。于是，多川博当机立断，先放弃尿布以外其他产品的生产，将公司所有资源都投放到尿布的专业化生产上来。

尼西奇公司为了满足日本生育高峰而带来的对婴儿尿垫的需求，集中力量大力发展婴儿尿垫和尿布的生产，不断研制新材料，开发新品种，在激烈的竞争中站住了脚跟。其他服装公司也在生产尿垫，但他们与尼西奇公司相比，在专业度上要相差很多，因此，在竞争中纷纷败给了尼西奇。

尼西奇公司认为，作为一个中小企业，财力、人力、技术都有限，如果什么都想做，到头来很可能样样都做不出成绩来，只有扬长避短，先把自己最有把握的产品经营好才会有出路。婴儿尿垫虽然是小商品，但它却是人们生活中不可缺少的东西。

经过十几年的努力，尼西奇公司的婴儿尿垫在日本可以说和丰田汽车一样有名，甚至赢得日本皇室的高度赞誉。几乎所有的大百货公司、超级市场、儿童用品商店里都陈列着尼西奇的产品。它的年销售额高达 120 亿日元，现今日本市场上的婴儿尿垫 70%以上是尼西奇公司生产的。这个资金、人员都有限的企业，不仅是日本的“尿布大王”，而且是世界上最大的尿布专业公司。现在，西欧、美洲、大洋洲、非洲以及东欧市场上都出现了大量尼西奇公司生产的尿垫，而且每年销售额仍以 20%的速度递增。

尼西奇公司的发展史充分证明了一点：因为专注所以专业，因为专业所以成功。中小企业无论是资源实力，还是抗风险能力都是难以跟大企业相比的，与其四处出击收效甚微，不如突破一点取得成功。

不仅中小企业是如此，其实许多知名的大企业在制定长期发展计划时也是如此步步为营的。比方说，百事可乐公司在挑战可口可乐公司时，首先是向可口可乐公司的食品杂货市场进攻，接着是自动售货机市场，然后是快餐市场，它总是在吃透一个市场之后才会转向下一个市场，不疾不徐，稳打稳扎。还有丰田公司，它先是主攻小型汽车（如雄鹰和花冠），然后再推出中型汽车（如凯美瑞、亚洲龙），最后推出的是豪华型汽车（如雷克萨斯）。

联想老帅柳传志先生在形容联想的做事风格时曾打过这样一个比喻："先撒上一层土，夯实之后，再撒上一层土夯实，然后再一步一步走。"一次只进入一个细分市场，就正如这比喻所言，是先撒土，夯实之后再撒另一层土，沉稳扎实地经营好细分市场。

选定超级细分市场，而不是孤立的细分市场

公司应设法在超级细分市场中营销，而不是在孤立的细分市场中经营。超级细分市场是指一组有相同开发价值的细分市场。例如，交响乐队的目标是有广泛文化兴趣的听众，而不仅仅是参加音乐会的常客。

——科特勒《营销管理》

科特勒指出，企业在明确目标市场的时候，应选择超级细分市场，而不应选择孤立的细分市场。

在强生公司大部分婴幼儿洗护产品上，我们都可以看到这样一句广告词"宝宝用好，您用也好"。这是一句很乖巧的宣传语，更是一种高明的超级细分市场营销的范例。就这样一句话，轻轻松松地将多个具有相同开发价值的细分市场串了起来。

我们都知道，婴幼儿专用的洗护用品品质佳、注重安全，而很多成人在呵护自己的肌肤时，都会想：婴幼儿用的产品，我能不能用呢？我用了是不是也会有婴幼儿的那种效果呢？而强生特别印上去的那句广告语恰恰起到了绝佳的暗示作用，它等于是在告诉非婴幼儿，但又对强生产品有兴趣的消费者，强生婴幼儿产品不仅孩子们可以用，大人也可以用。于是，产品的受众范围一下子从婴幼儿扩大到了更广大的人群。大人也开始用强生婴儿沐浴露作为自己的沐浴露，用强生婴儿洗发液洗自己的头发，用强生婴儿润肤油滋润自己的肌肤……哪怕这些人只是偶尔用用，强生公司仍然取得了原本并不属于他的一部分产品消费份额。

除了强生公司之外，还有许多公司也都运用了这一营销策略，如有一种洗洁精在瓶身上注明"本品可作洗手液，保证不伤手"，这就等于偷偷占据了一部分洗手液的市场。还有一种果汁饮料，它的包装瓶特别精美、结实、牢固，而且耐热，虽然价钱贵一点，但很多顾客还就选它，因为喝完饮料后，完全可以留下饮料瓶子，带在身边当作水杯用，这就偷偷划走了一块水杯市场。

这些例子都足以说明超级细分市场的价值和意义。如果企业选择的是孤立的细分市场，那么就等于把鸡蛋完全放在了一个篮子里，风险是极大的。一来，只困守这么一个孤立市场，利润和发展空间都有限；二来，一旦企业在该市场遭遇不利，想要换一个战场重新起跑会很艰难。而超级细分市场就能帮助企业降低很多风险，不仅能够给企业带来更多的营业收入和利润，同时还能给企业留下"后路"，进可攻，退可守，不至于被困死在一个狭窄的细分市场之中。

在零售百货业中，有一部分市场嗅觉敏锐的领先型企业，现在越来越关注一类特

殊的群体，他们被称为准富裕阶层。什么是准富裕阶层呢？在传统的分类中，零售百货业常将消费者群体按收入水平划分为富裕阶层和中低收入阶层，他们对应的就是高端与中低端定位。而随着近年来消费者收入水平越来越高，“准富裕”阶层应运而生。这部分消费者的收入水平要高于大众化的消费群体，但是又低于富裕阶层。他们虽然无力承受富裕阶层的高消费，但是大众化的消费品同样很难令他们满足。他们既不适合归入高端顾客，又不适合纳入中低端顾客。市场上现在还比较缺少专门针对这部分消费者群体的市场，但他们又是绝对不能忽视的，他们的购买力与潜在价值甚至超越中低端顾客群，也超越高端顾客群。像这样的一个消费者群体就是一个很有潜力的超级细分市场。

沃尔玛、家乐福这样的大型连锁超市主要瞄准的是大众化的市场，而一些精品商场则定位为高档，这样一来，针对于准富裕阶层就出现了空白，这部分群体大有一种有钱花不出去的意味。为了吸引这部分群体，一些领先企业开始在营销策略上做一些转变，就拿沃尔玛来说，沃尔玛已经开始开设专门针对这一阶层的“店中店”，以充分挖掘准富裕阶层的消费潜力。在以后，必会出现更多的适合于准富裕阶层的产品以及零售渠道模式。

所以说，当企业受困于一个孤立的细分市场时，应有危机感，要重新审视细分市场，找出不同细分市场的共同点，以共同点为基础，将不同的细分市场进行整合，扩大自己的生存发展空间。

选择目标市场时必须考虑道德与社会责任问题

市场目标的选择应该尽量避免消费者的激烈反对。社会责任营销要求市场细分和目标化的服务不仅要考虑公司的利益，也要考虑整个目标市场的利益。营销者要在选择目标市场时考虑道德与社会责任问题。

——科特勒《市场营销原理》

科特勒提醒企业，在确定目标市场时，除了要重点考虑目标市场的规模和增长潜力外，还有一点是不容忽视的，那就是必须考虑道德与社会责任问题，要尽量避免消费者的激烈反对。

明智的目标市场选择可以使公司得以聚焦于最有利可图的、最有发挥空间的细分市场，并向特定的消费者群体提供能满足其需求的产品。但是，目标市场的选择有时也会引发消费者的争议和担心。最大的问题通常涉及对那些容易受到影响、处于不利地位的消费者提供具有争议的或者有潜在危害的产品。

在我们身边，其实就存在很鲜明的例子，比如烟草业、酒业、网络游戏、快餐食品等等，这些行业是很容易引发争议与道德责任问题的。很多国家都对烟草广告、酒业广告严格管控，为的就是尽量减少这些广告对大众，尤其是对青少年的影响。

现在针对成人的很多产品的市场营销已经有意或者无意地倾入青少年的细分市场，也引发了新的问题。比方说，世界知名的内衣品牌维多利亚的秘密，曾针对 18～30 岁左右的年轻女性推出过年轻嬉皮又性感的产品，定名为“红粉佳人”，产品上市后备受女性欢迎。由于维多利亚的秘密出色的设计以及一系列营销活动的影响，不仅年轻女性喜欢，一些未成年少女甚至是10来岁的小女孩都为之吸引，她们纷纷购买“红粉佳人”产品，引起了家长和社会的担忧。

科特勒曾经提到说，在美国，十几岁的女孩可能将其低腰牛仔裤低到可以露出花里胡哨的短裤。法国的女士化妆品、吊袜带，都有适合十几岁青少年的规格。芭比娃娃也有采用露背吊带衫和高跟靴子的“亮闪闪的奢华”风格。不到12岁的女孩高声宣扬着：“难道你不想自己的女朋友像我一样火辣?”这样的早熟让人不由得不忧心。

这些问题在国内的消费市场同样存在。青少年的身心健康引发的是全社会的关注。比方说一直以来人们对于网络游戏的批评与担忧。我国约有超过2000万的网游少年，其中网游成瘾者有几百万。在网络游戏玩家之中，16～25岁的人占了四分之三左右，青少年更是其中的主体。网络游戏市场在显示出其超凡的吸金能力的同时，游戏中的色情、暴力元素也暴露出来，让很多青少年沉湎其中，难以自拔。网游几乎成了引诱青少年堕落的代名词，一些青少年因沉迷网游而抢劫、强奸、杀人的新闻也屡见不鲜。这些问题及其社会影响力都是企业在选择目标市场时不得不考虑的。

此外，像环境保护、食品安全、信息安全等问题都是消费者群体所共同关注的，稍有不慎，都会酿成大问题。企业在选择目标市场时，要审慎对待这些因素，有一些底线是不宜触碰的，否则，会给企业的形象和声誉带来至深的影响。

在目标市场营销中，真正的问题不在于以谁为目标，而在于如何选择目标市场和为什么选择。当市场营销者试图以目标市场为代价换取赢利时——即不公正地以易受影响的细分市场为目标，或者向他们推出有问题的产品或营销策略时，就会引发争议。具有社会责任的市场营销要求，细分市场和目标市场选择不能只考虑公司自身的利益，还要考虑目标顾客的利益。

企业可供选择的五种目标市场模式

企业在对不同细分市场评估后，可考虑五种目标市场模式：单一细分市场集中化，选择性专业化，产品专业化，市场专业化，整体市场覆盖化。

——科特勒《营销管理》

科特勒指出，企业可以根据自身的规模实力和实际情况，考虑以下五种目标市场模式：

一是单一细分市场集中化。采用这种模式的企业，一般集中力量推出一种或少数几种产品，采用一种或少数几种市场营销组合手段，对一个或有限的几个市场加以满足。

单一细分市场集中化，有利于企业发挥特长，集中力量为某一市场服务，增强竞争力；同时，实行专业营销也可以大大节约营销费用，相对提高市场占有率。企业通过单一细分市场集中化，可以更加深入地了解该细分市场的需要，可在该细分市场建立巩固的市场地位。另外，企业通过生产、销售和促销的专业化分工，可以获得许多经济效益。如果在细分市场上获得领导地位，企业还可以获得高报酬。

当然，不足之处便是潜在的市场风险比较大。因为企业把生存、发展的希望全部寄托在一个或几个特定市场上，一旦这一目标市场情况突变，如顾客需要和偏好发生变化或者出现了更大的强有力的竞争对手时，企业就可能陷入毫无回旋余地的困境，甚至会面临全军覆没的危险。

因此，这种模式比较适合于一些资源有限、实力一般、不可能多面出击与大企业相抗衡的小企业。当然，一些大企业在初入某个细分市场时也可采用此种策略。采用单一细分市场集中化模式的企业，必须密切关注目标市场的变化，以便及时应对，减少经营风险。

二是选择性专业化。选择性专业化与单一细分市场集中化不一样，它是在若干个细分市场经营。每个细分市场都有吸引力并符合公司要求，也都有赢利的潜力。企业进入多细分市场，可以有效地分散风险。

三是产品专业化。这是指企业集中力量生产一种产品，并将其推向几个不同的细分市场。企业专注于该产品的生产与营销，并在业内树立起极高的专业度和声誉。但是如果这种产品被一种全新的技术或替代品所替换，那么企业就会失去赖以生存的根本，面临破产的危局。

四是市场专业化。市场专业化是指企业专门为满足某个顾客群体的各种需求而服务。企业只专注于这一个顾客群，一切产品和营销方案都是为了更好地服务这个群体。因为这种专注，企业可以获得顾客的认可与长期合作。但是，这种模式的缺陷在于企业对顾客方的依赖性过强，如果顾客方出现问题，企业必受影响。

五是整体市场覆盖化。这是一种全面开花的模式，企业通过多种产品来满足各种顾客群体的需求。通常而言，只有大企业才具备足够的资源和实力采用完全覆盖市场的战略。要覆盖整个市场，企业可以采取无差异化营销和差异化营销两种形式。

无差异化营销就是不考虑细分市场之间的区别，让产品通过广泛的渠道和大规模的营销宣传走向整个市场。而差异化营销则是指将整个市场加以细分，为不同的细分市场设计不同的产品和营销方案。

拓展者必须设计打破封闭市场的方法

一个公司的拓展计划常常受到封闭市场的阻挠。因此拓展者必须设计打破封闭市场的方法。

——科特勒《营销管理》

科特勒提出，当企业选择了一个较为封闭的目标市场的时候，必须要有宏观营销的意识，也就是说要从经济、心理、政治和公共关系这些宏观方面入手，做好战略协调，全力争取有关各方的支持配合，从而打破这个封闭市场，获得市场的准入权。百事可乐公司就是利用这种宏观营销的方法开辟印度市场的。

20 世纪 70 年代末，可口可乐在印度苦心经营 20 年后，仍然难以融入当地市场，并因为与政府之间的秘密贸易争执而无奈撤离印度市场。

其后，百事可乐开始琢磨如何进入印度市场。百事可乐明白，要成功进入，就必须消除当地政治力量和商业力量的抵抗情绪。百事可乐认为，要做到这一点，就必须向印度方面提出一项他们难以拒绝的援助。百事可乐与印度本土企业集团合资，跳过了印度国内软饮料厂商和反跨国公司立法机关的反对。百事可乐提出帮助印度出口一定数量的农产品，以弥补印度进口百事可乐的浓缩软饮料。百事可乐还提出帮助印度发展农村经济，转让食品加工、包装和水处理技术，从而赢得印度政府的支持。百事可乐提供的这一系列利益赢得了印度各利益集团的支持，最终百事可乐顺利地在印度市场站稳了脚跟。

科特勒曾经在产品、价格、促销与销售渠道的4P基础上特别添加了另外两个P，就是“政治力量”和“公共关系”。对于有的目标市场，企业即便将4P做到再好，产品适销对路，价格、渠道和促销都到位，也难以打进市场，这种时候就必须用到“政治力量”和“公共关系”，百事可乐开辟印度市场就是这样一个鲜明的例子。

在谈及营销者的素养时，科特勒有这样一番话：“好的营销部分取决于营销人员的遵守规则，而卓越的营销却往往依靠营销人员打破规则来达成。”在面对一个封闭的目标市场的时候，企业要有效突破，就必须要有打破规则的魄力和智慧。

“不创新，就死亡。”这句话已成为企业生存发展的真实写照。越是封闭的市场，越是难以跨越的目标，就越需要勇气，需要创新。只要能够突破传统思维的束缚，那么很可能就会产生非凡的效果。

在开拓市场的过程中，营销人员应始终相信这样一句话——“方法总比问题多”，要尽量避免模式化思考，不要管别的企业是怎么做的，传统上是怎么做的，要跳出常规的营销理念与传统，大胆地去尝试新点子、新方法，进行一些创新甚至是冒险的活动，很有可能就能推开一扇机会之门。

20世纪60年代的世界首富“石油怪杰”保罗·盖蒂曾经说过一句话：“真正成功的商人，本质上是一个持异议的叛徒，也极少满足于维持现状。”打破规则，其正面意义包括挑战既有的标准和惯例，绕开陈腐的规章制度来提升效率。从本质上说，跳出思维定式更能带来新的产品发明、新的生产工艺，开辟新市场，赢得宝贵的市场机会。

第 3 章
市场定位：定义在消费者心目中的形象和位置

成功的营销战略关键在于：聚焦、定位和差异化

成功的营销战略关键在于：聚焦、定位和差异化。企业必须仔细地界定其目标市场；建立独特的产品定位并将其有效地通过沟通传达给消费者；制定差异化市场供给品，使竞争对手很难完全模仿。

——科特勒《科特勒说》

在科特勒看来，成功的营销战略有三点至为关键，那就是聚焦、定位和差异化。

聚焦是指集中力量于某几个细分市场，主攻某个特殊的顾客群、某产品系列的一部分或某个地区市场，而不是在整个市场范围内进行全面出击。这样可以使企业以更高的效率、更有特色的产品和服务满足某一特定的战略对象的需要，以便在狭窄的市场范围内实现低成本、差异化或者二者兼得的竞争优势。

定位是指企业把针对目标市场细分开发出的产品特性传达给消费者。也就是要令自己的企业和产品与众不同，形成核心竞争力，让品牌在消费者的心智中占据最有利的位置，努力使品牌成为某个类别或某种特性的代表品牌。这样当消费者产生相关需求时，便会将该品牌视为首选对象。

差异化是指企业努力发展差异性较大的产品系列和营销项目，努力树立起企业的独特形象，以成为同行业中的领先者，以此获得产业中的竞争优势。

在这三点之中，定位是很关键的一环，营销定位需要解决三个问题：满足谁的需要？满足什么样的需要？怎样满足这些需要？这可以归纳为三步定位法。

第一步，找位，也就是解决“满足谁的需要”这一问题。这相当于对目标市场的聚焦。

在市场分化的今天，任何一家公司和任何一种产品的目标顾客都不可能是所有的人，同时也不是每位顾客都能给他带来正价值。事实上，有一部分企业的营销成本并没有花在能带来最大价值的顾客身上，大量的资金和人力被浪费了。因此，企业有必要对顾客进行甄别，理清楚到底为谁服务、要满足谁的需要这样一个大问题。

第二步，定位，也就是解决“满足什么样的需要”这一问题。

产品定位过程是细分目标市场并进行子市场选择的过程。这里的细分目标市场与选择目标市场之前的细分市场不同，后者是细分整体市场，选择目标市场的过程；前者是对选择后的目标市场进行细分，在选择一个或几个目标子市场的过程。

对目标市场的再细分，不是根据产品的类别进行，也不是根据顾客的表面特性来进行，而是根据顾客的价值来细分。顾客在购买产品时，总是为了满足自己某方面的需求，获取某种产品的价值。产品价值组合是由产品功能组合实现的，不同的顾客对产品有着不同的价值诉求，这就要求企业搞清楚自己应该“满足什么样的需要”，进而提供不同诉求的产品。

第三步：到位，也就是解决“怎样满足需要”这一问题，执行并落实既定定位的过程，差异化则是其中一个有效的手段。

在确定满足目标顾客的需要之后，企业需要设计一个营销组合方案并实施这个方案，将定位落实到位。这不仅仅是品牌推广的过程，也是产品价格、渠道策略和沟通策略有机组合的过程。整个营销过程就是一个找位、定位再到位的过程。

我们可以先来看一看美国西南航空公司的案例。

西南航空公司将自己牢牢定位为提供短程、低价航空服务的公司，它的口号就是“不奢华，但却廉价而有趣”。西南航空堪称高效低成本经营的典型。

例如，乘坐西南航空公司的班机是没有正餐提供的，只有花生。所有飞机上都没有头等舱，只有三人座。乘客不用预订座位，只需拿着登机卡，先到先得，每 30 个人一起登机。西南航空公司与其他航空公司相比，能达到更高的准点率。西南航空公司以短程航班为主，它吸引的是本来要开车或者坐公共汽车的旅客。比方说，该公司推出的路易斯维尔至芝加哥的航线，单程机票只要 49 美元，而竞争对手的价格是 250 美元。结果，两个城市间航空旅客每周总运输量从 8000 人次增加到了 26000 人次。西南航空公司的航班飞行时间一般为一小时左右，单程平均费用也只花费顾客 76 美元。

西南航空严格控制成本，砍掉不必要的服务，但这并不意味着西南航空的服务单调乏味，相反，乘客们在短短的旅途中还能享受到不少乐趣。西南航空公司会精心带给乘客大量好玩的、健康的娱乐。比方说，空乘人员会把自己装扮成爱尔兰守护神节的精灵和复活节的兔子，而在万圣节就几乎什么都有。空姐把安全事项用好玩的形式表演出来，有乡村音乐、布鲁斯和说唱音乐，让旅客互相做自我介绍，相互认识并交谈。他们用这些方法给旅客带来惊喜和娱乐，就连公司首席执行官都曾经化妆成猫王和顾客打招呼。

这家公司不仅给自己立下了准确的定位，更实实在在地做到了“廉价而有趣”，这使得西南航空获得了极高的口碑与赞赏，也助其战胜主要竞争对手，成为美国名列前茅的航空公司。

西南航空作为后起之秀，能从群雄逐鹿之中胜出，在很大程度上就得益于其准确的定位和出色的执行。短途的航线、低廉的价格、优质的服务，自然能够吸引顾客、留住顾客。

不同的消费者在不同情况下需求也各不相同，企业需要认清自己的定位，明确到底要满足谁的需要、满足什么样的需要以及怎样满足这些需要。只有定位清晰了，企业才能在竞争中立于不败之地。

定位的目标在于将品牌留在消费者心中

定位是指设计公司的产品和形象以在目标市场的心中占据一个独特位置。目标是要将品牌留在消费者的心中，以实现公司的潜在利益最大化。一个好的品牌定位能够通过阐明品牌精髓、该品牌能帮助消费者达成何种目标以及如何以独特的方法来实现，来帮助指导营销战略。

——科特勒《市场营销原理》

定位的终极目标就是要将品牌留在消费者心中，占有消费者心智资源，在消费者心智中完成“注册”。

比方说，提起耐克，人们想到的是“Just do it”；提起高露洁，人们想到的是“没有蛀牙”；提起宝马，人们想到的是“驾乘乐趣，创新极限”；提起 M&M 巧克力，人们想到的是“不溶在手，只溶在口”……这些品牌通过定位在消费者心中占据了一席之地，所以它们成功了。国内的众多品牌中，也有一些得益于精准的定位，而确立了自己在市场中的地位和根基，加多宝王老吉就是一个很好的例子。虽然，2012 年以来，加多宝王老吉深陷于品牌之争当中，最终失去了这一商标的继续使用权，但其过去的经验仍然是非常值得借鉴的。

2002 年以前，红色罐装王老吉是一个表现很不错的品牌，在广东销量稳定，赢利状况良好，销售业绩连续几年维持在 1 亿多元。发展到这个规模后，加多宝管理层自然想要把企业做大，走向全国。

然而，想要做大做强的王老吉，却不得不面临一个现实的定位难题——王老吉到底是当“凉茶”卖，还是当“饮料”卖？

在广东，传统凉茶因下火功效显著，被普遍当成“药”服用，不需要也不能经常饮用。而“王老吉”这个具有上百年历史的品牌就是凉茶的代称。因此，王老吉受品牌名所累，并不能很顺利地让广东人接受它作为一种可以经常饮用的饮料，销量大大受限。

另一方面，加多宝生产的王老吉配方源自香港王氏后人，是经国家审核批准的食字号产品，其气味、颜色、包装都与广东消费者观念中的传统凉茶有很大区别，而且口感偏甜，“降火”药力不足。红罐王老吉拥有凉茶始祖王老吉的品牌，却长着一副饮料化的面孔，让消费者觉得“它好像是凉茶，又好像是饮料”，陷入认知混乱之中。

2002 年年底，加多宝请来专业的营销顾问公司，开始对红罐王老吉进行新的品牌定位。营销顾问公司发现，广东的消费者饮用王老吉主要在烧烤、登山等场合，对王老吉并无“治疗”要求，而是作为功能饮料购买，购买的真实动机是“预防上火”。

再进一步研究王老吉的直接竞争对手，如菊花茶、清凉茶等，由于缺乏品牌推广，仅仅是低价渗透市场，并未占据“预防上火的饮料”的定位。而可乐、茶饮料、果汁饮料、水等明显不具备“预防上火”的功能，仅仅是间接竞争。而王老吉的“凉茶始祖”身份、神秘中草药配方、175年的历史等，显然是有能力牢牢占据“预防上火的饮料”这一定位。

在研究一个多月后，王老吉的品牌定位基本形成：首先明确王老吉是在“饮料”行业中竞争，竞争对手应是其他饮料；其品牌定位是——“预防上火的饮料”，独特的价值在于——喝王老吉能预防上火，让消费者无忧地尽情享受生活：吃煎炸、香辣美食，烧烤，通宵达旦看足球……

确立了王老吉的品牌定位，就明确了营销推广的方向，所有的营销努力都将遵循这一标准，从而确保每一次的推广都对品牌价值进行积累。从此，王老吉连续几年保持高速增长，2008年销量突破100亿元大关，成为“中国饮料第一罐”。

真正的品牌定位是找到在消费者心智中区别于竞争对手的定位，而不是盲目跟风。企业必须通过定位给消费者一个理由，一个为什么要购买企业的产品而不是竞争对手产品的令人信服的理由。

定位要求定义和传达品牌之间的相似点和差异点

定位要求定义和传达品牌之间的相似点和差异点。特别是定位的决策要求通过识别目标市场和竞争状况，以及共同理想点和差异点的品牌联想来确定参考框架。

——科特勒《营销管理》

科特勒指出，定位要定义和传达出品牌之间的相似点与差异点。相似点是指那些并非品牌所独有，而是与其他品牌共享的一些属性。而差异点则是指能够把自己与竞争对手的产品区分开来的属性与利益点。

要准确地定义并传达品牌之间的相似点和差异点，营销者应该首先问一问自己这样三个问题：

第一，企业是否确定了一个品牌参照系。

品牌参照系简单地说就是要明确品牌处于一个什么样的参照系之中。选择合适的参照系具有重大意义，因为参照系决定了消费者将会对品牌产生哪些联想，而这些联想就构成了品牌的相似点和差异点。参照系可能是同一类产品中的其他品牌，例如，百事可乐的竞争对手是可口可乐。还有的情况下，参照系可能来自于不同的产品类别，例如，百事可乐、脉动、冰红茶分别属于软饮料、运动型饮料和冰茶，但它们都在解渴饮料这同一个参照系内。

要确定品牌处于一个什么样的参照系中，需要重点考虑的一个因素是产品在生命周期中所处的阶段。如果是一种新推出来的产品，那么，它通常会把竞争产品选为参照系，以便让消费者迅速了解产品是什么、能做什么；而越到产品生命周期的后期，新的增长机会和威胁就会出现在该产品类别之外，这时候，就有必要调整参照系了。

第二，企业是否充分利用了相似点。

如果想要让消费者认为企业的产品在某个品牌参照系内是合理的，并且值得信任，那么，该产品必须与参照系内的其他同类产品具有一些相似点。打个比方说，如果你的产品是洗衣粉，可是却不能对衣物产生任何的清洗效果，那么，消费者不会把你的产品当洗衣粉；如果一家餐馆不能提供饭菜食物，那么，它也就不能被归入餐馆这一类中。只有具备了某些基本的相似点，消费者才会对企业的产品有一个基本的、初步的认可。

第三，企业是否构建起了具有强大效力的差异点。

品牌定位必须构建起强有效的差异点，这样才能将品牌与同一个参照系里的其他品牌区别开来。这种差异可以从品牌性能上、品牌形象上以及消费者洞察上去寻找切入点。让顾客看到产品的不一样，并且让顾客感觉到这种不一样对他们而言是极为有利、有用的，这种强烈、独特又能给顾客以良好联想的差异，才是产品真正吸引顾客的地方。

以手机产业为例，有两个品牌很值得一提，一个是 OPPO 手机，它以宋慧乔为形象代言人，打出了“音乐手机”的鲜明旗帜，仅用三四年时间就坐上了国产品牌的第一把交椅。另一个则是小米手机，它的定位是最优性能的平价智能手机，瞄准的是伴随互联网成长的发烧友、理性消费的中低收入年轻白领，售价仅 1999 元，却是业内首款双核 1.5GHz 的智能手机，当得起“国产神机”、“性价比之王”的称号。这两个品牌凭借准确的定位与差异点塑造在竞争惨烈的国内外手机品牌搏杀中突出重围，收获了极高的人气和利润。

足见，找准定位，找准差异点，这是品牌取胜之道。

企业可以用来成功定位的五种价值主张

品牌的整体定位被称为该品牌的价值主张，价值主张直接回答顾客的问题——“我为什么要购买你的品牌?”公司可以用来成功定位的五种价值主张是：优质优价、优质同价、同质低价、低质更低价、优质低价。

——科特勒《市场营销原理》

在科特勒看来，品牌的价值主张体现的就是一个该如何与顾客沟通的问题，它不是简单地说服顾客，而是要引起顾客的共鸣。科特勒曾经说过这样一番话：“要找出核心定位、价值定位、全价值主张，先要让公司描述出其整体贡献度比竞争者高的理由。然后公司再运用这些结果，建立强势的品牌认同，传递出潜在顾客期望得到的价值描绘。”他指出，公司可以通过五种价值主张来进行成功定位：

一是优质优价。

优质优价的定位是指提供优质档次的产品和服务，同时收取高额的价格，这一类里最有代表性的就是奢侈产品了。它们一般都拥有优异的品质、手工打造、持久耐用、卓越的性能或独特的风格，并有与之相匹配的高昂价格。消费者购买这类产品，买的不仅是上等的品质，还有优质优价品牌所代表的声望、地位以及高档的生活方式。

几乎在所有的产品和服务类别中，我们都可以找到这样的精品品牌，从酒店、餐饮、时装、化妆品，到汽车、房子、电器等等，不胜枚举。当一个产品类别中出现一个优质优价品牌的时候，消费者往往会感到惊讶、惊喜。像苹果公司推出设计与质量比传统手机优越得多的iPhone时，尽管价格不菲，可仍然吸引了无数“果粉”的疯狂追捧。

企业如果选择优质优价的价值主张，需要注意这样两点，其一，优质优价品牌因为利润丰厚，很容易吸引大批的模仿者，他们号称自己可以以更低价格提供同样质量的产品，这是企业需要提防的；其二，优质优价品牌在经济良好时期一般都能有不错的销量，但遇到经济低迷时期，当消费者开始捂紧钱包的时候，就可能会跌入低谷。

二是优质同价。

优质同价的定位是指以较低的价格引入提供相同质量的品牌来攻击竞争者的优质优价定位。例如，丰田的雷克萨斯产品线就是采取这一价值主张与梅赛德斯、宝马等品牌竞争。在美国市场，它打出的口号是：“只需3.6万，不是7.2万，就能买到更好的车，有史以来第一次!”丰田发布的广告里，将雷克萨斯和梅赛德斯的性能逐项进行比较，以突显雷克萨斯的优秀品牌；丰田还公布消费者调研结果，指出雷克萨斯经销商能提供更好的销售服务。结果是，雷克萨斯吸引了梅赛德斯的很多准客户，而且，雷克萨斯的重购率达到60%，是业内平均水平的两倍。可见，优质同价对于优质优价能产生十足的威胁力。

三是同质低价。

同质低价比优质同价更强大，因为很少有人不喜欢价廉物美，同样的质量之下，大部分人都会选择价格更实惠的那一种。像沃尔玛、百思买就是如此，它们提供的产品并不特别，但是，它们凭借卓越的采购能力和低成本的运营，使得产品价格相比之下更便宜些，这就足以吸引顾客了。还有的企业为了抢夺市场领先者的市场份额，会研发出相似的产品，以更低价格出售，像AMD之于英特尔，就是采取这种战略。

四是低质更低价。

低质更低价是指以更低的价格满足消费者较低的性能或质量要求。尽管现在的消费者越来越重视质量，越来越追求品质，但不可否认的是，有一些质量不太好、价格也不高的产品仍然有一定的市场空间。在很多情况下，消费者愿意为了一个低廉的价格，放弃最佳效能或花哨的特点。比方说，一个旅行者急需找到住宿之地时，他很可能会就近选择一家普通旅社，以极低的价钱凑合一个晚上。

五是优质低价。

优质低价是一种成功的价值主张。质量更优、价格更低，这样的品牌，消费者很难不动心。很多企业确实在实践这一点，从短期来看，它们的表现是很不错的，但是，从长期来说，要保持这种定位会很困难。提供更优的质量意味着要增加不少成本，而这些成本又使得低价的承诺变得很难兑现。这是企业应该多加考虑的一个问题。

每一个品牌都必须采用针对其目标市场需求的定位战略，优质优价的价值主张会吸引某一个目标群体，而低质更低价也会吸引其目标群体。企业通过不同的定位、不同的价值主张，找到属于自己的发展空间。重点在于，企业必须根据自己所选择的目标市场和目标群体，确定恰当的定位战略。

定位就是要在同质化的基础上做到差异化

定位就是要在同质化的基础上做到差异化。我们喝咖啡，可以选择在麦当劳，也可以去星巴克。但星巴克的咖啡却很贵，为什么可以生存下来？因为星巴克卖的不是咖啡，卖的是体验。所以，在同质化的基础上做到了差异化，这也是普通营销员和一个伟大营销员的区别。

——2011年科特勒《21世纪》采访

科特勒认为，定位首先要明确的就是产品的类别，然后再指出其与该类别的其他产品相比有什么不同之处。将品牌归于某个具体的产品类别之中，是因为它们彼此间存在共性，而让这个品牌从众多同类中脱颖而出的就是其优越性，即差异化。

科特勒曾说，营销者必须相信，你可以让任何产品差异化。在品牌差异化方面，最经典的案例莫过于宝洁公司。宝洁公司的差异化是典型的通过产品功能与文化的不同而区分形成的差异化。

宝洁是世界上最大的日用消费品公司。每天，宝洁公司的品牌同全球的广大消费者发生着三十亿次的亲密接触。宝洁公司拥有众多深受信赖的优质、领先品牌，包括帮宝适、佳洁士、汰渍、碧浪、舒肤佳、飘柔、潘婷、海飞丝、威娜、玉兰油、吉列、博朗等。

宝洁旗下品牌众多，却分类明确。宝洁针对商品功能的理性诉求，将旗下产品分为：洗发护发用品，宝洁拥有飘柔、潘婷、海飞丝、沙宣、润研以及收购而来的伊卡璐系列；个人清洁用品也拥有舒肤佳、玉兰油及激爽三个不同的品牌。

宝洁的各个品牌之间独立核算费用，鼓励品牌之间的相互竞争，在管理上也同样实行品牌管理方式，采用“一个品牌，一个品牌经”。对每一个产品进行差异化的品牌定位，从而形成产品自身的品牌个性。

以洗发用品为例，宝洁各品牌间寻找产品差异化时的立足点是头发质量的本身，例如男女性别差异、头发质量差异、头皮种类的差异。由于洗头护发是洗头产品的一项基本功能，产品功能的延伸也是在对头发质量的改善上。飘柔的二合一很显然是给生活节奏忙碌的都市人提供的产品定位，而柔顺体现的心灵关怀在头发上得到了展示；海飞丝是宝洁发现有一些消费者头发有头皮屑而开发的产品；潘婷强调修复功能，注重对头发的营养保健；沙宣的发廊级造型有专卖做示范；伊卡璐的小资定位与草本精华功能描述有力。这些实际可见的效果让消费者能从众多的品牌中一眼发现最投自己心意的品牌。

每一种品牌应该在其选择的利益方面成为“第一名”。“第一名”的定位包括“最好的质量”、“最佳的服务”、“最好的设计”、“最安全的”、“最快的”、“最顾客化的”、“最创新的”、“最可靠的”或是“最著名的”、“最低的价格”、“最高的价值”。这个寻求并明确产品之“最”的过程，其实就是一个在同质化的基础之上谋求差异化的过程。如果一家公司能坚持不懈地反复强调某一定位，凸显其差异化，并且令人信服地进行传播，它就可能凭借这样的差异性赢得顾客，并取得优势。

执行既定定位要比提出好的定位战略难得多

公司常常发现，执行既定定位要比提出好的定位战略难得多，建立或者改变定位通常需要花费很长时间。相反，历经数年树立起来的定位却可能毁于一旦。一旦公司建立起理想的定位，就必须通过一致的表现和沟通来小心维持。

——科特勒《市场营销原理》

科特勒指出，执行一个既定的定位要比提出一个好的定位战略还要困难得多。公司必须采取有力的措施向目标顾客递送和沟通既定的定位。公司所有的市场营销组合策略必须给予该定位战略有力的支持。

定位战略就好比在地上圈定了一个点，而执行定位则是要将这个点挖成一个又大又深的洞，把企业做大做强。定位需要切实的行动，而不仅仅是高谈阔论。如果公司定位于提供更好的质量和服务，就必须按照该定位向目标顾客递送优质的质量和服务，公司必须生产高质量的产品，选择优质的经销商分销，在高质量的媒体做广告，雇用和培训高水准的服务人员，寻找服务声誉好的零售商，设计能够传播其卓越服务品质的促销和广告信息。这样才能将既定定位战略落到实处。

我们来看猫人集团是如何执行其定位战略的。

在保暖内衣行业里，猫人集团是一家非常重视品牌战略的企业。早在2001年猫人进入保暖内衣行业时，正是各大品牌大打“质量战”、“价格战”、“口水战”的时候，在这种形势之下，如果不能通过有效的品牌定位战略来实现品牌差异化，那么猫人就只能被动地随着市场竞争及环境的改变而调整、变化。消费者也很难对这个品牌形成鲜明独特的认识和印象，品牌的建立也就无从谈起。

猫人认识到，随着生活水平的提高，人们对时尚会越来越看重。因此，猫人提出了“时尚内衣”的品牌定位，并相应地进行了一系列营销整合，例如，选择时尚的舒淇为代言人，并在渠道上不再依循保暖内衣简陋、呆板的终端形式，而是引入了化妆品终端的做法，在全国建立起强大而且整齐划一的“时尚”形象专柜。

但是，当深入地研究猫人的产品和营销组合及其如何具体体现并支持其“时尚”定位时，就会发现，即使是猫人集团的营销人员，也不能清晰、一致地进行说明。猫人主打的保暖内衣的产品介绍上也只是提及：“猫人热力卡保暖内衣：正反两面采用不同面料，里层是采用来自日本三菱的新兴材料，其本身不能产生热量，但能够吸收人体体温来产生热量，提高1℃～4℃，外层是澳洲羊毛。同时，面料中加入了莱卡，使衣服有一定的弹性，羊毛中加入了其他的成分，使表面摸起来十分光滑、手感好。”

显然，猫人虽然极为重视品牌战略，但并未能将“时尚内衣”的定位真正落实到产品上。为了寻求突破，猫人开始与专业的品牌运营机构合作，对其品牌定位及执行环节进行深入研究。通过市场调研发现，“时尚内衣”的品牌定位是有价值的，人们已不满足于过去的大棉袄、老棉裤、几件羊毛衫叠穿的臃肿装束，而是需要那种既能保暖、舒适，又能展现个人时尚风采的服装，即使是保暖内衣也不例外。当时的几大行业领先品牌，都有一个共同点，那就是注重“保暖”功效，而忽视了“时尚”元素，很多品牌的保暖内衣膨松、臃肿，既不便于活动，又缺乏美感。而消费者对保暖内衣样式的关注集中在“领型”、“色彩”、“剪裁”三个方面。在“领型”上，中低圆领最受欢迎；而颜色上，不同消费者有不同选择；在“剪裁”上，消费者普遍提出越紧身越好搭配外衣，其顺序依次为束身、贴身、随身、宽松。

在“时尚内衣”定位之下，猫人结合“时尚＋保暖”的复合需求，提出“贴身抗寒”概念，产品相应地命名为“贴身型抗寒内衣”，简单易懂，立意明确，充分体现了“时尚”的定位。

具体到产品设计上，猫人新推出的保暖内衣保暖性不比业内领先品牌的产品差，而且更轻薄，并充分考虑到目标人群的身形，不紧绷，利用腰线、胸线等辅助。除大众色彩外，还小批量生产颜色鲜艳的内衣。同时，主打中低圆领，高度以不露出衬衫、羊毛衫领为限。

在价格方面，猫人内衣更为时尚，产品更优越，而且运用了澳洲羊毛、日本发热纤维等新型面料，所以定价高于保暖内衣的平均价格。

在渠道方面，因为猫人过往的产品以女性内衣居多，而此次新推出的产品不仅有女款，也有男款，因此，陈列上更注意男装、女装的适当组合，让消费者注意到有男士内衣出售。

在终端的推销中，导购小姐的解说词主要扣住这样一些要点——以“来自香港的时尚内衣，跟传统保暖内衣有很大不同，更能搭配时装，贴身不臃肿，适合搭配衬衫，穿在衬衫里面不显形，也不影响外面衣服的款型”来凸显“时尚”，以“外层是澳洲羊毛，柔软，里层是日本三菱公司专利防寒纤维，特别保暖，最适合在气温0℃以下时候穿”来凸显“保暖”。

在宣传推广方面，猫人将广告语定位“今冬不做企鹅人”，并依次只做了电视广告，发动了广告宣传，舒淇的代言更是为广告增色不少。

这一系列营销活动，直击消费者“时尚＋保暖”需求，及时迅速地拉动了销售，并一点点加强了消费者的认知，逐渐为品牌建立起独特而长期的定位——“时尚内衣”。猫人通过这一系列改变，也赢得了丰硕的战果，其在中国十个以上的城市已经做成了销售第一的业绩，挺进行业前三甲，不仅摆脱了业内的价格恶战，更重要的是确立并落实了“时尚内衣”的品牌定位战略。

品牌定位不应是空中楼阁，真正的定位战略也应该是真正的行动指南。只有当品牌定位落实到了企业的产品开发、营销推广以及任何可以着力的地方并得到贯彻时，才可以说，品牌定位是成功的。消费者需要企业证明给他们看，企业必须能够支撑得起自己的概念，能够将既定的定位战略完美地执行到底。

定位战略应该根据环境变化循序渐进地改善

公司必须始终密切监督和调整定位，以适应消费者的需要和竞争者的战略变化。不过，公司应该避免可能让消费者感到混乱的突然变化。定位战略应该根据变化着的市场营销环境而循序渐进地改善。

——科特勒《市场营销原理》

科特勒认为，一个企业一旦进行了成功的特色定位，其差异化往往只能维持一段很短的时间。竞争者会很快模仿这些好的创意。因此，公司需要不断思考新的增值特征和利益，持续吸引消费者的注意和兴趣。

定位一旦确定之后，并非一成不变。营销人员有时必须为产品、商店或组织本身进行再定位，以改变产品、商店或组织本身在顾客心目中的形象或地位。正像科特勒所说，企业必须不时监督并调整产品定位，以适应消费者需求和竞争对手策略的改变。

企业的定位不能一成不变，也不能过于盲目地一变再变。再定位也可称二次定位或重新定位。它是指企业变动产品特色，改变目标顾客对其原有的印象，使目标顾客对其新形象有一个重新的认识过程。必须指出的是，再定位不仅要找出初次定位失误的原因，还应该在初次定位中寻找合理因素。挖掘这些合理因素，对于再定位同样有很大益处。也就是说再定位是一个扬弃的过程，它否定初次定位中不合理的因素，但这并不意味着要把初次定位的所有因素全部否定。再定位是扩大潜在市场的良好策略。不过，科特勒也提醒企业要慎重考虑产品的再定位，因为改变原有的定位要比为一种新产品定位难度大。我们须视情况谨慎实行。

杜邦公司是一家有着两百多年历史的真正的“老字号”企业。第一个百年，杜邦是知名的火药制造商；第二个百年，杜邦是化工能源巨擘；而今，跨入第三个百年，杜邦给自己的新定位是——加大在高增长市场中的力度，利用杜邦科技造福人类，发挥整体实力。现在的杜邦正处于从一家化学公司向科学公司转型的途中。杜邦对自己的再定位绝不盲目，而是经过了一系列的调查、研究，衡量了各方面的因素才确立的。这种恒一与审慎，或许也是杜邦得以延续几百年的原因之一。

企业进行再定位，一般是在原定位的实施过程中产生了困难或巨大变化的时候。一般说来，有以下几种情形：

其一，新产品在投放市场之前，原定位策略就是错误的，新产品在市场上反应平平，销售效果不尽如人意，需要重新审视定位策略，进行产品再定位。由于传统价值观念影响，人们要接受新生事物往往都有一个过程。而技术上的无知以及购买能力的差异，常常使得新产品难以一下子让顾客认可。所以，企业在进行产品定位时，不能忽视传递价值观念和思维习惯形成的障碍。新产品在市场遭遇“滑铁卢”时，企业可以转变思维方式，从不同侧面出击，通过再定位来达到营销目的。

其二，产品定位是正确的，但市场上出现了与本产品定位相同或相似的产品。而且竞争对手的实力相对强大，结果导致企业产品的部分市场被侵占，目标市场占有率下降，这时候企业可以给产品重新定位，扩大市场占有率。

其三，消费者偏好和需求发生变化。品牌原有的定位是正确的，但由于目标顾客群的偏好发生了变化，他们原本喜欢本企业的品牌，但由于款式、价格等方面的原因，转而喜欢竞争对手的产品；或是随着时代的变迁，消费者的消费观念发生改变，比如消费者原来注重产品的功能，而现在注重其品牌形象。这样的情况下应该进行重新定位。

例如，飘柔这个品牌的最初定位是二合一带给人们的方便以及它具有的使头发更为柔顺的独特效果。但后来，宝洁通过深入调研发现，消费者最迫切需要的是建立自信。于是，飘柔开始以“自信”为诉求，对品牌进行重新定位，并因此而大获成功。

在顾客一方，一旦对某品牌形成了一定的认识，企业再去改变，去重新定位，并将改变后的市场形象传递给顾客，这是要冒很大风险的。再定位需要重新界定营销领域，重新进行市场细分，重新选择目标市场，重新分析竞争对手，重新寻找自己的优势。这一过程绝不是上一次定位的简单复制，而是在原先基础上的一次扬弃。

企业在重新定位前必须要慎重考虑三个问题：一是重新定位所需要的费用，该费用包括产品品质的改变、包装费和广告费等。一般来说，再定位离原来位置越远，则所需费用越高；改变品牌形象的必要性越大，所需的投资越多。二是产品的重新定位应与之前的定位有不同的内涵，产品再定位是赋予产品全新的生命境界。换言之，企业必须对原来的营销计划和目标与市场现实进行检查，寻找其空隙，然后重新给产品或企业定位，找出弥合空隙的最佳方式。三是企业要权衡自己通过重新定位能获得多大的收益，重新定位可以进行的基本条件就是至少要确保企业有赢利的前景。

第 4 章

差异化：有不同才会有市场

信息泛滥时代，差异化直接影响购买行为

消费者因关于产品和服务的信息太多而不堪重负。他们不可能在每一次作出购买决策时都重新评价产品。为简化购买过程，消费者将对产品、服务和公司的认识组合起来进行分类，并在自己的心目中确定位置。因此，产品差异化是消费者对产品的认知、印象和情感的复杂组合，是在与其竞争者的产品相比较而形成的。

——科特勒《市场营销原理》

科特勒指出，为与目标消费群体建立有利可图的关系，市场营销者必须比竞争者更好地理解顾客需求和递送更多的顾客价值。只有能够有效地差异化并定位为向目标市场提供卓越顾客价值的公司，才可能获得竞争优势。

随着市场竞争越来越激烈，市场营销面临越来越严重的同质化，不但是产品的同质化，甚至连营销策略和技巧都趋于同质化，企业纷纷陷入价格战、广告战、终端战和促销战的泥潭之中。

激烈的市场竞争引发了大量的抄袭模仿行为，很多创新行为只能带来短暂的领先优势，其后就马上堕入同质化的海洋。怎样创造出与竞争对手不同的差异化特色，已成为摆在营销人员面前的一大难题。差异化的实质就是给顾客一个购买理由，即为什么买你的而不买别人的。当产品具备了明显的差异化优势时，顾客在购买过程中才更有可能一眼注意到产品，并且达成最后的购买。企业必须努力聚焦，把差异点经营到极致，凭借竞争者无法企及的某种特色来赢得客户。特步就是一个明显的例子。

特步将经营的重心从海外市场转向国内市场的时候，国内市场竞争非常激烈，高端品牌有阿迪达斯、耐克、锐步等国际品牌，特步、双星属于第二集团的挑战者，中间有李宁、双星等大众品牌。同时，在三、四线品牌阵营中，又有很多数不清的地域品牌。为了生存与进一步发展，特步选择了差异化生存之道。

特步改变了运动产品的专有属性和冷冰冰的品牌形象，并根据运动鞋的穿着特点，在行业中独家引进国外技术，让每一双鞋有一股淡淡的香水味，起到祛味、除臭的作用。在保证产品品质前提下，特步还在产品用色、设计上大胆突破，每季均推出自己的主题概念商品，如风火、冷血豪情、刀锋、圣火、先锋等等，款款个性、时尚，其中的第一代风火鞋更是创下了 120 万双的中国单鞋销售奇迹。将时尚元素融入产品设计当中，在给顾客带去优良产品品质的同时，又满足了消费者对时尚、个性的精神渴求。

特步还是国内第一个采用娱乐营销的体育用品品牌，这也非常符合特步作为一个时尚运动品牌的特征。例如，特步请谢霆锋担当品牌代言人和形象大使，谢霆锋在年轻人一代中有非凡的号召力，其叛逆、个性、时尚集中体现了特步的品牌特征，这引发了全国各地谢霆锋的忠实歌迷疯狂抢购特步运动鞋。在代言人深度配合方面，特步也成立了专门的小组与英皇紧密配合，实施跟踪推广。谢霆锋在内地的每一次媒体见面会，都有特步签售会的身影。几年来，在全国 20 多个主要城市进行声势浩大的推广活动，使特步品牌形象深受目标消费群的认可。

特步从品牌诞生之日起就占据了传播通路制高点，集中在中央电视台进行品牌推广，抢占强势媒介的话语权，并在招商方面获得成功。随后特步为产品建设全国销售网络服务，吸引了大批分销商加入特步连锁系统，特步专卖店在全国范围内也迅速地由省份中心城市辐射到二、三级城市以及星罗棋布的中国乡镇。在市场网络开发成功后，特步减少了中央电视台广告投放力度，开始有针对性地做区域性的媒体投放，包括与湖南卫视《快乐大本营》、《娱乐无极限》、《金鹰之星》，东方卫视《娱乐星天地》，光线传媒等娱乐时尚媒介合作推广。

在网站营销方面，特步再一次显示了特立独行的品牌主张。特步网站完全基于品牌极致体验、产品完全体验、“X”文化社区三大功能架构。整个网站与传统的图片、文字堆砌网站不同，用纯 Flash 制作，让消费者耳目一新的体验。特步每年用于网络媒介投资预算达到 300 万元，并时时更新网站内容，引进新游戏，在门户网站上大力推广，其网站浏览量在运动用品品牌中位居前列，正成为“X 新一代”的精神家园。

特步通过这样的差异化营销，取得了不俗的成绩，仅用三年时间就做到了年销售收入 6 亿元，第四年的销售收入达 8 亿元。而今，特步在本土市场上牢牢占据一席之地，成为蕴含时尚气息的知名运动品牌。

差异化营销的核心就是“细分市场，针对目标消费群进行定位，导入品牌，树立形象”。差异化营销不是某个营销层面、某种营销手段的创新，而是产品、概念、价值、形象、推广手段、促销方法等多方位、系统性的营销创新，并在创新的基础上实现品牌在细分市场上的目标聚焦，取得战略性的领先优势。

差异化最重要的因素有两个：第一是速度，速度要越快越好，哪怕慢了半拍，就可能被竞争对手捷足先登；第二，必须拥有自己的独特内容，并使消费者受益，从而在消费者那里获得认可和高度评价，只有能够获得消费者认同和接纳的差异化才是有价值的。在同质化越来越严重的形势之下，寻求差异化营销已成为企业生存与发展的一件必备武器。

检视整个消费链，识别新的、基于消费者的差异点

差异点是消费者强烈地联想到的品牌属性或利益，并给予正面评价，并相信他们并不能同样程度地从竞争品牌中找到。如果公司检视顾客对产品或者服务的整体体验，即消费链的话，他们就会发现自己以及竞争者从未想过的机会，从而识别新的、基于消费者的差异点。

——科特勒《营销管理》

科特勒指出，明智的公司会仔细分析顾客对公司产品或服务的全面体验，在与顾客的接触点上找到差异化的方法。具体来说，科特勒建议营销人员通过这样的一整套问题，来识别新的、基于消费者的差异点。

1. 消费者是怎样意识到自身对我们产品和服务的需求的？
2. 消费者是如何发现我们的产品的？
3. 消费者是怎样作出最后的选择的？
4. 消费者是通过什么样的方式订购或者购买我们的产品？
5. 在产品和服务的传送过程中通常会发生什么？
6. 我们的产品是如何安装的？
7. 我们的产品和服务是怎样支付的？
8. 我们的产品怎样储存？
9. 我们的产品通过什么方式运送？
10. 消费者使用我们产品的真正目的和主要用途是什么？
11. 消费者在使用我们的产品时需要哪些帮助和指导？
12. 消费者如果想要退货或更换产品时会遇到哪些问题？
13. 我们在产品维修和服务方面是如何做的？
14. 当我们的产品被处理或不再使用时会发生什么？

这一整套问题其实也就是企业与消费者之间接触的全过程，营销人员对这个过程进行通盘的梳理，就很容易从中找到一些原来被忽视的要点，从这些要点出发，就很可能找到企业可以突破的差异点。

在任何一个行业，如果想要做得比竞争对手好是很难的，但如果要做得和竞争对手不一样，相对而言就比较容易一些。比方说，市场上的牙膏有很多种，差异点各不相同，有魔力迅白的，有预防上火的，有防过敏的，有加氟强化钙的……而LG却找到了一个新的差异点，推出了有点“咸”的竹盐，顺利地在牙膏市场攻城略地，抢占了一部分市场份额。再譬如，西服之所以叫“西”服，是因为这种服装受欧美服饰文化影响甚深，而柒牌的西服则反其道而行之，给西服加入了中国元素，推出了中式复古风格的“中华立领”西服，风靡一时。

一些公司总是觉得要找到差异化的点非常困难。的确，差异化营销有一种强烈的排他性，当某个差异点被某品牌成功占据后，其他品牌就很难再度占据了，即使效仿之，也只是一种跟风，能博得的市场空间是极为有限的。

曾经有战略管理专家这样描述差异化战略——当一个公司能够向顾客提供一些独特的、顾客需要的、而其他竞争对手无法替代的价值时，这个公司就把自己与竞争者区别开来了。差异化并不局限于产品层面上，企业的竞争战略形式、技术、设计、工艺、外形、品牌、特征、定位、营销模式和方式、服务和价格等等，都可以是差异化的切入点。

所以，科特勒才会建议企业去认真地检视顾客对产品或者服务的整体体验，也就是整个消费链。从中，企业会发现自己以及竞争者从未想过的机会，从而识别出新的、有价值的差异点。

人员差异化：让员工激活品牌

最显然的差异化手段，通常对消费者来说也是最具吸引力的，与产品或者服务的各个方面有关。公司可以通过雇佣、培训比竞争对手更优秀的员工，来赢得强大的竞争优势。

——科特勒《营销管理》

科特勒说，公司可以通过人员差异化，也就是雇用并培训比竞争对手更有水准的员工，以此来获得竞争优势。比方说，迪士尼就为员工提供大量的培训，从接待人员到单轨列车的司机和乘务员，再到清洁工，每个员工都得到了良好的培训，学习理解顾客和“为人们制造快乐”。这些员工以高水平的服务友善热情地待客，让游客们感到宾至如归。

市场竞争说到底就是人才的竞争。员工是企业与顾客之间的桥梁和纽带，员工的形象就是企业的形象，员工的素养就是企业的素养。所以说，企业需要培养专业且具有服务精神的技术人员、管理人员和销售人员，从而增强企业整体的软实力。从产品的设计与研发到营销策略的制定，再将产品交到顾客手中，专业的团队能使整个流程更为规范化。

那么，什么样的员工能为企业创造差异化的竞争力呢？营销专家认为，经过严格训练的优秀员工应该具有以下六个方面的特性：

一是称职：具有相应的能力，具有职务所需要的技能和知识。二是礼貌：热情友好，尊重别人，体贴周到。三是诚实：诚实可信，守信重诺。四是可靠：能始终如一，正确无误地提供服务。五是具有责任感：不推诿，不逃避，能对顾客的请求和问题迅速作出反应。六是善于沟通：理解顾客并清楚地为顾客传达有关信息。

在人员差异化上，海尔是当之无愧的典型。

美国优秀服务科技学会曾经向海尔集团以及张瑞敏先生颁发世界服务领域最高奖——“五星钻石奖”和“五星钻石个人终生荣誉奖”，以表彰海尔在售后服务领域所作出的杰出贡献。

海尔的管理高层这样介绍海尔的“五星级”服务：“海尔产品比别的厂家的产品价格卖得高。卖得高是因为海尔提供的附加值高。我们的标新立异战略，一是和其他的产品在性能上、质量上不一样。二是在产品的服务上，我们实行个性化、差别化服务，这是别的厂家没有的。”

海尔冰箱刚上市时，就着手建立了售后服务中心。当时家电产品供不应求，但没有一家家电生产商具有服务意识，上门服务在当时还是一个陌生的概念。海尔在这个时期，就已经开始精选素质较高的小伙子，提供售后服务，并制定了很严格的制度。

规定中有一条，到用户家去服务，不能喝用户家的水。这一条规定是在1984年制定的，海尔坚持至今。这在全国是唯一一家能做到的。海尔的员工到用户家服务，不管再热的天，都自带矿泉水。不少的用户写信说，大热的天，到用户家服务，而服务得很好，小伙子大汗淋漓，我们给点水，他们都不喝。喝点水算什么？人之常情嘛。但是海尔对这条制度始终坚持没变。

海尔的客户正是在海尔优质高效服务的感动中，去体会海尔服务人员差别化的真谛。曾有一位内蒙古用户因海尔冰箱被烧坏，给海尔拍了封加急电报，紧急求助。但这位用户在情急中竟忘了写明姓名和详细地址，海尔服务中心凭借完整的计算机网络系统，迅速查到了用户的个人资料，派专人专车赶赴内蒙古。为了抢时间，服务人员穿越本地人都不敢涉足的泥泞草原，仅用4天时间就赶到用户家中。当这位用户看到满身泥泞、疲惫不堪的服务人员时，紧握着海尔人的手，久久不放，眼泪夺眶而出。海尔服务人员返程那天，该村的父老乡亲自发相送。

这就是海尔的差异化人员战略。正是通过员工的差异化，海尔打造了独树一帜的品牌形象。这样一个感动客户的企业自然不愁没有好的市场回报。

训练有素的优秀营销人员能够充分展现和提升品牌竞争优势。人员差异化战略也是企业重磅出击的一件利器。在市场竞争日益激烈的今天，企业最根本、最强有力的竞争力还是来自于员工。员工的素养和水平提升了，顾客是能实实在在感受到的，正如海尔的案例所揭示的那样，员工能够打动顾客，就意味着企业能够打动顾客，而打动了顾客、赢得了顾客忠诚，企业将从中获得超乎想象的市场回报。

渠道差异化：覆盖面、专业性和绩效

进行渠道差异化的公司通过所设计渠道的覆盖面、专业性和业绩来获取竞争优势。公司能够更有效益和有效率地来设计分销渠道的覆盖面、专业性和绩效。

——科特勒《市场营销原理》

科特勒认为，一个企业拥有好的产品未必能够称霸市场，企业还需要具备相当的能力管理不同的渠道及其带来的经验和关系，这样才能让自己在市场之中通行无阻。戴尔就是一个很好的例子，它改变了过去那种通过零售渠道销售个人电脑的做法，直接面向顾客销售，并按订单组织生产，这种直销渠道的建立使得戴尔在个人电脑领域后来者居上。

在同质化竞争环境之下，很多公司都开始尝试新颖独特的营销渠道差异化。越来越多的人开始认识到，营销渠道差异化可以改变游戏规则。营销渠道差异化并不仅仅指销售或供给方式的变革，更重要的是，它是一种思维方式，一种与顾客建立新型联系以捕捉崭新商业机会的方式。一个公司与其顾客之间存在各种互动方式，包括顾客怎样购买商品或服务，又怎样使用这些商品或服务等，而营销渠道差异化就是从这些环节中去打造企业的特色和优势。

渠道差异化可以从渠道策略、渠道设计、渠道建立、渠道管理、渠道维护、渠道创新等方面进行差异化的建设。通过有效的渠道差异化，可以成功抵御产品同质化与营销方式的同质化。举几个例子：

美心集团是国内最大的防盗门生产商，当很多同行仍将重心放在专业市场和大商场时，美心已经开始将触角更深入地探到了更接近消费者的社区。每有新楼盘快落成时，美心就会在新楼盘附近临时搭建一个专卖店，就在业主的眼皮子底下展示并推销美心系列产品，这为业主的选择、购买、搬运和安装提供了极大的便利，这种渠道形式比任何宣传和促销都更有效。而且，美心还通过这种社区销售方式节省了大量成本。

另一个例子是一家规模不大的养蜂场。他们拿不出太多的经费做宣传，而且也没有成形的经销渠道和终端，但是，这家养蜂场却能够让产品顺利推向市场，做到零库存无积压，而且做成了当地群众心目中可信赖的本土品牌。他们是怎么做到的呢？这家养蜂场给每个销售员分配两三个生活区，工作日的每天早晨和傍晚以及周六日的全天都在社区里摆一个小小的展台，展示并推广产品。由于他们的产品新鲜、质量好，价格也实惠，而且每天都有销售员在社区里，服务与售后都非常好解决，再加之时间久了，社区居民与销售员彼此都熟悉了，销量很快提升，而且极为稳定，这家养蜂场就通过这种渠道培养了稳定的消费群。

从这两个例子可以看出，渠道是可以“大做文章”的，渠道连通的是企业与用户，渠道的创新和差异化不仅能为企业带来可观的经济效益，更能为用户带来极大的便利。具体来说，渠道的差异化可以从三个方面入手：

一是渠道服务的差异化，这是最直接的一种方式，就是通过为顾客提供送货、培训、咨询、安装、售后等多种服务方式，让顾客买得放心、用得安心，构建起企业与下游客户的“共赢”价值链。

二是渠道结构的差异化，上面所举的例子就属于这一种，它们打破了传统渠道观念的束缚。美心集团和养蜂场通过跨越中间渠道直接面向顾客，做社区销售。在渠道结构上做变革，不仅能提升效益，而且还能极大地缩减成本。

三是渠道价值的差异化，这是渠道差异化的最高境界。在这方面，杜邦莱卡是一个极其出色的例子。

莱卡是一种纤维，是服装面料的一种添加成分。它的直接客户是各大面料生产商，然后是服装生产商，最后才是服装经销商、商场终端服装柜台和服装消费者。莱卡是这条长长的客户链最不为人知的末端，客户链上任何一个环节的脱离都会影响莱卡的销售，如果消费者和经销商不喜欢含莱卡的衣服，如果制衣厂不喜欢含莱卡的面料，如果面料商不购买莱卡，杜邦都将失去自己的市场。在中国市场，杜邦莱卡的价格几乎是国内厂商的两倍，可是，它却占领了50%左右的市场。它是如何做到的？杜邦莱卡靠的就是渠道价值。它投入巨资推出了“最佳伙伴计划”，该计划立足于客户链的最终端，向前端的布料生产商、成衣商、成衣采购商、商场、消费者等各个环节延伸，试图打通整条客户链，给客户创造最大价值。杜邦莱卡给客户提供包括品牌、技术、产品创新、买家服务等多方面全方位服务，将客户直接引入价值创造过程中。

比如杜邦莱卡的下游厂商，与莱卡开展更深入的技术合作之后，可以利用杜邦先进的设备来培训本地工厂的技术人员，利用杜邦最新纤维产品、最新织造概念以及杜邦其他新发明来更新自己的产品结构。同时通过合作，提升本企业对纺织产品的检验能力，实行国际化的制造和品质管理标准，以确保含莱卡纺织品的品质。他们的产品在得到杜邦莱卡确认后，可以挂上莱卡的标牌，要知道，莱卡的标牌在国际上风行将近50年，口碑卓越，挂上了它，就等于拥有了一张“国际通行证”。在国际贸易中，外商或许不了解这些下游厂商，但只要看到这些厂商的产品挂上了莱卡的标牌，他们就会对这些厂商产生信任感，因为要挂上莱卡的标牌极其不易，一旦挂上，就代表着品质的保证。

杜邦莱卡通过这种渠道价值的差异化与最大化，赢得了稳定且忠实的长期客户。莱卡虽只是一根小小的弹性丝，但它所打造的渠道价值链管理计划对整个业界的生产及营运模式影响深远。

形象差异化：让产品自己销售自己

公司能够精心打造出具有强大吸引力的形象。最好的说明就是万宝路拥有令人震惊的全世界的市场份额（30%左右），主要是因为它的“强壮牛仔”形象拨动了吸烟民众的心弦。

——科特勒《市场营销原理》

科特勒指出，竞争优势的关键是相关的品牌差异化，企业必须能让消费者感到有关产品、品牌的某些独特和有意义的方面。这种差异化因素可以直接地建立在产品或服务自身的基础上，也可以建立在其他的相关因素上，例如形象差异化。

什么是形象差异化？麦当劳的M形金色拱门，肯德基的哈兰·山德士上校的头像、苹果公司那貌似被咬过一口的苹果的标志、耐克的“勾”，还有可口可乐曲线形的瓶身以及大红的LOGO，等等，这些都是形象的差异化。

即使市场上的竞争性产品看上去相差无几，但顾客仍然会根据公司或品牌形象的不同而感受到差异。企业要传达产品的独特利益和定位，其中必不可少的一点就是要建立鲜明而独特的形象。企业的形象差异化，可以是企业标志的差异化，也可以借助名人来树立品牌。比方说，人们一提起乔丹，就会想起耐克；一提起老虎伍兹，就会想起高尔夫产品等等。企业还可以将自己与某种颜色联系起来，像IBM就有“蓝色巨人”之称，它赋予自己的形象就是蓝色。

对于这些标志、代言人物、颜色等形象元素，企业必须通过强烈的品牌意识，借助媒体的宣传，将这些元素植入消费者心智之中，在消费者心目中树立起良好的形象。当消费者对某类产品产生需求时，他们就更有可能选择这些给自己留有深刻印象的产品。

提起苹果，人们第一印象中浮现的词汇大概会是“年轻”、“叛逆”、“个性”、“创新”，苹果打造出这样别具一格的品牌联想，绝非一日之功。

早在乔布斯开始计划麦金塔电脑发布的时候，他就想打造出一段能像麦金塔一样富有革命性、令人惊奇的广告片。他说：“我想要一种能让人们当场停下来观看的东西，我想要的是一声惊雷。”为此，苹果选择了 Chiat/Day 广告公司来合作。双方根据乔治·奥维尔的知名小说《1984》制作出了一段出色的广告。

在第十八届“超级碗”大赛中途，全美的电视屏幕突然诡异地黑屏了两秒钟。接着，屏幕上开始出现一幕可怕的黑白画面——一支队伍踩着令人毛骨悚然的音乐前进。超过 9600 万人观看了这则和以往任何广告都不一样的片子。广告讲述了一个反叛的年轻女子，从奥维尔式“思想警察”的追捕中逃脱，当独裁者“老大哥”正在大屏幕上进行控制人心的讲话时，她将大锤砸向屏幕，人群惊恐地看着“老大哥”的消失，此时，旁白平静地念道：“1 月 24 日，苹果电脑公司将推出麦金塔电脑。你将明白为什么 1984 不会变成《1984》。”

这则广告有极强烈的影射意味。独裁者“老大哥”影射的是计算机行业的大佬 IBM，而随后出现的、砸碎电脑屏幕的健美女性，则是代表先进生产力与创新力的苹果麦金塔电脑。广告将麦金塔电脑塑造成了为个人自由而战的斗士——面对邪恶的大企业意欲统治世界并实行完全的精神控制，唯有苹果这家冷静、反叛、英勇的公司能够阻止它。乔布斯非常喜欢这个广告创意，从某种程度而言，他自己就是一个不折不扣的叛逆者，而他所招募的麦金塔团队，更是一群充满黑客气质的“海盗”。

这则广告是“年轻”、“叛逆”、“个性”、“创新”的完全展现，它给人们留下了难以磨灭的印象。苹果的这种独特形象使其在年轻消费者群体中引发强烈共鸣，成为最受欢迎的品牌。苹果的每一次创意与创新，也总会引来行业内外的瞩目与争议，这是因为在大众的潜意识里，苹果已经成了创新与变革的独特标杆。

有营销专家曾经指出，一个有效的形象应该具备三个要点：第一，凸显出产品的特点和价值；第二，形象能够体现真实的品质，能够通过与众不同的途径传递，从而与竞争者形成区隔；第三，产生某种感染力，从而触动顾客的内心感觉。苹果完全做到了这三点。

企业的形象具有不可复制性和排他性，它的形成就是在企业内外形成了对企业看法的定性思维，它很难被外来的思想所转化。同时，企业形象的形成过程是不可能一蹴而就的，需要长时间的积累，因此给企业形象一个鲜明突出的定位是企业实行差异化战略、形成竞争优势的最好选择。像海尔公司的一句“海尔真诚到永远”，再加上其落到实处的优良的产品质量与服务品质，自然就会给消费者以真诚可信的形象。如果说，企业的产品是以内在的质量服务于顾客的话，那么企业的形象差异化就是用自己的外在形象征服消费者。

产品差异化：产品想要品牌化，必须有差异化能力

产品想要品牌化，必须有差异化能力。产品的差异化可以从以下几个方向去做：形式，特色，定制化，性能质量，一致性质量（即所生产的产品都是同样的，并且符

合承诺的规格要求），耐用性，可靠性，可维修性，风格等等。

——科特勒《科特勒市场营销教程》

2009年，科特勒到访中国时，曾在现场演讲中讲过这样一番话：“有人这样问我，越来越多的产品成了同质化的商品。市场上可能有200种不同的手机，同一产品，不同的版本，怎样去差异化呢？在我看来，这种差异化实际上是市场营销的核心观念，你怎么去找到一种方法可以变成一个不同的手机。”

科特勒为了力证产品差异化的可行性与价值，举了几个例子——

拿地砖来说，美国设计师和建造师在设计或建造别墅时，常会选择一个叫艾克米的牌子。艾克米对自己所生产的地砖有一个特殊的承诺，它保证如果你购买了艾克米地砖，这个地砖可以用一百年而不坏。这个承诺本来是有些荒谬的，有多少顾客能真正活一百年呢？可艾克米却仍然坚称，你可以告诉你的继承人，一百年之后检查这个地砖是否还好用。通过这种特殊的承诺，艾克米一下子就变得与众不同。

再如墨西哥一家水泥公司，它的生意比其他公司要好很多，这并不是因为它的质量比别人好，而是它能做到一点，那就是只要顾客下单，它就能在半小时之内将水泥送到顾客身边，而其他的水泥商一般都要等到第二天才能送到。顾客购买水泥，很多时候是要赶工的，他们不希望因为等待延迟施工。这家半小时送达的水泥商以其差异化赢得了更多顾客，更多订单。

还有银行，虽说所有的银行提供的服务大体上都差不了多少，可是德国有一家银行却将自己定义为“有道德的银行”，他们会对客户从道德的层面进行挑选，这家银行曾经拒绝为52位客户服务，原因就是这些客户违反了生态或者环境方面的规定。还有一家公司拿动物做产品测试，惹怒了这家银行，该银行断绝了与该客户的往来。有三分之一的客户在接受调研时表示，之所以喜欢这家银行，就是因为它非常讲公德、讲道德。

科特勒通过这些例子是想说明，只要找到好的突破点，企业可以为任何产品创造差异化，营造品牌。就像《如何将沙子品牌化》一书所阐释的那样，即使是沙子，也可以找到差异点，实现品牌化。任何一家企业都可以为其产品找到特殊的定位和差异化的方式。

比方说中国台湾地区的诚品书店，就是一个典型例子。

诚品书店始建于1989年3月，它是台湾地区文化提升的指标，已经成为台湾地区的文化景点，甚至有很多人去台湾地区为的只是去一趟诚品。诚品书店以建筑、艺术书籍为主，因其独特的定位与经营者对理念的执着，让爱书人眼睛为之一亮，很快就在市场上树立起广泛的知名度。

这家本土自创品牌，跟一般印象中的传统书店迥然不同。它一反传统书店的沉闷与规格化，以沉稳、优雅、温馨的色系创造出充满人文艺术气质的氛围感受，让每个人一进入诚品书店，就不自觉地轻声细语、放慢脚步。

诚品将书店定义为多元的、动态的文化事业，而非零售业。书店不只卖书，而是包罗书店、家具、画廊、花店、瓷器、珠宝、餐厅的复合组织。它在活动行销上的创意，更是其他连锁书店望尘莫及。除了以精致优雅的阅读空间规划、精心陈设展现阅读价值外，更长期举办各项演讲、座谈、表演与展览等延伸阅读活动，每年至少举办四百至五百场演讲与展览，范畴遍及文学、戏剧、环保、舞蹈与美术。

书种的组合更是诚品的经营特色。诚品坚持不做畅销书，反而推荐一些有点冷门的好书，即使已在书架上睡上 3 个月的书也不把它送入仓库，这就是诚品与传统书店的差异，并为爱书者称道之处。事实上，这种看似逆势操作的手法，在诚品悉心规划下，一些冷门书往往也销量奇佳。

诚品的营运模式大受好评后，其他连锁书店也跟进模仿，在装潢、阅读空间、选书分类等向诚品看齐，一时之间各家大型书店都变得很有“气质”，但诚品的经营成效还是超越别人。一位文化人说，“这才是它厉害的地方”。当书店里不只是书，还包括人文、创意、艺术、生活的精神，它就不再是只买书付钱就走的地方，这便是诚品的迷人之处。可以预见，飘散书香人文气息的诚品将继续散播丰富的阅读文化，攻占人心。

诚品书店就是在产品的特色和风格上下工夫，做到了差异化，这种差异化与产品形式、性能等方面的差异化不同，它很难模仿，即使同行跟风，也只能做到形似而神不似。

产品差异化是一种最为常见的差异化方式，相对来说，也是较容易实现的差异化，从外观到品质、从价格到技术、从功能到服务，甚至是产品所蕴含的文化深意，只要能够对准消费者的需求与需要，都是可以进行差异化设计的。

设计差异化：在拥挤的市场，美学能让产品卓尔不群

随着竞争越来越激烈，设计提供了一条强有力的途径，对公司的产品和服务进行差异化及定位。在快速发展的市场中，价格和技术是不够的，设计这个因素通常能赋予公司竞争优势。在一个拥挤的市场中，美学通常是唯一让产品与众不同的方法。

——科特勒《营销管理》

“在一个拥挤的市场中，美学通常是唯一让产品与众不同的方法。”科特勒的这句话很有道理。在现在这样的一种视觉导向的文化与商业环境中，通过设计的差异化来诠释品牌的意义和定位显得尤其重要。设计能够改变消费者的知觉，让品牌体验更为值得。这一点，苹果的产品就是很好的明证，无论是 Mac，还是 iPad 或是 iPhone，它们在设计上无一不是精益求精，新颖独到，按乔布斯的说法就是，看到一款苹果产品，你会忍不住想要舔一下。这也是为什么苹果能在全球拥有一大批拥趸的原因之一。

对于企业而言，一个设计良好的产品更容易制造，也更容易分销。对于顾客来说，一个设计良好的产品要惹人喜爱，容易打开、安装、使用、维修和处置。好设计本身就有推销说服力，比方说，一款设计独特的衣服、一件美妙绝伦的珠宝，即使导购人员不去营销它们，只是将它们展示在橱窗之中，它们都有能力吸引顾客的眼球，将自己推销出去。

出色的设计会成为一家企业甚至是一个国家的标记。例如，意大利在服装和家具上的设计世界驰名；瑞士的钟表设计与技术无与伦比；吉列的设计充满了艺术感，这体现在它的电动剃须刀、咖啡机、吹风机等产品身上。

有的企业为了在设计上推陈出新，更重要的是，为了让设计赢得顾客的喜爱，会做这样的一种变革，那就是让顾客参与到产品设计的环节中来，让顾客自己来设计心仪的产品。

丹麦的乐高公司在2005年就成立了乐高工厂，这个工厂的目的在于，让顾客“设计、造就你自己定制的乐高产品”。顾客可以用乐高提供的免费下载的数字设计软件，来创造任意结构的玩具。这些设计可以只挂在网上与其他热衷者一起分享，而如果顾客想要把它制造出来的话，这个软件会把需要的部件列出，并向位于美国康涅狄格州的乐高仓库发出订单。那里的员工会把所有的部件配备好并寄给顾客。乐高工厂的顾客不仅仅为可以制作自己的创意而感到骄傲，而且如果乐高觉得顾客的设计足够好而把它加入到自己的产品目录中的话，顾客也能赢得特权。比方说，乐高公司的丹麦国会建筑模型，还有著名画家埃舍尔的“另一个世界”的建筑模型，就得益于顾客的设计创意。乐高公司经常会举办设计大赛，让众多的玩具设计爱好者参与其中，他们的创意方案与设计样品会放在乐高工厂的网站上展示，其中的出色作品会获得乐高公司的高额奖励，甚至能作为新品推向市场。

新颖独特的设计可以传达产品的属性和定位，可以引起消费购买和试用的欲望，可以通过视觉刺激提升产品知名度。市场上产品种类日益增多，顾客走在商场之中，每分钟都可以见到几百种商品，而他们的购买行为有相当一部分是出于一时冲动，而设计恰恰就是能够引发顾客冲动的主要因素之一。在产品充斥的零售商货架上，若要吸引消费者购买产品，设计则是第一要素。科特勒因此强调说，设计是产品的一部分，并且已经成为一项非常重要的产品营销工具。

服务差异化：当有形产品难以差异化时，服务是最佳突破口

当有形产品难以差异化时，竞争成功的关键可能在于增加有价值的服务并提高服务质量。主要的服务差异点有：订货容易度、交货、安装、顾客培训、顾客咨询以及维护与修理。

——科特勒《市场营销原理》

当产品差异化有一定难度的时候，企业可以尝试通过服务差异化来提高服务质量，提升服务价值。一些看似简单的、不起眼的创新型服务可以将企业与众多同行业竞争者区分开来，在顾客心目中形成强烈的品牌特征和价值区隔。比方说，与业内其他的餐馆相比，海底捞最大的差异就在服务上。例如，它的火锅能够提供送餐服务，送餐的员工背着干净整洁的送餐箱，进门脚上套着垃圾袋，将顾客所点的菜品摆放妥帖后，会留下电磁炉和垃圾桶；顾客吃完了，连锅底和垃圾都不用清理，送餐员会上门来清理得妥妥帖帖。这样的服务，将每一个细节都考虑到了，照拂到

了，这就是差异化。

全球领先的办公用品公司——美国史泰博公司通过调查发现，其商店里的情况不容乐观，每 8 位顾客就有 1 位对企业运营抱怨不已。通过焦点小组调查，史泰博公司发现，顾客很在意“更便捷的购物体验”，于是，它开展了为期一年多的主题为“史泰博：很容易”的营销活动。史泰博所做的改变不仅仅是用这样一句口号轰炸顾客那么简单，它对商店进行重塑，提高存货销量，重新培训员工，加强与顾客沟通，竭尽所能地为顾客提供更便捷的购物体验。这场“史泰博：很容易”的活动取得了巨大的成功，也助力史泰博成为办公用品零售行业的领先者。

服务的差异化有一个特点，就是说起来容易，做起来难。如果不能提供真正优质的顾客体验，那么，企业所作出的一切服务承诺都没有意义。要做到服务的差异化，营销人员需要多关注一些平时所忽视的细节之处。

日本有名的风景区热海市有一家名为新赤尾的酒店。该店每年接待观光游客超过 15 万人，而且在游客中口碑极好，这一切与该店老板赤尾藏之助与众不同的经营策略是分不开的。赤尾先生经营策略的不一般主要体现在这样几个方面：

第一，尽量延长游客每天的住宿时间。

很多观光型酒店都认为，缩短每天每位游客的住宿时间可以充分提高客房使用率，而取得较佳的经济效益。但赤尾不这么看，他宣布，凡是住进新赤尾酒店的游客，每日进房时间为上午 8 点钟，退房时间为次日上午 10 点钟。这样，游客花 24 小时的住宿费，便可享受 26 小时的服务。这种做法表面上是增大了酒店的工作量，影响了收益，实际上却吸引了大批游客，使该酒店不管是在淡季还是在旺季，生意都很兴隆。

第二，适当控制人数，优先向全家旅行的游客服务。

一般的酒店老板都恨不得酒店客房天天满员甚至是爆满才好。所以，很多观光酒店大都愿意为人数较多的团体游客服务，而把人数较少的全家外出旅游的游客放在次要地位。为此，许多酒店常常不惜折价招徕团体游客，以保证客房的高入住率。

而赤尾则不认同这种策略。他认为，游客们到风景区观光旅游，是为了尽情享受优美的自然景色和酒店安逸舒适的环境。如果酒店因客满而时时人声鼎沸，势必破坏那种宁静、安逸的气氛，影响游客的兴致。而团体游客比较容易破坏酒店的宁静气氛，酒店为他们服务，往往还必须折价。因此，新赤尾酒店并不像其他酒店一样，千方百计地吸引团体游客，即使接待，也尽量控制人数。

反之，对于全家旅游，特别是新婚旅行的游客，新赤尾则非常热情，不论是客房安排，还是餐厅进食，服务员都会优先安排，周到服务。优待家庭游客，不仅使得新赤尾酒店能始终保持一种优雅、静谧、温馨的气氛，而且还为酒店树立了很好的口碑，吸引了更多的游客。

第三，为客人提供一些免费服务。

通常，观光酒店的经营者认为，游客既然外出观光游览，一定是不会在乎几个钱的。因而游客住进店，样样服务都收费。赤尾则不然，他认为绝不能因小而失大。在新赤尾酒店，游客们可以免费享受到诸如早餐、咖啡、温泉浴后享用的橘子水、打乒乓球及玩麻将等服务。这些免费提供的服务项目，虽然微不足道，成本也并不高，却给人们留下了良好的印象，有利于招徕更多的游客。

正是由于赤尾在服务上能够打破常规，采取“退一步”的策略，看似处处吃亏，其实吃了小亏，得了大利，用极小的成本换来了绝佳的口碑以及忠实的顾客群。

随着社会的发展，生活水平的不断提高。人们购物的目的已不仅仅是为了获得商品的使用价值，顾客的要求更加多元，要求更高，尤其对服务的要求更是越来越高。因此，服务的差异化营销已经成为越来越多的企业获得竞争力的保证。

品牌有时能成功地对看起来不相关的属性进行差异化

研究显示，如果消费者对合适的利益作推断的话，品牌有时候能够成功地以看起来不相关的属性进行差异化。

——科特勒《营销管理》

科特勒指出，营销人员可以在三个层面上进行差异化，最底层是品牌属性，中间层是品牌利益，最高层是品牌价值。比方说，对一块香皂进行差异化塑造，我们可以宣传它含有玫瑰花香的润肤乳，这是属性；我们也可以宣传它可以使皮肤更加柔嫩且有芳香，这是利益；我们还可以宣传它能让使用者更有魅力，更能吸引异性，这就是价值。

科特勒认为，企业应该对消费者的需求和心理有一个深度的把握，要能够独辟蹊径，对一些看起来不相关的属性进行差异化。例如，宝洁在推广其Folger速溶咖啡时，就曾经提炼出一个属性——“咖啡水晶片”，并以此进行营销宣传。实际上，咖啡颗粒的形状是不是水晶片根本就无关紧要，因为它们一遇热水就会迅速融化，但宝洁就是独到地抓住了这一点，大加宣传，使得Folger咖啡有了跟其他品牌不一样的一个“差异点”。

宝洁的这个案例很容易让人想起农夫果园的经典广告案例——

农夫果园最让人称道的一句广告词就是“喝前摇一摇”，这句广告词，看起来跟饮料丝毫不搭边，可是，其中却大有内涵。很多饮料的瓶身上都会标有这样一句话——“如有沉淀，属正常，请摇匀后再喝”，而农夫果园正是从这句话中得到了创意。喝前需要摇一摇，这说明了什么？说明农夫果园的果汁饮料30%的浓度很高，很有料，一下子就显现出了农夫果园的厚重与实在。

这句看似莫名其妙的广告语却是一种真正的创新，它体现了对消费者选购一个产品瞬间心理的关注，是对消费者一种追求的演绎。一句广告语的形成毕竟是背后整个产品策略的凝聚，在这句广告语形成的这一刻，就已经注定了“农夫果园”上市的成功，而且会取得吸引业界眼球的销量。

这些案例足以说明，差异化需要一种创新的思维，即使是毫不起眼、貌似不相关的属性，如果企业营销得当，也足以成就一款产品。比方说，下面的这些方向都是可以进行差异化的。

一是原料、工艺、功能、质量的差异化。比如，“5100 西藏冰川矿泉水”的特色点就在于其取用的是来自西藏念青唐古拉山脉海拔 5100 米的原始冰川水，这就是原料的差异化；还有西王玉米胚芽油的特色在于能降低人体胆固醇、降血压、软化血管、预防和改善动脉硬化，这是功能的差异化。

二是品牌名称差异化。名字是一个很关键的差异化的点，有了一个好名字，这个品牌几乎就可以说已经成功了一半。例如，曾经极为火热的“白加黑”感冒药，“白加黑”非常直白简单地告诉人们，“白天吃白片，不瞌睡；晚上吃黑片，睡得香”。不仅产品设计得巧妙，诉求把握得极为精准，名字更是让人拍案叫绝。

三是包装的差异化。在国外有一种儿童畅销书，它表面上看是精美的绘本，但其实是可以拆分、折叠、组合的，孩子们在看完书后，可以将书拆开来组装成汽车、城堡等等。这就是一种包装形式上的创新。

四是使用方法的差异化。农夫果园的“喝前摇一摇”就是这方面的典型例子。

五是使用效果的差异化。如玉兰油的“7 天给你白嫩肌肤”等。

六是传播概念的差异化。如英特尔曾经沿用多年的“Intel Inside”，就是这样的例子，它给人们留下了这样的暗示：选电脑，就要选采用了英特尔芯片的电脑。

差异化的方式和途径远远不止这些，营销人员需要充分放开思路，寻找事物与事物之间的联系与区别，要能够“跳出盒子”去思考。

当差异化不再是差异化，企业须提前预防

在一种成功的模式可以被快速拷贝的今天，企业得到的优势并不能够长久地保持下去。一个公司即使成功地进行了特色定位，其差异化也只能维持很短的一段时间。竞争者会很快模仿这些好的创意。因此，公司需要不断思考新的增值特征和利益，吸引经常改变选择并对价格敏感的消费者的注意和兴趣。

——科特勒《营销管理》

“在一种成功的模式可以被快速拷贝的今天，企业得到的优势并不能够长久地保持下去。”科特勒的这句话的确道出了大部分企业所面临的真实的困境。越是卓有成效的差异化，越容易引来无数跟风者，往往“前浪”还未能收获应得的市场成果，就已经被后浪拍到了“沙滩”上。

科特勒曾经在一次演讲中这么说：“拿汽车来说，汽车在质量方面是千差万别的，质量是赢得声誉很棒的方式，但现在几乎所有的车都做得非常精细，所以质量已经不足以形成差异化。还有一些零售商、百货商店等，他们差异化的方式就是员工接待的友好程度，但现在大部分公司都意识到这一点了，对客户友好也不足以构成差异化了。有时候顾客希望，企业能制定一些积分奖励计划之类的回馈老顾客，第一个开展这类计划的是美国航空公司，很多乘客喜欢乘坐该公司航班的原因就是因为可以获得奖励的机票，但后来，其他的航空公司也开始采取这种策略了，而今全世界都流行这个计划了，已经不能差异化了。”

科特勒的这段演讲，并不是为了告诉我们差异化已经不可行、不可能了。他是为了警示企业，在进行差异化时要高度警惕自己的差异化策略被模仿，要做好预防和应对的方案。

曾经，差异化几乎是营销的万金油策略，无论是产品差异化、品牌差异化、传播差异化、营销差异化甚至商业模式差异化，都能让企业在某一特定的时期、特定的领域显得与众不同，并由于向市场提供了独特的利益而取得竞争优势。

可以说，差异化策略所产生的效果是让产品鹤立鸡群，具有特殊竞争力，同时让品牌深入人心，占据消费者的心智空间。但是，这只是差异化策略的短期效应。差异化的长期效应却是新产品不断涌出、品牌数量激增、产品生命周期缩短、传播效果逐渐减弱、新产品开发成本日渐提高，也就是说，企业越来越难以在市场上取得成功。很多企业就陷入了“差异化→同质化→进一步差异化→进一步同质化”这样的恶性循环。

现在的企业营销要比过去任何时候都复杂，因为它面临的是一个极度细分、极度饱和和极度新奇而又极度多变的市场环境。需求现在正变得越来越小众，消费者越来越具有个性。更为复杂的情况在于，某一个体或者群体在不同的情境中，其表现和需求可能迥然不同。就拿沟通需求来说，老年人可能会习惯用电话，而年轻人则更偏爱互联网，而即使是用互联网沟通，他们的选择也会有很大差别，有人会选择用即时通讯工具，像QQ、MSN之类的，有人会喜欢微博或者SNS的形式，喜好各不相同。市场瞬息万变，消费者也游离不定，在丰富的产品与服务面前，他们要得到满足很难，要产生忠诚度更难。

差异化营销策略经过这么多年的市场洗礼，已经发展得相当成熟了，企业对差异化策略的运用也达到了炉火纯青的地步。正因此，市场被极度细分，新产品、新品牌、新企业的成功率逐渐下降，差异化创造的价值越来越有限。在这样市场背景下，企业需要回归根本，在本质性的产品创新和商业模式创新上下大功夫。

当企业进入新市场之前，一定要做详细的市场调查，准确把握市场需求、市场进入时机和发展趋势。此外，还应当有雄厚的资金和系统的营销方法确保能迅速占领市场。最后，再通过定位与差异化策略赢得市场认可时，应迅速建立行业防御体系，防止其他品牌迅速跟进。比方说，应当作好知识产权保护、产品品种储备、技术储备、营销人才储备等方面工作，尽量提高行业进入门槛，有针对性地设置行业进入壁垒，有效防范后来者的跟风模仿与超越。

不是所有的差异点都有意义或值得推广

不是所有差异点都有意义或值得推广，也不是每一个差异点都能够有效地进行差异化。一种差异在增加顾客利益的同时，也有可能增加公司的成本。公司必须决定：宣传多少差异点，以及哪些差异点。

——科特勒《市场营销原理》

科特勒指出，在到底推广哪些差异点以及推广多少个差异点这个问题上，有一部分营销人员认为企业应该向目标市场重点推广一个差异点或者说利益点。每个品牌应该确立一个重点推广的属性，并将自己塑造成为该属性上最好的品牌。因为在这个信息泛滥的时代，消费者能记住的往往是“第一位”的，只有差异点够分量、够强大，才能够吸引消费者的关注。

另一部分营销人员认为，企业不应该只局限于一个差异点的推广，而应该尽力扩展自己的定位战略和差异化，以吸引更多的细分市场消费者。

像以生产木质家具清洁和除尘产品出名的庄臣旗下品牌碧丽珠就曾推出多用途的清洁剂，这款产品不仅适用于木质家具，同样还可以用于电器、玻璃、大理石和不锈钢等等的清洁和除尘。对有的消费者而言，能用一款产品解决多种问题，他们会很欢迎；但对另外一些消费者而言，如果他们已经非常熟悉碧丽珠品牌原有的定位，那么，看到这样一款“多能”的产品，碧丽珠在他们心中原有的定位就会变得模糊，甚至慢慢被淡忘，这是一种企业绝不愿意看到的糟糕结果。

到底哪些差异点有意义，值得推广？企业可以参考下面的这几个标准来进行判断：

一是重要性：对目标顾客而言，这个差异点非常有价值，能够更好地满足顾客需求，并给顾客带来更大的利益。二是独特性：竞争者不能够提供，或者说相对而言，竞争对手的优势不明显。三是优越性：相比于其他的差异点，此差异点更有分量、更加优越。四是可沟通性：企业能够将这个差异点很好地向顾客传达并沟通，顾客能够切实体会到或者看到差异所在。五是专有性：企业在此差异点上有得天独厚的条件，竞争者不能轻易模仿。六是经济型：顾客能够负担得起、消费得起。七是赢利性：推广这个差异可以为企业带来利润。

如果一个差异点能够满足这样一些条件，那么，就是有价值、值得企业大力去推广的。

“差异化”作为一种成熟的市场营销策略，带来了两方面的利益：一方面让企业在竞争中占得先机，通过细分可以得到子市场的主要份额，并且还有一个主要的副利益，那就是品牌定位将深入人心，形成品牌忠诚度；另一方面它给消费者所带来的利益更为明显，因为消费者的需求得到更贴切的满足，竞争促使产品质量更好，价格更低。可是，很多企业的某些差异化策略对客户来说并不重要，更糟糕的是，竞争对手的跟进会使创造者享有的产品生命周期更短，仅仅能收回开发产品的投资。

企业在确立差异点时要采取务实的态度。有的企业认为，差异化就是与竞争对手不一样，因此，不顾消费者的真正需求，而一味在产品概念、促销方式、包装形式和广告力度等营销手段方面追求差异化。这种所谓的差异化，往往只是“市场表现上的差异化”，即使能给企业带来短期的效果，但由于缺乏消费者有效需求的基础支持，因而在竞争对手的快速跟进后，最终必然演绎成了广告战、促销战等形式的营销资源消耗战。

像家电行业就曾经有过一段时期的混战，厂商在促销方式上追求所谓的差异化，你赠杯子我赠碗、你赠茶具我赠饮水机，你降价我就送消费券，混战一起，连参与其中的营销人员都会迷茫，到底自己实行的是不是真正的差异化，到底能产生多大的效果。这样的一种差异化，现实地说，其实是一种无效的差异化，只会加大成本，而且容易被竞争对手照搬照用，最后混战成一团。

差异化的有效性取决于它为顾客创造增值价值的多少，能够满足顾客价值的差异化才是有效的差异化。所以说，企业在营销策略和手段上演绎的差异化必须要能提高顾客价值，这样的差异化才能有效和持久，才能帮助企业获得长期的竞争优势。

第6篇

超竞争时代：比竞争者做得更好一点

第1章
识别、分析、选准自己的竞争对手

识别竞争者：从产业和市场出发，克服“近视症”

相比于将竞争定义局限于产品类别的做法，从产业和市场的角度去研究竞争能揭示更广泛的实际和潜在的竞争者群体。营销人员必须克服“营销近视症”，不能再用传统的产品类别来定义竞争。

——科特勒《营销管理》

科特勒认为，营销人员应该从产业和市场两个角度来研究竞争。产业是由一群可以提供同一产品或同一类别产品的公司所组成，这些产品之间有着极强的替代关系。营销人员可以根据销售者的数量，产品差异化的程度，进入壁垒、流动性以及退出壁垒的有无，成本结构，垂直整合的程度以及全球化程度来对产业进行分类。

而从市场角度出发，竞争者可以定义为满足相同的顾客需求的公司。给公司以直接威胁的竞争者是那些满足同样的顾客及其需求并提供类似产品的公司。但公司更应该重视的是那些采用其他方法或新方法来满足同种需求的潜在竞争者。因为很多公司都会患上“营销近视症”，它们只关注同行业显现的竞争者，而忽视了隐蔽的竞争者，从而造成竞争失败。如果公司忽视了这些潜在的竞争对手，那么当他们的实力足够壮大的时候，将会给公司带来致命的威胁。

例如，可口可乐公司曾经因为专注于软饮料，而放松了对咖啡吧、新鲜果汁吧市场的关注，最终使得其软饮料业务受到重大的冲击。还有，像新媒体对传统电视媒体、数字出版对传统纸质出版，都是一种潜在的威胁，甚至已经升级为明显的、直接的威胁。如果你制造玻璃瓶，那么那些生产塑料瓶、铝罐和纸板盒的制造商都可能是你的竞争对手。要识别来自行业之外的潜在入侵者，企业需要搞清楚什么资源是在自己的细分市场内获胜的基础，以及在所处的细分市场和行业之外，有哪些企业拥有的资源无论是在类型还是在数量上都符合这一要求。

从不同角度出发，我们可以对竞争者进行分类。

如果从行业的角度来看，企业的竞争者可以分为：

一是现有的竞争者，也就是行业内已经存在的与本企业生产同样产品或者从事同类业务的企业；

二是潜在进入者，只要一个行业前景乐观、有利可图，就会引来新的竞争企业，使该行业的市场份额和主要资源进行重新洗牌和分配。还有一些多元化经营的大型企业也常会利用其资源优势从一个行业侵入另一个行业。

三是替代性的竞争者：与某种产品具有相同功能、能满足同一需求的不同性质的其他产品，就属替代品。只要有替代品出现，行业内的所有企业都将面临与生产替代品的其他行业的企业的竞争。

如果从市场的角度来看，企业的竞争者可以分为：

一是品牌竞争者，也就是同一行业中以相似的价格向相同顾客群体提供类似产品或服务的其他企业。比方说，个人电脑市场中，惠普、戴尔、联想、华硕、明基、宏基等就互为品牌竞争者。品牌竞争者之间的产品相互替代性较高，因而竞争非常激烈，各企业均以培养顾客品牌忠诚度作为争夺顾客的重要手段。

二是行业竞争者，也就是提供同种或同类产品，但规格、型号、款式不同的企业。所有同行业的企业之间存在着彼此争夺市场的竞争关系。如迪奥、兰蔻、雅诗兰黛、倩碧、雅芳、玉兰油、小护士、丁家宜等品牌，虽然定位的层次不一样，但却是行业竞争者的关系。

三是需要竞争者，是指提供不同种类的产品，但满足和实现消费者同种需要的企业。举个最简单的例子，长途客车、火车、飞机、船舶都能满足人们出行的需要，如果火车票票价上涨，或者难以购得时，利用飞机、长途客车出行的旅客就可能增加，它们之间就是需要竞争者的关系。

四是消费竞争者，指提供不同产品，满足消费者的不同愿望，但目标消费者相同的企业。比方说，一些高收入群体，他们既可以花钱旅游，也可以投资，还可以购车购房等等，虽然目的不一样，但必然会激发不同企业相互争夺这些消费者购买力的竞争关系。

如果从企业所处的竞争地位来看，竞争者的类型可以分为：

一是市场领导者，也就是在某行业中占据第一位的企业。这类企业在产品开发、价格变动、分销渠道、促销力量等方面往往处于主宰地位。

二是市场挑战者，它们在行业中处于第二、第三甚至更低的次要地位。

三是市场追随者，它们在行业中居于次要地位，并安于次要地位，在战略上追随市场领导者。

四是市场补缺者，它们多是行业中相对较弱小的一些中、小企业，专注于市场上被大企业忽略的某些细小部分，在这些小市场上通过专业化经营来获取最大限度的收益，在大企业的夹缝中求得生存和发展。

总的来说，企业要克服“营销近视症”，不能轻易放过任何一个可能的竞争者，要从不同的角度识别自己的竞争对手，关注竞争形势的变化，以更好地适应和赢得竞争。

分析竞争者：每一个细节都不要放过

如果要准备一个有效的营销战略，除了要了解实际和潜在的顾客外，公司还必须了解自己的竞争者。公司一旦识别了其主要竞争者，那么它就必须查明这些竞争者的目标、战略、优势和劣势。

——科特勒《营销管理》

分析竞争对手，这是营销中的一个关键性环节，也是公司能否在竞争中制胜的一个很重要的影响因素。科特勒认为，公司在确定了自己的主要竞争者后，要对其做全面的了解和深入的分析，尤其是下面这三点，更是要认真地做出研究判断：

第一，竞争者的目标。

了解竞争者的目标，可以帮助公司更好地判断并预测竞争者的战略以及对外部事件或者对其他公司的战略举动可能做出的应对。

竞争者的目标会受许多因素影响，例如公司规模、发展历程、管理现况、财务状况等。竞争者的目标是追求成长、利润还是现金流？这些都需要公司去摸底探清。公司特别要监测并关注竞争者的扩张计划。

第二，竞争者的战略。

竞争者会采取什么样的战略与策略来实现其营销目标，会以什么样的方式应对竞争，这些都是很关键的情报信息。只有尽可能多地掌握这类信息，公司才能做更全面的准备与规划，防备竞争者，在竞争中获得更主动、更强势的优势。

第三，竞争者的优势和劣势。

竞争者的优势和劣势将决定它发起或应对战略行动的能力以及处理所处市场环境中事件的能力。公司要对此进行实事求是的评估，既不高估而怯战，也不低估而轻敌。除了优势和劣势，公司还要监测竞争者的市场份额，这不仅仅包括竞争对手在目标市场中所占的实际份额，还应包括竞争对手在消费者群体之中所占据的心智份额、情感份额。

对于竞争对手，是对抗他，超越他，还是学习他？这是公司能否在市场之中站稳脚跟必须做出的选择。要想战胜竞争对手，要想生存发展，一个重要的手段或者说一个重要的课题就是尽可能多地去了解竞争者。

比尔·盖茨曾说："一个好员工应分析公司竞争对手的可借鉴之处，并注意总结，避免重犯竞争对手的错误。"微软有一个团队，专门分析竞争对手的情况，包括什么时间推出什么产品，产品的特色是什么，有什么市场策略，市场的表现如何，有什么优势、什么劣势，等等。微软的高层每年都要开一个会，请这些分析人员来讲竞争对手的情况。微软这样做的目的就是为了更接近竞争者，知己知彼，百战不殆。

阿瑟·D. 理特咨询公司曾经对一家企业在目标市场中所处的竞争地位做了这样的划分：

主导地位。行业中占主导地位的企业支配着其他竞争对手的行为，并且在策略选择上有着广泛的余地。

得势地位。属于得势地位的企业可以独立运作，并且不会危及本企业的长期市场地位，无论竞争者如何行动，它们都能保持自己的长期地位。

有利地位。这类企业有力量执行特定的策略，并且拥有较多的机会来改善其市场地位。

足以维持。这类企业自身经营得当，足以维持营业。但它们的存在是在那些占有优势地位的企业默认许可下的，改善其自身市场地位的机会较少。

弱势地位。这类企业的经营状况不佳，但仍不乏改善的机会，它们必须进行革新，否则将被迫退出市场。

难以维持。这类企业经营状况极差，难以维持正常运营，而且没有转机。

居于主导地位的企业不能因为自身所占据的优势、强势地位就放松对身后追赶者的监控。而居于主导者之后的其他企业更要高度关注身边的竞争者，既要看到前面的领先者，也要看到身边的同行者，同时还要提防那些力量暂时不够强大的企业。

商场如战场，任何一个战场上都缺不了斥候。营销人员对企业而言，就是身在一线的斥候，必须要像侦察兵一样，去刺探、了解、分析自己的竞争对手，了解同行的经营目标、产品开发、市场营销、人才战略等情况，了解竞争对手的战略和目标、优势和劣势，这样才能提出相应的应对策略与对手周旋、竞争，使自己的企业不被对手蚕食、吞并、打垮，并确立行之有效的竞争战略和营销策略。

选择竞争者：强与弱，近与远，良与恶

在对顾客价值和竞争者进行细致全面的分析之后，企业就可以全力出击，对付下列类型的竞争者：强与弱，近与远，“良性”与“恶性”。

——科特勒《营销管理》

科特勒认为，任何一个企业，它要面对的竞争者很多，规模与实力都不一样。企业要从中去判断哪些竞争对手是对自己最具有威胁力的。科特勒提出了三种竞争对手的类型：

一是强与弱。很多企业将目标瞄准弱小的竞争者，通过与它们的竞争来稳固自己的市场地位，由于强弱悬殊，因此每获得单位市场份额只需要较少的资源投入。但企业更要警惕在行业内占据较大市场份额的强大的竞争对手，即使是行业内的强者，也会有其软肋，并非像表面上看起来那样的不可战胜。

二是近与远。近距离的竞争者是指与本企业在业务上有直接竞争关系的企业，例如，对雪佛兰来说，福特要比法拉利更有威胁力，福特就是近距离的竞争者。在此同时，企业也应识别远距离的竞争对手，比方说对于美国钢铁公司，贝特勒海姆钢铁公司可以说是它的近距离竞争者，而令它更担心的是生产塑料、铝等产品的远距离的生产者。

三是“良性”与“恶性”。几乎在每一个行业中，都会有“良性”与“恶性”竞争者之分。“良性”企业按照行业规则行事，并根据成本来制定合理的价格，它们促进了行业的健康成长。而“恶性”竞争者则喜欢走捷径，通过价格混战、渠道混战以及对

其他企业的产品或策略进行恶性打压或排挤来抢夺市场份额，它们本身就有很大的风险性，很容易破坏行业内的平衡状态，搅乱整个行业秩序。对于严重威胁市场竞争的“恶性”对手，企业有必要给之以打击，甚至是淘汰它们。

在选择竞争对手时，企业既要将竞争能力构成因素逐项与竞争对手相比较，也要拿产品的主要特性和竞争对手的产品进行比较分析。这样，才能全面地明确本企业产品的优势和劣势，为制定市场竞争战略提供具体依据。

在考察对手的综合竞争能力时，有很多要点是不能疏忽的，比方说市场占有率、销售人员数量及其配置情况、销售渠道、销售服务体系、制造成本、产品价格、产品质量、研发能力、品种齐备性、广告宣传能力、综合收益能力，等等。

企业可以就这些指标与竞争者进行一一对比，这样，可以很清晰地发现企业相对于竞争者优势何在，劣势何在。对比之下，企业也可以更加理性地找准自己的竞争对手。

不管竞争对手是强与弱，近与远，还是良与恶，企业都应有一个良好的竞争心态。生物界有一个共识，那就是没有天敌的动物多半会灭绝，而敌人越强大，其进化速度则越快，适应能力也更强。动物世界如此，商业世界更是如此。现在的商业竞争已经进入了一个竞合时代。竞合时代与竞争时代相比，前者最大的特点是在竞争中实现双赢，实现强强联合，取长补短，通过规模优势加强整体的竞争实力。

比方说宝马和奔驰，我们可以看到，奔驰的每一个车系其实都能在宝马的阵营中找到影子，但又绝非仿造雷同。宝马与奔驰在相互学习的过程中保持了自己惯有的风格。可以说，它们共同拱卫着豪华车的领地，抵御第三者的入侵，可以说是“两夫当关，万夫莫开”。在它们的竞争过程中，没有价格战的硝烟，而是各凭竞争优势寻求差异化的品牌策略，构建起了良性的竞争环境。所以，尽管这二者的市场定位和目标客户群高度重合，但它们却没有生产过任何一款同质化产品。“开宝马，坐奔驰”，前者强调驾驭乐趣，后者强调乘坐舒适，这已经成了消费者心目中对这两个品牌鲜明的品牌印象。

通过竞合组成攻守同盟的不光是宝马与奔驰，像麦当劳与肯德基，可口可乐与百事可乐、宝洁与联合利华、阿迪达斯与耐克、中国移动与中国联通……他们既是敌人，却更是领导行业并驾齐驱的两架马车。他们通过彼此间的竞合，使得市场容量大增，使得行业进步，更实现了各自的扩张与增长。

没有永恒的敌人，只有永恒的利益。竞争者既是如芒在背的威胁者，也是最好的磨刀石，企业要理性睿智地选择竞争者。对手就是镜子，可以让企业清楚地认识自己的优劣势，有了参照物，才会更加清醒，更加勤奋。

企业要取得成功，必须构建核心竞争力

从传统的意义上讲，企业往往拥有和控制着企业在某一个领域中展开经营活动所需要的大部分资源——人力、原材料、机器、信息和能源，但是，现在情况已经发生了变化。目前，只要有可能，许多企业都是从外部来获得质量更好或成本更低的非核

心资源。此时，关键是掌握和培育企业开展经营活动所必需的核心资源和能力。

——科特勒《营销管理》

科特勒所说的核心能力是指能为企业进入目标市场提供潜在机会的能力，是能借助最终产品为目标顾客利益作出重大贡献的、不易为竞争对手所模仿的能力。从这句话中，可以看出，核心能力应该具有这样三个典型特征：第一，它是竞争优势的源泉，并能够对顾客感知利益作出重大贡献；第二，在市场上具有广泛的应用性；第三，竞争者很难模仿。

在科特勒看来，企业生存发展的关键是掌握和培育出核心的资源和能力，而其他非核心的资源完全可以从外部获取。最鲜明的例子就是耐克，它自己并不生产鞋子，但是标有耐克标志的鞋子却享誉世界，这正是因为耐克在鞋的设计和营销方面培育出了强大的核心能力与优势，至于鞋子的生产，它完全可以交给那些生产能力强、制造成本低的厂商。

核心竞争力是一种能力，而不是一个产品，更不是产品的一种属性。企业核心竞争力是企业的生命线，是企业运行、发展的动力源，是企业战略的核心部分。这种核心竞争能力的打造不是一蹴而就的事情。一个企业要取得成功，就必须为顾客提供比竞争者更高的价值和满意。所以，企业不能仅仅适应目标消费者的需求，还必须通过在消费者心目中建立比竞争对手更强势的定位来获得战略优势。

美国学者弗雷德·克劳福德和瑞安·马修斯，通过对世界知名的公司进行研究，总结出这些企业成功的共同特征：产品稳定、价格诚实、购买便利、独特体验和服务践诺。这基本上与营销的 4P 要素相吻合。更令人惊奇的是，调查结果显示：最出色的公司也只是在五个属性中的某一个属性方面有绝对优势，在另一个属性上保持领先，而在其他三个属性上保持平均水平。

换句话说，每一家公司面临着选择：把哪些属性做得最出色，把哪些属性做得优秀，而把哪些做成平均水平。这是一个取舍的过程，也是营销定位的过程。营销定位成功的例子比比皆是，像戴尔电脑成功于直销优势，星巴克成功于独特体验，沃尔玛成功于价廉物美，而他们的产品并非与别人有多大的不同。企业构建自己的核心竞争优势可通过以下三大步骤来完成：

第一，识别可能的竞争优势。消费者所选择的总是那些能给他们带来最大价值的产品和服务。因此，赢得和保持顾客的关键是比竞争对手更好地理解顾客的需要和购买过程，以及向他们提供更多的价值。通过提供比竞争对手低的价格，或者提供更好的质量和服务，企业需要找到机会使自己的营销区别于其他企业，从而赢得竞争优势。企业一般从产品差异、服务差异、人员差异和形象差异等方面进行区别。

第二，选择合适的竞争优势。对企业而言，并不是所有的品牌差异都是有意义或有价值的，也不是每一种差异都能成为很好的区别因素。每一种差异都有可能在给顾客带去利益的同时增加企业的成本。因此，企业必须仔细地挑选区别于竞争对手的竞争优势。

比方说同仁堂，这个品牌最吸引人的地方就是它的秘方，它的生产技艺都是师傅徒弟手把手地教，一代一代地传，客观上限制了商品的大规模生产和被模仿，这对竞争对手就构建起了难以逾越的壁垒，让他们很难超越。除了同仁堂，像内联升的千层底儿鞋制作工艺、全聚德的烤鸭工艺、宫廷御厨的菜谱等，这些老字号都是靠着秘方与传承打造出了自身的核心竞争力。

第三，经营自身核心的竞争优势。企业确立了自己的核心竞争优势之后，更要用心经营，一方面，要将这种独特竞争优势准确地传播给潜在顾客，使顾客了解、知道、熟悉、认同、喜欢和偏爱本企业的市场定位，并在顾客心目中留下深刻印象；另一方面，要不断加强、巩固并提升这种核心竞争优势，防范竞争对手的追赶与超越。

现在各行各业竞争如此激烈，企业如果不能找到自己的优势与长处，不能形成自身核心竞争力，那是极其危险的。企业应对自身的优势和劣势有清醒的认识，从自身优势中去提炼并打造企业的核心竞争力。

世界上不存在适合所有企业的所谓“最佳竞争战略”

世界上不存在适合所有公司的所谓的“最佳竞争战略”。每个公司都应该根据自己的规模以及与竞争对手相比自己在行业中的地位，选择最适合自己的竞争战略。

——科特勒《营销管理》

科特勒认为，世界上并没有一种放之四海而皆准的“最佳竞争战略”，同样的一种竞争战略能使这家公司成功，却很可能让另一家公司惨败。每个公司都应该根据自己的实际情况并结合市场环境选择最适合自己的竞争战略。

在行业中，居于领先地位的大公司可能会运用一些其他企业所无力承担的战略，但是，仅有规模是不够的，有的战略的确可以使大公司获胜，但也有可能让它们深陷泥潭。而小公司尽管实力规模有限，但同样可以采用大公司难以实施或者不屑于实施的灵活型战略，从而获得高回报率。

从总体上来说，公司通常运用的竞争战略有三种：

一是总成本领先战略，也就是最大努力降低成本，通过低成本降低商品价格，维持竞争优势。要做到成本领先，就必须在管理方面对成本严格控制，尽可能将降低费用的指标落实在人头上，处于低成本地位的公司可以获得高于产业平均水平的利润。在与竞争对手进行竞争时，如果能够将成本有效控制住，那么当对手已没有利润可图时，公司还可以获得利润。

二是差异化战略，也就是走别具一格的路线，提供差异化的产品或服务，如果能够实现这种战略，公司在行业中就很可能赢得超常收益，能建立起有竞争力的防御地位。差异化经营好了，客户对品牌的忠诚建立起来了，公司在所在的细分市场中就能更主动、更强大。

三是集中化战略，或者说是目标集中战略、专一化战略。它是指公司选择某个特定的客户群，或者某产品系列中的一个细分区段，或者是某一个地区市场。实行这种战略的前提是，公司能够以更高的效率、更好的效果为某一狭窄的战略对象服务，从而超过在更广阔范围内的竞争对手。这种战略具有赢得超过行业平均水平收益的潜力。

企业要选择最适合自己的竞争战略，就要进行这样的三步评估：

第一步是评估资源。

资源的评估主要指的是两方面：一是资产，也就是指企业内的人、物、财等，资产大多是可以量化的、具体存在的，像厂房、设备、自有资金、销售人力、销售网络，等等；二是能力，也就是指企业如何满足客户及胜过竞争对手的专有能力，这多半是不能量化的，例如企业家的创业精神、凝聚力与影响力，市场的专有诀窍、信誉、技术、创新能力，等等。

这两种资源对于企业而言是立根之本，企业的目标达成缺不了这些资源。对这两方面的资源进行评估，企业可以对自身实力有一个较为理性的认识。

第二步是评估企业的优势与长处。

对企业资源进行评估的过程，同时也是一个挖掘企业优势与长处的过程。企业的优势与长处是指企业拥有的超越对手的某方面的资产和能力，企业对其进行某种组合后便能产生力量，达到企业的目标。反之，企业如果忽视了这种优势和长处，不能让这种资源充分发挥作用或者组合不当，就难有成效。

比方说，埃克森石油公司想利用该公司在财务、资金上的优势进入办公自动化这个行业，结果因为缺乏其他配合的能力和资源，这次尝试以失败告终。看清自己的长处所在，并坚定不移地加强它、善用它、经营它，这样企业才能构建起独特的优势来。

第三步是评估企业的长处与弱点对未来的影响。

企业的长处能在未来创造什么样的价值，企业的弱点在未来会造成什么样的后果，这些是企业必须要评估的。企业的经营就是要把企业长处的价值充分发挥，那些能够增加企业的竞争力或满足潜在消费者的长处会带给企业未来发展更大的机会。同时，企业要对自身弱点有深刻认知，是隐藏它，防范它，还是弥补它，或者采取别的方式，总之，对这些弱点不能掉以轻心，因为，一个微不足道的弱点很可能会在某个关键点上给企业带来沉重的打击与莫大的损失。

在这三步评估的基础之上，企业可以从实际出发，从自己的优势长处出发，选择最为适合的竞争战略。

获胜的企业往往在引导着自己的竞争者

忽略了竞争者的公司往往会成为绩效差的公司，效仿竞争者的公司往往是一般的公司，获胜的公司往往在引导着自己的竞争者。

——科特勒《市场营销原理》

科特勒从如何对待竞争者的这一角度，将企业划为三个层次，最低的层次是忽略竞争者，这样的企业很容易在竞争中落败；层次稍高一点的企业，对竞争者做得较好的地方，会积极地效仿跟进；而那些获胜的企业，它们所做的则是引导自己的竞争者，引导行业规则。

科特勒的这种观点跟商界的一句经典语大有相通之处，那就是“三流企业做产品、二流企业做品牌、一流企业做标准”。在传统的工业生产中，是先有产品后有标准，标准仅仅作为企业生产合格产品的依据，但在知识经济时代，在经济全球化的今天，则是标准先行。标准之争其实就是市场之争，谁制定标准，谁就掌握了话语权；谁掌握了标准，就意味着先行拿到了进入市场的入场券，抢占了市场的制高点。卓越的公司往往就是在“做标准”，在引导整个行业的风向，它们是行业内当之无愧的标杆与领头羊。其他的竞争者只要在这个行业，就得按这个行业的游戏规则来做，所以说，做标准的企业有着绝对的领先优势，它们可以通过提高门槛、提高标准来限制其他企业的准入，削弱对手的优势。

凡事做标准，凡事有标准，很多人、很多企业就是靠着“标准”二字确立自己在行业中的地位的，例如，西方科学管理鼻祖泰勒就是始于标准化的研究；福特汽车第一条自动生产流水线源自于各部位的标准化；风行全球的ISO质量体系，其本质就是由标准展开；微软的操作系统软件目前占据了国内操作系统市场95%的份额，已经形成了事实上的垄断；瑞典利乐公司控制了国内95%无菌软包装市场，占绝对垄断地位，伊利、蒙牛、光明、三元等国内乳业巨头都在使用利乐的无菌灌装生产线及相应的包装材料……

在未来，不管商业环境如何变化，概念如何翻新，根本的内核都是不变的，那就是做好标准。能够引领标准、引领行业、引领竞争者的企业，最有可能成为行业内的霸主。在一个行业内要成为领先者，就得把握标准，标准就是话语权，就是行业法则。企业掌握了标准，就有足够的实力和影响力去引导行业内的其他竞争者。

有人说，营销高手需要做好两件事，一是“攻心”，让消费者喜欢上你的企业或品牌；二是“洗脑”，让消费者接受你所灌输的理念和标准。比方说，我们一提到德国制造，就会有“精细”、“品质好”、“严谨”、“耐用”等印象；我们一提起咖啡，就会想起雀巢。这种下意识的联想，其实就是一种长期“洗脑”所造成的结果。

什么样的标准最难打破？人心中的标准！企业如果想要在行业中占据绝对优势地位，就必须从标准入手，引导竞争者，引导消费者，成为做标准的一流企业。

到现场去！了解竞争者的最真实情况

在你通过搜集的情报来分析行业状况与竞争对手未来动向时，别人也很可能在对你做同样的事情。有时候营销人员必须到现场去了解竞争对手情况。

——科特勒《营销管理》

在激烈的竞争中，一方面，企业都在尽可能多地搜集信息和情报，尤其是有关竞争对手的；而另一方面，为了防范自己的一些信息，尤其是机密、重大的信息被竞争对手所探知，企业会制造一些假象、假信息，或者层层设防严守信息，因此使得整个市场上的信息极为复杂。在这种情势之下，企业要想挖掘到有关竞争对手真实、即时的信息，就需要付出更大的努力。

科特勒举过一个例子，能源投资巨头布尼·皮肯斯是如何了解竞争对手的钻井活动的呢？他派人在距离竞争对手钻井平台半英里的地方用野外望远镜观察。对手不高兴却没有办法。他派去蹲点的人看到接头和钻杆，就会计下数量，每个钻杆接头有30英尺长，把所有接头数加起来，就能推算出对方钻的油井有多深。皮肯斯知道油井越深，对方将石油或天然气输送到地面的成本就越高，了解了这些信息，皮肯斯立马就能采取有效的应对措施，走在竞争对手的前面。

现在，随着网络的普及，很多营销人员习惯于从网络上获取信息，即使在搜集竞争者情报时，也大都借助于网络，看看网上有关竞争者的风评，或者搜搜竞争者的企业网站、博客、微博等。的确，网络是一种搜集信息的好方式，但要想了解竞争者最真实的信息，还是要像科特勒所倡导的那样——“到现场去”。

山姆·沃尔顿喜欢观察竞争者、学习竞争者。他开第一家商店的时候，虽然只是一家小店，可是他的目标就是成为行业中的顶尖，他知道一旦达到这个目标，财富自然会涌向他。

他每天做什么呢？他不但每天早晨 4 点半起来工作，督促他店里的员工提供最好的服务，而且有空就去竞争对手的商店里，不断研究竞争对手。山姆·沃尔顿常到他的竞争对手商店里面去看看，看对方的价钱是不是比自己的便宜？对方的货摆放得是不是比自己的美观？对方的服务是不是比自己的优良？他不断地看他的竞争者做了哪些事情，哪里做得比较好，以及做错了哪些事情。他不仅吸取对手的经验、教训，而且每当发现竞争对手比他做得好的时候，他就会想方设法超越他的竞争对手。正是因为这种对竞争者的高度重视与关注，使得沃尔玛越来越强大，最终成为庞大的零售业王国。

没有调查就没有发言权。许多企业不太重视了解竞争对手的经营运作情况，也不去仔细分析竞争对手的经营策略，更不清楚对手下一步将有什么措施和手段来对付自己，一味凭自己的感觉行事，到头来往往吃尽苦头。

在任何行业，竞争都无可避免，无数竞争者和其旗下产品充斥着市场各个角落，而拥有最终选择权的消费者又因为收入、文化、地域、家庭背景、教育程度和消费观念的不同各有偏好。于是，看似平静的市场往往暗流涌动。如果没有前期对整个市场深入细致的了解和调查研究，哪怕是再有经验的掌舵者也难免会迷失航向。

标杆管理：向“最佳实践”企业学习

标杆管理是一种向在特定任务中表现卓越的企业学习的艺术。标杆管理的目的就是通过向行业内或跨行业的标杆学习，复制或改进标杆企业的“最佳实践”模式。

——科特勒《营销管理》

科特勒提倡企业学习、复制或者改进标杆企业的“最佳实践”模式，那么企业如何识别那些“最佳实践”的标杆企业呢？科特勒提出了一个最简单但也是最有效的方法，那就是咨询顾客、供应商、分销商、财务分析师、交易相关者甚至是业内的杂志，听听他们的声音，看看在他们眼中谁是最佳的实践者。

标杆管理并不受企业在行业内的地位和规模的影响限制，处于较为弱势地位的企业可以以行业内的领先企业为标杆，而那些卓越的企业同样可以通过标杆管理来获得进一步的提升。比方说，通用电气就曾经将宝洁作为标杆学习的对象，为的是学习宝洁的创新。

一个普通的企业和世界级的顶尖企业在产品质量、发展速度、管理等方面可能会相差很大，向标杆学习也会是一个漫长的过程。

在当下全球经济一体化的背景下，很多国内企业在管理上、产品研发上、服务上都开始向国际知名企业看齐，以这些名企为标杆，向它们学习。华为就是一个很好的例子。

华为的标杆学习采取的是任正非所说的“软的不行，就先上硬的”的模式，就是说，在软件条件尚未完全具备的情况之下，先从流程和财务制度这些最标准化甚至不需置疑的“硬件”开始，然后从局部到整体、从制度管理到运营管理逐步“西化”，潜移默化地推动“软件”的国际化。

早在1997年，任正非率领华为高层赴美国访问IBM、休斯、贝尔实验室和惠普等世界顶级企业之时，华为就已经开始瞄准世界知名企业进行标杆管理了。比方说：

产品研发以IBM为标杆。华为首先引进IBM的IPD（集成产品开发）标杆，IBM在管理流程方面的经验总结非常成熟而且成效显著，所以华为坚决地采用了“拿来主义”，向IBM取经。

这项标杆管理活动在当时的华为内部阻力不小，很多人都在质疑，一切都按流程来的话，会不会反而降低企业运营效率？任正非为此发动企业内部《管理优化》报和《华为人》报宣传，并在大小会议上讲解IBM的IPD如何成就世界级企业的管理，甚至提出“先僵化、后优化、再固化”的方式，喊出“要穿美国鞋，就必须削足适履”的口号，力行流程管理。

紧接着，华为又引入IBM的ISC（集成供应链）运营标杆，这让华为在很长一段时间里进入了全面学习效仿IBM的状态。

其后，华为又引入HAY（合益）做人力资源管理咨询，为华为设计职业化的人力资源体系，用另一个制度来树立明确的标尺，促进员工文化和观念的转型。同时，任正非有意识地淡化华为曾经个性鲜明的企业文化，提出“把企业文化融入制度”的理念。

华为邀请Mercer（美世）公司为其重新划分组织结构，意在实现集中度较高的类似IBM的“超矩阵”管理模式。最后，Mercer制定的全面学习IBM的集中式方案并没有被华为采用。因为“集中模式”对高层管理者的要求非常高，暂时不适用当时华为的现实情况。

华为还积极地以思科、西门子、朗讯等知名企业为标杆，在模仿跟进的过程中，逐步积累自己的技术能力。华为每年要拿出销售额的10%以上的资金投入技术研发，可以说是中国技术研发投入资金最多的公司。

自1997年以来，华为在公司运作、质量体系、财务、人力资源四个主要方面进行了持续不断的变革，经过多年的努力，基本建立起了与国际接轨的管理运作体系。华为能赢得国际营运商的订单，这本身就意味着国际客户对华为整体管理体系的认可与尊重。

经过全面而深入的“洋务运动”，华为有了彻底的改变，英国电讯称其为“中国的美国公司”。即使是在业内的国际巨头看来，华为也完全成长为一个可以用同样的“语言”与他们从容对话与商业博弈的重量级对手。

华为的标杆管理有一个特色，就是任正非所提出的“削足适履”理念。所谓“削足适履”，是指采取“先僵化、后优化”的策略，在学习标杆企业时，先将其经验、模式搬过来，强制性地禁止企业这个肌体出现排斥反应，将制度定下来，然后再在实践的过程中去优化、调整并修正，形成自己的风格与特色。为了切切实实做好标杆管理，华为不惜付出数亿美元的代价，请“洋师傅”做长期的指导，而不仅仅是做短暂的咨询。像与 IBM 等公司之间的标杆管理项目，都是历时数年的，这样一来，华为通过标杆管理所得到的就不仅仅是工具，而是一整套思想和观念。

华为的标杆管理给了我们两个关键性的启示，其一，标杆管理并不是照搬照用这些标杆企业的经验与模式，而应该先拿过来，然后从企业的实际出发，选择性地引入，选择性地学习，选择性地运用，也就是任正非所提倡的“先僵化、后优化”；其二，标杆管理是一个长时间的学习过程，要有耐心，要真正学到“功夫”，而不只是求得“皮毛”。

平衡对消费者与竞争者的关注，切忌舍本求末

竞争导向在如今的全球市场上非常重要，但同样重要的是，公司不应过分关注竞争者。它们应该平衡对消费者和竞争者的关注。

——科特勒《营销管理》

科特勒指出，公司无论是作为市场领先者、挑战者、跟随者还是利基者，都应该对自己的竞争对手保持关注，但是，一个公司不应该把所有的精力都集中在竞争者身上，要平衡对竞争者与消费者的关注，制定战略时要更加关注消费者的发展态势。

竞争者导向既有积极的一面，也有消极的一面。从积极方面来说，公司有这样一种竞争者导向，可以让营销人员保持警惕，时刻关注竞争者劣势和公司本身定位。而从消极方面来说，公司如果将全副精力放在关注并应对竞争者上，那么相应地，对消费者的关注就少了。公司如果仅仅根据竞争者的行动来决定自己的步调，而并非认真规划和执行一个持续性的、顾客导向的战略来向着自我既定的目标前进，这样一来，公司会陷入竞争泥潭之中，永远不知道战争什么时候会结束，因为这类公司的每一步都取决于竞争者的行动。

相比之下，以顾客为中心的公司定位更准确，可以识别更多新的机会，也能设定一条有希望获得长期利益的发展路线。在既定的资源与目标下，公司能够通过监察顾客需求来判断哪个顾客群体和新出现的需求最值得去迎合。亚马逊的创建者杰夫·贝佐斯就非常推崇以顾客为中心的做法，他说：“亚马逊的理念一贯是，我们时刻心念消费者而非竞争者。我们观察竞争者，向他们学习，尽自己所能做到能为顾客所做的事，我们从来不会时刻为竞争者所困扰。”

营销从根本上来说是研究消费者、为消费者提供服务、满足消费者需求的活动，而竞争则是营销活动中的定位和效率的比拼。但是，激烈的竞争很容易让公司渐渐忘

了最初的使命，那就是消费者的需求。过去的竞争都是在供应与需求之间的环节展开的，这样竞争的立足基础就是有争议的。企业真正的未来并不在于与谁竞争，而在于消费者需求。

过分关注竞争者会使公司忽视自己的客户。我们的确不能忽略竞争者，但是有太多管理者为了赶上或者击败竞争者而殚精竭虑，心力交瘁，却依然难以为公司打开一个前景良好的局面。很多企业对自己的竞争对手过分紧张，结果丢掉了自己的客户群，最终导致失败。营销人员要清醒地认识到，了解客户早餐吃什么要比了解竞争者提供什么更为重要。

很多公司都在寻求一种可以从竞争中脱颖而出的途径，其实这途径很简单，每一家公司都可以去尝试，但是很少有公司能真正做到。即使竞争对手看起来拥有明显优势，这一途径依然能让公司胜出，那就是抛开竞争，去倾听客户的声音，去理解客户的需求，去赢取客户的足够信任，与客户肩并肩地朝解决方案的方向迈进。做到这些，你就能赢。事实上，不管何时何地，也不管公司面临什么样的竞争者，只要公司这样做，赢的机会就会很大。

公司要在竞争者和消费者之间平衡好精力，消费者是根本。很多公司在全身心关注消费者的过程中，不仅赢得了消费者，更貌似无心插柳一般地赢得了竞争。相反，有的公司尽管以各种方式赢了自己的对手，却输了自己的客户。公司要取得成功，唯有全心全意地关注客户，虽然在这漫长的征途中，还需要不时地瞄一下身边的竞争对手，但是那仅仅是“瞄”着罢了，如果把全部心思都用来“盯”住自己的对手，那么最终得到的很可能是失败。

第 2 章
十面埋伏，竞争无处不在

企业面临着五股竞争力量的威胁

企业面临着五股竞争力量的威胁，分别是：行业竞争者、潜在进入者、替代者、购买者以及供应商。

——科特勒《营销管理》

科特勒认为，无论在行业中处于何种地位的企业，都随时面临着竞争，这不仅仅指行业内其他企业的挑战与威胁，还有来自其他多个方面的竞争。在传统观念中，企业研究竞争环境时，往往只着眼于那些直接发生竞争的企业，但是在今天，竞争已经不仅仅是竞争对手之间的战斗，而更多地被看作顾客获取所需价值的各种可行途径之间的竞争。随着不同行业之间界限的模糊化，这一点也显得特别重要。比方说，网络视频跟传统电视台争夺观众，手机制造商涉足汽车业甚至是房地产等，现在，我们已经不能以行业界限来定义一个市场，更不能以此来定义自己的竞争者。

企业现在面临着五种竞争力量的威胁，它们是——

1. 同行业的直接竞争者。在同一个行业当中，如果已经有了众多、强大或者竞争意识强烈的竞争者，那么该细分市场就会失去吸引力。如果该市场处于稳定期或者衰退期，而生产能力不断大幅度扩大，将导致固定成本过高，撤出市场的壁垒过高。

2. 供应商。供应商有两个手段可以威胁到企业的发展，一是提高供应价格；二是降低供应产品或服务的质量，从而使下游行业利润下降。如果企业无法通过价格结构消化增长的成本，它的利润就会因为供应商的行为而降低。

3. 顾客的讨价还价能力分析。企业追求的是更高的投资回报率，而顾客追求的是以最小的支出获得最好的产品和最优质的服务。为了减少支出或降低成本，顾客通常会讨价还价，寻求更好的产品、更多更好的服务以及更低的价格；同时，行业内企业之间的竞争，也会让买方坐收渔翁之利。

4. 替代品。如果企业所服务的市场存在着替代品或潜在替代品，那么该市场的吸引力就会大大降低。替代品是指那些来自不同行业的产品或服务，这些产品或服务的功能与该行业的相同或相似。一般说来，如果顾客面临的转换成本很低甚至为零，或者当替代品的价格更低，或质量更好，性能相似于甚至超过竞争产品时，替代品的威胁会很强。

任何企业都应密切注意产品的价格趋向，如果在这些替代品行业中技术有所发展，或者竞争日趋激烈，就有可能导致该细分市场的价格和利润下降。在顾客认为具有价值的地方进行差异化，如价格、质量、服务、地点等，可以降低替代品的竞争力。

5. 潜在进入者。潜在进入者是指那些可能加入这个行业，成为企业直接竞争对手的企业。当某一行业，尤其是新兴行业获得高额利润时，资本就会大量流入，不仅行业内现有的企业会增加投资以提高生产能力，而且行业外的企业也会被吸引到该行业进行投资。例如，在房地产如火如荼的时候，受到高利润的吸引，很多有一定资本实力的企业纷纷涌入，试图从这个市场分一勺羹。

可见，企业除了要防范行业内的直接竞争者，还要对其他四股竞争力量提高警惕，这五种竞争力量对企业都有一定的威胁力，对其中的任何一个，企业都不能掉以轻心。

行业竞争者：细分市场的容量是有限的

如果一个细分市场已经有大量强大的激进的竞争者存在，那么它不会有吸引力。如果该细分市场已经稳定甚至衰退，工厂生产能力不足，固定成本和退出壁垒高，或者竞争者在细分市场中投资很大的话，那么这个市场更不具有吸引力。

——科特勒《营销管理》

科特勒认为，一个细分市场的容量是有限的，如果有太多的企业争夺这一片市场，就很可能导致惨烈的价格战、广告战、渠道战等，使得参与竞争的代价很高。像手机市场就是由于细分市场的竞争关系导致竞争异常激烈。

很多人都听过这样一个故事——

一天，一个犹太人来到小镇上。他发现这个小镇很有潜力，所以投资开了个加油站。过了一段时间，第二个犹太人也来了，发现加油站生意很不错，人气越来越旺了，所以投资开了个餐馆。又是一段时间，第三个犹太人来了，开了个酒店，第四个、第五个……不久之后，小镇就成了一个经济繁荣的小镇。

而中国人发现一个有潜力的镇子会怎么做呢？当第一个人投资开了加油站，获得不错的收益时，第二个人也会立马跟进，开一家新的加油站，第三个人来了，继续开第三家加油站，然后是第四个人、第五个人……

这个故事并不夸张，在很多行业里，我们都能看到这种同质化的竞争。很多公司做生意都喜欢一窝蜂，当看到某个行业某种生意能成功赚钱，那么，不出一两年，市场上绝对会有一批新的竞争者争相进入，引发恶性竞争。

放眼市场，我们很难找到一种没有竞争对手的行业，一条街上，一个社区里很容易就能找出三四家洗衣店，五六家便利商店，七八家美发店，十多家餐厅，二十几家小吃摊……没有一个行业没有竞争对手。

有句话说，同行是冤家，这句话从某种程度上来说确实反映了现实。要避免与较强的竞争对手相抗衡，企业需要采取一定的区隔策略，比方说，选择不同的区域市场，避开和主要竞争对手的面对面搏杀，这是市场区隔；选择不同的目标群体，这是对象区隔；在产品上实行差异化，针对不同对象提供不同产品，这是产品区隔……通过这些区隔策略，企业可以为自己留出一块相对而言较稳定、竞争不那么激烈的市场空间。

面对强大的同行业竞争对手，竞争是残酷的，如果势不两立，必定两败俱伤，最好的办法是谋求共赢。共赢有利于自身的发展，只有竞争才会有进步。竞争还有利于行业的发展，一木难以成林，当一个行业有良性竞争时，相关品种会增多，产品的结构也会丰富，这样能推动整个行业的进步，提高整体产销量。与竞争对手合作也有利于产业链的共同发展，一个产品成熟了，相关的配件配套设施会更完善，更有利于企业的发展。此外，同行联手能够共同抵抗外来产品的入侵，提高整体抵抗力。

对于行业内领先型的竞争者，学习它们的成功模式可以减少市场风险，也可以让企业少走很多弯路。如果能够模拟出竞争者成功的根本模式，并结合企业实际加以运用，可以避免很多最初阶段很难逃过的风险。

对于行业内的一些搅乱正常市场竞争的对手，企业应更警惕。市场竞争就是大鱼吃小鱼，但几乎在每一个市场，都会有一些小鱼小虾，它们图的不是长远的发展，而是一时之利，为了获得利润和市场份额，它们可以置市场规则于不顾，采取无所不用其极的手段，比如一味地挑动价格战，或者生产假冒伪劣产品，等等，这种非正常的竞争会破坏整个行业的内在结构与外在形象。企业对这一类型的对手，应该联合行业内的其他企业，强势压制住或者清理掉它们。

总之，竞争是无处不在的，要想在竞争中胜出，企业要有打持久战的准备。同时，也不应该把竞争对手视为敌人，没有竞争就没有市场，没有市场便无法生存。理智分析对手，寻求共赢，谋求差异化之路，这样企业才能在竞争中活得更好。

潜在进入者：有利润，就会有跟风

所谓潜在进入者，可能是一个新办的企业，也可能是一个采用多元化经营战略的原从事其他行业的企业，潜在进入者会带来新的生产能力，并要求取得一定的市场份额。潜在进入者对本行业的威胁取决于本行业的进入壁垒以及进入新行业后原有企业反应的强烈程度。

——科特勒《营销管理》

潜在进入者指的是暂时没有对企业构成威胁但是具有潜在威胁力的竞争对手。当某一行业发展较为迅速的时候，该行业便不可避免地会吸引更多竞争对手加入其中，有时候这种冲击甚至可以动摇整个行业。

潜在进入者会直接影响到行业的竞争强度和赢利性。具体而言，它们的存在会加剧行业对下游市场需求量的争夺和分流，同时也会加剧对上游资源的争夺和分流。潜在进入者对行业是利是弊，不能一概而论，而是与行业的发展周期有着密切的联系。

通常，当行业处于导入期时，随着潜在进入者的进入，行业生产量不断扩大，行业生产能力随之提高，单位产品生产成本会较快降低，行业赢利能力将提高。在这个时期，潜在进入者更多地起到培育市场的作用，能够推动行业的发展。

当行业处于成长期时，由于需求量增长迅速，潜在进入者一般会对需求进行细分分流，这从表面上看似乎不利于行业内竞争者，但由于需求量迅速增长，行业内现有生产能力可能并不能满足快速增长的需求，如果没有新的加入者，需求未被满足的消费者可能会寻求替代品，替代品行业的激活可能会颠覆对现有行业的需求，影响行业赢利能力。所以说，成长期进入的潜在竞争者对整个行业是有其积极意义的。

当行业进入成熟期时，需求量增长缓慢，竞争更加激烈，行业吸引力开始下降，潜在进入者通常不大可能选择进入。但成熟期虽然需求量增长缓慢，但需求总量很大，从现金流角度看，对某些潜在进入者仍是有吸引力的。

当行业处于衰退期时，需求量急剧萎缩，行业资本收益率下降，部分行业内的企业都会选择撤资退出，而潜在进入者如果要进入该行业，更是会慎之又慎。

在成熟期和衰退期，潜在进入者的威胁可能并未减小。少数实力很强的潜在进入者仍可能选择这个时机进入，并通过并购、重组等手段，以低廉价格得到相关资产，凭借自身优势对行业内企业形成很大冲击。

潜在竞争者是否会进入某个行业，主要取决于以下几大因素：

第一大因素是进入该行业的可能性，这主要取决于该行业的发展前景。如果该行业增长速度快，赢利潜力大，那么潜在竞争对手进入该行业的意愿就越强。但是，竞争对手能否顺利进入该行业还要看该行业的进入壁垒的强弱程度。

第二大因素是进入壁垒的强弱程度，进入壁垒是指新企业进入一个行业所必须负担的生产成本以及所面临的一系列不利因素和障碍，主要反映产业内现有企业和待进入该产业的潜在企业之间的竞争关系。新进入者在进入一个行业之前，必须评估自己是否有足够的实力应对目标市场中的种种风险和阻碍。

第三大因素是预期的报复，这指的是该行业的现有企业对于潜在进入者所持有的态度以及可能做出的反应。现有企业的反应越激烈，潜在进入者面临的阻力就越大。为了维护共同的利益，行业内现有的企业甚至会联合起来，一致对外，阻止新的进入者。

综合这些因素，潜在进入者进入某个行业需要做充分的调研和评估，谨慎决策。而行业内现有的企业则可以通过上面所述的各种方式，来提高行业的进入壁垒，从而防范并抑制新进入者。

替代者：比现有竞争对手更具威胁力

存在实际的或潜在的替代品的细分市场不具有吸引力。替代品对价格和利润设置了限制。在这些替代品行业中，如果技术进步或者竞争激烈了，那么价格和利润都可能下跌。

——科特勒《营销管理》

科特勒认为，竞争不仅仅包括所有的现实竞争对手、潜在竞争对手，还包括购买者可能考虑的替代产品。

比方说，如果一家汽车公司打算购买钢材来制造汽车，那么就可能有几个层次的竞争。这家公司可以从美国钢铁公司购买钢材，同时它也可从众多外国钢铁公司那里购买钢材，或者本着节省成本的目的从纽克公司那样的小型钢铁厂采购。除此之外，它还可以从阿尔钦公司购买铝，代替钢材来做相应的汽车零部件并减轻汽车重量，或者也可以从其他公司购买工程塑料。很显然，如果美国钢铁公司只将其他的钢铁公司视为自己的竞争对手的话，那就太过于狭隘了。事实上，从长远来说，未来对该公司造成最大冲击的，很可能就是那些生产替代产品的生产厂家，而不是那些行业内的其他钢铁企业。

同行竞争很好理解，但是即便是两个处于不同行业中的企业也可能会由于所生产的产品互为替代品而产生相互竞争行为，这种源自于替代品的竞争会以各种形式影响行业中现有企业的竞争战略。

首先，现有企业产品的售价以及获利潜力，会因为存在着能被用户方便接受的替代品而受到极大限制；其次，由于替代品的存在，使得现有企业必须提高产品质量，或者通过降低成本来降低售价，或者使其产品更具有特色，否则其销量与利润增长的目标就有可能受挫；再次，源自替代品生产者的竞争强度，受用户的转换成本高低的影响，如果转换成本足够低，那么用户可以自由地在企业产品与替代品之间选择，这样一来，替代品对企业产品的威胁就极大。总之，替代品价格越低、质量越好、用户转换成本越低，其所能产生的威胁力就越强。

替代者的隐蔽而又强大的竞争力，为企业参与竞争提供了另一种视角。企业如果跳出行业看行业，跳出产品看产品，就会发现，其实竞争分两种，一种是完全同类产品之间的竞争，是你死我活的竞争，一方要把另一方打压下去，以使自己生存下来，这种竞争充满了血腥之气。而另一种则显得比较温和，它是不同类产品间的替代，很多时候都是静悄悄地发生的，当替代者成功后，被替代的竞争对手眼看着品牌已经长大，往往束手无策。事实上，可口可乐当初也是运用了替代思维才把市场充分放大的。

20 世纪 80 年代的时候，可口可乐就已经占据了美国软饮料市场 35％的市场份额，当时几乎所有人都认为市场已经足够成熟，而百事可乐正奋起直追，对可口可乐造成了极大的冲击。很多证券分析家都快给可口可乐唱挽歌了，他们认为在这样一块如此饱和而竞争又如此激烈的市场，可口可乐不可能有更大的发展。

就在这时候，时任总裁的罗伯特·格祖塔提出了一个振聋发聩的见解——在“人们的肚子里”，可口可乐的份额是多少？他说：“我不是说可口可乐在美国的可乐市场占有的份额，也不是说在全球的软饮料市场占有的份额，而是在世界上每个人都需要消费的液体饮料市场所占的份额！”他的话让大家都醒悟过来，在“人们的肚子里”，可口可乐的市场份额少到几乎可以忽略不计，自然就还有无限大的发展空间。

罗伯特·格祖塔给可口可乐带来了观念的革新，他认为，可口可乐的敌人不是百事可乐，而是咖啡、牛奶、茶、水，等等。可乐行业巨大的市场空间超出任何人的想象，可口可乐拥有无可限量的市场前景，至此，可口可乐迎来了它历史上新的发展高峰。

在传统营销观念中，相同的产品构成同一的市场，在这个市场中，消费者是固定的，市场的容量也是固定的，你得到的多，那我得到的就必然少，因此竞争常常是针尖对麦芒，伤敌一千，自损八百。而在新的营销观念中，相同的需求构成同一的市场，企业可以通过不同的产品去满足同一种消费者需求。譬如，上网可以通过电脑，还可以通过手机，就看谁能为消费者创造更大的价值，更好地满足其需求。这样一来，企业的重心就集中到了满足消费者的需求上，在竞争中，注意力也会集中于消费者的满意度和忠诚度上，而不是单纯地关注竞争对手出了什么招，用了什么方法，这样更能形成一种健康的行业氛围。

购买者：与越来越精明的顾客博弈

如果购买者拥有强大的或不断增长的议价能力的话，该细分市场不具有吸引力。当购买者更加集中或有组织，或者产品在购买者的成本中占较大比重，或者产品是无差异化的，或者购买者的转换成本低，或者购买者由于低利润而变得价格敏感，或者他们能够整合上游时，购买者的议价能力得以提高。

——科特勒《营销管理》

科特勒认为，买方的议价能力在一个行业中有举足轻重的地位，如果买方议价能力强大，或者占据优势地位的话，那么，这样的行业对卖方而言，就有了一定的难度和壁垒。买方议价能力是指买方采用压低价格、要求较高的产品质量或索取更多的服务项目等竞争手段，从卖方与竞卖者彼此对立的状态中获利的能力。

买方的议价能力受到下列因素的影响：相对于供应商数量的买主数量、购买量、可供备选的替代产品数量、买方选择替代产品的成本以及购买者所掌握的信息量的多少等等。比方说，汽车厂家比起一个小汽配修理厂来说，就具有更强的议价能力，因为它是大买家，而且一般有多个供应商可供选择，其替代成本相对而言比较低。再如，在个人电脑行业，电脑生产商相对操作系统软件商微软的议价能力就很低。

在什么样的情况下，买方会拥有更强大的议价能力呢？

1. 买方大批量采购，或者买方采购的数量占卖方生产总量的一个比较大的比例。
2. 卖方固定成本高，必须在充分使用生产能力的基础上实现赢利。
3. 卖方存储成本高。
4. 买方为购买产品所付出的占了成本的很大部分。
5. 对买方而言，有大量的替代产品可供选择。
6. 买方转向其他产品或替代品的成本很低。
7. 买方有足够实力向下整合，也就是由买方变为卖方。
8. 购买者掌握充分的信息。

消费者总是希望以最小的成本获得最大的利益，因此，讨价还价的价格谈判几乎是任何交易中所不可缺的。有的时候，为了在卖方面前占据更强势的谈判地位，买方会联合起来，组成一个团体，与卖方议价。

2012 年，搜狐视频、腾讯视频、爱奇艺这三家视频网站联合宣布，将共同组建“视频内容合作组织”。这个组织以“联合购买，联合播出”为理念，三方约定将对国内外优质视频版权内容进行联合采购及联播，而对于三方各自已经采购的影视剧资源，则开展置换合作，以应对影视剧飙涨的版权价格，推动整个视频行业形成可持续的良性发展。

有数据显示，影视剧的新媒体单集版权价格从 2009 年的数万元上涨至 2011 年的上百万元。专家认为，这在很大程度上是因为对版权内容缺乏理性的判断，信息不透明，各个网站“恐慌性出价”，不管内容好坏，一律往高了报价，结果导致版权价格出现远远溢出平均价值的泡沫。

海量的内容是一家视频网站生存的根本，而价格的飙升对视频业来说无疑是致命的。这三家视频网站的联合合作，就是为了让版权价格尽量回归理性。三家通过合作能实现多方面的利益：第一，可以很好地把控成本，与版权方进行价格谈判，也有了更大的优势；第二，可以通过合作采购的形式购买差异化的内容；第三，这种强强联手的联盟式竞争既能对行业内的龙头老大产生强烈冲击，又能抬高网络视频业的行业壁垒，进一步压缩中小型视频网站的生存空间。

当版权价格急剧飙涨居高不下时，作为版权的购买方，视频网站是非常吃亏的。而三家联盟能大大提升购买方的议价谈判能力，各家都能以相对较低的成本获得更为丰富的版权内容。

不仅企业之间可以通过这种联盟合作来提升自己作为买方的谈判力，消费者同样也可以。例如曾经红极一时的团购，其本质就是消费者联合起来，形成一个数量庞大的群体，从而令卖方降低价格，给出更大的优惠，而如果是个体的消费者去争取，这样的优惠是很难争取得来的。

供应商：上游不安，下游不稳

如果公司的供应商能够提高价格或者减少供货数量的话，那么该细分市场不具有吸引力。如果供应商集中且有组织，或者他们鲜有替代者，或者供应的产品是非常重要的投入要素，或者转换供应商的成本高，或者供应商能够整合下游的话，那么供应商的议价能力就会变得较强大。当然，最好的防御方式就是与供应商建立双赢关系，或者使用多家供应商。

——科特勒《营销管理》

科特勒认为，供应商的状况是决定一个细分市场是否具有足够吸引力的重要因素之一。细分市场中供应商的威胁将影响细分市场的吸引力，一般情况下，供应商的市场威胁越大，细分市场的吸引力也就会越小。企业需要对细分市场中已有供应商进行分析，判断供应商威胁的大小，从而最终判断细分市场的吸引力。供应商的市场威胁主要取决于其议价能力、信誉及稳定性。供应商的议价能力越大，信誉、稳定性越差，其市场威胁也越大。

举一个最典型的例子，欧佩克即石油输出国组织，就是由 11 个石油生产国和输出组织共同组成的，它的成立是协调和统一各成员国的石油政策，进而以最适宜的手段来维护它们各自和共同的利益。这些国家联合起来就等于拿住了全球石油供应的命脉，能够保证各成员国在任何情况下都能获得稳定的石油收入。欧佩克就是一个强大的供应方联盟。

一般情况下，供应商常处于弱势，而买方企业处于强势，供应商几乎是追着买方、希望买方能够采购自己的产品，但是，也有反转的情况，像欧佩克的例子，就是买方处于弱势，而供应方处于强势。

如果一个行业内，资源的供应集中掌握在少数几个公司手中，那么，当较为零散的买方从这些供应商手中采购时，在价格、质量及交货期上就很可能受制于人。

早年，我国VCD影碟机价格普遍较高，其原因就在于生产VCD影碟机的关键元件——解码器，是由美国C－CUBE公司独家提供的。元件供应掌握在这样一家垄断企业手中，当时的VCD制造商从该公司购买解码器，单价高达90美元，这样一来，VCD机制造商为保证相应的产品利润，就不得不高价出售VCD影碟机。后来，荷兰飞利浦公司也开始生产解码器，供应市场的垄断格局被打破，C－CUBE公司失去了垄断优势，其议价能力也随之降低。

在经济全球化的今天，供应商和企业的关系已经不再是单纯的买卖关系，供应商作为企业的一种宝贵资源，越来越得到企业的重视，企业间的竞争已经延伸到对优秀供应商的竞争。企业要确保产品品质，同时有效控制成本，就必须用心经营与供应商之间的关系。

在以竞争为基调的供应商管理模式中，企业与供应商之间的关系是一种短期的、相互之间视为交易对手的关系。买方总是试图将价格压到最低、降低成本，而供应商总是以特殊的质量要求、特殊服务和订货量的多少等为理由尽量抬高价格、增加利润。哪一方能取胜主要取决于哪一方在交易中占上风。当买方的实力强大，购买量很大，而且可以从多家供应商里自由选择时，在这些情况下，买方会占上风，反之，则有可能是供应商占上风。总之，供应商与买方企业之间在价格上的争议会非常激烈。

而在以合作为基调的供应商管理模式中，买方和卖方均视对方为伙伴，双方保持一种长期互惠的关系。买方与卖方在一个确定的目标价格下，共同分担成本，共享利润，共同保证和提高质量，共享信息。买卖双方都认识到不良产品会给双方都带来损失，因此能够共同致力于提高质量。一旦出现质量问题，买方会与供应商一起分析原因、解决问题。双方之间建立起了一种信任关系，互相沟通产品质量情况，当这种信任足够深厚时，买方甚至可以对供应物料不进行检查就直接使用。

科特勒说："最好的防御方式就是与供应商建立双赢关系，或者使用多家供应商。"以合作为基调的模式比以竞争为基调的模式具有更多的优势。在当今市场需求多变、竞争激烈的环境下，与供应商合作更有利于企业的内外稳定和竞争力的提高。除了与供应商保持长期合作关系，企业为了防备万一，可以同时与多家供应商合作，这样能大大降低风险，同时还可以提升企业的议价能力。

第 3 章
市场领导者：第一不是那么好当的

一步领先不等于步步领先

虽然领先品牌在消费者心中具有独一无二的地位，但是除非该优势企业享有合法的垄断性，否则还是需要时时保持警惕。竞争对手可能紧接而来，危及领导者地位。要保持市场领先，领先者就必须寻求各种方法来扩大市场总需求、努力保护现有市场份额并尝试将其进一步提高。

——科特勒《营销管理》

科特勒曾经对企业在目标市场中所扮演的角色做了一个大致的划分，他认为，通常情况下，40%的市场份额掌握在市场领导者手中；30%由市场挑战者所掌握；20%在市场跟随者手中，他们不愿打破现状，只想保持现有的市场份额；而剩下的市场份额则掌握在市场利基者手中，他们专注于大企业无暇顾及的利基市场。

市场领导者通常在企业所处的目标市场中占有统治地位。这类企业往往占据相关产品最大的市场份额。许多行业都有一个被公认为市场领导者的企业，像微软、英特尔、宝洁、麦当劳，等等，它们在各自的行业中就是居于领导者地位的。

市场领导者有这样的特点，它们在新产品开发、价格变动、分销渠道和促销力量等方面处于主导地位，其主导地位为同行业其他企业所公认；它们既是市场竞争的导向者，也是其他企业挑战、效仿或躲避的对象。市场领导者的地位是在竞争中自然形成的，但并不是固定不变的。除非占统治地位的公司享有合法的独占权利，否则它会时时受到威胁。处于市场领导者地位的企业必须时刻保持警惕，因为其他企业会不断向其优势发起挑战，或者企图抓住其弱点，另一方面，市场领导者还可能会因为其自身的庞大规模和组织结构的膨胀而变得臃肿、迟钝、不灵活。

市场领导者一定要有时时刻刻的警惕心，不能满足于当前的市场地位和市场份额，而应该有深重的危机感。

早在 2000 年，华为的销售额就突破了 220 亿元，利润达 29 亿元，居全国电子百强企业之首。当时业内的形势可以说是“一片大好”，“网络股”泡沫破灭的寒流还未侵袭中国，国内通信业增长速度保持在20%以上。可是就在这“形势大好”的时候，任正非发表了《华为的冬天》，预言“冬天”即将来临，并且呼吁华为全体员工要警惕潜藏的危机和失败。他这样说道：“‘沉舟侧畔千帆过，病树前头万木春’，网络股的暴跌，必将对两三年后的建设预期产生影响，那时制造业就惯性进入了收缩。眼前的繁荣是前几年网络大涨的惯性结果。记住一句话‘物极必反’，这一场网络、设备供应的冬天，也会像它热得人们不理解那样，冷得出奇。没有预见，没有预防，就会冻死。那时，谁有棉衣，谁就能活下来。”

任正非发表《华为的冬天》后不到一年时间，整个电信行业就步入了严峻的“冬天”，由于中国电信分拆及产业重组，同时欧美电信市场迅速饱和致使国际光纤通讯产品大量涌入国内，使国内光纤通讯市场缩小许多，华为公司本打算传输产品销售额200亿元的计划落空，最后不得不缩减为80～90亿元。

在这个时候，人们不能不佩服任正非的预见性，“华为的冬天”背后隐藏着的含意确实发人深省。作为行业领先者，在顺风顺水的时候，能够对潜藏的风险和危机保持清醒的认识，这是难能可贵的。

行业领先者不仅要对大环境保持关注和警醒，同时也要提防紧随身后的竞争者，它们虽然目前在行业中的地位稍逊一筹，但是，未必就没有后来者居上的可能。

科特勒曾说：“市场领导者就好像象群里最大的头象，它经常受到蜜蜂们的骚扰，其中一只最大最危险的蜜蜂紧紧地围绕着它，并不断发出嗡嗡的叫声。可口可乐必须经常提防百事可乐，索尼必须提防三星，丰田必须提防本田，柯达必须提防富士。”一步领先不等于步步领先，即便是实力强大的领导者，如果忽视了身后的追赶者，那么这些竞争者很可能危及甚至直接颠覆行业领导者的地位。

保持领先最具建设性的策略就是持续创新

市场领先者如何才能保卫其领地不受侵犯呢？最有建设性的回答就是持续创新。市场领先者应该引领行业不断开发新产品、提供新的顾客服务、致力于资源的有效分配及成本的持续降低。只要能够提供全面的解决方案，企业就可以不断增加其竞争优势和顾客价值。

——科特勒《营销管理》

科特勒认为，市场领导者要保持持续领先的优势，需要采取三方面的行动：首先，公司应该找到扩大整体市场需求的方法；其次，公司必须采取得当的攻守策略来保护原有的市场份额；最后即便是市场容量保持不变，公司也应该尽可能增加其市场份额，而这所有的行动，都离不开一点，那就是创新的推动。

海尔有一个著名的竞争理念叫“浮船法”。所谓浮船法，是指企业在激烈的市场竞争中，产品不一定要尽善尽美，但一定要比竞争对手棋高一招，总是保持市场领先的水平。张瑞敏先生曾说：“其实当你的成果受到市场欢迎的时候，就说明很快要被别人超越了，而且别人怎样超越你，你永远也不会知道。既然如此，从成果出来的那一天起，你就只有自己否定自己，再开发一个更新更好的产品，永远战战兢兢，永远如履薄冰。我们的‘小小神童’出来后马上有人模仿，我们也打官司，但太耗费精力了。所以我们很快推出第二代，不等你学第二代，又推出第三代，后来开发到第十二代‘小小神童’，没有这十二代的不断超越，怎么可能有小小神童洗衣机的上百万台销量？而且如果被动地打官司的话，不一定能打赢，打赢了也不一定能执行。”

尽管已经是中国家电行业的标杆型企业，但海尔始终认为，只有建立自主创新技术进步机制，才能巩固自己的领先地位，才是企业在竞争中自我发展、自我完善的治本之方。由于海尔集团坚持不懈地进行技术创新，使产品有了强大的应变能力，其技术创新呈现出无穷的魅力。通过技术人员的技术创新，海尔始终保持了企业产品的技术优势和市场优势，从而将企业引入一种“独享山水风光”的高度。

不管在哪个行业，龙头老大的座椅从来不是固定为某一家企业所设的，如果行业领导者不能持续创新，不能巩固自己的地位，那么，被超越是迟早的事。

在计算机领域，有一个人所共知的“摩尔定律”，它是由著名的芯片制造厂商——英特尔公司创始人之一戈登·摩尔经过长期观察后，于 1965 年 4 月 19 日提出的。

“摩尔定律”具体是指：集成电路芯片上所集成的电路的数目，每隔 18 个月就翻一番；微处理器的性能每隔 18 个月提高一倍，而价格下降一半；用一个美元所能买到的电脑性能，每隔 18 个月翻两番。

“摩尔定律”所阐述的趋势一直延续至今，且仍不同寻常地准确，它印证了英特尔公司高速成长的辉煌历程，也成为许多相关产业对于产品性能预测的基础。从“摩尔定律”，我们还可以得出一个启示，那就是行业是不断变化，不断向前的，能不能跟上这种变化，跟上行业前进的脚步，决定着一个企业在行业中的地位甚至是存亡，这对行业领先者来说尤其是如此。

比尔·盖茨就曾有一句名言，也是跟“摩尔定律”一再提及的“18 个月”大有关系。即使是在微软最鼎盛的时期，比尔·盖茨都不忘强调这样一句话：“微软离破产只有 18 个月的时间。”想要继续保持自己在行业中的优势，就必须学会创新。事实上，微软一直没有放松创新的脚步，它把创新这个本身抽象的概念内化成可行性措施，让创新成为公司的核心文化，让每一个人走入自己可以创新的领域之内，发挥自己最大的才干。

在比尔·盖茨的眼中，每一项新技术的发展对于微软来说都是福音。因为利用这些新技术、新产品，微软可以通过研发新软件的方式快速进入这些新的领域。比尔·盖茨说：“微软的成功秘诀之一就是在条件允许的情况下提速，走到别人的前面去。”

《摩尔定律》一书在提及微软革命时道出了这样一句话：“你永远不能休息，否则，你将永远休息。”在微软应对市场变化的各种举动中，一种声音可能更能通俗地表达出比尔·盖茨心中的想法。这句话也是比尔·盖茨非常喜欢的微软公司文化中的一条内容——“每天早晨醒来，想想王安电脑，想想数字设备公司，想想康柏，它们都曾经是叱咤风云的大公司，而如今它们都烟消云散了。一旦被收购，你就知道它们的路已经走完了。有了这些教训，我们就常常告诫自己——我们必须要创新，必须要突破自我。我们必须开发出那种你认为值得出门花钱购买的 Windows 或 Office。”微软的危机感使得它找到持续发展的必由之路，那就是持续创新。

作为企业，创新永远是生存必不可少的手段。要满足消费者需求，企业需要不断设计、生产出符合市场需求的各种新产品。一个企业能否持续不断地进行技术创新、产品创新，开发出适合市场需求的新产品，成为决定该企业能否实现持续稳定发展的重要问题。尤其是在科学技术发展日新月异、产品生命周期大大缩短的新经济时代，企业产品面临的挑战更加严峻，不及时更新产品，就可能导致企业的灭亡。特别是对处在科技前沿的企业来说，对科技潮流的把握是他们制胜的前提，持续创新是它们必须拥有的能力，也是最实用的能力，这种能力会帮助它们打破持续发展的瓶颈。

扩大总体市场，将市场蛋糕做大

当总体市场扩大时，市场领先者通常获利最多。市场领先者应该寻找更多的新顾客或者使现有顾客加大产品使用量。

——科特勒《市场营销原理》

科特勒指出，市场领导者要维护自己在行业内的地位和收益，需要采取的一个重要措施就是扩大总体市场。当市场这块整体蛋糕做大了，那么，作为领导者，当然会从中受益。举个简单的例子说，亨氏番茄酱是深受很多美国家庭喜爱的产品，如果美国人消费更多的番茄酱，那么，亨氏将会是其中最大的受益者，因为，它的销售量占到了全美番茄酱市场的三分之二。

要扩大总体市场，企业可以从两个方面入手：一是寻找更多的新顾客，二是使现有顾客加大产品使用量。另外，营销人员还可以通过识别新的使用机会，或者开辟更多的使用用途，加大产品使用量。

比方说，将产品与某些节日、节事或者一些特殊的时间、事件联系起来，在九九重阳节（又称老人节），商家就可以将这个节日与一些老年人需要的产品联系起来，促进这类产品的销售。

除此之外，公司还可以对产品加以改进，以开辟产品的新用途，比方说，吉百利施威普公司以口香糖产品著称，该公司在口香糖的基础上继续创新与拓展，开发出了能够美白健齿的营养保健品。

作为市场领导者，必须有一定高度的眼界和境界。扩大总体市场，需要的不仅仅是魄力，还有创新。在这一点上，不得不提柯达，尽管 2012 年百年柯达走到了悲情的破产边缘，但在早期，柯达的很多营销方略的确是值得学习的。

柯达曾推出“拍立得”相机，这种相机因为使用方便大受欢迎。当时柯达一共设计了 8 种机型，有一半的定价都在 50 美元以下，定价如此低，超乎人们预料。更出人意料的是，在柯达相机备受欢迎、销售量直线上升之际，柯达公司竟然宣布：“柯达相机，人人都可以仿造。”为了保证全球各厂家仿造的质量，柯达将 10 年研究出来的技术图纸免费提供给同行。

起初大部分人都认为柯达疯了。然而，没过多久人们就明白过来了，原来，柯达早就考虑到随着照相机销量的增加，胶卷和冲印服务肯定会有更大的需求。于是，当同行竞相生产“拍立得”相机的时候，柯达已将重点放在了胶卷的生产和冲印上。果然，随着全球各照相机厂家开足马力生产，“拍立得”相机的销量增长了 90 倍，而柯达胶卷销量更是增长了 300 倍。这么多的柯达相机，每天都会“吃掉”大量胶卷，大量拍摄过的胶卷就必须进行冲印，于是柯达几乎垄断了全世界的冲印市场，获得了超凡的利润。

柯达在推广其“迷你型”相机时，也采取了同样方法，降低价格，使人人都买得起，结果柯达的胶卷、照相机以及相关器材的销量扶摇直上，尽管富士、樱花等企业不惜血本降价，但总敌不过柯达胶卷的销售量。

柯达的这种策略很高明，将相机的技术图纸免费提供给同行，看起来匪夷所思，可却扩大了相机的市场覆盖率，进而，奠定了柯达在胶卷和冲印市场的垄断地位，这种舍小局做大局的经营方式，实在是妙不可言。

处于市场领导者地位的企业，往往在行业内有着比较大的市场占有率，在产品价格变动、新产品开发、市场覆盖率的变化中及销售方式的选择等许多方面起着相对支配或者领先的作用。当一种产品的市场需求总量扩大，收益最大的往往是处于领导者地位的企业，所以促进产品总需求量不断增长、扩大整个市场容量是领导者企业维护竞争优势的积极措施。

保护市场份额，巩固领导地位

作为市场领先者，即使它不展开攻势，也必须谨防任何主要侧翼被攻击。企业必须清楚，哪些重点领域应不惜任何代价加以防守，哪些领域可以放弃。

——科特勒《市场营销原理》

科特勒指出，市场领先者的地位不是一劳永固的，在市场领导者企业面临的竞争对手中，总会有一个或几个实力雄厚者。市场领先者要防止和抵御其他企业的强攻，维护并扩大自己现有的市场占有率。

通常而言，对居于领先地位的企业，有两种有效竞争策略：一是进攻，即在降低成本、创新产品、增强薄弱环节方面主动出击；二是防御，即根据竞争的实际情况，在企业现有阵地周围建立不同防线，如构筑企业目前的市场和产品的防线。构筑不仅能防御企业目前的阵地，而且还能扩展到新的市场阵地，作为企业未来新的防御和进攻中心的防线等。防御战略的目的在于减少受到攻击的可能性，将攻击的目标引到威胁较小的领域，并设法减弱攻击的强度。

通过建立难以逾越的障碍，市场领先者可以让竞争者打消进入该细分市场的念头。阻止竞争对手进入的屏障可以分为两种类型，一种是稳定型的屏障，另一种则是移动式的屏障。

稳定型的屏障是防御者建立的防御要塞。任何企业要想进入市场，就必须攻克这个要塞。这些屏障可以建立在企业经营的任何领域，如市场营销、财务、会计、制造等。

移动式屏障指的是针对竞争者的行动与策略所展开的活动。比方说，阶段性地投放新产品，或者在有特定意义的时间点上进行大幅度的促销活动，等等。当产品升级后，能够更好地满足顾客需求并增加利润时，企业应主动更新在市场上销售的产品，而不能让竞争者以它的产品来替换你的产品。这样做是为了以不断创新来打击那些尚无法确认自己能否跟上竞争步伐的潜在入侵者。这些方法可弹性应对攻击，是一种可行的主动出击策略。要建立有效的移动式屏障，企业要对整个价值链进行评估，而不仅仅是产品核心，要探索可以打造出更大客户价值的创新之路，同时，还要确保这种创新是竞争对手难以模仿的，否则它就不能成为有效的屏障。

企业所构建的屏障既可以是有形的，也可以是无形的。比如，可口可乐就以有形的稳定型屏障阻止入侵。可口可乐公司采用果糖玉米甜味剂替代蔗糖，从原料上就节约了20%的成本。为了阻止竞争者跟随，可口可乐公司与果糖的供应商们签订了一个长期的采购合同，锁定了大部分的供应，这就给竞争者设置了很难突破的壁垒。

而无形的屏障，比方说，顾客忠诚就是一个很好的方法，如果行业领先者能够经营好客户，用心构建起牢不可破的顾客忠诚度，那么，这会成为阻止入侵的最坚固的无形壁垒。反之，如果没有这道屏障，即便企业领先很多，市场份额很大，但仍然很有可能被身后的追赶者所颠覆。

企业建立这种阻止入侵的屏障，第一步就是要设法制造入侵者的法律或技术困境，比方说专利、政府制定的行业准入标准与相关法律法规，等等。第二步则是提高市场份额，市场规模扩大了，成本降低了，有了更好的市场形象，与供应商和零售商的关系进一步加强，企业的市场地位才能越稳固。比方说，在当初宝洁以汰渍进攻被联合利华旗下的奥妙品牌所牢牢控制的南欧市场时，因为联合利华在当地建立了强大的分销渠道，而使得宝洁历尽艰辛，才得以打开市场。

科特勒说，即便市场领先者不展开攻势，也必须做好防御，要明确哪些重点领域是绝对不能放松的，而哪些领域又是可以放弃的，巩固企业的长项，使之牢不可破，这样，领先者的地位才能更加稳固。

阵地防御，占领最大的消费者心智份额

阵地防御意味着占领最大的消费者心智份额，使得品牌形象坚不可摧，例如，宝洁公司就做得非常成功：在消费者心中，汰渍洗衣粉是用于衣物清洗，而佳洁士牙膏用于防蛀保健，帮宝适尿片则实现健康干爽。

——科特勒《营销管理》

在科特勒看来，阵地防御防守的不是企业所获得的市场，而是消费者的心智份额，是要让更多的顾客记住并忠诚于企业的品牌。与进攻并争夺新市场相比，保卫自己已有的市场份额要容易得多。

这首先是因为进攻者的不利之处恰恰是防御者的有利之处，防御者可能已经是市场的佼佼者，其品牌与顾客心仪的产品是联系在一起的。其次，即使情况有所不同，防御者仍有其他优势胜于进攻者，例如它可能拥有更多的有关供应商、技术和消费者心理学的市场秘诀等。再次，大多数消费者不愿冒险尝试新事物，当人们还拿不定新产品是好是坏时，总是趋向坚持使用已经用过的产品。新进入者必须有更强的说服力，

例如更低的价格、更好的质量、更快的送货服务等，才能劝服消费者改变。让顾客忠诚于一个经常购买的品牌产品，比让他们喜欢上一个新兴品牌的产品要容易得多。

占领最大的消费者心智份额，这就是最好的阵地防御。作为行业领先的企业，必然要面对前赴后继的追赶者，如果将精力放在应对这些攻击者上，那只能暂时阻挡攻势，并不能从根本上巩固自己的地位。而将精力放在顾客身上，用心做好服务顾客的每一个环节，将顾客留住，让品牌形象深入人心坚不可摧，才能真正增强企业的竞争力，让企业保持持续领先的优势地位。

虽然阵地防御从字面上去理解，就是集中大量的人力、物力和财力在现有的市场上建筑防御工事，保护现有市场份额的意思，但是，防御并不意味着保守，简单地防守现有地位或产品是一种营销近视症，是一种消极退缩政策。

拿可口可乐来说，可乐是其标志性产品，尽管可口可乐的产品目前几乎占到了世界饮料总产量的一半，但其品牌经营者并不把可乐作为未来发展和赢利的主要来源。可口可乐现在在积极开发其他的市场，比如收购果汁饮料公司、尝试生产海水淡化设备和塑料制品，等等。这就是一种阵地防御，守住可口可乐，并向其他可能的方向拓展。

尽管在较量中，防御者常常处于有利之势，但是，如果进攻者实力强大，且掌握了一定的规则和机会，仍可能大获全胜。所以，与其被动地放手，作为防御方的企业还必须努力削减进攻者的成功机会，要向进攻者发出强有力的警告信号。

发出信号的主要目的当然是为了警告对方不要进入你的市场，从而不战而胜。如何发出这种信号？比方说，企业可以扩大生产规模，制造一种盛况，让竞争对手感觉到一旦它进入市场，面临的将会是大规模生产所带来的很占价格优势的产品的阻击。举个例子，小米手机还没有面市之前，就已经展开了大规模的宣传活动，其出色的配置与功能、低位的价格对市场中的消费者构成了很大的冲击力，可以防止相当一部分消费者在产品发布之前购买竞争对手的同类型产品。

企业发出警告信号，要确保信息能够传达到竞争企业那里，这不仅指那些已经在细分市场之内的直接竞争对手，还包括处在同一产业却不在同一细分市场的间接竞争对手。企业还要把信息传达给那些虽然不在同一行业，但拥有一些资源，随时可能进入行业参与竞争的企业。

侧翼防御，保护薄弱的前线阵地

尽管阵地防御很重要，市场领先者也应该建立一些侧翼以保护其薄弱的前线阵地或者作为可能的战略反攻基地。

——科特勒《营销管理》

科特勒认为，市场领先者对于其自身的薄弱之处，应采取侧翼防御。侧翼即弱点，对竞争企业而言，领先者的弱点就是最好的突破点。所以，领先型企业要注意在其弱点建立防御阵地，以抵挡竞争品牌的进攻。

数字设备公司就曾经向 IBM 公司发起侧翼攻击，它推出了一种小型电脑，人们称这种新产品为“迷你电脑”，该产品针对的正是IBM公司的大型电脑。这就是一种极具杀伤力的侧翼攻击。

美国赫布莲酒业公司旗下的斯米诺品牌占据了全美23%的伏特加市场，定价在中高档，该品牌遭到了低价竞争对手沃尔夫施密特的攻击，面对对手打出的低价格杀手锏，赫布莲非但没有对产品实施降价，反而提高了售价，并将增加的收入用于广告投放。与此同时，赫布莲迅速推出了一个新品牌瑞斯加与沃尔夫施密特进行旗鼓相当的竞争，并且还引进了一个售价更低的品牌——波波夫。这个战略既没有损害斯米诺的品牌形象，又有效地打击了沃尔夫施密特，同时也保护了赫布莲的侧翼。

还有美国饼干公司，它是饼干市场的领导者，它引进了低脂肪的饼干线——斯奈克威尔，当时正是全民风行低脂肪的健康理念，因此这种低脂的饼干大受欢迎，其销售额在两年内就达到了4亿美元。受此影响，很多企业纷纷涌入，不少企业跟风生产无脂肪饼干。就在竞争者纷纷推出了无脂肪饼干的时候，美国饼干公司扩大了斯奈克威尔的侧翼力量，拓展到新的领域，比方说冰激凌、冷冻食品以及烤饼，等等。

侧翼阵地是力量最为薄弱的地方，在竞争者而言，他们不会将自己的“伞兵”空投到行业领导者“机枪阵地”的高地上，也很难把侧翼战的产品直接送到领导者在市场上已经站稳脚跟的产品的“虎口”中，他们最可能采取的措施就是选准一个薄弱的突破口，以创新、独到的方式切入禁区。一个有实力的竞争者如果瞄准这样的薄弱点，发起强势的冲击，那么，即便是领先型的企业，也很可能会吃大亏。

侧翼战跟传统的进攻战有很大不同，进攻战可以估计得到，但最成功的侧翼战几乎是不可预测的。突袭力量越强大，侧翼阵地越薄弱，行业领导反击和收复失地所需要的时间就越长，甚至根本就很难保住侧翼的阵地。侧翼战能够产生巨大的能量，竞争对手要想阻止这种进攻是极其困难的。所以说，行业领先者，无论当前所拥有的竞争优势有多强大，无论自己的地位有多牢固，都要对一切潜在威胁认真对待，多加分析，不能草率行事。

杰克·特劳特曾经提出过这样一个观点——“最佳防御就是要有勇气来攻击自己”，这句话的意思是说，市场领导者对于企业的薄弱点，要主动进行防守防御，要有勇气自己挑战自己、攻击自己，避免弱点成为竞争对手的突破点。在防御战中，攻击自己，就意味着要不断去研发能为顾客创造更大价值的新产品，要不断有新的想法产生。如果只是墨守陈规，那么，侧翼终究会有被攻破的一天。比方说，柯达没有发展数码技术，因为他们不想放弃传统业务，反而导致自己走上了破产之路。索尼的WALKMAN（随身听）被苹果的iPod所打败，也是因为索尼未能及时抢占新的数字技术时代。

所以说，科特勒建议市场领先者，应该以预见性的眼光建立起侧翼力量来保护自己某些薄弱的前线阵地，同时，也可以作为可能的战略反攻基地，给进攻者以强力的反击。

先发防御，主动攻击竞争者

市场领先者可以采取的一种更加积极的做法是在竞争对手攻击之前先发制人。公司可以通过几种方法进行先发防御。它可以跨越市场展开游击战，在这里打击这个竞争对手，在那里打击另一个，使得每一个对手都惶恐不安；或者也可以尝试大市场包围。

——科特勒《市场营销原理》

科特勒认为，市场领先者有着居高临下的优势，与其被竞争对手攻击，不如积极主动先发制人，对竞争对手发起攻击，这就是先发防御。比方说，美国银行在全美遍设网点，共有 17000 多台 ATM 机（自动柜员机）和 5700 多家分行，这就对当地银行还有区域性银行造成了极大威胁。通过这种方式，企业发出了强势的市场信号，劝告竞争对手如果没有足够的实力，就不要轻易发动进攻。设想，如果微软宣布了新产品开发计划，那么很多小公司会如何做？它们最有可能的做法是将其开发力量转移到其他领域，以避免硬碰硬的竞争。

以攻为守是一种先发制人的防御策略，也就是在竞争者向自己发起进攻之前，先向竞争者发动进攻。这种防御策略认为，进攻是最好的防御，先下手为强，后下手遭殃。预防胜于治疗，并可达到事半功倍的效果。企业可以在市场上发动游击战，在一个地方打击一个竞争品牌，在另一个地方打击另一个竞争品牌，不时地变换打击目标，使每一个对手惶惶不安、疲于奔命。

有的时候，这种以攻为守的策略，完全是一种心理战术，而实际上并不付诸行动。领导型品牌发出市场信号，就是为了形成一种强力震慑，告诫竞争对手们不要进攻。比方说，有一家大型制药公司生产的某品牌药品是同类产品的领导者，每当它听说竞争对手要建新厂生产这种药品时，它就会放出风声，说自己计划降低药价，开建新厂，扩大生产规模。听到这些消息后，竞争者会重新权衡掂量，很大一部分会主动退出竞争，放弃进入该药品行业的计划。而实际情况是，这家大型药厂既不会降低药价，也不会另建新厂，放出去的消息只是“烟幕弹”。

当自己的地位受到攻击或威胁时，绝大部分市场领先者会还以颜色。在先发防御中，市场领先者可以直面回击或者向进攻者侧翼包抄甚至发动钳形攻势。一次有效的进攻可以威胁到竞争对手的主营领域，而迫使其不得不放弃或暂缓进攻行动。

先发防御的另一种常见方式是进行经济上或者政策上的打压。市场领先者可以对某些产品采用低价策略压倒竞争对手，并从高利润产品获得收益补偿；或者也可以提早宣布产品即将升级换代，防止消费者购买竞争产品；还可以游说相关部门，运用政策，采取行动削弱甚至是禁止竞争。

先发制人策略的一个关键点就在于要出其不意地发起进攻。这种策略可以基于产品、需求以及地理等多个层面。

比方说，联邦快递就曾针对产品，对竞争对手发起过先发防御。联邦快递一度是空中快递领域的霸主，当 UPS（联合包裹速递服务公司）侵入这一市场时，联邦快递以攻为守，快拳出击，重金收购了多家陆上快递公司，直接威胁到 UPS 的主营业务，这就使得 UPS 的进攻吃力了很多。还有，联邦快递曾对隔夜快递服务做了一系列成功的市场测试，而同时，安邦快递公司也正在克利夫兰、费城等城市做了类似的测试，联邦快递立即将自己的产品服务打入安邦快递的测试市场，结果，大部分顾客采用的当然还是知名度更高的联邦快递。

汤姆森医药曾经推出过减肥饮料冲剂“苗条快”，为了防止竞争者的进攻，它对“苗条快”进行大幅度降价，几乎逼近成本线；另外又向市场投放了高价的“超级苗条快”，针对愿意为更好的产品付出更高价格的保健市场。这样一来，就确保了市场上的主要竞争者无门路可入了。

美国有一家名叫 Doktor Pet 的宠物店，它是特许经营连锁企业，为了在地理区域上阻挡对手，它与全美 150 多个大型的购物广场签订了租约，不管它是不是真的要在那里开设特许经营店。

要做到先发制人，有一个很重要的前提条件，那就是要能够搜集到并利用好竞争者的情报。例如丰田公司就有一个关注范围非常广泛的情报系统，该系统能为丰田提供有关竞争者的战略策略、组织架构、管理、产品和技术等方面的信息。

市场领先者向竞争者主动出击时，有三点需要注意，一是要迅速，要出其不意，不要给竞争者留时间做出反应，一旦竞争对手对细分市场有更深入的认识，就很可能成功开发出自己的市场份额。二是要大刀阔斧，实施先发战略，如果只是小打小闹，那么，很难对竞争者产生实质性的影响，反而会给对手以应变的时间。第三，市场领先者如果针对竞争者推出攻击性的新产品，最好给产品一个新的品牌名，这样既能为新产品提供一个品质形象保护伞，又不至于对企业目前成熟的产品和品牌造成太大的冲击。

运动防御，将领先优势复制到新的领域

在运动防御中，市场领先者将其领导地位扩展到新的领域，通过市场扩大化或市场多样化使其成为将来的进攻或防御中心。

——科特勒《市场营销原理》

科特勒所指的运动防御是一种优势复制的策略，就是企业利用自身竞争优势及领先地位，在新的领域进行扩张，以此来抗衡竞争者。运动防御也叫机动防御，它要求领导型企业不但要积极防守现有的市场区域，还要将其领地扩展到可作为未来防御和进攻中心的新领域。运动防御主要是在两个方面进行革新，一是市场扩大化，二是市场多样化。

市场扩大化要求企业将其注意力从现行产品转移到主要的基本需要和对该需要相关联的整套技术的研究开发上。比方说，洗发水的制造商可以把市场拓宽到牙膏、漱口液、洗涤剂等邻近的日用品。市场多元化则是指不满足于市场拓宽，而是直接进入新的行业。比方说，美国的很多烟草公司，在烟草行业受到的限制越来越大后，他们并不满足于阵地防御，而是迅速利用积累的资本，尝试新的行业，如啤酒、红酒、软饮料、冷冻食品，等等。

实施运动防御，包括有计划的产品更替策略、产品改良策略以及对产品生命周期与持久性改变的措施，这一策略可以让企业在竞争者站稳脚跟之前，给以快速痛击，

以瓦解对方的攻击，巩固自己的城池。

那么，为什么企业不直接在现有的市场阻止竞争对手的入侵，而是要进入另外的细分市场构建进攻与防御的新阵地呢？这是因为，进入另外的细分市场，能够给竞争对手更大的震慑与打击。

意大利糖果商费列罗有一个硬糖品牌 Tic Tac，它在短短几年里就获得了硬糖果及薄荷糖类市场 12%的份额。同时，它也遭到了众多糖果品牌的围攻。它们模仿 Tic Tac 产品清爽的塑料盒包装，甚至连产品定位都一般无二。Tic Tac 公司的市场份额因为这种竞争而下跌到 2%。

为了重新赢回市场份额，Tic Tac 进行了重新的定位，它找准了一个细分市场，那就是低热量的糖果，因为美国人对热量特别敏感，它通过明确无糖和无热量之间的区别在这个细分市场向对手发起反击。Tic Tac 所有参与竞争的产品都只含有很低的热量，且打出了“Tic Tac 的薄荷糖仅含 1.5 卡路里”的口号，经此一役，其市场份额又回到了 12%。

如果 Tic Tac 跟竞争者进行正面角力，那么即使胜出，也需要付出相当的代价，而从“低热量糖果”这个细分市场出发，不仅出其不意地夺回了市场份额，而且在短时间内也不容易被竞争者所模仿。

运动防御是一种灵活的反击，它意味着领先企业要进入与竞争者入侵的那个细分市场不同的细分市场。这种反击一般会涉及一个或多个市场细分，它既可以单独实施，也可以配合其他战略同时展开，也就是综合运用多种防御方式，对竞争者设下层层进入障碍。通常来说，企业采取运动防御，进入新的细分市场，目的不是为了收获这个细分市场的利润，而是为了削弱竞争对手在新的细分市场的力量。

收缩防御，弃弱留强，让强项难以超越

大公司有时候也必须承认他们无法防守其所有的领地。此时最好的办法就是计划性收缩，也叫战略撤退，即放弃弱势领域，重新分配资源至强势领域。

——科特勒《市场营销原理》

科特勒认为，即便是行业领先者，也不可能面面俱到，不可能防守所有的领地。既然不能全面防守，那么最明智的办法就是计划性收缩，也就是战略撤退，放弃一些对企业而言意义不大的弱势领域，将资源重新分配到强势领域中去。很多人将这种策略称为“做减法”。

瑞士军事理论家菲米尼曾说过一句话：“一次良好的撤退，应和一次伟大的胜利一样受到奖赏。”在所有市场阵地上进行全面防御有时会得不偿失。在这种情况下最好是实行战略收缩，放弃某些疲软的市场阵地，把力量集中用到主要的市场阵地上去。

在很多企业看来，扩张是可以接受的，但要接受收缩却不那么容易。因为收缩意味着放弃已经成形的市场，放弃一部分利润，砍掉某些产品，这就好比割肉一样难以割舍。对大多数企业领导者来说，在讨论兼并收购、推出新产品或进入新市场时总会

显得热情洋溢、激情澎湃，但是无论如何，谈到放弃和退出的时候总是感觉令人沮丧的。结果我们看到，很多企业——特别是原来很成功的企业——在明明知道成功的希望很小或背离企业的整体发展方向的时候，仍然在不断地投入资源。

任何企业的资源都是有限的，资源过于分散会导致薄弱环节增多，一些领域易被竞争者蚕食鲸吞，这样会破坏品牌或企业形象，阻碍品牌和企业的发展。不论哪一家一流公司，都不可能在所有方面都超过对手，总有力所不及的地方。这时，战略撤退这一防御性的作战策略就很有必要，它可以从危急的形势中尽量减少企业人员及物资的损伤，使企业得以保存实力，扬长弃短。

有计划地收缩和撤退不等于放弃市场，而是放弃薄弱领域，增援较强的领域，加强品牌的整体竞争力，是一种在关键阵地上集中优势兵力的行动。很多知名企业，美国亨氏、通用电气、苹果公司等，近年来都曾大幅度削减其产品线。倪润峰总裁复出之时，首先做的也是大刀阔斧地削减长虹的一些产品线和产品，集中资源发展壮大较强的领域，才稳住长虹在家电领域的品牌形象。

百事可乐的发展就经历了从扩张到收缩，从多元化到专业化的路径。从 20 世纪 60 年代到 90 年代中期，百事公司走多元化之路，将几十亿美元资金投入到饭店等资金密集型行业。百事可乐的扩张有多快，从其员工人数就能窥见一斑，其员工人数一度上涨到 48 万，而同时期，可口可乐公司只有 3.3 万人，重心全放在饮料基础设施的深度开发上，赢利是百事可乐的两倍。

此时，百事可乐的管理层意识到了多元化的严重弊端，开始了重大的战略调整。最大的动作就是将肯德基、必胜客、Tacobell 餐饮业务分离出去，集中力量开发软饮料，投入到品牌建设和品牌营销中来。

通过这样的战略调整与业务分离，百事可乐将精力收回到了饮料行业，它收购桂格公司，将占有美国运动饮料市场绝对份额的佳得乐收入帐下，由此占据了非碳酸饮料 25%的市场份额。

像百事可乐这样，撤退并不意味着失败，而是一种大智慧。有些时候，战略撤退反而能帮助企业实现增长。实施这种具有前瞻性的战略撤退，需要企业的经营者有非凡的经营智慧和决断魄力。与在业务出现严重问题或产生巨大亏损时被迫撤出相比，主动的战略撤退大都发生在一切似乎“顺风顺水”的时候，这种撤退必然会面临各个方面的压力与非议。撤出不具有战略意义的市场，才能够将有限的企业资源分配到对企业发展具有战略意义的目标行业或市场。

企业要顺利完成战略撤退，需要做好四个方面的准备，以确保战略撤退的成功。

1. 要有一个强有力的坚定的领导者或领导团队，可以带领企业执行撤退战略并排除过程中的各方阻力，特别是当企业内部出现动摇或反对意见时更需要这种果断决绝与迅速应对。

2. 企业内部要有良好的沟通和充足的准备，对于战略撤退，从上到下要统一认识，同心同力，有了这种共识，才能顺利完成撤退行动。

3. 要有详细周密的实施规划，选择什么样的撤退方式，什么时机撤退，中途可能出现哪些情况，是否有详细的备选方案，撤退之后如何对资源进行再分配，等等，每个环节都要思虑周全。

4. 处理好与外部利益相关者的关系，做好媒介的公关、宣传工作。企业的战略撤退，将牵动多方利益，比如股东、分销商、消费者等利益相关者，企业都要一一考虑到，任何一点疏忽都可能对整个战略撤退行动产生极大的影响。另外，还要处理好与媒介的关系，如果媒介将战略撤退解读为败退、亏损等负面信息的话，会对企业的形象和消费者信心造成极大伤害。

强者益强是好事，但也要防范负面风险

由于获取更多市场份额所付出的代价可能远远超过其收益价值，因此，领先型公司在追求市场份额的增长前应该考虑如下四个因素：一是激起反托拉斯行动的可能性，二是经济成本，三是开展错误的营销活动，四是增长的市场份额对实际质量和感知质量的影响。

——科特勒《营销管理》

科特勒指出，在很多市场中，企业每提高一个百分点的市场份额，就很可能创造数千美元的收益，所以，市场份额的竞争才会如此激烈。但是，有时候，企业获得更多的市场份额，却并不一定就会收获很高的收益价值，反而可能会付出极大的代价。具体来说，在追求市场份额的增长时，企业要考虑以下四个因素：

一是激起反托拉斯行动的可能性。如果领先型企业在某个市场上的份额过大的话，很可能会被其他竞争者控为“垄断”，进而招致反托拉斯行动，受到法律、政策的限制。像微软与英特尔就是典型的例子，它们就是因为过于强大，而面临着时时刻刻的严密监视。

二是经济成本。对某些行业来说，企业的市场份额一旦超过某一临界点，收益率反而会随着市场份额的增长而降低。市场份额超过临界点后，法律工作成本、公共关系费用以及宣传费用都会随着市场份额的增加而增加，尤其是当买方希望供给来源多样化、行业退出壁垒非常高、行业不存在规模经济这样几种情况时，市场份额越大，企业反而越吃亏。所以，有的市场领先者甚至会选择减少某些劣势领域的市场份额来提高整体的赢利能力。

三是开展错误的营销活动。对行业领先者来说，在面对竞争者的时候，很多普通企业可以运用的营销策略，领先者却不一定能用，用了反而会有反效果。比方说，竞争者可以采取低价甚至是成本价策略，可是领先者却未必能，因为一旦将价格大幅度降低，会影响到企业长时间苦心经营起来的品牌形象和顾客忠诚，想一想，如果奔驰、宝马将价格降到普通车的水平，会是什么样的结果？

四是增长的市场份额对实际质量和感知质量的影响。企业的市场份额越高，意味着要服务的顾客群越大，也意味着经营的范围和难度越大。过多的顾客会使得公司资源紧张，影响到产品价值和服务传递。每个企业在某一个时期都有一个承重极限。为了扩张而忽视这个极限，从长远而言，对企业有害而无益。

每个行业都有大大小小的企业在疯狂地追逐市场份额。许多企业的管理层常常被

市场份额的神话所吸引，他们像着了魔似的疯狂地追求市场占有率，所有工作都是为了保持、增长、评估自身的市场份额，因为无论是管理层还是下属员工，其工作业绩几乎都要由市场份额、市场表现来评定。

任何企业想要获取长远的、出色的财务绩效，就必须创造出受顾客青睐的产品或服务。因此，顾客满意相当重要。只有满足了顾客的需求，才能招揽、获得新顾客，留住老顾客，从而扩展市场份额。企业要扩展市场份额并不难。只要企业生产的是合格品，不计任何代价，以低廉的价格最大限度地满足顾客需求，甚至将产品无偿或半送半卖地提供给顾客，顾客自然很满意，市场份额肯定很大。但是，这样换来的市场份额却是相当脆弱的，它不仅不会让企业活得更滋润，还可能加速企业的衰败。

市场份额的扩大并不一定就会带来更多回报和利润，虽然少数的企业能幸运地赚取丰厚利润，但多数的企业却因此成为盲目追求市场份额的牺牲品。

有营销专家曾经指出："市场份额理论不过是愚人金（愚人金，即黄铜矿，它看上去像是包含黄金，其实却没有）。它浪费了大量财力和精力，同时又给竞争对手休养生息的机会，让他们寻找机会不断地发展壮大。这个理论害人不浅，许多大公司为此衰落和破产，它最终会像其他的教条理论一样被时间抛弃，被人们忘记。"

庞大的市场份额未必能给企业创造价值或带来利润。只有能够给企业带来利润的顾客所构造的市场份额，才能为企业创造价值或带来利润。否则，市场份额越大，企业可能亏得越多。

第 4 章

市场挑战者：后来者也可居上

许多市场挑战者能逼近甚至赶超领导者

市场占有率在某一行业中居第二、第三或者其后的公司通常被称为亚军公司或者跟随型公司。通常他们可以在两种姿态中取其一：作为市场挑战者，以激进的方式进攻市场领先者和其他竞争者，夺取更大的市场份额；或者作为市场跟随者参与活动但是不“兴风作浪”。许多市场挑战者能够逼近甚至赶超领导者。

——科特勒《营销管理》

科特勒认为，在市场领先者之后，居于行业第二、第三这样位置的企业，虽然实力上跟领先者有一定差距，但相对于其他众多企业而言，依然是相当有实力的。它们可以作为领先者的跟随者，以求稳求存为上；也可以成为市场挑战者，以较为激进的方式挑战竞争对手，尤其是市场领先者，以获取更大的市场份额，甚至赶超领先者。

百事可乐是软饮料市场的挑战者，高露洁是日化用品市场的挑战者，福特是汽车市场的挑战者，他们主动竞争，为的就是扩大市场份额，提高市场地位。

有许多市场挑战者已经成功地从市场领导者手中抢夺了地盘或超过了它们，比方说，丰田公司比通用汽车公司生产更多的汽车；佳能公司，在 20 世纪 70 年代中期只有施乐公司十分之一的规模，而今天生产的复印机已超过了施乐。当市场领导者尚未从“功成名就”中警醒过来的时候，挑战者已经以更大的雄心壮志打开了市场的口子，成为市场领导者越来越无法忽视的对手。百事可乐与可口可乐之战就是美国最著名的商战之一。

可口可乐有“世界饮料之王”的美誉，它不但是软性饮料中的第一王牌，而且已经成了美国人的偶像，它代表着美国人梦想保持的美好生活的一部分。而百事可乐在很长一段时间内都扮演着“跟随者”的角色。百事可乐一直想要改变自身“廉价仿制品”的形象，与可口可乐展开对抗竞争。

为此，百事可乐在约翰·斯卡利的带领下开始做深入的市场调查。他们首先从整个环境和形势着眼，开始研究二战后诞生的一大批青少年的口味。战后成长起来的新一代美国青年对历史与传统萌生了强烈的叛逆心理。他们没有经过大危机和战争洗礼，与他们的前辈们有很大的不同；他们自信乐观，对一切新事物充满好奇；他们藐视传统，处处标新立异，甚至表现出强烈的逆反心理。斯卡利认为，造就出一种可以吸引他们的生活方式，这将是一个非常有力的构想。

经过4年的酝酿，“百事可乐新一代”的口号正式面市。百事可乐旗帜鲜明地站在“新一代的美国人”立场上，推出了“现在，对于年轻的消费者来说，百事可乐正是你们的最佳选择”以及“奋起吧，你是百事可乐新时代生龙活虎的一员”的主题广告，并以歌曲形式通过电台、电视台反复咏唱：“今天生龙活虎的人们一致同意，认为自己年轻是‘百事可乐’，他们选用正确的、现代的、轻快的可乐，认为自己是年轻的人现在就喝百事。”以后，又进一步推出了“现在，百事可乐是年轻人的饮料”的广告口号，以及更富有诱惑力和鼓动性的“起来吧，你们是百事可乐年轻的一代”的震撼人心的口号。这些广告迎合了青年一代充分显示自己朝气蓬勃、富于青春活力、做时代先锋的愿望，从而树立了百事可乐成为时代潮流和青春活力的象征，将其竞争对手可口可乐反衬为守旧、落伍、老派的代表。

“百事新一代”极富想象力的电视广告片推出之后，立即引起消费者的认同，引发了争当“美国新一代”的潮流。这一系列营销广告不仅迎合了年轻人追求时尚、摆脱传统的心理，也极大地吸引了那些不甘心“衰老”的中老年人。一系列广告宣传产生了轰动的从众效应，喝百事可乐成为美国的时尚。鲜明的广告主题使百事可乐成功地贴近了青年消费群体，拉近了与顾客的距离。随着广告片的播放，百事可乐的销量扶摇直上，取得了空前佳绩。可口可乐对百事可乐的优势已经由5∶1减至2∶1了。此后的数十年里，百事可乐与可口可乐之间从未终止过交锋，而百事可乐通过不断与行业领导者过招，越战越强，形成了分庭抗礼之势。

攻击市场领导是一个既有高度风险但又具有潜在高回报的战略。如果市场领导者不是一个真正的领导者，并且也没有为市场服务好，那么攻击它就会产生非常大的意义。可供选择的另一个战略是在整个细分市场中，在创新上胜过领导者。

大多数市场挑战者的战略目标就是增加自己的市场份额。市场挑战者通常通过攻击市场领导者或攻击与自己规模相仿的公司，以夺取自己的市场份额。身处市场挑战者定位的企业的基本战略是在力量用尽时，一面和市场领导者休战；一面抢在市场变化之前，首先在新的市场领域成为市场领导者，然后看准时机向市场领导者发起进攻。

企业要实施市场挑战者的定位策略，必须比竞争对手有明显的优势，提供比竞争对手更加有优势和有特色的产品，并做好大量的推广宣传工作，提高本企业产品的形象和知名度，冲淡顾客对竞争对手产品的印象和好感。

挑战者必先明确战略目标和竞争对手

市场挑战者首先必须明确其战略目标。绝大部分公司的目标是扩大市场份额。挑战者也必须确定攻击谁，是市场领导者，还是与自己规模相同、但是不善经营或者资金短缺的公司，又或是攻击小的地方性或者区域性公司。

——科特勒《营销管理》

科特勒认为，市场挑战者首要的一步就是明确自己的挑战目标，到底要攻击谁？每一个屈居第二的企业大都瞄准了行业的领袖，或者行业中或强或弱的竞争者，梦想着有朝一日取其市场而代之。从挑战者变成领先者，可选择的途径有四种：

一是挑战市场领先者，跟行业内的“霸主”过招，虽然风险很大，但相应的收益也可能很大。

二是攻击市场上那些规模差不多，但是经营不善或者资金流断流的企业。

三是攻击地方性、区域性的公司，借此顺利打入某个区域性市场。

四是合纵连横，也就是与同行业的竞争企业结成战略伙伴或者整体合并，共同抗衡行业领导者。在一个行业里，老二可能不足以挑战老大，老三也不行，老四也不行，但是，当这些企业联合起来的时候，就具备了足够的力量。这是行业挑战者的重要战略。比方说，惠普、康柏当初的联合就成了蓝色巨人 IBM 的强有力挑战者。

企业在确立挑战者的战略之前，一定要充分地审时度势，把握时机，而最为重要的就是要认清自己。挑战者要成功地发起攻击需要满足三个基本条件：

第一，拥有一种持久的、他人无法复制或者难以复制的竞争优势，比方说专利技术、成本优势或创新优势，等等，拥有这样的竞争优势，企业就等于有了立身之本，无论挑战行动成功还是失败，企业都有翻身的资本。如果根基不稳，却贸然出击，那么结果是可想而知的。

第二，针对领先者的一些固有的优势，挑战者必须有力量、有方法部分或者全部地抵消这些优势。挑战者与领先者相比，在实力上必然会有一段差距，要补上这段差距，需要挑战者能够出奇出新，以创新性的开拓方式打开市场局面。

第三，挑战者必须对领先者的报复有充足的心理准备，并有具体的行动方案来应对各种可能性。挑战者必须避免领先者实施旷日持久的报复。如果没有一些阻挡报复的办法，拥有丰富资源和稳固地位的领先者一旦卷入战斗，就能采取凌厉的反攻，用进攻性的报复迫使挑战者付出难以承受的代价。

总之，不管进攻什么样的目标对象，挑战者都必须先搞清楚自己和对手双方的实力、产品与品牌情况，并做好各种情况的应对准备，然后作出进攻策略选择。

针对明确的目标和竞争对手，市场挑战者可以采取五种攻击策略：正面攻击、侧翼攻击、围堵攻击、迂回攻击和游击战。通常来说，在实际中，挑战者往往不会使用单一的手法，因为这样很难成功提高其市场份额和市场占有率。他们会选择几个特定的进攻策略进行整合，以制定一套能随时间推移而改进其市场地位和策略的总体战略。这样就能充分合理地利用企业的各类资源，以最小的投入赢得最佳效益。

正面攻击，与竞争者角力比拼

在纯粹的正面攻击战中，进攻者在产品、广告、价格和分销方面与对手进行正面比拼。这种力量比拼意味着拥有更多资源的一方会取得最终胜利。而如果市场领先者不反击，或者进攻者能让市场相信其产品可媲美领导者的话，一种改良的正面攻击，如降价等将会起作用。

——科特勒《营销管理》

科特勒所指的正面攻击是指集中全力向对手的主要市场阵地发动进攻，也就是说进攻对手的强项，而不是弱点。要发起这样的挑战，进攻者必须在产品、广告、价格等主要方面大大超过对手，才有可能成功。正面进攻的胜负取决于双方力量的对比。正面进攻的另一种措施是在产品研发和生产上下工夫，尽量降低产品成本，从而以降低价格的手段向对手发动进攻。

正面进攻策略的主要类型有完全正面进攻、有限正面进攻、以价格为基础的正面进攻、以技术研发和创新为基础的正面进攻。

在完全正面进攻中，挑战者可以针对对手的产品、广告、公关、价格、促销、包装等发起攻击。攻击要想奏效，挑战者就必须在经营优势方面超过对方，必须以强大的实力、猛烈的火力和坚韧的毅力作后盾。进攻的一方要想发动正面进攻，击溃守方，必须保持一个较明显的优势，才有胜算的把握，否则风险就比较大。

有限正面进攻就是瞄准特定的顾客群，将他们从竞争对手那里吸引过来，具体的表现就是终端拦截，抓重点客户。像饮料类、食品类、洗车机械类等产品的市场开发，就常采用这种方法。

以价格为基础的正面进攻，这是最为常用的正面进攻策略之一。通常来说，挑战者与领先者在很多方面是不相上下的，甚至连品牌知名度都并驾齐驱，在这种情况下，挑战者如果采用比领先者略低的价格，往往能吸引一部分消费者。只有当领导型企业不针锋相对地进行价格反击，并且挑战型企业能够使消费者相信其产品质量不逊于领导型品牌时，这种策略才会奏效。

以技术研发和创新为基础的正面进攻，是指进攻者加大在创新和技术上的投入，提升产品质量，同时努力实现低成本、低价格，以此来攻击竞争对手。在这方面，日本的朝日啤酒与麒麟啤酒之战很值得一提。

麒麟啤酒是曾经占有日本啤酒销售量64%的垄断企业，而当时的朝日啤酒却连行业第三的位置都坐得摇摇欲坠。但在其后20年的时间里，朝日啤酒却越战越强，它所推出的“舒波乐”成为日本啤酒行业中的第一品牌，占据了最大的市场份额，朝日啤酒公司总销量也稳居第一位，最终，多年雄踞日本啤酒类制品销量第一的麒麟让位给了老对手朝日。

朝日啤酒是如何将麒麟挑下马的？这需要从樋口广太郎担任了朝日啤酒的社长说起。他领导朝日对生产工艺进行了创新与变革，采用了非加热技术生产，提高原材料质量，并展开大规模的广告攻势。他还力主朝日花费15亿日元全面回收朝日的陈旧啤酒，给朝日带来了全新的面貌。朝日啤酒推出的新品牌“舒波乐”，导入了“干啤”这一啤酒新概念，把握了随着食品构成的变化而来的消费者嗜好的变化，给没有强势品牌的日本啤酒业带来了革命性的变化，掀起了日本啤酒业树立品牌之战。

随后继任的社长濑户雄三进一步提出了“鲜度经营”的战略，他要让舒波乐成为日本啤酒的第一品牌。他后来曾经这样回顾当年的“鲜度经营”战略，他说：

“公开了‘生啤 No. 1 宣言’之后，我趁势进一步追求‘啤酒就靠鲜度’这一近乎偏执的概念。职员们慢吞吞的想法是‘一点点地增加鲜度就行了’，我却大声疾呼：‘一鼓作气干到底。’迄今为止，啤酒从成品到送到顾客手里要花 15 天，我却说：‘10 天以内送到！’要做到这一点，不改变包括各种条件的整个系统是办不到的。大家的反应是‘办不到’。这时候就要看主帅的领导能力了。我只有一句话：‘干！’花了一年，这个目标大致实现了。我又说了：‘只要干不就实现了？再缩短点！’当时，从成品到出厂 4 天，从工厂到销售店 7 天，所以最初认为不可能的 10 天目标大致实现以后，9.5 天、8 天、7 天，逐渐缩短。我现在强调的是‘从成品到销售店缩短到 4 天’，追求是没止境的！”

“鲜度经营”不仅给朝日带来了无限的活力，也震撼了整个啤酒市场。

而在朝日大举变革的时候，麒麟却频频出现战略上的失误。针对朝日啤酒推出的“生啤酒销量 No. 1 舒波乐”的广告，麒麟于恐慌之中，仓促将自己最受消费者爱戴的强势品牌“麒麟 lager”改成了非加热制造，犯了在自己不熟悉的领域与对手决战的兵家大忌，最终失去了传统消费者的支持，销量急落。此外，麒麟因为多年居于行业垄断地位，在分销商面前表现得较为傲慢跋扈，这也导致人心的散失。最终，麒麟渐渐失去了领先者的地位，而朝日则一步步取而代之。

朝日在这场正面战役中的胜出，赢就赢在价值创新，它抓住了消费结构变化和市场结构变化的机会，努力超越现有产品或服务的价值标准。它敏锐觉察到消费者对啤酒潜在需求上的变化，全力推出“干啤”这一啤酒新观念，并为了保证战略构想的实施，集中企业资源，紧紧抓住“啤酒鲜度”这一价值要素，全力打造标志性干啤品牌。朝日所描绘的价值曲线明显优于竞争对手，而且这种价值标准更能为顾客所接受，所以最终赢得了顾客，赢得了市场。

侧翼攻击，攻击对手的弱点与市场缝隙

敌人的弱点就是天然的靶子。侧翼攻击可以遵循两个战略维度——地理的和细分市场的。挑战者要识别出领导者表现逊色的区域范围，去满足那些未被覆盖的市场需求。

——科特勒《营销管理》

“敌人的弱点就是天然的靶子”，科特勒这句话说得极有道理。与市场领先者做正面的较量，挑战者因为实力上的差距，每一步进攻都会很艰难，而且付出的代价极大。而侧翼进攻与正面进攻不同，它针对的是对方的弱点、漏洞或薄弱环节。像军事上的“声东击西”，“明修栈道，暗度陈仓”，“出其不意，攻其不备”等思想，就是一种侧翼进攻，常常能让防御者措手不及。

具体而言，侧翼进攻可采取两种策略：

一是地理性侧翼进攻，也就是选择一些竞争对手绩效不佳的或力量薄弱的地区发起进攻。比方说，虽然现在互联网催生了数字阅读，夺走了传统报纸的阅读者和广告

商，但爱尔兰有一家有着百年历史的媒体公司“独立新闻传媒”却将其旗下的一百多种报纸和杂志的大部分销售到网络发展相对薄弱的国家和城市，如南非、印度等。这就是一种地理上的侧翼进攻。

二是细分性侧翼进攻，也就是弄清有哪些需求或有哪些需求是竞争对手尚未开发的，寻找还未被领先者企业覆盖的商品和服务的细分市场，迅速填空补缺。美国著名管理经济学家托马斯·彼得斯说：“不要老想着分享市场，而是要考虑创造市场。”挑战者要识别细分市场中的转变，因为这些转变可能导致市场缝隙的形成，企业可进入这一市场缝隙进行填充，进而将其发展为优势细分市场。比方说，海尔集团发现四川许多农民消费者需要能洗地瓜的洗衣机，它立即开发研制，当即销售数千台。

侧翼进攻在营销上具有重要意义，特别是对那些拥有的资源少于对手的攻击者来说更有吸引力。如果挑战型品牌不具备开展直接或主动进攻市场的手段，那么侧翼进攻就是最佳选择。很多企业都是通过这种策略成功地赢得了自己的一片市场空间。

日本泡泡糖市场每年的销售额有700多亿日元，而劳特则是行业的王者，它占据了最大的一块蛋糕。其他企业要想挤进这块市场，十分艰难。但江崎糖业公司却知难而上，它先是成立专门的团队深入研究劳特这个行业霸主。经过周密调查分析，江崎糖业发现了劳特的四点不足：

第一，劳特的重心一直在儿童泡泡糖市场上，却忽视了正在不断扩大的成年人市场。

第二，劳特多年来一直主营果味型泡泡糖，而如今的消费者需求却是多样化的，他们需要口味上的创新。

第三，劳特的泡泡糖产品一直是单调的条板状，一成不变，缺乏新式样。

第四，劳特产品的定价为110日元，顾客购买时总要多掏10日元的硬币，这制造了很多的不方便。

经过反复的分析，江崎糖业决定将成人泡泡糖市场作为目标市场，并且制定了相应的营销方案和策略。它推出了四大类的功能性泡泡糖产品：一是去疲劳的泡泡糖，产品采用高浓度薄荷和天然牛黄，较有刺激感，能消除困倦，很适合司机、夜班人员等群体；二是交际用的泡泡糖，主要用于清洁口腔，祛除口臭；三是运动型的泡泡糖，产品含多种维生素，既能补充身体营养，又能消除疲劳；四是休闲型的泡泡糖，产品含叶绿素，可以调解人的不良情绪。这四大类泡泡糖的包装与造型均新颖独特，不拘一格，给人以清新之感。产品定价分50日元和100日元两种，避免了顾客找零钱的麻烦。这四大类泡泡糖问世后，像飓风一样席卷全日本。江崎糖业凭此顺利挤进了原本由劳特独霸的泡泡糖市场，而且从零开始，夺得了25%的市场份额，当年的销售额就达到了175亿日元。

可见，行业“巨无霸”并非是不可战胜的，关键就在于要找准他们的弱点。弱点是天然的靶子，没有哪个行业领先者能将自己的方方面面都防守得固若金汤。按照动态竞争的原理来说，在选择攻击对手的部位时，一定要选那些对手想做出反应，但是又顾虑重重或者难以付诸行动的部位。这跟防身术是一样的道理，一个柔弱的女子如何打败一个强壮的男子？其实很简单，女子防身术的核心就是掌握男子身上多处柔弱的要害部位，譬如裆部、软肋、太阳穴、眼睛、小腹、前心、颈动脉等处，而绝少采用常规的你一拳我一掌的攻击方法。这就是以小博大、以弱胜强的技巧。剑走偏锋，只取对手的软肋，这是最隐蔽、最有效的一种竞争方式。

围堵攻击，通过闪电战发动浩大的进攻

围堵攻击就是试图通过闪电战获取敌人的大片领地。它意味着在多个正面发动浩大的进攻。当挑战者掌握了更上等的资源，并认为迅速的围堵能够摧毁对手的意志的时候，此种攻击方式就是明智的。

——科特勒《营销管理》

科特勒认为，当挑战者有充足的实力和上等的资源，占据了相对优势的时候，可以采取围堵攻击的策略，快速、全方位、大规模地向领先者发起挑战。

比方说，近年来日本精工表公司已经在各个主要手表市场的销售中取得了成功，并且以其品种繁多、不断更新的款式使竞争者和消费者瞠目结舌。该公司在美国市场上提供了约 400 个流行款式，其营销目标是在全球制造并销售大约 2300 种手表，这样的规模和力度让很多竞争者望尘莫及。

围堵攻击不是普通的进攻战，它对挑战者的实力有极高的要求，挑战者必须拥有优于对手的资源，并确信围堵计划的完成足以打垮对手时，方可采用这种战略。如果实力不够，却贸然发动这种战役，一旦遭遇行业领先者的报复，进攻者的损失将会十分惨重。

比方说，美国汉特公司曾经在番茄酱市场上拥有 19%的占有率，该公司为了扩张，向亨氏公司发起猛烈攻势，并推出两种新品牌的番茄酱，以干扰消费者对亨氏品牌的传统偏好，同时也想夺取更多的零售货架空间。该公司还将产品价格降至亨氏产品的 70%，向零售商提供大量折扣，将广告预算提高为亨氏公司的 2 倍。但这种投入巨大的包围进攻策略并未成功，亨氏品牌发起强有力的防御，其市场占有率非但没有下降，反而上升到 40%。

围堵攻击就像《孙子兵法·谋攻篇》里的一句话所说的那样："故用兵之法，十则围之，五则攻之，倍则分之，敌则能战之，少则能逃之，不若则能避之。""十则围之"，利用自己的优势围堵竞争对手，以闪电战的方式速战速决，不要给竞争者留下反应和反攻的机会。

提起吉列公司，可以毫不夸张地说，凡是刮胡子的男人很少有不知道吉列刀片的。在 20 世纪 90 年代，吉列公司以每年近 50 亿美元的销售额和排名世界第二的股东资本收益率等骄人成绩，被评为日用品行业中最为成功的公司之一。但是这样一家知名的企业也曾经遭遇过竞争者的重创，而挑战它的，是一家名不见经传的英国威尔金森刀具公司。

那时候，包括吉列公司在内，还没有哪家公司生产不锈钢刀片，而威尔金森公司则发明了气味清新、美观耐用而且不生锈的不锈钢刀片。它说服了美国的一些零售商和经销商以寄信方式销售它的"超级刀刃"牌刀片。仅一年时间，这种刀片就以不可

阻挡之势进入美国市场，人们对它交口称赞，存货很快告罄，威尔金森公司在刀片市场上的占有率达15%。

给吉列公司带来真正威胁的并不是威尔金森这一家公司，事实上，威尔金森每年向美国出口的700多万刀片，在吉列公司看来是微不足道的，是“小不点”。但是，威尔金森刀片所引发的公众关注和市场反响，却让吉列众多的竞争对手们看到了希望。它们与吉列相比，虽然规模上不占优势，但他们却纷纷仿效威尔金森，加班加点赶在吉列之前推出自己的不锈钢刀片，有的公司甚至打出了对吉列冲击极大的价格：每5片79美分。

在这种情势下，吉列公司总裁仍然宣布：“我们不打算采取应急措施。”并且列出三大理由：第一，加工不锈钢刀片的刀刃比加工目前的碳钢刀片难度要大，会导致不合格率的上升；第二，加工不锈钢刀片既会增加成本，又会降低总利润，因为不锈钢刀片的剃须效果太好，刀片又耐用，导致消费者最终花在刀片上的费用大大减少；第三，也是最重要的原因，吉列怕新产品推出后，与它的利润武器——超级蓝光牌刀片自相残杀，造成两败俱伤。

因为这些原因，吉列迟迟没有推出自己的不锈钢刀片。直到竞争对手在不锈钢刀片市场站住了脚，吉列才不得已进入了这个市场。为此，吉列付出了沉重的代价，其投资收益率从最高峰时期的40%急剧下降到了30%以下，而市场占有率也从原来的75%下降到了55%。

吉列的这一次滑铁卢，一方面是因为自己的疏忽，没能对不锈钢刀片市场引起足够的重视，另一方面也与竞争对手的围攻是脱不开关系的。吉列的这个案例也告诉我们，无论是行业领导者，还是挑战者，都要注意：千万不要打盹！企业应时刻睁大眼睛关注所在行业的技术进步情况，如果别人开动汽车了，你就要迅速把自己的马车送进博物馆。

迂回攻击，避难就易，拿下最易夺取的市场

最间接的攻击战略是绕过所有的对手，进攻最易夺取的市场来扩大公司的资源基础。这种战略提供了三种方针：多样化发展不相关产品，多样化发展新的市场，跃进式发展新技术来排挤现有产品。

——科特勒《营销管理》

迂回攻击策略是指挑战者避开所有的竞争对手，进攻那些较容易夺取的市场，扩大公司的资源基础，提升公司的整体实力。迂回攻击一般有三种方式：

一是实行产品多角化经营，发展某些与现有产品具有不同关联度的产品。比方说，百事可乐就曾运用迂回战略对抗可口可乐，百事可乐曾以33亿美元成功收购市场份额约为美汁源两倍的橘汁大亨纯果乐，后来又以140亿美元收购了拥有运动饮料市场领导品牌佳得乐的桂格燕麦公司。进行这样的收购，是为了拓宽自己的产品线，同时也是为了增强自己与可口可乐抗衡的实力。

二是实行市场多角化经营，把现有产品打入新的市场。高露洁公司就是这样应对

宝洁的。

一直以来，高露洁都在宝洁的阴影中挣扎，例如，在强力洗衣粉方面，宝洁公司的汰渍几乎是以 5∶1 的优势击败了高露洁公司的菲波；在餐具洗涤剂方面，宝洁的市场占有率几乎是高露洁的 2 倍；在肥皂方面，高露洁更是望尘莫及。即使是高露洁公司的销售额达到 13 亿美元规模的时候，消费者仍然将其视为宝洁的跟随者，视为一般的肥皂与洗衣粉的经营者。后来，高露洁公司发展成为一个年销售额达 43 亿美元的企业集团，但仍难以向宝洁公司发起正面进攻。高露洁公司的管理层认识到，任何同宝洁公司的正面交锋都是徒劳无功的，因为在美国本土市场上，宝洁对高露洁保持着 3∶1 的优势，而且，在研发力量上，也是三个对一个的局面。因此，高露洁公司制定了新的战略——保持在海外的领先地位，在国内实行多元化经营，进入宝洁公司未进入的市场，绕道包抄宝洁。在纺织品、医疗药品、化妆品、运动器材及食品行业，高露洁也采取了一系列的猎取收购战略。

通过这样的迂回攻击策略，高露洁迅速崛起，成为全球市场上的大品牌，其实力已经可以与宝洁比肩。

三是发展新技术，取代技术落后的产品。这种策略在高科技行业尤为重要。在这些行业中，技术可以说就是命脉。行业领先者往往就是凭借其他竞争者难以模仿的优势技术而奠定其市场地位的。挑战者如果耐心研究并不断发展新的技术，据此发动攻击，那么，是很有可能给领先者以致命威胁的。比方说，任天堂在视频游戏市场上正是通过推出新的技术，重新定义“竞争空间”从而夺得市场的范例。而谷歌同样也是利用技术跃进的策略超越了雅虎，成了搜索业的市场领先者。

迂回攻击是一种最为间接、隐蔽的进攻战略，它能让挑战者避开行业领先者的锋芒，以一种不容易被发觉的方式，蚕食领先者的市场。这种策略能让挑战者在一个相对安全的环境中积聚实力，最终通过迂回的方式赢得竞争。

游击战，以断断续续的小型攻击瓦解对手

游击战由发动小型的、断断续续的攻击组成，骚扰对手使其士气低沉，从而最终赢得持久的立足之地。采取游击战的挑战者同时使用常规和非常规的进攻方式，其中包括选择性降价、频繁的广告促销战以及不时的法律行动。

——科特勒《营销管理》

科特勒认为，中小企业很难对大企业发动有效的正面或侧翼进攻，但是，它们却可以在强大对手未能顾及到的各个市场角落里发动小规模的、断断续续的攻击。这种攻击不是为了一战打败对方，而是为了骚扰对方，使之疲于奔命，穷于应付，士气低迷，斗志衰落，从而逐步削弱对手的市场力量，最终巩固自己永久性的市场地位。游击进攻的具体方式包括有选择的降价、密集而强烈的暴发式的促销活动等。

通常来说，中小企业使用游击战术较多，但一些大企业也使用，因为这种战术比正面进攻或者侧翼攻击更能节省开支，而且还很有可能取得奇效。

游击进攻对规模较小、力量较弱的企业来说是很适用的，能打就打，不能打就跑，

这种战术比正面进攻更能给行业内强有力的竞争者带来大的搅扰和麻烦。但是，如果想要给对手造成实质性的打击，光靠游击战是难以达到目的的，还需要同时采用常规或非常规的进攻方式，发动更强大的攻势。美国清洁剂生产商哈勒尔应对宝洁就采取了这种游击战术。

哈勒尔是美国清洁剂市场的一家小企业。它在20世纪60年代，将一种名为“配方409”的清洁喷液的零售做得非常成功。这种产品虽然只占据了美国清洁剂市场5%的份额，但在清洁喷液市场却占了一半的份额。

当哈勒尔打开清洁喷液市场并呼风唤雨之时，“家用产品之王”宝洁盯上了这块市场，为了保护自己的优势，宝洁推出了一种名为“新奇”的清洁喷液，对哈勒尔的“配方409”进行攻击。宝洁的攻势来得很迅猛。在品牌命名、包装和推广“新奇”产品时，他们投入了大量的资金，进行耗费巨大的市场研究，并将在丹佛进行试销。

宝洁如此声势浩大，哈勒尔感到了危机的来临。但是，哈勒尔不具备宝洁那样优越的资源，不可能像宝洁那样一掷千金，于是，它决定采取游击战术。

得到宝洁将在丹佛试销新产品的消息后，哈勒尔悄悄地撤出这一地区。它们并非直接从货架上取下自己的产品，因为这样容易暴露自己的战略意图。哈勒尔停止了一切广告促销活动，让“配方409”自然而然地从货架上“消失”。推销员所面对的是无货可补的局面。这是一种游击战：用静悄悄而又迅速的行动去扰乱敌人。结果，“新奇”清洁喷液在丹佛的试销中没有遇到任何抵抗，宝洁公司沉醉在“大获全胜”的气氛之中。

很快，在丹佛“所向披靡”的宝洁公司便一个州一个州地在全美发动席卷攻势，却不料已经渐渐陷入了哈勒尔的计谋之中。“新奇”在其他地区遭到了哈勒尔的强势阻击，销量没有想象中那么好。宝洁公司营销人员的信心受到了严重打击。哈勒尔借着操纵“新奇”在丹佛的试销，使宝洁建立了很高的期望值，现在它要使实际情况远不如宝洁当初的想象。

哈勒尔把它的16盎斯与半英磅两种包装的产品，一并以一块四毛八的特惠价零售，比一般价格降低很多，并用大量广告来促销这种优惠产品。在这场游击战中，哈勒尔精心策划的价格战把宝洁拖入难以自拔的境地，哈勒尔通过大幅度降低价格，使“配方409”的消费者一次性购买半年的用量。等到“新奇”出现在市场上时，早已不见了“配方409”的消费者，留在这一市场上的只是新的使用者，可这些人的需求量极其有限。最后，宝洁公司只好撤军。

“大鱼吃小鱼”，这种现象在市场上并不少见。大公司可以不计成本、不计眼前收益地发动强大的攻势，因此往往能将小企业逼到绝境，甚至迅速把小企业打垮。等到独霸市场后，大公司就可以从容地打扫战场，收获胜利的果实。这样的战术是一家小公司做不来的。但是，大公司的“大”既是优势，也是软肋。公司规模大了，反应很可能会慢下来，而小企业则灵活得多，他们能迅速地采取游击战的战术，将大企业拖入泥潭之中。规模大固然能捷足先登，但规模小同样可以后来居上。

哈勒尔就是吃透了其中精髓。它明白，强敌当前，如果与它硬碰，自己只会落得个惨败的下场。所以，它采取的是策略性的撤退和游击战术。策略性撤退迷惑了对手，使对手误以为自己取得了竞争的完全胜利，因而就在市场上忘乎所以地展铺开来。而当对手全面进入市场的时候，哈勒尔再找准对方的薄弱之处，游击袭扰，后发制人，让对手陷入了进退两难的尴尬境地。

第5章

市场跟随者：跟随不是盲从

许多公司宁愿跟随而不愿挑战领先者

许多公司宁愿跟随而不愿挑战市场领先者。在一些资本密集、产品同质的行业中，产品差异化和形象差异化的机会非常小，服务质量相差不大，价格敏感度非常高。这些行业非常排斥短期抢占市场的行为，因为这种战略只会引起强烈的报复。因此，绝大部分公司决定不去抢夺其他公司的顾客。相反，他们通常复制领导者的做法，为购买者提供类似的产品和服务。

——科特勒《营销管理》

科特勒认为，在很多行业，一些公司即便有实力挑战市场领先者，他们也不会贸然采取这种策略，而更可能选择做一个跟随者。市场跟随者在技术方面，不做新技术的开拓者和率先使用者，而是做学习者和改进者；在营销方面，不做市场培育的开路者，而是搭便车，以减少风险和降低成本。市场追随者通过观察、学习、借鉴、模仿市场领导者的行为，不断提高自身技能，不断发展壮大。

就像科特勒指出的那样，在资本密集、产品同质、差异化小、价格敏感的行业里，跟随战略是较为常见的，比如钢铁、肥料、化工等行业，市场份额就显示出高度的稳定性。

在当今的激烈市场上，企业的产品差异化及形象差异化很低，价格敏感性也高。此时价格战可能随时爆发，在这些产业中，持有短期夺取市场占有率的心态只会激怒同业的报复。因此，明智的策略是跟随市场的领导者，以相同的产品（通常是模仿领先者的产品）提供给客户，从而获得较稳定的市场占有率。

并不是所有的企业都愿意充当带头大哥的角色。跟随战略对中小企业而言，是有可取之处的。企业战略理论指出，并非所有在行业处于第二或第三位的企业都愿意充当挑战者，成功采取追随者战略的企业也能获高额利润。一些企业通过模仿或跟随创新者推出的新业务，虽未必夺得第一，却能获得很好的利润。因为跟随不必承担用于创新的费用，也规避了创新的风险。

相反，挑战者策略很容易引起领先企业的愤怒，发生对抗或冲突。如果挑战型企业的实力足以与行业领导者抗衡，那么，这种策略还有一定的可实施性，但如果企业与领导者之间差距明显，那么，直接挑战行业老大就会有极大风险，甚至可能引来领导者的反扑与报复，使企业遭受灭顶之灾。

市场追随者策略是将本企业的产品位置确定在目标市场上现有的竞争对手的产品旁边，创造性地进行模仿和改进。一些实力不太雄厚的中小企业大都采用此策略。企业采取追随者策略的前提条件是，这个市场的需求潜力还很大，还有很多未被满足的需求，还可以吸纳新产品进入。此外，企业推出的产品虽然可以模仿领导者，但也要有自己的特色，要能与竞争对手的产品区分开，这样才能立足于这个市场。

每一个跟随者都试图将独特的利益带给其目标市场，保持其现有的顾客并赢得适当的新客户占有率。跟随者常是领导者和挑战者攻击的目标。因此，市场跟随者必须维持低制造成本及高产品品质与服务。跟随并不等于被动或仅模仿领先者，它应在新市场打开时立即进入，并抓住机会超越对手。

要超越能者，必须以能者为师，这在商场上是司空见惯的事情。在学习过程中，企业不仅可以看到超越对象的优点，更能看到超越对象的缺点，充分学习强大竞争对手的优点，并有意避免了对手的缺点，自然能够战胜对手，成为新的霸主。

跟随者必须清楚如何稳固自己的市场份额

市场跟随者采取跟随策略，但并不代表它缺乏战略。市场跟随者必须清楚如何保留现有顾客和如何赢得相当份额的新顾客。

——科特勒《营销管理》

科特勒认为，市场跟随战略的核心是寻找一条避免触动竞争者利益的发展道路，但跟随并不等于被动消极，跟随者也并不是毫无策略可言，相反，跟随者也应实施自己的长期战略，构建自己的核心资源和能力。跟随者可以选择扮演伪造者、克隆者、模仿者或者改良者中的某一角色：

伪造者只是简单地抄袭领导者的产品和包装，然后直接销售或卖给名誉不佳的经销商。像微软公司、苹果公司、劳力士手表，还有很多唱片公司等都深受其害。

克隆者通常会模仿领导者的产品、名字和包装，但会稍作区别。

模仿者在某些方面会仿效领导者，但在包装、广告、价格以及营销策略等方面又有所不同。

改良者会研究领先者的产品，并改变或改进它们。改良者可以选择销售给其他不同市场。

这些跟随者虽然未必能超过领导者，但它获得的利润较高，因为它不承担创新和培育市场的费用。一个创新者要承担开发新产品、进行分销、向市场提供信息和培育市场等巨大的开支，而跟随型的公司则会紧紧跟上创新者，模仿或改进创新者推出的产品。

市场领导者很容易忽视这类跟随者的存在，殊不知，跟随者却常常通过低制造成本和高产品质量偷偷瓜分领导者的利润。跟随战略所具有的竞争优势，为跟随者低成本进入市场、低价格销售创造了条件，为跟随者后来居上创造了可能，这就是很多企业青睐跟随战略的根本原因所在。

然而，即使是亦步亦趋的跟随战略，也是存在极大的风险和挑战的。这主要体现于三个方面：首先是先发者运作成熟，跟随者空间变小。其次是行业很可能已经进入成熟期甚至衰退期，跟随者想要以后起之势分一杯羹并不容易。最后一点是行业领先者所构建的专利壁垒往往很难超越，跟随成本上升。

虽然在新的竞争环境下，跟随者面临越来越多、越来越大的挑战，但不可否认，即使在今天，跟随战略仍然是颇为有效的一种竞争战略。任何一种战略都有它与生俱来的风险与局限性。对于一个企业而言，跟随只能作为阶段性的战略选择，在企业不同的成长阶段、在行业发展的不同阶段，跟随战略的效能并不相同。战略的本质在于获取竞争优势，从模仿中获取还是从创新中获取并没有本质的区别，重要的是掌握创新与跟随的平衡之道，及时随着内外竞争环境的变化调整竞争策略。

模仿战略可能跟创新战略一样有利可图

模仿战略可能跟创新战略一样有利可图。创新者承担了开发新产品、使之进入分销渠道、告知并培育消费者的大量成本。所有这些工作和风险带来的回报就是通常会成为市场领先者。但是，另一个公司能追随其后复制或者改良新产品。尽管不太可能赶超领导者，但是这个追随者也能获取很高的利润，因为它没有承担任何创新成本。

——科特勒《营销管理》

科特勒认为，创新可以带来先发优势，但与此相对应的是，模仿同样可以创造出后发优势。模仿战略降低了由于顾客需求及趋势不确定所带来的风险，成功的概率提高了很多。模仿战略显然可以降低甚至规避不确定性所带来的风险，还可以节约大量的开拓成本，包括数额不菲的市场研究、产品研发费用，也包括广告和促销等市场教育费用。同时，模仿者在模仿过程中有机会向先发者学习经验，同时减少或规避先发者所犯的错误。这种“前人栽树、后人乘凉”的现象在各行业的竞争中并不少见。

腾讯创始人马化腾曾说过：“我不盲目创新。最聪明的方法肯定是学习最佳案例，然后再超越。我不争第一，没意义。”做第一个吃螃蟹的人，总是有风险的，看第一个人吃，学第一个人吃，然后研究出适合自己的吃法，做第二个吃螃蟹的人，并且在吃的境界上要尽力去超越第一个人，这就是马化腾的成功哲学——先模仿，再创新，后超越。不模仿，难以吃透一样东西；不创新，难以形成自己的独特优势；不超越，难以构建自身的绝对地位。员工想要创新和超越，最聪明的方法就是先从模仿开始。

马化腾和他领导的腾讯在互联网行业是一个很特别的存在，这个QQ帝国规模无比庞大，而受到的批评也很多。

2006年，新浪网创始人王志东曾经公开指责马化腾是“业内的抄袭大王”，千橡互动的董事长陈一舟也曾在微博中发牢骚：“有QQ压着，强大个屁!”2010年，中国知名IT杂志《计算机世界》登出了一篇报道，文中有这样一句话："腾讯从来不做第一个吃螃蟹的人，却总能在成熟的市场中找到空间，横插一杠子。"

从一款单一的即时通讯软件跨入互联网，到2001年的无线增值业务，再到游戏、门户、电子商务、第三方支付、搜索引擎，在短短十来年时间里，马化腾带着腾讯以"花瓣式扩张"的方式完成了互联网产业几乎全业务的布局，腾讯"全民公敌"的称号也由此而来。

在中国互联网发展历史上，腾讯几乎没有缺席过任何一场互联网盛宴。它总是在一种新兴业务模式诞生时，先是亦步亦趋地跟随，然后细致地模仿创新，最后决绝地超越。腾讯的这种发展方式，外界有很多人批评其为"抄袭"、"模仿"、"拷贝"、"拿来"，而马化腾对这些评价并不在乎，他很认同丁磊的一句话："做企业不是比谁动手早，而是比谁活得长。"他认为只要是好的东西难免会被模仿，"模仿可以理解成学习，是一种吸收，是一种取长补短。没有任何一个企业能在单纯'模仿'的道路上走向成功。"

事实上也是如此，几乎腾讯的每款产品都能找出市场上其他同类产品所没有的优点，如腾讯QQ的群和显示最近联系人的功能，QQ邮箱的超大附件功能，QQ游戏平台一上线就号称能承载上千万网友同时在线，QQ还解决了困扰很多IM（即时通讯）产品的联通、电信的互联互通问题，等等。

在腾讯看来，"模仿"不是照抄照搬，而是要懂得如何把握潮流，知道从潮流中学什么，并懂得将学到的东西进行怎样的改进。对企业来说，稳妥是最重要的，要做到稳妥，后发是最好的方式。谋定而动，在已有的业务模式上去创新，这样能避免很多不必要的风险。

腾讯也曾经做过"先发"的尝试，腾讯在早期曾经做过邮箱业务，当时公司认为这个项目很简单，不需要花费什么精力，只要"搭起架子就推出去了"，尽管注册使用的用户不少，但由于当时邮箱竞争太激烈，烧钱多，却没有一个成熟的赢利模式，导致最后根本无法支撑邮箱系统的正常运营。这个项目刚推出没多久就停掉了，连马化腾自己都承认"不愿用第二次"。

有了这次深刻的教训，腾讯再次认识到自己的"老办法"还是更可行一些——先模仿，再学习、借鉴、创新，最后再超越。马化腾认为，这样的"模仿"并不是"抢别人"的东西。他说："就像同样开饭馆，我最开始卖豆浆，慢慢地我发现老来喝豆浆的客人还愿意吃油条，正好我有这个技术，当然我就会尝试着开始卖油条。这时候你也可以卖豆浆啊。客人最终选择到我的店还是你的店，不会是因为谁家卖的东西种类多，只能是因为谁家豆浆、油条更好吃，或者说哪家店卫生和服务好。不过用户同时可能还想吃海鲜火锅，我没那技术，当然我也就不做，做肯定会赔钱。"

模仿并不是盲目进行的，而是朝着既定目标进行的创造性模仿。如果只是一味地模仿而不知加入自己的思想和创意，只能是重复别人的步伐，走不出一条自己的路。就像国画大师齐白石先生说的："学我者生，似我者死。"在最初阶段企业都要经过一个模仿过程，向前人学习优秀之处，吸取了他人的精髓，才能更好地完善自身。但是，更重要的是，一定要有一个先模仿后创造的过程。

要想创新，必须走出自己的路来。老跟在别人屁股后边照搬照用，充其量只会落下“模仿者”之名。其实，创新都是有个性的，没有个性的创新几乎是没有的。创新之初模仿领先者的模式是可以的，但不能一味模仿而不求突破。模仿是手段，创造才是根本，因此，企业要根据自己的实际情况，设计出自己的“模仿＋创新”的模式，这样才是理性的战略跟随。

克隆者，保持与领先者大同小异的策略

克隆者效仿领导者的产品、名字和包装，但会加以少许变动，保持与领先者大同小异的策略。

——科特勒《营销管理》

科特勒所指的克隆是指跟随者效仿行业领导者的产品、名字、包装等，但在其他方面做少许变动，显得与领先者大同小异。比方说，Ralcorp 食品公司就采取跟随战略，它生产与行业内第一品牌相似的产品，例如麦圈、水果环、玉米片等，但是每盒售价都比领导品牌低一美元左右。

在商业领域，克隆可以说是毁誉参半。有的人认为，克隆者是一种亦步亦趋的角色，因为拿不出原创产品，无奈之下，只好去模仿别人。还有人认为，克隆者很精明，可为公司创造利润，同时还可以节约研发成本，减少营销投入和广告投入，而开创者必须全额承担这些费用。另外，克隆者还可以旁观别人的试验产品，然后从中学习，借此防范代价高昂的错误。

现在的技术迅速变革，一方面，致使产品和经营模式很快过时，这让先发者和跟随者都不得不加快脚步更新技术和产品。而另一方面，法律保护日渐式微、编码化、标准化，新的制造技术、日益增长的员工流动性，都使得克隆策略变得更加容易。有数据显示，每 48 项重大创新中，有 34 项在研究期间就已被他人克隆效仿，这个比率已经超过 80%。在某些产品类别中，这一比率甚至更高。

事实上，尽管克隆这种商业模式在很多人眼中是一种有失光明正大的方法，但很多克隆者却做得很出色。风险投资行业可以说是创新的坚决拥护者，但即使如此，它们也常常会选择一些基于模仿的投资项目，以降低投资的总体风险。比方说，国内很多克隆 YouTube 模式的网站都获得了风险资本的投资。就像一位投资公司总裁所剖析的那样：“任何东西，只要初具规模，有市场需求，具备各种销售渠道，不管产品与服务是什么，只要消费者需要，就会有人克隆效仿。”

福特发明了汽车，并曾稳居行业霸主地位，但到如今，福特并不是汽车业的老大，金融危机的时候，福特甚至走到了破产的边缘；施乐创造了全球第一台复印机，但它最后却不敌佳能；即时通讯 IM 的先行者是 ICQ 和 MSN，但在中国市场这一行业里的老大却是 QQ；eBay 是全球电子商务行业的第一，淘宝曾经是它的模仿者和追赶者，可现在，eBay 在华的业绩根本无法与淘宝相提并论；同样，雅虎也被它的中国对手所击败……

还有凡客，它并不是第一个通过网络销售服装的公司，在这方面首开先河的是

PPG。PPG 的商业模式多次获得创新与最佳商业模式方面的奖项，但它最终却没有笑到最后，败在了没有节制的广告费用上。凡客在起步时，从产品到广告风格都与 PPG 很接近，但不同的是，凡客进一步优化了供应链，在广告投放上也更加理性和科学。到今天，PPG 烟消云散，而凡客却如日中天。

还有快消品领域的娃哈哈，它可以说是当之无愧的第一，但它从不争当先发者，尽管娃哈哈在矿泉水、茶饮料、八宝粥等领域做到了行业翘楚，但它并不是第一个做这些产品的公司。娃哈哈的制胜法宝就是后发制人，它不需要去试探所谓创新的产品能不能创造出新的消费者，它会选择在先行者的基础上，根据市场需求对产品进行有效的改进，进而，它会发挥自己所长，对先行者的软肋进行攻击，直至击败对方，取代对方。

从这些例子中，我们可以看出，克隆也能创造出奇迹来。采取克隆模式的跟随者首先要找到一个合适的标杆，然后进行深度的效仿与克隆，接下来就要发现标杆的不足之处，加以改造，最后脱胎成为更卓越的产品和商业模式。

改良者，不放弃创新的跟随

改良者对领导者的产品进行调整或者改良。他们可能会选择在不同的市场销售产品，但往往很可能成长为未来的挑战者，正如许多日本公司通过改良领导产品去别处发展壮大。

——科特勒《营销管理》

科特勒认为，改良者的潜力是极大的，他们不是单纯地模仿、克隆，更不是粗劣地生搬硬套，他们是在模仿的基础上创新，在学习的基础上改良，因此，他们最有可能从行业领导者的跟随者成长为强有力的挑战者。

改良和抄袭不同，抄袭只是邯郸学步般地跟进，但改良是一种深度学习。说得更干脆一点就是，大多数的创新是在改良的基础之上进行的，改良本身就是一种创新。而创新的本质，大多不是基于新技术，而是为了更贴近消费者，更为满足消费者的需求。

真正的改良者在改良之前是经过深思熟虑的，改良的目的是为了追赶甚至打败行业的领导者。之所以改良，是因为前行者已经走出了一条可行的路，而且他们在开辟的过程中也将问题一一暴露了出来，如果跟随者硬要靠自己的想象去走一条截然不同的道路，成功的概率并不高，而沿着前行者的路，并在他们的基础上进行创新和改良，这样的路走起来，更容易走通。

事实上，一个优秀的改良者有时候甚至比先行者自身还要理解它们产品的优劣以及企业行为的逻辑。先行者的成功可能是偶然的，这样的比例其实很大，但先行者本身并没有去深入探究过“为什么会成功”这个问题，而是一直在寻求“如何能更为成功”。而且，在成功之后，企业的惯性往往会推动这种成功的行为方式，并且树立起纷繁复杂的规矩制度以守卫这种成功。而改良者则不会有这种“只缘身在此山中”的惰性思维和“一览众山小”的志得意满，它们与先行企业的基因大不相同，要学习成功者，就必须思考它们为什么成功。这就让改良者能接触到比“成功”更为本质的东西，探寻到先行者真正的核心竞争优势并加以学习。实际情况正是如此：在领导型企业里，探讨最多的往往是执行；但在追赶型的企业里，探讨最多的是领导型企业为什么这么做，这里面的深意又在哪里。

这也就是为什么那些先行者一旦被追赶者赶超之后往往一落千丈，再也比不上追赶者的原因所在。改良者身上有着更强的学习和研究基因，但先行者有时候过于沉溺于标新立异，容易走弯路，不能像优秀的改良者那样，善于探寻解决市场问题的最简单路径。所以，真正拥有善于学习、研究、总结的基因，立足于市场实际，渴望以最小的投入获得最大商业回报的改良者，才有可能后来居上。

模仿和跟随是大多数公司做的事情，但能真正在这条路上做到出类拔萃的仍然是少数公司。这里面的问题在于，单纯的模仿、跟随并不能造就伟大的企业，除非这个企业有着自己的强大基因，能把它融入到模仿所得中去。苹果就是这样的典型，像iPad这样的平板电脑，并非是苹果首创，但它在其他公司的优秀创意上，融入了自己的理念，使之在改良的过程中实现了脱胎换骨，最终成为划时代的产品。

创新是构建核心竞争力的支撑，是品牌建设的基础，也是开拓市场的利器。但创新也并非易事，需要资金、人力等多种资源的支持。而对于许多利润较薄的劳动密集型行业来讲，除了缺乏创新动力外，庞大的研发资金投入似乎更让人望而生畏。其实，创新既有靠重金研发高精尖技术的路子，也可以打开思路、扬长避短去另辟蹊径，在模仿的基础上进行改良，就是一种卓有成效的创新。

创新不一定非要高精尖，贴心的细节改良同样可以构成强大的市场竞争力。而要想设计出更好的产品，企业必须要比领先者更能吃透市场，更能转变观念。对于行业领先者，学习而不守旧，模仿而不刻板，融入自己的创新与改良，这样的企业才有可能后来居上、超越领先者。

伪造者，山寨策略只能赢取一时之利

伪造者完全复制领导者的产品和包装，在黑市或者通过声名狼藉的经销商出售。唱片公司、苹果和劳力士等公司就遭遇了伪造者的问题，特别是在亚洲。

——科特勒《营销管理》

科特勒所提到的伪造者，是备受指责的一种商业模式，实施这一策略的企业，他们完全复制行业领先者的产品、包装，几可乱真，然后，它们将这些产品以低价出售，牟取暴利。这些企业不仅会对行业领先者的品牌和形象造成重大的负面影响，更有可能搅乱整个行业，引来消费者的极大不满。

比如，有肯德基，就有店面外观几乎一模一样的“啃德基”、“乡村基”；有阿迪达斯，就有“阿迪王”；有宝马汽车，就有了所谓的宝马电动剃须刀，十块钱一个，而且号称是航空材质；有红牛，就有包装完全一样的“斗牛”饮料……

更让人印象深刻的是各地手机店里堂而皇之摆在柜台上的超大屏、超长待机、功能五花八门的山寨智能手机。在深圳，从事与山寨手机相关业务的人员超过十万人，有 2000 多家这类手机生产商和贸易商。每天，他们接收手机行业的最新流行信息，在网上或网下接待从全国甚至全世界各地来这里采购的商人，他们能在最短的时间以最低的成本将这些需求变成产品。很少有合法的行业能够像手机产业一样让商人亢奋和感到惊险刺激。它的独特魅力在于，能够在非常短的时间带来高额回报——一款“山寨手机”的启动资金从几十万到几百万不等，产品规划到量产出货，慢则需要 3～4 月，快则 1～2 个月，如果大获成功，几个月内就能收获百万级甚至千万级的利润。因此，很多厂商一头扎入其中，像上足发条般，夜以继日地生产山寨手机。但是，这个行业既没有过高的门槛，也缺少独创性和持续性，虽然红火一时，但不可能久远，现在，山寨机依然存在，却多在角落与狭缝中求生存。

现在，不仅仅是手机行业，在其他产品类别中，伪造的山寨品牌也层出不穷，遍布我们生活的各个角落，只要消费者稍加留心，就很容易发现身边的山寨品牌。山寨式的跟随，就像《水浒传》中的李鬼之于李逵，能抄袭得到表面上的东西，但内里的精华却很难学到一鳞半爪，这也就是伪造产品为什么只能小打小闹而难以登大雅之堂的原因所在。

以生产伪造产品为主的厂商，通常会选择那些准入门槛较低的行业，而准入门槛低意味着企业间的激烈竞争，真正意义上的“暴利”并不存在，企业之间的最终比拼仍然会回到品牌力的高低上来。

一个品牌的成功来之不易，它不仅要实现经济效益，还要承担更多的社会责任。而伪造者的低成本、高回报以及低廉的价格，很大程度上是它逃避了正规企业所承担的产品研发、市场开发以及社会责任的投入，由此而换来的暴利。而且，伪造者往往在边缘游走，很容易逃避监管，它们的存在是行业的隐患。大量伪造式跟随者的涌现，会引发恶性竞争，会迅速将行业的利润空间压缩到亏损极限。在这样的竞争状态下，跟随者的命运只有两个：要么及时退出；要么苦苦支撑，比谁能耗得久，而任何一个选择都必须付出不菲的代价。

伪造者还会在更深层面导致行业的创新乏力，如果“拿来主义”盛行，那么，创新就会一文不名，勇于创新的企业也只会越来越少，从长远来看，这对行业的发展是很不利的。

然而，值得一提的是，仿冒伪造的产品之所以能占据一部分市场，之所以能在某个群体中深入人心，这说明它在满足消费者个性化需求方面，是做得较为出色的。而这一点，也恰恰是正规的企业和品牌要正视和学习的。

第6章
市场利基者：小市场里的隐形冠军

大公司不屑一顾的细分市场其实大有可为

在对数百家营业单位进行调查后，战略计划机构发现小市场的平均投资回报率为27%，而大市场只有11%。为什么市场利基策略如此有利可图？主要原因是市场利基者最终可以深入了解目标顾客，从而能够比其他随意进入该市场的竞争者更好地满足消费者的需求。

——科特勒《营销管理》

科特勒认为，很多小市场虽然规模小，但却有利可图，甚至比大市场的利润更为丰厚。市场利基者的定位是瞄准目标市场的空缺处，它不仅避开了市场竞争，不与行业内的强大竞争对手直接对抗，而且在目标市场的空隙和空缺领域开拓新的市场，生产销售该市场中尚没有的某种特色产品，以更好地发挥企业的竞争优势，获取较好的经济效益。市场利基者通过生产和提供更能满足消费者需求的特色产品和服务，赢得发展的空间，甚至可能发展成为“小市场中的巨人”。

营销的关键就在于正确确定目标顾客的需要和欲望，并且要比竞争对手更有效、更有力地传送目标顾客所期望的产品或服务，这些产品或服务是满足消费者的需要或解决他们所面临问题的工具。著名营销专家阿尔·里斯和杰克·特劳特曾经指出：“要找出市场间隙，必须要能不随波逐流，而要逆向思考，如果大家都朝西，你就试试看是否朝东走得通。”需要注意的是，这里所说的“间隙”，不是产品的间隙，不是生产的间隙，而是消费者心中的间隙，也就是消费者心中尚未被完全满足的需求。

为什么利基战术能带来巨大收益呢？根本原因就在于这类企业在利基市场上深耕细作，能够更加充分地了解目标顾客群，因而能够比其他公司更好、更完善地满足消费者的需求。并且，市场利基者可以依据其所提供的附加价值收取更多的利润。如果说在大市场胜出的企业获得的是“高总量收益”，那么在利基市场胜出的企业获得的就是“高边际收益”。

那么，什么样的市场可以成为一个理想的利基市场呢？一般说来，理想的利基市场具有以下特征：第一，该市场具有足够的规模和购买力，能够赢利；第二，该市场具备发展的潜力；第三，市场中强大的竞争者对该市场不屑一顾；第四，公司具备所必需的能力和资源以对这个市场提供优质的服务；第五，公司已在顾客中建立了良好的声誉，有实力抵挡强大竞争者的入侵。

利基市场通常是高度专业化、目标非常强的小众市场，只满足一部分有特定需求的消费者。这类市场，大公司往往考虑到投资回报率不愿意服务，或者难以抽身来服务，因此，市场利基者可以借机进入并填补市场空缺。市场利基者的关键就在于专业化，为特定的顾客群组提供产品和服务以更深入地满足其需求，并以此来收获溢价。

就拿网上书店来说，消费者如果要买主流的热销图书，一般都会去当当、卓越等大而全的网上书店购买，但是，还有一部分消费者是长尾理论中的长尾部分，他们对图书有着特殊的需求与爱好，比方说，有人需要国外的原版图书，有人想要买古籍古典，有人想要买某专业领域的专业图书，这些顾客群体虽然小众，但你的网站是面向全国甚至是全球的，那么，从这个大范围出发的话，顾客群将不是一个小数目。虽然这种高度专业化的网上书店销售额永远无法和当当、卓越相提并论，但是对一些个人网站或小书店来说，全国有几千或几万个人能成为你的顾客，这个效果就已经相当不错了。

其他的行业也是一样的，如果手中有着雄厚资本，那么跟处于行业领先地位的企业一较高低不是不可能，但如果只是小企业或者个人，那么，最稳妥的方法还是从长尾入手，找准自己的利基市场。

成功获得市场利基的关键是专业化

成功获得市场利基的关键是专业化。市场利基者可以扮演下面的这些专家角色：终端用户专家、垂直层次专家、顾客规模专家、特定顾客专家、地理区域专家、产品或产品线专家、产品特色专家、订单生产专家、性价比专家、服务专家、渠道专家，等等。

——科特勒《营销管理》

科特勒认为，经营利基市场，最关键之处就在于专业化。只有做到了专业化，才能在利基市场中建立起竞争优势和竞争壁垒，如果没有这种专业化的优势，那么，不管是行业内的领先企业，还是众多的中小企业，都可以进入这个利基市场，甚至经营得更好，这样一来，利基市场就不存在赢利空间和吸引力了。

科特勒为企业指出了 11 种专业化的方式，分别是：

1. 终端用户专家：公司专门为某一类型的终端用户群体服务。

举个例子，手机行业的竞争之激烈是显而易见的，这个市场渐渐被充分开发，潜在使用者数量萎缩，市场做起来也越来越艰难。但是，有一个名叫数字手机集团的新兴公司却成功地打入了少数几个还在高速增长的利基市场——它瞄准的是还没有手机的穷人。

例如，在当时的牙买加，只有4%的居民拥有手机，这片市场潜力巨大。在短短100天内，该集团就以低廉的电话价格和话费以及改进的电话服务吸引了近10万签约用户。到现在，牙买加人口的八成都成了该集团的客户。后来，数字手机集团继续在加勒比海岸的其他国家和地区开拓穷人这一块市场，从中获得了300万用户。这是一个典型的“终端用户专家”的案例，数字手机集团所选择的这些客户是同行的电信巨头所无暇顾及或者说不屑一顾的，而这恰恰给了该集团广阔的空间和丰厚的利润。

2. 垂直层次专家：公司专注于从产品到终端的这一整条价值链中的某一个垂直层次。例如，耐克公司就只抓核心的设计和营销环节，而生产则外包给劳动力低廉的地区工厂来完成。

3. 顾客规模专家：公司专门向小型、中型或大型规模的顾客群进行销售。很多市场利基者就专门为被大公司所忽视的一些小客户群体提供服务。

4. 特定顾客专家：公司只向少数几个顾客甚至只向一个顾客提供服务，也就是将全部的产出都销售给特定的几位顾客。

5. 地理区域专家：只在特定地点、地带或区域出售产品。

6. 产品或产品线专家：这是指公司只生产一种产品或者只经营一条产品线。比方说，格力就是以空调为核心产品的公司。

7. 产品特色专家：公司专门生产某种特定的产品或者具有某种特色的产品。比方说，由MSN中国原副总裁陈啸和淘宝网原总裁孙彤宇于2010年联合创立的优众网，就是一家只销售时尚奢侈品的购物网站，它定位于非常“小众”的800万家庭。

8. 订单生产专家：是指为个人客户提供定制化产品的公司。

9. 性价比专家：公司只经营市场中最高端或者最低端的产品，以优越的性价比为其竞争优势。在国内外，都能看到一些“一元店”、“两元店”、“十元店”等，它们走的就是性价比路线。

10. 服务专家：公司在服务上精益求精，远远赶超其他同类企业，或者能够提供一种或多种其他公司所不能提供的服务。比方说，海尔、海底捞、招商银行，等等，它们在各自的行业内都因为出色的服务水准而深受顾客喜爱推崇。

11. 渠道专家：是指公司专攻某一渠道，做好甚至垄断该渠道的分销服务。比方说，戴尔在个人电脑领域的异军突起就是因为开创了直销渠道模式。

市场处处存在机会，谁能发现它、利用它，谁就能取得进军市场的机会；谁能驾驭它、掌握它，谁才能真正占领市场。找到可行的利基市场只是第一步，在这个利基市场立稳脚跟、守住市场并赢得利润才是最根本的，而要做到这一点，市场利基者必须要在某方面或者某些方面成为独一无二的专家。

初入市场应选定一个利基市场而非整个市场

公司进入某市场应该首先将目标对准一个利基市场而非整个市场。

——科特勒《营销管理》

科特勒认为，企业在首次进入某市场时，应该先将目标定位为一个利基市场，而不是整个市场。利基市场对企业来说并不止一个，但需要企业一个一个去建立，去巩固。也就是说，企业进入某个市场，需要先确定一个利基市场作为着力点，而后再图扩张形成辐射面。

然而，很多企业在确定目标市场、设计产品的时候，总是希望自己的产品能够越多人使用越好，恨不得全世界人，不管肤色、不分国界、不论男女、不分老少，都能用上自己的产品，但真正能做到这一点的企业少之又少，甚至可以说是凤毛麟角。企业选择的市场范围越大，消费者群体越庞杂，进入市场的难度也就越大，成功机会也就越渺茫。

进入一个市场，最稳妥的方式就是先对准一个利基市场，将这个市场吃透了，然后再推进下一步。

在深圳高新科技园，有一家瀚宇药业，这家企业规模虽然不大，但是发展势头强劲，不容小觑。这家公司通过仿制药赚到一定资本后，开始研发自己的新药，因为只有创出了自己的产品才能构建起自身的核心竞争力。在选择研发方向时，瀚宇不贪多，而是全力瞄准了一个细小的市场——多肽药物。

所谓多肽药物，就是小于 100 个氨基酸构成的蛋白质，不是用酵母等生物方法生产，而是用化学方法合成。作为高端原料药，当时国内的多肽药物市场被欧美制药公司所垄断，全世界的多肽药物近 60 种，中国用的有 15 种，只有一个品种是欧美制药公司没有涉及的，瀚宇就选择了这个狭缝突破口。

做多肽药物，而且是从国内市场做起，翰宇的决策主要来自于四点判断：第一，公司具备研发出质量不弱于国外同类药物的资金、人才和能力；第二，多肽药物多为中高端用药，利润丰厚，且竞争相对并不激烈；第三，因为原材料昂贵、技术门槛高，相对其他仿制药在专利过期之后价格下降 70%，多肽药物只会下降 30%，时间、价位上的空间较大；第四，与欧美制药公司相比，翰宇有价格优势，并能凭借这种优势冲击外企原本垄断性的市场，夺取市场份额。

于是，翰宇从多肽药物开始发力，从第一款多肽药品推出开始，它就迅速占领市场，到目前为止，这家公司已经在多肽止血药市场占据了 60%以上的份额。

翰宇的发展经历表明，要在实力规模都非同一般的强大对手压制之下生存下来，补缺是一种很有效的策略。选择行业内的竞争者尚未开发的利基市场切入进去，不会引起竞争者的过早关注，能给自己留下发展壮大的时间和空间。

中国有句古话："贪多嚼不烂。"在刚进入一片陌生市场的时候，如果大张旗鼓地瞄着整个市场，或者同时锁定好几个利基市场的话，小企业会吃不消，很可能因为摊子铺得太大而导致各项资源的紧缺，最后不仅不能成事，还可能将企业拖入不能自拔的泥潭之中。

坚持利基战略不等于要坚守某个利基市场

公司应该"坚持它的市场利基战略"，但不必坚守它的某个利基市场。这就是多种市场利基战略比单一利基战略更可取的原因。在两个或者多个利基市场形成实力，公司就能提高存活的概率。

——科特勒《营销管理》

科特勒指出，企业坚持市场利基战略，并不代表要死守一个利基市场，相反，为了分散风险，也为了更好地存活与发展，企业应该采取多重市场利基战略，而不是单一利基战略。

当企业成功地切入了某个利基市场，也就是说找到了市场立足点之后，就要开始致力于扩大市场份额。企业要获得进一步的竞争力，应尽可能地扩展利基市场。扩展利基市场有两种思路：

其一就是“多种田”。

“多种田”指的是扩大销售区域，或者说开辟多个利基市场。农作物的产量跟播种的面积是有很大关系的。当企业的产品在利基市场被某一特定消费者群体所认可，证明它能满足目标消费者的特定需求，就可以扩大销售区域，让更多的消费者知道这个产品的存在和它的好处。多种田，哪怕暂时薄收，但多一个利基市场就多一线生机，还可以为日后的“大丰收”打下基础。

比方说，美国的生物尺度公司，一直专注于整形外科产品的研发、生产和销售。虽然公司强调主要目标是肌肉和骨骼产品市场，但从髋、膝替代产品到接合钉、螺丝钉，一切骨折病人所需要的外科产品，生物尺度公司几乎应有尽有，这就是一种“多种田”的策略。

其二就是“种好田”。

当一块土地的单位面积产量提升了，那么总产量也会得到提升，这是很明显的道理。企业如果能够在一个利基市场好好经营，做到数一数二，地位稳固，这样也是可以提升企业收益和生存能力的。“种好田”具体而言，就要经营好自己的消费者群，让消费者成为企业的忠诚顾客，不断地消费企业的产品，或者老顾客带来新顾客，使企业能在同一个顾客身上获得更多、更长远的利润。

就拿电子商务来说，现在越来越多的垂直电商向综合化平台发展，比方说，专做电子产品的京东商城现在开始卖图书；专卖图书的当当开始卖衣服、百货、食品等；专卖母婴用品的红孩子开始销售家电、美食、化妆品等；专卖衣服的凡客也开始卖家具，等等。以此为代表，越来越多的垂直电商走出自己的专营领域，开始向综合类电商转型。

而与此相对应的是麦包包、乐淘、玛萨玛索等电商，却坚持在自己的专业领域中深耕细作，别无旁骛，与综合平台化电商形成了对峙之势。

麦包包专注于B2C（商家对顾客）箱包细分领域。中国的箱包行业缺乏自己的领军品牌，而麦包包的愿景就是要让中国引领世界箱包时尚。

乐淘同样采取的是这种专精深的策略，它专心于鞋子领域，目前已经成了中国最大的网上鞋城。

玛萨玛索也是电商中的坚守者，它定位于国内中高端网购男装品牌，在男装市场立稳脚跟后，继而推出了700多款女装产品，进军全服装领域。玛萨玛索CEO孙弘认为，企业发展壮大的前提，一定是以精耕细作的产品为依托，否则品牌中会充满泡沫。他说，垂直电商发展到一定阶段，必然面临向综合性平台转型的诱惑，但是，他坚持，盲目扩大对自身长远发展并无益处，垂直才能精耕细作，做透做专，建立自己的核心竞争力。

孙弘认为，垂直类电商相对于综合电商来说，在产品的独特性和用户细分上具有明显优势，更能集中资源与力量在产品设计、商品丰富度和服务体验上深耕细作。而未来电子商务的竞争将是用户体验的竞争，这涵盖了产品、速度、服务等各个方面。垂直类电商因为专注于某一个细分市场，因此在用户体验和品牌建设上更有成效，虽然不能像综合类电商平台那样百花齐放，但市场利润空间与前景潜力并不逊于综合电商。

虽然麦包包、乐淘、玛萨玛索等电商坚持着垂直式经营，但我们也应该看到，它们选择的并不是一个狭小的利基市场，而是一个大的品类，这既能让它们有充分的发展空间，又不至于因为过度的多元化、综合化而导致企业摊子铺得太大，难以为继。

市场利基战略一般集中在一个狭小的市场上，因此当市场需求受到某种影响而改变，或面临竞争对手的强烈正面攻击时，企业的营收较易波动而导致利润突然下降甚至消失，为防止单一利基市场的枯竭，增加企业的生存机会，一旦有条件，企业应当注意发展多个利基市场，避免单一利基市场的风险。

利基市场会变弱，企业必须不断创造新利基

公司必须不断创造新的市场，因为利基市场可能会逐渐变弱。

——科特勒《营销管理》

科特勒提醒企业，利基市场因为受规模所限，它的吸引力和赢利空间是会逐渐变弱、变小的，所以，市场利基者要有充分的准备，要不断创造新的市场，而不能坐等利基市场枯竭。

市场利基者需要做好三件事：创造利基，扩大利基，还有保护利基。很大一部分的利基市场都会有开拓殆尽或者遭遇攻击的一天。当利基市场开始赚钱时，往往都会引起强大的竞争对手的注意，对手会来抢夺这个利基市场的胜利果实。如果不保护现有的利基市场，不创造新的利基市场，企业就很可能会陷入困境。要保护现有市场，创造新市场，企业需要注意以下几点：

一是树立差异化优势。

这里所说的差异化优势有两层基本含义，其一是“差异”，也就是与竞争者不同的、有差异的地方，这突出强调了企业的特色与个性，要求企业在产品质量、价格或者服务、促销等一切竞争手段上，选择其中的一项或几项，做到卓然不同于其他的竞争对手，这是企业寻求竞争优势，构造竞争堡垒的基础。二是“优势”，即不仅要与竞争者形成差异，而且还要使这种差异成为己方的竞争优势。这要求企业所选择的差异点一定是有竞争价值且有资源能力可以实现的。差异化是方法，而优势是最终的目的。有了这种差异化的优势，企业才能在利基市场独树一帜，争得牢固的市场地位。

二是以技术创新构筑竞争壁垒。

利基市场的容量通常是有限的，如果众多的竞争者看到该市场有利可图，一拥而入的话，那么，企业开拓出来的这片利基市场就失去了意义。所以说，企业在利基市场立足后的头等大事就是构筑竞争壁垒，而其中最重要的方法就是技术创新。以市场潜在需求为导向，针对目标市场顾客的利益关注点的变化，将技术创新紧贴市场需求，在顾客最重视的方面寻找质量改进的突破口。

丰田汽车进入美国市场时曾受到多方挑战：德国大众与丰田同属小型车，售后服务也不比丰田差；实力雄厚的通用汽车、福特汽车在本地政府的支持下也开始了小型车的开发；美日间的贸易摩擦，或多或少使得美国公众对本土品牌有了本能的偏爱，对外来的品牌有着隐约的敌视。

丰田为开拓并巩固市场，采取了“技术创新”战略，以新技术战胜对手。早在美国政府颁布限制汽车排放废气的《马斯基法》之前，丰田就已经将开发省油和净化技术列为自己的主攻方向和发展战略，在这些技术上不惜投入地进行研发。比如，为了研制废气再循环装置和催化剂转换器，丰田在 7 年时间共计投入了一千亿日元和一万人力，仅废气处理系统就开发出丰田催化方式、丰田稀薄燃烧方式、丰田触媒方式三种，并很快在“追击者”高级轿车中安装了这种装置。丰田在技术创新上的先发与投入，奠定了它在这一领域的领先地位，对其他的竞争者构建起了短期内较难跨越的竞争壁垒。

三是勇于向自己挑战。

经营利基市场，有这样的一条原则，那就是与其让竞争者来钻你的空子，不如自己钻自己的空子。利基市场总是客观存在的，没有饱和的市场，只有饱和的思想。如果深入地去研究、分析，企业就能发现，总有一些狭小的市场是竞争对手曾经涉足过，但后来因时机不成熟或培育市场的方法不对头等各种各样的原因，使得对手最终无功而返的。

与其固守一个利基市场等着竞争者的围攻，等着市场枯竭，倒不如以积极的进攻代替消极的防守，主动发现新的利基机会，并竭力去占领它。

第❼篇

产品、服务和创新：引领市场更得人心

第 1 章
产品是最关键的市场提供物

一个伟大品牌的核心是一个伟大的产品

一个伟大品牌的核心是一个伟大的产品。产品在市场供应中是一个关键因素。市场领先者通常出售能提供卓越顾客价值的高品质产品和服务。

——科特勒《营销管理》

科特勒认为，一个成功品牌的核心是伟大的产品或服务，再配以精心的规划、大量的长期承诺、富有创意的设计和营销执行。产品永远是企业与品牌的“基本功”。产品是品牌的载体，是品牌的一个基础元素，只有质量过硬、外观优美或能够完美地满足消费者需求的产品，才具备构建品牌的基础。

产品质量是一个综合性概念，其内涵极其丰富，它包括产品的性能、功能、寿命、安全性、可靠性、适用性、维修性、经济性和环境等多方面的内容。名牌产品的质量特点在于它除了满足这些质量要求外，还在此基础上从市场需求出发，进一步了解消费者对质量的实际需要，从而抓住重点进行突破，形成名牌产品的质量特色。因为对于不同的产品和产品质量的不同方面，消费者的需求是不相同的，往往有所侧重。名牌产品非常善于在消费者最注重的质量方面集中精力，下大力气，更充分地满足消费者需求。这是名牌产品拥有非凡的质量魅力的秘诀。

很多著名的品牌都有一个共同点，那就是对产品精益求精，致力于打造最优秀的产品。像蓝色巨人 IBM 公司，它是世界知名的跨国公司，其产品畅销全世界。该公司成功的秘诀就在于：它把追求尽善尽美、服务顾客、尊重个人作为公司的三大原则，几十年如一日，从不动摇。为了向这个目标努力，公司制订了“满意标准”，用以指导和衡量产品与服务的质量。还有德国的宝马轿车驰名世界，被视为身份和地位的一种象征，这种品牌效应的取得来自于该公司的宗旨：“力臻完善，永不罢休。”再比方说，苹果公司，它的产品之所以能让全世界的苹果“果粉”疯狂，与其在产品设计上所追求的极致完美是密不可分的。

产品是联系生产者与消费者、企业与客户的纽带。市场经济运作的实质就是产品及其价值在生产者与消费者、企业与顾客之间的循环。因此，开发和生产出色的产品成为企业最为重要的任务。如何更全面地认识和理解产品，进行更为科学合理地产品开发与营销，也成为提升企业竞争力、树立品牌的关键。

一个好产品的质量是经过多道工序、多个环节、众多员工共同努力形成的。从原料的选择、加工、制作到产品制成出厂，无不是精益求精的过程。只要其中稍有差错，企业辛辛苦苦打造的品牌和信誉就有顷刻间坍塌的危险。因此，企业要想创品牌，从创业之日起，就要树立起强烈的质量意识和明确的奋斗目标，有不创出品牌誓不罢休的雄心壮志。这是企业创品牌的先决条件。

好的产品人见人爱，它对消费者的吸引力来自其非凡的质量魅力。品牌产品追求的不应该是一般的质量，而应该是超群的、让用户无可挑剔的质量，是最高层次的质量。

营销是基于产品质量之上的活动

作为一个品牌，产品质量和道德是最为重要的因素，营销是基于产品质量之上的活动。然而，如果营销建立在劣质产品之上，其恶名也会被快速传播，这并不利于企业的发展，甚至会导致企业的死亡。

——科特勒 2011 年出席 GMC（环球制造商）制造商联盟活动时采访

科特勒到访中国与企业交流时曾经说过这样一番话："产品质量低劣的坏影响很多，甚至可以把行业拖垮，导致公众信心崩溃。在中国迅猛发展的电子商务行业中，企业的诚信问题尤为显著，甚至可以说，企业诚信和信用问题是制约电子商务持续发展的瓶颈。"事实上，产品质量问题、企业诚信和信用问题不仅是制约电子商务行业的瓶颈，而是制约所有行业和企业的一大瓶颈。

"营销是基于产品质量之上的活动"，对于企业来说，营销固然重要，却不是最关键的。再好的营销，要想取得预期的收益，都必须建立在过硬的产品质量上。如果没有值得信赖的品质，再好的营销方式推销手段，也会成为空谈。一个质量不过关的产品，可以蒙骗顾客于一时，却不可能永远蒙骗所有顾客，一个不被顾客看好、不被顾客信任的产品是没法在市场中立足的。所以说，产品品质才是最基础的，营销只是为更快获得利益、使产品更加畅销的一种附加手段，是建立在品质基础上的。

有的企业会说：我们有抓产品质量啊，我们把确保质量写进了企业战略，写进了企业制度，写进了广告宣传，打出了宣传口号……实际一点地说，这些都是流于形式、泛于表面的。产品质量不是说出来的，更不是吹出来的，关键是要坚持不懈地把质量安全贯彻到企业运营的全程，用实际行动，踏踏实实生产出高质量的产品。而且，产品质量的好坏，并不是由企业自己说了算的，而是由消费者用购买行为来投票的，消费者对产品质量的好坏有自己的判断，并由此决定是否购买该产品。所以，企业要想生产出高质量的产品，关键是要深入质量管理的核心，一步一个脚印，把质量作为生产、销售的头等大事、企业运营的源头和基础。

还有的企业寄希望于可以走捷径，“短平快”地打造出品牌，通过铺天盖地的广告宣传砸出品牌，这样做的确能在一段时间内提高知名度，但是，却难以保持下去。从来没有企业在缺乏稳定质量的条件下，能够在市场中建立起自己的品牌。凡事要逐本溯源，质量是根本，稳定的产品质量是营销的关键。

就拿国内的很多老字号来说，他们能够经受住市场考验，使得招牌能够数百年而不倒，与他们注重产品的质量是分不开的。比方说，我国著名的医药企业同仁堂，三百年来始终坚守“炮制虽繁必不敢省人工，品位虽贵必不敢减物力”的古训，从一个普通的药店发展成为我国最著名的医药企业之一，并已成为医药领域最负盛名的老字号。

品牌不可能一蹴而就，产品的卓越性能和超群出众的精细品质才能赢得消费者的认同。做营销、树品牌，都得从产品的品质开始，没有这个基础，品牌就是无源之水、无根之本。

服务是一种特殊的无形产品

一个公司提供的服务质量无时无刻不在受到检验。服务是一种特殊的无形产品，是企业取得竞争优势的主要手段之一。事实证明，消费者更喜欢从服务较好的企业购买产品。

——科特勒《科特勒市场营销教程》

科特勒指出，服务是一种特殊的产品。为了销售产品给顾客，使产品能满足顾客的需要，企业须提供给顾客若干支持性的服务。支持性的服务常根据顾客需要和竞争情境而定，比如，许多企业为顾客提供安装、维护、送货、信用、保证、训练等种种售前和售后服务，都可视为产品的支持性服务。

服务是产品最重要的组成部分之一，消费者买的不仅仅是产品实体部分。就像人们坐在任何一家麦当劳店里面，不仅仅是为了吃一个汉堡和喝一杯可乐。麦当劳凭借优质服务带来良好声誉和源源不断的客流，几十年来长盛不衰，这就是一个服务创造价值的明证。

好的服务是产品品牌一张绝佳的名片。很多企业认识到，虽然生产优质产品是企业的起码要求，但世界上没有十全十美的产品。由于设计、生产、运输、使用等方面因素的制约，任何一个产品都可能存在这样或那样的问题，有待于不断改进和完善，因此服务就显得十分必要。

服务包含的范围很广泛，主要可分为售前服务、售中服务、售后服务。很多人常把服务等同为售后服务，其实不然。销售的不同阶段有着不同特点，在不同的阶段需要做好不同特点的销售服务。

1. 售前服务。这是指通过研究消费者心理，在顾客购买产品之前为顾客提供的各种服务。常见的售前服务有提供产品信息、提供导购服务、帮助顾客进行购买分析和权衡利弊等。售前服务的目的在于方便顾客，激发顾客的购买欲望，强化顾客的购买动机。

2. 售中服务。这是指从与顾客洽谈生意、签订购销合同，到产品发运、货款结算完毕为止全过程的服务。售中服务包括接待顾客时礼貌热情，洽谈和签订合同时真诚坦率和认真负责，产品出库时认真进行质量检验，产品发运时做到准确、齐全等。售中服务的目的在于影响顾客的购买心理感受，增强顾客的信赖感，促进成交。

3. 售后服务。这是在产品销售以后，根据顾客要求继续提供的各种服务。售后服务已经成为产品的延伸，被看做产品的组成部分。常见的售后服务包括送货上门，产品的安装、调试和指导使用方法，产品的退换和维修，零配件的供应等。售后服务的目的在于保证顾客所购商品使用价值的充分发挥，解除顾客购买产品的后顾之忧，提高顾客的满意程度，以促进顾客重复购买。

可以说，服务贯穿于企业与顾客联系过程的始终，任何一个环节的疏漏与不足，都可能会给顾客留下负面的印象，影响到企业与顾客之间的关系。而反过来，优质的服务也能够吸引顾客、留住顾客，这些忠诚的客户将成为企业未来销售收入的丰沛来源。优质服务所节省的最大成本，就是为挽回那些不满意的老客户所需投入的成本，这也就是优质服务的“节流”效应。

当一个企业的市场占有率达到一定程度时，优秀的服务就胜过营销的运作了。产品竞争的实质最终将变成服务的竞争。顾客在购买产品时，无法从表面来判断产品的质量和性能，但是却可以真切地感受到服务质量的优劣，所以，服务在很大程度上影响顾客的决策。科特勒提醒企业，应该把扶持产品的服务当作是取得竞争优势的主要手段，消费者更喜欢向服务较好的企业购买产品。

产品层次与顾客价值层级

在规划产品时，营销人员需要考虑五个产品层次——核心利益、基本产品、期望产品、附加产品、潜在产品。每个层次都增加了更多的顾客价值。这五个产品层次构成了顾客价值层级。

——科特勒《营销管理》

科特勒指出，产品不仅仅是一件简单的商品，营销人员需要从五个层次去审视产品的概念。

产品最基本的层次是核心利益，也就是顾客真正购买的基本服务或利益。顾客真正想要购买的是什么？他们购买的绝不是某种产品的各种构成材料，而是为了满足某种特定的需求。比方说，人们买食物，并不是为了食物本身，而是为了填饱肚子，或者享受美食；人们买汽车，不是为了汽车本身，而是为了在交通上更加方便快捷自由一些，或者说是为了体现出身份与地位的需要。营销人员在与顾客沟通的时候，产品的核心利益是沟通的重点。

产品的第二个层次是基本产品，也就是产品的基本形式。营销人员必须把能满足消费者需求的核心利益转化为实际产品。产品形式一般通过质量水平、产品特色、款式、包装和商标五个特征表现出来。如麦当劳针对顾客“填饱肚子”这一需求，做出了汉堡、可乐、鸡块等饮食产品，这些就是围绕核心利益所转化出来的实际“产品”。

产品的第三个层次是期望产品，也就是购买者在购买产品时期望获得的一组属性或条件。同样以麦当劳为例，除了为顾客提供饮食，麦当劳更是致力于为顾客创造更加愉悦的就餐环境，因此，在店里顾客还能用到舒适的座椅，干净的卫生间、洗手池，还有轻快的音乐、热情的服务，等等。

产品的第四个层次是附加产品，这是在基本产品的基础之上增加的服务和利益。对现代企业来说，竞争更多发生在产品的附加层次，这是因为对于产品的前三个层次，很多企业都可以很好地达成，而产品的附加层次具有更高的价值。产品的附加层次使得营销人员必须正视用户在获得、使用、修理和处理产品等方面存在的问题和要求。还是以麦当劳为例，在其餐厅中设立的儿童乐园、顾客生日时送上的特别小礼物等，这些附加的产品和服务能够增加顾客对品牌的好感，进而吸引更多的顾客。

附加产品包括了各种售后服务，如提供产品使用说明书、保证、安装、维修、送货、技术培训等。在日益激烈的竞争环境下，通过附加产品给顾客带来附加利益，已成为竞争的重要手段之一。企业需要在包装、服务、广告、顾客咨询、资金融通、运输、仓储等附加产品上增加自己的竞争力，能够正确发展附加产品的企业更有可能在竞争中获胜。

产品的第五个层次就是潜在产品，即该产品最终可能会实现的全部附加部分和将来可以转换的部分。企业从这个层面寻找新的方式，来更好地满足顾客需求。比方说，电视机可发展为录放映机或者电脑终端机等。

这五个层次的每个层次都增加了更多的价值，对顾客也更具吸引力。随着生活水平的提高、消费的升级，过去的消费者购买产品看重的是它的核心利益和基本产品，但现在的消费者已不仅仅满足于产品质量、款式等，他们更看重使用产品所带来的愉悦心情。不难预见，产品概念的这种外延趋势还会随着社会进步、消费需求的发展而进一步扩展，企业营销的重点也应由内层转向外层，企业所提供的期望产品、附件产品、潜在产品在市场竞争中的地位将越来越重要。

企业的三种基本的产品策略

企业有三种可能的策略：提供一种产品给所有人（无差异化营销），提供不同的产品给不同的市场细分（差异化营销），专门为一个市场细分提供产品（聚焦营销）。

——科特勒《科特勒说》

科特勒指出，企业可以在无差异化的产品营销、差异化的产品营销和聚焦的产品营销三种基本的产品策略中选择最适合自己的一种模式。

在采用无差异化的产品营销时，企业通常不需考虑细分市场之间的区别，用一种产品来满足整个市场，来吸引最大多数的购买者。这种模式可以凭借广泛的销售渠道和大规模的广告宣传，在消费者的心中为该产品树立一个超级印象。这样做的好处在于，它易于实现标准化的大量生产和大量分销，它可以大幅地降低成本费用，这可以说是其最大的优点。标准化和大批量的生产以及专注于单一产品的广告营销，这都能为企业节省大量的费用，尤其是在实现了规模效应之后，更能显出成本优势。

无差异化的产品营销也会有局限性，最为突出的就是在这样一个消费者需求多样化、个性化的时代，用一个产品去满足所有人，已经变得非常困难，而且，这种模式缺乏强有力的竞争力，很容易被竞争者模仿，当竞争者创造出更有特色和价值的产品与服务时，企业很可能会一败涂地。

在采取差异化的产品营销时，企业需要经营几个细分市场，并为每个细分市场设计不同的产品，比方说，雅诗兰黛就针对顾客的不同品味以及年龄来推出差异化的产品：原有的旗舰品牌雅诗兰黛针对的是年龄较长而且具有一定经济实力的顾客，倩碧针对的是中年女性的需求，而 M. A. C 主要迎合的是年轻人。此外，品木宣言针对的是追求天然成分化妆品的消费者。

通过这种差异化的模式，企业以不同的服务产品、不同的营销策略在不同的细分市场满足不同的消费群体。与无差异化不同的是，差异化能够更好地满足多样化的消费者需求，增强消费者对于企业的满意感和信任感，吸引重复购买，培养更多的品牌忠诚消费者。差异化的产品营销还可以分散企业的经营风险，有利于扩大企业的销售额。当然，走差异化路线，投入也是比较大的，从市场调研、产品研发、上市推广到营销宣传，等等，都需要资金支持，所以，这种模式比较适合具备一定规模实力的企业。

聚焦营销，是指企业为某个细分市场，专门设计出独特的产品，凭借独特的品牌定位，以聚焦的形式进行统一的、整合的市场推广和宣传，不断地反复强调，打动和影响消费者，并在他们的心智中抢占一个独特的位置，最终成为这类产品之中的领导品牌。像格力，几十年来，只做一件事，那就是做空调，做好空调。这种聚焦使得格力成为这个领域最有竞争力的王者品牌。

对企业来说，没有最佳的策略，只有最适合的策略。无差异化的产品营销、差异化的产品营销和聚焦的产品营销，这三者各有利弊，企业应该根据自己的定位、目标市场以及目标消费群体的特征，还有产品的特点，来选择最适合的产品营销策略。

第 2 章

每个产品都有其生命周期

产品生命周期可以分为四个不同的阶段

大部分产品的生命周期曲线都呈钟形，这种曲线将其典型地分为四个阶段：导入期、成长期、成熟期和衰退期。产品生命周期的每个阶段要求不同的营销战略。

——科特勒《营销管理》

每一种产品进入市场后，它的销售量和利润都会随时间推移而改变，呈现一个由少到多、由多到少的过程，就如同人有“生老病死”一样，由诞生、成长到成熟，最终走向衰亡，这就是产品的生命周期现象。按科特勒的说法就是“产品销售和利润在整个产品生命期间的变化过程”。产品的生命周期可以分为导入期、成长期、成熟期和衰退期。

产品的生命是有限的，企业在不同的阶段都会面临不同的挑战，产品的利润有上升的时候，也会有滑落的时候，企业需要运用产品生命周期概念，设计出不同生命周期阶段不同的营销、财务、制造、采购与人力资源等策略。

具体来说，产品生命周期的四个阶段分别具有下面的特征：

1. 导入期：产品刚进入市场，销售额增长较慢，产品投入相当大，因此，在这一阶段，企业几乎可以说毫无赢利可言。

导入期是新产品上市之后的最初销售时期，通常只有少数创新者和早期采用者会尝试购买产品。销量小，促销费用和制造成本却比较高，因为前景尚不明朗，竞争也就不是非常激烈。这一阶段企业营销策略的思路是，把销售力量直接投向最有可能的购买者，让这些具有领袖作用的消费者来帮助企业扩大新产品的影响力，缩短导入期的时间。

2. 成长期：产品逐渐为市场和消费者所接受，销量开始攀升，利润也比较可观。

成长期的产品，性能基本稳定，且已经有了较为广泛的消费者认知，销量快速增长的同时，竞争者也不断涌入，市场竞争激烈。企业要维持产品的成长，就必须做出多方面努力，如改进和完善产品、寻求新的细分市场、改变广告宣传的重点、适时采取促销策略等。

3. 成熟期：产品销售额的增长速度放缓，目标消费群体大都已经接受了产品，而市场竞争也更加激烈，企业的销售利润保持平稳或者下降。

在产品成熟期，企业的营销策略应该是主动出击，尽量延长成熟期，具体来说，可以进行市场改良，也就是开发产品的新用途或者寻找新用户来扩大产品市场；可以进行产品改良，通过提高产品质量，增加功能，改进款式、包装，提供新的服务等方式来吸引消费者。

4. 衰退期：产品经过极盛时期后，开始由盛转衰，产品销量下降，利润大幅减少。在严重的情况下，产品甚至会被淘汰，退出市场。

当产品进入衰退期后，是取是舍，是维持，是转移，是收缩，还是放弃，企业必须当机立断，不然的话，衰退的产品会成为企业很大的一个负累。

需要注意的是，并不是所有的产品都会遵循这样的生命周期。有的产品进入市场不久就“水土不服”立刻消失了；有的产品能持续保持成熟期的状态；有的产品进入衰退期后，由于企业采取了得力的营销举措，又回到了成长阶段；还有的产品展现出了“基业长青”的生命力，比方说可口可乐、美国运通、富国银行等等，历经百年，它们仍在各自领域保持强劲势头。

所以说，企业需要掌握产品的生命周期，但又不能死板地被产品生命周期牵着走，比方说，当产品销量由盛而衰，变得很不景气时，有的企业会认为产品已到衰退期，就贸然地将产品放弃，这种“营销近视”很可能会让企业错失一个仍存在市场价值的好产品。产品步入衰退期，并不代表无法再生，如果采取合适的改进策略，企业很可能再创产品新的生命周期。

导入期：开拓者的优势和风险

开拓者优势何在呢？如果产品能够令人满意的话，那么早期用户就会记住开拓者的品牌名称。借由追求多样化的战略，警觉的开拓者能够永久性地保持它的领导地位。导入期开拓者的风险则在于要谨防后来的进入者超过自己。先行者也要提防所谓的“第二波进入者优势”。

——科特勒《营销管理》

新产品一经推出，导入期便开始了，科特勒认为，企业在导入期要有一定的耐心，这个阶段需要花费一些时间，销售增长也比较缓慢。现在一些知名度极高的产品，像速溶咖啡、速冻产品甚至是汽车，在进入快速成长阶段之前，都经历了很多年的“慢生长”。

在产品的导入期，由于新产品刚刚投放市场，企业存在两方面的困难。一方面，消费者与经销商对新产品不了解、不信任，存有戒备心理。只有少数追求新奇的顾客可能购买，销售量很低。为了扩展销路，企业需要大量的促销费用，对产品进行宣传。另一方面，这个时期的新产品生产无论是所使用的设备、工艺，还是工人操作技术的熟练程度与规范，都还未定型，存在着许多问题。此时的产品质量不稳定，成本偏高。这也反过来增加了消费者与经销商对新产品的不信任。总之，在导入阶段，企业可能面临较大的阻力。许多新产品在这一阶段夭折了。

将一个新产品导入一个新市场的企业，担当的是一个开拓者的角色，如果企业能够让这个产品站稳脚跟，那么，就能形成先入者优势，如规模经济、技术领导地位、专利、稀缺资源的所有权，以及其他进入壁垒等等，如果企业一开始就采取了正确的策略，就有可能抓住时机建立并保持市场领先地位。

然而，开拓者并非总能占据优势、守住市场，后进者超越开拓者的例子比比皆是，例如，掌上计算器的开拓者是 Bowmar，掌上电脑的开拓者是苹果 Newton，网页浏览器的开拓者是网景，便携式计算机的开拓者是 Osborne……可是到现在，还有多少人记得这些曾经风行的企业和品牌？他们都被后来者所超越，所湮没。

有专家曾经深入研究了后进者超越开拓者的 20 多个产业，研究发现开拓者的失败是因为其存在的很多缺点，主要有：新产品过于粗糙；产品定位不准；或者入市时机过早，强劲需求尚未迸发；产品开发及推广成本耗尽了开拓者的资源；遭遇实力强悍的大企业的追赶；管理不善等等。当开拓者暴露弱点的时候，成功的后进者就可以以更低的价格、更优秀的产品、更蛮横的市场力取代开拓者的位置。

所以说，新产品的导入是典型的“第一个吃螃蟹”的行为，风险与利益共存，企业应努力做到：投入市场的新产品要有针对性；进入市场的时机要选准；将销售力量和资源集中投向最有可能的购买者，促使市场尽快接受产品，以缩短导入期，加快进入成长期。此外，在开拓市场的同时，企业应积极地构建竞争壁垒，防止后来者居上，抢夺市场。

成长期：在高市场份额和高当前利润之间取舍

成长期的特征就是销售额迅速攀升。早期采用者喜欢这个产品，其他消费者则开始购买它。受这种良机所吸引，新的竞争者进入。他们推出新的产品特色，并扩展分销渠道。一家处于成长阶段的公司面临高市场份额和高当前利润的权衡取舍问题。

——科特勒《营销管理》

新产品如果能够很好地满足市场需求，就将进入成长期。新产品经过市场导入期以后，消费者对该产品已经熟悉，消费习惯也已经形成，销售量迅速增长，这些特征都说明产品已经进入了成长期。

进入成长期的产品，开始积累了一些重复购买的老顾客，并且也有了越来越多的新顾客。产品在这一时期销售量激增，企业利润迅速提升。随着销售量的增大，企业生产规模也逐步扩大，产品成本逐步降低，新的竞争者会投入竞争。

成长期是赢利的良好阶段。由于市场需求上升，竞争者还不多，企业可维持一个相对较高的价格和利润，成长期的价格通常较高，销量较大，平均利润水平应高于导入期、衰退期，甚至成熟期。

在成长阶段，企业应注重定价策略和定价技巧的运用。比如，在导入期实行高价策略的产品，这时可适当降价，以吸引潜在的消费者；或是在导入期实行低价策略的产品，如果知名度提高了，可以把价格提起来，获得较高的单位产品利润。

在产品成长期，企业营销策略的核心是尽可能延长产品的增长期。具体说来，可以采取以下营销策略：

一是狠抓产品质量，在“好”字上下工夫，完善质量保证体系，并以良好的包装装潢与完善的服务与之配合，争创优质名牌产品，使产品更具竞争力，以满足顾客更广泛的需求，巩固自己的顾客群体。

二是进一步寻找新的细分市场，扩大销售网点，渗透市场，开拓市场，适应广大顾客的需要，增加销售量。

三是加强广告宣传，广告宣传的重心应从介绍产品转向树立产品形象，进一步扩大产品知名度，争创名牌，加强销售服务。

四是适时降价，降价策略可以激发那些因为对价格敏感而采取观望态度的消费者，促使他们采取购买行动。

企业采用这些市场扩张策略，可以增强产品的竞争能力，但也会相应地加大营销成本。因此，在这一阶段，企业面临着“高市场占有率”或“高利润率”的选择。一般来说，实施市场扩张策略会减少眼前利润，但加强了企业的市场地位和竞争能力，有利于维持和扩大企业的市场占有率，从长期利润观点来看，将更有利于企业的发展。

成熟期：良好的进攻才是最好的防守

在某个点上，销售额成长率会减缓，产品则进入一个相对成熟的阶段。这个阶段通常比前一阶段持续时间更长，对营销管理也提出更大的挑战。营销人员不应仅仅随遇而安地听之任之或者一味保护其成熟产品——良好的进攻才是最好的防守。他们应当考虑调整市场、改进产品以及调整市场营销组合。大部分产品都是处于其生命周期中的成熟阶段。

——科特勒《营销管理》

科特勒认为，市场上大多数的产品其实都处在生命周期的成熟阶段，成熟期又可以进一步细分为三个阶段，分别是成长、稳定和衰退成熟。

在第一个阶段，销售额以及利润率都出现下滑，新的竞争力量出现；第二个阶段，市场饱和，大部分消费者已经试过该产品，产品未来销量如何在很大程度上受制于人口增长和替代需求；第三个阶段，销售状况明显恶劣化，顾客开始转向其他的产品，这个阶段企业将面临最大的生死挑战，市场开始洗牌，实力薄弱的竞争者不得不退出，行业最终会由竞争中胜出的少数几家巨头主宰，它们可能是质量领先者，也可能是服务领先者或者成本领先者。企业在产品成熟期最主要的任务就是努力成为这几大巨头之一。

良好的进攻才是最好的防守。在成熟期，企业如果无所作为，那么，产品就很难刹住衰退的趋势。销售增长的放缓会导致整个行业的生产能力过剩，这又会直接加剧竞争。竞争者纷纷谋求出路，或者降低产品价格，或者扩大广告和促销投入，或者增加研发预算，以试图进一步改进该产品。而这些举措都意味着利润的减少。在这种激烈的竞争中，弱势的企业会很快出局。所以，企业为了生存，必须要组织良好的进攻。企业可以通过调整市场、调整产品和调整营销组合的策略，使成熟期延长，或使产品生命周期出现再循环。

第一，调整市场。这种策略不是要改变产品本身，而是发现产品的新用途或改变推销方式等，以使产品销售量得以扩大。

举个例子，有一家生产保鲜膜的企业，为了扩展产品的新用途，它专门设立了一个网站，网站主题就是“1000种用途，哪一种适合你?”该企业吸引并鼓励用户在网站上来发表各种与保鲜膜使用相关的奇思妙想，并进行交流和分享。通过这一活动，该企业发现，消费者的创意让他们惊喜不已，在消费者手中，保鲜膜不仅仅用来覆盖食物，有人用保鲜膜来保护电脑键盘不进灰尘，或者铺在户外的长凳上，或者用于园艺中……经过这样一番营销互动之后，该企业的保鲜膜不仅拓展了新用途，更吸引了大批新顾客。

第二，调整产品。这种策略是以产品自身的改变来满足顾客的不同需要，吸引有不同需求的顾客。整体产品概念的任何一层次的改进都可视为产品再推出。比方说，麦当劳就曾经一改传统薯条的样子，推出了扭扭薯条，这一改变，给顾客以新鲜感，吸引了众多顾客来尝鲜。

第三，调整营销组合。即通过对产品、定价、渠道、促销四个市场营销组合因素加以综合改革，刺激销售量的回升。比如提高产品质量、改变产品性能、增加产品花色品种的同时，通过特价、早期购买折扣、补贴运费、延期付款等方法来降价让利；扩大分销渠道，广设销售网点，调整广告媒体组合，变换广告时间和频率，增加人员推销，加强公共关系等，多管齐下，进行市场渗透，扩大影响，争取更多的顾客。

通过这些调整、改进和提升，企业能增强产品在市场中的竞争力和适应力，能更好地融入市场，从而让产品可以保持持续、旺盛的生命力。

衰退期：保留，调整，或者放弃

大多数产品形式和品牌的销售最终都会走向衰退。这种衰退也许很缓慢，也许很迅速。销售甚至可能下降为零，也可能在一个低水平上维持很多年。这就是衰退期。

——科特勒《市场营销原理》

科特勒认为，大多数的产品与品牌最终都会走向衰退。引发这种衰退的原因很多，比方说技术进步、消费者口味变化，还有竞争日益加剧等等。竞争的加剧、利润的衰减，使得大批企业退出市场，留存下来的企业会通过减少产品供应、放弃一些细分市场、砍掉赢利不佳的渠道、削减预算、降低价格等方式来自保。

维持一个衰退的产品并不是一件容易的事，它需要企业付出很大的代价，不仅要牺牲利润，还要担起很多隐性成本。如果企业将这些资源抽出来用于“健康”的产品或者新产品的话，可能会有更大的收获。产品的衰败会动摇消费者对企业的信心，更严重的是，如果始终坚持一个没有前景的衰退期产品，会延误企业寻找替代产品、新产品的工作，会削弱企业未来发展的基础。

产品的生命周期取决于市场，而不是取决于产品本身的品质。如果市场已经不需要某种产品，那么即使它是刚刚生产出来的，即使它的品质十分优良，它也已经没有生命了。举个简单的例子，现在的都市，奔跑着的是汽车，如果你生产的是马车，在都市就必然没有生命力，哪怕你的马车非常漂亮、质量非常过硬。因此，企业必须对进入衰退阶段的产品作出合理的决策。

企业在处理衰退期产品时，主要面临着三大决策任务，即确定处在衰退期的产品，然后决定是维持、收回还是放弃这些产品。

首先，企业要确定衰退期产品。确认产品是否进入衰退阶段，要认真地进行市场调查，注意可能存在的一些假象，正确判断产品是否进入衰退期。

其次，企业要确定衰退期产品的策略。有的企业希望竞争对手主动退出该行业，而自己则继续维持该产品，这时企业可采取三种策略。

一是连续策略。连续沿用过去同样的市场、渠道、价格和促销活动，把销售维持在一个低水平上，使产品自行衰退，直至自动结束。

二是集中策略。将原来投入的资源集中于一些最有利的细分市场和分销渠道中，缩短经营战线，以便在最有利的市场上获得尽可能多的利润。

三是榨取策略。大幅度地降低营销费用，以增加眼前利润。这样做也就加速了产品的衰退进程。

最后是经过再三权衡之后作出是否放弃的决策。有的企业决定从产品系列中放弃该产品，这时它面临着进一步的决策，要决定是把产品出售还是转让给别人或者完全抛弃，要决定是迅速还是缓慢地放弃该产品，要决定为从前的顾客保留多少零部件的库存和维修服务，要决定是否做广告以通知顾客。

总的来说，企业必须通过定期审查产品的销售、市场份额、成本和利润走势，及时地识别出那些处于衰退阶段的产品。然后，企业必须根据实际情况，作出维持、收回或放弃某一衰退产品的决定。

企业的定位和差异化战略要依循生命周期变化

一家公司的定位和差异化战略应该在产品生命周期中随产品、市场以及竞争者的变化而变化。

——科特勒《营销管理》

科特勒指出，每一种产品都会经历一定的生命周期，产生、成长、成熟，继而随着另一种能为消费者创造更多价值的产品而走向衰退。这样的生命周期给企业带来了两大挑战，其一，由于产品最终会走向衰退，企业必须努力地开发新产品去替代过时的产品；其二，企业必须在产品所处的不同的生命周期阶段，根据消费者需求的变化、技术的革新以及竞争的环境来调整企业的营销战略。

产品生命周期的存在，意味着企业必须不断地创新和规避风险。无论目前的产品线多么成功，为了持续的成功，企业必须熟练地管理现有产品的生命周期。同时为了成长，企业必须开发能够给顾客带来新价值的、稳定的新产品。

我们可以看一个“无声小狗”皮鞋的案例。

美国澳尔·费林有限公司，曾是一个皮革、皮鞋的供应商，后来通过开发猪皮来制作鞋子。猪皮制作的鞋穿起来比较舒服，并且防汗、耐潮，不易变质，更重要的是猪皮资源充足。所以费林公司凭借已有制作各种皮革的经验，率先采用猪皮来制鞋。他们生产的男式便鞋，向农村和小镇试销，非常成功。

为了树立品牌，公司给鞋子起名为“无声小狗”，意指此鞋穿上去十分轻便，走起路来没有任何声响。同时，该公司还设计了一个长着忧郁的眼睛、耷拉着耳朵的矮脚猎狗作为广告标志。从此，这一新产品诞生了。

一般来说，产品在投入期遇到的困难是知名度不高，市场占有率和销售增长率都很低。“无声小狗”也遇到了这一困难，同时，它还面临着目标市场和渠道转变的困难，因为该公司原来的产品主要是马皮鞋，卖给农民，鞋子的特点是结实、抗酸。现在“无声小狗”则强调舒适，消费对象是城市和郊区农民，因而原有的销售点、销售网及推销员都不能适应这种文化。

对此，费林公司采取了正确的促销策略。首先，它加强了广告宣传。将广告刊登在发往35个城市的《本周》杂志上，并通知销售经理：如果6周内能在35个城市设立600个新零售点，公司即批准拿出销售额的17%用作其广告预算。从打开销路到成为名牌，“无声小狗”用了3年时间。在这3年中，公司的广告费用剧增，平均广告费用为销售额的7%，终于将“无声小狗”打造成了家喻户晓的名牌。

出名的“无声小狗”开始供不应求了，费林公司对产品进行了提价，又新开发了儿童的各式便鞋，同时确定了重点经销商。尽管提了价，可公司产品依然供不应求，工人一天三班倒着干活，采购人员忙着采购更多的原材料。

这样的热销持续了三四年时间，销售额的增长率趋缓，产品开始跨入成熟期，公司和广告商开始较详细地调查消费者购买“无声小狗”便鞋的资料。通过调查，他们发现有61%的成年人知晓“无声小狗”便鞋，但只有10%的成年人购买过。买主的平均收入较高，也有较高的文化水平。购买者很多都是专业人员或技术工人，购买的主要原因是由于“无声小狗”穿起来舒服、轻便和耐穿。

于是，针对消费对象，公司采取了以下策略：第一，继续扩大广告范围。在多种报纸杂志上大力宣传，将影响进一步扩大到新的目标市场。第二，强调“无声小狗”鞋的特点是舒适，打出“穿上无声小狗便鞋，使人行道变得更柔软”的宣传主题口号。第三，继续拓展销售渠道，发展新的零售点。它开拓了1.5万个零售点，主要是鞋店和百货公司，同时还使一些实力非常强的竞争对手也成了费林公司的最大买主，“无声小狗”便鞋通过它们的零售店出售。

在这一阶段后期，由于成本提高，产品价格又上涨了两美元，但由于鞋子的质量好，比竞争对手的成本低，总销售量仍然上升，“无声小狗”的售卖和利润都达到了巅峰阶段。

然而，随着竞争的加剧，还有原料成本上涨，更重要的是消费者很少重新购买，该公司的鞋子质量很好，不易穿坏，因而影响了再次购买率。

该公司的经理们为销量的下降伤透了脑筋，他们仍认为“无声小狗”便鞋的特点似乎应该是舒适，根据以前的促销经验，他们对重新唤起人们的购买热潮仍有信心，但采用什么样的广告形式还得考虑，有一点是肯定的，即产品款式是一定要更新了。费林经营者认识到，应该开发新的品种了，也许是“无声大狗”也许是“有声哈狗”，不过有一点是肯定的，原有的“无声小狗”已经退出历史舞台了。就这样，费林人一步一个脚印，在“无声小狗”成长、成熟和衰退的过程中，赚足了该赚的钱。

产品投入期，“无声小狗”通过广告宣传，提高产品的知名度，打开销路；产品成长期，它通过广大产品线推出女鞋、儿童鞋，而且扩大广告范围使“无声小狗”成为美国名牌；产品成熟期，“无声小狗”又增加电视广告，增加零售网点，使它虽然成本增大、价格上涨仍然利润很高；产品衰退期，无能为力，只好放弃，这也是一个很好的策略。费林正是按照产品生命周期各个阶段采取了不同策略，最终实现了可观的利润。

产品的生命周期取决于市场，而不是取决于产品本身的品质。如果市场已经不需要某种产品，即使它是刚刚生产出来的，即使它的品质十分优良，它也没有生命力了。

在许多高潜力的成熟市场，老产品仍会有潜力

一些公司摈弃衰弱的产品，专注于更多赢利的和新的产品。然而，它们可能忽视了在许多高潜力的成熟市场，老产品仍有潜力。许多垂死的品牌都是通过营销想象力的运用获得了销售额的复兴。

——科特勒《营销管理》

科特勒强调，营销人员不能盲目地按照产品生命周期传统的各个阶段来经营产品。很多营销人员习惯于本能地遵循旧的生命周期模式让产品沿着曲线到达成熟和衰退阶段。而与此相反的是，一些具有创新精神和变革勇气的营销人员，却会尝试去打破生命周期规则，在产品成熟期去挽救成品，使之重回成长阶段。他们还能越过重重障碍，将新产品迅速地由导入期推向成长期。

无论是品牌，还是产品，都会有老化的一天，也会有萧条和被淘汰的时刻。一旦维护方法不当，它们就很难起死回生。如果在合适的时间运用了合适的方法，老产品也完全可以“老树发新芽”，实现复苏。

的确，一个逐渐衰落的产品，不是那么容易起死回生的，但它仍然存在着投资价值。在长时间历史的锤炼过程中，老产品形成了相当成熟和完善的产品制造工艺，产品本身的质量为消费者所信赖，品牌所承载的历史和文化内涵在消费者的口碑宣传中也累积形成了巨大的能量。企业需要有效地引爆这些能量，才能实现老产品、老品牌的复苏与复兴。有的时候，投资一个日渐衰落的老产品，甚至要比重新创立新品牌、开发新产品要有前途。

要实现老产品的复苏，企业需要注意这样几点：

第一，理清优势，清除产品复苏的阻力。

老产品以全新姿态进入市场，会遭遇到来自竞争品牌、渠道和消费者认知等多方

面的阻力。但是老产品在过去的经营过程中所累积起来的成功经验以及在消费者头脑中留下的良好印象也是那些刚进入或即将进入的新产品所无法比肩的。企业首先就要理清楚老产品的这些优势以及可能遇到的阻力。

第二，正视竞争环境，摆对自身位置。

对于许多老产品而言，即便是“老名牌”，虽然曾经风光无限，但毕竟时过境迁，在市场上的表现大不如前，而且市场环境也发生了很大的变化，所以老产品的复兴是任重道远的。企业要正视竞争环境，摆对自身位置，通过生产、技术、供应、财务、行政、营销等部门的通力合作来改变产品的生命周期轨道。

第三，新老产品的相辅相成。

老产品总会存在一定的局限与缺陷，而消费者却需要有新鲜的产品进入他们的生活。所以，在老产品的照应下，企业应及时开发新产品，用新产品来拱卫并带动老产品。这对于产品复苏以及防止品牌形象老化能起到至关重要的作用。

第四，重振老品牌的市场优势。

很多情况下，企业之所以要坚守一个日趋没落的老产品，而不是另起炉灶，其中很大的一个原因就是想利用老品牌的“余热”。老产品的渠道通达力较强，具备一定的消费者基础和市场基础，而且，在老产品的背后，往往还有一支熟稔的技术、研发、生产、营销人员队伍，他们对老产品有很深感情，而这些都是老产品“翻本”的资本。

第五，采取创新的宣传推广模式。

老产品复苏行动需要根据企业的实际情况采用不同的营销策略，要以创新的宣传推广来形成视觉、感觉上的冲击，给消费者带来全新的感受。老产品的亮相频率增加，可以造成一种有如“王者归来”一般的气势，唤醒老品牌在消费者心目中曾经的记忆，从而树立起鲜活的形象。

如何改变品牌进程

管理层在推出新产品后，总希望它能够经历一个较长且顺利的生命周期。虽然企业不指望产品能够永久地待在市场上，但还是期望它能够补偿为开发和推广所付出的努力和所经历的风险，并获得合理利润。改变品牌进程的三种潜在有用的方法是市场、产品和营销方案的调整。

——科特勒《市场营销原理》

科特勒认为，企业改变品牌进程，延续产品的生命力，可以从市场、产品和营销方案三个方面进行调整。

第一，市场调整。

产品的销售量=品牌用户数量×每个用户的使用率，所以，公司可以通过作用于两大因素，为成熟的产品扩展市场。

一种方法是扩展品牌用户的数量：可以将非用户转化为准用户，也就是搜寻新用户，吸引潜在客户来消费；也可以进入新的细分市场；还可以吸引竞争者的顾客。

另一种方法是提高用户的使用率：让用户在更多场合使用产品，让用户在每个场合下使用更多的产品，让用户以更多的方式使用产品。

第二，产品调整。

企业可以进行产品质量改良、特色改进和风格改进，以调整产品特征、刺激销售。

质量改良是指增加产品的功能与效果，从而为市场和消费者提供更新、更强、更好的改良产品。特色改进是指在产品的基础上添加新的特色，如大小、重量、材质、配件等等，以扩展产品的性能、功能、安全性和便利性。风格改进是指提升产品的美学吸引力，全新的风格能为产品创建一个独特的市场识别，但是采用新的风格也存在隐患，因为摒弃原有的风格时，也就要冒失去一部分顾客的风险。

第三，营销方案调整。

通过调整营销方案元素，企业也有可能达到刺激销售的目的。

首先是价格，降低价格是否能吸引新的买主？如果能的话，那么企业是应该通过直接降价，还是通过量多优惠、早买优惠、免运费或者放宽信贷条件等方式来降价？或者，企业可以考虑提高价格，以体现产品的档次与高质量。

在分销渠道方面，企业需要考虑能否将产品推广到更多的分销渠道中去，是否能深入到更多的经销店，是否能在现有的经销店中获得更多的产品支持和展示。

还有广告，企业可以通过增加广告费用，改变广告文案、主题，改变媒体平台、频次等方式来提升广告宣传效果，让产品更加深入人心。

在促销上，企业可以通过增加促销，例如批发折扣、打折优惠券、现金折扣、保单、礼品等来刺激销售。对于业务和销售人员，企业需努力提高销售队伍的质量，并适当地改变销售团队的激励方式，提升销售队伍的士气和战斗力。

还有服务，服务质量的好坏会直接影响到产品生命的长短，一个热销的产品很可能会因为糟糕的服务而走上下坡路。同样地，一个产品销售不畅，也可以通过优质的服务来树立起新的品牌形象，继而拉动销售。

海尔有一个自创的“海尔词典”，里面有一条著名的“斜坡球体定律”，讲的是：企业好比斜坡上的球体，向下滑落是它的本性，要想使它往上移动，需要两个作用力——一个是止动力，保证它不向下滑，这好比企业的基础工作；一个是拉动力，促使它往上移动，这好比企业的创新能力。此两力缺一不可。企业对于一个衰败的产品，同样需要如此，既要阻止它的情况继续变坏，又要积极地设法让其生命周期持续下去。

第3章
新产品开发决定着企业未来

产品与服务的改进和更新对企业有决定性影响

公司需要通过不断地开发新产品与新服务以及开拓新市场来增加收入。新产品开发决定着公司的未来。产品及服务的改进和更新对保持或增加公司的销售具有决定性影响。世界性的新产品与新服务可能会改变整个行业、整个企业，乃至改变生活。但是，新产品与新服务开发的低成功率也意味着更多的挑战。

——科特勒《营销管理》

科特勒曾说，在现代竞争的情况下，若不发展新产品，则必无法生存。新产品无论对消费者，还是对企业来说，都是很重要的。由于生命周期，任何产品都避免不了被市场淘汰的命运。如果一个企业只经营一种商品，随着产品的衰退，企业的生命也就随之结束了。

新产品开发对企业的意义主要体现在：

一是有利于企业巩固和扩大市场份额。随着市场竞争的白热化，产品的生命周期开始变得越来越短。因此，企业必须不失时机地开发新产品并快速地推向市场，才能在激烈的竞争环境中更具优势。

二是有利于企业开拓新的经营领域。企业通过开发新的产品可以谋求进入新的领域，寻求新的发展空间。很多世界知名的企业往往涉足许多行业，通过这种方式扩大企业规模和市场份额。

三是有利于企业快速响应竞争。如果企业拥有快速推出新产品并抢占市场的资源能力，那么即便竞争对手意想不到地突然开发出新产品并进入了市场，企业也可以快速地作出适当反应，至少可以减少作为一个滞后者所带来的竞争劣势。

四是有利于企业创立行业标准。企业推出创新型的新产品，抢先进入市场，如果能够立稳脚跟的话，那么就可以享有制定本行业标准的优先权，掌握了这一优先权，可以给竞争对手制造进入壁垒，延迟业内竞争的到来。

在消费者的需要和口味不断变化、技术日新月异、产品生命周期日益缩短、产品越来越容易被淘汰的当今市场，不开发新产品的公司正在承担很大的风险。企业为了生存，唯一的办法就是持续地开发新产品。但新产品的开发是一项风险性很大的工作，很多企业流行着这样一句话："不搞开发等死，搞了开发找死。"对于这种观点，科特勒有不同的看法，他认为只要找到系统的开发程序，新产品开发就会取得成功。

一个公司赢得市场、获得消费者青睐、击败竞争对手的法宝之一就是不断推出新产品，并使之适应市场需求。任何产品在市场上都不会长盛不衰的，因此，企业必须不断开发新产品，这样才能真正在市场竞争中立于不败之地。

很显然，企业的一切生产经营活动都是围绕着产品进行的，即通过及时、有效地提供消费者所需要的产品来实现企业的发展目标。从这个意义上讲，企业成功与发展的关键在于产品满足消费者需求的程度以及产品策略的正确与否。实质上，也可以说产品决策就是实施营销策略的战略工具。

另外，由于产品价值的实现是企业获利的基础，也是企业战略目标的根本。因此，产品决策的好坏直接会影响到营销战略的实施。细节决定成败，注重产品决策的每一环节，营销战略的实施才能如鱼得水。

产品创新和有效的营销计划能让企业保持竞争优势

产品创新和有效的营销计划使这些公司不断地扩大自己的"地盘范围"，保持竞争优势。

——科特勒《营销管理》

科特勒指出，持续不断的创新往往可以更好地满足消费者的需求，从而迫使竞争对手陷于赶超游戏之中。他认为，所有新产品之中，大概只有10%～15%的产品属于真正创新或者新问世的产品。它们对公司和市场来说是崭新的，它们往往背负着极高的成本和风险。这种激进创新在短期内可能会伤及公司的利润，但这类创新的新产品却可以创造出比普通产品更具有持续性的竞争优势。

如果企业想要保持长久的生命力，就必须不断对产品进行创新，否则产品生命周期会不断缩短，最终企业将无法保证自己的立足之地。一些全球知名的品牌之所以长盛不衰，就在于它们注重产品的创新，不断努力向市场推行新的理念，并提供更高质量和更为方便的产品。在这方面，3M公司堪称典范。

3M是全球著名的高科技企业，它有6万多种产品，涉及感光材料、光电产品、医疗设备和航天材料等数十个高技术领域。这家公司的目标是每年销售量的30%从前4年研制的产品中取得。而更令人吃惊的是，它通常能够成功。3M产品升级换代速度极快，平均每年有200多种新产品推向市场，被公认为高技术企业中的"产品领袖"。在科学技术各分支领域交叉渗透日益加剧的今天，许多先进的科研理念都出自3M公司，因此人们把它公认为最具有"创新力"的公司。它那传奇般的注重革新的精神已使3M公司连续成为美国最受人羡慕的公司之一。

3M公司对科研给予了高度重视。从20世纪80年代中期以来，3M公司迫于竞争压力，曾多次裁员以减少开支。但科研经费却从未削减过，科研经费一直占到销售额的7%以上，每年保证有近10亿美元的经费用于技术开发。这相当于一般公司投资研究和开发费用比例的2倍。

为加速产品的升级换代，3M公司有一条硬性的规定。各独立的分支机构必须实施新产品营销策略，推向市场不到5年的产品销售额必须占到销售总额的25%以上，如连续两年达不到这一指标，该分支机构经理将不能留任。

3M公司每年都有450万美元的新创意开发基金。只要拥有新的设想并通过专家小组的考核评审，该创意的提出人就可获得5万美元的初期研发经费，即使开发不成功，公司也不予追究。这一基金的设立大大激发了员工创新的热情。

3M公司在时间方面也对科研人员的创新给予制度上的保证。公司规定，所有雇员无论其本职工作是否与科研有关，都可以在每周拿出工作时间的15%，用于新产品的开发。工作地点可以是公司的实验室，也可以是自己的家里。既可以自己单独攻关，也可以与志同道合者一起研究。工作时间的灵活安排，使3M公司的员工较好地保持了科技创新的状态。而且当产生一个有希望的构想时，3M公司会组织一个由该构思的开发者以及来自生产、销售和法律部门的志愿者组成冒险队。该队培育产品，并保护它免受公司苛刻的调查。队员始终与产品待在一起，直到它成功或失败，然后回到原来的岗位上或者继续和新产品待在一起。有些冒险队在一个构思成功之前尝试了3次或4次。每年3M公司都会把"进步奖"授予那些新产品开发后3年内在美国销售量达200多万美元或在全世界销售达400多万美元的冒险队。

为了防止陷入闭门造车和井底之蛙的境地，3M公司特别注重与外界的交流和沟通。公司每年召开数百次各种形式的研讨会，邀请各个领域内的顶尖专家参加。公司还派人参加全球范围内各种形式的博览会。与外界的密切联系使3M公司的科技创新永远处在世界的最高水平上。

在执着追求新产品的过程中，3M公司始终与其顾客保持紧密联系。在新产品开发的每一时期，都对顾客偏好进行重新估价。市场营销人员和科技人员在开发新产品的过程中紧密合作，并且研究和开发人员也都积极地参与开发整个市场营销战略。

3M公司知道，为了获得最大成功，它必须学会尝试成千上万种新产品的构思。它把错误和失败当作创造和革新的正常组成部分。事实上，它的哲学似乎成了"如果你不犯错，是因为你可能没有做任何事情"。但正如后来的事实所表明，许多"大错误"都成了3M公司最成功的一些产品。

企业要满足消费者的需求，就必须不断创新，推出新产品，打造好产品品牌。开发一种新产品，就生产者来说是要赚取利润，而对消费者来说却必须能满足其欲望或需求。企业赚取利润要靠市场，所以新产品的开发要从购买者即消费者的观点来思考，而不应以销售者或生产者的立场来确定，也就是要"为顾客寻找产品"，而不是"为产品寻找顾客"。

新产品开发过程起始于产品创意的搜寻

新产品开发过程起始于产品创意的搜寻。有些营销专家深信，发现最可能的、未被满足的顾客需求或技术创新往往可以为公司带来最大的机会，最有可能开发出成功的新产品。新产品创意可能源自于不同团队的互动，也可能是运用激发创意产生的技术。

——科特勒《营销管理》

科特勒指出，新产品开发过程主要包括八大阶段，分别是：创意的生成、创意的筛选、概念开发与测试、营销战略制定、商业分析、产品开发、市场测试和商品化。新产品开发过程的第一个阶段就是寻找产品创意。企业可以产生成百上千的产品构思，并要从中选出最好的创意。

像 IBM 公司就举办过“创新即兴大讨论”，这是一个在线的活动，它邀请全世界的顾客和员工来为新产品和服务出谋划策。这场覆盖全球的头脑风暴活动在 3 天之内就收到了来自 160 多个国家和地区的 15 万人贡献出的近 5 万个构思。而 IBM 从中精挑细选，圈定了 10 种产品、业务和服务计划做进一步的开发。

管理大师彼得·杜拉克说：“行之有效的创新在一开始可能并不起眼。”而这不起眼的细节往往就会造就创新的灵感，从而能让一件简单的事物有了一次超常规的突破。产品的创意正是如此，很多了不起的创新都起源于不起眼的创意。

红遍全球的智能手机游戏软件“愤怒的小鸟”(Angry Birds)，就是一个成功案例。“愤怒的小鸟”由芬兰一个 12 人的团队所设计。在近年来以众多角色、复杂剧情为主的网络游戏热潮中，这款“愤怒的小鸟”却是个例外，它的角色简单，只有几只鸟与猪，剧情简单，游戏的内容就是用弹弓发射愤怒的小鸟去攻击猪。可这么简单的游戏却红遍 Android 与 iOS 两大系统手机，全世界超过 5 亿次下载，年营业收入超过 1 亿美元，不仅成为最受欢迎与获利最高的手机游戏软件，更让“愤怒的小鸟”游戏角色肖像成为热门的授权商品。

所以说，产品创意不一定要有多复杂、多新鲜、多高级，只要它能抓住用户的心理，赢得用户的喜爱，它就是好创意。

企业要设计出一个富有创意的产品概念，可以分三步走：

第一步是寻求创意。所谓创意就是开发新产品的设想。虽然并不是所有的设想或创意都可变成产品，寻求尽可能多的创意却可为开发新产品提供较多的机会。所以，企业都非常重视创意的开发。科特勒提醒企业，必须系统而不是任意地搜寻创意。

新产品创意的主要来源有：员工、顾客、科学家、竞争对手、企业推销人员和经销商、企业高层管理人员、市场研究公司、广告代理商等。此外，企业还可以从大学、咨询公司、同行业的团体协会、有关报刊媒体那里寻求有用的新产品创意。无论创意来源于何处，最终落实到产品上，都是以满足客户的需求为目标。

第二步是甄别创意。取得足够创意之后，要对这些创意加以评估，研究其可行性，并挑选出可行性较强的创意，这就是创意甄别。创意甄别的目的就是淘汰那些不可行或可行性较低的创意，使公司有限的资源集中于成功机会较大的创意上。甄别创意时，一般要考虑两个因素：一是该创意是否与企业的战略目标相适应，表现为利润目标、销售目标、销售增长目标、形象目标等几个方面；二是企业有无足够的能力开发这种创意，表现为资金能力、技术能力、人力资源、销售能力等。

第三步是建立产品概念。产品概念的建立是指将有价值的构思进一步转化为具体的产品形态，这种形态主要是从顾客的角度来观察。它可以用文字、图形、模型等给予体现。同一构思可以转化为多种产品形态。就拿补钙这一构思来说，可以通过钙片来补，也可以通过液态奶来补，还可以通过糖果、饮料等形式来补充。

企业在建立产品概念时，要以整体产品概念为基础，从产品核心功能、实体形式、包装、服务等各方面加以考虑。产品构思的概念化，是企业对此构思的解释，也可以看成是顾客心目中对此构思的理解，所以企业在进行这阶段工作时，要以潜在顾客的需求为标准，决定产品应是何种形象，哪些部分要重点突出，以及开发是否要停止在该阶段。

新产品开发的六个创新策略

新产品开发的六个创新策略：基于调整的创新，基于规格的创新，基于包装的创新，基于设计的创新，基于“配料”的创新，基于“减少投入”的创新。

——科特勒《水平营销》

消费者的需求和品位不断变化，开创性技术也不断涌现，竞争环境更是瞬息万变，企业必须持续地开发新产品。新产品开发的创新策略很多，科特勒总结归纳为六大类：

一是基于调整的创新，这主要是通过强化或者弱化产品或服务的某些特征来实现。比方说，一些网上电子商城为了吸引顾客购买、提升顾客满意度与忠诚度，会做出“24小时送达”、“7天无理由退换货”、“价格差额双倍补偿”等保障性服务，这就是在原有的、通行的行业服务规则之上所做的强化调整，是一种提升，也是一种创新。

二是基于规格的创新，也就是改变产品或服务的容积、大小、数量、频率等。像饮料行业，在其成本上升不得不采取应对措施时，有的厂商会担心直接提价会引起消费者的反感与抵制，于是会换一种方式，改变产品的规格，原来500ml的瓶装饮料现在“瘦身”为450ml，而价格不变，这种改变较为微妙，不易引起消费者的觉察。

三是基于包装的创新，也就是改变容器或者包装方式。拿牛奶来说，它的包装形式可以是袋装、瓶装、利乐枕包装、杯装，等等。还有众多的产品在春节的时候会进行“换装”，采用喜庆的大红包装，突出节日气息，吸引顾客购买，这也是产品的创新。

四是基于设计的创新，对设计进行改进，提升用户体验。很多新产品开发的创新都是从这个角度入手的。设计者可以令产品具有更高性能、更多功能、更多趣味、更多样式，等等，从而使产品更具有吸引力，更能满足顾客的需求。

比方说，美国通用汽车公司推出“网络汽车”时，就曾引起业内、业外的不小轰动，这是一种高性能化的超前产品。这种汽车能声控上网，人们只要发出口令，无需动手或转向，即可实施多种功能，其高性能化使其他品牌汽车自愧不如。驾驶这种汽车，人们可以在汽车中上网以收发电子邮件、查询股市行情、了解天气情况或收听新闻。

再比如，现在的消费者越来越注重个性化，企业如果只单纯注重产品功能的冰冷形象就远远不够了，设计者必须重视产品的趣味与个性，使消费者既可得到产品功能上的满足，又能得到来自产品的精神享受，增加产品的艺术性、工艺性和装饰性。在这方面，苹果公司的产品就是很好的例子。

五是基于配料的创新，这是指在配料、成分上进行增减创新。比方说，有的方便面厂家在生产桶装面时，会在某些桶装面里加一个卤蛋或者一根火腿肠，然后在包装上注明这种特殊形式的奖励以及中奖率。这样做，一来可以吸引顾客，刺激购买；二来那些幸运买到有奖桶装面的顾客会获得更大的满足，对该产品和品牌可以增加一定的好感。

六是基于减少投入的创新，这是说尽量减少顾客在购买过程中的投入，无论是时间、精力还是费用，都可以是突破口。比方说，设计者可以让产品更便携，使产品适合消费者携带和安置，也可以使产品重量大大减轻，更适合消费需要。此外，还可以从便利性上入手，使用方便、操作方便、维护方便是消费者对产品的一种普遍需求，在产品开发中如能实现产品的便利化，不仅可以使成本下降，而且便于消费者使用和维护，更受消费者欢迎。现在，节能也是一个趋势，由于能源的紧张，节电、节煤、节油、节水、节气的节能性产品不仅利于环保，而且能为消费者节省费用开支，因此此类产品创新也很受欢迎。

需要注意的是，很多营销人员认为，产品创新需要对产品进行大的调整或变革，而事实上，大多数的产品创新都是对现有产品进行的改进。比方说，索尼有八成的新产品都是在现有产品的基础上稍加改进来实现的。

从产品创意中提炼出独特的产品优势

为了成功地开发出新产品，公司应该怎么做呢？成功的首要因素是从产品创意中提炼出独特的产品优势。这类产品的成功率为 98%，而较占优势产品的成功率只有 58%，具有较小优势产品的成功率只有 18%。

——科特勒《科特勒市场营销教程》

科特勒指出，在形成了大量的产品创意之后，下一阶段的任务就是精挑细选，逐步削减这一数量。企业需要综合考虑产品或服务构思计划、顾客价值主张、目标市场以及竞争状况，并大致估计市场规模、产品价格、开发时间和成本、制造成本以及收益率等等，从而判断哪些创意是好的，哪些创意是不可取的。

在这里，有三个概念是需要加以区分的，那就是产品构思、产品概念和产品形象。产品构思是指企业想要提供给市场的一个可能产品的设想，产品概念是详尽描述出来的构思，而产品形象则是消费者感知到的实际产品或者潜在产品的特定形象。营销人员的任务就是要提炼出产品概念，并增强其对消费者的吸引力。

产品概念从本质上说就是产品卖给消费者的是什么利益点，即满足消费者的是什么需求点。任何产品都有其市场存在的理由，这些理由是因为消费者对该产品的利益存在着一定的需求。确定新产品的创意后，企业需要将有价值的构思进一步转化为具体的产品形态。

如今的市场竞争越来越激烈，企业需要对产品作出更加个性化的规划，才能确保产品在激烈的市场竞争中立于不败之地。

世界制鞋业巨头麦尔维尔一高浦勒斯公司就是一个很好的例子。这家公司的产品畅销全球，年销售额高达60亿美元。其产品如此畅销，除产品质优价廉外，还与公司领导人费兰西斯·诺利注重对消费心理学进行研究，使每一双鞋充满人情味有很大关系。

这家公司的产品在诺利上任之前在很长一段时间里都处于滞销状态，对消费心理学有过深入研究的诺利担任总经理后采用新的营销手段，赋予产品以感情色彩，终于使公司转危为安，并且还创下了不俗的销售业绩。

诺利认为市场既是企业之间交战的战场，也是企业和消费者进行感情交流的场所。而要战胜对手，获得消费者的青睐，企业就必须赋予产品以情感。当今很多消费者购买鞋子已不仅仅出于防冻和护脚的需要，而更多是为了显示个性和生活水准。“价廉”、“质高”的老一套经营方式已不是产品畅销的唯一法宝了。所以，要促进鞋的销售，必须使鞋子像演员一样体现出不同的个性、不同的情感，以其独特鲜明的形象、独特的魅力吸引众多的“观众”。

因此，诺利实施了一种人性化的营销模式。首先，要求公司的设计人员彻底改变传统的单一的设计风格，而将设计风格引向多元化。后来，该公司的设计人员推出了“男人味”和“女人味”、“狂野”和“优雅”、“老练”和“青春”等不同风格的鞋子，在款式、色彩的配置等方面使鞋子的风格趋于多元化。同时，麦尔维尔公司还给每双鞋取了独特的名字，诸如“爱情”、“愤怒”、“欢乐”、“眼泪”等，使每一双鞋都充满生命和情感，满足了不同消费者的需求。

该公司的产品，因为这种人性化的特殊印记，被世界制鞋业视为“奇迹”和“异类”。它所生产的“情感鞋”，恰似有生命的物体，令人耳目一新，回味无穷。“给产品赋予感情色彩”，这就是麦尔维尔鞋的独特优势。

一般来说，要从产品创意中提炼出独特的产品优势，企业可以从以下几个方面做尝试：

一是突出产品特色。企业应该刻意宣传其产品中最有特色的方面，舍弃与竞争产品的共性，使自己的产品与竞争产品拉大距离。

二是突出地域优势。某些产品的产地或原材料来源地与产品的质量和特色有密切关系，如香味纯正的“哥伦比亚咖啡豆”、晶莹剔透的“泰国香米”等。在消费者看来，原产地盛产此种优质原料，生产的产品从质量上来说，应该高于市场上的同类产品。

三是突出性能优势。产品本身的优越性能以及由此获得的利益能使消费者认可它的定位。像曾经的霸主柯达有一句广告词“你只要按下键钮，其余的事由我负责”。这就是性能优势。

四是突出消费者类型。生产不同用途或性能的产品，以适应不同类型使用者的需求，使之定位于不同的消费者群体。

五是突出使用差异。比如液态奶按照使用的差异，就可以尝试分为早餐奶、睡前奶等。

六是突出产品创新。在多数情况下，产品的生产并不是要和某一特定竞争者竞争，而是要和同类产品互相竞争。当产品在市场上是属于新产品时，不论是开发新市场，或是为既有产品进行市场扩张，都可用这种方法来为产品定位。

在试销中不断对新产品进行改进

如果产品通过了概念和产品测试，接下来就进入试销阶段。在这一阶段，企业将新产品及其营销计划置于更为真实的市场环境中。在大规模投入生产之前，营销测试可以使营销人员提前了解产品正式上市时可能出现的具体情况，以检验产品和营销计划，包括目标市场选择和产品定位策略、广告策略、分销策略、定价策略、品牌策略、包装策略以及预算水平。

——科特勒《市场营销原理》

科特勒指出，新产品的原型准备好以后，必须通过一系列严格的功能测试和消费者测试。不同的产品进行营销测试的规模也不一样。做这样的测试，花费是不小的，而且如果测试时间过长，保密工作又未能做到位的话，那么，很容易让竞争对手捷足先登，占到便宜。有的企业研发新产品的费用很低，而且对新产品有足够的了解和把握，这种情况下，可以不经过营销测试。还有一些产品是在现有成功产品之上所做的延伸，或者是模仿竞争对手的成功产品，这样的情况，一般也不会进行营销测试。

营销测试的确需要企业付出一定的成本，但是与新产品推出失败带来的损失相比，这种成本是值得的。当然，即使通过了这样的测试，也不能保证产品就一定能在市场中有出色的表现。

企业进行营销测试，有三种主要的方法：

一是标准市场测试，也就是选择一些具有代表性的城市来全面试销产品。通过店面的销售记录、分销商掌握的数据以及消费者的反馈，来检测产品的市场表现。从试销的情况来预测整个市场预期的销售利润，并从中发现潜在的问题，及时地调整整体的市场营销计划。这种测试方法的缺点在于成本高、测试时间长，很容易引起竞争对手的注意以及追赶。比方说，当企业在某些城市试销时，竞争者很可能会在这些城市进行降价或者其他的促销活动，甚至恶意地买断测试产品。这样，竞争者就会有充足的时间制定防御战略，甚至抢在企业的新产品全面推广之前就采取措施。

二是控制市场测试，这是指企业安排一些受控的店面，给对方一些费用，让他们来经销新产品，然后，企业来全程地监控这些店面的消费者对新产品的反应以及购买行为。这种方式，可以观测到每个消费者购买行为的所有的详细信息，从而能够进行深入的诊断，包括重复购买分析、消费者人口统计特征等。控制市场测试的花费通常要比标准市场测试低，而且，时间上也能更快地完成，测试的结果更精确。但这种测试方法潜藏的问题在于，测试中所涉及的有限的几个店面或市场也许不能代表真实的产品市场或目标消费者，用小范围的测试结果去预测整个市场的情况，可能会有较大的偏差。

三是模拟市场测试，这是在模拟的购物环境下进行新产品的测试。企业或者企业所委托的调研方向接受测试的消费者付费，请他们去一个真实的商店或者实验场地购买商品，从而观察他们的购买情况，了解有多少人购买新产品，多少人购买竞争者的产品。然后，测试人员向消费者询问其购买或者不购买的原因，过一段时间后，再去了解消费者对产品的态度以及使用情况和重复购买的意向。模拟市场测试花费比较低，而且能很快获得测试结果，可以较为有效地避开竞争者的视线。但是，因为选择的样本有限，而且又是在虚拟的购物环境下，所以，它所得出的结果也很难像真实测试那样准确和可靠。

试销是提高产品上市成功率的关键一环。将产品投入市场测试，观察市场反应，进而采取纠偏举措。在试销过程中，企业要重点收集这些情报：销售量，市场占有率，消费群体的购买频率与对产品的反应，广告促销对产品的影响，营销战略对产品销售情况的影响，经销商的经营情况，竞争对手的反应等等。

新产品的上市规划是一个关键性问题

企业要推出新产品，首先要确定上市时机。接下来，企业需要决定在什么地方推出新产品——在一个城市、一个地区、全国市场还是国际市场。企业需要设计一个有计划的市场扩展行动。

——科特勒《市场营销原理》

科特勒指出，很少有企业具备足够的信心、资本和能力一下子就将新产品推向全国或者全球。而新产品到底什么时候推出，从哪里推出，这样的上市规划是一个关键性的问题。

当企业完成了新产品的开发和试销环节，做好了产品上市准备后，就应该对以下几个问题进行决策：

一是推出时间。企业需决定在什么时间将新产品投放市场最适宜。例如，如果某种新产品是用来替代老产品的，就应等到老产品的存货被处理掉时再将这种新产品投放市场，以免冲击老产品的销售，造成损失。如果某种新产品的市场需求有高度的季节性，就应在销售季节来临时将这种新产品投放市场。

特别是在企业一切准备就绪，可竞争对手同时也在马不停蹄地推动新产品上市时，这个时机的选择就显得尤为重要。

企业可以选择抢先做第一个进入市场者，这样有可能获得“先行者优势”，可以锁定关键的经销商和顾客，并赢得市场领先地位，但同时，企业也要承担第一个进入新市场的巨大风险。

企业可以选择与竞争者同步进入，当企业与竞争对手同时对各自的新产品展开广告宣传时，往往会吸引更多的市场注意力，这有利于市场培育和消费者教育，能够让产品更快地被接受，并流行开来。

企业还可以选择延后进入，也就是有意推迟产品入市计划，让竞争对手先进入，先探路。这样一来，竞争对手将要为开拓市场付出教育成本，而且还会暴露出其缺陷及失误，这些对后进入的企业来说是不花钱得来的经验和教训。像 IBM 在新产品投放之前，总是先让别的公司去承担风险，然后再将他人的失误作为前车之鉴，最后再选择机会上市。惠普计算机公司也很少在市场上率先投放新产品。它利用公司技术人员上门提供设备服务的机会，收集用户对已售产品的意见，然后使自己克服种种不足，从而在推出时更能赢得顾客。这些经验都值得我们借鉴。但后进，同时也很可能意味着企业拱手让出了“先行者优势”。

二是推出地点。企业需决定在什么地方推出新产品最适宜。能够把新产品在全国市场上投放的企业是不多见的。一般是先在主要地区的市场推出，以便占有市场，取得立足点，然后再扩大到其他地区。因此，特别是中小企业，须制订一个市场投放计划。微软当年推广 Windows Vista 操作系统时，就借助其国际分销系统实现了在全球 30 多个国家和地区的同步推广。微软投放了大量的广告，在头两个月里就产生了 66 亿次的全球曝光率，而接下来的 6 个月，几乎全世界出售个人电脑的地方都出现了 Vista。

三是推出目标。企业要把分销和促销目标面向最优秀的顾客群。利用最优秀的顾客群带动一般顾客，可以以最快的速度、最少的费用，扩大新产品的市场占有率。对新上市的产品来讲，最优秀的顾客群一般应具备以下特征：他们是早期采用者；他们是大量使用者；他们是观念倡导者或舆论领袖，并能为该产品做正面宣传。

四是推出方法。企业应决定要在市场营销组合各因素之间分配营销预算，确定各项营销活动的顺序，有计划地开展营销活动。市场导入离不开广告媒介的宣传，广告企划要紧紧抓住人们对新产品从知晓、评价、兴趣到选用这一过程的特点，以取得最佳效果　耐克公司在创业初期，由于知名度很小，又面临强大的竞争对手，于是选择让参加世界体育大赛的运动员穿用耐克鞋，他们创出佳绩，自然就提升了耐克的产品形象。

总之，产品的上市规划至关重要。再好的产品，如果没有在合适的时机上市，终将功亏一篑。企业需要谨慎地制定新产品的上市规划。

新产品从导入到采用往往要经历五个阶段

消费者的采用过程是一种心理过程，是个体从第一次听到一种创新到最后采用的心理过程。新产品从导入到被消费者所采用往往要经历以下五个阶段：知晓、兴趣、评价、试用、采用。

——科特勒《市场营销原理》

科特勒指出，消费者的采用过程是顾客对新产品的认识、试用、采用或拒绝的过程。消费者的购买行为要经历一个复杂的心理过程，他们从注意一个产品到最终购买一般要经过五个阶段：

第一，知晓：消费者对产品有所留意，但缺少关于它的信息。

第二，兴趣：消费者对产品产生关注，开始寻找有关该产品的信息。

第三，评价：消费者综合自己所获得的信息，考虑是否试用该产品。

第四，试用：消费者开始试用该产品，通过亲身体验对产品价值做出自己的评价。

第五，采用：消费者决定全面地、经常地使用该种产品。

对于产品的营销者来说，其任务就是要采取有效的措施，推动消费者从前一个阶段过渡到下一个阶段。在消费者知晓阶段，营销人员要采用对比强烈的信息传播手段突出新产品的特点，吸引消费者注意；在消费者兴趣阶段，要注意利用视听媒体传播广告信息，强调新产品的相对优点和可带给消费者的新利益以激发消费者的兴趣；在消费者进行评价的阶段，要注意信息传播的完整性，进行有针对性的劝说与诱导，促使消费者尽快作出购买决策；在消费者试用产品阶段，要注意加强双向信息沟通，及时了解消费者的反应并作出适当解释，指导消费者最终接受这种产品。

新产品推向市场后，有的消费者接受得快，有的接受得慢，具体来说，新产品的采用者可以分为五种类型：

一是冒险型的最先采用者，他们是新产品购买与消费的带头人。这些人一般比较年轻，经济条件优越，共同的心理特征是活泼开朗、勇于创新、争强好胜、追求时尚、个性独立。最先试用者人数不多，但行动迅速、果断，对新产品具有一定的导向与传播作用。

二是早期试用者，他们是在最先试用者之后接受与购买新产品的人。早期采用者在年龄与经济条件方面与最先试用者相似，心理特征是反对保守、渴望变化，具有改革与创新精神，对新事物比较敏感。这些人信息来源广泛，学习能力与活动能力强，所占比例也相对较大，因此对新产品的推广具有重要影响作用。

三是中期采用者，他们是主要的消费者。他们注重实效，决策慎重，情感服从理智，能够接受新事物，具有一定的从众心理。这个群体的购买可以看作是新产品成功的标志。

四是晚期采用者，也就是在大多数消费者都接受后才开始购买的消费者，他们小心谨慎，行动迟缓，对新事物往往有强烈的戒心。价格与促销策略的调整能刺激他们购买。

五是守旧者，他们是最后甚至是绝不采用新产品的人，他们对新事物反感，而且信息相对闭塞，不愿意轻易做出改变。

产品从进入市场到被大多数人所接受，不同消费者对新产品的感受与行为反应会有很大差异。营销人员需要将目标消费群体区分为这样的五类，针对不同群体采取不同措施，这样更能提高新产品的成功率和市场表现。

解码新产品开发易败之惑

新产品开发与创新可能非常昂贵并具有高风险。据估计，美国95%的新产品是失败的。每年，企业仅在失败的食品类产品上就要损失200亿～300亿美元。

——科特勒《营销管理》

科特勒提醒企业，新产品的开发往往伴随极大风险，其失败率一直很高。而新产品失败的原因，科特勒大致归纳为六大类：

一是营销失败，比方说企业对市场规模的估计过高，对消费者需求缺乏准确的了解和把握；或者定位错误，没有体现出产品的差异性；或者定价不合理，宣传推广以及促销的力度不够，等等。

二是财务失败，例如新产品的投资回报率低；或者资金短缺，企业无法承担创新研究和产品推广所需要的资金。

三是时机失败，上市时间太早或太晚都会影响到产品的成功率，上市太早，市场尚未得到开发和培育；上市太晚，市场已经被竞争者瓜分，并且有了森严的竞争壁垒。

四是技术失败，比方说，产品设计差劲；或者生产过程中把控不严，频频出现质量问题，等等。

五是组织失败，一个成功的产品背后，必然有一个强有力的团队，如果企业内部各个部门之间缺乏协调合作精神，或者管理层决策失误等，这样的情况下，产品在市场中很难有上佳表现。

六是环境失败，比如政府管制、宏观经济因素发生变化，社会舆论与道德的制约，或者竞争对手反击激烈，等等。

新产品开发是企业远离红海竞争、提升经营优势，实现卓越绩效的不二法宝。发展新产品是企业延续发展的必要条件，但事物总是具有两面性，新产品开发投入大、周期长、管理难、风险高也是不争的事实。新产品一旦失败，可能会让企业大伤元气，尤其是对中小企业来说，更是如此，因为大部分资金都投进去了，若没有回报，企业可能就永无翻身之日了。

要尽可能地保障新产品的成功，企业需要注意这样一些方面：

1. 在新产品开发前做好扎实的产品设计和项目准备工作。

2. 从创意搜寻到产品上市的整个新产品开发过程中，要认真倾听顾客的声音，做到以顾客和市场为导向，而不是以企业的意愿为导向。

3. 产品要打造出特色，能给顾客带来与众不同的利益和价值。

4. 在正式进入开发流程前，对新产品进行严格的价值和功能定位，定位准确的产品生存率能大大提升。

5. 新产品上市应制定周密的上市计划，确保所需资源，并有效地执行。

6. 在整个新产品开发过程中的各个阶段，要果断地对项目进行生/杀决策。

7. 在企业内部要打造一支专注而又负责任的、能得到充分支持的、具有强有力的领导的全员营销团队。

并不是说，企业做到了这几点，就一定能取得新产品开发的成功，但是，抓住了这几个关键的成功要素，能让产品更具有成功的可能性。企业面临的两难问题是，它必须开发新产品，但高失败率又令其望而却步。总之，要创造一个成功的新产品，企业就必须理解它的消费者、市场和竞争对手，并且开发能够向消费者传递优异价值的产品。在寻求和发展新产品的过程中，企业必须制定强有力的新产品开发计划，并建立一个系统的、顾客导向的新产品开发流程。

失败不仅仅是有好处的，而且是必要的

真正的创新型公司往往会把失败作为获得成功的必要组成部分。失败不仅仅是有好处的，而且是必要的。

——科特勒《营销管理》

科特勒认为，新产品的失败不完全是一件坏事，他甚至指出，这种失败不仅有好处，而且对企业而言是“必要的”，因为，最初新产品的失败并不总是创意的尽头。就拿世界知名的礼来医药公司来说，其正在研发的90%的实验药物往往会失败，但该企业建立起了这样一种企业文化——失败是发现与探索过程中不可或缺的一部分。倘若一种药物在实验的某个阶段失败了，那么，研究人员会继续去研究它可能的新用途。

最明显的例子是Evista，它没能按照预想的那样成为一款避孕药，却成为治疗骨质疏松的良药，年销售额达到10亿美元；还有Stattera，它作为抗抑郁药物是失败的，但却因为能有效治疗行为紊乱而畅销。

杰克·韦尔奇曾经说过：“我们必须让员工明白，只要你的理由、方法都是正确的，那么，即便结果失败，也值得鼓励。对于那些勇敢挑战看似无法实现目标的团队，作为领导者，你应该奖励他们，哪怕他们最终并没有实现目标，但是你要记住：奋斗之后的失败比轻而易举的成功更具意义。”

在掌舵通用电气的时候，韦尔奇为了鼓励员工们积极尝试的勇气，特别推出了一项管理措施——“奖励失败，不只奖励成功”。他这么做的目的只有一个，那就是让所有因遭受挫折而感到沮丧的雇员知道，公司允许甚至鼓励员工进行失败的尝试，只要能从失败中学到教训就值得付学费。事实上，韦尔奇自己就曾有过切身的经历，而且，他的失败还不是小失败，他炸掉了一整座工厂。

那是1963年，韦尔奇28岁。GE公司设在美国马萨诸塞州的一家实验工场发生了爆炸，宏大的冲击波掀翻了屋顶，粉碎的木板和玻璃到处飞，烟尘遮蔽了全部车间。所幸没有人员受伤。

爆炸的第二天，作为实验工场的负责人，韦尔奇不得不前往集团公司，向负责的执行官查理·里德解释这场事故的起因。他在自己的自传中写道：“GE的老板们对他们的经理们有着各种各样的期望。他们希望这些人能够为新产品想出更好的点子。他们希望这些人能将新产品打入市场并获得收益。但是他们不希望这些人炸掉一间工厂。”韦尔奇知道，这次爆炸给公司造成了巨大的损失，必须有人站出来承担责任，所以他做好了最坏的准备。

他走进了里德的办公室，里德先是问明了爆炸发生的原因以及具体的情况，然后，他问了韦尔奇一个问题：“你从这次事件中学到了什么？”韦尔奇回答说他学到了如何改良工艺。里德笑了，他说：“我们最好是现在就对这个问题有彻底的了解，而不是等到以后，等我们进行大规模生产的时候，所以，你的学费付得值得。感谢上帝，你们都没有受伤。”

里德处理这桩爆炸事件的方式给韦尔奇留下了深刻的印象和影响。韦尔奇说：“当

人们犯错误的时候，他们最不愿意看到的就是惩罚。这时最需要的是鼓励和自信心的建立。首要的工作就是恢复自信心。”里德的处理方式，不仅帮助韦尔奇卸下了沉重的心理负担，重拾了信心，更给这位公司未来的CEO建立了模范，让他知道在员工陷入失败阴影时该怎样伸出激励与鼓励的双手。

韦尔奇提出的“奖励失败，不只奖励成功”，就是为了能够像里德当初对自己那样，帮助员工从失败和错误中走出来，带着经验和教训走向成功。

其实，企业新产品的研发和推出也是同样的道理，如果没有一种敢于试错的心态，那么，新产品很难经得起市场的风雨。

新产品开发应以顾客为中心、以团队为基础

新产品开发不仅仅是按部就班地完成这一系列步骤。企业必须采取一套整体的方法来管理这一过程。成功的新产品开发要求以顾客为中心的、以团队为基础的、系统化的努力。

——科特勒《市场营销原理》

科特勒在这里指出了新产品开发的三个关键的要素，分别是：

第一，以顾客为中心。

这是最重要的一点，胜过一切。很多企业在进行新产品开发时，最容易走进的一个误区就是过度地依赖技术研究，而真正成功的新产品不一定靠技术取胜，但必然对顾客需求有着透彻的理解。有研究表明，那些最成功的新产品往往是差异化的、能帮助顾客解决主要问题并提供一个引人注目的顾客价值主张的。而且，如果企业能让顾客直接参与到新产品创新过程中，那么投资回报和运营收入能够提升2～3倍。以顾客为中心进行新产品开发，就是要找出解决顾客问题的新方法，同时创造更多的顾客满意体验。

全球最大的电动工具制造商和销售商美国百得公司在开发得伟（DeWalt）电动工具时，采用的是这样的方式——派出工程师和营销人员到工地上去，花费大量的时间与产品的目标用户交流，倾听他们的需求，观察他们如何工作，在这个过程中，工程师和营销人员都能获得不少灵感和构想。带着这些构思，工程师进行产品设计与改造，然后，再带着成型的样品重返工地，请用户试用，大约一周之后，工程师与营销人员再来收回样品，并收集关于样品性能以及使用感受的信息。

百得公司的这种产品开发模式就是典型的以顾客为中心，他们的起始点和结束点都是解决顾客的问题。从一开始，他们就融入顾客之中，获得顾客洞察，利用从顾客那里所获得的信息来进行产品研发，这样设计出来的产品自然会受到顾客的欢迎。这也就是百得公司能占据美国专业电动工具市场一半以上市场份额的秘诀所在。

第二，以团队为基础。

新产品开发不是设计部门、营销部门、生产部门某一个部门的事，而应该是一项企业全员参与的大工程。企业的确可以将新产品的开发和推广划成一个个环节，由各

部门来单独地完成某些环节，这个部门完成了任务，再移交到下一个部门或阶段，这种一步接一步的运作可以降低复杂性和项目风险，但它也是异常缓慢的。在一个高度竞争的环境中，这种开发模式很容易导致产品失败以及销量和利润的损失，甚至动摇企业的市场地位。

以团队为基础的新产品开发是指企业各部门组成跨职能的团队，密切合作，产品开发的各个步骤同时进行，以节省时间，提升效率。这样的团队可能会融合营销、财务、设计、制造以及法律等多部门的工作人员，有的时候甚至包括供应商、渠道合作伙伴以及顾客。如果各部门各自为政，产品开发某个阶段一旦出现问题，就会严重减慢整个开发进程；而以团队为基础，则能有效防范这一问题，即便哪里出现了问题，凭借整个团队的力量，产品开发依然能够得以顺利进行。

第三，系统化的新产品开发过程。

新产品的开发过程不应是局部分割、杂乱无章的，而应该讲求整体性和系统化，不然的话，企业会很难获得新的产品构思，即使有了好的构思，也可能会破碎、夭折。企业要通过一个有序的管理系统来收集、审查、评估并管理新产品的开发。这就是说，应有一个跨职能的管理团队，并有一个强有力的领导者，应鼓励所有的利益相关者包括员工、供应商、渠道商、顾客等共同来寻找和开发新产品，同时，还应设立有激励作用的奖惩计划。

这样一个管理系统能催生大量的新产品构思，而且能使好的构思得到系统化的开发，从而将构思变为新产品，并成功推向市场。

总的来说，新产品的成功并不是想出好的构思，将其变成产品，并找到顾客这么简单，它需要以一种整体、系统的方法来找到能创造良好顾客体验的新方式，从搜寻并筛选产品创意到创造和推出满足需求的产品给顾客，这个过程需要全公司、全员的投入。

第 4 章

距离已经消失，要么创新，要么灭亡

企业有且只有两个基本职能：营销和创新

创新在营销过程中扮演什么样的角色？成功＝伟大的创新＋伟大的营销。创新不只是创立更新、更好的产品，还有创新企业体制和发现新的商业创意。诸如宜家、西南航空、维珍和家得宝都找到了创新的方式来经营旧有的行业，获得了行业领先的利润。

——科特勒《科特勒说》

科特勒很推崇彼得·德鲁克所说的一句话："企业有两个且只有两个基本职能：营销和创新。营销和创新产生收益，其他活动都是成本。"科特勒指出企业的成功就是伟大的创新加上伟大的营销。

在现在这样的市场环境下，所有的企业几乎都认可这样的一种说法：那些不能创新的经营者，终将摆脱不了被淘汰的命运。企业通过创新经营，在市场的某些领域或层次捷足先登，与企业对手拉开差距，这是塑造企业优势的最重要的手段。

就像史蒂夫·乔布斯所言"领袖和跟风者的区别在于创新"，创新决定了一个企业是引领者还是模仿跟随者。企业创新并不单单指产品与技术上的创新，实际上，它涵盖了企业的方方面面。奥地利的经济学家熊彼特曾经总结出五大创新：

一是产品创新，也就是开发或引进新产品。通过产品创新，生产出与竞争对手有所不同的产品或服务，更好地满足顾客需求。这样做能够形成与竞争对手的产品和服务的区隔，帮助企业跳出原有市场的圈子，获得新的竞争优势。

二是工艺创新，也就是采用新的生产方法。创新、改进、改善生产方法，能创造出高于竞争对手的生产效率，降低成本投入，提升质量效果。这样一来，企业不仅有了吸引客户的更好的产品质量，而且拥有了打价格战的"资本"。像福特汽车当初的崛起，就是得益于工艺创新，福特研发出了世界上第一条汽车流水生产线，这大大降低了汽车价格，使得福特"制造人人都买得起的汽车"的理想成为现实。

三是市场区域创新，即开辟新的市场。细分市场的容量是有限的，企业不能满足于某一个市场，而应该积极地寻找并开辟新的市场。这能为企业带来更多的顾客，也能为产品找到更广阔的市场。

四是物料创新，也就是开辟原料或半成品新的供给来源。企业如果能找到新的、更好原料或原料供给来源，就可能实现以更低的成本制造出更优质的产品，这能够大大提升企业在市场之中的竞争力以及对消费者的吸引力。

五是制度创新，就是调整企业组织形式，以达到更高效率。企业组织形式的创新是以制度的创新为依托的，它的创新直接是改变、调整企业组织运行的游戏规则。对原有游戏规则进行补充、完善也是一种创新，因为在这种补充、完善中包含有对原有游戏规则内容的更新和增补。

它不同于产品创新和工艺创新，可直接通过稳定企业组织内、外部环境活动主体之间的联系而提升企业组织运行的效率和效益，这其中也包括有通过稳定员工的创新积极性而起到推动企业产品创新和工艺创新的作用。

不管企业沿着哪个方向创新，它们的最终目的都是一样的，那就是改变企业的现状，提升企业的竞争实力，从而获得行业领先的利润。

在迅速变化的经济环境中，持续创新必不可少

在迅速变化的经济环境中，持续创新是必不可少的。创新是今日竞争的基础与关键。富有高度创新性的公司往往可以识别并迅速抓住新的市场机会。

——科特勒《营销管理》

科特勒指出，今日的营销要比过去任何时候都复杂，它面临的挑战是细分、饱和以及每天都席卷市场的“新奇”风暴。创新与新产品构成了企业竞争策略的基础，而新产品的成功率又很低，所以，通过创新来创造和推出更多的新产品就成了企业的重中之重。

在消费者的需求和口味不断变化、技术日新月异、竞争日益激烈的情况下，企业的现有产品面临着淘汰的危机，而要改变这样的局面，新技术特别有杀伤力，持续创新必不可少。

2007年，在《财富》杂志的“2007年度25个最成功设计”评比中，评委们把“全球最成功的产品设计”评给了苹果公司的iPhone。评委们认为，iPhone成为苹果公司进入手机行业的颠覆之作。乔布斯认为传统的手机和PDA并不是苹果公司进入手机行业的理想切入点，他的目标是外形时尚、操控简单独特、功能强大易用的创新智能手机。乔布斯要用创新的设计重塑手机的意义，他做到了，当所有人认为手机业的想象空间已经没有了的情况下，乔布斯却展示了另一番石破天惊的想象力。

比如iPhone的多点电感触屏采用的并非电阻式触摸屏，而是更为先进的电容式触摸屏，用手指轻轻点就可以，而那种得用笔尖才能点的屏幕很容易误点或漏点。还有，当你将iPhone贴着脸部打电话时，iPhone会自动关闭屏幕省电，并防止出现误操作，因为iPhone有红外感应功能。这样的创新设计还有很多。iPhone出世之后，引爆了智

能手机一些新概念的流行，比如触摸屏、重力装置等。

乔布斯很善于从日常生活中去寻找创新灵感，有一次在设计苹果电脑按钮时，他曾经提出过一个非常奇特的建议：应该像交通红绿灯一样，给这些按钮加上颜色——红色表示关闭窗口，黄色表示缩小窗口，而绿色则表示放大窗口。设计师说："听到这一建议的时候，我们都觉得将交通红绿灯与计算机联系起来真是太奇怪了。"但是，过了没多久，"我们就发现他确实是对的"。

乔布斯每每出手，总是能引领潮流，能引起市场和消费者的狂热追捧，正是因为他天才一般的创新力，才造就了其非凡的影响力。

张瑞敏先生曾经在《人民日报》上发表《创新无止境》，该文中有这样一番话：

中国古代的哲学家有句话"天下万物生于有，有生于无"；西方也有类似的观点："The most valuable things cannot be seen."创新是无止境的。虽然现在海尔产品已经在全球 160 多个国家销售，美国《财富》、英国《金融时报》等舆论媒体常把 Haier 与微软、IBM、SONY 相提并论。但我们清楚地看到，无论在规模上，还是品牌影响上，我们都还有很大差距，创新才是我们最大的优势。

太阳每天都是新的，新经济下没有旧经济，只有守旧者。面对充满挑战和希望的明天，我们只有不断创新，挑战满足感，才能超越自我。我们因创新精神赢得世界的瞩目，我们仍须不断创新以赢得新世纪的辉煌。

"不创新，就死亡。"这的确已经成为企业生存发展的真实写照。任何一家企业都不能停止创新。企业如果能够打破常规，不按常理出牌，突破传统思维的束缚，哪怕是一个小小的创意，也很可能会产生非凡的效果。

突破性技术有可能改变整个市场竞争格局

新兴公司可以发明一些突破性技术，因为它们更便宜，也更有可能改变竞争格局。与此相对，对于那些已建公司而言，它们可能会反应迟钝，或者没有很强的意愿对这类突破性技术进行投资，因为这可能会威胁到它们已有的投资。然而，有一天他们可能会突然意识到自己面临着可怕的新竞争对手，而且许多公司都会遭到淘汰。

——科特勒《营销管理》

科特勒认为，新的突破性技术具有特别强大的杀伤力。企业如果忽视或者对抗它们，那么要在这样的技术风暴中驾驭企业几乎是无能为力的。反过来，企业如果能够懂得并掌握这样的力量，那么就有可能凭借技术变革取得辉煌的成功。

突破性技术通常会让新兴市场得以产生，而那些率先进入的企业往往比后来者具有更加明显的先行优势。每一项突破性技术的诞生，都会催生一批成功者，还有一批失败者。优秀的企业会高度关注并仔细辨别突破性技术所带来的潜在机会，并借此打造新的市场甚至是新的企业。

美国知名 IT 杂志《连线》曾经公布"2008 年全球十大突破性技术和服务"，我们可以来看一看这些技术与发明，以及它们给整个行业所带来的巨大冲击。

排名第一的是苹果应用程序商店。在苹果应用程序商店（即 App Store）诞生之前，全球外部开发者虽然手中有不少手机应用程序，但却无法通过有效途径把它们交给消费者使用。在这种情况下，外部开发者只能被迫同全球各大移动运营商合作，但话语权却牢牢掌握在运营商手中。而苹果推出应用程序商店服务后，一举打破了外部开发者必须同移动运营商合作的传统格局。通过苹果应用程序商店，外部开发者只需上传相应产品，消费者就可直接在该网络商店购买使用。也就是说，苹果应用程序商店成功地在外部开发者和手机用户之间搭起了沟通的桥梁。

App Store 创造的年收入接近 24 亿美元，它满足了手机用户对个性化软件的需求，使手机软件业开始进入了一个高速、良性发展的轨道，毫不夸张地说，App Store 开创了手机软件业发展的新篇章，它是手机软件业发展史上的一个重要的里程碑，它的意义已经远远超越了“iPhone 的软件应用商店”的本身。

排名第二的是谷歌 Android 手机平台。这是谷歌推出的一种开放源代码操作系统，Android 平台的最大优势就是其开放性，开发的平台允许任何移动终端厂商加入到 Android 联盟中来，这让消费者可以享用到丰富的软件资源，也为平台积累了大量的人气。Android 现在已经赢得了全球智能手机操作系统市场 59％的市场份额，在中国市场的占有率达到了 76.7％，在 2012 年 7 月美国科技博客网站 Business Insider 评选出的“21 世纪十款最重要电子产品”中，Android 名列其中。

上面说到的这些技术给人们的生活带来了很大的影响，甚至在某种程度上改变了整个行业的格局，而这些技术的创造者也拥有了先行者的独特优势。企业要时时关注这样突破性的技术创新，不应错过这样的技术浪潮。

开放创新运动：挖掘和利用外部的创意源泉

在“开放创新运动”的鼓励下，很多公司正日益把注意力转移到公司的外部，以便充分挖掘和利用外部的创意源泉，其中包括来自顾客、员工、科学家、工程师、渠道商、经销商以及最高管理者甚至是竞争对手的创意。

——科特勒《营销管理》

科特勒提出了“开放创新运动”这样的一种理念，他认为，企业可以通过许多外部资源来获得优秀的新产品构思。例如，供应商可以向企业提供关于新产品开发的新观念、新技术、新材料；渠道商更贴近终端用户，他们可以提供有关消费者需求的各种情报；甚至竞争者也可以成为创意之源，通过购买竞争对手的新产品，观察他们的广告，分析其销售情况，都可以为企业提供很多有价值的信息。除此之外，像商业杂志、展览、研讨会、政府机构、广告公司、市场调查公司、大学及商业实验室，以及专业人士、研发专家等，都可以为企业贡献创意。

曾任宝洁 CEO 的阿兰·乔治·雷夫利曾说：“企业外部也许恰好有人知道如何解决你的企业所面临的特殊问题，或者能够比你更好地把握现在你面临的机遇。你必须找到他们，找到一种和他们合作的机会。”宝洁如今有 50％以上的新产品创意都得益于企业外部的力量，也就是产品创新一半以上来自宝洁实验室之外，其余的来自宝洁的实验室。

就拿唇彩来说，如何让唇彩持久闪亮，这个问题曾困扰宝洁很长时间，于是，宝洁向外界发出了这样的求助信息——

“现在的唇彩一般一次只能持续 1～2 个小时的闪亮，要实现 4 小时以上的闪亮，就需要某些新材料或新工艺，而它们必须满足以下标准：安全健康，长时间持久闪亮，不影响感觉，便于涂抹。”

在宝洁的“C＋D”（即 Connect＋Develop，联系＋发展）网站上，类似这样的“悬赏”信息有上百条。宝洁将这种模式称为“开放式创新”。从传统意义上的产品“研发”，转向借助外部力量的“联发”，这正是前任宝洁 CEO 雷夫利试图打破企业围墙所做的大尝试，宝洁希望能借助互联网，借助社会的群体智慧，通过“开放式创新”来打破大公司的创新困境。

雷夫利 2000 年走马上任时，宝洁正深陷困境。他面临的一道大难题是：要削减研发成本，并重整研发部门，以让宝洁拥有旺盛的创造力。为了实现这一目的，雷夫利大刀阔斧，改研发为联发，联合外部的力量与智慧，按照消费者的需求进行有目的的创新。

在雷夫利看来，宝洁公司不只是拥有 9000 多名研发人员，他把散落在世界各地的大约 180 万名相关人员也看作自己的员工，如此一来，宝洁就拥有了 180.9 万名研发人员。宝洁的“C＋D”网站，可以说是一个极具价值的创新资产集市。在这里，任何人都可以浏览宝洁的需求及创新成果。若手上的创新成果刚好符合宝洁的需求，便可以根据提示提交方案，并在 8 周内获得回复。这种模式推出后，得到了积极响应，网站在上线后一年半，就收到了来自全球各地的 3700 多个创新方案。

在开发品客薯片时，宝洁就运用了意大利的波洛格纳教授发明的喷墨技术，这种技术可以在蛋糕上绘制出可以食用的图案，同样，它也可以用在品客上，制作一些笑话和图片。由于这一创新，品客品牌以两位数的速度成长。通过这些外部创新运动，宝洁公司的产品开发速度比通常快了 2～3 年，而且只花费了一小部分费用。

除了征求创意，宝洁还会在这个网站上出售自己的专利，宝洁每年都投入大量研发资金，研制出了大量的专利，但其中只有 10%左右得到了应用。于是，雷夫利决定将剩余的那些未被利用的好点子放到其“创意集市”，让它们在合适的地方实现价值，同时也能为宝洁带来可见的获利。

不仅仅宝洁如此，很多知名的企业都在开展这种“开放创新运动”。像戴尔公司，就设立了一个名为“思想风暴”的网络论坛，向消费者征集如何改进产品的意见和建议。用户提出建议，论坛进行投票，那些最受欢迎的构思会被置顶。这个论坛推出仅两个月，就收到了近 4000 条构思，投票人数达到了 23.6 万人。迈克尔·戴尔认为，这种顾客导向的创新活动是重振戴尔的关键，他说：“直接聆听顾客的时候，我们就是最好的，我们聆听、学习之后，根据顾客的需要进行产品改进和创新。”

企业应该跳出局限，将目光投向企业之外，客户、竞争对手、供应商、渠道合作伙伴、咨询机构等都能为企业贡献创新的点子与启发。“集思”绝不仅仅限于企业内部，任何有建设性意义的信息和资源，都值得企业的管理者去鼓励、发掘、采撷、消化和利用。

顾客的需求和欲望是寻找新创意的逻辑起点

从顾客那里汲取新创意的七种方法：去观察顾客如何使用本公司的产品；向顾客询问有关产品使用方面存在的问题；向顾客询问他们梦寐以求的理想产品是什么样的；利用顾客顾问委员会对公司的创意提出评论；利用网络来获取新的创意；构建品牌社区鼓励讨论；鼓励顾客进行变革或改进本公司的产品等等。

——科特勒《营销管理》

科特勒提出，顾客的需求和欲望是企业寻找新产品创意的逻辑起点。企业可以通过多种方式从顾客那里汲取创意和构思：

第一种方式是观察顾客如何使用企业的产品。从这种使用过程中，企业能够发现丰富的有用的信息。宝洁公司就经常这样做。

宝洁公司对市场调查和研究的重视堪称业界典范，无论从人力和资金投入，还是从调研技术和工具的研发来看，宝洁的领先地位都无可争议。

宝洁在做市场调查的时候，会派调查人员与消费者同吃同住，观察其生活的每一个细节，这有助于了解消费者对产品的整体看法。他们还设计了专门的货架摆放样品，并在货架上安装针孔摄像机。然后通过研究消费者看到产品时的瞳孔大小来分析消费者的真实需求与真实想法。宝洁的“360度创新”的概念，就是围绕顾客体验进行全方位创新，包括达到所需性能的产品技术、能够以合适价格生产出该产品的生产技术、产品性能外观和包装的概念性以及审美性因素等。

第二种方式是向顾客询问有关产品使用方面存在的问题。顾客在使用产品时，如果感到不便，或者发现问题，他们一般不会去找企业提出来，这需要企业主动地去向顾客询问，而且这样做往往会给企业带来意外的收获。像宝洁公司在发现顾客打开薯片袋子后，薯片很难保存太久，很容易变坏，于是，宝洁很快设计出具有统一尺寸、网球状的罐装盒子薯片，也就是品客薯片。顾客吃这种薯片，可以打开后再盖上，薯片不那么容易变质。

第三种方式是向顾客询问他们期望的理想产品是什么样的。企业所设想的未必一定就是顾客想要的，要想了解顾客真实的期望，最好的方法就是主动问一问他们。

第四种方式是利用顾客顾问小组对企业的创意提出评论，也就是让企业的创意接受顾客的检验和评判。

第五种方式是利用网络获取新创意。网络是一个能会聚各种人群、各种声音、各种奇思妙想的绝佳平台，企业通过网络能够接触到更多的顾客，能从顾客那里获得建议和回馈，能够寻找并搜集到企业所需的关键信息。

第六种方式是构建品牌社区，让所有对企业感兴趣的人都能聚集在那里展开讨论。企业搭建起这样一个社区，能够实现顾客与顾客、顾客与企业之间的无障碍互动交流，这样的碰撞能够催生很多的创意。

第七种方式是鼓励顾客参与变革或改进企业的产品。有研究表明，企业很大一部分新产品来源于顾客提出的创意，而不是企业内部的头脑风暴或者研发活动。所以，企业应努力将顾客从一个单纯的消费者转化为一个合作设计者。这可使企业充分了解客户和市场的需求，从而引导企业创新的方向，明确企业创新的目标，缩短市场对产品的接受时间，达到迅速占领市场，排挤竞争对手，提高企业影响力的目的。宝约翰·勒·卡雷曾说："从办公桌上看世界的角度是非常危险的。"离开办公桌、办公室，到顾客那里去走动走动，听听顾客的意见与想法，这样才能创造出一个更富创意和竞争力的企业。

通过群众外包、合作创造、领先用户获取创意

群众外包，是指邀请互联网社区的力量来帮助创造内容和软件，其中常常会涉及赏金或荣誉。这一战略有助于创造出新的产品或造就新的公司，如开源的百科全书、维基百科，大型视频网站 YouTube 等。

——科特勒《营销管理》

科特勒认为，企业可以通过群众外包，与顾客进行合作创造，这样做可以让顾客觉得与企业之间的距离更近，而且也有利于形成积极的口碑营销。科特勒曾提出一个"领先用户"的概念，"领先用户"是指那些在没有征求企业统一或者使用企业知识的情况下就对产品进行创新的顾客，这样的顾客已经成为企业最重要的创意源泉之一。

举例来说，山地自行车的诞生，就是一些年轻人为了能骑车攀上山峰并从山峰上骑下来而改造出来的，他们对普通自行车加以改装，譬如增加摩托车制动器等部件、改进悬架和附件等等，这样改装出来的车更耐用，性能更优越。可以说，是这样一些年轻人开发出了山地车的创新，而不是企业本身。

现在，与用户携手共同进行甚至全权交由用户来进行创意构思已经成为一种趋势，像威客模式就是这种趋势的产物。

威客的英文是 Witkey（wit 智慧，key 钥匙）。在网络时代，凭借自己的创造能力在互联网上帮助别人并获取报酬的人就是威客。通俗地讲，威客就是在网络上出卖自己无形资产的人，或者说是在网络上做知识买卖的人。

威客通过互联网将自己的智慧、知识、能力、经验转换成实际收益，这个群体现在越来越庞大。一些威客网站也应运而生，而且势头强劲，像猪八戒威客网、任务中国等就是典型代表。

威客网站如何运行呢？举例来说，有一家刚成立不久的公司，他们的公司名称、公司理念、公司宣传语、公司标志、公司宣传册页设计、公司宣传动漫设计、公司网站设计，全部都是通过威客网悬赏征集的。这家公司原来是聘请了专门的人员负责这些工作的，但效果并不理想，而通过威客平台发布悬赏任务后，该公司发现，有很多设计师竞相提交自己的创意作品，公司从中选出了最为出色的方案。威客平台给这家公司节省了大笔费用。

威客网站会聚了大量的会员，有些人甚至成了专职威客，在家里办公。如今，威

客已经成为一个庞大的群体了。企业在发布任务的同时，还可以巧借威客平台进行网络营销，也就是在威客平台发布任务时，额外获得宣传推广效果。威客也是企业的潜在客户，可以获得一箭双雕的效果。比方说，淘宝商城有一位店主，就常在威客平台发布任务，征集产品文字描述，他获得了将近50个好的方案，更让他意外的是，他发现来自己网店购物的顾客中，有好些都是通过威客平台过来的，这些顾客是在做任务的过程中对产品有了兴趣，所以主动购买。由此可见，威客平台的力量不容小觑。

威客模式的出现，正是群众外包的一种体现。在以知识资源应用开发的新商业时代，每个人都可能成为创意之源，每个人都可能贡献出创意，企业要做的就是创造一切条件，让用户的创意能够表达出来，并且得到最佳的应用。

员工是改进公司生产、产品和服务的新创意源泉

公司员工也是改进公司生产、产品和服务的新创意的源泉。公司可以通过激励员工向创意经理提供创意，当然，该经理的名字和电话都是众所周知的。同时，内部的头脑风暴活动，如果组织得适当的话，也会很有效果。

——科特勒《营销管理》

科特勒指出，公司的员工在企业生产、产品、服务的改进以及创意产生方面具有极大的潜力。企业应该激励员工贡献创意，企业的高层管理者应该打破一切障碍，让下属员工的创意和想法能随时、及时地传递到决策层。此外，经常组织内部的头脑风暴活动，也能收到可喜的效果。

美国著名小说家欧·亨利曾说：“一个聪明人的头脑价值连城！”好的营销离不开好的创意，一个非凡的创意有时能够成就一个企业，甚至是一个行业。但对很多企业来说，最头疼的也是“创意”，不管怎么想破脑袋，就是找不到一个好创意。很多企业甚至重金悬赏，希望能够挖掘到一流的创意人才。然而，最好的创意人才和创意源泉其实不在远处，就在眼前，就在企业的员工之中。

员工是企业一切运营活动最直接的参与者与感知者——哪里有问题，哪里有隐患，哪里可改进，哪里能创新，他们心里有着一本账。倾听一线员工的声音，创造最自由的空间和环境鼓励员工的创意与创新，企业必能从中挖掘到巨大的宝藏。“苹果教父”乔布斯就很善于创造一切条件去让员工迸发无穷创意。

乔布斯和他领导的苹果公司历来以卓越的创造力闻名于世，但这种创造力，绝非乔布斯个人之力。他之所以能像魔术师一般以创意打造苹果产品的魔力，最重要的一个原因在于他能够想方设法激起员工的创意思潮与脑力激荡，正是这种“全员创新”成就了非凡的苹果公司。

比方说，在苹果公司内部，有一个很有名的“百杰集思会”，乔布斯会带上公司最有价值的100名员工一起外出度假活动，大家一起吃、喝、睡、玩，更重要的是一起集思，一起头脑风暴。乔布斯会站在一块白板前，问大家：“我们下一步应该做的十件事情是什么？”所有人会各抒己见，互相争论，力求让自己的建议能被采纳。乔布斯会

把这些建议一一写下来，然后再删掉那些认为愚蠢的。几轮辩论之后，大家最终确定出前十大“最应该做的事”。然后，乔布斯会把十大件里的后七件全部划掉，然后宣布：“我们只能做这前三件。”

试想一下，最有价值的100位团队成员碰撞在一起，那会形成多大的头脑风暴？会诞生多少的灵思妙想？乔布斯的过人之处，不在于他那让人叹为鬼斧神工的创新能力，而在于他能让整个团队爆发出创意智慧。

不独苹果如此，世界很多知名企业都很尊重与欣赏员工的创意，并且设置了价值丰厚的奖励，例如，西门子公司就构建有一个“无边界”的创新体系。它通过“3i计划”（点子ideas，激情impulses，积极性initiatives）来收集所有部门员工的创新建议。得益于此计划，西门子每年从员工那里收获的“金点子”超过10万个，当中有相当大一部分得到采纳并得到嘉奖。还有丰田公司，它的员工每年都会提出200万个创意，人均35个，并且85%以上得到了实施。还有沃尔玛，它有一个独特的“周六例会”制度，每周六，公司总裁会带着一众高管和分店经理与各级员工近千人集合在一起，就公司的经营理念和管理策略畅所欲言，表现突出的员工还会被邀请到公司总部本特维拉接受表扬。

孟子有句话：“独乐乐不如众乐乐。”创新也是同样的道理。一个企业的管理层再怎么穷思竭虑、挖空头脑，发挥出的创新力也是极有限的，只有通过集思广益，发动企业员工共同的创新力，才能让企业拥有永不枯竭、永不落伍的创意源泉。

卓越的营销往往靠营销人员打破规则来达成

好的营销部分取决于营销人员的遵守规则，卓越的营销却往往依靠营销人员打破规则来达成。

——科特勒《科特勒说》

科特勒认为，传统的营销模式有时作用并不突出，如果你能打破传统，可能会带来意想不到的效果。卓越的营销与好的营销之间的差异在于，前者往往靠营销人员打破规则、出奇出新来实现。

市场上的竞争其实与打牌是有相通之处的，企业要打好自己的一手牌，不能按常理出牌，要以奇制胜，打破规则，才能成为赢家。在很多情况下，打破规则做营销，不仅能取得出色的效果，而且还能大大降低营销费用。

比方说，美国曾有一家互联网公司要推广自己的网站，但是这家小公司广告预算费用低得可怜，只有区区50万美元，这50万美元对互联网这种高度依赖“烧钱”的行业来说根本就是毛毛雨，他们怎么做的呢？他们干了一件大胆的事情：这家公司派出代表找到了一座颇有历史的美国小镇，和当地的街道委员会商量，能不能把他们的镇子名字改成网站的名字。作为报酬，他们愿给镇上捐50万美金，用于镇子的建设。

事实上，这家公司根本没打算捐这笔款，更没打算让镇子改名。街道委员会接到这个要求后不敢擅自做主，于是召集了全镇的居民开大会来讨论。这个建议太匪夷所思了，要把一个沿用百多年的小镇名字改成一个网站的名字。居民们陷入了争论中，这场争论先是引起了地方媒体的注意，继而又引来了更多的媒体。

这家互联网公司的目的就是要引发争论，吸引媒体的注意。为了让这场争论持续，该公司推波助澜，又制造了很多“小动作”，果然引来了各大媒体的报道。公司的宣传效果达到了，网站出名了。而小镇商讨的结果呢？居民们经过民主投票后，否决了改名字的建议。这等于是说，这家互联网公司没花一分钱，却漂亮地完成了网站的宣传推广任务。

华纳兄弟在为其影片《世纪战疫》造势做宣传时，手法也十分之巧妙。这部由史蒂文·索德伯格执导的影片讲述的是一种神秘的通过空气传染的致命病毒席卷全球的故事。为了宣传，公司聘请了一组微生物学家以及免疫学家给一块广告牌注射了青霉素、霉菌以及色素细菌。这些细菌在光照和温度的控制下慢慢生长，最终拼成了电影的名称，他们把这块由细菌构成的广告牌放置在多伦多一家废弃商店的窗户上。这块奇特的广告牌让很多行人觉得不适，但是这个创意却引来了大量媒体的关注，摘取了媒体大奖，并获得了同行的赞誉。

法国科学家法伯曾做过一个著名的毛毛虫试验。他把若干毛毛虫放在一个花盆的边缘上，首尾相连，围成一圈，并在花盆周围不到 6 英寸的地方撒了一些毛毛虫最爱吃的松针。毛毛虫开始一个跟着一个，绕着花盆一圈又一圈地走，一小时过去了，一天过去了，又一天过去了，毛毛虫们还是不停地围绕花盆在转圈，一连走了七天七夜，它们终于因为饥饿和精疲力竭而死去。这就是思维定势消极作用的结果。这样一个实验告诉我们，呆板地守着规则很可能会“害死人”，如果企业不能打破规则、逃离思维惯性而进行创新的话，那么很可能会落得和毛毛虫一样的结局。

向竞争对手和其他公司“伸手”要创意

公司也可以通过对竞争者和其他公司的产品与服务进行监视而发现好的创意。公司可以获悉顾客喜欢或不喜欢竞争对手产品中的哪些方面；也可以购买竞争对手的产品，然后把它们拆开，最终制造出更好的产品。类似地，公司的经销商也是好的新产品创意的来源，他们掌握着有关顾客需求和抱怨的第一手资料，往往是率先获悉竞争对手产品最新动向的人或组织。

——科特勒《营销管理》

科特勒认为，企业可以从竞争对手以及经销商那里获得很好的创意。

向竞争对手要创意，这从表面上看几乎是不可能的，竞争对手提防还来不及，怎么可能向企业提供创意？李开复曾经说过一句话：“竞争带来创新，竞争带来开放。”从竞争对手那里汲取创意灵感，并非不可能的事。

博弈论有这样一个观点：企业的行为与结果取决于竞争对手的行为与结果，只有管理好自己的竞争对手，企业才可能取胜。企业通过关注竞争对手情报，分析竞争对手的资源和能力，有效地整合企业内外部甚至全球资源，可以比竞争对手更快、更有效地为顾客创造新的价值，最终获得极大利益。此外，企业还可以与竞争对手进行基础研究合作、建立技术标准以及共同争取补贴等。有一些对企业而言价值不大的创新技术，企业也可以出售给竞争对手，只要能够增加企业的利益即可。像宝洁公司的某项专利技术，如果三年之内都没有被采用的话，就可以出售给其他的企业，包括竞争对手。

还有 IBM 公司，也采取类似的方式，积极拆分价值链，将创新成果出售，从出售专利使用权中获得高额回报。比方说，IBM 曾经将 2.5 英寸磁盘驱动器出售给苹果公司，苹果公司利用这项技术生产出畅销的膝上电脑 PowerBook。虽然 IBM 自己也生产膝上电脑 ThinkPad，但 IBM 认为与其将先进的磁盘驱动器用于自己的产品赚取利润，还不如通过销售磁盘驱动器赚取更多的利润。

从这些例子可以看出，即便存在竞争关系，企业之间也不一定非要形成剑拔弩张的关系。向竞争对手学习，观察他们，并从他们那里汲取经验、教训、创意，这样企业才能更具竞争力。

除了竞争者之外，分销商也是很重要的一个创意源泉。曾经有机构对《财富》1000 强企业进行大量的研究，得出了这样的结论：在新产品推介过程中，越早让渠道商参与其中，整个项目所节省的资金也就越多。分销商与终端用户的接触更多，也更广，他们掌握着用户需求、用户抱怨的第一手资料，他们能给企业提供切合实际的宝贵建议，这些建议能让企业少走很多弯路，从而对顾客需求和市场有更精准的把握。

激发个体和团队创造力的创意技巧

有很多技巧都可以激发个体或团队创造力。比方说，属性列举法、强制关联法、形态分析法、逆向假设分析、新情境分析、思维图法，等等。

——科特勒《营销管理》

创意的力量是无穷大的。一个好的创意可以为企业带来丰厚的利润和无穷尽的效益。科特勒举出了很多种能够激发个体与团队创造力的方法：

属性列举法。将产品分解为各种属性，然后对每一属性进行发散性思考，例如，电动牙刷的“电动”功能就是从属性入手所做的创新。

强制关联法。这是指将好几个不同的创意排列出来，然后考虑每一种创意与其他创意之间的关系。像宜家的很多家具都是极富创意的，它们可以巧妙地组合而实现不同的功能，还能节省空间。比方说，床、桌子、衣柜，这三者本来是各自独立的，但在宜家，它们却可以以一种让人眼前一亮的方式完美地组合起来，实现三合一，甚至多合一。

形态分析法。这种思考方式一般是从一个特定的命题出发，科特勒举了运输的例子，通过动力运输工具将一物从一个地方运到另一个地方，可以如何实现？针对这个命题，我们可以想到，运输工具可以是汽车、飞机、管道，等等，动力可以是电动机、磁场、人力等，然后发挥自由联想，尽量地列出所有可能的组合，这样往往可以产生出很多新的解决方案。

逆向假设分析。这是运用逆向思维进行思考，也就是说以一种背离正常模式的方式进行思考。比方说，人们写信的话通常是写给别人，那么逆向假设一下，能不能不写给别人，而是写给自己呢？这当然是可以的，有人就曾经开设这样的特殊邮递服务，将人们写给若干天甚至若干年后自己的信保存并按指定的日期投递。

新情境分析。这是将一些熟悉的、常规的流程应用到新环境中去的方式。比方说，现在我们身边很常见的各种宠物服务，如宠物寄存、代管、美容甚至是宠物心理治疗、宠物丧礼，等等，其实就是将人所接受的一些服务应用到宠物的世界里。

思维图法。这种方法往往是从某个想法、某个词出发去展开深入的、发散的、一层一层的联想，这样能够让一个创意逐渐具体化。

要激发个体和团队的创造力，企业需要有一套“创意机制”，这套机制要能激励、引导并落实员工及团队所贡献出来的创意。

英国有一家著名的企业叫维京集团，该企业的创始人理查德·布兰森创建了一种“把你的点子大声说出来”的创意机制。该公司所有员工都知道布兰森的电话，员工一有好的构想，就能通过各种渠道让他知晓。

集团每年会举办一次“家宴”，为那些想要贡献创意点子但平时又不容易接触到布兰森的员工制造了毛遂自荐的机会，“家宴”通常持续一周，参加人数多达3500人。

集团旗下的每一个企业都有一套可以使员工的建议、创意上达管理层的“渠道”。比方说，常务董事在当地的餐厅会常年预留8个空位子，任何员工只要认为自己的新点子够好，都可以申请和常务董事共进午餐，在用餐时进行沟通。

在这样多种多样的“创意机制”的激励下，维京员工的创造性和积极性得到了极大的调动，各类点子层出不穷，比方说维京新娘公司、维京日益壮大的国际互联网事业，它们的诞生都是员工向布兰森提出的建议。维京集团鼓励开放的氛围，鼓励相互之间自由地进行沟通交流，这使企业受益匪浅。

海尔有这样一个理念——每个员工都是创新的SBU（Strategic Business Unit，意为“战略事业单位”），这个SBU的意义就是每个人都可以成为一个经营者，每个人都可以以企业家的精神去创新。如果把企业比作一台大机器，企业的每个员工就好比机器上的零件。只有各个零件全都发挥作用，公司这台机器才可能正常运转。因此，企业要重视每个个体、每个团队的力量，鼓励他们的创意与想法，这样，企业这台大机器才能更加高效地运转。

什么样的创新最容易被接受

有些产品几乎只需要一个晚上就会大受欢迎，而有些产品则要经过较长的时间才会被接受。那么，什么样的创新最容易被接受呢？一般来说，有五个特征表现得尤为重要：优势性、兼容性、复杂性、可分性和可传播性。

——科特勒《营销管理》

科特勒认为，被市场接受、被顾客认可才是成功的创新。他总结出创新应具备的五个重要特征：优势性、兼容性、复杂性、可分性和可传播性。

在现实中，很多创新与顾客需求并不匹配。比方说，企业可能会认为产品功能应该越多越好，越先进越好，这样才能吸引顾客，但对顾客来说，他们其实并不需要这么多、这么先进的功能，有时候，功能太多、太先进反而会降低产品的使用感。产品的本质是为了帮助人们完成某项任务，顾客不过是希望利用创新型产品把自己手上的事情做得更好，因此创新的出发点应该立足于顾客在利用现有产品解决任务时遇到的问题。创新对问题的解决效果越好，越有利于顾客的认可和接受。如果创新与顾客的需求毫不相干，那么就算不上是成功的创新。

创新最重要的三大要素就是新颖、有效和有可行性。

新颖是创新的必备要素。然而，新颖并不意味着每一次创新都必须是一种开天辟地式的革命，或者是对已有产品的全面颠覆。大部分的创新是在某个较小的范围里，用新颖的方式，通过他人未经留意的视角来观察和解决问题。这种新颖的创新方式也不见得是前所未有的，而很可能是从别的领域借用的。这样的创新离我们的生活更近，其价值不可低估。

有效是创新的一个重要要素。创新必须有实用的价值。李开复先生曾经举过一个例子，他在硅图公司工作的时候，曾经领导开发过一个三维浏览器的产品。仅从这个产品本身，或者从技术角度出发，几乎每一个人都认为这是一个非常酷的产品。想象一下，在三维的视图里访问互联网，像玩游戏一样，从一个网站链接到另一个网站的操作，就像从一个房间走进另一个房间那样逼真，在当时，这是一个多么有创意的产品呀！但很遗憾，这样的产品并不是根据用户的需求开发的。这是因为，人们访问网页的时候，最关心的是信息的丰富程度和获取信息的效率，而一个三维的视图既不能带给用户更多的信息内容，也会严重妨碍信息的高效传递，无法使用户在最短的时间内获得最有价值的信息。这样一个对用户没有用的创新，最终只能走向失败的结局。

因此，他指出，创新的目的是要创造出实用的价值。需求才是创新之母，源自于实际需求而且能够解决某种需求的创新才会有真正的价值。像“杂交水稻之父”袁隆平培育出高产的杂交水稻，用农业科学技术战胜饥饿，解决了世界五分之一人口的温饱问题，这就是了不起的创新，因为这种创新解决了人们最为急迫的问题与需求。

创新的第三个要素是可行性，任何创新都要考虑在现有条件下的实施问题。如果利用了所有可以利用的资源、条件，仍然无法让某个创新成为现实，那么，再新颖、美妙的想法也只能是空中楼阁。

最好的创新是那些有着新颖的创意、能够给人们带来实用的价值并在现实条件下实现的创新。相应地，好的创新企业应该是拥有创意人才、理解用户需求，并能够以实践将创意变成现实的企业。

企业怎样有效地推动创新

怎样推动创新？大多数企业并不缺乏好主意，只是缺少一个机制来加以收集和利用。正是基于这一点，我提议建立企业的“建议管理系统”，由公司的某个高层经理领导一个跨部门人员组成的委员会来实施。

——科特勒《科特勒说》

科特勒认为，很多企业其实并不缺乏创新的主意，而是缺乏一个好的机制来搜集创意、利用创意、实现创意。他提出了很多建立企业战略创新能力的建议：

一是重用富有创造力的营销人员，他们可能是非传统的、打破常规的、勇于冒险的，甚至是好争论的，他们爆发出来的创造力价值无穷。

二是指导并鼓励员工使用创造性的工具，比方说，组织头脑风暴活动、开展共同研讨，还可以对员工进行专门的创造技巧培训，等等。

三是探讨未能满足的顾客需求，积极寻找新的产品或解决方法，比方说，怎样帮助人们养生，还有对抗一些常见的心理问题等。

四是建立创新奖励机制，比方说，定期举行“创意大赛”，对于优胜者给予各种奖励。

五是高层与基层加强互动和无障碍沟通，比方说，经理层可以带着员工一起出去聚餐或者举行各种活动，企业的领导者可以设立专门的热线或者信箱来接收员工的创意建议等。

六是建立顾客顾问团，听他们客观地评价企业和竞争者的产品、服务，听他们的建议与意见，等等。

七是重视从外部获取创新资源。从竞争者到合作伙伴，甚至是没有太大关联的企业与个人，都可以成为企业的创意源泉。

八是关注各种趋势，从趋势中寻找营销启示，这一点对于企业来说是特别重要的。有时候，一个趋势就意味着一个时代，企业错过了一个趋势，就等于错过了一个时代。把握准趋势去创新，这能让企业成为行业的领跑者。

2010年10月份，一款名为Kik的美国移动即时通讯软件引爆App Store，而在国内，有一个人凭着他十多年的互联网产品经验，迅速判断出这款软件背后隐藏的是一个重大的机会，他叫张小龙。几乎是第一时间，他就向公司领导作了汇报，并决心做这样的一个项目，公司认准了这是一个不容错过的新兴潮流，于是立即抽调研发人员组建起了一支高效优质的团队。两个多月后，一款支持发送语音短信、视频、图片和文字、支持多人群聊、仅耗少量流量的手机软件诞生，它的名字叫“微信”。微信在2011年度，就积累了5000万用户，而且其中2000万是活跃用户。之后，微信迅速蹿红，成为中国2011年度最火热的移动互联网应用。

在眼下这样一个瞬息万变的市场环境中，推陈出新、快速开发、应需而变是一个企业生存与发展的必备技能。企业需要有一套较为完善的机制来鼓励并落实创新，从各个可能的渠道搜集创意。对于有巨大潜在商业价值的创意，要拿得出魄力与实力，迅速将创意变为现实，为用户创造更好的体验，为企业带来实际的效益。

第8篇

品牌：企业最持久的无形资产

第 1 章

品牌的价值比一切都贵重

品牌在企业发展中处于核心战略地位

品牌是企业最持久的资产，比企业具体产品或生产设施的生命都要长。品牌是企业强有力的资产，它在企业发展中处于核心战略地位，需要妥善地经营和管理。

——科特勒《市场营销原理》

科特勒认为，品牌是企业最持久也是最强有力的资产，在企业发展中处于核心战略地位。科特勒曾援引桂格前 CEO 约翰·斯图尔特的一句话："如果一定要分开这个企业，我愿意放弃土地和厂房，只保留品牌和商标，我依然会做得比你好。"麦当劳的一位前任 CEO 也曾说："如果我们拥有的每一项资产、每一座建筑以及每一套设备都在一次可怕的自然灾害中被摧毁，只要还有品牌，我们就可以再融资，使这一切重新恢复。品牌的价值比这一切都贵重。"从这些可以看出，品牌对一个企业而言，它的价值胜过一切。

"品牌"这个词源于古挪威文字，其本意是"烙印"，它非常形象地表达出了品牌的含义——"如何在消费者心中刻下烙印?"品牌是一个在消费者生活中，通过认知、体验、信任、感受建立关系，并占得一席之地的、消费者感受的总和。

市场竞争可以分为四个高低不等的层次，分别是价格竞争、质量竞争、创新竞争，最后是品牌竞争。品牌竞争是最高层次的竞争。在科特勒看来，营销的最高境界是品牌经营。他非常推崇"耐克"，他认为耐克最成功之处是让激动与成就感附着于产品之上，拥有"耐克"的顾客会有成就感，这就是品牌的力量。消费者在选择商品时，品牌是一个关键的考虑因素，品牌浓缩了一切、集中了一切。企业要真正在市场中树立自己的地位和形象，进行品牌营销是最重要的一步。品牌能给企业带来实实在在的价值和利益，它的魔力体现在：

聚合效应。拥有知名品牌的企业或产品更容易获得社会的认可，社会的资本、人才、管理经验甚至政策都会倾向名牌企业或产品，使企业能够聚合人、财、物等资源，形成并很好地发挥名牌的聚合效应。

磁场效应。企业树立起品牌，拥有了较高的知名度，特别是较高的美誉度后，会在消费者心目中树立起极高的威望，消费者更容易在这种吸引力下形成品牌忠诚，反复购买，帮助其宣传，而其他产品的使用者也会在品牌产品的吸引下开始使用此产品，并可能同样发展成为此品牌的忠实消费者，这样品牌实力进一步巩固，形成了一种高效益的良性循环。

衍生效应。品牌积累、聚合了足够的资源，就会不断衍生出新的产品和服务，品牌的衍生效应能使企业快速地发展，并不断开拓市场，占有市场，形成新的品牌。比方说，海尔集团就是首先在冰箱领域创出佳绩，成为知名企业、知名品牌后，再逐步将其聚合的资本、技术、管理经验等延伸到空调、洗衣机、彩电等业务领域。

内敛效应。品牌会增强企业的凝聚力，它有助于在企业内形成一种企业文化和工作氛围。品牌的内敛效应可以聚合员工的才干、智慧与精力，使企业有一种积极向上的面貌。

宣传效应。品牌树立起来后，企业可以利用名牌的知名度、美誉度传播企业名声，宣传地区形象，甚至宣传国家形象。比如，可口可乐就一度被赞为“装在瓶子里的美国精神”，它所传输、所代表的正是活力、激情、创造、享受等美国精神。

带动效应。品牌的带动效应是指品牌产品对企业发展的拉动，品牌企业对城市经济、地区经济甚至国家经济都具有强大的带动作用。品牌的带动效应也可称为龙头效应，名牌产品或企业像龙头一样带动着企业的发展、地区经济的增长。另外，品牌对产品销售、企业经营、企业扩张都有一种带动效应，这也是国际上所谓的“品牌带动论”。

稳定效应。当一个地区的经济出现波动时，品牌的稳定发展一方面可以拉动地区经济；另一方面起到了稳定军心的作用，使人、才、物等社会资源不至于流走。

一个品牌一旦打败另一个品牌，被打败的那个品牌很可能就会渐渐没落直至不复存在了。在很多行业，外资企业进入中国市场后，采取的一个重要的竞争手段就是品牌竞争，先吞并国内企业的品牌，然后再占领其市场，继而让吞并过来的品牌销声匿迹。举例来说，当年，国外曾有著名厂家与海尔谈合资，开出了天价，提出的条件是美方控股，打美方的品牌，张瑞敏的回答是：“其他条件可以随意，但必须是海尔控股，打海尔的品牌。”从这个例子也可以看出，品牌于企业而言，是居于核心战略地位的，企业要用心地创造、经营、保护并提升自己的品牌。

品牌是把 4P 结合到一起的黏合剂

塑造品牌非常重要，当你最终发展出品牌概念，它就变成把 4P 结合到一起的黏合剂。品牌陈述成为设定 4P 的基础。一个品牌是你必须要履行的一个承诺。

——科特勒《世界经理人》采访

科特勒认为，品牌是把 4P（Product 产品、Price 价格、Promotion 促销、Place 渠道）结合到一起的黏合剂，一个品牌的崛起离不开最基本的 4P。对企业来说，只有强大的营销力才能托起强大的品牌，而提升营销力的过程其实就是打造 4P 的过程，企业有什么样的 4P，就拥有什么样的营销力。

然而，随着传播的发展，品牌与 4P 有渐渐脱节的现象。现在，仅仅从品牌知名度已经不足以客观、真实地评价企业能力，但如果将视角转向 4P，则评价更能贴近真实情况。可以这样说，所有企业的崛起都能从 4P 中找到理由，所有品牌的衰败也都能从 4P 中找到缘由。

早年的孔府宴酒、秦池酒、爱多等重金砸出来的“标王”，就是典型的品牌与 4P 脱节的例子，虽然通过巨额的广告投入将品牌树起来了，但是 4P 并没有同步跟上，结果便是快速地打出名气，又快速地没落了。不仅国内企业如此，很多呼风唤雨的国际知名品牌，由于其 4P 出现这样或者那样的问题，也遭遇了折戟沉沙的命运，这样的例子并不少见。比方说，诺基亚在智能手机上落后了一步，结果却令这个昔日手机业的第一品牌走到险象环生的境地。

现在，人们看到的更多的是品牌对于 4P 的影响，却容易忽略 4P 对一个优秀品牌的支撑甚至是决定作用。

产品是品牌最直接的支撑。没有竞争力强大的产品，就难有永续的品牌。曾经有很多企业通过大打广告，打响了名声，但是产品却缺乏质量保证或者缺乏持续的创新，最终仍然难以在市场立足，更不用说保住自己的品牌。产品不是因为有了品牌才优秀，恰恰相反，是因为产品优秀了才有了品牌。

从表面上看，似乎是品牌决定了价格，有品牌的产品要比无品牌的同类产品价格高，优秀品牌的产品要比普通品牌的产品价格高，但这只是一种表象。实际上，同样知名的两个品牌，有时候价格会相差很大，其原因并非在品牌本身，而是与企业塑造价格的能力密切相关的。品牌只能将企业分级归类，但在相应的层次里，关键仍在企业现实的作为，比如产品品质与创新能力、市场营销能力，等等。

渠道是生产商与终端用户之间的桥梁。做市场，说白了，就是利用产品做渠道。在 4P 之中，产品、价格、渠道这三者是最稳固的组合，而促销则正是为了确立和强化它们的组合。在大多数人看来，企业做营销最终得到的是品牌，但换一个角度，也可以这么说，企业最终得到的是渠道。渠道出现问题，要比产品出现问题严峻得多、要命得多。特别是有形产品，渠道正发挥越来越大的作用。渠道因为贴近顾客，所以有了更多的话语权。可以说，渠道是品牌的根基。

很多人将 4P 视为一种战术，其中一个最主要的原因就是“促销”。人们对“促销”的理解太狭义化，将其等同为“销售促进”，促销本来应该是指对产品、价格和渠道的推广，却被狭义地视为是对顾客的“销售促进”。促销本来应该是 4P 组合中最有创意、最具灵气的部分，但在现实中，它却成了最功利、最随意的部分。如果我们说产品、价格和渠道是品牌建设的硬件的话，那么，促销就是品牌建设的软件。如果营销者不能从狭义的“促销”观念中走出来，正确认识“促销”的话，那么，很难打出一场漂亮的品牌建设战。

总体来说，还是回到了科特勒所提及的观点：“品牌是把 4P 结合到一起的黏合剂。”4P 不是单纯的战术，而是品牌的实际支撑与根基。

对消费者而言，品牌意味着价值和信任

对消费者而言，品牌意味着价值和信任。品牌不仅仅是一个名称或者一个象征，它是企业与顾客关系中一个关键的要素。品牌表达了消费者对某种产品及其性能的认知与感受——该产品或服务在消费者心中的意义。所以，有营销者说："在工厂里创造产品，在头脑中创造品牌。"

——科特勒《市场营销原理》

"品牌意味着价值和信任"，科特勒这句话揭示了品牌之于消费者的意义。为什么消费者在购买时只要经济能力许可，大都会偏向于品牌美誉度高的产品？为什么当一个备受消费者喜爱的品牌出现质量问题或负面新闻的时候，消费者会气愤不平，有被欺骗和被背叛的感觉？这些都可以从科特勒的这句话中摸索到答案。

"在工厂里创造产品，在头脑中创造品牌。"的确，品牌存在于消费者的头脑和心智之中，对消费者来说，品牌不仅是一个名称、一个标志、一个象征，它更是产品与服务在消费者心中所留下的投影与烙印。

品牌之所以在消费者的心目中占有着重要的地位，科特勒有他自己的看法，他认为品牌暗含着产品与顾客之间的关系，暗示着顾客所期望的一种特质与服务。品牌最大的好处在于使消费者在成千上万种产品中购买自己的产品。而品牌的成功又取决于营销人员如何将它根植于消费者的头脑中。

在我们身边，品牌很多，但"真品牌"却不多。真品牌具有强大的生命力和很高的市场溢价。真品牌的根本就是顾客的信任。这种信任是企业和顾客之间的一种关系，既可以是有关产品质量的，也可以是有关产品性价比的，还可以是有关产品品位的。所以，真品牌不一定只出自于知名的大企业，也不一定只出自于奢侈品。奔驰、宝马是真品牌，麦当劳、沃尔玛也是真品牌，它们都赢得了顾客非同一般的信任和信赖。

在企业界，常听到这样的说法，中国缺少过硬的大品牌、真品牌，其实，这只是表象，真正缺乏的是顾客信任。要建立起强大的真品牌，企业非要在信任上下工夫不可。很多企业喜欢通过参与各种认证、评比，并拿认证的结果、评比的奖项来为自己的品牌加码，但事实上，真品牌只能在市场竞争的磨砺中诞生。正因为真品牌的基础与核心是信任，所以，企业急功近利是做不来的，真品牌需要时间的考验。

品牌最持久的含义是其价值、文化和信任，这是品牌的实质。建立品牌其实就是建立信任。从拥有知名度、创建美誉度到形成品牌信任是很漫长的路，这个时间可能需要几十年甚至上百年。所以，任何急功近利以为打造知名度就是打造品牌的行为，都是短视和幼稚的。很多知名度很高的企业和牌子，因为丧失了渠道的信任和消费者的信任，就再难站起来了。一个品牌在市场中获胜，并不仅仅是因为它传递了特殊的利益或者可靠的服务，而是因为它与顾客建立了深厚的联系。

品牌是保障竞争优势的强有力手段

品牌暗示一定水平的质量，所以满意的购买者很容易再次选择这种产品。品牌忠

诚为公司提供了对需求的可预测性和安全性，同时它建立的壁垒使得其他公司难以进入这个市场。尽管竞争者可能复制制造流程与产品设计，但是它们还是难以取代品牌经由长年的营销活动和产品经验而在个体和组织心目中留下的持久印象。从这个意义上说，品牌是保障竞争优势的强有力手段。

——科特勒《营销管理》

科特勒曾经在一次题为“打造中国企业品牌力”的演讲中谈到，从一个优秀的品牌之中，公司可以获得的实际利益有：高价格，高销量；避开价格战；高客户忠诚度和保留率；获得最好的零售商；最好的货架位置；销售人员的优先推荐；品牌延伸等等。品牌成了保障竞争优势的强有力手段。

品牌为王已经是市场上不争的事实。顾客购买和消费的不仅是单一的产品和服务，更有来自品牌的感觉、认知、归属、荣耀等附加价值。那些成熟的、知名度极高的大品牌企业，它们的品牌地位和无形价值是无价之宝。为一个好的品牌，顾客愿意支付更高的价格，这一价格甚至要高出竞争品牌20％～25％。

大卫·奥格尔曾经说：“任何一个傻瓜都可以做成一笔生意，而创造一个品牌却需要创意、信仰和坚韧不拔的努力。”美国畅销书作家斯蒂芬·金也曾说：“产品是某件工厂里生产的东西，品牌是一个顾客所购买的某种东西。产品可以被竞争者仿制，品牌却独一无二。产品很快会过时，而成功的品牌永远会存在下去。”对一个企业而言，品牌的意义和价值体现在：

第一，品牌是产品竞争的有力武器。品牌与产品形象、企业形象密切相关。一个好的品牌是提高企业声望、扩大产品销路的“开路先锋”，是参与市场竞争的好帮手。可口可乐、索尼、松下等品牌之所以在世界商业史上长盛不衰，靠的都是响当当的品牌。

第二，品牌有助于产品促销。好的品牌可以稳定并逐步扩大企业产品销路。另外，品牌对新产品上市有极大帮助作用，消费者更容易接受已有良好声誉的品牌。

第三，注册商标受法律保护。经过注册的商标具有严格的排他性，注册者有专用权。一旦在市场上发现假冒商品，注册企业可依法追究、索赔，保护本企业利益不受侵犯。这也是增强企业竞争力的有效途径之一。

第四，品牌有助于监督、提高产品质量。企业创立一个品牌，要经过长期不懈的努力，才能在消费者心目中树立牢固的信誉，要维护品牌形象，必须不断巩固和提高产品质量。因此，品牌是企业进行自我监督的一种重要手段。

第五，形成无价的品牌资产。好的品牌是企业宝贵的无形资产，具有极高的价值。在企业内部，品牌对于提高员工的凝聚力、增加其自豪感、调动员工的创造性和工作热情有着不可估量的作用。

品牌是企业综合竞争力的凝结。品牌具有很强的累积效应和蓄势效应，它体现了企业长期以来竞争优势的聚集。因此品牌具有“进入壁垒”的性质。品牌竞争优势上的深厚历史沉淀，是消费者品牌偏好与品牌忠诚的一个重要原因。名牌之间的竞争主要集中在技术创新与广告宣传两个方面。一般而言，名牌企业的技术创新投入占销售额的3％～5％之间，高的可达8％；广告投入占销售额的3％～10％，平均为5％。名牌的成长依赖于企业的规模以及企业的资本实力。

在品牌竞争时期，品牌地位在某种程度上就意味着市场地位，龙头品牌的地位象征着高居市场统帅地位。创国内、世界一流品牌已成为新竞争形势的要求，也是每个市场行为主体的竞争目标和必然选择。

伟大的品牌唤起的是形象、期望和承诺

伟大的品牌唤起的是形象、期望和对性能的承诺。品牌具有人格，我们提到麦当劳、苹果电脑、斯沃琪手表时，脑中都会产生相应的品牌联想。

——科特勒《科特勒说》

科特勒认为，一个伟大的品牌，能够唤起形象、期望和对性能的承诺。简单地说，当我们想起某个熟人的名字的时候，脑海中就会浮现出这个人的模样、他曾经说过的话、做过的事，等等。品牌同样也是如此，品牌是具有人格的。比如，提起肯德基，就会想到山德士上校的头像；提到沃尔玛，就会想到价廉物美；提到联邦快递，就会想起使命必达……

品牌对于买方来讲，代表着一种承诺，是信任的保障，也是买方选择产品的标尺之一。一个强有力的品牌应该具备这样几点：一是品牌应该给人留下产品特性、风格等属性方面的联想。二是品牌应该具备一个或多个特别突出的特点，比方说，沃尔沃意味着安全，而苹果产品意味着时尚、人性化、创意性。三是如果品牌是一个人的话，我们必须可以将这个人的特点视觉化，例如百事可乐就通过多种营销、宣传途径将自己定义为一个年轻、朝气蓬勃的形象。四是品牌需要反映出企业的价值观，例如创新、客户服务至上、社会责任感强等。五是品牌应体现用户群体的特征，是年轻热情、充满活力，还是年长持重、内敛稳重等。在塑造品牌时，营销者必须考虑到品牌的每一个因素，以造就一个更加协调统一、更加完善的品牌。

品牌树立起某种鲜明的形象，还只是品牌建设的第一步，更重要的是当树立形象、做出承诺之后，企业要能坚持下来，也就是言与行要合一。比方说，如果一个企业的品牌号称绿色环保，却被爆出了产品不合格，或者原材料存在污染等负面新闻的话，那么无异于是在砸自己树立起来的牌子。企业如果在品牌建设上“言行不一”，是要付出巨大代价的。

在品牌建设过程中，道德的底线只是一个企业或品牌生存的最低标准，在此之上的行为的确不会遭到道德与法律的谴责，但是，要打造一个强大的品牌不能仅仅以道德底线为基础，还应为自己树立更高的标准。越是成功的大品牌，他们在做宣传、做承诺时往往越谨慎，而在履行承诺的时候，则会做到尽可能地好上加好，这样一来，能让消费者获得非常满意的体验，进而渐渐形成对品牌的忠诚。

企业的品牌承诺不仅仅体现于广告语和宣传中，更体现在一些容易被忽略的细节上，有时只是企业无意间流露出的一点讯息，却可能给消费者带来重大的影响。举一个很简单的例子，现在很多公司会在企业的车辆特别是送货车上喷涂品牌或者企业的标识与宣传语等，这的确是一种很理想的流动宣传广告。但是仔细观察一下，有的企

业的送货车，车身非常脏，满是灰尘泥土，甚至还有污渍。送货员甚至企业自身或许都不觉得这有多严重，可是在消费者看来，这对品牌却是一种抹杀。假如这是一家食品企业的送货车，那么，即便广告宣传中该产品显得色香味俱全、令人垂涎欲滴，可消费者看到送货车后，想必胃口会大受影响。

还有一种情况是，企业本身在品牌建设上做得较为不错，但是在一些无法有效掌控的环节，却常常会出现严重的纰漏。例如合作伙伴，这就是一个企业很难插手管理可又实实在在会影响到企业形象的环节。现在有很多品牌的售后服务都是与一些地区性的维修机构签订特约维修或售后服务合作协议的，企业对这些机构如果缺乏管理能力和监控能力，那么很容易出现各种各样的问题，给消费者留下不好的印象，造成期望值的落差。即使是那些非常注重用户营销体验的企业，也很可能会因为这些不易被发现的环节造成疏漏而前功尽弃。

企业在品牌建设中，要做好每一个环节，这包括了合作伙伴的管理与规范。只有这样，才能给顾客留下完美的形象，才能超越顾客的期望，才能不负对顾客做出的承诺；也只有这样，才能打造出伟大的品牌。

第 2 章
什么造就了一个伟大的品牌

最强的品牌定位能够触动消费者的情感深处

营销人员需要在目标顾客心目中为其品牌进行清晰的定位。最强的品牌定位层次超越了强调产品属性或者产品利益，通过强有力的信仰和价值观进行品牌定位。这些品牌强调一种情感冲击。营销者应把品牌同时定位到消费者的思想和精神中去，这样才能打动他们的内心。

——科特勒《市场营销原理》

科特勒认为，营销人员可以从三个层次上对其品牌进行定位：

首先，最低层次，是通过产品属性来进行品牌定位。比如，宝洁公司推出的“帮宝适”一次性婴儿纸尿裤，早期的营销重点就集中在吸水性、舒适性和一次性上。一般来说，产品属性是品牌定位最不可取的层次，因为竞争者可以很轻易地加以模仿，更重要的是，消费者从根本上而言，对企业产品的属性本身并不感兴趣，他们更关心的是这些产品属性能为自己带来什么样的利益。

其次，在产品属性之上，企业可以将品牌名称与某种顾客渴求的利益联系起来，进行更好的定位。同样以帮宝适为例，帮宝适超越了产品的技术属性，而将重心放在皮肤健康上。“因为我们，全世界婴儿潮湿的屁股更少了”，这样一句话，显然比单纯的产品属性更能打动消费者。通过强调利益而成功打造出品牌的企业很多，如以安全著称的沃尔沃、以绿色无害著称的美体小铺、以“使命必达”为宗旨的联邦快递，等等。

最后，比利益更高一个层次的是围绕产品给消费者创造的情感体验来定位品牌。还是拿帮宝适的例子来说，这款产品对于父母们而言，并不仅仅意味着防漏和保持干爽，更意味着全面的婴儿护理。宝洁的首席市场官吉姆·斯登戈尔曾说：“回想过去，我们经常在基本利益上思考我们的品牌。现在我们开始近距离地倾听消费者的声音，我们想要成为一种品牌体验，我们想要伴随着孩子的成长和发展来支持父母和孩子。

当我们把帮宝适从保持干爽转变为帮助妈妈关注孩子的发展后，我们的婴幼儿护理业务才开始快速增长。”

最强的品牌定位就是要超越产品属性或产品利益，直抵消费者的情感深处，将品牌定位到消费者的思想和精神中去，打动他们的内心。像星巴克、维多利亚的秘密、苹果等公司，就是这方面的代表，它们围绕着产品为消费者创造出来的那种惊喜、激情、兴奋来定位。我们来看一个大众银行的案例。

大众银行曾经推出过一系列“不平凡的平凡大众”的广告，轰动一时。其中热度最高的两段广告分别是《母亲的勇气》和《梦骑士》。

《母亲的勇气》以一个淳朴的阿嬷蔡莺妹的真实经历为蓝本，这位阿嬷，不会外语，国语也说得不好，她千里迢迢从中国台湾飞到委内瑞拉，就是想看看女儿嫁得如何，看看自己的外孙，再照顾刚生二胎的女儿坐月子。这则广告的旁白是这样的：

从台南出发，要如何才能到达哥斯达黎加呢？首先得从台南飞至桃园机场，接着搭乘足足十二小时的班机，从台北飞往美国；接着，从美国飞五个多小时到达中美洲的转运中心——萨尔瓦多，然后才能从萨尔瓦多乘机飞至目的地——哥斯达黎加。她曾在拥挤的异国人群中狂奔摔倒，曾在午夜机场冰冷的坐椅上蜷缩，也曾在恍惚的人流中举着救命的纸条卑躬屈膝……这一切的一切，不过只是想亲眼看看自己的女儿。这是一位真实而又平凡的中国母亲。她名叫蔡莺妹，67岁，生平第一次出远门，不会说英文，不会说西班牙语，为了自己的女儿，独自一人飞行整整三天，从台南到哥斯达黎加，无惧这三万六千公里的艰难险阻。她让我们看到了一位母亲因爱而萌发的勇气。这种匿藏在母性情怀中的勇气，从始至终都不会因距离和时间而改变心中的方向。

奥美将这个故事制成了大众银行的广告宣传片，大众银行希望借由这个故事传达中国台湾人民坚韧、勇敢、真实且善良的一面，做“最懂中国台湾人的银行”。这则广告特地选在2010年农历年节合家团圆的时候播出，让更多的人记住了这位阿嬷，也记住了大众银行。

《梦骑士》这段广告也是由真实故事改编，广告一开始便是一句意味深长的“人为什么活着”，接着是昏暗的隧道，仿若彷徨的人生旅程，接下来镜头中陆续出现几位老人，要么痛失老妻，要么病痛缠身，都是凄惶无比。随后基调一转，随着猛然的一声“去骑摩托车吧！”背景音乐变为激昂的“On Your Mark”，几位老人骑着摩托车驶出隧道，带着对友人与爱人的思念，梦骑士开始新的征程。“5个中国台湾人，平均年龄81岁，1个重听，1个得了癌症，3个有心脏病，每一个都有退化性关节炎，6个月准备，环岛13天，1139公里，从北到南，从黑夜到白天，只为了一个简单的理由。”朴实而厚重的广告词深深触动人心。

这两则广告中的故事都发生在和我们一样普通但又不平凡的人身上，这恰好契合了大众银行所要传达的“大众”理念，很符合大众银行的品牌定位。品牌宣传广告的内容不一定非要跟公司的产品和服务相关，而只是要给目标受众留下一个深刻的印象，传达某种关怀、价值、信念层次的正面讯息。就像大众银行的品牌广告，并没有告知该银行的任何产品服务的信息，可是，它却以生动感人的故事，引起了所有“大众”深层次的情感共鸣。当有一天，某个顾客需要银行服务，而他只要想起这两段广告，想起大众银行，那么，这两段品牌广告就成功了。

品牌共鸣：顾客的思想决定了品牌的强势程度

共鸣是顾客与品牌之间心理纽带的强度或深度，同时也反映了这种忠诚造成的行为水平。品牌共鸣模型认为品牌建设是由一系列上升的步骤组成的，要创建有效的品牌资产就必须达到品牌金字塔的顶端或塔尖，只有把恰当的品牌创建模块放在金字塔模型的合适位置才能实现。

——科特勒《营销管理》

科特勒提出过一个品牌共鸣模型，他认为，品牌共鸣自下往上有这样几个层次，最初级的层次是企业的品牌能为消费者所识别，当消费者产生某种需求时能够想到这个品牌；在此基础上更进一步的层次是，将大量有形无形的品牌联想植入消费者心中，在这块心智阵地上稳固地建立起品牌的独特意义；再往上一层，则是引出消费者对品牌的正面反应，并将这种反应转化成消费者与品牌之间紧密而活跃的忠诚关系。一个品牌的强势程度取决于消费者对该品牌的理解和认识程度，也就是说，消费者的思想决定了品牌的强势程度。

共鸣这个词的原始含义是指物体因共振而发声的现象，即两个振动频率相同的物体，其中一个振动了，另一个在激发下也会振动发声。引申一下，是指由别人的某种情绪引起的相同的情绪。品牌共鸣则是指由品牌所有者与品牌消费者或者品牌消费者彼此之间，以品牌为媒介所产生的不同心灵之间共同的反应。其实质体现的是消费者与品牌之间紧密的心理联系。通过与品牌之间进行的情感互动，消费者可以感觉到该品牌能够反映或者契合自己的情感，并且可以就这个品牌与他人进行交流共享。品牌共鸣能增强消费者对品牌的认同与依赖，使企业收获较高的品牌忠诚度。

戴比尔斯在营销其钻石时，并不着力于宣扬其钻石如何珍贵稀有，而是赋予它爱情的魅力——“钻石恒久远，一颗永留传”。人们购买的就不仅仅是钻石本身，而是对爱情的坚贞与执着。新加坡一家名为“面包物语”的连锁面包店所生产的面包与其他企业大同小异，但其独特之处就在于给每种面包都取了非常好听的名字，编出了非常动人的故事。这样一来，消费者买面包，不仅满足了一般的营养需求，更走进了一种特定氛围中，很容易产生情感共鸣。

还有知名的耐克公司，它在男性市场上牢牢站稳脚跟后，转而集中火力进攻女性市场。为了赢得女性用户的偏爱，它在深入了解女性内心世界的基础之上推出了非常独特的广告。广告作品采用对比强烈的黑白画面，背景之上凸现的是一个个交织在一起的“不”字，广告词更是意味深长，充满一种令人感动的希望：在你一生中，有人总认为你不能干这不能干那；在你的一生中，有人总说你不够优秀，不够强健，不够天赋；他们还说你身高不行，体重不行，体质不行，不会有所作为。

耐克的广告完全不像一个体育用品商的销售诉求，而更像一则呼之欲出的女性内心告白。这则广告获得巨大成功，广告推出后，许多女性用户致电耐克说：“耐克广告改变了我的一生……”，“我从今以后只买耐克，因为你们理解我”。这些结果也反映在销售业绩上，耐克女性市场的销售增长率超过了其在男性市场的表现。

这几个例子的共同之处就在于，品牌引发了消费者的强烈共鸣，已经超出了商品的意义，而成了消费者的情感寄托。就像品牌策略专家史考特·泰格所言："能虏获你的心的品牌就能够促成行动，能够虏获你的感情的品牌就能够获得青睐。"情感对心理的刺激比普通思考对心理的刺激要快3000倍，在大多数购买行为中，在理智采取行动之前，情感已经在开始运转了。一个品牌如果能令消费者产生共鸣，那么，就等于抓住了消费者情感的阀门。

18世纪法国启蒙思想家狄德罗曾说："没有感情这个品质，任何笔调都不可能打动人心。"品牌同样也是如此，"攻心为上"，品牌需要通过感情传递、感情交流、感情培养，让消费者产生心灵上的共鸣，这样企业的产品才更容易为顾客所理解、所喜爱、所接受。品牌就是心灵的烙印，烙印是美丽还是丑陋，是深还是浅，决定着品牌力量的强弱、品牌资产的多寡和品牌价值的高低。

高度一致的"品牌＋定位＋差异化"才能实现成功营销

在信息爆炸和社区网络化的时代，消费者的权力变得越来越大，企业必须采取高度一致的"品牌＋定位＋差异化"手段才能实现营销目的。

——科特勒《营销革命3.0》

科特勒认为，在营销3.0时代，营销应该被定义为品牌、定位和差异化这三者所构成的等边三角形。在消费者水平化时代，品牌只强调定位是远远不够的。消费者或许能牢牢记住某个品牌，但这并不表明这是一个良好的品牌。这个时候的定位纯粹是一种主张，其作用在于提醒消费者避开虚假品牌。没有差异化，营销的等边三角形就是不完整的。从根本上来说，差异化只有和定位一起发挥作用，才能创建出良好的品牌形象。

要实现高度一致的"品牌＋定位＋差异化"，企业需要做到品牌标志、品牌道德和品牌形象三者的完整融合。品牌标志能让品牌区别于其他品牌，在市场信息繁杂的今天，要让消费者一眼就注意到某个品牌、记住某个品牌，品牌标志必须鲜明深刻，品牌定位必须新颖独特，同时，它们还必须和消费者的理性需求和期望相一致。而品牌道德是指营销者必须能够达成在品牌定位与差异化过程中所提出的主张。企业能否实现承诺，能否让消费者信任自己的品牌，这都将由品牌道德来决定。品牌形象是指品牌与消费者之间所形成的强烈的情感共鸣。

营销的巅峰在于品牌标志、品牌道德和品牌形象三大概念的完整融合。也就是说，营销所要完成的就是要清晰地定义企业独特的品牌标志，然后用可靠的品牌道德强化它，最终建立起强大的品牌形象。

企业品牌战略的核心在于品牌规划，这关系到一个品牌未来的前途命运。而品牌规划的首要一步就是对品牌进行科学、合理的定位，也就是告诉消费者"我是什么"。解决了"我是什么"的问题，其实就解决了"卖给谁"的问题，也就解决了品牌的目标消费人群定位问题。

奢侈品的定位是尊贵，目标消费人群是有身份、有地位、有经济实力的人，既然如此，那么，产品价格自然不会便宜，产品品质也必然精益求精，广告传播的对象也一定是“有身份有地位的成功人士”。

在确定了品牌定位之后，企业需要通过品牌差异化为品牌在消费者心目中占领一个特殊的位置，以区别于竞争品牌的卖点和市场地位。品牌差异化比产品差异化要难得多。品牌差异化是在品牌概念、品牌个性上与竞争对手做区隔，例如，中国移动动感地带“我的地盘我做主”，主打年轻人群体，就是一种品牌差异化的例子。

品牌差异化定位的目的就是将产品的核心优势或个性差异转化为品牌，以满足目标消费者的个性需求。成功的品牌大都具有一个差异化特征，明显区别于竞争对手，符合消费者需要，并能以一种始终如一的形式将品牌的差异与消费者的心理需要连接起来，通过这种方式将品牌定位信息准确传达给消费者，在潜在消费者心中占领一个有利的位置。

就拿矿泉水来说，一瓶矿泉水卖到几十元，有可能吗？有可能。虽然在矿泉水市场中，像娃哈哈这样一线品牌的矿泉水也不过 1.5 元一瓶，进口矿泉水也就三五元，而依云矿泉水是个例外，其主要原因就在于，依云树立了丰富并吸引人的品牌文化——依云矿泉水来自高山融雪和山地雨水汇聚的阿尔卑斯山脉腹地，经过长达 15 年的天然过滤和冰川砂层的层层矿化与自然净化，最终形成了独一无二的依云水。

1789 年的某一天，有一位患有肾结石的法国贵族散步到此地的一个小镇，无意间饮用了当地的泉水，觉得口感甜美滑润，于是取了一些当地的水坚持饮用，一段时间后他惊奇地发现自己的肾结石奇迹般地消失了。这桩奇闻迅速传开，专家们对依云水专门做了分析研究并且证明了它的疗效。从这以后，大量的游客涌到了依云小镇，亲自体验依云水的神奇，医生们更是将它列入药方。拿破仑三世与皇后对依云镇的矿泉水更是情有独钟，1864 年，正式赐名该地为依云镇，依云矿泉水也随之走向了全世界。

这就是品牌差异化定位所带来的奇效。品牌＋定位＋差异化，三者合一，达到高度的一致，不仅能吸引消费者注目，更能将品牌根植到消费者心中，如此才能造就一个成功的品牌。

能在顾客心中产生正面联想的品牌才能成为强势品牌

只要品牌能在顾客心中产生正面的联想，那么这种品牌便可称得上是强势品牌。

——科特勒《营销管理》

科特勒认为，品牌如果不能让人产生认知，那么，品牌就不可能成功。一个没有联系能力的品牌，就没有拓展品牌关系的能力。品牌由于依附于某种特定的产品和企业而存在，所以通常他也就成为这种产品和企业的象征。当人们看到某一品牌时，就会联想到其所代表的产品或企业的特有品质，联想到在接受这一品牌的产品或企业时所能获得的利益和服务。因此，每一个企业打造自身品牌的时候，首要任务就是建立品牌在消费者心目中的正面联想。

品牌联想不仅存在，而且具有一定的力量。消费者积累了许多次视听感觉和使用经验后，会加强同品牌的联系。科特勒提醒企业，在建立品牌联想时，应该注意把品牌的负面联想降到最低。同时，建立正面的品牌联想要注意差异化，才能在消费者心中形成更深刻的印象。如果麦当劳的联想和其他竞争品牌相同，那它的品牌便会毫无价值。

科特勒认为，企业要为品牌建立起多元的正面联想性，应该考虑可以传递正面联想的五个方面，即特质、利益、公司价值、个性和使用者。

一是产品特质。品牌首先使人联想到产品的某种属性。例如，一提茅台酒就使人想到它的工艺完备、昂贵、酒香浓郁、口感醇厚、尊贵等。企业可以采用一种或几种属性为产品做广告，如茅台酒一直作为众口皆碑的“国酒”而身价不菲。

二是产品利益。消费者买产品，最终目的不是购买产品的某一属性，而是要获得某种利益以满足自身需求。属性需要转化为功能性或情感性的利益。譬如，“昂贵”的属性可以转化成情感性利益，昂贵能让消费者感到尊贵与被尊重；“工艺完备”的属性也可以转化为功能性利益，工艺佳则品质有保证、口感有保证。

三是企业价值。品牌也能够体现一部分生产者的价值。例如，茅台酒代表着高技艺、声望、自信，等等。品牌营销人员必须对此加以分辨，甄别出对此感兴趣的用户群体。

四是产品个性。品牌也能反映一定个性。如果品牌是一个人或者某样物体，那么会使人联想到什么呢？例如，提到万宝路，人们第一时间想起的就是西部牛仔。品牌联想的衍生物是否符合用户的审美观，会直接影响到顾客的购买行为。顾客如果向往西部牛仔那种狂野与自由，那么，他很可能就会钟情于万宝路。

五是产品使用者。品牌还暗示了购买或使用该产品的消费者群体的特征，也就是使用某品牌的用户是什么类型的人。当这种暗示在社会上形成风气与公论，就会吸引更多具有或希望具有此种特征的用户来购买。例如，有句话说“开宝马坐奔驰”，意指宝马具备运动性，能让人享受驾驶过程，而奔驰具备舒适性，坐起来很舒服。消费者在选车时，多多少少会受到这种“公论”的影响。

科特勒强调，品牌必须要能在顾客心中产生正面的联想，引发品牌共鸣，这样才称得上是强势品牌。营销人员在设计品牌时不能仅仅设计一个名字，还要设计一整套品牌含义，营造正面的联想，这样的品牌才是深度品牌。

品牌化的根本就是创建产品之间的差异

品牌化是赋予产品或者服务以品牌的力量。它的根本就是创建产品之间的差异。营销者需要通过赋予名称以及其他识别元素教会消费者产品是“谁”，它是干什么的，消费者为什么要在乎它。

——科特勒《营销管理》

科特勒曾说，品牌化其实就是在消费者身上创建一种心智结构，也就是要让消费者确信在该品类的产品或服务中，品牌之间确实存在有意义的区别。这需要通过差异化来实现。

提炼一个高度差异化、个性化的品牌核心价值并以非凡的定力坚持它，这已经成了许多国际一流品牌的共识，也是打造百年金字招牌的秘诀。看一看世界商业史上的那些成功品牌，它们无一例外地都有一个共性，那就是它们都拥有个性鲜明独特的差异化的品牌核心价值。例如，舒肤佳的“除菌”，大众甲克虫汽车的“想想还是小的好”等。

通过差异化来构建品牌，“维多利亚的秘密”也是一个很好的例子。

在“维多利亚的秘密”诞生之前，大多数美国妇女都在百货商店购买内衣，而当时能够作为“内衣”的产品并不是很多。莱斯利·韦克斯纳在欧洲亲眼看到妇女们从小型时装用品店购买昂贵的、作为时尚品的内衣后，他认为这种类似的商店模式在美国大有市场前景，尽管这和当时一般购物者在百货商店里所看到的大不相同。韦克斯纳认定美国妇女会爱上这种欧洲式的内衣购买体验。他认为，女性不仅需要内衣，更需要真正的女性内衣，需要时尚的、能带来完美体验的内衣。

事实证明韦克斯纳的判断是正确的。在他收购“维多利亚的秘密”并将欧式的购买体验引入之后，“维多利亚的秘密”的顾客平均每年购买胸罩 8～10 个，而其他品牌的平均水平为 2 个。为了维护品牌的高端声誉和迷人魅力，该公司邀请了高知名度的超级名模在广告和时尚秀中做代言。“维多利亚的秘密”已成为极受女性欢迎的知名品牌。

“维多利亚的秘密”在购买方式以及产品本身上都实现了差异化，这个品牌因此而别具一格，吸引了大批品牌忠诚度极高的用户。

拿日化行业来说，像宝洁，尽管它旗下有众多的洗发水品牌，如海飞丝、飘柔、潘婷、伊卡璐、沙宣，但每一个品牌都有着自身差异化的优势，个性鲜明，定位精准，完全能够覆盖不同消费者的个性化需求，再加上宝洁娴熟的品牌运作手段，使每个品牌都具有很强的竞争力。

还有联合利华，它推出清扬洗发水，一开始就明确告诉消费者，清扬是专门针对男性消费者去屑的，联合利华投入 5 亿元的推广费正是为了将这一点烙刻在消费者心中。

而相比之下，本土的品牌在品牌差异化上就还有一段差距。品牌核心价值模糊、差异化不明显已成为许多品牌难以做大做强的通病。有的企业虽然也投入巨资来做广告、做推广，但打出来的广告语与诉求点却并没能真正体现差异化，缺乏鲜明独特的个性，显得空洞化，这种空洞的品牌很难俘获消费者的心。

品牌也有个性，它会吸引有同样个性的消费者

在分析消费者品牌选择时，个性是一个很有用的变量。品牌也有个性，它会吸引有同样个性的消费者。消费者经常选择和使用的品牌是那些与自己的真实自我概念（实际上如何看待自己）相一致的品牌，虽然有时候可能是根据理想自我概念（希望如何看待自己）或者他人自我概念（别人如何看待自己）。

——科特勒《营销管理》

科特勒指出，品牌也是有个性的，并且它还能吸引具备同样个性的消费者。品牌的个性可以是坦诚的、兴奋的、优雅的、粗犷的，等等。很多著名品牌都有着各自强烈的特质，比方说，锐步的野性、年轻、活力；微软的积极、进取、自我；李维斯的年轻、叛逆、可信和美国化。这些品牌个性不但吻合了目标消费者群体的个性，征服了很多潜在消费者，而且它们的品牌个性也表现出强烈的排他性，使竞争对手无法模仿、难于抗衡。

在品牌建设过程中，很多企业往往比较注重品牌的外在内容，通常把品牌名称、品牌标识、产品属性、广告宣传作为品牌打造的重点，甚至很多企业不惜重金片面地营造品牌的知名度，可是却忽视品牌个性的塑造。正如品牌大师奥格威说："最终决定品牌的市场地位的是品牌本身的性格，而不是产品间微不足道的差异。"他所说的品牌性格就是品牌个性。

品牌建设不仅仅是建设好品牌的外在的东西，最主要的是建设好品牌的内在的东西。其实品牌个性并不是什么神秘的东西，也并不复杂，它就是品牌的性格，是品牌人格化所显示出来的一种独特性的东西。在品牌个性的塑造方面，最为经典的案例当属"万宝路"。

"万宝路"的品牌形象和品牌个性深入人心，有人曾说过："如果一个美国人想欧洲化，他应该去买一部奔驰；但如果一个人想美国化，那他只需抽万宝路，穿牛仔服就可以了。"可见，"万宝路"已不仅仅是一个企业产品中的名牌，而且已成为美国文化的一部分。

早在20世纪20年代，美国处于一个"迷惘的时代"。经过第一次世界大战的冲击，许多青年都自认为受到了战争的创伤，只有拼命享乐才有冲淡创伤的可能。于是，他们或是在爵士乐中尖声大叫，或是沉浸在香烟的烟雾缭绕之中。无论男女，嘴上都会悠闲地衔着一支香烟。女性是爱美的天使，她们抱怨白色的烟嘴常常沾染了她们的唇膏，她们希望能有一种适合女性吸的香烟。于是，"万宝路"问世了。

"万宝路（MARLBORO）"其实是"Man Always Remember Lovely Because Of Romantic Only"的缩写，意为"只是因为浪漫，男人总忘不了爱"。其广告口号是"像五月的天气一样温和"，意在争当女性烟民的"红颜知己"。然而，"万宝路"从1924年问世之后的20多年里，始终默默无闻。它温柔气质的广告形象似乎也没有给女性消费者留下多少深刻的印象。

经过沉痛的反思之后，该公司求助于当时美国广告界最有名的大师之一，也是世界广告学奠基人之一的李奥·贝纳，请他帮助策划。李奥·贝纳经过周密的调查和深思熟虑，大胆提出将万宝路香烟重新定位，改变为男子汉香烟，并大胆改变万宝路形象，采用当时首创的平开盒盖技术，以象征力量的红色作为外盒的主要色彩。

万宝路既然不再以女性为主要诉求对象，广告中就必须强调男子汉气概，吸引所有喜爱、欣赏和追求这种英雄气概的消费者。按照李奥·贝纳的设想，这种理想中的男子汉形象应该是：目光深沉、皮肤粗糙、浑身散发着粗犷和原野气息、有着豪迈气概。他的袖管高高卷起，露出多毛的手臂，手指间总是夹着一支冉冉冒烟的万宝路香烟，跨着一匹雄壮的高头大马驰骋在辽阔的美国西部大草原。

这种涤尽女人胭脂味的广告问世后，立刻给公司带来了巨大的财富。仅一年多时间，万宝路销售量就提高了 3 倍，一跃成为全美第十大香烟品牌。世界上每抽四根烟，其中就有一根是万宝路。该公司投入了千百万美元的广告费，终于在人们的心目中树立起了“哪里有男子汉，哪里就有万宝路”的名牌形象。那粗犷豪放、自由自在、纵横驰骋、四海遨游的牛仔代表了在美国开拓事业中不屈不挠的男子汉精神，而该精神正是万宝路的形象。可以说，万宝路的成功主要应归功于其塑造的独特而强烈的品牌个性。

从根本上来说，品牌个性的目的就是帮助消费者认识品牌、区隔品牌，从而让消费者接纳品牌。因为品牌个性是品牌核心价值的集中表现，最能代表一个品牌与其他品牌的差异。尤其在同类产品中，许多细分品牌虽然定位差异性不大，但只有通过品牌个性才会使之脱颖而出，表现出自己与众不同的感觉，从而实现品牌区隔。

一个人如果没有个性，是很难让别人记住他的，而一个个性鲜明的人则很容易在第一印象的时候就被记住。品牌也是一样的。一个品牌如果没有人格化的含义和象征，那么这个品牌就是没有个性的，也就不可能成为一个脍炙人口的品牌。品牌个性对品牌的生命来说是十分重要，没有个性的品牌是没有生命力的。

一个好名字可以大大促进一个品牌的成功

一个好名字可以大大地促进一个产品的成功。然而，找到最佳品牌名称却是一项艰巨的任务。首先，需要认真地评价产品及其利益、目标市场以及拟实施的营销战略。然后，为一个品牌命名就成了部分是科学、部分是艺术，以及对直觉的一种考量。

——科特勒《市场营销原理》

科特勒认为，一个好的品牌首先要有一个好的名字，有了好名字，品牌能如虎添翼，更容易获得成功。一个内涵深刻、富含文化的品牌名称会很快与消费者产生广泛的联系并得到他们的广泛认同。这样的品牌在市场上与同品类其他缺少文化、内涵生涩甚至带有负面的品牌名称相比较具有较强的竞争力。拥有一个内涵深刻的好名称，可以为品牌节省大量的广告费用，因为用这样的品牌名称做一遍广告要强过用一般性的品牌名称的十遍甚或百遍。

品牌名称是否有效，不在于其名称声音是否响亮，用词、用字如何华美，而在于其是否具备品牌内涵或品牌理念，是否与消费者的观念相符。比方说，“康师傅”这个品牌名称家喻户晓，是有其内在原因的。虽然康师傅就其广告表现来说，与业内对手并无太大差别，但它的名字却让人难以忘记。“康”字给人以祝福感，而“师傅”二字在中国人的传统观念和传统文化中是有深刻内涵的。“康师傅”这三个字无论是听还是看，都给人一种亲切感。

具体说来，一个理想的品牌名称应具有以下几个特点：

第一，要符合产品行业特点。好的品牌应有符合自己特色的好名字，而且这个名字还要能体现出产品所属的行业以及产品的特点，让消费者一看就明白。比如，减肥塑型产品曲美、购物网站淘宝，等等。

第二，要能体现产品内涵和文化底蕴。像同仁堂、全聚德、内联升等老字号，它们的名字既能体现出行业特色，又体现出了深厚的文化底蕴。还有百度、网易这样的名字，它们从某种程度上体现出了产品的内涵。

第三，要大气响亮，好听好记，并符合传统命理要求。一个好的品牌名称不仅大气响亮，而且符合风水环境学和传统命理的要求。例如可口可乐、娃哈哈、苹果等。

第四，具有成长性和拓展性。好的品牌名字应具有长远的发展空间和延伸空间，要易于翻译，易于进行品牌延伸。比方说，凡客及其英译“Vancl”都非常好听；再如，阿里巴巴以及由此衍生出来的阿里妈妈、阿里旺旺、阿里云，等等。

第五，可以注册通过并获得法律保护。如果品牌名称对现有的品牌构成侵权，那么即便再好，也不能够注册通过，像苹果与唯冠的“iPad”商标之争就是因为品牌名称所引发的。

品牌是一个企业的门面和口碑，是一个企业长久发展的灵魂。成功的企业都会把自己的品牌建设放到长久发展的第一位。一个好名字能给品牌赋予一定文化内涵，能给企业带来源源不断的动力。当消费者想到一个品牌的时候，通常首先想到的是这个品牌的名字，然后才是它所拥有的服务或商品。

美国营销专家阿尔·里斯在《打造品牌的22条法则》里曾说：“从长远观点来看，对于一个品牌来说，最重要的就是名字!”孔子也曾说过一句话：“名不正，则言不顺，言不顺，则事不成。”理想的品牌名就应该名正言顺。一个好的名字是一个企业、一种产品拥有的一笔永久性的精神财富。企业在确立品牌名称后，要有强烈的保护意识，不要给自己留后患。市场中到处都是处心积虑的追随者，他们有着敏锐的商业嗅觉，时时都在窥测机会，所以，企业为了防止这些“黄雀在后”的竞争者，应进行与注册品牌名相近的近似注册，以全面保护品牌不受侵犯。

当品牌深入人心后，它就变成了消费者所有的品牌

实际上，当一个品牌的使命深深植入消费者的思想、心灵和精神之后，它就变成了消费者所有的品牌。……对于已经拥有良好形象的品牌，消费者会不遗余力地捍卫。

——科特勒《营销革命3.0》

科特勒提出这样一个观点，当一个品牌深深植入消费者心中后，它在“条文上”还是属于企业的，但是，在“心理上”，它却已经属于消费者了，也就是说，它变成了消费者所有的品牌，消费者会不遗余力地捍卫它。

2009年的时候，宜家为了降低成本，决定对其“IKEA”的标志做一个小修改，将印刷字体由特立独行的Futura格式换成普通实用的Verdana格式。结果，这一举措引发了消费者的强烈反对，讨伐声在网上迅速传遍。宜家最终不得不顾虑消费者的感受。

另一个更为有名的例子是可口可乐。

1985年，可口可乐曾作出一项惊人的变革，决定放弃延续百年、一成不变的传统配方，转而改配方以调整口味，生产消费者更偏好的口味甜的软饮料，推出新一代可

口可乐。

可口可乐之所以这么做，很大程度上是因为百事可乐带来的压力。百事可乐先是推出了“百事新一代”的系列广告，将促销的锋芒直指饮料市场最大的消费群体——年轻人。在第一轮广告攻势大获成功之后，百事可乐又展开了号称“百事挑战”的第二轮广告攻势，在这轮攻势中，百事可乐公司大胆地对顾客口感试验进行了现场直播，即在不告知参与者在拍广告的情况下，请他们品尝各种没有品牌标志的饮料，百事可乐公司的这次冒险成功了，几乎每一次试验后，品尝者都认为百事可乐更好喝，“百事挑战”系列广告使百事可乐在美国的软饮料市场份额猛升 8 个百分点。

可口可乐公司为了迎战百事可乐，决定开发出一种全新口感、更惬意的可口可乐，并且最终拿出了样品，这种“新可乐”比可口可乐更甜、气泡更少，因为它采作了比蔗糖含糖量更多的谷物糖浆，它的口感柔和且略带胶粘感。

在研制新可乐之前，可口可乐曾秘密进行了代号“堪萨斯工程”的市场调查行动，调查结果表明只有 10%～12%的顾客对新口味的可口可乐表示不安，而且其中一半表示会适应新的可口可乐，这表明顾客们愿意尝试新口味的可口可乐。

在新可乐的样品出来后，可口可乐公司也组织了品尝测试，测试的结果令可口可乐公司兴奋不已，顾客对新可乐的满意度超过了百事可乐，市场调查人员认为这种新配方的可乐至少可以将可口可乐的市场占有率推高 1%～2%，这就意味着多增加 2～4 亿美元的销售额。为了确保万无一失，可口可乐又投入 400 万美元进行了再一次规模更大的口味测试，这次口感测试中新可乐再次击败了对手百事可乐。

于是，“新可乐”全面上市了。在初期，市场的反应相当好，1.5 亿人在“新可乐”面世的当天品尝了它，但很快情况急转直下。在“新可乐”上市后的一个月，可口可乐公司每天接到超过 5000 个抗议电话，而且更有雪片般飞来的抗议信件，可口可乐公司不得不开辟 83 条热线，雇佣更多的公关人员来处理这些抱怨和批评。有的顾客称可口可乐是美国的象征，有的顾客威胁说将永不再买可口可乐公司的产品，更有忠于传统可口可乐的人组成了“美国老可乐饮者”的组织并发动了全面抵制“新可乐”的运动，而且许多人开始寻找已停产的传统可口可乐，导致“老可乐”的价格一涨再涨。“新可乐”面市后两个月，其销量远远低于公司的预期值，不少经销商强烈要求改回销售传统可口可乐。

公司的市场调查部门进行了紧急的市场调查，一月前还有超过半数的消费者声称喜欢“新可乐”，可现在一半以上的人说他们不喜欢“新可乐”，再过一个月，认可“新可乐”的人只剩下不到 30%。

“新可乐”面市后三个月，销售情况毫无起色，而公众抗议却愈演愈烈。最终可口可乐公司决定恢复传统配方的生产，将商标定名为可口可乐古典。可口可乐在这次“新可乐”行动中遭受了巨大的损失。

宜家和可口可乐的例子都向我们传达了这样一个重要信息——一个品牌获得成功后便不再仅属于企业本身了。企业想对自己成熟且成功的品牌施加影响几乎是不可能的事情，企业品牌已经变成消费者所有，品牌使命已经成为消费者的使命，这对企业来说，既意味着品牌经营的成功，也意味着更大的责任和束缚，企业必须更加努力地使自己的营销行为符合品牌的使命。

评估品牌资产的效果与价值

一个拥有高品牌权益的品牌是一项非常有价值的资产。品牌评估是估计一个品牌整体财务价值的过程。品牌资产应该根据营销由于品牌而产生的独特效果来定义。

——科特勒《营销管理》

在科特勒看来，品牌是一项非常有价值的资产。有品牌的产品或服务，与那些没有进行品牌识别的产品或服务相比，会因其品牌而产生不同的营销结果。要评估一个品牌的价值，可以根据该品牌所产生的独特效果来进行估算。

全球最大的营销传播集团 WPP 集团旗下的扬罗必凯公司曾经开发出一个品牌资产评估测量模型，在这个模型中，品牌资产主要从这样五个关键性部分去衡量：

一是差异，也就是品牌与其他品牌不同的程度。二是活力，即品牌的活泛程度与动力感。三是关联，是指品牌与消费者之间的联系以及吸引力。四是尊重，就是指品牌被关注及受尊重的程度。五是认知，是指消费者对品牌的熟悉程度和喜爱程度。

其中，差异、活力、关联这三者决定了品牌的活力程度，代表了品牌的未来价值，而尊重和认知则决定了品牌的现有水平，也可以说代表了品牌的现有价值。

品牌是企业的无形资产，是企业经过多年的发展积累沉淀下来的宝贵资源，也是企业实现可持续发展的重要保证。品牌既然是资产，那么它就和企业的厂房、办公设备、生产设备等资产一样，需要经常地投入和维护，品牌评估实际上就是对企业品牌的投入和维护过程。

对品牌价值进行评估，首先需要确定的一个问题是评估的对象是什么。有人将品牌价值狭隘地定义为与品牌相关的知识产权，但实际上，品牌价值所涵盖的范围更广。一个品牌有很多元素，包括品牌名称、商标、标识、产品外观、包装以及品牌联想，等等。

品牌到底值不值钱？值多少钱？在市场上的地位、影响力如何？未来的潜力有多大？如果单凭感官认识，谁都难以估算出来。如果有权威的专业评估机构的评估，将品牌价值量化成可以比较的数据，并与其他企业和品牌进行比较，结果就会一目了然。企业定期或不定期地对品牌进行评估，也可以掌握一段时间内品牌的发展变化情况，这包括品牌的培育、发展情况，企业赢利能力和水平，企业在行业中的地位与影响，企业可持续发展的潜力，企业管理水平的高低等等。

品牌评估不仅重要，而且很必要。它能给企业和品牌的发展带来很多好处，这体现在：

第一，品牌评估能健全企业的资产负债表结构，通过对品牌价值的评估，能更真实地反映企业良好的资产情况，使企业更容易获得银行贷款或者风险投资。

第二，品牌评估能够提升投资者信心，激励投资者踊跃参与。

第三，有利于合理分配资源。品牌评估的过程，也是一个企业自我审视的过程，企业的管理层能对品牌投资发展做出更明智的决策，合理分配资源，减少投资浪费。

第四，鼓舞员工士气。品牌价值不但能向企业外部传达品牌的健康状态和发展，而且可以向内部员工传达企业信念，让员工了解自己所服务品牌的价值和企业的实力，增强员工的信心。

第五，提高企业声誉。品牌评估的最大作用是可以提高企业声誉，使企业更具吸引力。品牌评估可以告诉人们企业的品牌值多少钱，在行业内占据着什么样的地位。

第六，可以刺激品牌宣传和消费。品牌评估的价值越高，就越受业界瞩目，也会引来众多的媒体跟进宣传，当消费者了解到品牌实力之后，能大大提升购买信心，提高对品牌的忠诚度，产生新的消费欲望。

第七，品牌评估可以帮助企业在竞争中取得更有利的地位，还可以摆脱恶意的兼并企图。

如果只看短期的话，那么一家没有品牌的企业与有着良好品牌的企业相比，它们在销售额、经济规模等方面不会有太大的差异。但从长远来看，没有品牌的制造商很难保持客户的忠诚度，在未来的收益状况将远远不及有品牌的企业。所以说，品牌价值的评估既应该着眼于品牌当前给企业带来的收益，还要结合未来由于品牌而产生的可延续的收益。

第3章

品牌难立易毁，开发管理需谨慎

驱动品牌资产的三大因素

品牌资产的驱动因素主要包含以下三个方面：构成品牌元素和识别的初始选择，产品或服务以及相应的营销活动和营销支持方案，其他与一些实体联系起来的可以间接转移给品牌的联想。

——科特勒《营销管理》

科特勒指出，从营销管理的角度而言，品牌资产的驱动因素主要包含三点：

第一，是选择品牌元素。品牌的不同组成成分，包括了品牌名称、标志、符号、包装设计，等等，它们是可以识别并区分品牌的特征化设计。强势的品牌一般都会使用多重品牌元素。像沃尔玛，它的品牌名称“Wal Mart”、品牌标志、商场的设计、宣传广告甚至它的购物班车，都是它的品牌元素。

科特勒总结出了选择品牌元素的六个主要标准：

一是难忘度。消费者是否能很容易地认出、记住并回忆起某个品牌元素，这是很重要的。品牌元素如果不能给消费者留下深刻印象，那么，它就缺乏价值和意义。

二是内涵性。品牌元素首先应该可信，最好还要能够体现出该品牌、该产品的内涵、成分或者目标消费群体的特征类型。有着深刻内涵的品牌元素更能吸引消费者的注意。像Die Hard电池品牌名称就很能体现其内涵，光是从表面字义上，就已经凸显出它电池的效能了。

三是喜爱度。这是指品牌元素是否能迎合消费者的喜好，是否具备审美吸引力，能否唤起消费者活跃、积极的联想。

四是转换力。品牌元素应该具有可延伸性、可转换性，它可以用来推出同类或者不同种类的新产品，能够帮助品牌跨越地理边界和细分市场，从而增加品牌资产。

五是适应性。品牌元素并非一成不变的，相反，它应该具有适应性和时新性，能够跟得上消费者不断变化的需求和喜好，能够跟得上企业不停息的发展脚步。像苹果的标志，就经历了多次的调整与改变，才有了现在我们所熟悉的这个“被咬了一口的苹果”。

六是保护力。品牌元素要能对品牌起到保护作用，能够有效地防范同行的恶意竞争和刻意抄袭。

在这六大标准之中，难忘度、内涵性和喜爱度是创建品牌的要素，而转换力、适应性以及保护力则是防御性的，是在面对特殊情况时，对品牌起到保护作用的。

第二，是设计全面的营销活动，也就是为品牌提供相应的营销活动和营销支持方案。很多品牌正是通过出色的营销而大放异彩，品牌知名度大大提升，品牌资产和价值也得到提升。像凡客，因为“凡客体”的系列营销活动而大获成功，成功吸引了那些个性、我行我素的年轻消费者的心。

第三，发挥次级联想的杠杆作用，也就是科特勒所说的，与一些实体联系起来产生间接联想或者次级联想，这可以是一个人、某个地方，或者某个事件。比方说，“5100 西藏冰川矿泉水”能够进入高端矿泉水市场，就是因为它与西藏海拔 5100 米的念青唐古拉山脉水源紧密联系了起来。

以次级联想的杠杆作用“借”势做品牌

次级联想实际上是“借”，即将品牌与那些可以把意义传递到消费者记忆中的其他信息联系起来，从而创建品牌资产。

——科特勒《营销管理》

科特勒认为，企业可以利用品牌次级联想的杠杆作用来提升品牌资产。这种次级品牌联想能够将品牌与其他来源联系起来。具体来说，次级联想可以分为四类：

第一类是跟其他品牌联系起来，像联合品牌、延伸品牌、成分品牌等；第二类是跟人物联系起来，员工、形象代言人甚至企业的领袖人物都是可行的。员工能够折射出企业及品牌的风貌；而形象代言人所具有的形象特质和影响力很容易让消费者留下印象，并产生相关联想，从而达到提升品牌的效用；还有一些企业的领袖人物在行业内外都享有极高声誉，很受尊敬，像国外的史蒂夫·乔布斯、比尔·盖茨，国内的柳传志、张瑞敏、任正非等，他们本身就已经成了企业及其品牌最好的代言人。第三类是事件或节事，也就是说将产品与某些影响甚大的事件或者节事联系起来，比方说，企业做慈善，或者针对不同节日进行有特色的促销等等。第四类是地理区域与渠道，产品的产地、销售的渠道等都可以挖掘出故事与内涵来。

次级品牌联想已经成为现今企业不可或缺的一种品牌建设方法，正受到越来越多企业的重视。蒙牛在乳业市场的崛起，在很大程度上就靠次级品牌联想的巧妙运用。

“蒙牛”最开始是个名不见经传的企业，资金少、名气小、实力弱，而且，与乳业的第一品牌伊利同城而居，在这样一个强大的对手鼻尖下游走，蒙牛的生存境遇不可谓不艰难。但事物总有两面性。伊利既是强大的竞争对手，同时也是蒙牛学习的榜样。伊利不正为蒙牛提供了后发优势吗？好，那就站到巨人的肩膀上。

孙子曰：用兵之道，以正合，以奇胜。面对严峻的市场，蒙牛打出了这样的旗号——“创内蒙古乳业第二品牌”。从来只听说过要创“第一品牌”的，却鲜少听说要创“第二品牌”的。内蒙古乳业的第一品牌是伊利，这是世人皆知的。可是，内蒙古乳业的第二品牌是谁？没人知道。蒙牛一出世就提出创“第二品牌”，这等于把所有其他竞争对手都甩到了身后，把自己跟行业老大捆绑在了一起。

为了用最少的钱将这个创意传播出去，蒙牛选择了路牌广告，以成本价拿下了300多块路牌广告三个月的发布权。于是，一夜之间，在整个呼和浩特，人们发现所有主街道的路牌广告上都打出了醒目的红色广告——“蒙牛乳业，创内蒙古乳业第二品牌！”人们认识蒙牛了。

但是，广告发布仅一个月后，有48块蒙牛的路牌广告被不明身份的人砸得稀烂，蒙牛再次成为话题的焦点。内蒙古几乎所有媒体都关注了此事件。蒙牛又一次抓住了机会，将一件本来很糟糕的事变成了营销的契机。《谁砸了蒙牛的招牌?》、《路牌广告惨遭损毁》、《“砸牌”莫如摊牌》、《蒙牛挑战伊利》、《伊利蒙牛谁将挺立潮头》……一篇篇报道，一张张图片，通过报纸，飞入千家万户。

蒙牛的广告牌虽然被砸了，可这个品牌却被越来越多的人所熟悉，蒙牛“创内蒙古乳业第二品牌”的理念，也以急风暴雨之势深入人心。

看蒙牛早期的这段发展历程，它能够在短时间内让大众认识、了解，并认同它的理念，不仅得力于强大而巧妙的广告攻势，更得力于对乳业巨人伊利的借势。如果没有伊利的“第一”，蒙牛也就无从想出“第二”。我们可以看到，蒙牛在羽翼未丰的时候，把自己与知名的伊利品牌进行捆绑，通过这样的次级联想来借势宣传自己，并最终“捧红”了自己。

牛顿曾说，自己之所以能取得如此辉煌的成就，只是因为站在了巨人的肩膀上。他的这句话用在企业身上，也是极有道理的。借势来打造次级联想，发内力、借外力来宣传品牌，以较小的投入获得更大的回报，这是品牌建设的有效途径。

品牌强化：让品牌不断向前避免贬值

作为公司主要的持久性资产，品牌需要被小心管理才不至于贬值。强化品牌资产要求在数量和种类上提供持续的营销支持。品牌必须不断向前，但是要朝着正确的方向，有新的、令人喜爱的产品及营销方式。那些止步不前的品牌，它们的市场领导地位在不断退缩甚至消失不见。

——科特勒《营销管理》

科特勒指出，企业应该谨慎地管理自己的品牌。品牌资产必须妥善地加以管理才不至于贬值。品牌不能止步不前，而应该朝着正确的方向不断向前。在管理品牌资产时，企业最重要的是做好两点，一是加强品牌、强化其意义。比如，对产品进行改进，使之更受欢迎，或者发起富有创意的广告战役等；另一个则是发挥现有品牌资产的杠杆力，以收获一些财务利益。总而言之，品牌树立起来了，并非一劳永逸，如果不能让品牌得到持续的强化，那最终会削弱品牌意义和品牌形象，甚至让一个本来响当当的品牌逐渐没落。

品牌强化，最重要的不是重金砸广告，而是为顾客创造完美的品牌体验。现在的顾客可以通过广泛的联系接触点来了解某个品牌，这既包括广告，也包括对该品牌的亲身体验、口碑传播、企业网页以及很多其他方式。企业要强化自己的品牌，就必须管理好这每一个接触点。管理好顾客的品牌体验可以说是建立品牌忠诚的最重要的要素，顾客每一次满意的体验，都能够对品牌起到强化作用。

企业还必须让全体员工都参与到品牌强化这个长远的工程中来，开展内部品牌建设，帮助员工理解企业的品牌承诺，并对其保持热情。更进一步，企业还可以培训和鼓励分销商和经销商为顾客提供优质服务。

品牌强化需要企业付出持续不断的努力。我们可以看一个美赞臣的案例。

在中国的奶粉行业，雀巢曾经是这个行业的第一品牌，居于绝对的领导地位，但是，现在的雀巢并没能保持在奶粉业的这种辉煌，拱手让出了第一的位置。而同样来自美国，美赞臣却是一个很惹人注目的品牌，它可以说是一枝独秀，始终在高端婴儿奶粉领域位居领先地位。

这两个品牌在全球市场都是鼎鼎大名的，但二者的经营方式有很大差别，结果也就很不相同。雀巢在奶粉领域几乎覆盖了所有的品类和价位，甚至连与奶粉相近的豆奶粉都做。然而，“全面开花”的策略并没能让雀巢获得决定性胜利。相比之下，美赞臣就不同了，它进入中国后，一直锁定高端婴儿奶粉市场，雷打不动，并且不断强化其“益智”的品牌定位。这种长期的聚焦与建设最终让美赞臣尝到了甜头。虽然从营业额上看，美赞臣远不及雀巢，但在奶粉领域的利润总额，却不容小觑，它几乎可以称得上是中国奶粉行业最会赚钱的品牌。

美赞臣专注于高端婴儿奶粉，因此它对用户的需求把握得更精准，能为用户带来更优质的品牌体验，而其品牌也因此得到了不断的强化，美赞臣的市场地位也得到了提升和巩固。

品牌强化是一场持久战，它需要企业在品牌定位和传播方面不断地坚持，去传播品牌的理念，让品牌深入人心。像耐克的“Just do it”推广了 15 年才众人皆知；百事可乐用 50 多年的时间将自己的形象与“新一代”结合起来；沃尔沃的“安全”推广了 60 年；宝马的“驾驶的乐趣”持续了 30 多年，等等。要让消费者记住一个品牌的核心理念是需要时间和巨大的传播费用的。坚持核心品牌主张在一定时期内持续不变的情况下，在传播策略和方法上不断进行微创新，这才是品牌传播之道。

品牌活化：让衰退品牌焕发新颜

通常，品牌活化的第一步是要了解品牌资产来源于什么，那些积极的品牌联想丢失了它们的强项以及独特性了吗？有没有消极的品牌联想与品牌产生关联？然后决定是否坚持原来的定位或者重新定位，如果是后者的话，新的定位如何？

——科特勒《营销管理》

科特勒指出，消费者品位和偏好的变化、新的竞争者和新科技的出现或者是营销环境的任何新发展都可能影响到一个品牌的命运。科特勒说，很多曾经著名的、受尊敬的品牌都曾经历过困难时期甚至因此消失，但经过品牌活化，其中的一些品牌得以重新归来，并散发出重生一般的新活力。像瑞士四大钟表制造商之一的真力时（Zenith）还有大众等都曾经经历过低谷，而最后也都成功扭转了其品牌命运。

科特勒建议企业，当品牌走到“山重水复疑无路”的境地时，不妨考虑“重回基础”，也就是回到最初的定位上，重新起步；如果原有的定位不再可行，那么企业可以尝试着进行“重新创造”，也就是根据实际情况和企业的发展规划，来确定新的定位。无论采取哪种方式，其最终的目的都是一样的，那就是让品牌重新“活”起来。

品牌的活化，有多种方式。比方说，更新包装，旧貌换新颜，除了帮助消费者杜绝假冒、认清识别以外，还能突出激活在消费者中原有的品牌形象，刺激消费者购买欲望，像三精的“蓝瓶”，就是这样的例子。企业还可以更换形象代言人，形象代言人确实能为品牌增色不少，但是用久了，或者用得不到位，消费者就容易产生感官麻木、视觉疲劳，这是值得警惕的。此外，企业还可以尝试转换渠道，如果现有的渠道无法为产品打开销路，那么，更换渠道，大胆尝试，或许能找出一条“活路”。

事实上，激活老品牌的办法很多，消费者在不断演变，品牌也必须不断求新求变，要跟得上市场背景和消费者的消费行为。就像迪士尼公司的一位前任 CEO 所说的那样，品牌是一个有生命的独立体，它会随着时间流逝而逐渐衰弱。要让品牌摆脱或者延缓这种衰老的趋势，企业就必须在品牌活化上下工夫。

品牌延伸：利用已建立的品牌推出新的产品

当一个公司想要利用已建立的品牌来推出新的产品时，这个产品叫品牌延伸。品牌延伸一般可分为两类：产品线延伸和特许商品。潜在的延伸必须判断现有品牌对新产品发挥杠杆作用的效益如何，同时反过来这种延伸对现有母品牌的影响如何。

——科特勒《营销管理》

科特勒指出，品牌延伸就是使用一个已有的品牌在新产品类别中推出新产品或者改进的产品。这种策略可以帮助企业将自己的知名品牌或者具有市场影响力的成功品牌扩展到与成名产品或者原产品不尽相同的新产品上，借着成功品牌的名气来推广新产品。

很多企业都在运用这种品牌延伸策略，例如，金佰利就将其居于市场领先地位的“好奇”品牌从一次性的婴儿纸尿裤延伸到洗发露、润肤露、湿疹膏、浴巾、一次性纸巾等儿童个人护理用品上。还有宝洁，在打响其家庭清洁先生的品牌名气后，又推出了清洁坐垫、浴室清洁工具、家庭汽车清洁套装，还有以清洁先生冠名的汽车清洗液，等等。

品牌延伸一般有两种形式，一是产品线延伸，也就是借助母品牌在目前已经形成的产品类别中增加新产品，这可以通过改变风味、形式、颜色、成分或包装等来实现。比方说，一个方便面品牌旗下可推出不同口味的产品，如老坛酸菜牛肉味面、鲜虾鱼板面、老坛泡椒牛肉面、红椒牛肉面，等等。

第二种形式是特许商品，这是指企业的品牌特许给实际生产某产品的其他制造商使用，例如吉普公司，拥有 600 种左右的产品和 150 家被特许的商家，从婴儿车到服装都有吉普公司的特许商品。

品牌延伸策略具有多种优势，借助于已经成功的品牌，可以让新市场迅速接受新产品，从而达到吸引新用户、扩充经营范围的目的。日本索尼公司前总裁盛田昭夫就深谙此道，他将所有新的电子产品皆冠以“索尼”之名，产品一上市就可以快速赢得消费者认可，因为消费者早已熟悉索尼这个品牌，并将索尼的品牌与质量可靠、功能先进等特征联系在一起，形成了极强的品牌忠诚度。这使得索尼公司在后来的发展过程中得以迅速扩充实力，不断占领、开发新市场，一举成为世界知名企业之一，品牌延伸策略的效力之强可窥一斑。

品牌延伸为营销者提供了一个品牌增值的新途径，它可以节省用于促销新品牌所需的大量费用，它还能使消费者迅速认识新产品。对企业来说，打造一个品牌是一个长期的、艰巨的任务。企业为了市场的推广需要，常会采用“一顶帽子大家戴”的品牌延伸策略，尤其对于资源有限的中小企业来说，这是一个让新产品尽快进入市场的好方法。但是，品牌延伸策略也不可以滥用，就像龙永图先生曾经说过的：“一顶帽子大家戴也不能够瞎戴，瞎戴可能会砸了你这个品牌。‘一顶帽子大家戴’是一个必须慎重运用的策略。”

营销者需要从多个方面对品牌延伸进行谨慎衡量，包括消费者的哪些需求尚未得到满足，品牌的现有认知状况和潜在正面和负面认知情况，以及品牌的长期发展战略等等，要站在消费者和市场前景的角度去作出理性的判断和决策。

品牌延伸的主要优势与潜在风险

品牌延伸的两大主要优势，一是能够增加新产品的可接受性，二是为母品牌和公司提供正面反馈信息。就不利的方面，品牌延伸可能会导致品牌名称对任一产品的识别弱化。最坏的结果是不仅延伸产品失败，而且还伤害到母品牌形象。

——科特勒《营销管理》

品牌延伸策略有利也有弊，它的优势主要体现在这样几方面：

第一，能提高新产品成功的可能性。消费者对母品牌有清晰的认知甚至是强烈的好感，有了这个基础，借助母品牌推出新产品，消费者会对其抱有积极的预期。这样一来，新产品推广的风险就大大降低了。

第二，能大幅降低营销成本。科特勒曾举出这样一个数据，在美国市场，要建立一个大众消费的新品牌，其成本会超过 1 亿美元。而品牌延伸能避免开发新品牌的困难及开支，并且能够提高包装和标签的使用效率。如果策略运用得当的话，通过“爱屋及乌”的效应，新产品可以在市场中得到更高的声望。

品牌延伸的优势固然十分明显，但它同样有着很大的风险，这体现在：

第一，可能使母品牌的个性淡化。一个成功的品牌，它在消费者心目中会有特殊的形象定位，如果企业利用同一品牌推出公用、质量相差无几的同类产品，会让消费者晕头转向，品牌原有的特性和形象也会被淡化。比方说，吉百利曾将其品牌与主流的食品如土豆泥、奶粉、汤料以及饮料联系，结果险些丢失原来仅限于巧克力和糖果的品牌意义。

第二，可能引发消费者的心理冲突与反感。品牌延伸从表面上看是扩展了新的产品或产品组合，实际上从品牌内涵的角度，品牌延伸还意味着情感诉求的扩展。如果新产品与母品牌的情感诉求相悖，或者会降低、减弱情感诉求的话，那么这样的品牌延伸就很可能会产生危机。品牌延伸最忌讳的是引起消费者的心理冲突。

举例来说，“活力 28”曾是我国日用品行业家喻户晓的一个品牌，其生产的洗衣粉产销量曾连续多年位居国内行业首位，后来，该品牌被延伸到了纯净水上，有了“活力 28”纯净水，可想而知，当消费者喝着该品牌的水时，感觉总是有些别扭的，总会想到这个品牌的洗衣粉。所以，品牌延伸不能只看到品牌的市场影响力对新产品上市的推动作用，还应该分析新产品的市场与社会定位是否有助于品牌市场和社会地位的稳固，两者是否兼容。

第三，可能造成品牌资产贬值。一个品牌未必适合某个特定的新产品，即使这个产品从设计到制造无不精良。一个最为明显的例子就是高端品牌向低端产品延伸，比方说，美国的“派克”钢笔质优价贵，一度是身份和体面的标志，许多社会上层人物都喜欢带一支派克笔。然而，1982 年新总经理上任后，把派克品牌用于售价仅 3 美元的低档笔上，结果，派克公司非但没有顺利打入低档笔市场，反而丧失了一部分高档笔的市场，其市场占有率大幅下降，销售额只及其竞争对手克罗斯公司的一半。这样的品牌延伸大大影响品牌的高端形象，导致品牌资产贬值，严重的时候，甚至会让品牌从高端市场中跌出来。品牌资产在很大程度上是建立在消费者对它的形象和价值判断上，过度的品牌延伸很容易破坏这种特性，从而损害原品牌的高品质形象，导致品牌资产的贬值。

第四，可能会造成“跷跷板”局面。当延伸的新产品借母品牌的“东风”进入市场并有了自己的绝对优势时，消费者对母品牌的认知很可能会模糊化，甚至会把对母品牌的喜好转移到延伸品牌上。这样，就等于无形中削弱了母品牌的优势，这种原来的母品牌与后来的延伸品牌之间的此消彼长，就是“跷跷板”现象。品牌延伸最坏的结果是不仅新产品失败了，而且还伤害到母品牌的形象，导致对母品牌的竞食。

总的来说，品牌延伸作为一种全新的营销策略，对于降低营销成本的经营风险、延长产品生命周期具有非常重要的意义。品牌延伸是企业发展的重要手段，如果运用得当，会大幅度提高产品的竞争力和企业效益，并进一步促进品牌的升值。但品牌延伸并非一个任意而为的经营决策，企业必须从长远发展的战略高度审视品牌延伸，理智权衡利弊得失，采取一些必要的措施来降低甚至避免品牌延伸的风险，以确保品牌延伸的成功。

品牌投资组合：以多品牌实现最大的市场效益

品牌投资组合是指一家特定的公司为向一个特定的品类或细分市场所提供的品牌线和所有品牌的集合。最优品牌投资组合的标志是组合中的每个品牌与其他品牌联合使得资产最大化的能力。

——科特勒《营销管理》

科特勒强调，营销人员需要长期监控品牌投资组合，识别出那些弱化的品牌并剔除不赢利的品牌。在一个品牌投资组合中，不同品牌可以扮演多种角色。每个品牌都必须有明确界定的定位。只有这样，品牌投资组合才能实现最大化市场覆盖和最小化市场重叠，实现最优的组合，这样才不会忽略任何潜在的顾客，也不会为了争夺顾客而形成内耗的竞争。

营销人员需要在市场覆盖与成本、赢利能力之间寻得平衡。在一个品牌投资组合中，如果削减其中的品牌能进一步提高利润，那说明这个品牌投资组合太大了；如果增加品牌能够提高利润的话，那说明这个品牌投资组合还不够大。

品牌很难无限延伸，一个品牌总是有界限的，它只能延伸到一定程度，在这个细分市场受欢迎，并不代表到了另一个细分市场也会受到同样的追捧。因此，品牌投资组合就显得很有必要，它能够满足并覆盖多重细分市场，能够吸引可能转向其他品牌的寻求多样化的消费者，能够锁定分销商更多的货架空间，能够产生广告、销售、经营和分销的规模经济，促进公司内部品牌之间的良性竞争。品牌投资组合为树立不同的特色迎合不同的购买动机，提供了一种有效的途径，欧莱雅公司就是一个很好的例子。

欧莱雅公司在中国化妆品市场最令人称道的成绩就是逐步建立起了欧莱雅在中国的金字塔式品牌构架。欧莱雅采取多品牌战略对所有细分市场进行全覆盖策略，覆盖高端、中端和低端三个层面的市场。

金字塔塔尖部分为高端产品，如第一品牌的赫莲娜，无论是产品品质还是价位都是所有品牌中最高的，所针对的消费者偏中年群体，具有很强的消费能力；还有兰蔻，它是全球最著名的高端化妆品品牌之一，针对的消费者群体比赫莲娜的要年轻一些，也具有相当的消费能力；还有碧欧泉，它针对具有一定消费能力的年轻时尚消费者，价格上低于赫莲娜和兰蔻，欧莱雅公司希望将碧欧泉品牌塑造成大众消费者进入高端化妆品的敲门砖。这些高端品牌主要在高档的百货商场中销售。

金字塔中间部分是终端产品，主要包含两大块，一是美发产品卡诗，卡诗是染发领域的高档品牌，主要通过发廊和专业美发店出售。另一块则是活性健康化妆品，如薇姿、理肤泉，主要通过药房 OTC（非处方药）出售。欧莱雅也是率先将这种药房销售 OTC 的理念引入中国的公司。

金字塔的塔基部分为大众类产品，中国市场与欧美市场一个很大的不同就在于，中国市场很大，而且多元化，特别是塔基部分比例非常大。像巴黎欧莱雅是属于这其中的最高端，有护肤、彩妆、染发等产品，在全国大型的百货商场设专柜，在家乐福、沃尔玛等超市也有售。欧莱雅的高档染发品已是目前国内高档染发品的第一品牌。第二品牌是羽西，它的理念是“专为亚洲人的皮肤设计”，是一个主流品牌。第三品牌是美宝莲，这是来自美国的大众彩妆品牌，在全球多个国家的彩妆领域排名第一。第四品牌是卡尼尔，相比巴黎欧莱雅它要更大众一些，针对年轻时尚人群。第五品牌是小护士，其市场认知度达到90%以上，网点渗透到了二、三级的县市。

由于欧莱雅公司对中国市场分析到位，定位明晰，因此旗下各个品牌的表现都极为不俗。兰蔻在高档化妆品市场、薇姿在通过药房销售的活性化妆品市场、美宝莲在彩妆市场、欧莱雅染发在染发的高端市场都已经占据了第一的位置。

欧莱雅的金字塔结构就是一种高效的品牌投资组合，其中的每个品牌都有不同的营销策略，差异化战略使每个品牌成为各自细分市场中的市场霸主。

对现如今的消费者来说，单一的品牌已经无法覆盖足够多的细分市场，单一的卖点也难以满足需求日益增长的消费群体，单一的代言人难以跳出同质化的传播策略，单一的广告不再能够吸引足够的眼球，在这样的背景下，品牌投资组合策略越来越受企业重视。这种策略不是把一种产品简单地贴上几种商标，而是追求同类产品不同品牌的差异，追求每个品牌的鲜明个性，使每个品牌都能有自己的生存空间，市场也不会重叠。

品牌投资组合中的四个特定角色

在一个品牌投资组合中，不同品牌能够扮演多种角色。这些品牌可以扩展市场覆盖面、提供保护、延伸形象或者实现对公司的其他各种作用。每个品牌都应该清晰地差异化，吸引一个足够大的细分市场，并使营销和生产成本合理。

——科特勒《营销管理》

科特勒认为，一个强有力的品牌投资组合应包含四大特定的角色，一是低端品牌，二是高端声望品牌，三是主力品牌，四是侧翼防卫品牌。这四大角色各有其使命，它们联合起来增强并拱卫整个品牌投资组合。

第一类是低端品牌。低端品牌价位相对较低，利润空间很少，但能够把消费者吸引到产品的销售点，从而能借机劝说其购买更高价位的品牌。这类品牌最大的用途在于制造客流，推动其他品牌的销售。

第二类是高端声望品牌。这类品牌一般走优质高价路线，它们的存在往往不是为了获取高额的利润，而是为了提升整个品牌投资组合的声望、形象和可信度。举例来说，雪佛兰克尔维特，这个品牌虽然在中国的知名度比不上法拉利和保时捷，但它在美国却堪称国宝，可以说是最能代表美国精神的跑车。有分析师认为，克尔维特在雪佛兰整个品牌体系中，真正的价值在于以其科技形象和声望为整个雪佛兰产品线投射一道光环，改善雪佛兰其他汽车的形象。

第三类是主力品牌，这是企业重点培育的品牌，是与竞争品牌抗衡的主要力量。它可能是现金牛品牌，在市场上拥有稳定的消费群体，能为企业带来相当可观的利润；它也可能是明星品牌，有着相当不错的市场前景，有转化为金牛的潜在实力。像欧莱雅旗下的兰蔻、美宝莲、薇姿等就是主力品牌。

第四类是侧翼品牌，主要起到防卫旗舰品牌的作用，是专门针对竞争者的品牌定位的。它往往与竞争品牌有很多相似之处。比方说，宝洁旗下的帮宝适是一个高溢价的旗舰品牌，走的是中高端路线，而为了应对竞争者从低端价位抢夺市场，宝洁推出了侧翼品牌乐芙适（Luvs）尿布，定位较低，其目的就是为了保护主力品牌。在设计侧翼品牌的时候，企业要小心谨慎，不能太吸引人，以免抢夺了己方的高溢价品牌的销售额，但也不能过分低廉，否则会损害整个品牌组合的形象。

在一个品牌投资组合中，不同品牌担当着不同角色，应分而治之，各领风骚。企业每引进一个新品牌，都要充分考虑到新品牌在企业整个战略中的作用以及对其他品牌的影响。明确品牌角色，避免角色冲突，才能充分发挥每一个品牌的作用，实现企业品牌收益的最大化。

联合品牌：强强联合的“1+1>2”效应

营销人员通常会以多种方式把自己的产品和其他公司的产品联合起来。联合品牌又称双重品牌或品牌捆绑，即两个或更多知名品牌被组合用于一个共同的产品上或者以一些方式共同进行营销活动。

——科特勒《营销管理》

科特勒指出，企业可以将旗下的某个品牌与自己的其他品牌或者其他公司的品牌捆绑起来，形成联合品牌。联合品牌最大的优势是一个产品身上可能会聚了多个品牌的优点，因而更能吸引消费者，也更能让消费者信服。

品牌联合是在瞄准同一市场，但没有构成直接竞争的企业间进行战略整合。它通过把时间、金钱、构想、活动或演示空间等资源整合，为任何企业，包括家庭式小企业、大企业或特许经营店提供一个低成本的渠道，去接触更多的潜在客户。品牌联合需要寻找和企业服务同类顾客的其他企业，统一战线，以合作的方式来更好地吸引现有和潜在的顾客，更好地开拓共同的市场。两个企业建立联合品牌伙伴关系，能使各自的潜在客户量翻一番。这种策略是一种省钱省时、颇有成效的营销方式。

2012 年，一部《复仇者联盟》的电影横空出世，掘金能力不俗，被影迷戏称为“妇联”。这部影片的特色在于，它将众多知名影片中的超级英雄集结在一起，一部影片融合了钢铁侠、美国队长、绿巨人、雷神、鹰眼、黑寡妇等角色，他们组成了强大的“复仇者”团队，共同惩恶扬善，为和平而战。可以说，《复仇者联盟》席卷全球的票房风暴，来得并不意外，一次性打包多个超级英雄，能迎合影迷的不同口味，并巧妙地利用了这些超级英雄已经建立起来的知名度。

其实，从营销角度而言，《复仇者联盟》是一个很好的联合品牌营销的典范，这个“复仇者”团队中的每一位英雄无一不是成功的荧幕形象，可以说每个人都是响当当的一块招牌，而将他们集结在一起，这部新片就完全不用担心怎样塑造知名度和影响力，因为它是众多优质“品牌”的大联合。

在商业竞争中，联合品牌的运用更是广泛，它既可以是同一家公司的品牌联合，也可以是合资的联合品牌。举例来说，像通用电气和日立共同推出电灯泡；花旗银行和美国航空公司共同推出信用卡；摩根大通和美国航空联合创造的大通美国旅行卡；苹果、IBM 和摩托罗拉发起的一次性技术联盟 Taligent；耐克和苹果联合创造了“耐克＋iPod”运动套装，跑步者可以将其耐克鞋与 iPod Nano 连接起来，从而实时记录好，加强跑步效果。

通过品牌联合，一个品牌可以嫁接另一个品牌的优势，一个企业可以跟另一个企业强强联合进行互补，由于原来的品牌在不同的产品类别中已经打下了一定的基础，所以联合后的品牌将创造对消费者更强的吸引力和更高的品牌资产。联合品牌还可以使企业将现有品牌扩展到新产品类别中，比起单独进入某个新市场，难度和风险都降低了很多。

需要注意的是，品牌联合在很多情况下意味着两个原本并无交集的企业要进行多方面的融合与磨合，所以，是存在一些问题和风险的。要达成这种联合，企业必须考虑这样几个问题：

第一，目标消费者是否具有共性。每个企业或者品牌都有属于自己的消费群体，如果进行联合营销的品牌没有共同的消费者资源，那么这样的联合一定会失败。

第二，品牌追求是否一致。品牌不仅仅是一个符号，它体现着消费群体对文化、利益等方面的追求。如果进行联合的品牌没有一致的品牌追求，那么，就很难凝聚在一起。

第三，品牌联合需要通过法律合同或许可证书来保障，这样能对企业形成约束力，能为品牌联合保驾护航。

把自己的品牌交给别人使用或者与别人共同开发，这就如同将自己的孩子交给他人一样，需要力保“孩子”交出去后能得到最好的照顾。进行联合的两个或多个品牌必须周密地协调其广告、促销和其他营销努力，一旦开始采取合作品牌策略，双方都必须精心呵护对方的品牌。

成分品牌：为产品创建足够的知名度和偏好

成分品牌是联合品牌的一个特例。它为材料、成分、零件和部件创建品牌资产，而这些又是其他品牌产品所必须包含的东西。

——科特勒《营销管理》

科特勒指出，成分品牌是一种比较独特的联合品牌的形式。它不是为某个产品创建品牌资产，而是为产品的材料、成分或者零部件创建品牌资产。比方说，杜邦就很善于经营成分品牌，它做出了很多创新，像莱卡、尼龙、特弗龙涂层、凯芙拉纤维，等等，这些都是其他公司生产产品的重要成分，而它们的开创者却是杜邦。其他知名的成分品牌，譬如食品业的利乐、音响系统的杜比，等等。

从本质上而言，成分属于生产的中间投入，它隐藏在最终产品之中，并不直接与最终用户接触，所以在大多数情况下，消费者关注的往往是产品和产品利益，而对成分则并不会刻意留心。而成分品牌化则打破了这一常规，它将成分从生产的后台推到销售的前端，让最终用户对产品所含的某种成分产生印象乃至偏好。最终形成这样一种理想情况——该成分将逐渐成为最终产品行业的标准成分，如果某产品含有该成分，那么消费者会觉得产品是可信的；而如果不含有该成分，那么消费者就会对产品的质量和信誉产生怀疑，通常不会购买这种产品。比方说英特尔的例子。

CPU，中央处理器，是一台计算机的运算核心和控制核心，作为一种复杂的电脑部件，如何让计算机的终端消费者像车主知道汽车的发动机一样熟悉计算机的中央处理器？英特尔做到了这一点，它第一次把电脑部件直接与终端用户连接起来，创造了“Intel Inside”的品牌标志，显示品牌的“品质、可靠、技术领导”。

自 1991 年 6 月开始，英特尔发起了“Intel Inside”的品牌推广运动。“Intel Inside”项目通过在授权的计算机制造商的系统上粘贴注册的英特尔公司商标和“Intel Inside”标识，以使消费者知晓系统采用的是英特尔生产的微处理器，从而获得先进技术和优秀品质的保证。

“Intel Inside”品牌推广运动持续十余年，在全球的广告投入超过 70 亿美元，参与的机构已达 2700 家，对整个产业的品牌管理和营销产生了巨大的影响，改变了市场价值链上各个环节的传统平衡，使 CPU 而不是计算机的品牌成为消费者的关注对象。提起 CPU，消费者必然想起英特尔，提起英特尔，消费者必然想起“Intel Inside”。有了如此之高的知名度与认可度，英特尔在计算机行业取得了“挟天子以令诸侯”的地位。

“Intel Inside”不仅是英特尔公司的奇迹，更创造了营销史上的奇迹。它造就了 400 亿美元的品牌价值。在“Intel Inside”这个强大的成分品牌羽翼下，英特尔又推出了 Pentium、Celeron、Xeon 等产品品牌，并大获成功。曾任英特尔首席执行官的安迪·格鲁夫认为，“Intel Inside”计划是英特尔公司有史以来的一项最佳投资。

成分品牌能给企业带来很多利益，它可以提升成分的品质认知度，提升产品的售价，构建行业标准，提高成分的价格，等等。

成分品牌固然能带来很多利益，但任何事物都有两面性，成分品牌也存在一些隐患。当某种成分成为行业标准时，那么，成分供应商就等于与该成分被绑定在了一起。一旦成分出现任何问题，那么成分供应商将被推到风口浪尖之上，而产品制造商也会受到波及。另外，要成功打造一个成分品牌需要大量的投入，这不是一般的小企业所能承受的，从英特尔公司的案例中就可以看出这一点。而且，成分品牌的推而广之，离不开产品制造商的协助推广，要让制造商看得到合作之后的品牌发展前景，他们才会认可并参与到成分品牌的共同建设中来。

品牌接触：让每个接触点上都产生正面关联体验

品牌并不是仅仅通过广告建立的。顾客通过一系列的联系和接触点来了解品牌：个人观察及使用、口碑、与公司员工的互动、网上或者电话体验，以及付费交易经历。品牌接触是顾客或潜在顾客对品牌、产品品类或者与营销者的产品或者服务有关的市场的任何信息关联体验。不管是正面的还是负面的，公司必须努力管理这些体验，就像投入广告中的努力一样。

——科特勒《营销管理》

科特勒认为，要经营好一个品牌，广告只是一个方面，营销人员更需要关注的，是品牌接触。科特勒强调，除非企业里的每个人都实践品牌，否则品牌承诺难以被传递出去。消费者能通过不同的层面来接触品牌，每一个层面的体验都会有所不同，而品牌接触管理就是要让这些不同都变成一种核心利益的共同感受。

品牌接触点可以分为三个层面：

第一个层面是消费者只能看，只能听，却接触不到。停留在这一层面的品牌，大部分都是由企业从单一的角度来传播产品信息，他们往往会把产品的特点与利益以较为夸张的描述传达给消费者，然后让消费者去想象、去体会。

第二个层面则是实质性的接触阶段，消费者带着企业所传播的品牌理念，进一步去实际地接触和体验品牌，消费者能全面地感受产品，感受服务，感受每一个体验的细节。

第三个层面是在消费者采取了实际的购买行为之后，对品牌和产品有了更深入的体验，如果消费者所感受到的与企业所宣传的差别不大，而且产品的确给消费者带来了很大的利益和价值的话，那么，就会形成连续消费。

科特勒建议企业定期进行“品牌审计”，分析一下：企业的品牌是否能够传递对顾客真正有价值的利益？品牌是否被很好地定位？是否所有的消费者接触点都支持这一品牌定位？企业员工是否知道该品牌对消费者意味着什么？该品牌是否能够得到合适的、持续的支持？通过这样的品牌审计，企业可以更清晰地审视是否在每一个接触点上都给顾客创造了正面的、积极的正面关联体验，从而可以更好地进行品牌接触点管理。

就拿麦当劳、肯德基来说，无论到它们位于世界上任何角落的门店里，消费者都能感受到整齐划一的风格，都能体验到同样优质的服务。它们的品牌是靠每一个服务细节来不断支撑的，消费者无论是在媒介广告上看到它们的产品还是到店里去消费它们的产品，在所有的品牌接触点上，它们都是一致的，都是相吻合的，这样它们的品牌才能恒久不倒。

当然，在现实之中，即使是知名的大品牌，也不可能在每一个接触点上，都保持高度一致，总会有问题和纰漏出现，所以，它们不可避免要损耗一些顾客。当抱怨和投诉出现的时候，说明一定是某个接触点上出现了问题，在这种时候，如何与顾客沟通、如何处理问题就会直接影响到品牌在顾客心中的形象和分量。这就好比一条管道，出现了一两个细小的渗漏点并不可怕，但如果不及时修补，那么，小缺口会变成大缺口，甚至会让整个管道爆裂开来。

品牌接触点管理必须从细节处着眼。很大一部分品牌出现问题往往并不是产品质量遭发难，而是在接触点上的沟通造成障碍，从而使问题不断放大，形成品牌管理的缺口。一个品牌的产品传递到消费者手中，要经过很多环节，而其中的经销商与终端店服务是企业较容易忽视、也较难以直接管理的地方，但又是最真切表现企业品牌管理真功夫的地方。很多企业所宣传的美轮美奂的品牌形象常常与其经销商和终端店的服务体现形成巨大反差，而品牌形象就这样被破坏了，品牌管理就这样失败了。优秀的品牌接触点管理，不仅可以从表面看到，也可以从内心感受得到。

第❾篇

定价：征服消费者的价格攻略

第1章

定价之前要全面理解消费者定价心理

价格是买方做出选择的决定性因素

一直以来，价格是买方做出选择的决定性因素。消费者和采购者能够通过各种渠道获得更多的价格信息，接触更多的折扣店。消费者向零售商施加降价压力，而零售商向制造商施加压力，最终形成一个以大量折扣和促销为特征的市场。

——科特勒《营销管理》

科特勒指出，价格是产品价值的体现，而产品价格的高低直接关系着买卖双方的切身利益，更直接影响消费者对某些产品的购买意愿以及购买数量的多少。价格是消费者购买心理中最敏感的因素。

在消费者心中有一杆天平，天平的两端分别是购买成本和产品价值，当购买成本过高时，就很难达成交易，而当天平倾向于产品价值时，交易就很容易顺利达成。所以，只有当产品价值与购买成本在消费者心中达到一种平衡或者产品价值高于购买成本时，消费者才有可能会购买。营销者的任务就是在尽量不提高经营成本或者尽可能少地提高经营成本的同时，提升产品价值，降低消费者的购买成本。

消费者的购买成本大致有四种：

一是时间成本，在现在这样一个快节奏的社会中，时间成本是消费者消费过程中很重要的一个价值参考因素，比方说，去购物场所花费时间多，购物排队耗时多，送货迟等等，这些都构成时间成本，顾客等待的时间越长，其购买意愿就越低，满意度也越低。

二是体力成本，从某种程度上来说，当前网络购物的流行，一个重要的因素就是顾客为了节省体力成本。网络的发达使得人们越来越懒，越来越宅。比如，你想吃顿饭，一种选择是自己出门，坐车，去某个饭店，排队，然后就餐；另一种选择是在家，上网或者直接用电话订餐，有专人送餐到家。哪种方式更能刺激消费？很显然是后者，因为后者的体力成本要低得多。

三是风险成本，有句话说“买家没有卖家精”，顾客在购物时，思前想后，小心翼翼，怕的就是做出失误的购买决策，吃亏上当，买到难以令人满意的产品，有的商家为了打消顾客的种种顾虑，会做出譬如延长产品保修期、完善售后服务等举措，这样做降低了顾客的风险成本，自然也就能够刺激购买。

四是选择成本，顾客在购买某种产品时，常常会在心里将好几个产品进行比较，在这个比较过程中，即使是一个微小的思维波动也能改变消费者的消费决定。顾客在选择甲产品的同时，可能也对乙产品抱有期望，这种左右难舍就是选择成本。摩托罗拉公司曾经推出一款高端手机，它采取了一项特殊的促销措施，对于一部分顾客，它允许其免费试用一个月，一个月内可以无条件、无理由地退货，结果销售异常火爆，而且真正选择退货的顾客很少。这种做法其实就是在降低顾客的选择成本。

如果企业能够有效地帮助顾客降低这四大成本，那么即使提高产品价格，产品依然会有很好的销路。除了降低购买成本，企业还可以通过提高产品价值来坚定顾客的购买信心。

产品的价值不完全由其本身的实际价值所决定，更多的是由消费者的感知价值决定。不管产品的实际价值是多少，最终影响购买的还是消费者心中对这个产品的价值认知。因此，营销者要让顾客充分体验到产品的价值，不断增加顾客对产品的心理价值筹码，使天平向产品价值的一侧倾斜，这样才能提高成交率。

总的来说，企业只有真正掌握消费者如何感知价格，才能很好地利用价格杠杆实现企业的营销目标，才能使企业在竞争中立于不败之地。

购买决策建立在消费者的心理价位感知上

对任何组织而言，要有效地设计并实施定价战略，就需要全面地理解消费者定价心理，需要有一个设定、调整和改变价格的系统化的方法。购买决策是建立在消费者心理价位以及他们所感知的当前实际价格基础上，而并非建立在营销人员的要价上。

——科特勒《营销管理》

在日常生活中，常可以看到这样的现象：有一些质量相似的产品，只是其包装不同，价格却相差很大，消费者却宁愿购买高价的产品；而对于一些处理品、清仓品、大幅度折扣产品，削价的幅度越大，消费者的疑虑心理也就越大，反而会动摇购买心理。这中间其实存在一个消费者对产品价格的价值评估过程。消费者更容易受到自己的心理感知价值影响，而不是商家所标出的那个价格。

对同一件产品，在不同条件下，消费者的价值感受是有天壤之别的。比方说，如果你拿着一杯普普通通的清水卖人 100 元，肯定不会有几个人响应你，更少有人会真的去买；如果你拿着一杯水，端到一个一两天没找到水喝的人面前，卖他 1000 元，他如果付得起，咬咬牙或许真会买；如果你同样拿着一杯水，端到一个在沙漠里走了几天几夜滴水未沾的人面前，将水 10000 元卖他，他一定会比你还着急地掏钱出来。水是一样的水，但买水的人心理上已经发生了巨大的变化，所以，他们所能承受的价位，做出购买决策的速度也大不相同。

一罐可口可乐，在五星级饭店里可能要卖到30元，而在大超市里只卖不到2元，相差十几倍！那些到五星级饭店用餐的顾客，听到30元的报价，不会大发雷霆，而是欣然接受；而那些在大卖场里花2元购买的顾客，也不会觉得价格低，不会觉得自己占了便宜。这就是消费者心理感知价位的神奇之处。

美国的波士顿市中心有一家“法林联合百货公司”，在其商场上的地下室门口挂着“法林地下自动降价商店”的招牌。走进之后，你会发现货架上的每一件产品除了标明售价以外，还标着该件产品第一次上架的时间，旁边的告示栏里说明，该件产品按上架陈列的时间自动降价，这家商店自动降价的产品大多是中档的，品种齐全，花色繁多，而并不是处理品或次品。陈列的时间越长，价格越低。比如某件产品陈列了13天还没售出，就自动降价20%；又过6天，降价50%；再过6天，降价75%。如果该件产品标价为500元，到第13天只能卖400元，到第19天只能卖250元，到第25天时只能卖125元。到第25天后，再过6天仍无人购买，就把该件产品从货架上取下来送到慈善机构去了。

很多人会认为法林公司一定是疯了，其实这正是法林决策的高明之处。因为法林准确地把握了顾客的心理。绝大部分顾客在看到自己需要或喜欢的产品时，都会在第一时间买下它，而不是等待价格幅度的降低，他们会担心在等待的过程中自己的心爱之物被别人买去或再回来看时它已经和第一次看到的不同。所以，当看到自己喜欢的产品时，没有人会在乎它的价格。绝大部分人都会掏出钱袋。这正是商家的真正用意。法林用这种方式向消费者显示了充分的自信，同时也给消费者以信任感。其实，这也是一种薄利多销的宣传方式，但这种做法比直接宣传薄利多销要好得多。

消费者会使用参照价格来选购产品

当选购产品时，消费者通常会使用参照价格，将所观察到的价格同他们所记得的内在参照价格，或外部参考框架如正常零售价格等进行比较。聪明的营销人员会将价格定在最能彰显其产品价值的水平上。

——科特勒《营销原理》

科特勒指出，了解消费者如何形成对价格的看法是一个营销重点。消费者在购买产品时经常会运用参照价格。参照价格是消费者进行价格判断时所使用的参考点。参照价格为消费者设置一个对比效应，从心理上影响消费者的价格公平感知。参照价格通常作为消费者评价产品价格合理性的内部标准，也是企业常用的一种价格策略。

消费者参照价格的形成主要受到以下几个因素的影响：

一是个人因素。个人因素是影响消费者最直接、最重要的因素。它包括消费者个人的消费经验、消费者家庭以及消费者的个性、爱好和兴趣等。消费者个人经验是他们在实际的购买中形成的对某种产品某个价位的知觉与判断。家庭对消费者具有极为深刻的影响。家庭的规模、经济状况会直接影响他们对产品价格的判断。一般而言，经济条件不好的人对产品价格的判断通常也比较低；而生活在较富裕条件下的消费者估计的产品价格通常要高一些。另外，消费者的个性、爱好和兴趣也会对产品价格的心理反应产生影响。

二是专家因素。这里所说的专家，既包括了对产品价格进行监测评价的专业、权威人士，也包括了消费者身边对某类产品有丰富经验的人，这些人的意见和评判对消费者对产品价格的判断和感受影响深远，消费者乐意倾听并且会主动寻求他们的建议和指导。

三是产品本身因素。产品本身的外观、重量、包装、使用特点、使用说明等对消费者对价格的反应产生影响。

四是环境因素。销售现场的环境会直接影响到消费者的心理体验。同样的一件衣服摆在地摊上，跟摆在装修豪华的高端专卖店里，它带给消费者的感受是截然不同的。有专家曾经将某大商场一件价值 3000 元的名牌西服和地摊上一件价值 250 元的西服去掉标签互换销售地点，结果名牌西服在地摊上标价 800 元都没有卖出去，而地摊上的西服挂上 1600 的价签在大商场顺利卖掉了，这就说明了环境影响价格。

五是社会文化因素。社会文化因素指的是社会群体对产品价格水平及其变化的总体感受和判断。比方说，购买经济适用房的消费者与购买别墅豪宅的消费者，他们的群体特征非常鲜明，对房子价格的判断也有很大的差别。

了解了这些因素之后，营销人员就可以利用参照价格来做营销的文章。

当公司有多种层次的产品时，可以将某种产品或某种服务的价格定得比较高，这样能提高整个产品线的参照价格，其余产品就会显得比较便宜，牺牲了这种高价产品，却增加了中低价位产品的销售，从而提高公司的总体利润。还有的商家，会特意将某种大众化的产品价格定得极低，以影响消费者的整体判断，比方说，鸡蛋几乎是家家户户必买的产品之一，某超市就采取了一种特殊的价格策略，它将市场均价大约为 5 元每斤的鸡蛋定价为 2.99 元，这样的定价连成本都收不回，可是，该超市非但没有赔本，反而吸引了更多的顾客。原因何在？当一个顾客走进超市，看到这里的鸡蛋只卖 2.99 元时，她会感到很惊讶，继而，她会产生这样一种感觉，那就是，这家超市的鸡蛋比其他地方便宜很多，那么其他产品肯定也同样要更便宜些，于是，她会经常性地光顾这家超市。这就是参照价格的妙用。

还有的商家会巧妙地进行价格分割，以造成顾客心理上的价格便宜感。一个相对较昂贵的产品，如果将其价格分解成若干小单位，则会显得较便宜。比如，茶叶 300 元一斤，这会显得很贵，但如果将其分成 50 克每包，每包 30 元，就显得便宜很多。法国巴黎地铁就曾打出广告："只需付 30 法郎，就有 200 万旅客能看到您的广告。"这其实也是在进行价格分割。

消费者通过参照价格来判断产品的售价高低，进而来判断购买是值还是不值，同样地，营销人员可以反其道而行之，在参照价格上做文章，来影响消费者的判断。

为什么无人问津的东西价格翻倍后反而脱销了

许多消费者认为价格预示着质量。形象定价对于一些自我敏感度的产品如香水、豪华车和阿玛尼的 T 恤是非常有效的。对于渴望独一无二的奢侈品的顾客来说，即使价格提高，其需求也仍会增加，因为他们认为很少有人买得起这种产品。

——科特勒《营销管理》

科特勒曾举例说，一瓶香水可能只值10美元，但有人即使明知道这瓶香水只值10美元，却仍然愿意花100美元来买它。企业如果能让消费者感受到“值得”，那么就能够让溢价名正言顺。这也就是为什么很多名品的手表、珠宝、香水、服装等奢侈品商家强调其独特性、独享性的原因所在。

罗伯特·B. 西奥迪尼在其著作《影响力》中曾举过一个例子：

有个人在亚利桑那州开了一家印度珠宝店。她店里有一批绿宝石首饰，一直不大好卖。当时正是旅游高峰期，商店里客流量并不少，为了尽快卖出绿宝石首饰，她将价格定得很实在，完全对得起这批首饰的质量。尽管如此，这批产品还是卖不出去。她还尝试了很多销售技巧，把它们放到了更显眼的展示区，唤起人们的注意，但依然没用。她甚至叫导购员使劲“推售”，还是不成功。

有一天，她要出城去采购了。出发前一晚，她给负责的导购员潦草地写了一张破罐子破摔的字条，指示导购员将绿宝石首饰的售价乘1/2，也就是降一半的意思，她想哪怕亏本也得把这批倒霉的货给弄出去。几天后，她回来了，发现所有的东西都销售一空，更让她吃惊的是，由于自己的字迹太潦草，导购员把“1/2”误当成了“2”，也就是说，所有的首饰都是按原价的两倍卖出去的！这让她百思不解。

无人问津的东西价格翻倍后反而脱销了，这是完全有可能的，因为，它抓住了消费者心理。有的产品就是如此“反常”，价格越高，销量越高。比方说婴幼儿产品，很多父母都希望自己的孩子用最好的，可是他们对产品的材质并无专业的认识和判断，这种情况下，他们只能以价格和品牌为参考，选择那些售价贵的产品，他们倾向于认为“一分钱，一分货”，贵的才是好的。还有，最为明显的是奢侈品的消费，顾客的购买目的就是为了表现自己的身份，如果便宜了，大家都买得起，反而无法满足他们的购买欲望。

随着消费者对生活品质的追求，对面子的看重，对个性化、追新的内在要求，企业只要满足了他们的这种心理，就可以有底气地提价、再提价。高价格的产品对普通消费者来说有一种极具吸引力的神秘感。比方说，哈根达斯在很多国家走的都是“极品餐饮冰激凌”路线，瞄准的目标消费者是处于收入金字塔顶峰的、追求时尚的年轻消费者。在中国市场，哈根达斯将其高定价策略发挥到了极致，高昂的价格让其在中国成了只属于少数高收入者消费的奢侈品，高出同类产品好几倍的价格也让其在大众眼中增加了很多的神秘感，让消费者理所当然地认为其产品的品质比其他冰激凌品牌的产品要高很多，即使并非高收入人群，也纷纷愿意一试究竟，看看其产品到底有什么过人之处。

价格越高、销量越高的产品，更多的是满足消费者精神层面的需求，所以，从设计、概念、选材、手工艺等方面企业都需要大量的投入。支撑这些产品高昂价格的不应是产品本身的功能，而是由产品品牌定位、产品稀缺性和独特性、品牌文化和理念、终端打造、服务传递、宣传推广等共同铸就的一种高价值。

价格尾数中潜藏的定价学问

许多销售者认为价格尾数应该带有零头。消费者会将一个标价 299 美元的产品看成 200 美元而不是 300 美元的价位。研究还表明消费者是从左到右看价格的，而不是四舍五入。价格尾数为 9 的普遍出现，还有一个解释就是这向消费者传达了折扣或减价的信息。

——科特勒《营销管理》

在科特勒看来，定价是一门有意思的学问，一个简单的价格背后，其实是复杂的心理学运用。比方说，如果一个公司想要塑造高价形象，它应避免采用带零头的定价策略；以 9 为尾数定价，或者在价签旁打出“减价”的标牌，的确能刺激销售，但滥用的话，效果反而会越差；8 是圆的、平衡的，因此会制造一种安慰的效果，而 7 是带尖角的，因此会产生一种不和谐的效果，因此定价中 8 常用而 7 不常用。

在举重运动中，500 磅的重量曾一直被认为是人类不可逾越的极限。很多运动员都举起过离这个界限相差无几的重量，但却无人能够超过 500 磅这个“槛”。苏联运动员阿历克谢也是如此，他无论如何尝试，都难以突破 500 磅。有一次，教练告诉他，他将举起的是一个新的世界纪录——499.9 磅。结果他真的举了起来！这时候，教练才告诉他，他举的其实不是 499.9 磅，而是 501.5 磅！教练故意说成 499.9 磅，让阿历克谢没有了心理负担，完成了飞跃。这个例子体现了数字对于人的心理暗示作用之强大。同样地，在定价时，数字的运用也十分奇妙。

当顾客花 9.9 元买一样东西时，他觉得只花了几块钱，而当他花 10.9 元买同样的东西时，他心里感觉是花了十多块钱，而实质的价格差异只有一块钱。

经常逛超市的人会发现，9 几乎是使用频率最高的一个数字，99、99.9、99.99、199.9、1699.9……商家对 9 这个数字乐此不疲，这绝非偶然！带 9 的报价真的似乎有魔力一般，最能引发购买欲！美国有一项调研发现，最受欢迎的、利润位居前 20%的饭店，菜价很多都带有“9”。

宝洁公司也有过类似的体验，它有一款产品，原价是 34 元，后来定价改为 39 元后，反而卖得比之前更好，销量多出了 1/3！

营销中的心理价格策略，主要是针对于零售企业的一种价格策略。零售企业直接面对最终消费者，消费者心理需求是影响购买行为的重要因素，因而也成为制定价格策略的重要因素。

心理学家的研究表明，价格尾数的微小差别能够明显影响消费者的购买行为。一般认为，5 元以下的产品，末位数为 9 最受欢迎；5 元以上的产品末位数为 95 效果最佳；百元以上的产品，末位数为 98、99 最为畅销。尾数定价法会给消费者一种经过精确计算的、最低价格的心理感觉；有时也可以给消费者一种是原价打了折扣、产品便宜的感觉；同时，顾客在等候找零期间，也可能会发现和选购其他产品。

如某品牌的彩电标价 998 元，给人以便宜的感觉。认为只要几百元就能买一台彩电，其实它比 1000 元只少了 2 元。尾数定价策略还给人一种定价精确、值得信赖的感觉。

尾数定价法常以奇数为尾数，如0.99，9.95等，这主要是因为消费者对奇数有好感，容易产生一种价格低廉、价格向下的概念。但由于8与发谐音，在定价中8的采用率也较高。

尾数定价法是心理定价中应用较为广泛的一种。它采用零头标价，将价格定在整数水平以下，使价格保留在较低一级档次上，一方面给人以便宜感，另一方面因标价精确给人以信赖感。对于需求弹性较强的产品，尾数定价往往能带来需求量大幅度的增加。

无论采用哪一种定价方式，营销人员首先要做到的就是对消费者心理的透彻了解。定价是否科学、有效，完全取决于是否基于消费者的心理。

消费者能通过多渠道积极地处理价格信息

营销人员发现消费者经常会积极地处理价格信息，会通过从他们先前的购买经历、正式的信息渠道（广告、销售电话、宣传手册）、非正式的信息渠道（来自于朋友、同事或家人）、销售点和在线资源等获得的知识来理解价格。

——科特勒《营销管理》

随着互联网和搜索技术的发展，现在的消费者可以通过多种渠道了解价格信息，他们不再像过去一样受信息不对称的约束。比如，顾客要买一款手机，他只需轻松打开一个比价网站，就可以看到多个购物网站的售价以及实体店面的实时售价，哪个较为便宜，哪个优惠多，哪个赠品丰富，一目了然。

一位顾客想买某品牌的一款高压锅，标价199元，顾客问还能不能再优惠些，厨具产品导购员回答说不能。接下来，那位顾客拿出手机，打开一款查询软件，轻松地扫描了一下那个高压锅的条形码，然后一搜索，发现一般市场价为160～180元，有商家正在进行特价活动，仅售138元，于是，顾客向导购员亮出了搜索的结果，导购员目瞪口呆，无可奈何。

这样的情景将会出现得越来越多。企业要想拿不透明的价格来忽悠消费者，会越来越难。消费者一旦发现企业在价格上弄虚作假，就会像上面案例中的那位顾客一样，转向其他价格更实在的商家。

以电子产品为例，有调查表明，86%的消费者会使用互联网收集电子消费品的有关信息，而通过报纸和亲友来获取信息占37%，可见互联网在消费者购买的过程中起到非常大的作用。而且有超过一半的消费者（57%）认为互联网是他们选购电子产品最重要的信息来源。

通过互联网，消费者可以随时查询到自己想了解的信息，68%的受调查者表示之所以选择互联网是由于其具有其他媒体难以比拟的便捷性。随着信息流通渠道的畅通，人们在日常工作和生活中使用互联网的频率越来越高，从而提升了消费者在网络媒体上接触各种产品信息的概率。而且，互联网的海量信息不但可以满足消费者在购买过程中对大量产品信息的需求，同时，其独有的快速、准确的搜索功能更可使他们随时随地、在最短的时间内了解他们最需要的信息。

互联网的另一大优势就是便于对不同产品特性进行深度比较。通过互联网，消费者可以全方面了解一种产品的功能、特点、利弊等详尽信息，并进行品牌、价格、配置等横向或纵向的客观比较，对比效果更加快捷、直观，从而在种类繁多的品牌和类别中寻觅到自己最中意的产品。

现在的消费者不仅通过网络来了解价格信息，还会通过这种渠道来分享价格信息。他们会通过各种网络通讯工具来与亲友甚至是陌生人交流产品价格信息，讨论产品性能、表现及特性，进而从中选择自己较为满意的商家，达成最终的购买。

第2章

企业的目标决定定价的方式

生存：只求价格能补偿成本

当企业面临产能过剩、激烈的竞争或消费者需求变化的状况时，生存就是企业的主要目标。只要价格能补偿可变成本和部分固定成本，公司就可以继续营业。生存是一个短期目标，从长期来看，企业必须学会如何创造价值和应对绝境。

——科特勒《营销管理》

科特勒认为，企业定价并非只是局限于对于企业成本与利润的考量，产品的合理定价受到多种因素的影响。价格的制定，不仅仅要考虑企业成本与规模成本，还需要考虑其营销战略的目标。企业对它的目标越清楚，就越容易制定价格，而成本则决定了产品价格的下限。

在市场竞争日益激烈、消费者需求不断变化的情况下，很多企业将维持生存作为主要目标。为了确保生产继续进行和存货清仓，企业不得不制定较低的价格，利润跟生存比起来要次要得多。为了继续留在行业中，许多企业的价格只能弥补可变成本和一些固定成本。

以低价求生存并不是最高明的销售方法，但无疑是最有效的销售手段。尤其是对中小企业来说，技术研发水平、营销水平、管理水平较低，资本基础不够雄厚，缺少实施品牌战略的能力，而把价格放低成了最为常规的竞争武器。特别是在一些旺季的时段，商家们无不使出浑身解数，甚至不惜打出“跳楼价”、“血本甩卖”、“最后三天清仓”等字眼，以吸引消费者抢购。这样的低价格很容易形成你追我赶的“价格战”，形成报复性的降价，行业内的一些企业混战成一团，最终破坏整个行业的规则，造成整体利润的急剧下降。这样的情况正在很多行业上演。

科特勒说，生存是一个短期目标，企业可以在艰难的时期运用这样的价格策略，但是，从长远来说，这并不是一种健康、可持续的模式。过于注重短期的经营业绩，对企业的长远利益则不够重视，对培养企业忠实的顾客群体也不够重视，品牌无法树立起来，这样的企业很难熬得下来。企业必须走出这个泥潭，学会如何创造价值和应对绝境。

当前利润最大化：强调眼前的利润和回报

许多公司都试图制定使当前利润最大化的价格。他们估计不同价格下的需求和成本，并选择能产生最大的当前利润、现金流量或者投资回报率的价格。这一策略假定企业知道其需求和成本函数，而实际上，这些是很难估计的。如果企业过分强调当前的表现，就会忽视其他营销组合变量的作用、竞争者的反应和价格上的法律限制等，从而牺牲了企业的长远利益。

——科特勒《营销管理》

利润目标是企业定价目标的重要组成部分，获取利润是企业生存和发展的必要条件，也是企业经营的直接动力和最终目的。正因此，很多企业都会采取这种当前利润最大化的定价方式。比方说，即使明知把产品价格提高 5%，销量会下跌 5%，很多企业还是会采取这种策略，只要营业利润能提起来。

科特勒认为，当前利润最大化能改善企业当前的赢利状况，但是，很可能会牺牲企业的长远利益，这就像“竭泽而渔”一样，过于急功近利的做法，只会让企业拿长远利益为短期利益买单。自 2010 年兴起的网络团购，就曾经经历过这样的一个阶段。

网络团购，指的是互相不认识的消费者在特定的时间内在同一网站上共同购买同一种产品，以求得最优价格的一种网络购物方式。首创该模式的是美国的 Groupon，也就是高朋网，而国内第一家团购网站则是 2010 年 1 月份诞生的“满座”，自此之后，国内的团购网络市场异常火爆。各大媒体纷纷报道，各大门户网站、SNS 网站也纷纷上马团购，一方面作为一种赢利手段，另一方面作为一种增值服务。短短半年内，就产生了近一千家团购网站，市场陷入了“千团激战”中。

这种狂热的跟风带来了一系列的问题，很多团购网站忙于“跑马圈地”，追求短期效应与短期的利润，有一些团购网站甚至在骗取消费者的团购款项后就消失得无影无踪，给整个行业的形象造成了极其恶劣的影响，也使得这个一夜之间红火起来的行业迅速进入惨烈的“洗牌”阶段。

企业追求当前利润最大化，容易造成营销组合变量的失衡，也就是过度依赖价格、促销要素，而忽视了产品、渠道的建设，最终会导致企业发展的后劲乏力。而且，企业的这种一切只为利润的发展模式，很容易招致同行竞争者的跟风或抵制，甚至还会有激烈的反扑，这会让企业在行业中处于一个孤立的地位。更为严重的是，企业如果一心想着提高利润，而不计其他，那么，很容易走偏路、走险路，甚至触犯行规或者法律，引火自焚，这样的结果是最糟糕的。

市场份额最大化：以低价博取较高市场份额

一些企业希望能使其市场份额最大化。他们认为销量越高，其单位成本越低，长期利润越高。他们制定最低的价格，认为市场对价格是高度敏感的。

——科特勒《营销管理》

市场份额最大化，是指企业以最低的价格争取最大的销量，从而换来最大的市场份额。科特勒认为，从市场份额最大化的角度出发去制定价格，应满足这样几个条件：其一，市场对价格高度敏感，低价可以促使市场增长；其二，产量越大，企业的生产和分销成本越低；其三，低价格可以减少实际和潜在的竞争。

企业进入一个新的细分市场时常会运用到市场份额最大化的定价策略，淘宝网就是一个典型。

淘宝诞生时，正是易趣在国内四处扩张的时候，淘宝为了在C2C（消费者个人之间的电子商务）市场抢占市场份额，打出“免费”的旗号，这使得大量的卖家齐聚到淘宝旗下，并助力淘宝赢得与易趣之战。淘宝的免费政策其目的就是为了占据尽可能多的市场份额，尽管当时的阶段不赚钱，但只要聚拢了海量的商家，赢利就不是一件难事。

另一个例子是女性顾客熟悉的娇兰佳人。

娇兰佳人是国内第一家美妆日化一站式购物连锁店，其连锁店开到全国各地，每个月都有新店开张。娇兰佳人在消费者中口碑甚好。它之所以扩张如此之快，而且能得到众多爱美之人的青睐，最主要的原因是其名牌低价的策略。“懂你才会让你更美丽”是娇兰佳人的营销主题，正是因为深刻了解消费者的需求，同时不断满足这种需求，才使娇兰佳人能在众多的美妆日化专营店中脱颖而出。

在娇兰佳人连锁店里，消费者可以看到众多名牌产品，如玉兰油、欧莱雅、羽西、妮维雅、美宝莲等，这些产品都为正品，但价格都比商场专柜或专卖店要便宜，少则几元，多则几十元，正是这一价格优势吸引了无数的购买者。

娇兰佳人能实行这样的低价策略，为消费者提供物有所值的产品，是因为它直接从厂家进货，避免了中间环节，这使得它能以低价大批量地销售产品，扩大市场占有份额，从而赢得利润绝对值的提高。

薄利多销，这是一条众所周知的商场法则，也可以说是商场中最为老套的战术了，但是能真正将其应用到实战，并且让消费者实实在在体会到这种低价策略给其带来实惠的商家并不多，而淘宝和娇兰佳人都做到了这一点，它们也因此而收获了较大的市场份额。

市场撇脂最大化：以高价实现市场获利最大化

拥有新技术的公司喜欢制定高价从而实现市场获利的最大化。这被称为市场撇脂定价法，开始时将价格定得很高，然后随时间推移逐渐降价。

——科特勒《营销管理》

市场撇脂最大化，是指以高价来实现市场获利的最大化，这就像从牛奶中撇取其中所含的奶油一样，取其精华。通常，企业会将产品以最高的价格卖给市场中最具有经济实力的顾客群体，等这一部分顾客消费得差不多了，再适当减价卖给中档顾客，最后还可以以低价甩卖处理日渐衰退的产品。

科特勒认为，以市场撇脂最大化为目的的定价策略需要具备这样几个条件：其一，有足够的当前需求很大的购买者；其二，小批量生产的单位成本不能太高；其三，很高的初始价格不会吸引更多的竞争者抱着趋利心理进入该市场，也就是说，企业必须能够构建起一定的竞争壁垒，抬高竞争者的进入门槛；其四，高价能传达优质产品的形象。

一些拥有新技术、能创造出高新产品的公司常会采取市场撇脂最大化的策略。

索尼就是一个典型，它经常把新产品价格定得很高，以后再慢慢下降。比方说，索尼第一次推出高清晰度彩电时，定价高达 43000 美元，以这种方式索尼得到了最大化的撇脂利润。随着竞争对手进入这一细分市场，公司逐渐把价格下降到 6000 美元，在日本本土市场更降到了 1200 美元。

苹果公司也非常善于撇脂定价，在这方面甚至超越了索尼。比方说，苹果公司的 iPod 产品是极其成功的消费类数码产品，一推出就获得成功，第一款 iPod 零售价高达 399 美元，即使对于美国人来说，也是属于高价位产品，但是有很多“苹果迷”既有钱又愿意花钱，所以还是纷纷购买。苹果的撇脂定价取得了成功。但是苹果认为还可以“撇到更多的脂”，于是不到半年时间又推出了一款容量更大的 iPod，当然价格也更高，定价 499 美元，仍然卖得很好。苹果的撇脂定价大获成功。

当顾客愿意以高出市场平均水平的价格购买产品的时候，撇脂定价是最合适的定价方法。当然，就像科特勒指出的，这必须是以产品的质量和企业的良好形象为前提的。例如，如果一些购买者认为某一公司的产品远远优于竞争者的产品时，那么该公司就可以成功地索要较高的价格。同样，当一种产品受到良好的法律保护，或者它反映了技术上的突破，或者它在某些方面可以阻止竞争对手时，都可以有效地使用撇脂定价。当生产产品有技术难度、有技术或时间限制，使生产不能迅速扩大时，营销人员可以使用撇脂定价策略。只要是需求大于供给，撇脂定价就是可行的。

成功的撇脂定价策略使企业得以快速收回产品开发以及推广成本，即使消费者认为初始价格过高，企业也可以通过逐步降价轻易地解决问题。通常，企业以高价来试探市场，如果销量过低时再降价，这样的方式是更好的。如果市场上有一些愿意出高价的购买者，那么企业就可以撇脂定价进入这个市场并使每单位收入最大化。

最后需要强调的是，企业采用撇脂定价的前提是必须确保竞争对手不能轻易进入该市场。企业之间的竞争不仅是产品的竞争，也是定价模式的竞争。企业一方面要善于利用撇脂定价法，在新产品上市之后的一段时期内尽量攫取丰厚的利润；另一方面要及时调整撇脂定价法，以适应竞争对手的步步紧逼。

产品—品质领导地位：在顾客购买能力内制定高价

一些公司可能会致力于成为市场中产品—品质的领导者。许多品牌都想成为“买得起的奢侈品”，它们被认为具有很高的质量、品位和地位，价格虽高但没有超出消费者的购买能力，此类品牌例如星巴克咖啡、维多利亚的秘密。

——科特勒《营销管理》

科特勒所说的“产品—品质领导地位”，用一句话来说，就是向消费者提供“买得起的奢侈品”，这样的产品质量出色、定价也很高，但这种高价又没有超出消费者的购买能力。

创造具有高感知质量、品位和地位的产品，实现优质高价，这是很多企业的追求。这些产品通过有别于竞争对手的品牌影响力以及消费者对产品形象的高认可度，占据市场的高端。像苹果公司的 iPhone 手机、iPod、奔驰汽车、星巴克咖啡等都是行业产品质量的领先者，通过产品本身的质量、品位和高价，赢得大量稳定忠诚的顾客群。

很多人都听过或者逛过奥特莱斯，事实上奥特莱斯就是以“产品—品质领导地位”定价的范例。“奥特莱斯”是“Outlets”的中文直译，其原意是“出口、出路、排出口”的意思，在零售商业中，则指的是由销售名牌过季、下架、断码产品的商店组成的购物中心，因此也常被称为“品牌直销购物中心”。简而言之，“Outlets”就是“名品＋实惠”，经营货真价实的名牌，却有着比一般大超市还要低 10％的价格，这使它在欧美成为最为流行的一种商业业态。

奥特莱斯严格控制中间环节、地价、店堂装饰、销售人员等成本因素，并且开设“高度密集”的连锁店，从而使折扣商店的产品价格比其他的零售业态都要低，能够吸引对价格比较敏感的消费者，满足了部分经济实力不足却又追求名牌的消费者对名牌产品的购物需求。驰名世界的品牌、令人惊喜的低价、轻松的购物氛围，成为折扣店吸引顾客的“三大法宝”。这种瞄准特定群体的销售定位是新业态出现的客观基础，也是现代商业发展的趋势。

奥特莱斯进入中国市场后，大受欢迎，现在不仅在北京、上海等国际大都市开店，在很多二线城市也开起了奥特莱斯名品折扣店。很多收入不是非常高的顾客也可以像“金领”们一样穿戴名品服饰，因为在奥特莱斯可以以让人心动的价格淘到名牌。

这样的一种零售模式，并没有在广告宣传费用上进行大投入，但却受到了消费者的追捧，其中最主要的一个原因就是它所坚持的“名品＋实惠”给消费者带来了价值。

在消费者购买能力范围之内，提供有品质、有品位、有品牌的产品，这不仅能满足消费者的需求，更能给企业带来实际利益，带来可观的利润空间，进而使企业能够占据行业领导者的地位。

将价格作为战略工具的企业能获得更多利润

不管定价目标是什么，将价格作为一种战略工具的企业，相比于那些只是让成本或市场决定其价格的企业，能够获得更多利润。

——科特勒《营销管理》

科特勒指出，在各种营销工具中，价格是唯一能产生收入的因素，企业需要系统地理解价格，以便更好地设定、调整和改进价格。企业不应以粗放、简单的方式来定价，而应该将价格视为一种强有力的战略工具，构建起一个能反映市场需求和成本、市场细分要求、购买时机、订单水平和其他因素的变化状况的一个价格体系。对价格杠杆的运用能显示出一个企业的营销水平及与消费者打交道的能力。

现在很多企业将价格视为营销的战术手段之一，却没有上升到战略高度。如果只是从竞争的角度考虑，价格和产品的组合只能称为战术，但是从企业长远的发展和消费者未来的价值取向以及品牌的角度考虑，价格就必须具备战略性。现在一些成功的企业所采取的价格策略已经具备了战略意义。它们合理地利用价格策略，使企业在竞争中不但保有较高的利润，并且销量还超越了同行业的增长。

科特勒曾经举过一个很有意思的餐馆的案例。

在伦敦有一家叫作 Just around the Corner 的饭店，店主人叫 Michael Vasos，他共经营着 5 个店，而 Just around the Corner 是最独特的一家，因为他给店里定了一条奇特的规矩，该店菜谱上的菜全部不标价格，客人在用餐之后根据自己感受到所点的食物的价值来支付。这使得食客们大感兴趣，有的客人甚至会在餐桌上讨论、争论该付什么样的价格。到店里用餐的客人更多了，而店里的厨师、服务员等为了让客人用餐后付一个好价钱，做事更用心了。

Vasos 还定下两个要求，第一个就是针对那些故意少付账的揩油者，Vasos 指示服务员在接待此类客人时直接将客人所付的钱退回，并真诚感谢客人光临，这使得这些揩油者不好意思再来，也就控制住了损失。第二个要求就是要保证食物的质量和特色，以赢得客人的高度认可，让他们肯多付钱。

这种“不标价”的模式试用了一段时间后，Vasos 认真统计了一番，他惊讶地发现，客人根据体验自主付账的收入与原来按菜单标价收费的方式相比，收入反而高出了 20%，这家饭店也成为 Vasos 旗下赢利最好的一家店。

Vasos 推行的这种“不标价”的定价模式，已经不仅仅是一种价格策略了，它还能吸引客人前来用餐，提升客人的用餐体验，激励内部员工的士气与风貌。可以说，这种价格策略已经有了战略意义。

在不同的营销时期，企业在定价时都需要理清这样一些问题：

给产品定价时，什么样的价位与目标消费群体心目中的产品价值最为匹配？

目标消费者对价格有多敏感？

对于不同的产品特性，消费者愿意各支付多少钱？

如果提高或者降低现有产品的价格，会对销售情况与市场份额产生什么影响？

当竞争对手采取调价或者促销策略时，消费者会有什么反应，会做何选择？

价格可以说是营销的4P之中最为灵活的一个元素，它的变化可以非常迅速。价格战略作为企业战略组合的一个重要组成，它能影响到企业赢利率的高低和市场份额的大小。要在激烈的竞争环境中制定有竞争力的产品最佳定价，企业不仅要考虑成本补偿问题，还要考虑产品生命周期、目标消费群体的承受能力以及竞争状况，等等。

第 3 章
选择合适的定价方法

全面营销人员必须考虑到定价决策的多方因素

定价决策显然是复杂而困难的，而许多营销决策者往往忽视了定价的战略意义。全面营销人员必须考虑到定价决策的多方因素——公司、消费者、竞争和市场环境。同时，定价决策也必须和企业的营销战略、目标市场定位、品牌定位保持一致。

——科特勒《营销管理》

科特勒指出，企业的定价决策是复杂而困难的。企业首先要确定定价目标，然后是明确需求，再估算成本，还要分析竞争者的成本、价格和产品，再选择一种定价方法，最后制定出最终的价格。定价绝不是简单地确定价格，给产品标上一个你想要的数字符号，而是要准确地评估产品的价格，以求让顾客、市场接受并认同产品的价值。定价关系到企业的战略、企业针对的客户群、竞争环境以及产品的差异化。

在定价时，营销人员必须将企业战略、消费者、竞争、市场环境、市场定位与品牌定位全盘考虑进来。定价决策主要受到以下几种因素的影响：

一是企业战略。要了解价格和制定价格，首先要明确企业的目标和战略是什么，是增加市场份额，改善企业收入，最大化利润，还是其他目标。如果营销部门对于企业目标与战略有一个清晰的把握，那么确定价格在内的营销组合，便相对容易些。定价成功在很大程度上取决于定价策略与企业目标、战略的契合度。

二是消费者。在明确了解企业目标和战略之后，企业需了解消费者的需求，这直接决定产品定价的正确与否。消费者的需求并不是一成不变的，企业必须要了解消费者现在需要的是什么。

三是竞争与市场环境。市场中的竞争者也会影响到企业的定价决策。企业必须首先了解谁是自己的竞争对手，竞争对手的战略是什么，优势是什么，还应该了解他们的成本、价格以及可能对企业定价作出的反应；然后再来决定是采取竞争者的价格，还是高于竞争者的价格，或者是随行就市与竞争者价格保持同一水平线上。企业应进行充分的市场调研以避免不利的信息劣势，对待竞争者树立一种既竞争又合作的共同发展的竞争观念，在深入吃透竞争者价格战略的基础之上对自己的产品进行定位，使产品价格更有针对性和竞争力。

四是其他因素。除了企业、消费者、竞争以及市场环境之外，企业还需考虑其他影响价格的外部因素。比方说，一个国家或地区的经济条件、政策法律、风俗习惯等对定价策略是有很大影响的。譬如，如果某地经济处于衰退阶段，那么消费者的购买力会大大削弱，那么企业要维持高价就会比较困难。政策的力量同样不容忽视，如果一个企业主要从事出口贸易，那么它必须对出口国的市场环境以及政策非常了解，像我国很多出口行业遭遇反倾销调查就是受制于出口国的政策法律与贸易保护。

总的来说，企业做定价决策，首先要明确企业目标与战略；其次要了解谁是目标消费者，他们的需求是什么，在决策过程中最关心什么；再次要了解竞争对手，了解他们的战略与优势；最后，还要考虑到外部的经济条件和政府的影响等等。

定价的上限、下限和基准点

价格制定时需要重点考虑三个问题：成本是价格的下限；竞争品的价格和替代品的价格为定价提供了参照的基准点；顾客对产品特性的评价是价格的上限。企业应选择一种将这三个考虑因素包含在内的定价方法。

——科特勒《营销管理》

科特勒指出，成本构成了价格的下限，而消费者对产品价值的评价则构成了上限，竞争者与替代产品的价格则是参照系与基准点。企业需要在上下限之间，找到最佳的价格。

成本是企业为产品所设的底线，产品的价格如果不能覆盖生产、分销和管理等各方面的成本，那么就只能亏本，不能给企业带来相应的回报。企业成本分两块，即固定成本和可变成本。固定成本是指不随产量变化的成本，也就是不管企业开不开工，都必须支付的成本，像办公场地、生产厂房的租金就是固定成本；可变成本是指随生产量水平而变化的成本，比方说，生产产品所需的各种原材料，它们的成本就往往跟生产挂钩。如果就制定价格时要考虑的重要性而言，成本无疑是最重要的因素之一。因为价格如果过分高于成本，会引起消费者的不满和质疑，而价格过分低于成本，又不可能长久维持。企业定价时，不应将成本孤立地对待，而应同产量、销量、资金周转等因素综合起来考虑。

消费者的需求、购买能力以及对产品价值的评价是定价的上限。这个是很明显的，如果一个产品的定价超出了消费者的购买力，或者消费者认为产品根本不值它的定价，那么，这样的产品很难赢得消费者的认同，也很难在市场上销售得动。

确定需求与成本是制定价格的前提。一般来说，企业进行产品定价需要遵循以下几个步骤：

第一步，选择定价目标。公司通过定价一般追求六个目标：生存、最大当期利润、最高当期收入、最高销售成长、最大市场撇脂、产品质量领先。企业的目标越清楚，它制定价格越容易。

第二步，确定需求。每一种价格都将导致不同水平的需求，并且由此对营销目标产生不同的效果。通常来说，价格越高，需求越低；价格越低，需求越高。不过，还需要考虑消费者的价格敏感度、价格弹性等。

第三步，估计成本。公司的成本是底线，公司想要制定的价格应能包括它的所有生产、分销和推销该产品低成本，还应包括对公司所作的努力和承担风险的一个公平的报酬。

第四步，分析竞争者。在由市场需求和成本所决定的可能价格的范围内，竞争者的成本、价格和可能的价格反应也在帮助企业制定它的价格。

第五步，选择定价方法。在掌握需求、成本和竞争者价格的基础上，企业就可选取合适的定价方法来进行定价。常用的定价方法有：成本加定价法、目标收益定价法、认知价值定价法、价值定价法、通行价格定价法、拍卖式标价法和集团定价。

第六步，选定最终价格。通过上述定价方法缩小从中选定最终价格的范围。最后，企业引进一些其他的考虑因素，包括消费者心理等其他营销因素，对价格作出最终敲定。

每一个产品的价格都绝非随意制定的，而必须按照企业和产品的特性、结合市场现状，在成本与需求之间进行科学合理的制定。

成本加成定价法：在产品成本上加上适当的利润

成本加成定价法是最基本的定价方法，就是在产品成本上进行加成定价。

——科特勒《营销管理》

科特勒指出，成本加成定价法是最为基本的一种定价策略，这种方法的最大特点是“量出而入”，将本求利，计算简单。它易于操作，只需将价格和成本联系在一起，就可以大致确定价格，这使得定价过程大大简化。如果行业内的大多数企业都采取这种定价方法，那么，价格就会趋同，价格竞争也会减少。

正常的情况下，任何产品的价格都应高于所发生的成本费用，这样在生产经营过程中发生的耗费才能从销售收入中得到补偿，企业才能获得利润，生产经营活动才能得以继续进行。许多企业努力降低成本，就是因为低成本往往能带来低价格，从而取得较高的销售量和利润额。

肯德基自 2009 年下半年起开始采取一种“成本定价”的全新模式，下大力气降低成本，以实现更有竞争力的产品价格。

肯德基测算，未来三年内，需要 28 万吨的鸡肉制作食品，这意味着需要 12 亿只毛鸡，这 12 亿只毛鸡的饲养需要大约 550 万吨鸡饲料，这等于是 200 万吨大豆、288 万吨玉米。而且，要养殖、宰杀这些鸡，约需 9 万个养殖工作人员和 9 万个屠宰加工工作人员。这是极其大的一笔成本，为了尽量压缩、减少成本，肯德基与国内三大鸡肉龙头企业签署协议，一次性将未来三年的 28 万吨鸡肉的采购敲定下来，涉及的总金额将超过 50 亿元。

百胜中国供应链管理的负责人表示，成本控制是企业应对金融危机的一个非常重要的手段，这样做，不仅能让产品价格更具竞争力，也能保障企业长期稳定的原料供应。

微波炉行业的霸主格兰仕也很值得一提。在大小家电集体混战厮杀的时候，唯有微波炉行业从开始就一直处于寡头垄断的局面。不是其他的家电企业不想在这个行业分一勺羹，而是这个行业里蛰伏着一个强悍的“价格屠夫”格兰仕。格兰仕多年来在微波炉行业走专精深路线，通过专利合作和高效的管理，它能够以低成本制造出同等价格最好的微波炉。对同一价位的同一等级的产品，有的厂家入不敷出、难以为继，而格兰仕却能挺得住，而且还能源源不断地销售出利润产品。格兰仕以优质的产品和极具竞争力的价格封锁了竞争对手，占据了微波炉行业全球60%以上的市场。可以说，格兰仕已经将价格发展成了一种杀伤力强大的战略性武器。

科特勒提醒企业，必须要控制好成本，如果成本过高，企业势必会在激烈的市场竞争中处于劣势。成本控制住了，成本加成定出的价格才会有优势。

成本加成定价是一种典型的生产者导向定价法。而现在的市场需求多变，竞争激烈，如果企业不能以消费者为中心，产品不能满足消费者需求，那么很难在市场站住脚。因此，完全成本加成定价法虽然简单易行，但也存在一些不足之处。

比方说，成本加成法忽视了产品需求的弹性变化。不同产品在同一时期，同一产品在不同生命周期不同阶段，同一产品在不同的市场，其需求弹性都不相同，采取成本加成难以适应迅速变化的市场，它缺乏应有的竞争能力。这种定价方式不灵活，容易导致企业做出错误决策。

为了克服这些不足，企业可以按产品的需求价格弹性的大小来确定成本加成的比例，还需要密切关注市场，进行大量的市场调查与详细的分析，才能估计出比较准确的需求价格弹性，从而制定出较为合理的产品价格，增加企业的利润。

目标—利润定价法：注重目标投资回报率

在目标—利润定价法下，企业将制定能实现其目标投资回报率的价格。

——科特勒《营销管理》

目标—利润定价法就是企业制定一个预期的目标利润率，而产品的定价需要能保证企业达到这一利润率。通常企业会根据总成本和预期的总销售量来确定期望达到的目标利润率，然后由此推算出价格。

举个例子，某房地产企业开发了一个总建筑面积为10万平方米的小区，预计未来在市场上可实现销售8万平方米，总开发成本是2亿元，该企业设定的目标收益率为成本的12%，那么如果用目标—利润率法来定价的话，那么先可以计算出，该企业预期的目标利润为2×12%，也就是0.24亿元，而每平方米的售价就用总的成本与目标利润的总和去除以预计的销售量就可以，也就是2.24亿除以8万平方米，即2800元。这就是用目标—利润定价法所得出的价格。

从上面例子可以看出价格计算的步骤，第一步就是确定目标收益率，第二步是计算目标利润，第三步就是用目标利润与总成本之和除以预期的总销售量，最后得出售价。

目标—利润定价法有着极强的结果导向，它的目的就是要保证企业既定目标利润的实现，这种方法通常适用于在市场上具有一定影响力、市场占有率较高或具有垄断性质的企业。它与成本加成定价法是有区别的，成本加成定价法中的成本只是制造成本，不包括期间费用，而目标—利润定价法中的成本包括制造成本和期间费用。

目标—利润定价法还是有不足之处的，它所定的价格是根据预期的销售量来计算的，而实际操作中，价格的高低反过来对销售量有很大影响。销售量的预计是否准确，对最终市场状况有很大影响。先确定产品销量、再计算产品价格的做法完全颠倒了价格与销量的因果关系，把销量看成是价格的决定因素，在实际上很难行得通。尤其对于那些需求价格弹性较大的产品，用这种方法制定出来的价格，无法保证销量的必然实现，那么，预期的投资回收期、目标收益等也就只能成为一句空话。企业必须在价格与销售量之间寻求平衡，从而确保用所定价格来实现预期销售量的目标。

目标—利润定价法从根本上来说，仍然是一种生产者导向的产物，没有充分考虑到市场竞争和需求的实际情况，只是从生产者利益的角度出发制定价格。不过，对于一些需求比较稳定的大型制造业，或者供不应求且价格弹性小的产品，市场占有率高、具有垄断性的产品，以及大型的公共事业、劳务工程和服务项目等，如果能科学地预测价格、销售量、成本以及目标利润的话，那么这种方法仍然会是一种有效的定价方法。

感知价值定价法：立足于消费者的感知与印象

越来越多的公司开始以消费者的感知价值作为定价基础。感知价值由几个因素构成，如消费者对产品的印象、交付渠道、质量保修、客户支持，以及一些软属性，如供应商的声誉、可信度和评价美誉度。

——科特勒《营销管理》

科特勒指出，现在越来越多的企业开始将价格建立在消费者对产品的感知价值上。在买方市场中，企业定价的关键，不可能再像过去一样单纯地考虑企业的成本与收益，还必须注重消费者对所需产品的价值认知程度。企业通过产品为消费者创造价值，而更重要的是要让消费者感知到这种价值。感知价值定价的关键不在于卖方的生产成本，而在于买方对产品价格的理解与感知水平。

一般来说，消费者在购买产品时，对产品的质量、性能、用途及价格会有自己一定的认识和基本的价值判断，也就是说，消费者会自己估算以一定价格购买某产品是否值得。认知价值定价法的关键是要正确地估计消费者的感知价值。如果估计过高，会导致定价过高，影响产品的销售；如果估计过低，会导致定价过低，产品虽然卖出去了，却不能为企业带来最大化的利润。当产品的价格水平与消费者对产品价值的理解和感知程度相比大体一致或者稍低时，消费者就很容易接受这种产品；反之，消费者就会觉得产品不值得购买。运用这样的价值方法，企业必须将自己的产品与竞争者的产品进行比较，从而较准确地判断市场与消费者对产品的认知。

企业间的竞争，不应该去和对手比价格，而应比产品的内在品质。如果有好的品质，并且能让消费者感受到，那么产品就可以定出高价。建立在好品质基础之上的高定价，经得起市场与消费者的检验。

国外有一个Buystand的网站，这是一个由消费者自己为产品定价的网站，用户可以为自己需要购买的产品填写一个心理价位。当然价位要合理，不然没人理会，如果商家接受了消费者的定价，那么这笔交易就算达成了。

Buystand不仅能完成实物产品交易，它还成了一种能迅速检测到消费者对产品的感知价值的绝佳途径，成为卖家定价的有力参考。比方说，某产品商家打算定价500元，而在消费者看来，成本不过100元，消费者不会接受这种“暴利”的形式，他们心里有一个相对合适的价位，在普通的商业模式中，商家是很难得知每一个消费者心里对产品价值的判定的，而通过Buystand，这些信息却可以轻而易举地获得，越来越多的买家在这里公布他们的心理价位，这对商家来说，是很有价值的参考信息，商家可以根据这些信息更准确地制定价格，提升产品销量。

无论是线下零售，还是网络购买，消费者在商家的定价面前往往都居于一个被动的地位，产品的实际价格与定价之间到底有多少“猫腻”，这样的信息对消费者来说是不透明的。而Buystand则实现了一种逆转，它让消费者可以根据自己的感知价值来参与价格的制定，这会成为价格制定的一种趋势。通过消费者感知价值定价，发掘出消费者心里的感知价位，这样才能定出让消费者心甘情愿去接受的价格，这其实是一个消费者价值塑造的过程。

价值定价法：降低成本，但不牺牲质量

近年来，一些公司采用了价值定价法：他们通过合理价格提供高质量的产品或服务，赢得忠实顾客。价值定价法不是简单地制定低价，它要求企业重新安排经营活动，降低成本却不牺牲质量，吸引大量注重产品价值的顾客。

——科特勒《营销管理》

科特勒指出，价值定价法就是以合理的价格销售高质量的产品与服务，赢得那些注重产品价值的消费者。像宜家、西南航空、沃尔玛等公司都是价值定价的典范，同时也是其受益者。科特勒曾举宝洁的例子，在20世纪90年代之前，一个品牌忠实的家庭每年购买宝洁的产品要比购买其他品牌或廉价品多支付725美元的溢价，也就是说，不是每一个普通大众家庭都能消费得起宝洁的产品。为了给消费者创造更大价值，也为了扩大市场，宝洁做出了很大的转变，它全线下调其超市类消费品的售价，包括帮宝适、乐宝适、汰渍液体洗涤剂、福爵氏咖啡，等等，这一举措引起了很大的市场反应，也使得宝洁更加“亲民”。

价值定价就是要放大产品的好处和利益，这其中的好处，有可能是产品的品牌、独特性与耐用性，也有可能是产品的服务，营销人员要将这些塑造成很好的产品价值，

让消费者感到物有所值。

凯特比勒是美国一家生产和销售牵引机的公司。市场上一般牵引机的价格在 20000 美元左右，而该公司的牵引机却售价 24000 美元，比同类产品要高出 4000 美元，高出 20%。但是，它的销路却很好。这是为什么呢？

每当客户问到为什么凯特比勒的牵引机要比别家贵那么多时，该公司的销售人员会非常专业地列出账单，给客户算一笔账：

20000 美元，是与竞争者同一型号的机器价格；

3000 美元，是产品比同类产品更耐用而需多支付的价格；

2000 美元，是产品可靠性更好而多付的价格；

2000 美元，是公司服务更佳而多付的价格；

1000 美元，是保修期更长多付的价格；

28000 美元，是上述应付价格的总和；

4000 美元，是客户享有的折扣；

24000 美元，就是最后的价格。

凯特比勒的销售人员在列这个账单时，并不是夸夸其谈而已，他们会拿出能够支持自己价格的明明白白的检测与实验数据，让客户清楚地感受到，自己并不是在花 24000 美元买一台 20000 美元的牵引机，而是以 24000 美元买了一台价值 28000 的牵引机。

美国的彩虹吸尘器公司生产过一种不需要使用常规吸尘器所用的纸袋，而是利用水来吸尘。这种吸尘器的造价并不见得比普通吸尘器高多少，如果采用常规的成本加成的话，它不可能定高价。而实际的情况是，彩虹吸尘器每台价格高达 700 美元，这远远超过了常规吸尘器，那该公司是如何说服消费者的呢？销售员会这样为顾客计算价值——彩虹吸尘器不需要使用普通吸尘器的纸袋，如果按每周吸尘两次算，那就是说一年可以节省 100 个左右的纸袋，每个纸袋 80 美分的话，那一年就可以节省 80 美元，彩虹吸尘器能够使用 5～8 年，那就等于是节省了 400～600 多美元，而且美国的很多消费者特别关注环保，能够少用纸袋，利于环保，他们愿意为此付出高价。因此，彩虹吸尘器很快打开了市场。

这两个案例里，企业给产品所定的价格的确高于同类的产品，但是这价格却并不虚高，而是配得上产品的价值，因此，消费者能够接受得了。

价值定价法的实质就是发掘产品的价值、制定出与这种价值匹配的价格，它与感知价值定价法是有区别的，消费者对产品的感知价值是一种主观的感知，而不一定是企业产品的客观真实的价值，这两者之间有时会有较大偏离。而价值定价就是要尽量缩小消费者感知价值与产品实际价值之间的差距，让消费者抱着物有所值的感觉购买产品，以建立起消费者对产品的认同与忠诚。

随行就市定价法：以竞争者价格为基准

在随行就市定价法下，企业以竞争者的价格为基础，收取与主要竞争对手相同的、较高的或较低的价格。在一些生产诸如钢铁、纸、化肥等寡头垄断行业，所有的企业一般收取相同的价格。小企业“跟随”领导者，他们会根据市场领先者的价格变化调整自己的价格，而不是根据他们自身的需求或成本变化。

——科特勒《营销管理》

科特勒指出，企业的价格需要考虑竞争者价格的制定。企业的价格可能与它主要竞争者的价格相同，也可能高于或低于竞争者的价格。竞争导向的定价方法就是以竞争的价格水平为依据，随着竞争变化情况不断调整自己产品价格的方法。消费者会用竞争对手类似货品的价格作为判断某产品价值的依据。因此，企业的定价应和主要竞争对手相同或相似，并不时根据竞争对手的动向，调整自己的定价。

随行就市定价法是一种以竞争者为导向的定价策略。当成本难以估计或者竞争者的反应不明确时，企业倾向于随行就市，因为它从某种程度上代表了行业的集体智慧。一些企业会在行业的平均价格线上，收取一定的溢价，但是会保持在一定范围内。

这种“随大流”的定价方法，往往适用于那些需求弹性比较小或供求基本平衡的产品类别，像日常的大米、面粉、食用油等就是典型的代表。在这些产品类别中，如果某企业把价格定高了，就会失去顾客；而把价格定低了，需求不会增加，利润却是实实在在地减少了。所以，企业往往会走中庸的路线，采取更为稳妥的随行就市法。

具体来说，随行就市有两种形式，一种是跟行业中处于领先地位的企业的价格波动保持同水平波动，另一种则是跟行业的产品平均价格水准保持一致。

随行就市法具有很多的优势：第一，现已形成的价格水平代表着行业中所有企业的集体智慧，利用这样的价格，可获得合理的利润。第二，避免竞争激化，依照现行行情定价，易于使本行业中的各企业价格保持一致，免于相互“残杀”，从而使企业着眼于自己服务方式的优化和服务水平的提高，以争取更多的顾客。第三，在企业对一些产品的成本不易核算、市场需求和竞争者的反应难以预料的情况下，采用这种定价方法可以为营销、定价人员节省很多时间。

在某些特殊的产品品类中，只适用这种随行就市定价方法，像均质的产品市场，同类产品之间没有很大差异，消费者对产品的要求，对企业的促销推广措施的反应也大体相似，这种情况下，随行就市是最为可取的方法。还有一种情况就是在投标交易中，比方说一些工程建设项目或某些产品的采购，通常会采取密封投标定价，企业参与投标招标时，不能以企业自身的成本和需求为基础，而应以竞争者定价的预测为基础，既然企业的目的是要中标，那么企业的定价相对于竞争者必须有一定优势才能获得机会。

在竞争激烈、市场供求复杂的情况下，企业靠自己的力量难以准确判断消费者和竞争者对价格变化的反应，采用随行就市的定价方法能为企业节省调研费用，而且可以避免贸然调价所带来的风险。各行业价格保持一致可以让同行竞争者和平共处，避免价格战以及竞争者之间的报复，有利于在较为和谐的市场环境中促进整个行业的稳定发展。

产品线定价：以价格阶梯建立起可感知的质量差异

公司通常会发展产品线而不是单独的产品，并推出价格阶梯。在许多交易的产品线中，卖方对他们产品线中的产品制定健全的价格点。一家男士服装店可能会为其男式西装确定 3 个层次的价格：200 美元、400 美元和 600 美元。顾客会把低、中、高质量的西服和这 3 个价格点相联系。卖方的任务就是建立起可感知的质量差异，以此来支持价格差异的合理性。

——科特勒《营销管理》

科特勒指出，一个企业往往会发展产品线，也就是多个产品，而不是发展单一的某个产品。对产品线中的产品，企业往往会根据产品的成本和质量，定出低、中、高的价格，形成价格阶梯。

一条科学的产品线，其中的每个产品都应各司其职：高端产品，树立公司和产品的品牌形象；中端产品，创利润和销量，无论是在包装、设计、价位的制定上，还是促销的执行上都应慎重考虑。低端产品，属于战略性产品，目的是扼制竞争，必要时企业可以牺牲这类产品，甚至赔钱经营，把竞争产品打垮。企业很难以单一的一个产品既树立形象，又创造销量，还带来利润，这是不现实的，也容易被竞争对手围攻。一个产品只需要完成一个任务就算是成功，多个产品各司其职，组合起来，就是一条有力的产品线。

一个产品线会有多个产品，例如，汽车提供不同的功能，酸奶提供不同的口味，无线通讯服务则是提供不同的套餐。对于生产经营多种产品的企业来说，定价须着眼于整个产品组合的利润实现最大化，而不是单个产品。因此，营销人员不仅要考虑单个产品的定价，还必须同时考虑本企业各产品的组合定价。

对产品线内的不同产品，企业要根据产品的质量和档次、顾客的不同需求及竞争者产品的情况确定不同的价格。比方说，当一家专卖店中的皮鞋定价为 200 多、500 多、800 多这样三个层次时，顾客自然就会以 3 个质量等级来对应选购 3 种价格的产品，对价格敏感的顾客可能会选择 200 多的，而追求质量与档次的顾客则会选择 800 多的，更多的顾客一般会走中间路线，选择 500 多的。

产品线上定出高价的产品，能使产品线向上延伸，提高消费者的参考价格，使产品线上其余产品显得比较便宜。同样在产品线上有一个低价的产品，能使产品线向下延伸，消费者的参考价格就会降低，使产品线上其余产品显得比较贵些。通常来说，产品线定价的真正目的，并不是通过销售高价产品获利，而是利用它的参考价格来增加中低价位产品的销售量。

企业要从长远考虑产品线定价问题，对属于同一产品线的产品，必须联系起来考虑定价。产品线定价应考虑三种因素：各产品间的成本差距、顾客对各产品的评价、竞争对手同类产品的价格水平。通常的做法是实行级差价格，使价格呈阶梯状结构。但企业需要注意的是，产品线中不同产品的价差要适应顾客的心理需求。价差过大，会诱导顾客趋向于某一种产品；价差过小，会使顾客无法确定选购目标。相近的两种型号的产品，如果价格相差很大，顾客多会买便宜的；如果价格相差很小，顾客会倾向买质量好的。

附属产品定价：主产品低价，必备的附属品高价

一些产品需要辅助或附属产品才能使用。刮胡刀、数字电话和照相机的制造商通常会把本身产品的价格定得低，而把刀片、胶卷的价格定得高。AT&T 对承诺购买其两年电话服务的顾客赠送免费的手机。

——科特勒《营销管理》

科特勒指出，很多产品是需要辅助、附属的产品搭配才能正常使用的，对于这一类产品，企业可以通过将主产品价格放低，而将附属品价格提高的方法，实现“放长线，钓大鱼”。有的企业甚至会采取这种策略，先免费提供主产品，而后通过主产品的二次消费，或者其附属产品的销售来获利。

美国哈佛大学经济学家朱丽叶·施罗尔在《过度消费的美国人》一书中，提出了一个新概念，叫“狄德罗效应”，该效应源自于 18 世纪法国哲学家丹尼斯·狄德罗。有一次，一个商人送给狄德罗一件质地精良、做工考究的睡袍，狄德罗非常喜欢。可他穿着华贵的睡袍在书房走来走去时，开始觉得家中的家具不是破旧不堪，就是风格不对，地毯的针脚也粗大得吓人。于是，为了与睡袍配套，他开始对家具进行大换新，书房终于跟上了睡袍的档次，可他却醒悟过来了，原来自己被一件新睡袍给“绑架”了。他将这种感觉写成了一篇文章《与旧睡袍别离之后的烦恼》。狄德罗效应就是指人们在拥有某件新的物品后，会不断配置与其相适应的物品，以达到心理上的平衡。

“狄德罗效应”表达出了附属产品定价法的“真相”，主产品离不开附属产品，企业将主产品定低价，吸引消费者购买，消费者购买之后，就相当于被商家“绑架”了，以后必须不断地购买附属品。很多企业都将这种价格策略发挥得非常出色。

可口可乐向世界各地的合作者赠送可乐灌装生产线，并且提供强大的营销支持，它这样做并不是做慈善，而是为了让合作者源源不断地购买“可口可乐原浆”。

吉列刮胡刀也是如此，它的刮胡刀舒适安全，而且，与同类品牌相比，最为高明的地方是，尽管它的产品成本高于同行，可它的刮胡刀售价却极低，55 美分，这还不到制造成本的 1/5，几乎等于是白送。但是，吉列公司将刮胡刀的整个刀座设计成一种特殊的形式，只有吉列的刀片才适合这种特殊刀座。每片刀片的制造成本为 1 美分左右，可售价却是 5 美分，而消费者还不得不买。

富士公司也有一个经典案例，富士与某公司达成了一个 1500 台复印机的订单意向，但就在签合同之前，这家公司却临时反悔，不打算从富士购买了。富士方面的业务主管经调查得知，是同行的另一家厂商以较低的价格动摇了那家公司。富士立刻反应过来，跟客户公司提出，可以提供比竞争对手低三成的价格。这样的优惠价格一出，合同立刻就签下来了。很快，1500 台复印机按合同约定发货，由于报价过低，富士亏了很多。但客户公司在收到复印机时才恍然大悟，因为这批复印机要投入使用，还需要购买大量的辅助材料和设备，而这些只有富士能够提供。于是，该公司只好与富士

继续谈合作，这一次，富士掌握了绝对的主动权，报价自然比较高，通过出售辅助设备和材料，富士不仅弥补了先前的损失，还取得了可观的利润。

在这些案例中，企业注重的是长远的利益，虽然在主产品上没有获得多大的利润，但是附属产品源源不断地销售却给企业带来了更大的利益，这可以说是“失之东隅，收之桑榆”。但是，企业在运用附属产品定价时需要注意，附属产品可以适当地定高价，但不能过度，如果附属产品或服务价格太高的话，会催生大量的假冒产品和替代品，它们会迅速侵蚀掉企业正牌附属产品的销售额，这会直接导致企业附属产品定价策略的失败。

一揽子定价："套餐"式的捆绑出售

卖方通常会把产品和一些特色产品捆绑在一起。顾客可能本没有打算买全部的东西，因此捆绑价格要足够低才能诱使他们购买。

——科特勒《营销管理》

科特勒指出，很多企业会将产品与另一些产品组合在一起，进行捆绑出售，比方说，电影院会把一个季度的预售票组合起来销售，这一整套票的价格比分开买所有票的价格要合算很多；还有买车的时候，商家会提供不同的选择方案，每一种选择方案里都有一些不同的配置，客户选择商家推荐的方案，要比单独买下每一样配置便宜很多，这些就是捆绑销售，就是一揽子定价。

捆绑销售主要有这样几种形式：

一是同质产品的捆绑销售，就是同类型的产品组合在一起销售，比方说，航空公司以较优惠价格推出的往返机票、饭店或酒吧里成打销售的啤酒，等等。

二是互补式产品捆绑销售，是指捆绑在一起的产品在用途上具有互补性。比方说，饭店推出某个套餐，这个套餐里包含凉菜、热菜、主食、甜品、水果以及饮料等，客人选择这个套餐就足够了；还有旅行社推荐的一些旅行方案，既包括了往返机票，也包含了景点门票，还有酒店住宿以及一日三餐等，这也是互补式的捆绑。

三是非相关性产品捆绑销售。企业将产品同另外一些产品组合，被捆绑的产品不一定是互补的，它只要能让消费者更愿意购买基本产品即可。一个最显著的例子就是微软的捆绑销售——当你购买微软的文字处理程序 Word 时，同时还必须购买电子表格（Excel）、数据库（Access）和演示文档（PowerPoint）等程序。这一策略使得微软迅速成为全球办公软件中绝对的“大哥大”，市场份额高达 90%。

捆绑销售需要满足一些实施条件，比方说，捆绑在一起的产品之间需要有一定的关联性，在消费对象、销售渠道、品牌影响力等方面相近；捆绑产品的目标顾客要存在重叠性，而且这些组合在一起的产品是消费者所需要的，比方说，宝马在某些治安不是非常太平的国家和区域曾经有一种销售策略，就是将防盗窃抢劫保险费用与其新推出的车型进行捆绑销售。还有一点，捆绑的产品要有相似的市场定位，如奢侈品与劣等品便不能进行捆绑定价。

捆绑销售可以以畅销产品带动其他高利润的非畅销产品销售，在对新产品进行市场推广时，也可以采取“搭便车”的营销策略，通过捆绑销售推动新产品。将产品捆绑在一起，进行一揽子定价，好处是显而易见的，不但能吸引消费者的注意力，还可刺激整体销售额的攀升。企业可以通过操纵产品组合的价格，获得更大的利润。比如，通过降低基本产品的价格，提高捆绑产品的销售；多种产品形成组合，可降低广告费用；销售队伍的联合与共享，可降低企业的销售成本，拓宽相关产品的销售渠道，等等。

定价过程中最容易陷入的误区

经理们常抱怨说定价总是让人头痛，而且问题与日俱增。许多企业都没有很好地处理定价问题，而是采取以下战略：“我们确定成本，然后加上行业一贯的利润。”其他常见的定价错误还包括：没有及时随着市场变化调整价格；制定价格时不是把价格作为市场定位战略的一个内在因素，而是独立于营销组合的其他因素；没有根据不同的产品、市场细分、分销渠道和购买场合而差别定价。

——科特勒《营销管理》

科特勒认为，很多企业都将定价问题处理得过于简单粗糙，不够科学理性，因此而失去了很多利润。他举了一个例子，曾任通用电气 CEO 的杰夫·伊梅尔特说，该公司曾做了一个关于其家电产品的定价分析，结果发现大约有 50 亿美元的定价是随意决定的，再考虑销售代表们手中拥有的一定的定价自主权，这个数据一点也不夸张。杰夫了解到这个事实后，极为吃惊，这还仅仅是家电业务，如果推算所有的业务，那或许会有 500 亿美元是每人追踪或负责的。他反思说，当我们支付货款时，我们会加以研究、制定、计算，可当我们给产品定价时，就显得太草率了。

定价问题，绝非通用电气这一家公司的问题，很多企业都容易陷入定价误区之中，常见的误区有：

一是简单成本加成。德鲁克曾提出五种致命的经营错误，其中有一种就是成本推动定价。成本定价中的“成本”，主要指生产成本，不包括销售成本，企业定价时，还没有进行销售，销售成本还没有出来，而且，在价格不确定的情况下，也很难预测销量，这样的定价方法从逻辑上是不大能说得通的，而且这样定出来的价格，不一定就是消费者能够接受、愿意支付的价格。

二是盲目跟随竞争对手，就是以竞争者定价为标杆，采取比直接竞争者的价格低一点、高一点，或者保持一致的定价。这实际上是把对手的价格当作市场接受度，而不是以顾客为导向。如果竞争对手也没有做过深入的定价策略分析，那么，其定价本身很可能就不科学，如果企业盲目地跟随，那么后果会很难预料。企业不能盲目跟风竞争，必须多做点功课，发现自己真正能为顾客提供的价值，然后根据这种价值给产品定价。这样企业可以处于非常有利的位置，能抵御竞争、保持价格。

三是迎合消费者定价，现在越来越多的企业都在提倡“顾客价值导向”，但是，顾客价值导向不等于顾客导向。很多企业确实已经把顾客放在了一个重要位置，并努力为他们提供有价值的服务，甚至在定价的时候，都会刻意迎合消费者的心意，从消费者角度来看，消费者当然希望产品越便宜越好，而企业不可能这样做，因为企业是要追求利润的。

四是草率定价，营销人员还没摸清情况就给产品随便定了个价，如果这个价位高了，企业通过打折促销等方式还能补救，但如果定价低了，那么再想提价就非常难，企业只能眼看着本可以获得的利润源源不断流失。

定价并不是一件想当然的轻松工作，它需要通盘的考虑，需要深入的调研，企业只有对市场环境、政策环境、竞争者、消费者、企业产品有足够的了解，才能定出最合理的价格。

第4章
发起和应对价格变化

价格需根据顾客差异和不断变化的形势而调整

公司一般不会只设定一个单一价格，而是制定一个考虑了区域需求、成本差异、细分市场要求、购买时间、订单量、交货频率、担保、服务合同和其他因素在内的定价系统。价格需根据顾客差异和不断变化的形势而调整。

——科特勒《营销管理》

科特勒指出，价格不是单一的，也不是一成不变的，由于受到产品生命周期、消费者喜好和市场需求的变化，企业应该根据实际需要对价格做出相应的调整。企业应该建立起一个定价结构，来反映地理需求与成本、细分市场需求、采购时间、订货数量等因素的差异。

很多企业都会根据顾客、产品和地区等多方面的差异来调整价格。

维多利亚的秘密在邮寄产品目录时会根据地区做出调整，像住在经济条件较好地区的顾客可能只会看到高价产品，而经济条件一般地区的顾客收到的产品目录上的产品则相对要便宜些。还有办公用品超市史泰博也会根据目标客户的企业实力与规模，发出售价不同的办公用品目录。

四季酒店也是一个例子，它通常会把房间分成9类18种价格。例如，按身份和功用分普通房、豪华房、豪华套房、行政套房、行政豪华房、副总统套房、总统套房等；另外，还会根据房间在物品配置、装修、大小，服务的配置，房间的朝向，楼层的高低等来设定不同价格。

价格的调整主要有以下几种情形：

一是地理区域不同，价格不同。企业对处于不同地域、不同消费水平地区的产品和服务制定不同的价格。美国有一种治疗糖尿病的药，在美国国内卖46美元一疗程，在邻国墨西哥只卖7美元。

二是顾客群体不同，价格不同。高端客户对价格不敏感，针对这一消费群体，企业应该加强价值诉求，优化环境和服务。低端消费者对价格相当敏感，针对这样的消费群体，企业需要的是低成本，走规模化战略，要靠量来满足消费者。但是，高端与低端的人群，并不一定永远接受企业给他们的定价。高端客户不是冤大头，并不都是老老实实支付高价，当他们发现自己的空间被低端客户侵蚀时，很可能会投向其他的商家。企业必须解决一个问题，那就是如何恰当并有效地区分顾客，谁该付高价，谁会付低价，让他们各就各位；并采取手段，迫使或诱导那些高端客户别跑到低端区来，也不能让低端客户侵蚀了高端客户的利益。

三是产品不同，价格不同。企业根据产品的不同型号、式样，制定不同的价格，但不同型号或式样的产品，价格差额和成本差额不一定就是成比例的。

四是时间不同，价格不同。有的产品其价格随着季节、日期甚至钟点的变化而变化。比方说，超市的蔬菜在早上刚上架时是一个价格，但在快打烊时则往往会进行促销，价格要便宜很多。还有手机话费，通常情况下，白天通话跟夜间通话的价格会有很大区别。

此外，企业在进行促销活动时，价格也会发生变化。很多企业会调整价格，为预付货款、团购和反季销售提供价格折扣和补贴。折扣定价已经成为众多企业提供产品和服务时的常用手段。销售人员为了达成交易经常会使用到折扣。但折扣与补贴不能滥用，著名的市场研究和咨询企业哥白尼企业经研究发现，大多数产品只有15％～35％的顾客是价格敏感型的，顾客更愿意为优质的特性、客户服务、质量、便利和品牌支付更高的价格。如果企业频繁采取折扣和补贴，会让顾客认为标价本身就包含让利优惠的空间，折扣是理所当然的。这样会使得产品或服务的感知价值降低。

美国著名价格理论家乔治·斯蒂格勒曾指出：“价格已成为营销战的一把利器”。在消费者可接受的范围内，定出对企业最有利、最能吻合企业产品形象的价格，并根据环境和情势来调整价格，这是企业定价的目标与任务。

企业的降价策略和弊端

当制定好定价策略后，企业经常会面临调整价格的情况。降价有可能是由于过剩的生产能力、减少的市场份额、通过低价占领市场的愿望或经济衰退导致的。

——科特勒《营销管理》

科特勒指出，在一些情况下，企业必须实行降价的策略。第一种导致价格改变的情况是生产能力过剩。企业需要扩大业务，然而有时增加销售力量、改进产品或者采取其他可能的措施都难以达到目的。这时企业可能采用攻击性减价的方法来提高销售量。但是在生产能力过剩的行业减价会挑起价格战，因为竞争对手都要设法保住自己的市场份额。

另一种可能导致降价的情况是，激烈的价格竞争导致市场份额下降。价格大战迫使那些生产能力并未过剩的企业也不得不采取降价方式“应战”。

另外，企业还可能是为了控制市场，通过降低成本来减价。不管企业是从低于竞争对手的成本开始，还是从夺取市场份额的希望出发，都会通过销售量的扩大进一步降低成本。博士伦就是率先采用了具有攻击性的低成本、低价格战略，使自己成为软性隐形眼镜竞争市场中的早期领导者。

很多企业在产品滞销的时候，往往会武断地认为产品已经缺乏竞争力，而最常用的应对方法就是降价。降价的确可以促进销售，但它同时也会产生一些弊端：

第一，损失利润，这是显而易见的，降价直接导致的就是利润的流失。

第二，损伤品牌形象，顾客经常会对价格变化的动机产生疑问。他们会猜测这个产品将被新品所取代；或是该产品有缺陷，没有销路；要么是公司陷入了财务困境；更有甚者认为价格会进一步下调；或者产品的质量降低了。这让企业跌入低质量困境。低价策略能够赢得市场份额，却得不到顾客忠诚。同一个顾客今后可能会转向价格更低的企业。

第三，引发价格战，在今天这个同质化竞争十分激烈的市场中，一家降价，竞争对手也跟着降价，甚至降幅更大，价格这个“市场终极武器”的手段将失去作用，单纯的降价在今天的市场环境下已经显得低级且无力。

很多产品在发展到一定程度时，都会面临一个降不降价的问题。如果降价，不仅少赚了许多利润，还会损伤产品与品牌的价值及形象，不降价又难以使消费者产生一种赚到了的心理平衡。从价值营销的角度来讲，打折违反了价值原则。为了不损伤产品价值与利润，企业可以采取一种“丢车保帅”的做法，也就是保持主体产品的价格不变，但是采取各种促销策略来吸引顾客。

假设一个人来买奔驰汽车，销售人员告诉顾客可以打5折，估计顾客会转头就走，因为，买奔驰的顾客不是为了买一辆交通工具，而是来买一种身份、地位与价值，要是告诉他可以5折，那就意味着这辆车不能代表身份地位了。但是，如果销售人员告诉顾客，买奔驰可以送一块瑞士手表，或者名牌的打火机，或是100万元车险，顾客接受起来会容易得多，因为，这样既满足了顾客想在交易中占点便宜的人性特点，又维护了产品的价值。

因此，企业应该尽可能通过赠送礼品、增加服务、延长产品保修期、送货上门、组合销售等手段来提升产品价值，而不能动辄就祭出“降价”的大棒。企业需要警惕这样一点，如果消费者把你的产品和别人的产品进行对比时，或只关心价格时，那就已经说明你的产品没有特色，或者说没有能够引起消费者兴趣的特色了。

成熟的消费者不会把目光停留在价格上，他们懂得一分钱一分货的道理，但前提是，企业必须突出价格之外的特色。一个产品如果能够让消费者不在乎其价格，那么，它的价格即使偏高，也照样畅销无阻。

企业的提价策略和方式

引起产品提价的主要原因是成本膨胀。如果成本的提高和生产率的提高不匹配，就会压低产品利润率，从而引发新一轮的提价。涨价的另一个原因是需求过度。当企业的供应无法满足所有的顾客时，它就会提高售价、限量供应或二者兼用。企业提价时必须仔细处理顾客的反应。

——科特勒《营销管理》

科特勒指出，企业通常在两种情况下会采用提价策略，一是由于通货膨胀，成本费用提高，许多企业不得不提高产品价格。为了减少顾客不满，企业提价时应向顾客说明提价的原因，并帮助顾客寻找节约途径。例如，在 2008 年前后的经济危机期间，不少企业在提价的同时，都通过改换包装、批量特惠等方式为顾客寻找节约途径，将提价的负面效果降到最低。另一种情况则是企业的产品供不应求，不能满足其所有顾客的需要。在这种情况下，企业完全有理由提价。

企业采用提价策略时，一般有两种方式可供选择：一是直接调高，比方说某产品原来卖 200 元，现在还是同样的产品，但售价是 280 元。二是间接调高，这是指企业采取一定方法使产品价格表面保持不变但实际隐性上升，例如缩小产品的尺寸、分量，使用便宜的代用原料，减少价格折让等，像原本 500 毫升的饮料变成 450 毫升，可依然卖一样的价钱，就是间接提价。

有两种产品的提价会较为顺利，一种是奢侈品，它们的定价通常是一条永远向上的曲线。价格在每季或每年往上调，与成本基本无关。即使价格提升了，但非但不会让顾客不满，还会让顾客觉得“值”。奢侈品是少数人的产品，通过提价可以筛选消费者，保留其“排他性”的属性，甚至赋予“投资品”的属性。高价格本身就是奢侈品区别于其他产品的一个特征，既然如此，直接成本不太会影响奢侈品的价格。另一类就是一般的垄断产品，垄断产品具有一定的定价权，所以也可能脱离成本来定价，造成事实上的价格上涨。但垄断产品的提价有时候会受到相关部门的价格管制，并不是可以随心所欲地提价的。

但是，对绝大多数的产品来说，提价并不是一件容易的事。降价容易涨价难，调高产品价格往往会遭到消费者、经销商甚至是企业内部业务人员的反对，甚至会影响企业的竞争地位和市场份额。

即使是寡头垄断的产品，把提价作为常用的策略也是危险的。如果某些品牌的价格维持在高于同类产品的位置，就需要有额外价值的支持，比如质量或服务，而它们本身是与成本相关的。一旦把提价作为营销手段，如果市场环境转坏，就会使其再次定价处于很被动的局面。像房地产市场就是一个典型例子，房产商在市场大好时以高价入市，并一步步推动房价上涨，但一遇到房地产调控政策，其处境就会变得很尴尬，涨跌两难。

因此，企业在使用涨价策略时必须慎重，尤其应掌握好涨价幅度、涨价时机，并注意与消费者及时进行沟通。在实施提价前，要进行市场调研，对成本和市场需求进行合算，务必使提价策略得到消费者和市场的认同。

提价时要避免引起消费者的震惊和反感

涨价时，要避免引起消费者的震惊和反感。一般来说，相比于突然的、大幅度的涨价，消费者比较偏好小幅度的、有规律的提价。他们的记忆很长久，他们会抛弃认为有价格欺诈嫌疑的企业。

——科特勒《营销管理》

科特勒指出，企业在提价时，必须要顾及消费者的感受，避免引起消费者的震惊、反感甚至是抵制。科特勒建议企业尽量让涨价显得合情合理，而且应提前通知消费者，以便他们可以继续购买或到其他地方购买，特别是大幅度的提价，必须要有合理的解释。企业也可以采取小幅度的、不明显的提价方式，像改变容积大小、减少折扣、减产低利润产品等。

企业在进行调价决策时，要考虑一个所谓“最小觉差”的问题，即企业对某种产品的调价幅度，是否能为顾客或竞争者所知觉到，是否能引起他们的足够注意。如果企业不愿使顾客或竞争者意识到产品价格已有变动，那么调价应小于最小觉差。否则调价幅度应大于最小觉差，例如企业意图以降价吸引顾客，但如果降价幅度太小，顾客并未知觉，企业不仅销售量没有增加，反而会使利润率下降。

如果顾客已意识到价格的变动，就会产生各种主观的猜测，很多时候，这种猜测通常与企业调价的意图大不相符，比方说，企业因有效控制住了成本，试图薄利多销，让利于顾客，决定适当降价，但顾客可能认为这是因为产品积压或品质下降，从而减少购买量。因此，企业在调价之前，要采取多种促销方式，将有关信息输送给顾客，使价格变动能对顾客产生企业预期的导向。亚马逊公司就曾经有过一次失败的定价尝试。

亚马逊公司从1995年开始营业，到1999年，市值已经到了惊人的28亿美元。但是，在快速扩张的同时，亚马逊的赢利情况却非常不理想。在2000年，亚马逊第一季度销售额为5.74亿美元，第二季度为5.78亿，但第一季度总亏损达1.22亿美元，第二季度为8900万美元。

为了改变这种局面，亚马逊开始在价格上做文章。它选择了68种DVD碟片进行动态定价试验，试验当中，亚马逊根据潜在客户的人口统计资料，在亚马逊的购物历史、上网行为以及上网使用的软件系统确定对这68种碟片的报价水平。举例来说，一张名为《泰特斯》的碟片对新顾客的报价为22.74美元，而对那些对该碟片表现出兴趣的老顾客则上提了价格，为26.24美元。也就是说，亚马逊对部分顾客实行了隐蔽性的提价。它借此提高了销售的毛利率。

然而，该策略实施不到一个月，消费者就发现了其中的秘密，通过在名为DVD Talk的音乐爱好者社区的交流，成百上千的DVD消费者知道了此事，那些付出高价的顾客愤慨不已，怨声载道，亚马逊的名誉一落千丈，有人甚至公开表示以后绝不会在亚马逊购买任何东西。

为挽救这次危机，亚马逊CEO贝佐斯不得不出面道歉，称此次事件为亚马逊的一次价格试验，并答应给所有在此期间购买这些DVD的消费者以最大的折扣，同时返还差价。亚马逊的这次提价，不仅在经济上没能创收，反而差点儿危及公司的名誉。

从这个案例中，可以看出，企业提价不慎的后果有多严重。实行提价策略时，企业须注意，一要说清楚提价原因，以减少顾客对提价的不满，切忌悄声提价；二要切忌所有产品同时、全面提价，这很容易遭到顾客抵制；三要选择合适的时机，比方说，节假日时一些应时的礼品会涨价，寒冬腊月天气恶劣时蔬菜会涨价，等等，这些就是顾客比较容易接受的；四要拿捏好提价的幅度，能让消费者接受并认可，这才是成功的提价。

企业必须预测竞争者的价格变化并及时反应

企业必须预测竞争者的价格变化并及时反应，通过保持或改变价格或质量等许多方法应对。

——科特勒《营销管理》

科特勒指出，企业必须保持对竞争者价格的关注，要预测其走向，明确其意图，并准备好应对策略。

在一个同质产品市场中，如果竞争者降价，企业也应该跟进，否则顾客就会购买竞争者的产品而不购买企业的产品。如果某一些企业提价，且提价对整个行业是有利的，其他企业也可能会随之提价，但是如果有一部分企业不随之提价，那么最先发动提价的企业和其他企业也不得不取消提价。

在异质产品市场上，企业就具有更多的自主权了。在这种市场上，购买者选择卖主时不仅考虑产品价格高低，而且考虑产品质量、服务、可靠性等因素，因而在这种产品市场上，购买者对于较小的价格差额无反应或不敏感。

企业在对竞争者价格变动做出适当反应之前，必须调查研究和考虑以下问题：竞争者为什么要改变价格？是为了抢占市场、充分利用过剩的生产能力来应对成本变化，还是引起行业范围内的价格变化？竞争对手的价格变化是暂时的还是长久的？如果企业维持现状，那它的市场份额和利润会发生什么变化？其他企业会作出反应吗？竞争对手和其他企业会对各种可能的反应再采取何种应对措施呢？理清楚这些问题，企业才能拿出有效的价格应对策略。

在美国伏特加酒市场中，休布雷公司生产的史密诺夫酒享有较高声望，也占据了很可观的市场份额。后来，另一家公司为了分一杯羹，也推出了新型伏特加酒，其质量不比史密诺夫酒差，但每瓶定价要低 1 美元。休布雷公司面对竞争对手的挑战，并未惊慌失措，而是认真进行市场分析，大胆做出了史密诺夫酒提价 1 美元的决策，同时生产与竞争者相同价格的色加酒和价格更低的波波酒。这一战略大获全胜，休布雷公司维护了史密诺夫酒的品牌形象，巩固了市场地位，扩大了销售，保持了该公司在市场上的主导地位。

需要注意的是，竞争对手可能用了许多时间来做出调价的决定，但是受到威胁的企业可能不得不在几个小时或几天之内做出反应。应对竞争者的价格变动，企业要注意三个方面：一是如果对手降价，企业不能盲目地降价，因为价格竞争是种负竞争，结果只能引起恶性价格战，造成两败俱伤；二是企业要首先弄清对手改变价格的原因，分析竞争对手的实力，最后分析价格变动带来的影响。三是企业应采取相应的价格行动，选择有利的市场地位，把要付出的代价降到最低。总之，在竞争对手调整价格之时，企业必须密切关注竞争者的动向，并及时将有关信息反馈回来，以便做出进一步的决策。

企业如何应对低成本竞争者的破坏性威胁

市场领先者经常会面临小企业大幅度降价以争夺市场份额的情况。要打败低成本的对手，企业尽量不要发动价格战，而应该通过多种途径来实现差异化。

——科特勒《营销管理》

科特勒认为，企业不能忽视低成本的竞争对手，因为这些对手最终很可能会迫使企业退出整个市场。

价格战是现代企业的一种非常重要的营销手段，在市场运作中合理利用价格杠杆作用，实行有效市场竞争，这是企业营销策略的重要内容之一。“价格战”的根源在于产品的供过于求，同类产品过剩，各个生产企业之间产品雷同，外观、造型、质量与性能没有大的区别，同质化现象严重，售后服务不到位等。频繁的“价格战”是一种破坏性威胁，是违背市场和经济规律的非正常竞争手段，是过度恶性竞争行为，很可能会造成企业在竞争中陷入严重亏损的境地，甚至企业从此夭折。

在现代市场经济条件下，市场领导者往往遭到一些较小的企业进攻。这些较小企业的产品比不上市场领导者的产品，它们往往通过“侵略性的削价”和市场领先者争夺市场阵地，提高市场占有率。企业要应对低价格战的竞争者，可以采取这样的应对措施：

第一，避开价格战，走差异化突围之路。价格战不是理性的，价格恶战会降低自身的利润，而且未必能将对手赶出市场。在这种情况下，差异化是一个比较有效的方法。比方说，像苹果公司一样，设计优质的产品，或者像 3M 公司一样进行持续的创新，或者像星巴克一样为顾客营造一流的体验，等等。

第二，针锋相对，推出自己的低价品牌。企业对于已经成熟的现有品牌，不能随意地降价，否则会影响到品牌形象，但是，企业完全可以推出一个低价品牌来，作为与竞争者打价格战的“战斗机”。如宝洁公司在国内洗衣粉市场的“碧浪”品牌，就起到了很好的作用，不但有效阻击了竞争对手，巩固了市场，而且进一步扩大了产品销量和品牌知名度。

第三，如果可能而且有利的话，可以兼并或接手竞争对手的公司或品牌。

对于价格战，无论是发起者、参与者还是躲避者，都应该根据具体情况采取不同的策略，而不应盲目地降价或不降价。在企业要遭遇或将要遭遇价格战时，首先要充分了解竞争对手的能力、动机及策略，这样会使企业对对手的降价进行有效的反应；其次对消费者行为的研究能使企业避免价格战的爆发；最后企业应对短期损失与长期得益进行权衡，必要之时应该进行防守并承受一定的损失，以保住应有的市场领地，以求得长远发展。

第⑩篇

渠道：构建共赢的价值网络

第1章
营销渠道是一座特殊的桥梁

成功的价值创造需要成功的价值传递

成功的价值创造需要成功的价值传递。公司必须建立和管理一个不断进化和日益复杂的渠道系统和价值网络，并利用好价值网络为目标市场传递价值。

——科特勒《营销管理》

科特勒指出，有很多企业对其渠道的关注不够，这种行为带来的是破坏性的后果，而相反，很多企业通过建立创造性的渠道系统而获得了竞争优势。企业通过产品和服务创造出成功的价值，还需要成功地传递这种价值。

企业应将渠道视为一种价值传递网络，除了关注供应商、分销商和顾客，还应该去考察从原材料、零部件到产成品的整个供应链，并分析产品或服务是如何最终到达消费者手中的，简单地说就是，企业应关注供应商的上一级供应商和分销商的下一级顾客。此外，价值网络还包括其他有价值的关系，如与专家学者、研究人员、行业协会以及政府机关等方面的关系，这些资源都构成了企业的价值网络。

可口可乐企业可以说是当今世界最大的饮料企业。它的饮料产品在世界上任何一个地方几乎都可以找到。可口可乐的老板曾经得意地向他的朋友说：可口可乐是打不败的企业，现在即便一把火烧了可口可乐全世界所有的工厂和库房，第二天所有的大银行都会来哭着喊着给我办理贷款。为什么？因为可口可乐的团队还在啊，可口可乐的品牌还在，遍及全世界每个地区的渠道分销商体系也还在。

从可口可乐的一个广告宣传里可以看出这一点——

有一位到过世界许多地方的美国游客，在乘车穿越撒哈拉沙漠的时候，突然问他身边的司机："我们什么时候才能够摆脱文明的痕迹？"这位土著司机怎么也不明白他的意思。最后这位美国游客终于想到了一个很好的办法，他说："我的意思是我们什么时候才能够走到一个永远看不到可口可乐的地方？"

这一次，司机终于明白过来，回答道："永远不可能。"司机边说边用手往车外指。

美国游客朝他手指的地方看去，果然见到沙丘后有一面可口可乐的巨大招牌正在冉冉升起。

这一广告塑造了人们心中“永远的可口可乐”形象。

可口可乐无处不在，这就是渠道的威力，是价值传递网络的威力。价值传递网络要做的其实就是两件事，第一件就是把货铺到消费者眼前，这是我们通常所说的渠道；第二件则是把货铺到消费者心里，这就是我们通常意义上所说的创品牌。企业如果能够做好这样两件事，就能拥有极强的竞争力。

渠道是企业最重要的无形资产之一，是整个营销系统的重要组成部分。营销渠道对降低企业成本和提高企业竞争力具有重要意义。随着市场环境的变化，尤其是网络的全面开花，企业的营销渠道不断发生新的变革，旧的渠道模式已不能适应形势的变化，包括渠道的拓展方向、分销网络建设和管理、区域市场的管理、营销渠道自控力和辐射力等等，这些都是企业所面临的新挑战。

渠道能够创造出效力与效率

生产者为什么愿意把部分销售工作委托给中间渠道呢？这种委托意味着放弃对于如何推销产品和销售给谁等方面的某些控制。然而，生产者可以通过中间渠道获得效力和效率。凭借他们的各种关系、经验、专业知识以及运营规模，中间渠道推动产品广泛地进入目标市场，通常比生产企业自己干得更加出色。

——科特勒《营销管理》

科特勒认为，企业需要中间渠道，是因为它们缺乏直接营销的财力资源，或者直接营销很难推行，或者是因为通过渠道比直接营销更省钱、更赚钱。中间渠道承担着很多重要的功能，例如收集信息、促销、谈判、订货、融资、承担风险、销售、物流、账款回收，等等。

在现代经济社会中，中间商绝对不是可有可无的，它的存在将意味着营销方式的多样化和深层次。科特勒认为渠道的主要作用在于消除了产品服务与消费者之间在时间、地点和所有权上的差距。在国内，“渠道为王”的理念也广受推崇。评价一个企业的营销能力和发展前景，其国内外分支机构、渠道网点就是一个重要的衡量标准。国内外众多知名品牌也正是借助通达的销售渠道成为影响广泛、实力一流的企业。渠道建设已经成为众多品牌企业发展的重点。

TCL 集团很早就注意到了分销渠道的重要性，它十分重视建立覆盖全国的分销服务网络，为顾客提供优质高效的购买和保障服务。它创造了“有计划的市场推广”、“服务营销”和“区域市场发展策略”等市场拓展新理念，建立了覆盖全国的营销网络，形成了自己的核心竞争力。早在 20 世纪 90 年代末，TCL 就在全国建立了 28 家分公司，130 个经营部，这还不包括县级经营机构。这个网络既销售王牌彩电，也销售集团内的多种产品。后来，为了进一步开拓国际市场，TCL 集团除利用在中国香港、美国的原有子公司外，还成立了“国际事业本部”，在东欧、东南亚设立自己的销售网点。

TCL 渠道网络能够及时地发现市场、开拓市场、保障服务质量、有效进行品牌推广，并灵活适应市场变化。比方说在当年彩电市场价格战打响的时候，TCL 的整个渠道网络迅速作出了统一行动，进行价格统一调整，稳定了公司的销售，并争取到市场的扩展。

TCL 强大的营销网络已经成了 TCL 产品的“市场高速公路”，成了一种强大的无形资产，吸引了国内外一些公司纷纷上门要求与 TCL 合作。松下、飞利浦、NEC 等国际知名企业纷纷找上门来，与 TCL 展开一揽子合作计划，通过其畅通无阻的渠道来销售产品。

TCL 的成功主要在于它的渠道网络建设，它的案例也表明，企业采取恰当的渠道策略，建立一个稳固的渠道网络，往往胜过任何广告与推销员。遍布各地的分销网络使企业能及时、高效率地获得经销商反馈的有关市场信息。在这种情况下，企业考虑的已不仅仅是自身利润的实现，还要关心经销商能否获得必要的利益；同样，对于经销商来说也是如此。这样企业和经销商在利益上形成了一个团体，拥有共同的目标，彼此之间建立了亲密合作的关系。

企业的渠道决策直接影响着其他营销决策

企业营销渠道的选择将直接影响到其他的营销决策，如产品的定价。它同产品策略、价格策略、促销策略一样，也是企业是否能够成功开拓市场、实现销售及经营目标的重要手段。

——科特勒《市场营销原理》

科特勒认为，企业所选择的渠道将深远地影响其他所有营销决策。例如，产品的定价取决于企业采取的是连锁、直营还是网络销售的形式；企业的销售队伍以及广告决策取决于渠道伙伴需要多大力度的说服、培训、激励和支持；企业新产品的开发和推广取决于这些产品在多大程度上能得到渠道成员的认可和接纳。

企业的渠道设计是否合理，会直接影响产品从生产者到消费者手中所花费的时间和费用。有效的渠道设计会使企业的运转更加灵活，从而获取更多的利润。通用的渠道设计归根到底其实只有一点：贴近顾客，拉近顾客与自身的距离。它所做的就是维护与经销商的良好合作关系，使经销商竭诚为它服务。有效的渠道设计要求决定服务于什么细分市场和为每个细分市场选择最好的渠道。

相宜本草对很多人来说不是一个陌生的品牌。其实，相宜本草在创立之初，几乎从未做过广告，但它却在 2008 年实现了销售额从原来年增长 50％到 140％的飞跃，能做出这样的成绩，与相宜本草的渠道经营是分不开的。

相宜本草在渠道方面的策略被称为“一旦选择，就做精做透”，即“做一个，赚一个”，铺一个产品，做扎实一个产品。这是一个令其保持稳健发展的策略。如果相宜本草的一种产品看不到未来三年赢利的空间，就会被关掉。

卖场是快消品的主要销售渠道之一，然而高额的进场费、条码费让人望而止步。这对资金雄厚的外企来说或许不算什么，即使全面铺开也不会有太大压力，但这对于起步不易、资金有限的相宜本草来说，就不是一个轻松的问题。

相宜本草采取的做法是：做一个，赚一个。在进入某个渠道之前，公司会专门成立项目小组，在一家或几家店内做 2～3 个月的投入尝试，研究出该渠道的特性后，再全线铺开网络。在某个渠道被研究透彻之前，相宜本草通常不会轻易进入，比如药妆店。一旦有把握做到非常完美的时候，相宜本草就会迅速出击。这种稳中求进、深度耕耘渠道的策略使得相宜本草在每一个渠道都有着不错的表现。

渠道始终是商家的必争之地，也是战火最热的地方，就如同两军对垒的战壕。对于运营商而言，从有竞争开始，渠道的战争就从来没停止过。对渠道的争夺，无非就是围绕三点展开：第一，是建不建的问题，面对一个区域市场，要不要建设一个渠道网点？面对市场变化，实体渠道或者电子渠道要不要建设，或者要不要改变？第二，是谁先建的问题，在渠道建设上，先行有先行的好处，跟随有跟随的道理，这是竞争企业之间的一场博弈。第三，是在哪建的问题，将渠道网点建在哪？是线上还是线下，是这个地方，还是那个地方，网点的选择是一个技术活，一旦选错了，要改很难。

总之，渠道的选择对企业来说非常重要，它是制约企业产品与消费者之间的不可逾越的“瓶颈”。选择得好则会事半功倍，不仅可以促进公司产品的销售，还可以增进企业与消费者之间的关系。

渠道系统的发展应视环境及企业能力而定

渠道系统的发展应视当地机会和条件、潜在威胁和机会、公司资源和能力以及其他因素而定。

——科特勒《营销管理》

科特勒提醒企业，发展渠道，既要从企业自身的实际出发，也要兼顾大环境，如市场机会与条件、潜在威胁与机会、资源与能力，等等。像新成立的企业往往比较谨慎，它很可能会在当地有限的市场使用数量有限的中间商进行销售。当企业一步步做大、做强之后，它可能会进入新的市场，并尝试不同的渠道。在小市场，企业可能直接将产品卖给零售商；在较大市场，企业则可能会借助于经销商；在交通不便、管理难度大的农村市场，企业可能会倾向于特许经营；在国外，企业可能会使用国际代理商，或者与当地公司合伙，等等。

对很多国内企业而言，在建设渠道时常遇到这样的问题——在新产品刚推出、品牌刚打响时，为迅速占领市场，企业招聘大批业务人员分派到全国各地，不断的召开全国招商会。一段时间下来，营销成本上去了，经销商的数量也上去了，但一段时期之后，问题出来了，企业所布下的渠道网点虽然很多，但质量高的网点却不多。盲目地扩充地盘，盲目地建渠道，是很多企业容易踏进的误区。企业建设渠道需要有计划、有目标、分步骤，根据企业现状去踏实地建渠道。企业在渠道开发与经营上要注意几点：

第一，准备扩张新市场时，要看清自己有没有核心的市场，还要看该市场建设得怎样了。也就是说，企业必须有自己的根据地市场，如果自己根本没有几个根据地市场，就不要想去扩张。

第二，准备去扩张渠道时，要先做市场调查，对自己的品牌在当地市场未来趋势进行评估，确定目标市场，然后再去集中力量开发。

第三，开发新渠道前，要审视自己的业务团队，谁去开拓新渠道，谁来维护老客户，这两者之间应有个平衡，不能捡了芝麻，丢了西瓜。

第四，审视自己的企业资源，特别是资金上，是否能够承担得起渠道的开拓与经营所必需的成本，否则，巧妇难为无米之炊。

第五，扩张渠道时，最好避免远距离作战，也就是尽量选择离根据地市场较近的地方，这可以有效降低物流成本，还可以充分用上企业资源，而且根据地市场能起到样板作用，给新的目标渠道里的经销商带来积极的影响。

每个企业，每个品牌都向往着产品渠道通天下，但不能盲目扩张，必须多审视自己企业的资源和现状，稳打稳扎，尽量减小风险。

经营混合渠道的企业必须确保多渠道的结合和匹配

现今成功的公司也在增加市场的渠道数量或在一个市场中建立混合渠道。经营混合渠道的公司必须确保这些渠道可以很好地结合在一起，并且与每一个目标顾客群最为匹配。

——科特勒《营销管理》

科特勒强调，企业在经营混合渠道时，最需要注意的一点就是确保多个渠道能够很好地结合匹配，混合渠道不能混乱。像惠普，它通过销售人员向大客户销售，通过电话销售向中等客户销售，通过直邮、零售、互联网向小客户销售等。

渠道对企业来说一方面是资源，但另一方面又存在不确定性，如果经营管理不善的话，渠道就缺乏稳定性，难以产生效益，甚至会让企业的分销一团糟。企业不仅要开发好渠道，还要整合好渠道，这主要包括以下几个层面：

一是一体化的整合。企业需要改变中间商的经营思路，不应以短期利益为重心，而要通过根本的体制变革，在企业与渠道伙伴之间形成战略合作伙伴关系，追求共同成长、永续发展，强调双方的相互融合、渗透、职能的协调。企业与渠道伙伴可以以一定的合约为约束，在一定的利益基础上形成合同式体系，如特许经营。企业也可以依靠自己的市场声誉、产品创新能力和其他力量将渠道中的不同成员联合起来形成管理式体系。厂家针对渠道伙伴的薄弱环节，在管理人员、营销、财务等方面给予人力物力的支持，通过提升渠道伙伴的能力来推动产品的销售。此外，企业也可以通过入股来控制销售渠道，形成所有权体系。像格力就采取过这种模式，它在每个省选定几家资质优良的经销商，双方共同出资参股组建销售公司，这样一来，厂家与渠道商之间的联系大大增强，渠道经营能力更是大大提高，彼此间的合作达到了更高层次的协调一致。

二是传统渠道与新型渠道的整合。营销环境几乎日新月异，新型的营销渠道也随之产生，像网络销售、自动销售、品牌专卖店、定制销售，等等；而传统渠道则主要是商场超市、零售店、专营店等。这两大类渠道之间应该有效结合，充分利用两者各自的优势，创造全新的经营模式。同时，企业还应该深挖一些现有的渠道资源，如邮政网点、银行网点、机场、火车站等等，这些渠道资源都具有广阔的可利用空间。

三是同行或同类产品渠道的整合。比方说，很多跨国公司在进入中国市场的初期，为了迅速融入环境、开拓市场，会借助于国内一些企业业已成型的渠道网络，也就是“借鸡生蛋”。

四是跨行业之间的渠道整合。跨界营销在很多行业都有应用，它通过跨行业的渠道整合为客户提供更有价值的系统解决方案。当两个不同行业的企业联合起来对渠道进行整合与共享时，既能最大化地运用资源，还有可能实现双赢。

混合渠道必须经过整合才能发挥最大的效力，不然的话，就会形成渠道的冲突，甚至造成各自为政、内斗内讧、一盘散沙的局面。营销渠道的整合是企业营销创新的关键之一，通过渠道的有效整合，不仅降低渠道成本，提高渠道机会，而且能有效地提升销量。

不同的消费者有不同的渠道偏好

消费者可能基于以下一系列因素来选择偏好的渠道：价格、产品分类和渠道便利性以及他们特殊的购物目标（经济、社会或者体验）。与产品存在细分市场一样，使用多种不同类型的渠道的营销者必须意识到，在购买过程中，不同的消费者有着不同的需要与偏好。

——科特勒《营销管理》

科特勒认为，如今的消费者并没有什么渠道规则，他们会在商店、网店以及其他渠道之间跳来跳去，不断获取信息，然后选择自己认为最可靠、最具性价比的渠道购买。营销人员必须更深入地理解消费者的购买行为，才能管理好多渠道营销的过程。

科特勒认为，企业应尽可能地收集消费者的反应数据，通过某渠道进行的沟通效果怎样，对哪些细分客户群更有效，了解消费者对每一种渠道的看法与喜好程度，这是非常有必要的。只有将多渠道的客户数据整合起来，综合地分析，才能深入地认识客户，深入地理解各个渠道在客户购买决定中发挥的作用。企业为了进行这种调研和分析，往往会建立一个客户管理的软件平台，并整理和维护好来自各个渠道的数据与信息。

对于不同的细分客户群，企业可以采取不同的渠道组合，投入不同的成本和资源。比方说百年品牌可口可乐，它之所以能在市场风浪中始终屹立不倒，除了品牌的力量外，也离不开它在渠道开发和建设上所下的工夫。

可口可乐的渠道非常多样化，针对不同产品、不同顾客群体，都有独特的渠道设计。

健怡 Espirit 专卖店：可口可乐曾把健怡产品放在高级女装 Espirit 专卖店销售，这凸显出了健怡产品的顾客定位——收入较高，新潮，品位，注重健康与个性的年轻白领。绝大部分在Espirit店里看到健怡产品展示的都成了健怡的忠实消费者。这种思路给营销人提供了开发新渠道的思路与方法——能将产品与消费者市场细分进行对应，市场定位极具针对性，这就是值得尝试的好渠道！

玻璃瓶装“小红帽”配送：玻璃瓶装可口可乐的消费者主要是一些早期消费过这类包装形式的可乐的人，还有当场即饮的社区便利型消费者。这些消费群体很大一部分集中在一些成熟的社区，他们习惯在社区里消费，而且，他们有一个最大特点就是常看报，于是可口可乐公司通过与某些报纸的“小红帽”配送体系建立合作关系，针对玻璃瓶装的主要消费人群，开发了这一独特的销售渠道。

可口可乐酷儿小学商店：可口可乐“酷儿”产品的消费者群体是5～12岁左右的孩子，可口可乐为推动酷儿的销售，将小学周围几百米范围划为“渠道圈”，或者说“终端圈”，这样一来，整所学校的学生也就是酷儿的目标消费群体都被这个渠道圈囊括进去了，这也成就了一条新渠道。

冰露水小卖部：可口可乐冰露水的诞生是有战略目的的。可口可乐为抗衡竞争者，在该饮品上采取了很多非常规手法，如冬季上市、包装颜色设计不同、销售队伍任务设计与安排重点、故意断货销售、特价审批、考核新方式，等等。而在渠道方面，可口可乐砍掉所有其他渠道，集中一点在竞争对手的主力渠道也就是传统型终端上，将冰露水推送到大大小小的小卖部，不但集中火力，还紧贴对手渠道的陈列、生动化、位置，等等。可口可乐在酷夏还在很多城市开辟了“冷藏品批发商”的渠道，使消费者能够买到冰爽透心凉的可口可乐饮料，这一合作计划，使可口可乐夏季的销量取得了超出原计划四五倍的可喜成绩。

从案例中可以看到，可口可乐的渠道建设始终紧靠目标消费者，目标消费者最接受或者最能体现他们要求的情感、便利的渠道，就是可口可乐要开发的新渠道。而且，可口可乐的渠道策略也以竞争对手为参照，并在定位上有比附定位，很多新渠道的开发由新消费习惯或者未被发现的消费习惯而来。善于发现不同的消费习惯，也就轻易发掘不同的新渠道。消费者有不同的渠道喜好，企业需要去发现这其中的规律性，并以消费者为导向来开发和建设渠道。

第 2 章
设计最适合企业的营销渠道系统

分析目标顾客所需要的服务产出水平

在设计营销渠道中，营销人员必须了解目标顾客需要的服务产出水平，才能较好地设计出适合的渠道。

——科特勒《营销管理》

科特勒总结出，设计营销渠道系统要分四步走：第一步分析顾客需要，第二步建立渠道目标，第三步确定主要的渠道方案，最后是评价可供选择的主要渠道。设计营销渠道首要的一步是分析服务产出水平，其目的是了解其选择的目标市场中消费者购买什么商品（what）、在什么地方购买（where）、为何购买（why）、何时买（when）和如何买（how）。这就要求设计渠道方案必须了解关于影响渠道服务产出水平的因素。

企业在向目标市场消费者提供服务产出时，要针对其需求的差异性，区别对待，而不是一视同仁，不加区别。营销渠道的设计者必须了解目标顾客的服务产出需要，才能较好地设计出适合的渠道。影响营销渠道服务产出水平的因素主要有五类：

一是批量规模，也就是营销渠道在购买过程中提供给典型顾客的单位数量。一般而言，批量越小，由渠道所提供的服务产出水平越高。

二是空间的便利性，指顾客能够在他所需要的时候不需要花费很大的精力时间，就能获得所想要的产品或服务，渠道的空间便利程度就较高。

三是配送—等待时间，也就是渠道顾客等待收到货物的平均时间，顾客一般喜欢快速交货渠道，但是快速服务要求一个高的服务产出水平。

四是产品多样性，渠道提供的产品品种的多少，顾客喜欢有较多的品种选择。

五是服务支持，指渠道提供的附加的服务，包括信贷、交货、安装、修理。服务支持越强，渠道提供的服务工作越多。

不同的消费者有着不同的服务需求。国际渠道专家、北佛罗里达大学教授阿德尔·埃尔·安萨瑞曾说：“决定目前所有渠道未来的是顾客！”企业选择什么样的渠道，必须要从消费者的角度出发去考虑。

广东电信公司早年推广公用电话磁卡也就是IC卡时，很明确地将该产品的目标用户定位为没有手机的人，使用IC卡的主要人群是经济实力相对不是太高的那群人。那么，如何才能接触到这一群体呢？这个群体很大一部分还没有私家车，出行靠公交或打车，于是，电信公司于广州公交公司开展了一项水平战略合作，联合制作发行了一卡通，既可以打电话也可以坐公交。这次合作成效极为显著，以至于现在很多的企业都效仿这一做法，从公交入手，开展营销。

建立渠道目标，考量制约因素

营销人员应将渠道目标表述为目标服务产出水平。在竞争情况下，渠道机构应该安排其功能任务，使其达到期望的服务产出水平以及使整个渠道费用最小化。

——科特勒《营销管理》

科特勒认为，无论是创建渠道，还是对原有渠道进行变更，渠道设计者都必须将企业的渠道设计目标明确地列示出来。营销渠道目标是渠道设计者对渠道功能的期望和渠道战略设计意图的最终体现。具体来讲，营销渠道目标的制定就意味着企业是要建立在一个崭新的营销渠道之上，还是只对现有营销渠道进行调整。

企业设置的渠道目标很可能因为环境的变化而发生变化，只有明确列示出来，才能保证设计的渠道不偏离公司的目标。很多因素会影响到渠道目标。就拿产品自身来说，像容易腐烂变质的产品就很难通过层层级级的渠道来销售，它要求能够快速、直接销售的渠道；体积庞大的产品，就需要运输距离尽量短、搬运次数尽量少的渠道布局；非标准化的产品，特别是单位价值高的产品，很多会由企业的销售人员直接销售；对服务要求较高，需要长期跟进的产品，很多会通过企业自身或独家特许经销商来经销。

企业还必须使渠道目标适应大环境，当经济环境不景气时，企业可能会谋求通过较短的渠道将产品推入市场，并取消一些会提高产品最终售价的非根本性服务。此外，法律的规定和限制也会影响到渠道的设计。

企业在制定营销渠道战略的时候，必须注意的一个问题是要在营销渠道的独特性上多花心思。作为一个企业，如果开拓了独特的营销渠道，就可能建立起差异化优势，才有可能使企业获得较大的竞争优势，也才能使企业立于不败之地。

美国有一家著名的高档瓷器生产商Lenox，多年来它生产的瓷器一直为上流社会家庭所使用，这其中甚至包括了入主白宫的几位美国总统，因此，它成功树立起了高品质的产品形象。正因为此，Lenox的营销渠道也会选择那些最著名的百货商店，以及与其产品的高品质相称的专卖店和珠宝首饰店。Lenox瓷器在渠道的选择上非常谨慎，它深知，如果公司通过低层次的百货商店或大众化商店来销售其产品，后果将不堪设想，会因严重违背公司和产品的高品质形象而造成严重的后果。

很显然，如今企业的营销渠道在市场上具有相当重要的作用。因此，企业在开拓营销渠道战略的时候，要充分考虑各种情况，力争在营销渠道设计上创造差异化的竞争优势，也只有这样，企业的营销战略才具有更强的生命力，在市场竞争中也才可能拥有更为强大的杀伤力。

渠道策略作为整体策略的一部分，必须注意与渠道目标和其他营销组合策略的目标，如价格、促销和产品之间的协调；注意与公司其他方面的目标，如财务、生产等的协调，避免产生不必要的矛盾。

对不同的企业来讲，渠道目标可能千差万别，这是由企业自身的特定情况决定的。营销渠道目标的制定对企业下一步的发展非常重要，它将直接决定着企业下一步营销战略的实施，应该受到企业的重视。

从三方面要素出发确定主要的渠道方案

一个渠道方案由三方面要素确定：可获得的商业中间商的类型、所需的中间商数目、每个渠道成员的条件及责任。

——科特勒《营销管理》

在确立了渠道目标后，企业需要进一步确立合适的渠道结构方案，使其最大效用地发挥作用。不同的渠道设计各有千秋，企业需要从若干个渠道结构的可行性方案中选择，最终通过比较，选择最适合的渠道方案。科特勒指出，一个渠道选择方案包括三方面的要素确定：中间商类型、中间商数目以及渠道成员条件与责任的明确。

第一，中间商类型。企业可以选择通过不同的渠道到达消费者——从销售人员到代理商、分销商、零售商、直接邮递、互联网，等等。每种渠道都有各自的优势和劣势。销售人员可以处理复杂的商品和交易，但费用高昂；使用互联网很便宜，但无法处理复杂的商品交易；分销商可以创造销售额，但公司失去了直接联系顾客的机会。企业应根据自身以及产品的实际情况来选择合适的中间商。

第二，中间商的数目。企业必须决定每个渠道层次使用多少中间商。通常有三种策略：专营性分销、选择性分销和密集性分销。

专营性分销是指严格限制中间商数目，并且通常会有排他性的合作条件。通过专营性分销，生产商希望获得更积极、专业的销售。专营性分销需要生产商与中间商之间建立紧密的伙伴关系。比方说，GUCCI 曾一度快速发展，但其形象却被专卖店和折扣店严重损害，它为了维护品牌形象，果断结束与第三方的合作，通过严格控制分销渠道并开设自己的专卖店来挽回形象。

连择性分销是指利用一个以上但又不是全部的愿意经销的中间商来经营某一种特定产品。此种方式，企业不必担心分销机构过多，又可以获得足够的市场覆盖率，并相比于密集性分销而言有更大的控制权和更低的成本。

密集性分销是指企业尽可能多地发展渠道合作伙伴，通常来说，零食、饮料、报纸、糖果和口香糖等，这样的一些产品常会采取该方法。像 7－11，还有众多的加油站商店等，都属于密集性分销。这种方式的确能扩大覆盖率，但也会加剧零售商之间的竞争。

第三，渠道成员条件与责任。渠道成员在价格政策、销售条件、地区权利以及双方的服务和责任等方面必须满足哪些条件，必须履行哪些责任，这些都是需要企业去明确的，只有条件、责任明晰了，才能尽量避免渠道的冲突与混乱。

企业制定最佳的渠道结构必须对相关的内外因素进行必要的分析，没有最好的，只有最适合的，只有建立在深入扎实的市场分析基础之上的渠道结构才有可能有效地打开市场，并在其中占有一席之地。

如何选择最合适的渠道中间商

在选择渠道中间商的时候，企业要从经济性、控制性和适应性这三个角度对渠道方案进行评估。

——科特勒《科特勒市场营销教程》

科特勒认为，企业选择渠道中间商，要把握好三个标尺，也就是经济性、控制性和适应性。

第一把标尺是经济性。每种渠道都会导致不同水平的销量和成本。企业需努力整合消费者和渠道，以整体最低的成本满足最大化的需求。科特勒认为获得渠道优势的一个基本条件就是渠道的成本较低，当然低成本并不代表减少销量或降低服务质量，因此经济性的评价要从全面和长远的利益上进行考虑，需要综合分析后才能做出结论。企业主要考虑三点：

其一，中间商的销售成本。销售成本的高低涉及双方的利益，制造商在考虑自身成本的同时，也要替中间商做一些考虑，渠道中间商所占的成本必须得到有效的控制。

其二，中间商销售量大小。与销售成本相比，销售量大小对制造商的影响更大。因为经销的销量越大，分摊到每个单位产品上的固定费用就越小，相对来讲降低了成本。销售出去的产品数量增加了，双方的收益都会增加。

其三，中间商经销产品的稳定性。这是生产企业对中间商进行评价更为重要的问题。企业产品具有稳定的销路，一方面，可以保证企业的长远利益；另一方面，有利于加强生产的计划性，可以减少积压，降低成本。

第二把标尺是可控性。使用中间商就意味着要给中间商一些产品营销控制权，但企业在与中间商建立关系的过程中应尽可能地保留更多的控制权，这是选择中间商应当考虑的另一重要问题。企业需要判断三点：

其一，中间商所经销的其他产品的特征。在一般情况下，中间商都不可能只经销某一品种或某一企业的产品。因此，生产企业必须考虑中间商所经销的各种产品都具有什么样的特征，和本企业的产品放在一起销售是否有利。

其二，中间商的利益与生产企业产品的关系如何。如果在中间商看来，生产企业的产品对它是无足轻重的，并不能给它带来太多的利益，经销的积极性就不会太高。在这种情况下，生产企业与之相处，必然要处于被动地位。

其三，中间商对生产企业的态度。中间商对生产企业的态度除了取决于经济上的原因之外，还会受到其他一些因素的影响。企业应选择一些与自己关系较为融洽的中间商进行合作，当产品销售出现某些困难时，可以相互谅解和支持，使生产企业有一定回旋的余地，能够采取必要的措施摆脱困境。

第三把标尺是适应性。由于渠道很难适应不断变化的市场营销环境，企业应想办法尽可能使渠道灵活，拥有不同的适应标准。考察中间商的适应性，企业可以观察其经销的产品类型及策略，还要考察中间商的商誉、销售实力、管理水平以及是否拥有优越的地理位置因素，等等。

企业只有充分考虑了上面的种种因素后，才能对中间商有一个较为全面的认识，也才能选择好合适的渠道成员，为企业更好地服务。

第3章

渠道系统的管理与整合

渠道管理应从寻找合适的渠道合作伙伴开始

渠道管理应当从寻找合适的渠道合作伙伴开始，正确的合作伙伴应当是那些和企业具有相似目的、特征和价值体系的实体。拥有兼容性价值观的合作伙伴可以更好地向消费者传递品牌故事。为了让合作关系更上一层楼，企业应当和合作伙伴进行整合，让自己的品牌更加深入人心。

——科特勒《营销革命3.0》

科特勒指出，良好的渠道合作伙伴对企业而言具有重要的意义，渠道管理就是从寻找合适的渠道伙伴开始。

企业开发创造性的渠道合作伙伴，通常存在一个通往卓越的四个阶段——

在第一阶段，企业依赖一种单一的经销渠道销售全部产品，这种渠道可能是企业直销，也可能是独家代理模式，这个阶段可以称为“单一渠道阶段”。很多业务局限于某个地区的企业一开始都处于这个阶段。

随着企业规模扩大，企业会开发更多经销商和其他渠道，以提高产品覆盖率，增加销售业绩和产品投放面，这种战略在扩张市场的同时也容易导致各经销商和渠道之间出现销售冲突。这一阶段可称为“多渠道阶段”，在此阶段企业同时向多个经销商和直营渠道销售产品，但并没有严格划分产品、细分市场或地域方面的区别。

再往上一级，就涉及渠道冲突问题了，在这个阶段，企业会把市场按地区、消费者类别或产品类别进行细分，每个经销商或每个销售渠道都会有独立的市场进行开发。这可以称为“区域划分渠道阶段”。在这个阶段，企业为经销商和直营渠道规定了清晰的市场界限和销售规则，能有效地避免渠道之间出现冲突。

渠道体系的最高阶段，企业不同渠道之间会形成不同的任务划分，不同类型的渠道可以在同一个细分市场或同一个地区市场内共存。更重要的是，这些渠道之间不会出现相互竞争，而是会实现相互合作。这个阶段可称为“整合型多渠道阶段”。

不管企业是在哪一个层面上构建渠道，有一点是相同的，那就是必须谨慎、严格地选择合适的渠道伙伴。

国内最大的家用豆浆机生产厂家济南九阳电器有限公司自 1990 年开始推出豆浆机，将这个产品做成一个产业，创造了每年近百万台的市场需求，它的成功不仅在于其技术优势，也得益于其渠道。九阳在 160 多个地级市场建设了较为完善的渠道，也形成了自己的一套寻找和管理经销商的体系。九阳的经销商需要满足这样的基本条件：

第一，具有对九阳及其产品的认同感、负责的态度和敬业精神。这是选择的首要条件。对产品、品牌、市场负责，才是经销商完成销售工作的保障。唯有如此，经销商才能尽心尽力地推广产品，努力将市场做好，也才能不断提高企业网点的质量，提高企业品牌和市场美誉度。

第二，具备经营和市场开拓能力、较强的批发零售能力。这涉及经销商是否具备一定的业务联系面，分销通路是否顺畅，人员素质高低及促销能力的强弱。总经销商的市场营销能力直接决定着产品在该地市场能够在多大范围和程度上实现其价值，进而影响到企业的生产规模和生产速度。

第三，具备一定的实力。九阳公司在如何评价经销商实力上，并不单看资金实力，而更看重是否符合九阳公司的需要，是否能够保证公司产品的正常经营。

第四，总经销商现有经营范围与公司一致，有较好的经营场所。九阳公司要求总经销商设立九阳产品专卖店，由九阳公司统一制作店头标志，对维护公司及经销商的形象产生了积极的作用。

评估和选择有能力的渠道伙伴，找到最适合企业销售的渠道商，是提升产品销量的有效保障。每一个企业在选择自己的经销商时，都必须首先对经销商的能力作出准确的评价与估计。渠道商的渠道营销能力是每一个制造商在选择渠道伙伴时首先考虑的问题，也往往是衡量渠道商的能力与参与程度的第一个标准。另外，渠道商的参与热情也是评价的一个重要标准。

对顾客来说，渠道的形象就意味着企业的形象

对顾客来说，渠道就意味着公司。不妨想象，如果麦当劳、壳牌石油和梅塞德斯—奔驰的一个或多个分支机构或经销商一直表现得邋遢、低效或令人不愉快，将会给顾客留下怎样的负面印象。

——科特勒《营销管理》

科特勒提醒企业，在顾客的角度看来，渠道就意味着企业本身，渠道所展现出来的形象就等于是企业的形象。比方说，某个产品，它如果只能在农村或者远郊的小商店里才能买到，那么，消费者会很自然地认为这个产品的定位比较低端，没有什么档次和品位，质量也不能让人安心；相应地，如果某个产品只能在一些中高档的商场或专卖店里才能买得到的话，消费者会认为该产品非常高端，企业非常有实力，购买起来也会放心很多。

一般来说，企业与渠道之间更多的是一种合作关系，企业可以对渠道施加影响，但并不能去管理渠道的每一个细节，更不用说企业对渠道管控乏力的情况。也就是说，渠道表现出来的某些不足，未必就是企业希望看到的。但是，在顾客来说，他们接触的是渠道，从渠道商那里购买产品，接受服务，当这个过程中出现问题时，顾客不仅会对渠道商不满，更会对企业和企业的品牌不满，顾客不会去理性地分析问题到底出在渠道身上，还是出在企业身上，因为渠道对他们而言，就是企业的一部分。

企业在渠道商的选择、渠道的管理与建设上不能有丝毫的疏忽，渠道出现问题，就等于是企业自身出现了问题。

某男装品牌为打响知名度和品牌，花费巨资请来国内著名影星担任形象代言人，并相应投入更大的预算进行品牌形象推广。这位影星在国内颇具号召力，其充满阳刚之气的影视形象与该品牌男装的消费群体特性也非常契合，该男装品牌定位于中高级男装，加上厂家的大力推广，使得该品牌从默默无闻渐渐为消费者所了解，逐步确立起了中高档品牌形象。

然而，在渠道终端上，该品牌暴露出很多问题。这个品牌已经成功树立起了一个中高档男装的形象，但在一些消费能力不错的华东城市，该品牌的渠道思路却是终端通吃。从最繁华的黄金地段的专卖店与商场，到超市、小商品批发市场，还有便宜服装聚集的服饰城，都能看到这个品牌的男装专柜或者是专“摊”。也就是说，从高档到中档到低档再到地摊市场，该品牌一个不漏地全部进场销售。对一个服装品牌来说，走量的确很关键，但造成品牌掉价的话，就太得不偿失了，这样做会极大损伤企业辛辛苦苦耗费巨资打造起来的品牌形象，也不利于服装品牌的长期发展。

从这个例子中，我们可以看到，选择什么样的渠道，不仅会影响销量，还会直接影响品牌形象。企业一方面要精挑细选经销商，评估他们经营的年数、经营的其他产品、成长和赢利记录、资金优势、合作态度、推销力量以及服务声誉、未来成长潜力，等等；另一方面还必须保证所选的渠道与产品和品牌的定位相契合，绝不能使形象“掉价”。

理解渠道成员的需要和欲望才能激励其达到最高绩效

公司要像对待最终顾客一样对待其中间商。公司需要明确中间商的需要并构建渠道定位，通过渠道供应来向中间商提供较高价值。激励渠道成员达到最高绩效可以从理解中间商的需要和欲望开始。公司需要仔细地计划并执行培训项目、市场研究以及其他构建能力的项目以提高中间商的绩效。

——科特勒《营销管理》

科特勒认为，从某种程度上来说，渠道中间商也是企业的特殊顾客，企业需要理解他们的需要和欲望，并采取恰当的激励措施，以提高中间商的绩效。有的企业会采取较高的毛利、特殊优惠、奖金、合作性广告补助、陈列津贴以及销售竞赛等正面激励；有的企业则会对于表现不佳的中间商采取威胁、降低毛利、延迟发货或终止关系等反面制裁。而更为精明的公司则会努力与中间商构建长期的合作伙伴关系，他们清楚地告诉中间商自己想要什么，包括市场覆盖率、存货水平、营销开发、客户要求与技术建议和服务，同时他们也会明确地承诺会给中间商回报什么。这种合作伙伴式的关系能让中间商的潜力最大化地发挥出来。

激励中间商的方法很多，不同企业所用方法不同，同一企业在不同地区或销售不同产品时所采取的激励方法也可能不同。激励方式的选择要具有针对性。依据企业销售产品的不同和选择中间商的不同，激励方式也会有所不同。任何一家企业在选用激励方式之前都要分析激励对象，即中间商和其他分支机构的需求，然后设法满足。如果不分析中间商的需求情况，随便采取一种激励手段，其激励效果可能不会很好，有时甚至起负面效果。

某厂家与其他大多数厂家一样，以前对经销商的返利政策是以销量作为唯一的返利标准，且销量越大，返利比例越高。这在无形中诱导了经销商依靠上量求利，从而导致经销商窜货、杀价等不规范运作。

认识到事情的严重性之后，此厂家吸取教训，在返利政策的制定上不以销量作为唯一的考核标准，而是根据厂家不同阶段对营销过程的管理来综合评定返利标准。如此，除了完成销售定额给予经销商一定奖励外，还设定了以下返利奖励：

铺市陈列奖：在产品入市阶段，厂家协同经销商主动出击，迅速将货物送达终端。同时厂家根据给予经销商以铺货奖励作为适当的人力、运力补贴，并对经销商将产品陈列于最佳位置给予奖励。

渠道维护奖：为避免经销商的货物滞留和基础工作滞后导致产品销量萎缩，厂家以“渠道维护奖”的形式激励经销商维护一个适合产品的有效、有适当规模的渠道网络。

价格信誉奖：为了防止经销商窜货、乱价等不良行为，导致各经销商最终丧失获利空间，厂家在价格设计时设定了“价格信誉奖”，作为对经销商的管控。

合理库存奖：厂家考虑到当地市场容量、运货周期、货物周转率和意外安全储量等因素，设立了“合理库存奖”来鼓励经销商保持适合的数量与品种。

经销商协作奖：为激励经销商的政策执行、广告与促销配合、信息反馈等设立协作奖，既强化了厂家与经销商的关系，又是淡化利益的一种有效手段。

对于每个经销商来说，促使他们参加渠道体系的条件固然已提供了若干激励因素，但是这些因素还需要通过制造商经常的监督管理和再鼓励得到补充。对渠道成员的激励其实就是了解各个中间商的不同需要和欲望，然后以相应的方式去满足他们。企业为中间商提供市场热销产品，及时提供必要的业务折扣，给予中间商适当的利润，对中间商进行适当的培训等等，都是不错的激励形式。

有效的渠道管理要求选择好中间商并培训他们

有效的渠道管理要求选择好中间商并培训、激励他们。目标是建立长期的伙伴关系，并使所有渠道成员赢利。

——科特勒《营销管理》

科特勒建议企业，应将中间商当作合作伙伴共同努力以使最终消费者满意。中间商的能力提升了，也就等于是企业的能力提升了。比方说，微软公司会要求第三方的服务工程师学完一系列的课程并参加资格证书考试。那些通过考试的人通常被称为微软认证专家，他们可以利用这个称号来更好地开展业务。

在渠道资源日益集中、竞争日益激烈的今天，与中间商建立良好的合作伙伴关系对企业来说变得非常重要。而培训作为强化中间商多方面能力的必要手段，眼下还未在企业的渠道销售工作中引起足够的重视。企业提到培训，最先想起的往往是内部的员工，而很少会想起自己渠道体系中的中间商。而事实上，培训对于企业渠道销售工作的开展和营销水平的提升，有着十分重要的作用，更有着广阔而等待发掘的潜在效应。

现在，很多竞争都发生在“软件”层面上，要争取更多更优质的中间商，培训就是一把“软件”层面的利剑。营销能力强大或是客户关系良好的标杆性企业往往对各自的渠道中间商有着规范、有效的培训和指导，从多方面帮助渠道提升技巧和能力。中间商也非常希望和乐意接受企业对于产品本身和其他方面的培训与指导。因为对渠道本身来说，规范化的培训、学习能力的强化，可以促进市场销售和竞争优势的提高，而这正是中间商最大的利益所在，也是他们最根本的需求。

宝洁公司有这样一条理念：经销商即办事处。宝洁公司一切市场销售工作均以经销商为中心，更视经销商为密切的合作伙伴和公司的下属机构。宝洁全面支持、管理、指导并控制经销商。

每开发出一个新城市市场，宝洁原则上只找一家经销商，大城市一般2～3家，然后派驻一位厂方代表。厂方代表会与经销商一起办公，肩负全面开发管理该区域市场的任务，其核心职责是管理并帮助经销商及其销售队伍。宝洁公司要求经销商组建宝洁产品专营小组，由厂方代表负责该小组的日常管理。专营小组一般10人以上，具体又可分为针对大中型零售店、批发市场、深度分销的三个销售小组。每个销售人员在既定的目标区域，展开销售活动。厂方代表协同专营小组成员拜访客户，不断进行实地指导与培训。同时，为了确保厂方代表对专营小组成员的全面控制管理，专营小组成员的工资、奖金，甚至差旅费、电话费等全部由宝洁公司负责发放。厂方代表依据销售人员业绩以及协同拜访和市场抽查结果，确定小组成员的奖金额度。通过组建宝洁产品专营小组，宝洁公司形成了对终端网络极强的掌控力。

从某种意义上说，培训其实是企业在削弱分销商的某些职能，使其最大程度上依赖企业。纵观渠道中间商的整个经营过程，其实最关键的就是三个方面：一是财务管理，二是生产运营管理，三是市场管理。可以说财务、运营、市场组成了中间商整个经营过程的全部。企业要想掌控中间商，也就是要对这三个方面进行干预，而最温和、最隐蔽，也是最有效的干预手段便是培训。

给中间商提供他们所需要的培训与指导，能够实现企业与中间商的“你中有我、我有中你”的良性服务互动，使中间商对企业产生高度信任和依赖，同时，中间商能力提升，销量也会提升，企业也会成为最大的受益者。

针对渠道中间商的推进和拉动战略

在管理渠道中间商的时候，公司必须决定将多少精力分别用于推进和拉动战略。作为推进战略一部分的面向渠道的营销活动，当被辅以用于刺激消费者需求的经过精心设计和正确实施的拉动战略时，会更为有效。另一方面，没有一定数量的消费者感兴趣，要获得渠道的接受和支持也会十分困难。

——科特勒《营销管理》

科特勒所说的推进战略是指企业通过销售队伍、促销资金或其他方法推动中间商购进、促销以及销售给最终使用者；而拉动战略是指企业使用广告、促销和其他沟通方式来吸引消费者向中间商购买产品，以激励中间商订货。

在渠道运营上，企业与中间商之间的博弈是永恒的。很多企业会发愁，因为中间商“有奶便是娘”，难以培养起对总部的忠诚度。企业要想“拴住”中间商，就得在市场渠道战略上多下工夫，不管是“推进战略”，还是“拉动战略”，从根本上而言，都是企业为了帮助中间商更好、更快、更顺利地销售产品，只要产品在市场上畅销，中间商能够获利，自然就会对企业形成依赖感。

自然堂就曾经运用“推”和“拉”相结合的方法打开市场。自然堂是国内颇具发展潜质的化妆品企业之一。在十多年的发展过程中，自然堂实现了渠道与品牌的互动推进。

从 2001 年到 2005 年，自然堂主要采取的是“推”的战略。当时国内化妆品专营店渠道正处于十分关键的探索期。很多规模化程度低、大多为个体作坊式经营的专营店急切地想要在商超百货主流渠道的挤压下扩展自己的发展空间。而自然堂利用自己在美容院线积累的服务与教育营销的优势，针对专营店终端建立起了系统化的培训体系，并以“前店后院”经营模式对该渠道予以改造开发，在经营、设备、形象、促销等方面予以立体支持，使得小规模、不成熟的专营店得到迅速成长。自然堂在培养代理商、扶植专营店终端方面花费了大量精力，而这种推进战略也取得了明显成效，建立起了终端对自然堂的信任感和忠诚度。

从 2006 年到 2008 年，是自然堂专营店渠道全面爆发的黄金期，在过去以“推”为主的基础上，自然堂开始深化品牌战略，通过品牌的高空影响力来“拉”动渠道。在这段时期，自然堂进行了大规模的广告投放，极大提升了品牌影响力。它的模式也影响了国内的化妆品行业，使得明星代言、高空电视广告、大规模的渠道营销会议、针对代理商与专营店的系统性培训开始在行业内广泛普及。自然堂的渠道在这个过程中也得到了迅速扩张。

从 2008 年开始，已经打响品牌知名度的自然堂开始从战略层面“推拉”结合，全力开发百货商场终端，尤其是 2010 年赞助上海世博会，对于提升品牌势能，强化其在百货渠道的影响有着十分重要的作用。借助这些高端渠道的资源影响力来提升自身品牌的市场地位，自然堂实现了品牌与渠道之间的相互融合、相互促进。

自然堂的渠道开发与建设一直是在有序推进的。在刚进入市场时，它能敏锐捕捉到终端对品牌的需求并大胆切入，在渠道成型后大胆地投入品牌传播，巩固渠道中间商对自然堂的依赖与信赖。先是推进，再是拉动，然后是推拉结合，循序渐进地建设渠道，使战略能够落地，这是自然堂平稳快速发展的秘诀所在。

企业必须定期按一定标准衡量中间商的表现

生产商必须定期按一定标准衡量中间商的表现，例如销售配额完成情况、平均存货水平、向顾客交货时间、对损坏和遗失商品的处理，以及与公司促销和培训计划的合作情况。表现不佳者会被劝告、培训、激励或终止合作。

——科特勒《营销管理》

科特勒认为，企业在选择好渠道成员之后，除了要经常激励渠道成员，还要经常地对其进行评估，对不合理的成员，企业应做出改进安排。企业所选择的分销渠道是基于一定的市场环境的，特别是基于一定的消费需求基础之上的。而随着社会经济的发展，消费需求是在不断发展变化着的，市场形势也是瞬息万变。所谓“适者生存，不适者被淘汰”，要想求得进一步的发展与壮大，企业就必须去适应这些变化，力求预见变化的大致趋势，并能根据这些趋势随时对分销系统作出调整、改进，以实现既定的市场目标。

在监测和评估的过程中，如果发现结果与企业分销模式选择时所期望的结果出入较大，分销商的表现不尽如人意，可能说明企业的渠道设置存在不合理的现象，或是渠道政策得不到分销商的支持。此时，也必须调整和改进企业的渠道成员和销售模式。

渠道的考核可以分为数量的考核与质量的考核，只有数量没有质量，渠道就会变得一盘散沙、毫无活力。只有质量没有数量，企业就会失去竞争的筹码和发展的后劲。企业既要确保渠道的数量在整个市场中的份额，这是保持议价能力和竞争实力的关键，同时也要提高渠道营销和服务的水准，保证渠道的发展质量。我们可以来看看星巴克是如何做的。

星巴克创始人舒尔茨认为，企业应与供应商、加盟商等合作者结成战略伙伴关系，他坚信最强大、最持久的品牌是在顾客和合伙人心中建立的。

星巴克对合作的供应商是精挑细选的，由采购部门牵头，产品开发、品牌管理和业务部门等有关员工都将参与进来。星巴克从生产能力、包装和运输等多个方面对供应商进行评估，以达到特殊的质量标准，只有具备发展潜力的供应商才能与星巴克荣辱与共。合约签订后，星巴克公司在价格、折扣、资源等方面得到特惠待遇。由于星巴克极其严格的质量标准，供应商们也会得益于星巴克良好的品牌，收到更多的订单。星巴克会积极地同供应商建立良好的工作关系，每半年或一年做一次战略业务评估，如供应商的产量、需要改进的地方。双方还会就生产效率、提高质量、降低成本、新品开发进行频繁的沟通。

星巴克凭借日益强大的品牌，通过与机场、书店、酒店、百货店联盟来销售自己的产品。对于渠道伙伴，星巴克制定了严格的标准：合作者的声誉、对质量的承诺和是否以星巴克的标准来培训员工。星巴克每隔一段时间都会对渠道伙伴进行评估考核，如果合作伙伴达不到要求，星巴克会实行残酷的淘汰制度。

星巴克无论是对上游的渠道，还是对下游的渠道，都设有极其严格的标准，而且坚持定期的评估，从而保证星巴克产品与服务的质量。

通常来说，渠道的监测和评估应从下面几个方面进行：

一是考察顾客是否满意，只有顾客满意，企业才能取得良好的业绩。二是从满足顾客需求和经济性两个方面，关注渠道的运作，包括销售、分销、服务和其他，看运作是否有效和迅速。三是看渠道政策与企业目标是否保持一致。

对渠道进行评价之后，企业对一些不符合要求的渠道要进行调整、改进甚至是淘汰，这样才能保证整个渠道系统的健康。

企业必须定期检查和改进渠道设计与安排

生产商必须定期地检查和改进渠道设计和安排。当分销渠道不能按计划运转，消费者购买方式发生变化、市场扩大、新的竞争者兴起和创新的分销渠道出现以及产品进入生命周期的后一阶段时，便有必要对渠道进行改进。

——科特勒《营销管理》

科特勒认为，生产商在设计了一个良好的渠道系统后，不能放任其自由运行而不采取任何纠正措施。在实际中，为了适应市场需要的变化，企业必须随时对整个渠道系统或分销渠道系统进行检查、修正和改进。

对企业而言，技术、产品、市场环境、行业发展、经销商能力、消费者特性等经营条件时刻都在发生变化，企业在不同产品生命周期、不同产品品类推出期、不同消费时段也存在不同竞争状况，这些不断变化的内外部因素使得企业不得不做出改变。特别是在发生渠道冲突、实行成本控制、转化渠道模式和扩大市场时，渠道的调整和变革就显得尤为迫切。

世界知名的日用消费者生产商及销售商安利公司就是一个典型的例子。安利自1959 年在美国成立以来，就一直将直销模式视为最有效的营销方式，但当安利将这种直销模式导入中国市场时，他们却遇到了前所未有的挑战。

1995 年，安利就正式进入中国市场，它在广州投资 1 亿美元建成了其在海外唯一的现代化日用消费品生产基地，打算在中国大展拳脚，掀起一场安利的直销风暴。然而，不久之后，国内形形色色打着直销旗号的传销诈骗活动搅乱了安利的市场前景。1998 年，国务院出台了《关于禁止传销经营活动的通知》，这年 4 月安利在中国的业务被禁，安利需要寻求一种新的渠道、新的生存方式。同年 7 月，安利（中国）获准采用新的营销方式，由直销改为“店铺＋雇佣推销员”的经营模式。正如安利公司创办人之一迪维斯针对这一转型所言：“这是安利 41 年来前所未有的革命！”这意味着安利 40 多年来在全球 80 多个国家和地区均通过直销员销售产品的传统被彻底打破。

进入转型期的安利，将原来分布在全国的 20 多个分公司改造成为第一批店铺，以后又陆续对这些店铺进行扩充。店中所有产品明码标价，消费者可以直接到专卖店中自行选购，杜绝销售员自行定价带来的问题。这种新的经营模式给消费者带来了新的选择，同时也让安利做出了新的尝试，突破原有的直销模式，多种销售方式并举，以贴近中国国情。

“店铺十雇佣推销员”的新型渠道成功地推进了安利在中国的转型进程，安利为顺利推行这一模式，在员工的管理、培训和整顿上花了很多精力，并加强营销队伍建设，通过培训和严格的奖惩制度来规范员工的行为。经过很长一段时间的调整，安利终于从阵痛中走出来，并从渠道转型中获得了巨大的市场收益，该公司在大中华区的销售业绩超过了美国本土市场，中国成为安利全球营业额最大的市场。同时，由于对营销队伍的严格管理，安利（中国）的知名度和美誉度分别达到93%和75%，成为深受消费者喜爱的企业。

对企业来说，唯一不变的就是变化，渠道也是如此，必须根据环境、形势来做相应的调整和改变，这样渠道才能跟得上企业的需求，才能发挥出真正的作用。产品的同质化日趋严重，价格竞争愈演愈烈，渠道优势正在成为企业竞争中的持久性优势。企业渠道不能墨守陈规，在企业生存的内外部条件发生变化时，应采取可行的渠道转换决策。

制造商管理与分销商关系的五种渠道力

在管理与分销商的关系时，生产商的技巧有很大不同。渠道力是改变渠道成员行为使得他们采取过去未曾采取过的某种行动的能力。制造商可以应用下述五种类型的力量形式以获取合作：强制力、报酬力、法律力、专家力、参照力。

——科特勒《营销管理》

科特勒认为，生产商企业可以通过五种渠道力来管理与分销商之间的关系，这五种力量具体是指：

第一，强制力。

这是生产商企业施加的一种强硬威胁力，是一种反面刺激的惩罚力，生产商可以在渠道商不服从自己时对其进行制裁，如果中间商不合作，生产商可以回收资源或终止关系。这种强制力在渠道关系中相当普遍，比如，生产商要求中间商在分销畅销产品时必须搭配非畅销产品；不准销售竞争品牌产品，或者只能抽出一定比例的资金经营其他产品；不能把生产商提供的软硬件支持用于其他品牌，等等。

强制力虽然能给渠道中间商以鞭策，但也很容易引起中间商的逆反，影响到双方的合作关系。

第二，报酬力。

与强制力相反，报酬力是一种正面激励，是指渠道商执行特定的活动或功能，创造出效益时，生产商所给予的回报。回报通常是以很实际的经济收益形式出现，生产商必须要让渠道成员赚钱，并且赚一个满意的价钱，这样才能让中间商更有动力。

在任何情况下，报酬力都是五力模型中的首要力量，是渠道控制力的基础和灵魂。

另外四种力量都不能脱离报酬力，必须依附于报酬力，才能发挥乘数效果并相得益彰。报酬力通常要比强制力效果好，但开支也是很高的，而且容易让中间商形成一种依赖心理，总是期望从生产商那里得到报酬。

第三，法律力。

生产商与中间商之间一般都签有具备法律效力的合作协议，这里面对中间商的行为做出了规定，这也就形成了法律上的约束力。

很多渠道都是由独立的公司组成，他们与生产商之间不存在上下级关系，没有明显的权力界限和命令等级，要约束渠道商，法律是必备的一种手段。有的生产商为了加强控制，会把渠道商变为加盟性或合营性的内部成员，从而享有绝对的合法权。

第四，专家力。

生产商作为厂家，拥有中间商所欠缺的很多有价值的知识与技能。尤其是生产商掌握有过硬的专业技术时，会对中间商形成一种权威的专家力。

运用专业知识力来管理渠道的例子极其普遍，很多生产商都会帮助渠道商进行经营管理。比如宝洁公司“节约库存的多品种销售计划”，就可以帮助零售商在保持最小剩余库存的同时，销售宝洁公司的多种产品，以满足不同市场、不同顾客的需求。渠道商如果信服生产商的专业知识，往往就乐意接受其建议并做出改变。还有很多生产商对经销商或加盟商的业务开展培训，帮助他们提升经营绩效，这些都是专家力的体现。

第五，参照力。

当生产商在业内外名声远播、备受敬重时，中间商会以与之合作为荣，这就是参照力，比如 IBM、麦当劳、苹果、微软等企业就具有很强的参照力。还有一种情况就是生产商方面某个领袖人物的个人魅力所形成的参照力，这对中间商也会有很大的影响。

营销渠道的三个最重要的变化趋势

营销渠道的特征表现为连续的、有时是戏剧性的变化。三个最重要的变化趋势是垂直营销系统、水平营销系统以及多渠道营销系统的发展。

——科特勒《营销管理》

传统的渠道系统是直接营销，也就是上门推销。随着科技的发展，特别是社会信息化，渠道系统内容日益丰富，尤其是互联网的商用化开发和普及，企业开设网上商场，进行网上销售已成为一种具有广阔发展前景的最新的直销商业形态。可以看到，营销渠道在不断地变化与进步。

科特勒指出了营销渠道的三个最为重要的变化趋势：

一是垂直营销系统。

垂直营销系统近年来最重要的发展趋势，是一改传统的销售渠道中生产者、批发商和零售商互相压制，为着各自利益讨价还价，各行其是，忽视渠道整体利益的状态，而由生产者、批发商和零售商组成一种统一的联合体。不管在联合体中由谁处于支配地位，彼此都形成了统一的兼顾整体利益的系统。其基本特征在于专业化管理和集中执行的网络组织，有利于消除渠道成员之间的冲突，能够有计划地取得规模经济和最佳的市场效果。

垂直营销系统主要有三种类型：

公司垂直渠道系统是指由一家公司拥有和统一管理若干个制造商和中间商，控制整个渠道，同时开展生产、批发和零售业务。管理式垂直渠道系统是由一个规模大、实力强的企业出面组织的，由它来管理和协调生产和销售的各个环节。名牌制造商有能力从零售商那里得到强有力的贸易合作和支持。契约式垂直渠道系统是由各自独立的公司在不同的制造商和中间商为了获得其单独经销时所不能取得的经济效益而以契约形式为基础组成的一种联合体，包括特许经营系统、批发商倡办的自愿连锁组织、零售商合作组织等。

二是水平营销系统。

水平营销系统是指由同一层次上的两个或两个以上的公司为共同开拓新的市场机会而联合开发的一种渠道模式。当一个企业无力单独进行开发或承担风险时，或相互合作有利于优势互补，能产生协同效应时，企业间就会谋求这种合作。企业间的联合行动可以是暂时的，也可以是永久的，还可以创立一个专门的公司，来增进合作。

三是多渠道营销系统。

多渠道系统是指通过两条或两条以上的渠道将产品送到同一个或不同的目标市场。建立多渠道营销系统，可以增加市场覆盖面，降低渠道成本，更好地满足顾客需要，扩大产品销售，提高经济效益。但多渠道营销也有可能产生渠道冲突，因此，企业实行多渠道营销必须加强渠道的控制与协调，使多渠道系统健康发展。

垂直营销系统：渠道管家领导着联合体

垂直营销系统是近年来最重大的渠道发展之一。它是由生产商、批发商和零售商所组成的一个联合体。某个渠道成员，作为渠道领导者拥有其他成员，或与其他成员特许经营关系，或者拥有相当实力使其他成员愿意合作。

——科特勒《营销管理》

科特勒指出，在传统的营销渠道中，生产商、批发商和零售商往往都是独立的，他们作为独立的实体各自追求自己利润的最大化，即使这样做是以损害系统整体利益为代价也在所不惜。没有一个渠道成员能对其他成员拥有全部的或足够的控制。

实际上，制造商、批发商、零售商也可以组成一个统一体，其中的一个成员拥有其他成员的所有权，或实行特许经营，或它有足够的实力使其他成员愿意合作，这样便形成了垂直营销系统。垂直营销系统的出现是基于较强的渠道成员试图控制渠道行为和消除成员在追求各自利益时所造成的冲突。垂直营销系统因其规模、谈判实力和重复服务的减少而获得效益。垂直营销系统可由专业人才从事系统设计与管理，形成一个中央集权式销售网络。

香港实业家梁亮胜先生所创办的丝宝集团在内地的发展采取的就是垂直的营销系

统。丝宝 1989 年进入内地发展实业，开始以仙桃为生产基地、武汉为总部，发展“美的事业”。终端营销策略采取公司式垂直营销系统是丝宝快速发展的独门兵器。

丝宝集团采用的垂直营销模式主要通过渠道扁平化来运作市场，它在各地设立分公司、联络处，对主要的零售点实现直接供货与管理，从而建立起强有力的由厂商控制的垂直营销系统，并由厂家直接做市场推广，实行适当的人海战术，以赠品促销瓦解顾客对竞争对手产品的忠诚度；进行人员促销，通过促销突击队，对各小型区域市场轮流促销；还有联合促销、活动促销等。丝宝通过“先两极，后中间”的渠道拓展原则，重点抓大卖场和零售店的铺货，借此来带动中型店的开发。

丝宝集团所采取的渠道模式是较典型的公司式垂直营销系统模式，其特点是同一个所有者名下的相关生产部门和分配部门组合成的，由丝宝集团对其分公司和联络处直接管理，统一实施销售策略。

在垂直营销系统中，有一个“渠道管家”的概念。“渠道管家”需具备足够的能力，既注重消费者利益最大化，又能保证所有渠道成员都赢利。渠道管家可以是产品或服务的制造者，例如宝洁公司；或者只是一个关键元件的制造者，例如芯片制造商英特尔；或者是供应商、组装商、分销商、零售商，等等。有效的渠道管家会从消费者的角度去考虑，他们会秉着这个思路，把孤立的组织转化成有着共同目标的合作者。

垂直营销系统中的各渠道成员通过规模经济、讨价还价的能力和减少重复服务获得效益。如今垂直营销系统已经成为渠道联合策略的一种典型方式。在垂直营销系统中，某个渠道成员拥有其他成员的产权，或者是一种特约代营关系，或者这个渠道成员拥有相当实力，迫使其他成员合作。垂直营销系统可以由生产者、批发商、零售商中的任一组织担任支配者。在这种系统下可以实现专业化管理和集中执行，能够有计划地取得规模经济和最佳市场效果。

水平营销系统：多个公司联合资源共同开发营销机会

水平营销系统由两个或两个以上没有关联的公司联合资源或方案共同开发一个营销机会。每个公司都缺乏资本、技能、生产或营销资源去独自冒险，或者不敢承担风险。公司间的联合行动可以是暂时性的，也可以是永久性的，也可以创立一个专门公司。

——科特勒《营销管理》

科特勒指出，水平营销系统是基于横向整合的联盟平台型营销模式创新。它与纵向整合产业链不同，它通过横向联盟和整合相关性外部资源来拓展企业的产品和服务内容。在竞争激烈的市场环境、全球化发展的趋势和产品科技日新月异情况下，面对众多水平更高、实力更强的竞争对手，任何一个企业都不可能在所有方面处于优势。通过优劣互补的企业间联合，企业才有可能突破瓶颈，挑战充满不确定因素的未来。在这种形势下，具有优势互补的企业，实施联合行动，共同开发新产品，共享人才和资源，共同提供服务等，从而降低竞争风险，增强企业的核心竞争力。

苹果iPhone手机是一个成功的案例。苹果手机在中国市场上一个重要的销售渠道模式是与电信运营商的捆绑销售。为何要与电信运营商捆绑销售？这要从苹果iPhone应用说起。

苹果的应用商店App Store拥有大量可供使用的应用程序，用户可以轻松地搜索并下载自己所需要的应用程序，这些程序有免费的，也有收费的。正是由于有App Store大量应用程序的支持，使得iPhone用户的数据下载量是其他智能手机用户的2～4倍，iPhone用户在自己手机上花费的时间更长。有调查表明，平均每名iPhone用户安装的应用程序为5～10个，而智能手机市场的总体平均值仅为2个。因此，苹果可以和电信运营商分享数据流量的收益。

App Store的应用程序吸引了大量的用户，在提高iPhone知名度和销售的同时，也吸引大量的应用程序人员不断为App Store开发基于iPhone的新的应用程序。而苹果采取与开发人员“三七开”的业务分成模式就像“梧桐引来金凤凰”。苹果搭建了一个平台，引来无数的开发者来为苹果及苹果用户服务，也吸引了很多广告主投放广告。

苹果手机的营销模式成功地整合了终端设备生产厂家、分销商、运营服务商、内容提供商和互联网广告等多个相关产业链合作者，形成了一个规模庞大、能量巨大的横向整合的联盟平台。

现在企业都置身于日益激烈的竞争环境中，如果若干个企业之间能够联合起来，实现优势互补，建立战略联盟，交换或联合彼此的技术研发资源，加强产品的匹配程度，共同开展有针对性的营销活动，那么这样一个联盟能帮助企业更好地应对竞争、立足市场。

整合多渠道营销系统：优化市场覆盖率、顾客定制与控制

现今，大多数公司采用多渠道营销系统。多渠道营销是一个公司利用两个或更多的市场营销渠道以到达一个或更多的顾客细分。整合营销渠道系统是指一整套集合了其他营销渠道的营销渠道战略和策略。

——科特勒《营销管理》

在过去，很多企业受规模与实力所限，只能向单一的市场采用单一渠道进入市场。而现在，随着市场细分和可供利用的渠道不断增加，越来越多的企业采用多渠道营销。多渠道可以给企业带来很多好处，比方说，增加市场覆盖率，降低渠道成本，提供更多的定制销售等等。但是，渠道的增多也会带来冲突与控制的问题。两个或多个渠道可能为了争夺同一客户而展开竞争，这会让企业陷入内耗之中。

整合多渠道营销系统，就是为了优化市场覆盖率、顾客定制和控制，同时使成本与冲突最小化。DHC在中国市场就采取了多渠道的营销系统。

DHC是日本知名的化妆品品牌，在日本本土市场，尽管DHC频频出现于各类媒体报道中，但人们很难在商场化妆品专柜或商业街的专卖店里看到DHC的产品。这是因为，DHC采取的是一种叫作“通信销售”的独特销售模式，通信销售简单地说就是

化妆品行业里的“戴尔模式”。DHC的通信销售主要采用网络、电话、产品目录等方式销售，没有进驻卖场和开设独立专卖店，产品直接到达消费者，节省了中间许多不必要的环节，把更多的实惠带给购买DHC产品的消费者。

DHC的这种通信销售的渠道模式在进入中国市场后遇到了很大的问题。当时，中国国内市场信用体系尚不健全，很大部分消费者只相信“看得见、体验过”的化妆品。通信销售市场的不规范，使人们对没有消费体验的通信销售化妆品缺乏信任。

为破解通信销售化妆品难以进行有效体验的发展瓶颈，DHC启动了在中国市场的变革。它毅然放弃了单纯通信销售的模式，开展了富有中国特色的化妆品“多渠道体验营销”。2007年DHC大举发展终端直营店。各地直营店开张时的火爆也折射出DHC策略调整的及时与正确。DHC仅仅用了三年左右的时间就打造出了从单一的通信渠道到“通信渠道＋终端实体”相结合的多渠道体验体系，很快在复杂的中国市场确立了自己的品牌地位。

DHC在中国市场因地制宜，在延续其过去无往不胜的通信销售模式之外，还依据市场的实际情况，重点建设了自身的终端实体渠道网络，实现了互补的线上线下多渠道营销的模式，这对于在中国市场站稳无疑是最佳的渠道策略。

单一的渠道可以发挥专业化的优势，也更有利于企业管理。而多渠道营销系统，则可以帮助企业以更低成本覆盖更广的市场，更好地满足顾客需要，扩大产品销售，提高经济效益。实施多渠道营销的企业特别要注意的是加强渠道的控制与协调，使多渠道系统健康发展。

第 4 章
渠道的冲突、合作与竞争

渠道冲突的四种主要原因

有些渠道冲突的原因容易解决，另一些却很困难，冲突产生的原因有：目标不一致，角色和权利不明晰，认知差异，中间商对制造商的依赖等等。

——科特勒《营销管理》

渠道冲突是每个企业都不愿意看到但又不得不面对的现实，渠道冲突往往会带来恶性的循环，它会导致渠道间相互窜货，价格混乱，最后经销商无利可图之下纷纷要求生产商降低供应价格或者干脆不再经销其产品，而生产商一旦调价，渠道又会陷入新一轮的价格大战中，最后甚至会引发整个市场的混乱。

科特勒认为，因为目标、利益、文化、力量等方面的差异，渠道成员之间很容易形成冲突，产生冲突的主要原因有：

第一，目标不一致。

渠道成员在各自的经营过程中所设定的目标不一致，是引起渠道冲突最主要的一个原因。比如，生产商的目标是为了增加市场份额，力求在短时间内占领市场，而分销商则是为了短期的销售利润，要求生产商给予最优惠的价格。如果分销商在短期内无法赢利，他们就会去寻找别的生产商合作。再比方说，分销商希望通过更高的毛利率、更快的存货周转率、更低的支出及更高的销售提成来谋求利润的最大化，而生产商却未必想要如此。还有，生产商可能想要通过低价策略实现快速市场渗透，而经销商则可能更偏爱高毛利和追求短期的赢利。

第二，角色和权利不明晰。

渠道成员应该明确各方的权利和义务，如果没有明确双方的权利，最容易产生冲突。比方说，某大型生产企业把一定地理区域的产品经销权授予特许经销商，但是生产企业的销售人员也在这一区域内销售产品，这种地理区域划分不明确就会引起利益冲突。

第三，认知差异。

生产商和中间商由于对问题的感知不同而发生分歧。比如，生产商可能对近期经济前景较为乐观，并希望经销商多备存货，但经销商却未必看好前景。再比如，生产企业派出销售人员到销售现场促销并培训经销商的营业员，但经销商却很可能认为生产商是想监督和控制自己，于是不予配合。

第四，中间商对生产商的依赖。

渠道成员互相依赖的程度越大，发生冲突的可能性就越大。比如，独家经销商对厂家的依赖程度大，双方在利益分配等方面引起的矛盾和冲突就多。

企业要想顺利地化解渠道冲突，首先就要找准“病灶”，判断清楚到底是什么原因导致了渠道冲突，然后才可能对症下药。

渠道冲突的根源在于利益冲突

无论对渠道进行怎样好的设计和管理，总会有某些冲突，最基本的原因就是各个独立的企业实体的利益不可能一致。当一个渠道成员为了自己的利益而做出不利于渠道的行为时，就会发生渠道冲突。

——科特勒《营销管理》

科特勒认为，渠道冲突的根源与本质就是利益冲突。由于市场竞争压力与需要，企业在同一区域市场内往往会使用多种分销渠道，最大限度地覆盖市场，这样不可避免地会发生几种分销渠道将产品销售给同一客户群的现象。

渠道冲突主要分两种：一是渠道商与生产商之间的冲突，主要体现在价格政策、销售条件、地域区分、促销过程，以及生产商赊销货物给渠道商产生拖欠货款的风险等。二是渠道商之间的冲突，主要表现就是渠道商不规范操作，如竞相杀价、窜货造成严重的渠道冲突等。

渠道中最难处理的就是最敏感又最复杂的利益关系。现在的市场越来越难做，生产商和渠道商在各项费用飙升的同时，经营风险急剧增加。双方都抱着将风险转嫁给对方的念头。比方说，一些渠道商抓住生产商指望借助其金字招牌扩大销售的心理，对生产商实行迫其供货、卖不掉就退货的代销方式，对进店的供货商索要各种赞助费、保证金、店庆费、促销费等名目繁多的费用。渠道商普遍拖欠生产商的资金，尤其是大商场，往往以货款要挟生产商，迫使生产商不得不就范。生产商在忍受“店大欺人”的同时，采取“两条腿走路”的策略，一方面依托渠道商打开市场，另一方面着手营造自己的销售网络，一旦羽翼丰满，则断然抛开渠道商，切断合作关系。这样的“同床异梦”，不引发冲突几乎是不可能的。

20 世纪中期，美国曾有一位颇具经营智慧的商人比尔创建了休斯克皮鞋公司，该公司曾是美国最大的皮鞋生产商之一。

比尔初创公司，采取的是常用的分销商制度，他在选择分销商时，没有找那些有经验的，而是找那些有管理知识的人，因为有经验的分销商往往不会把他和他新创的公司放在眼里。他也不找规模很大的分销商，因为这些分销商从销售额中抽取的佣金很高，更何况当时的休斯克籍籍无名，根本入不了他们的眼。

比尔坚持认为，分销商是他事业上的合伙人，他能够与之开诚布公、荣辱与共地合作。比尔和分销商约定一旦确立合作关系，就不会轻易取消合作，也坚决不做有损休斯克公司和分销商利益的事情。

休斯克公司的口号是：你们支持我，我也一定支持你们。比尔认为，事业上的朋友要靠利益来维系友情。因而在利益的分享上，他绝不吝啬。为了保证渠道体系的稳定，比尔采取了一系列的措施来表示对分销商的支持。他运用广告攻势，帮助各地分销商增加销量；保证回收不好销或卖不出去的积压货品；将主要精力放在市场调查分析上，尽力让产品引领时尚潮流，符合消费心理。

在分销商下面，还有零售商。在比尔看来，零售商也是他的事业合伙人。一旦零售商被确定下来，即被视作休斯克公司的一分子，他们的荣辱兴衰都与休斯克息息相关。零售商面临的困难，通常不外乎两类，一是生意上的，二是私人方面的。对于生意上的困难，休斯克和分销商会给予支持，包括地点的选择、店内的布置、店名的确定、及时补充款式好、畅销的鞋子，将不好销的鞋子“以货换货”等。私人方面的困难，休斯克也会主动提供帮助。

此外，休斯克还在产品研发上进行大投入，制作出广受消费者喜爱的新产品，让分销商、零售商能从畅销的产品上获利。比尔构建起来的这样一个用利益和信任结成的体系，正是他经营渠道的法宝。

在今天看来，比尔所采取的诸如建立分销商渠道、培养渠道商的忠诚以及不断推出畅销新产品等做法并不新鲜，但在20世纪中期，他的这一系列做法却让休斯克拥有了稳定、畅通的营销渠道。

在企业与企业之间，只有永远的利益关系，没有永远的朋友关系，渠道经营也是如此。企业在建立和维护营销渠道时，要照顾好渠道商的利益，使他们得以成长，从而使企业得以成长。

很多零售商既是合作伙伴，也是竞争对手

渠道在价值链中发挥的作用正变得越来越重要，甚至到了和企业竞争消费者忠诚度和控制权的地步，在这种情况下企业和渠道之间的相互整合就变得尤其重要。对于生产商来说，很多零售商既是合作伙伴，也是竞争对手。

——科特勒《市场营销原理》

科特勒指出，在有些行业，渠道在价值链中的地位极其重要，渠道商积累了大量的消费者，并形成了用户忠诚，这对生产商来说，有利也有隐忧，这样的渠道商，既是强有力的合作伙伴，同时也是强有力的竞争对手。

科特勒提醒生产商企业必须要警惕两种现象：

第一，要警惕渠道商发展自有品牌产品，并获得消费者认同。自有品牌指的是零售商或者批发商自己开发的品牌。像很多超市，上到沃尔玛，下到普通的超市，它们在经销生产商产品的同时，也在发展自己的自有品牌。自有品牌的产品拥有越来越多

的优势，使得很多生产商对此感到忧心不已。像沃尔玛的自有服装品牌简适，就表现不俗，极大地压缩了其他服饰品牌的利润空间。

渠道商之所以会自营品牌，就是因为这能给他们带来更多的利润。他们从那些有剩余生产能力的生产商那里以极低的成本取得这些产品，正因为成本低，所以，定价也不会特别高，而其中的毛利率却是很惊人的。此外，通过自有品牌，渠道商可以壮大自己的实力，将自己与竞争对手区分开来，形成一种优势和特色。

那么，生产商应该如何应对渠道商的自有品牌?

首先，生产商要在那些能打败自有品牌的领域选择性地展开战斗，比如生产商占据优势地位的领域或者其他品牌在同类产品中数一数二的时候，生产商要能给消费者、零售商和股东带来好处。其次，一定要开发出一些可以与自有品牌产品相抗衡的新产品。持续地发布新品，可以让生产商的品牌保持新鲜感，同时也可以有效地压制渠道商的自有品牌。最后，生产商还可以通过向品牌渗透象征性的意向或者某些功能品质，营造一种成功的价值感觉，从而击败竞争对手。

第二，要警惕消费者从对生产商忠诚转变为对渠道商忠诚。毕竟，消费者接触更多的是渠道，而不是生产企业本身。生产企业与消费者之间隔着渠道。这使得很多消费者更熟悉渠道商，甚至将渠道商视为生产商。众所周知，在商业战场之中，谁把握住了客户，谁就是赢家，所以，生产商绝对不能对渠道商过于依赖，而失去与消费者之间的联系。

生产商既要借助于渠道商，同时，也要像防范竞争对手一样对渠道商有所举措，生产商必须加强对渠道商的控制力和影响力，维持渠道的稳定和企业的利益。

渠道管理的挑战不在于如何消除冲突，而在于如何管理它

在公司为了增加销售而增加渠道时，渠道冲突的风险也在增加。某些渠道冲突能产生建设性的作用，对变化着的环境有更强的适应性，但是太多冲突是失调的。渠道管理的挑战不在于消除这种冲突，而在于如何更好地管理它。

——科特勒《营销管理》

渠道冲突会给渠道的管理和正常运行带来强烈的冲击，每一次冲突都是对渠道的结构、流程、管理等的新挑战，严重的情况下，甚至会彻底摧毁企业的渠道模式和结构，因此企业往往会在渠道管理中尽可能地防微杜渐，避免冲突的发生。

科特勒提出这样一个观点——渠道管理的挑战不在于如何消除冲突，而在于如何管理冲突。冲突很难完全根除，但有效的管理能够尽可能地减少或者防范冲突。渠道冲突并不完全是坏事，就如管理学中“鲶鱼效应”所揭示的那样，沙丁鱼因为鲶鱼的存在而保持了一种生命力和活力。渠道冲突也有建设性意义的一面，有了冲突，就会有改进，企业可以通过正确引导当前的冲突或采取一些手段、措施创造建设性冲突，从而刺激经销商活跃起来，积极地投入到市场中，积极参与竞争，从而激活其他经销商。

中国最大的食品饮料生产企业娃哈哈集团所生产的产品并没有特别高的技术含量，

其市场业绩的取得和它对渠道的有效管理密不可分。娃哈哈在全国31个省市拥有1000多家能控制一方的经销商，组成了一个几乎覆盖中国每一个乡镇的联合渠道体系，形成了强大的销售网络。

为了保障这个渠道体系的高效、规范运转，娃哈哈对渠道商制定了保证金政策，就是说，经销商要先交预付款，再提货，对于按时结清货款的经销商，娃哈哈不仅偿还保证金，还会支付高于银行同期存款利率的利息。娃哈哈创始人宗庆后曾说："经销商先交预付款的意义是次要的，更重要的是维护一种厂商之间独特的信用关系。我们要经销商先付款再发货，但我给他利息，让他的利益不受损失，每年还返利给他们。这样，我的流动资金十分充裕，没有坏账，双方都得了利，实现了双赢。娃哈哈的联销体以资金实力、经营能力为保证，以互信互助为前提，以共同受益为目标指向，具有持久的市场渗透力和控制力，并能大大激发经销商的积极性和责任感。"

为了防止窜货，娃哈哈实行级差价格体系管理制度。根据区域的不同情况，制定总经销价、一批价、二批价、三批价和零售价，使每一层次、每一环节的渠道成员都取得相应的利润，保证了有序的利益分配。

在与经销商签订的合同中，娃哈哈严格限定了销售区域，集团发往每个区域的产品都在包装上打上编号，编号和出厂日期印在一起，不能被撕掉或更改，这样可以准确地监控产品去向。娃哈哈还专门成立了一个反窜货的机构，对市场进行严厉稽查，保护每一位经销商的利益。一旦反窜货人员发现产品编号与地区不符，娃哈哈便会彻底追查，严肃处理，情节严重的将取消其经销资格。

娃哈哈全面激励和奖惩严明的渠道政策有效地约束了上千家经销商的销售行为，为庞大渠道网络的正常运转提供了保证。

企业无论对渠道进行怎样好的设计和管理，总会有某些冲突，最基本的原因就是各个独立的业务实体的利益总不可能一致。所有的营销渠道都存在着潜在的渠道冲突与来自目标不一致、不明确的任务与权力在感觉上的差别和高相互依赖性而引起的竞争。

适度的冲突是一种强大推动的力量，迫使管理层积极地审视管理工作，想方设法提高其活动效率。但是过多的冲突不利于渠道系统的和谐发展，甚至有可能产生灾难性的后果，给企业造成无法弥补的损失。在处理这种恶性的冲突时，企业最好的办法是更好地管理冲突而不是设法消除这种冲突。渠道冲突解决方法有：确立共同目标，人员互换，协商、调节、仲裁，诉诸法律，等等。

确立共同的高级目标，化解渠道冲突

所有的营销渠道都存在由于目标不一致、不明确的角色和权利、认知差异和中间商对制造商的依赖而引起的潜在的冲突和竞争。最重要的解决方案是确立共同目标。事实上，渠道成员无论是制造商还是经销商，在许多目标和利益上都是一致的，如生存目标、销售收入、市场占有率、顾客满意度等。

——科特勒《市场营销原理》

科特勒曾说，渠道成员之间目标的不一致，是引发渠道冲突的最主要原因之一。如果企业能给营销渠道确立共同的高级目标，那么，对于化解渠道冲突是大有帮助的。

生产商应与渠道成员发展伙伴型的关系。传统的渠道关系是一种“我”和“你”的关系，也就是每一个渠道成员都是一个独立的经营实体，以追求个体利益最大化为目标，甚至不惜牺牲渠道和厂商的整体利益。而在伙伴式销售渠道中，厂家与经销商由“你”和“我”的关系变为“我们”关系。厂家与经销商一体化经营，使分散的经销商形成一个有机体系，渠道成员为实现大家的共同目标而共同努力，不管是为了渠道生存、市场份额，还是高品质或顾客满意等。海尔集团与国美集团就曾做过这样的努力。

2007 年，海尔集团与国美集团签署了战略合作协议，订单总金额高达 100 亿元。双方的战略合作由单纯的采销关系延伸至市场调研、产品研发与制造、供应链价值提升、信息化建设和物流管理等多个系统领域，开创了新型的厂商关系。在此次战略合作协议中，国美承诺，不再向海尔收取合同外的费用以及进场费，双方交易透明化，而海尔则为国美提供更具市场竞争力和高性价比的商品。同时，海尔在国美集团的渠道中设立 100 个“海尔旗舰商品展销中心”、200 个展示海尔整套家电的“海尔电器园”的形象店。

这种“店中店”的模式，可以有效地推动海尔、国美与消费者三者之间的零距离，推进体验式消费。更引人注目的是，双方联合成立国美海尔事业部，这个事业部由双方的采购、销售、研发、服务以及财务人员共同组成。双方通过开放式的信息化无缝对接，专门针对目标消费群体来开发个性化和人性化的产品，并通过双方物流体系的整合，实现 B2B、B2C 业务，提升供应链的效率。这个事业部的职能不仅停留在采与销的业务层面，还深入到了共同分析和研究市场，共用研发商品，共同制定市场营销策略，共同制定服务标准，统一服务行为。这种全新的合作给海尔、国美及消费者创造了共赢。

海尔与国美之间的这种关系，就已经超出了简单的生产商与渠道商之间的关系，而是一种战略合作关系。很多生产厂家开始意识到，他们在市场开发、市场覆盖、寻找顾客、产品库存、为顾客提供服务等很多方面是离不开渠道商的支持的。与渠道商建立长期的合作关系，不仅可以激励渠道商，也能有效地破解渠道冲突。生产商与渠道商应树立共同的目标，形成风险－利益共同体，双方联合成为共同开发市场、共同承担市场责任风险，共同管理和规范销售行为、共同分享销售利润的一种战略联盟。

互换不同渠道层次上的人员，增进互信和理解

一种化解渠道冲突的有用措施是在两个或更多的渠道层次上互换人员。通过互换人员，一方的人就能接触另一方的观点和带来更多的理解。

——科特勒《营销管理》

在西方谚语中有句话说“穿上别人的鞋子走走路”，这句话的意思是说，要多站在

别人的角度想一想。这个道理同样适用于渠道冲突的解决。科特勒建议企业，可以在两个或多个渠道层次上互换人员，通过这种方式，去接触并理解另一方的观点，互相体谅，最终消除矛盾，达成共识。比如，让制造商的一些销售主管去部分经销商处工作一段时间，有些经销商负责人可以在制造商制定有关经销商政策的领域内工作。经过互换人员，可以提供一个设身处地为对方考虑问题的位置，便于在确定共同目标的基础上处理一些纵向冲突。

渠道的经营和管理需要换位思考，渠道成员的许多决策都是基于自身目标和利益，如果一方在决策过程中考虑自己利益的同时，能多为对方考虑一下，也能够减少冲突。很多企业都在尝试这样一种人员互换的方式。

本田公司的部门经理常常会在其经销商那里工作一段时间，经销商也可以在本田的销售政策部门工作一段时间。这样，当他们回到各自的岗位上之后，彼此间有了更深的了解，更容易从对方的角度考虑问题。

思科公司则专门设有与其渠道成员互动沟通的平台，每个渠道成员都可以和思科总部链接，他们可以随时进入网络系统，了解最新讯息，反馈意见，提出建议、要求，甚至是抱怨和投诉，等等。他们还可以通过网络与其他同是思科渠道成员的商家进行沟通交流，交换讯息。思科公司会根据渠道成员的反馈进行合作策略的调整，努力实现与渠道成员的“无缝对接”关系，有效地推动市场的拓展。思科将公司派驻渠道成员的跨职能小组与渠道成员视为一个整体，按照季度、年度对其进行联合培训和考评，并分别授予各合作团队等级不一的证书，激励合作的力量。

这些企业通过互换加强了与渠道成员的有效交流，与渠道成员建立起了良好的合作关系，得以快捷和充分地洞悉渠道成员的需求和动态，并有针对性地设计合作策略，这些措施的实施使渠道获得了较好的合作体验，其结果是渠道商更加卖力地推广市场和进行顾客服务。

企业加强与渠道成员之间的交流、互信与理解，能够更好地预防冲突、化解冲突。除了人员互换，企业还可以与渠道成员实行信息共享，或者建立产销战略联盟，来打造双方之间过硬的合作关系。

当冲突尖锐化时，要积极协商、调节或仲裁解决

当冲突是长期性的或比较尖锐的时候，冲突双方必须通过协商、调解或仲裁解决。协商是一方派人或小组与对方面对面地解决冲突。调解意味着由一位经验丰富的中立的第三方根据双方的利益进行调停。仲裁是双方同意把纠纷交给第三方，并接受其仲裁决定。

——科特勒《营销管理》

科特勒指出，如果渠道冲突经常发生，或冲突激烈时，企业必须采取得当的措施，避免冲突升级。常用的方式有协商谈判、调停或仲裁。

第一，协商谈判。协商是渠道成员讨价还价的一个方法。在协商过程中，每个成

员都应该做出一些让步，放弃一些东西，从而解决冲突。信息交流会也是有效处理纵向冲突的一种好方法。许多行业已建立起包括营销渠道公司在内的许多渠道联合组织。还有的企业会通过销售代理在制造商和渠道商之间传递信息，销售代理起到了一个缓冲的作用。如果协商谈判无法达成和解，那么渠道很可能会面临瓦解的危险。

2004 年，在家电市场发生了一桩让业内外瞩目的事，那就是格力电器与当时国内家电连锁老大国美之间因“空调大战”而交恶。事情起因是国美启动“空调大战”计划，国美成都分公司几乎对所有空调品牌进行大幅度促销，其中两款格力空调为降价之首，降幅高达 40%，此举使格力经销商产生极大的混乱。格力认为国美擅自降低格力空调品牌价格，破坏了格力空调在市场中长期稳定、统一的价格体系，并有损其一线品牌良好形象，要求国美立即中止低价销售行为。双方经过多次协商，最终没能达成一致，于是，国美要求各地分公司清理格力空调库存，而格力总部也决定正式停止向国美供货。

格力之所以能表现得如此强势，是因为在国美、苏宁等全国性专业连锁企业势力逐渐强盛的时期，格力依然坚持以依靠自身经销网点为主要销售渠道。通过这类大型家电卖场渠道所实现的销售额，只占到格力总销售额的一小部分，格力始终坚持其自有营销网络作为主体的战略。

从某种程度来说，所有的渠道沟通都是为了避免或减少冲突。格力与大型连锁卖场之间的“分手”，最主要的原因就是目标利益的不一致，这种不一致激发了双方的矛盾和冲突，并演化到难以协商的地步。

第二，调解。通过调解来解决冲突其实就是由中立的一方根据双方利益来进行调停。从本质上说，调解是为存在冲突的渠道成员提供沟通机会。既然大家已通过共同目标结成利益共同体，调解可帮助渠道成员解决有关各自的领域、功能和对顾客的不同理解的问题。调解可以使各成员重新履行自己的承诺。

第三，仲裁。当协商与调解都难以化解冲突时，企业可以通过仲裁来解决问题，这意味着双方同意并接受由第三方做出仲裁决定。仲裁方可能会提出一些建议，矛盾双方不一定都能接受。用仲裁来解决问题很普遍，但很多情况下，这种方式往往不能解决问题。这时，冲突双方很可能需要通过诉诸法律来解决问题。

冲突难以调和时，企业需要诉诸法律

当所有方法都无效时，公司或渠道合作者可能会诉诸法律。

——科特勒《营销管理》

科特勒指出，当所有方法都无效时，法律会是解决渠道冲突最后的途径。如果渠道冲突越演越烈，而且冲突双方尝试多种方法都无法达成共识的情况下，双方可能不得不撕破脸面，诉诸法律。

这种情况并不少见，冲突因利益而起，只要利益无法妥当分配，这种冲突就会不断升级，双方都不愿意让步，只有通过法律来打破僵持。

2010年，星巴克与卡夫之间就曾经打了一场“大仗”。在很多人印象里，星巴克的生意就是在咖啡馆里一杯又一杯地卖出拿铁、卡布奇诺等等，但这并不是它全部的生意。每年，星巴克在全球各地的超市、卖场和杂货店，还要卖出5亿美元的袋装咖啡等产品。不过，星巴克的这部分生意，一直由食品巨头卡夫代理，用卡夫的渠道销售，双方签有协议，分享利润。星巴克与卡夫的这种合作关系持续了12年，卡夫一直通过自己的渠道，在全球范围内推广和销售星巴克的产品，包括袋装咖啡和冰淇淋等。

星巴克为什么想要“分手”呢？这主要是为了将零售渠道掌握在自己手里，减少中间环节，获取更大的利润。星巴克急于收回对卡夫的授权，与其转型密切相关，由于快速扩张以及经济危机的影响，星巴克出现了业绩下滑，它必须挖掘门店销售外的新业务增长点，从一个专门在门店里销售咖啡的专业企业转变为一个拥有多平台、多渠道的全球公司。

星巴克在2009年底推出了“星巴克VIA速溶咖啡”，尽管有人认为销售速溶咖啡会损害星巴克的高端形象，但它能帮助公司迅速增加收入，吸引那些不爱进咖啡店的消费者。速溶咖啡是一个很大的市场，仅在2009年，该市场规模就高达210亿美元。当星巴克专注于门店销售业务时，卡夫代理其研磨咖啡豆和瓶装饮料业务，但星巴克推出VIA速溶咖啡后，意识到这会与卡夫的麦斯威尔速溶咖啡形成正面竞争，因此星巴克一直在自己铺设销售渠道。到2010年，星巴克VIA速溶咖啡在北美、英国和日本三个非卡夫控制地区的销售网点数目已经达到了3.7万个，这种咖啡的价格比同类产品贵几倍，而卡夫控制着多数的超市渠道，有卡夫在前，星巴克很难再在其他地区继续大规模推广自己的产品。

星巴克与卡夫之间进行了多次协商，星巴克方面提出了7.5亿美元的赔偿金额，但卡夫拒绝了这一提议，双方都较为强硬，于是只有通过法律来解决。

科特勒曾提醒企业，在设计渠道系统时，必须明确渠道成员的条款和责任。尤其是在价格政策、销售条件、地区权利以及双方的服务和责任等方面，必须理清楚。这样做可以从一定程度上防范渠道冲突，但事情总有意外，合约不能完全消除渠道冲突，必要的时候，企业还是需要根据合约、依据法律来解决渠道冲突。

第 5 章
渠道经营的三种特殊方式

特许经销，生产商和经销商的互惠互利

许多生产商喜欢为他们的产品开发专营渠道。销售方只允许特定渠道经销他们的产品，这被称为专营渠道。销售方要求经销商不要销售竞争对手的产品，这被称为特许经销。

——科特勒《科特勒市场营销教程》

特许经销，是企业以签订特许协议的方式，将其店名、经营方式以及所经营的商品转移给系统之外的经销商使用，对其进行统一配货并加以业务指导，同时要求其按企业的统一要求开展经营。

科特勒认为，特许经销对特许商和经销商来说是互利的。特许商能够在实行集中控制的同时保持较小的规模，既可赚取合理利润，又不涉及高资本风险，更不必兼顾加盟商的日常琐事。

而从经销商的角度来说，他们可以享受特许商现成的商誉和品牌，它承袭特许商的商誉，在开业、创业阶段就拥有了良好的形象，使许多工作得以顺利开展。否则，借助于强大广告攻势来树立形象是一大笔开支。经销商还可以避免市场风险，对缺乏市场经营的投资者来说，面对激烈的市场竞争环境，往往处于劣势。而借助一家业绩良好且有实力的特许商，依托其品牌形象、管理模式以及其他支持系统，经销商的风险大大降低。此外，经销商还可以获得来自特许商的多方面支持，包括培训、选择地址、资金融通、市场分析、统一广告、技术转让等，同时，也能从规模效益中获益。

特许经销的特点是经销商一般独立核算，在遵守特许协议的前提下有一定的经营自主权。按照其特许权的形式、授权内容与方式、总部战略控制手段的不同，一般有以下三种类型：

一是生产特许。受许人投资建厂，或通过代工的方式，使用特许人的商标或标志、专利、技术、设计和生产标准来加工或制造取得特许权的产品，然后经过经销商或零

售商出售，受许人不与最终用户即消费者直接交易。比方说，可口可乐的灌装厂就是一个例子。

二是产品商标特许。受许人使用特许人的商标和零售方法来批发或零售特许人的产品。作为受许人仍保持其原有企业的商号，单一地或在销售其他商品的同时销售特许人生产并取得商标所有权的产品。

三是经营模式特许。受许人有权使用特许人的商标、商号、企业标志以及广告宣传，完全按照特许人设计的单店经营模式来经营；受许人在公众中完全以特许人企业的形象出现；特许人对受许人的内部运营管理、市场营销等方面实行统一管理，具有很强的控制。

特许权双方的关系，是以相互的资金和管理需求为基础的，它是高度灵活和不断变化的。按特许权合同规定，签约双方都要相互负责。合同中有专门条款保证特许经销商能使用公司总部推荐的新技术，以保持自动化经营的最高水准。特许经销通常会包括特许区域协议，就是说，生产者不得与特定区域内的其他经销商合作，经销商只能在自己专营区域内专营生产者的产品，而不能经营竞争对手的产品。

连锁经营，成功复制出规模效应

连锁经营的特点是所有的店铺都有总部直接控制，实行统一采购、统一定价、统一核算和统一配送。这是一种最紧密的连锁组织形式。

——科特勒《营销管理》

连锁经营是当今世界上许多国家普遍采用的一种现代化的商业经营模式和组织形式。连锁商店是指由许多中小企业通过组织上和经营上的联合而形成的联营网。连锁商店的经营业务在不同程度上受总店的控制。

连锁商店的主要特点在于其管理制度相当标准化，规模适当、数量较多、分布面广，能获得规模经营的各种利益。比如，通过统一的连锁形象能提高和扩大商店规模经营的声誉；能通过大量采购降低进货成本；市场信息比较充分，利于随时了解消费者的需求变化，作出相应的变动。当然，由于连锁商店进行统一管理，集中进货，因此在一定程度上降低了各分设商店的灵活性。

连锁经营作为一种紧密的组织形式，必须通过内部形成一系列严格完备的制度规范着各种行为和关系，以保障组织高效运转。连锁总部对连锁店的管理控制主要表现在两个方面：一是经营管理模式的贯彻，二是对信息流的把握。

连锁经营的本质特征在于连锁总部与所有连锁店共享资源与能力。作为连锁经营总部管理哲学的具体化管理，连锁总部必须运用先进的经营管理理念对员工培训、员工工作安排、职责、服务标准、店面陈列、广告、市场营销、顾客关系、顾客抱怨处理程序、存货控制程序、会计程序、现金和信贷管理程序、安全生产、突发事件处理等连锁单店经营所有方面的问题进行深入的研究，对连锁店经营管理过程中的每一项工作予以规范化并形成连锁单店工作手册。它是连锁店员最重要的培训教材，也是连锁店日常经营工作的速查手册。连锁店据此开展所有日常经营工作，共享总部的经营技术。

充分把握并利用信息流一样是连锁经营成功必不可少的法宝。发展连锁经营决定了经营门店日趋分散的特性。面对散处各地的连锁分店，总部必须使所有销售前台和后台支持机构实时地共享信息，总部管理机构必须对连锁店实施“零距离”管理，实现对所有业务环节的实时监控，并对这些方面所涉信息予以实时记录和深度分析，否则就谈不上形成连锁网络，整体大于简单局部之和的连锁经营优势也就无法体现出来。

连锁经营之所以能在激烈竞争中迅速发展，是因为它的简单化、专业化和标准化，从而形成了其他商业形式无可比拟的经济效益。

简单化，是指作业流程尽可能地“化繁为简”，可实现全盘复制，不会因为连锁系统的扩张而出现紊乱，简而言之，就是要做到“人人会做、人人能做”。像麦当劳公司的连锁操作手册，其中记录了麦当劳所有的工作细节和规范。如何追踪存货，如何准备现金报表，如何准备其他财务报告，如何预测营业额，如何制定工作进度表，如何判断盈亏情况等等。正因此，麦当劳的经营原理才能快速全盘复制，即使全世界有那么多连锁店，也能做到多而不乱。

专业化，是指连锁经营的一切工作都尽可能进行专业细分，如采购、库存、收银、商品陈列、店面装饰、店铺管理、信息管理、财务管理、培训指导等各个方面，都能做到专业化。

标准化，是指每一项工作都有可行的标准，这既包括了连锁经营的作业标准化，也包括了企业整体形象的标准化，同样以麦当劳为例，它在全球的餐厅都有一个金黄色 M 形的双拱门，都以红色和黄色为主；柜台设计以 92 厘米为标准；店内的布局也基本一致；厨房用具全部标准化；特别是食物的制作流程，更是有着极其严格的标准。

电子商务，未来最具潜力的渠道方式

电子商务指利用电子方式和平台开展公司业务。在线零售能够提供便利、信息以及为各种不同类型的顾客和商家提供个性化体验。不需要花费保留销售店铺门面、人员以及存货的成本，在线零售商可以对特定细分市场提供小数量产品。

——科特勒《市场营销原理》

科特勒在接受《21 世纪》采访的时候，曾经指出，社会化的网络营销是一个营销大趋势，中国是网络营销的一块巨大市场，蕴藏着很大的商业价值和机会，中国企业应该结合自身的企业需求，在网络营销方面采取有效行动。

网络的发展和商业运用使得电子商务渠道对生产商、零售商、经纪商、代理商和其他中间商产生了极大的冲击和威胁。电子商务的便利、快捷、低成本以及海量信息等特点，吸引着企业，也吸引着消费者。

在传统营销渠道中，中间商是非常重要的组成部分。中间商能够帮助生产者在广泛提供产品和进入目标市场方面发挥更高的效率。很多生产商不得不依赖一些强大的中间商。但互联网的发展和商业应用，使得传统营销中间商凭借地缘原因获取的优势被互联网的虚拟性所取代。另外，互联网高效率的信息交换，也改变着过去传统营销渠道的诸多环节。毫不夸张地说，互联网的发展改变了营销渠道的结构。

根据网上销售对象不同，网络销售可以分为两种主要的方式，一种是 B2B，也就是企业对企业的模式，该模式每次交易量很大，交易次数较少，并且购买方比较集中。第二种方式是 B2C，即企业对消费者模式，这种模式每次交易量小，交易次数多，而且购买者非常分散。

在建设电子商务渠道时，企业重点要考虑这样几个方面：

首先，要从消费者角度设计渠道。消费者希望网络购物能够买得放心，用得开心，因此，网络渠道必须要为消费者营造良好的体验，这样才能积聚客户资源。

其次，整个电子商务流程的设计，要简单明了，不要让消费者在复杂的购买程序中耗尽耐心。网络购物的其中一个很大的优势就是方便与快捷，如果不能做到这一点，那么，网络渠道就失去了它的意义和价值。

再次，保证交易的安全。企业应尽量提供多种结算方式以方便消费者选择，并确保交易安全。安全是网络购物最需要跨越的门槛，也是最不容易的地方，只有保证了购物的安全，消费者才会更多地倚重网络渠道。

最后，是要建立完善的物流系统。消费者只有看到购买的商品到家后，才真正感到踏实，因此建设快速有效的物流配送服务系统是非常重要的。很多大型购物网站，像当当、京东等都投入大笔资金以构建自己的物流仓储系统，就是为了让消费者享受到更好的服务，有更好的体验。

第 6 章

零售、批发与物流

零售：将产品卖给终端消费者

零售是指将产品或者服务直接卖给最终消费者，满足其个人和非商业性使用的所有活动。任何机构，不论是制造商、批发商或者零售商，只要将产品卖给最终消费者，都属于零售活动。

——科特勒《营销管理》

科特勒指出，零售就是指将产品和服务直接传递到终端用户手中。零售商店的形式多种多样，主要包括以下几种：

一是专业商店。只经营某一种产品线，但该产品线所含的花色品种很多。一家服装店可以只卖服装，一家男子服装店只卖男装，而一家男子衬衣商店只卖定制衬衣。如阿迪达斯运动店专售运动商品和器具，美体小铺专营化妆品和沐浴用品等。

二是百货商店。经营几条产品线，通常有服装、家庭用具和日用品等，每一条线都作为一个独立的部门，由一名进货专家或者商品专家管理。如王府井百货。

三是超级市场。一种相对规模大，低成本，高销售量，自助服务式，为满足消费者对食品、洗衣和家庭日常用品的种种需求服务的零售组织。如家乐福、沃尔玛。

四是便利商店。商店相对较小，位于住宅区附近，营业时间长，一周每天开门，并且经营周转快的方便商品，售价稍高。它们中的许多增加经营了外卖三明治、咖啡和馅饼。如 7－11、屈臣氏。

五是折扣商店。出售标准商品，价格低于一般商店，毛利较少，销售量较大。折扣零售已经超越了一般商品，而进入了特殊商品领域。如运动用品折扣商店、电器设备折扣商店和折扣书店等。如沃尔玛、阿迪达斯工厂店。

六是廉价零售商。购买低于固定批发商价格的商品，并用比零售更低的价格卖给消费者。它们经营过剩的、泛滥的和不规则的商品。如麦德龙俱乐部。

七是超级商店。平均面积 3.5 万平方英尺，主要满足消费者日常购买的食品和非食品类商品方面的全部需要，通常提供诸如洗衣、干洗、修鞋、支票兑换和付账等服务。近年来，一种称为“目录杀手”的新集团拥有特定产品线、门类繁多的商品和知识型的支援，如宜家。

零售这种商业形态的特点在于：

第一，面向终端，零售商服务的终端顾客每次购买数量较小，要求商品档次、品种齐全，注重方便。零售商为此需要多品种、小批量进货，以加快销售过程，提高资金的周转率。

第二，业态多元，顾客的需求多样、多变。为了适应不同消费者群体需要，零售业的经营方式呈现多元化特点，而且还在不断创新。

第三，销售地域有限，零售商一般主要针对的就是营业点附近的居民与流动人口。所以，零售业有这么一种说法，决定生意兴旺与否的关键在于选址，选址，选址！一个好的地段是决定零售商经营成败的关键。

第四，竞争激烈，这是显而易见的。与其他的渠道方式相比，零售商之间的竞争显得更加直接、凶猛，手法也更加多样化。为了适应顾客的随意性购买及零售市场竞争，零售商千方百计加强商店整体设计和形象宣传，并不断强化特色定位，采取有力的促销手段争夺顾客。

零售商面临着越来越严酷的市场环境

过去，零售商通过争得比其他竞争对手更便利的商业位置，提供特殊独特的产品类别、更好的服务质量以及会员储值卡来维护其顾客忠诚。但是，现在一切都变了。零售商正面临着越来越严酷的市场环境。

——科特勒《营销管理》

科特勒指出，虽然现在大部分的产品和服务还是通过商店的形式销售，但很多非商店形式的零售方式正以远远超过零售商店的速度迅猛成长，不断推陈出新，并且对于传统的以商店为基础的零售业态形成了很大的冲击。它们主要借助于自动售货柜、流动售货车、电视营销、电话营销、网络营销、人员上门营销等方式来实现销售。零售商在应对本已十分之激烈的竞争的同时，还需要对这些形态的零售保持关注。

所有的零售企业都想确立自己独特的优势，在竞争中生存下来，因此零售企业不断推出新的零售形式，最终导致零售业的变革不断加速，零售生命周期不断缩短。新的零售形式如雨后春笋般涌现出来，严重威胁着现有的零售形式。

零售商店越来越多，很多国内品牌的厂商将其产品销往国内各地，服务的差异性渐渐消失；很多百货商场和折扣店都不断提升和完善自身的服务质量。而顾客也正变得越来越精明，对于他们了解的品牌他们不愿多付一分钱，特别是在服务差异化很小甚至基本没有的情况下。

除此之外，零售业巨头也给众多的中小零售商带来了很大的压力。像沃尔玛，它凭借自身品牌与实力，能够做到真正的价廉物美，吸引消费者，而更多的零售商则不具备这样的实力，在价格、营销等很多方面都很难与这样的巨头相抗衡。

面对这样的竞争环境，零售商必须作出积极的反应和应对，否则就会面临被淘汰出局的危险。比方说，7—11 便利店就是一个不错的例子。

7—11 便利店是一个 24 小时出售小食品、日常用品的商店，它进入了很多个国家和地区，拥有 3 万多家分店。7—11 能保持这样平稳的发展，与它不断的变革和创新是分不开的。

早在 20 世纪 90 年代末，7—11 连锁店就注意到了电子商务的崛起，并且很快判断出这种商业形态会给它带来潜在的威胁。7—11 如何应对网络的浪潮？其管理层作出的决策是，不与网络竞争，而是与之联合互补。日本的 7—11 便利店成了网上购物的存货店。无论你在日本哪个地方进行网上订购，你都可以到 7—11 付款提货。这样，7—11 因遍布日本的地利而赢得利润。同时，由于省却了运费，网上购物也更便宜了。顾客在白天或晚上的任何时候都可以取回自己订购的商品。这一举措，使得 7—11 非但没有被网络所取代，反而借助网络加速了发展。

7—11 为了给顾客带来更大的价值，不断拓展其增值服务，比方说，顾客可以通过 24 小时营业的 7—11 购买水、电、煤气，为公交卡充值等等，这些细小的服务无形中增添了 7—11 的竞争力和对顾客的吸引力。

从 7—11 的案例可以看出这样一点，尽管环境很难改变，但 7—11 一直保持着对市场环境的关注，不能改变，那就去适应，去利用，尽可能地将威胁变为机会。无论零售的环境如何变，但有一点是不变的，那就是得顾客者得市场，零售商只有全力以赴，服务好顾客，为顾客创造更大价值，建立起顾客忠诚，才能在严酷竞争中突围。

零售商如何从激烈化的竞争中突围胜出

过去很多零售界的“明星”，如家得宝、盖普、凯马特等正在苦苦挣扎……很多零售商竭力创造并扩大与其他零售商之间的差异。

——科特勒《营销管理》

科特勒所举的几家零售界的“明星”，像家得宝、凯马特等，曾经是零售界数一数二的巨头，而现在，都已经走上了破产倒闭之路。零售业的竞争越来越激烈，零售业巨头迅猛发展，中级市场零售商日益萎缩，技术投入不断增加以及主要零售商逐步全球化等因素，都使得很多零售商的处境雪上加霜。要从困局中突围，零售商需要进行不断地创新，突出自己的特色，要让自己与竞争者区隔开来，采取适当的策略：

一是突出其他零售商做不到的品牌特色，像世界上的顶级的百货公司之一萨克斯第五大道精品百货店，它拥有国际著名设计师为其设计各种样式的裙子，这就是它的特色。

二是突出自有品牌商品的特色，像沃尔玛推出的自有品牌，其特色在于商品质量不错，而且价格实惠，性价比很高，对于价格敏感型的顾客来说，很有吸引力。

三是突出具有轰动效应的与众不同的商品事件，比方说，法国闻名世界的老佛爷百货，在每年春节时，都会挂出火红灯笼与“福”字，并举行很多特色活动，来营造中国的春节气氛，而且近年来规模越来越大，已经发展成了固定的“商业黄金周”，不仅吸引了中国游客，更以独特的东方牌吸引了本国、本土的顾客。

四是突出令人惊讶或不断变化的商品特色，例如，美国有一种 99 美分的超市，所有商品一律 99 美分，这本身就构成了这个超市的一种特色。

五是突出最新的和不断更新的产品特色，像苹果手机，虽然手机不像其他智能手机那样款式多样，不断更新，但苹果手机依托 App Store 的平台，几乎每天都可以下载到新鲜有趣的应用程序，这也是苹果手机的竞争力之一。

六是提供产品顾客化的服务，7－11 所提供的能够帮助顾客缴纳水电燃气、话费等的服务就是一种顾客化的服务。

七是提供高度整合的分类，像现在很多城市都能看到大码服装店、Cosplay 服装店等，它们就是一种高度整合的特色商店。

零售最大的特点与价值就在于它面向终端。零售商要赢得竞争，必须做好终端，从终端思想出发，掌握零售，使自己变成零售之王。零售商要想确立自己的优势，就必须制定在保持与目标市场一致前提下的差异化战略。比如，以竞争的零售商所没有的独特品牌为特色；或者公司自行设计产品在店内销售；商店还可以以新奇多变的商品为特色，带动其他商品的销售；率先推出最近或最新的商品，提供定做商品的服务也不失为一种吸引顾客的好方法。总而言之，公司需采用“人无我有、人有我好、人好我新、人新我快”的经营方法来取得商业竞争中的优势。

批发商与零售商之间存在很大不同

批发包括了将产品或者服务卖给那些以转卖或者其他商业用途为目的的终端的所有活动。批发商在很多方面和零售商不一样。

——科特勒《营销管理》

科特勒认为，批发是供进一步转售或进行加工生产而买卖大宗商品的经济行为，专门从事这种经济活动的商业企业称为批发商。从市场的角度看一个渠道商是否属于批发商，从事的是否批发业务，关键是看其销售对象的购买动机和目的。即使是同一企业，它从事的业务也可以同时覆盖批发和零售这两个方面。比如，商店出售毛巾给消费者属于零售业务，而大量出售给宾馆客房部门则属于批发业务。

批发商与零售商不同，这主要体现在：首先，批发商一般处于商品进入流通后运动的起点或中间阶段。因此在商品流通过程中，批发商始终表现为中间环节。其次，批发商较少注意促销、气氛和店址，因为他们的交易对象是商业顾客，而不是最终消费者。第三，批发交易通常大于零售交易，批发商所涉及的交易领域常常大于零售商。当然也有部分的例外。批发商熟悉市场情况、社会需求和各种复杂的销售条件，有较丰富的市场经营经验。因此，由他们经销商品可以大大缩短商品流通时间，加速占用资金的周转。

批发商扮演着多种角色，它在渠道中的功能是不容忽视的，这主要体现在：

销售和促销：批发商的销售能力可以帮助生产商以较低的成本获得很多规模较小

的商业客户，这能让生产商的产品覆盖到更广的市场。

化整为零：批发商通过大批量买进，然后分散处理，从而帮助客户节省开支。

仓储：批发商拥有很多仓库，减少了供应商和客户的库存成本和风险。

运输：批发商因为更接近购买者，所以其向购买者运送货品更快捷。

融资：对于下一级的渠道而言，批发商可以提供信贷；而对于生产商来说，批发商可以做到更早预订以及准时付账。

承担风险：批发商承受了产品的很多风险，以及产品被盗、损坏、腐化、过时等成本。

提供市场信息：批发商可以向生产商和下一级渠道提供很多市场信息，如竞争者动向、新产品、定价等。

提供管理服务和咨询：批发商可以帮助零售商改善其运营状况，比如培训终端销售员、帮助布置店铺和陈列、构建财务和库存管理系统等。

同时，批发商和零售商一样，也要决定目标市场、产品和服务分类、定价、促销以及选址等。一个成功的批发商要能及时调整服务，满足供货商和目标客户不断变化的需求。

生产企业当然也可以越过批发商将产品直接售给零售商或最终消费者。但由于批发商具备的上述功能和特点，只要批发商能更有效地执行一种或几种功能，他们就会被生产商所重视。比如当生产商规模较小，资金有限，无力发展直接销售组织的时候；或者生产商虽有足够的资本，但他们宁愿将其资金用来扩展生产，而不愿自营批发业务的时候，批发商就是他们最好的选择。而且有时经营多种产品的零售商常常愿意从一个批发商那儿购买各种产品，而不愿直接从一个个生产商那儿购买。

市场物流是最前沿的成本经济学

管理层已经开始关注控制市场物流成本，许多专家把市场物流称为“最前沿的成本经济学”，很多公司也下定决心一定要除去其体系中所有不必要的成本。更低的物流成本，保证了更低的产品价格和更高的毛利润。不过即使物流成本较高，只要整个过程是精心计划的，也一样能在竞争激烈的市场中发挥巨大的作用。

——科特勒《营销管理》

科特勒认为，企业在经营渠道时，必须重视市场物流成本。有数据表明，市场物流的总成本在某种情况下约占产品成本的30%～40%。所以，很多渠道专家称市场物流是“成本经济的最后一道防线”。控制住物流成本，企业就能向市场提供更低价格的产品，获取更高的毛利润。

企业从原材料和零部件采购、运输、加工制造、分销直至最终送到顾客手中的这一过程被看成是一个环环相扣的链条，这就是供应链。供应链管理就是指对整个供应链系统进行计划、协调、操作、控制和优化的各种活动的过程，其目标是要将顾客所需的适当的产品能够在适当的时间、按照适当的数量、适当的质量和适当的状态送到正确的地点——即“6R”，并使总成本最小。

世界上最大的家具零售连锁店宜家，它能做到以低于竞争者20%的成本生产高质量的家具。宜家的成本节约来源于其周密的管理体系，以及高效率、低成本运转的供应链。这是宜家可以像沃尔玛那样在零售领域出色的一个很重要的原因。

宜家严格地控制着物流的每一个环节，以保证最低成本。宜家的产品推行的是"平板包装"，也就是把所有的产品都做成顾客可以方便安装的零部件，而不是大件大件的成品。这大大降低了运输成本和难度，还提高了运输的效率，同时节省了大笔产品组装的成本。为了进一步降低运输成本，宜家甚至到了"锱铢必较"的地步，比方说，它会抽掉枕头的空气，因为这样更便于运输，更省钱。

宜家在全球的近20家配送中心和一些中央仓库大多集中在海陆空的交通要道，这是为了节省时间。所有商品被运送到全球各地的中央仓库和分销中心。通过科学、精确的计算，宜家会决定哪些产品在本地制造销售，哪些出口到海外的商店。同时，每家宜家商店会根据自己的需要向宜家的贸易公司购买这些产品，通过这种方式，宜家可以顺利地把所有商店的利润吸收到国外低税收甚至是免税收的国家和地区。

多年来，宜家积累了一套节约成本的秘诀，比如大量购进家具，从而获得低价格；家具设计成"可拆装"形式，降低运输成本；顾客自运回家，降低送货成本；顾客自己组装，降低组装成本；薄利多销。每一个环节上都节省一点，整个环节下来，就能为企业节省一大笔费用。

市场物流成本现在已经成了企业不得不考虑的成本控制环节。地理距离、人口密度、辅助性基础设施等都会影响市场进入的难易程度以及物流效率。尤其在我国，国土面积大且不利的地貌阻碍了交通网络的完善。我国在物流领域的开支占到GDP的15%，而美国仅占10%。

随着互联网时代的来临，现代物流具备了一系列新特点，物流信息化是其中一个重要表现。物流信息化，也就是物流信息的商品化、物流信息搜集的数据库化和代码化、物流信息处理的电子化和计算机化、物流信息传递的标准化和实时化、物流信息存储的数字化等。借助于网路信息技术，企业能够在微利时代，从物流成本中挤出效益来。

第⓫篇

整合营销沟通：对话消费者

第1章
营销沟通代表企业和品牌的声音

正确的营销沟通会收到巨大回报

公司不仅仅要开发好的产品，制定有吸引力的价格，让目标消费者觉得易于接受，更重要的是，还必须要与普通公众以及利益相关者进行良好的沟通。

——科特勒《市场营销原理》

科特勒认为，正确的营销沟通会让企业收到巨大的回报。现在沟通正变得越来越困难，很多公司都在想尽办法吸引消费者分散的注意力。消费者处于一个主动的地位，他们对于自己想要什么样的沟通交流，是有主导力和选择权的。营销沟通的问题已经不是是否要进行沟通，而是该沟通什么、怎么沟通、什么时候沟通、和谁沟通以及保持什么样的频率沟通。为了能够更有效地触及和影响目标市场和目标人群，营销人员需要设计富有创造力的沟通手段，将多种营销沟通方式有效地整合起来，这也是现在市场营销的趋势。

在国内动漫界，不能不提的一个品牌就是“喜羊羊与灰太狼”，它不仅凭借动画片赢得了大批小观众的热爱，更在动漫电影方面大展拳脚，成为每年贺岁档不可小觑的“黑马”。从2009年的《喜羊羊与灰太狼之牛气冲天》、2010年的《虎虎生威》，到2011年的《兔年顶呱呱》，再到2012年的《开心闯龙年》，每一部影片票房成绩都非常可喜。就拿2009年推出的首部电影《牛气冲天》来说，它在上映后一个月时间内就拿下了近9000万的票房成绩，达到与同期的大片《赤壁》、《非诚勿扰》、《梅兰芳》、《叶问》等平分秋色的水平。这样的成绩是如何得来的呢？

“喜羊羊”系列电影的营销团队采取了分区作战的方法，将全国市场切分为华南、华北、西南、华东四个营销中心。从一开始，营销团队就将“喜羊羊”的主要目标群体锁定为15岁以下的青少儿童，因此，早期的宣传并没有采用传统的电影营销手段，既没有打明星牌，也没有打剧情牌，除了邀请歌星阿牛为影片配唱主题歌之外，没有邀请其余的明星加盟，更没有大规模的首映礼，而是采取了一系列的小成本营销，包括参与肯德基儿童套餐促销；在全国重点影院建立“喜羊羊”主题开心乐园，内设衍生品展台；买票送对战笔、台历等小礼物；举办“喜羊羊与灰太郎”人偶舞台剧全国巡演等。

此外，在宣传媒介上，“喜羊羊”坚持用最少的宣传费达到最大的宣传效果，特地筛选出贯穿城市主要城区的公交线，在公交视频上滚动播出广告，在取得非常不错的宣传效果后，又增加了地铁电视渠道宣传。影片上映定在春节档，而这个时节对报纸而言是一个淡季，但“喜羊羊”营销团队却判断出，春节期间尽管报纸都开始纷纷减版，但由于人们纷纷走亲访友，因此传阅率却是很高的，于是，他们加班加点写文案和新闻稿往报社发。就是通过这些成本较低的宣传方式，这个团队硬是将“喜羊羊”炒成了当时的一大热点。

为了更直接地向孩子们传递影片信息，“喜羊羊”营销团队还印制了 10 万张喜羊羊年历宣传画，在上映的前三天逐一派发到广州 280 多家幼儿园，以这种方式目标明确地向小朋友们发出邀请：一放寒假就要来看喜羊羊与灰太郎的电影。这一奇招的效果很明显，小朋友们一拖二，甚至一拖四地把家长们带进电影院，从而收到了事半功倍的效果。

正是因为对目标受众有着清晰的定位，并且采取了正确有效的营销沟通方式，“喜羊羊”系列电影才赢得了不凡的业绩，甚至改写了国内动漫电影的票房纪录。

从根本上说，营销沟通的目的一般就两个，一是品牌价值，二是产品销售。通过不同的传播途径和不同力度的传播手段，营销沟通能影响到品牌价值的生命力和影响力。通过有效的营销沟通，还能拉动产品销售。反过来，当品牌价值被打造出来之后，营销沟通的投资回报比也会提高。而产品销售提升了，也会为营销沟通提供更充裕的资金。

营销沟通的方式很多，而且各有其优点和缺点，企业需要根据品牌宣传和产品销售的目标和细分市场的实际情况来选择最合适的营销方式，并进行有效的整合，这样才能达到最佳效果，获得巨大回报。

营销沟通是与消费者建立对话或关系的工具

营销沟通指的是针对公司销售的产品和品牌，试图直接或间接地对消费者进行告知、说服和提醒的各种方法。某种意义上，营销沟通代表了该公司及其品牌的声音，或者成为用于与消费者建立对话或关系的工具。

——科特勒《营销管理》

科特勒认为，营销沟通是一个公司及其品牌所发出的声音，也是与消费者建立对话与关系的工具。营销沟通对于消费者来说是很有用的，它可以告诉消费者企业的产品能满足哪些需求，能带来哪些价值与利益，应该在什么情况下适用，以及应该如何使用。营销沟通对企业而言也意义非凡，它可以帮助企业创造品牌知名度，可以在消费者心智中建立起良好的品牌形象联想，可以形成积极的品牌评价和感觉，推动建立消费者和品牌之间牢固的联系。

在现在的市场环境中，一个最为显著的特征不是缺少信息，而是信息太多。如何让自己的产品脱颖而出，一眼就让消费者认出，并打动消费者的心，让他们广为接受，不仅需要产品自身的功力，更需要企业与消费者有一个良好的对话，也就是营销沟通。

联合利华旗下的品牌多芬曾经推出过一项名为“真美无界限”的营销活动，它鼓励所有的女人都做“真正的女人”，不管其体形胖瘦、身材高矮、年龄大小和肤色各异。多芬这一场营销活动的灵感来自于一项调研，这项调研发现，全世界只有2%的女性认为自己漂亮，而绝大多数的女性都有着或多或少的自卑，或者说未能意识到自己身上的女性魅力之美。

多芬在这次活动中，没有按常规选用身材出众的时尚模特，而是选用了一个曲线优美、体态丰满、率真自信的较为大众的女性形象。多芬认识到网络是一个与女性消费者对话的重要平台，因此建立起了该活动的网站并且投放大量的视频广告。他们推出的视频以“进化”为主题，展现了一个相貌平平的普通女性在经过造型师、发型师、灯光和数字修片的润饰之后，化身为一个不逊色于时尚模特的丽人的全过程。该视频被上传到YouTube后，立即引来了250万次的点击观看。这次营销活动极大地促进了多芬产品的销售，提升了市场份额，更因此而摘取了美国市场营销协会颁发的最有效的营销活动奖——艾菲奖。

“真美无界限”活动帮助众多的普通女性发现自身的美，并大胆地展示出自身的美，正是这一点，打动了女性消费者，从而赢得很不一般的营销效果。

2011年横空出世的一部小成本电影《失恋33天》同样也是凭借出色的营销沟通而取胜，该影片并不是大制作，也没有超级巨星加盟，但它在上映三周之内就收获了3亿元票房成绩，这种局面出乎了包括片方在内所有人的意料。《失恋33天》讲述的是都市白领的爱情故事，为了吸引观众，自关机之时起，《失恋33天》就已经开始在开心网、微博上展开话题营销，不但启动早，而且环环相扣，还在全国多个城市都做了“失恋物语”、“失恋纪念品”的收集，为电影积累了人气。SNS平台上的营销，覆盖了近1亿的互联网用户，顺应了白领群体通过社交网络获取信息、分享信息的习惯，成功地锁定了目标群体，保证了信息传播的有效性。当时又恰逢2011年11月11日的“世纪光棍节”，《失恋33天》几乎成了这一“节日”最当红的影片。

这些案例都告诉我们，营销沟通是建立对话与关系的工具，而要达到“对话”和“建立关系”的目的，营销人员首先需要弄清楚什么样的沟通方式能够触及到目标顾客，并能够打动目标顾客，只有明确了这些，营销沟通才能取得实效。在传统营销中，促销是重头戏，企业总是通过广告、人员推销等方式强迫消费者接受自己的产品或服务，消费者往往处于一种弱势地位。而营销沟通注重的是与消费者实现深层次的交流，建立合作伙伴关系，体现消费者的主体地位，搭建起企业与消费者之间沟通交流的桥梁。

营销沟通正面临前所未有的艰难

虽然营销沟通能扮演很多关键角色，但是现在的营销环境却越来越艰难。技术以及其他因素深刻地改变着消费者处理沟通的方式，甚至影响着他们是否选择进行沟通的决策。

——科特勒《营销管理》

科特勒认为，现在的营销环境正变得愈加艰难，这主要是因为两方面的原因，其中之一是数字技术和互联网的普及带来的消费者注意力的分流，消费者不仅有更多的媒介可以选择，而且还可以选择是否以及何时接受有关商业信息，这使得营销人员不得不从传统的营销方式中走出来，寻求创新之道。

另一个原因则是消费者可以很轻易地过滤广告。面对铺天盖地的广告和眼花缭乱的商品，消费者已经变得非常挑剔。他们对多数广告都不予理会，也不觉得这样会错过什么需要的东西。他们学会了视而不见，充耳不闻。现在营销的挑战不仅在于品牌和广告如此众多，还在于消费者不再盲从于广告。如果企业的产品缺乏新意或特殊价值，就很容易被冷落。企业必须以更有效的营销沟通方式来吸引消费者注意。

2011 年元旦期间玉兰油推出的贺岁广告就独具新意。

元旦的那一天，玉兰油广告刚刚亮相，就引发轩然大波。无论是户外候车亭广告，还是报纸广告，打出的都是这样的大标题："2001 新年快乐！"当时明明已经是 2011 年，玉兰油广告里却写着"2001 年"，是不是宝洁公司疏忽之下出错了？一时之间，无论是现实还是网络上，这条广告"错误"引发的话题，立刻传遍了大城小巷和各种微博、论坛、社区。

但是，很快，就有细心的人们发现了玉兰油广告的玄机与绝妙，在每则广告"2001 新年快乐"大标题的下面，赫然还有两行小字——"新一年，当全世界大一岁，肌肤却梦想年轻十岁！OLAY 与你，以更年轻的肌肤，更精彩的自己，迎接新一年！"

实际上，这是玉兰油"预谋已久"的一次大行动，先通过传统媒体广告投放的"美妙误会"，来引起关注者的话题，然后在当前最流行的网络媒体微博上引爆讨论，形成高强度的关注效应与病毒传播。从 2011 到 2001，正是"10 年"这一概念的表现。经过这样一场"美妙误会"，玉兰油"让肌肤年轻 10 岁"的口号不仅成了热门话题，而且深入人心了。消费者先是对其贺岁广告产生怀疑，继而发现玄机恍然大悟，而破解这个误会的过程不但带来了乐趣，也给消费者留下了深刻的印象。

玉兰油的营销活动能够吸引消费者的眼球，获得绝佳的营销效果，从很大程度上得益于其创意的营销手段。真正有效的营销，并不一定要完全依靠资金、品牌影响力等因素来达成，尤其是在现在这样一个多元化的网络时代背景下，以创意的方式引爆病毒营销，更能起到事半功倍的效果。当企业的营销成了社会性的话题，拥有足够多的人关注，才会形成病毒的传播效果，突破营销沟通难的困局，达到企业的营销目的。

什么是真正的整合营销沟通

很多公司目前仍然只依靠一种或两种营销沟通工具。他们一直坚持这样，从不考虑如针对当前大市场分裂形成的很多小市场应该采取的相应办法，以及如何面对很多新型媒介方式的出现和消费者正变得越来越强词夺理这些现实情况。沟通工具、信息和观众的范围越来越广使得整合营销沟通势在必行。

——科特勒《营销管理》

科特勒认为，企业仅凭借一种或少数几种营销沟通工具已经很难再适应现在的营销环境和消费者需求，企业应该实施全面的整合营销沟通计划，这种计划可以通过对普通广告、直接反应、促销和公共关系等沟通方式进行评价和组合，并通过严密的信息整合，从而产生清晰、一致和最大化的影响。

就像整合营销传播之父唐・E. 舒尔茨所说的那样："整合营销沟通要求充分认识用来制定综合计划时所使用的各种带来附加价值的传播手段，如普通广告、直接反应广告、销售促进和公共关系，并将之结合，提供具有良好清晰度、连贯性的信息，使传播影响力最大化。"

科特勒强调，企业必须以一种 360 度的视角去审视消费者，才能完全了解沟通是如何在日常生活中影响消费者行为的。整合营销沟通的最终目标是使传播的影响力最大化，为了达到这一目标，不仅要选择合适的载体、精准的受众、优秀的创意，还要整合多种有效的营销手段。在互联网飞速发展、各种营销手段层出不穷的今天，只有真正做到整合网络与传统营销方式，线上线下相结合，才能让整合营销发挥出最大威力。

微软公司推广其 windows7 操作系统的案例就是一个整合营销沟通的例子。

微软公司于 2009 年 10 月推出其 windows7 操作系统。在推出当天，微软就联合湖南卫视《天天向上》打造了一期微软专题节目。在该期节目中，微软的才子佳人与湖南卫视当家主持汪涵同台演绎，科技人文交相辉映，引来业界一片惊叹。

《天天向上》是湖南卫视重磅推出的礼仪公德脱口秀节目，它以礼仪、公德为主题，但又非常娱乐。"平均每 3 分钟能让观众笑一次"是《天天向上》的目标，该节目在 2009 年 7 月，收视率已窜至全国第一。《天天向上》的忠实粉丝，绝大部分以青少年为主，是电脑的主流用户。连"不用电脑"的汪涵都能用、要用、爱用 Windows7，能释放出 Windows7"易用"的信号。

在这期《天天向上》节目中，字幕频繁出现"微软"和"Windows7"的名称，强化微软和 Windows7 的品牌形象。不仅如此，在员工招聘和员工家中体验微软产品的环节，对微软的产品做了充分、深入的推介，使得 Windows7 操作系统的强大功能深入人心。此外，通过微软员工的才艺展示及微软总部各种活动等，形象地体现了微软创新、向上的企业文化。

微软与湖南卫视携手打造的本期节目受到了广大观众的好评，在网上引发热议。同时，微软联合腾讯、新浪等门户网站，在各大网站开设 Windows7 发布的专题——当然，《天天向上》的微软专题节目的视频点击率也随之飙升。

微软 Windows7 操作系统重磅出击，联合网媒、纸媒及电视等各路媒体与全国用户展开互动，不遗余力地为 Windows7 操作系统的面市做足了工作。Windows7 操作系统的销售自然旗开得胜，更重要的是，微软的形象也在此次多元化的整合营销传播过程中得到了显而易见的提升。

微软作为积极创新的互联网企业，在营销传播方式上也先声夺人，整合一切新兴媒体，最大限度地为自己的产品打开销路，可以说是整合营销传播的典范。

整合营销沟通的核心思想是将与企业进行市场营销所有关的一切传播活动一元化。整合营销传播一方面把广告、促销、公关、直销、企业形象设计、包装、新闻媒体等一切传播活动都涵盖到营销活动的范围之内，另一方面还要将统一的传播资讯传达给消费者。简单地说，整合营销沟通就是融合多种营销沟通方式，但用一个声音来说话，以实现营销目的、过程、目标、行动的统一性和一致性。

通过整合营销沟通，企业与现在的潜在顾客、现有顾客、员工、投资人、媒体、政府、社区、供应商、竞争者在所有关系利益人与企业的接触点进行一致性的互动对话，在每一个接触点传播利于品牌的一致性的讯息。整合营销沟通的互动性越高、越一致，品牌的形象就越鲜明，所有的利益相关者对品牌的忠诚度就会越高。

第 2 章 管理整合营销沟通过程

营销沟通首先必须有一个清晰的目标受众

营销沟通一开始就必须要有一个清晰的目标受众，包括公司商品的潜在购买者、现阶段使用者、决策者、有影响力的人。他们既可以是个人、集体，也可以是特定的公众群，甚至是所有公众：目标受众对于沟通者决定说些什么、什么时候说、和谁说、在哪说都有着关键的影响。

——科特勒《营销管理》

科特勒认为，营销沟通的第一步就是认真思考目标客户群，以找到需要沟通的对象，解决“对谁说”的问题。明确目标受众，企业才能以尽可能少的资金实现尽可能大的效果，特别是对资源、资金有限的中小企业来说，任何浪费都可能成为企业的包袱。此外，目标受众找准了，企业还可以将沟通内容更有效地传达到位。

分析目标受众，主要分两步，第一步是细分市场，找出目标消费者，就拿乐百氏的“脉动”来说，它是一款维生素饮料，以“天然果味”“微酸”“维生素群组合”为卖点。它针对的主要目标群体不是中老年群体，而是 15～30 岁左右的学生、年轻人、时尚运动爱好者、白领。脉动在推广时也着重于凸显“运动、时尚、脉动、激情、篮球、轮滑”等关键词，吸引其目标群体。

在确定了目标受众之后，第二步就是要对目标受众进行深层次的分析，找到能够影响目标受众的重要因素和有效的传播方式、渠道、载体以及传播的内容，简单说，就是解决“应该说什么”，“应该怎么说”，“应该在哪里说”这三个问题。

提到奇瑞汽车，不能不提它的奇瑞 QQ，这款车有中国微轿领域的王者之称。这款车推出前，正是各大城市纷纷限制“面的”，限制微客的时候，在当时的情况下，奇瑞汽车经过认真的市场调查，决定推出不同于一般微型客车的新产品，保持微型客车的尺寸、轿车的配置。

奇瑞把这款新产品定位为“年轻人的第一辆车”，将目标客户锁定为二三十岁的年轻人。由于年轻人群体对新生事物感兴趣，富于想象力、崇尚个性，思维活跃，追求时尚。而在产品名称方面，突破了传统品牌名称非洋即古的窠臼，而是选用了 QQ 这个名字。QQ 在网络语言中有“我找到你”之意，充满时代感和亲和力，而且简洁明快，朗朗上口，富有冲击力。

在品牌个性方面，奇瑞 QQ 被赋予了“时尚、价值、自我”的品牌内涵，将消费群体的心理情感注入其中。同时，在广告上，打造“青年人的第一辆车”及“秀我本色”等流行时尚语言配合创意的形象，将追求自我、张扬个性的目标消费群体的心理感受描绘得淋漓尽致，与目标消费群体产生情感共鸣。

奇瑞 QQ 在进行市场细分与品牌定位后，进一步选择目标群体所关注的报刊媒体、电视、网络、户外、杂志、活动等方式，投入立体化的整合传播，从新闻发布会到传媒的评选活动，形成全国市场的互动，并为市场形成了良好的营销氛围。在所有的营销传播活动中，特别是在网络大赛、动画和内装饰大赛中，都让目标消费群体参与进来，在体验之中将品牌潜移默化地融入消费群体的内心，与消费者产生情感共鸣，起到了良好的营销效果。

奇瑞 QQ 微型轿车推出之后，迅速赢得了年轻人的青睐，它的成功之处在于，看准了目标群体的需要，然后制造出他们需要的车，并利用独辟蹊径的传播策略和营销组合手段，引起了消费者的共鸣，进而一炮打响，热销全国。

关于目标受众的选择，企业可以从两个方面考虑：一是产品的直接使用者，另一个则是对产品使用者的选择、购买有直接影响甚至是起决定作用的人、组织或其他因素。要想营销策略得到精准的实施，企业须注意如下几点：

第一，营销沟通的一切手段都是围绕着目标受众展开的，只有针对准确的目标受众，所有的沟通内容和手段才有效。

第二，确定受众目标时，要考虑到有的时候第二种目标受众才是需要优先被影响的。

第三，不同种类的目标受众在认知阶段和认知水平上都有不同，对这两个因素的判断结果决定了关键传播信息、传播策略以及公关活动的内容。

营销沟通组合由八种主要沟通模式组成

营销沟通组合由以下八种主要沟通模式组成：广告、促销、节事与体验、公共关系和宣传、直复营销、互动营销、口头营销和个人推销。

——科特勒《营销管理》

科特勒认为，营销沟通组合有八种主要的沟通模式，它们分别是：

广告：企业围绕创意、商品或服务而进行的非人员展示与促销。如印刷品、广播广告、商品内外包装、电影、小册子、海报传单、广告板、展示标志、销售点、展览、标识符号等。

促销：是用来激励消费者或者经销商较迅速或较大量地购买某一特定产品或服务的策略，像抽奖、礼物、体验活动、交易博览会、展览、优惠券、折扣、娱乐活动、交易补贴，等等。

节事与体验：企业通过一些活动或项目创造日常的或是特别的与品牌有关的交流感受，例如体育活动、娱乐活动、节假日、社会活动，等等。

公共关系和宣传：多种多样的活动用以促进或保护公司的形象和产品，如新闻发布会、演讲、会议、年度报告、慈善活动、出版物、主流媒体、公司杂志，等等。

直复营销：与目标顾客或者潜在顾客之间进行直接的交流，常用的方式有邮寄商品目录、发送产品邮件、电话销售、网络购物、电视购物，等等。

互动营销：通过一些在线的活动，让目标顾客、潜在顾客可以直接或间接地交流，以提升品牌知名度、促进产品销售等。常用的方法有电子邮件、博客、社交网站，等等。

口头营销：通过人与人之间的口口相传，来传达有关使用产品或者服务的好处和经验。

个人推销：由营销人员向顾客面对面地交流，推介产品，促成顾客购买。

在实际的营销过程中，企业往往不会单一地依赖某一种沟通模式，而是会综合性地运用多种沟通模式，以便尽可能地达成营销目的。企业通过整合这八大营销沟通模式，可以依次达到六个效用层级：

第一个效用层级是知名度，如果企业的某种产品尚未被目标受众所知，那么，营销人员首先就需要打响该产品的知名度，让目标受众知道有这样一个产品，有这样一个品牌。

第二个效用层级是熟知度，当目标受众对品牌有了一定的了解，但却不知道更多的、更全面的信息时，营销人员需要去分析目标受众对企业的了解究竟有多少，他们还需要获得哪些信息，在此基础上，营销人员要与目标受众有更深层次的沟通，提高品牌的熟知度。

第三个效用层级是喜爱度，目标受众了解一个品牌，也熟悉这个品牌了，那么，他们对品牌到底是什么样的感觉呢？如果一个品牌无法赢得用户的喜爱，那么，它就算有知名度、熟知度，也无济于事，也难以转变为营业收入和经济效益。营销人员需要了解目标受众对品牌的喜爱度，如果品牌不被用户所喜欢，那么，营销人员要挖掘出不喜欢的原因，进而去解决问题，并与目标受众重新进行沟通。

第四个效用层级是偏好，怎样判断目标受众是否对某个品牌有偏好呢？目标受众可能的确喜欢某个品牌，但是当看到其他同类品牌的时候，是不是仍然会坚信并坚定地选择那个品牌呢？如果答案是肯定的，那么这就是一种偏爱。营销人员可以拿产品与竞争产品进行质量、价值、性能及相关特性方面的比较，增强用户对品牌和产品的信心，从而建立起消费者的选择偏好。

第五个效用层级是坚定信念，现在几乎所有的企业都在使出浑身解数吸引消费者，消费者无时无刻不在面临诱惑。他们可能会偏好某个品牌，但却不一定会产生坚定的购买信念。在这种情况下，营销人员要选择强有力的营销沟通模式促使对品牌有偏爱的消费者建立起坚定的购买意愿。

第六个效用层级就是购买，这是所有营销沟通模式最直接的目的，无论消费者对品牌如何偏爱，如何坚定，但如果没有实际的购买行为，那么，营销沟通就不算达成了目的。营销人员必须通过营销沟通引导消费者完成这关键的一步。

广告：渗透力、表现力和客观性

广告可以触及地理细分市场的不同消费者。它可以建立起关于产品的一个长期的印象或者引起急速的购买。广告的特性是：渗透力、表现力和客观性。

——科特勒《营销管理》

科特勒认为，广告不失为一种宣传、引导、劝说、刺激消费者购买的良策。现代的市场营销活动，不仅要求企业产出符合市场需要的产品，还要求企业要通过各种方式及时、充分地向消费者提供关于产品的信息，以引导消费者的购买行为。而广告正是企业开拓市场的先导，是提高企业产品知名度的强有力的手段。

在互联网时代，信息无处不在，广告也无处不在，越来越多的消费者对于广告已经有了疲劳感和抵触心态，广告要想增强其渗透力和效果，就必须有所创新。要让消费者爱上看广告，将看广告当成一种乐趣，这的确是一种挑战。有一家“乐够乐透”的网站就一直在做这样的努力。

“乐够乐透”是一家将广告当作主题内容的网站，它将各种“足够有趣”的游戏与广告融为一体，吸引用户找上门来，主动体验，让人们在娱乐中自动自发地接受广告。“乐够乐透”的这种创意灵感来自于曾轰动一时的百万格子屋网页——2006 年的时候，英国一位 21 岁的大学生亚历克斯·图创建了一个网页，他将网页分成 100 万个网格，每个网格以 1 美元售价卖给商家，短短 4 个月，这个创意让他赚到了百万美元。“乐够乐透”从“百万格子屋”身上得到了启发。

对于大多数网站而言，广告都处于配角地位，是网站赢利的众多方式之一，而且广告普遍缺乏趣味性，商家投放准确度难以保证。“乐够乐透”就给了自己一个独特的定位——以广告为主体的网站，其模式是：将广告嵌入到互动小游戏中，一方面，吸引网民来点击商家的广告，完成一系列该品牌丢出的测试或游戏，在轻松愉悦中拿到免费奖品；另一方面，在互动设计中推广商家品牌，并让商家获得这些对自己产品感兴趣的用户的相关信息。

“乐够乐透”网站首页上布满了广告产品的互动问答游戏、海报拼图游戏、找碴儿游戏等。譬如说，如果你喜欢 SONY 的数码相框，那么可以点击它的广告，参加游戏获得“金豆”，就有可能得到这个相框。再譬如，你想得到兰蔻的按摩乳液，就可以点击进入“兰蔻”的乐翻天拼图游戏，拼完以后，系统马上会告诉你能否得到这个市场价 80 元的产品。这种模式既好玩，又能免费拿奖品，让用户乐此不疲，兰蔻这次活动中的 1000 个赠品一个月内全部赠完，而点击查看参与该活动的人数超过两万人次。

“乐够乐透”对投放广告的商家是按行为付费的，也就是说，每当消费者完成一次互动，网站就找商家收一份钱。这种模式比如今流行的按点击付费在精准投放和成本控制上更高一筹，资金的回报率明显提高。因此，该网站的营销模式很快获得了商家的支持，包括中国移动、兰蔻、赫莲娜在内的高端品牌都陆续与“乐够乐透”合作。随着试用品、奖品的逐渐丰富，“乐够乐透”的网站拥有了价值千万元的赠品，网站人气也随之水涨船高。

在营销的世界里，广告是推销产品不可或缺的利器，一个成功的广告必须要能突出广告主体，要能给受众留下深刻印象，要具有创新性，同时还应做到简洁明了，能被不同文化背景的受众所理解并接受。像“乐够乐透”的模式，将广告与娱乐和实际的赠品联系起来，不仅缓解了消费者对广告的抵制与反感，更提升了广告的针对性与效果，它创造的这种广告模式，已经不再是单纯的独角戏，而是一种企业与消费者之间的双向互动，其效果自然超越普通的广告。

促销：激发强烈而快速的购买行为

公司使用不同的促销工具，如优惠券、竞赛、奖金等，激起一个强烈而快速的购买反应，包括一些短期的效果，比如让产品关注度更高以及提升下降的销售量。

——科特勒《营销管理》

科特勒认为，有力的促销能够激发消费者强烈而快速的购买反应。促销的好处在于：其一，它能引起消费者的注意，将消费者引向产品；其二，它能以让价、折扣、买赠、返还等方式刺激消费者；其三，它有着邀请的意味，邀请消费者做出购买决策，完成交易行为。

促销，其根本目的是促进销售，它需要在合适的时间、合适的地点，用合适的方式和力度，加强与顾客的沟通，促进顾客的购买行为。很多营销人员都听过这样一种说法：“促销促销，一促就销，大促大销，小促小销，不促不销”，这从一定程度上体现出了市场对于促销的依赖。而事实也是如此，有这么一组数据，消费者有75%是冲动性购买，只有25%是计划性购买，消费者在最后的决策时刻很容易受现场的销售氛围、陈列展示、促销活动、服务水平等因素影响，因此，通过促销来增进产品的销售，是很多企业经常采用的方法或技巧。

然而，营销人员需要特别注意的是，促销只是一种辅助性的销售促进方式。如果频繁使用或使用不当，往往会引起消费者对产品质量、价格产生怀疑。因此，企业在开展营业推广活动时，要注意选择恰当的方式和时机。很多企业在促销的时候，过于关注促销所带来的眼前的经济效益，却忽视了促销给消费者所造成的感受。这样的促销，虽然能给企业带来一定的利益，但从长远来看，会严重伤害品牌与企业形象。

某饮料公司曾经举行过一次“喝饮料赢演唱会门票”的活动，活动方式为：消费者通过累计消费该公司的饮料产品，达到400积分，就可以换一张兑换券，然后用兑换券来换取演唱会门票。这个活动激起了广大消费者与乐迷们的极大兴趣。因为，这场演唱会云集了像花儿乐队这样的当红歌手与组合，是一场大家期待已久的音乐盛会，而该公司所定下的换领门票的条件也并非很高。结果，在这个活动的促进下，该公司饮料销量暴增。

然而，销量提升后，到了换取兑换券的环节，该公司却让消费者大失所望。兑奖当天，上千名兑奖者提前一个小时就来到兑奖地点排起长龙等待兑奖，可是，该公司只兑换出去了几百张门票就停止兑换，而后又改为隔一个小时兑换一次，试图让没有耐心继续等待的人放弃，到最后干脆挂出了“门票已经没有，请拿每张兑换券换一瓶饮料”的牌子。消费者手中的几千张兑换券无法换到门票，这让在烈日下等待了数小时的消费者们情绪由焦虑变为了愤怒。

这次活动不管是厂家准备不充分，还是有意噱头炒作、欺诈消费者，最终都给该公司的品牌形象造成了严重的打击，销量迅速下滑，甚至引发了罢喝的风潮。

从这个案例可以看出，促销是需要全盘计划的，任何一个环节的失误，都可能让促销的成效大打折扣。要发起一场卓有成效的促销活动，企业必须先想清楚这样几个问题：

Why：为什么要进行促销？是打击竞争对手还是推动新产品上市？或者是为提高销量获取利润？促销之前，一定要明确目的，不要因为竞争者都在促销，就跟风而上，为了促销而做促销。

Where：在哪里做促销？是针对渠道商做促销，还是在卖场针对终端消费者促销？

When：什么时候做促销？这指的是促销的时机，是节假日，还是双休日，或者其他时间，时机是很重要的一个因素。

Who：谁来做促销？是厂家自己还是经销商，具体的促销项目涉及哪些部门，由谁来负责？谁来联系场地，谁来协调政府部门，谁负责促销物品的配送，谁负责现场促销的管理与实施，等等，都要做到“事事有人管，人人有事做”。

What：做什么内容的促销？是买赠，折扣，还是做路演或是抽奖，等等。

How：怎么做？促销的主题是什么，分几个阶段，每个阶段的关键点又是什么？

How much：促销的成本预算是多少？场地、人工、物料、样品、赠品、演出团体费用是多少，等等，同时还要估算促销所能创造的预期收入。

这些问题梳理清楚了，企业才能顺利而圆满地开展促销。并且，在促销活动结束之后，企业还必须对过程和结果继续进行评估与考核，以利于下一次促销活动的提升。一场促销活动必须遵循上述的规则，这样才能做到有目的、有计划、有步骤、有安排、有落实、有评估、有提升，才能进行得有条不紊、真正收到实效。

公共关系和宣传：树立企业的良好形象

一个考虑周全、有其他沟通组合配合的公共关系计划的效果会非常好，特别是如果一个公司需要化解消费者的误解的时候。营销人员必须学会运用公共关系和宣传。

——科特勒《营销管理》

科特勒认为，公共关系和宣传有助于树立企业的良好形象。它的特点在于，具有较高的可信度，与广告、促销等方式相比，通过公共关系和宣传所打造的新闻故事与报道更能让消费者觉得可信、可靠；此外，它还能吸引那些对广告和推销人员抱有戒心的消费者。

通过公共关系和宣传，企业不仅能让更多的消费者了解并熟悉企业品牌，同时还能借助这种方式去消除一些不利于企业的负面信息与事件。企业必须要考虑到公共关系事件对于社会的影响，对大众的接受度和参与度的影响。追求大众的关注度是理所应当的，但企业需注意，切不可伤害到大众的情感，知名度与美誉度缺一不可。

纽约时报曾经在头条刊登一则广告，引发了民众的热议，这则广告颇具冲击力——“Taco Bell 购买了费城独立钟”。Taco Bell 即塔可钟，是百胜旗下的餐饮连锁店，它在这篇头条中宣布：“我们已经就购买费城独立钟问题与相关部门达成了共识。费城独立钟是美国最具有历史意义的文物。以后它要被称为‘Taco 独立钟’了，不过美国民众依然可以轻松地观看它。我们的行为是希望唤醒其他公司也像我们一样为减少国家的债务承担一定的责任。”

这条消息好比一颗炸雷，人们很难接受这样一座有历史纪念意义的大钟改名，而且是改成一个餐饮店的名字。于是，成千上万的民众向位于费城的国家历史公园提出投诉与抗议。就在当天下午，Taco Bell 再次发出声明，这次，它却表示，上午发布的广告其实是和大家开的一个愚人节的玩笑。然而有 650 家报纸已经刊登了“Taco Bell 购买费城独立钟”的新闻，400 家广播也广播了此条新闻，7000 万美国公众得知了这条消息。

在这次愚人节的公关活动中，Taco Bell 借助一条假新闻，虽然扩大了自己的知名度，但是其美誉度却大受影响。

这个案例告诉我们，在运用公共关系和宣传这一方式时，要对其可能造成的影响有充分的考量，用得好，它能让一个品牌一夜成名；用得不当，它会使品牌搬起石头砸伤自己的脚。很多公司现在都认识到，公共关系与宣传的确是一种有效的营销方式，它甚至比其他的营销方式都更有效，而且成本还可能更低。公共关系与宣传可以刺激顾客消费的需求，可以强化顾客的忠诚度，还可以帮助企业树立并维护良好的形象。

需要注意的是，对很多企业来说，公共关系和宣传常会走进这样的误区，那就是只是围绕进行产品营销、推出新产品或服务而设计的，却没有与企业形象战略、品牌战略挂钩。这样的公共关系与宣传更接近于一种营销上的作秀与新闻炒作，它换来的往往只有知名度而没有美誉度，或者说其塑造的企业形象不完整，只是在消费者眼前混了个“脸熟”，企业的产品品质、品牌却没有进行协同性的提高。这样的模式是不健康的。

公共关系与宣传是一种着眼于大局、远利的营销沟通方式，企业在做好这方面宣传的同时，还应该同时抓好产品品质、品牌的建设，两手同时抓，企业才能稳步健康发展。

节事和体验：创造与品牌有关的特别感受

节事和体验正在成为一种特定和更个性化的消费者生活的一段记忆。节事可以扩大和加深赞助者与目标顾客的关系，但需要适当的管理。如果要使节事营销组织得成功，必须选择合适的节事，设计节事的最佳赞助计划，并且衡量赞助的影响。

——科特勒《营销管理》

科特勒认为，一个经过仔细选择的节事体验，能让消费者充分置身其中，提高参与度，达成一种含蓄的、间接的“软销售”。节事营销一定要与企业的营销目标和品牌传播战略相匹配，同时节事传达的信息必须与品牌的受众市场相符合，必须令消费者愿意介入这些节事，这样才能在目标市场中创造预期的效果。

一个理想的“节事”应该具备这样的条件：这个节事所针对的受众是企业所期待的目标顾客，能够产生足够的影响力和号召力。该节事最好是独一无二的，能避开其他竞争者的干扰。它有助于辅助其他营销活动的展开，能反映或者提高品牌或企业的形象。

营销讲究一个“借势”，从根本上而言，节事体验就是一种借势。节事对于消费者来说，总是有着独特的意味，在特定的节日或事件中，花钱消费，买个热闹，图个应时应景，这对消费者而言是很容易接受的。捕捉人们的节事消费心理，营销人员除了要制造促销现场的节事氛围外，还要去创造热点与亮点，才能最终实现热销。针对不同节日，营销人员还应结合企业理念与节日文化塑造不同的活动主题，创造差异，设计企业独特的促销主张与促销诉求，把更多顾客吸引到自己的柜台前，营造现场气氛，实现节事销售目的。譬如在七夕情人节，床上用品进行节事促销时，就可以布置成温馨浪漫的喜床风格，营造出浓厚的情人节气氛，同时也让企业的产品特色淋漓尽致地展现出来。

节事体验活动的关键在于如何让消费者觉得钱花得快乐、花得值得。这需要烘托气氛，从视觉、听觉、味觉、嗅觉、感觉来调动消费者的购买情绪，让消费者的节日情绪受到感染，甚至变得“不正常”起来，这样才能引爆节事体验的销售。

天猫（即原来的淘宝商城）在 2011 年 11 月 11 日“双 11 世纪光棍节”的营销就是一个值得借鉴的案例。在这个历史性的“光棍节”，淘宝商城打出了简洁给力的营销仗——“全场五折！仅此一天”。这一天，几乎所有淘宝商城的工作人员都彻夜未眠，淘宝商城的官方微博不停地刷新着交易数据。截止到次日零时，淘宝商城订单数突破了 2000 万单，销售额突破了 33.6 亿元，淘宝网与淘宝商城总交易额为 52 亿元，这个数字是什么概念？它是“购物天堂”香港一天零售总额的 6 倍！

在我们身边，常常可以看到，每到元旦、春节、东西方情人节、五一、端午、十一、中秋、父亲节、母亲节等较有知名度的节日时，商家总是扎堆促销，这样的一哄而上，反而降低了促销的影响力，消费者会觉得，促销是理所当然的，少了很多新鲜感和刺激感。而淘宝商城的这个案例则表明，企业不仅要学会利用节假日，还要学会创造节假日。

出色的营销往往善用心理战术，如何调动消费者的购买欲望并让其转化为购买行为是营销的一个重要目的。“双 11 世纪光棍节”营销大获成功的原因就在于，它很好地抓住了消费者的心理。消费是可以被刺激的，消费者是可以被引导的。这就是节事体验的出发点。

直复营销和互动营销：更快、更近、更直接

直复营销和互动营销有很多形式，如电话、上网或者通过人。它们一起分享三种

特性，可以让信息有如下特点：专为用户定制，最新性，互动性。

——科特勒《营销管理》

直复营销是通过使用多种途径向最适合企业产品市场定位的人群进行直接营销的方式。它很具有针对性，可通过直邮广告、产品型录、电话销售、传真或电子邮件等方式，对特定的消费群体进行一对一的营销。而互动营销则是借助于网络，实现企业与消费者、消费者与消费者之间的充分沟通与交流。

科特勒认为，直复营销与互动营销有三大特点，其一，定制化。它们可以根据不同的目标消费者，准备不同的信息，这样更能吸引消费者；其二，最新性。借助于网络、电话这样快捷的沟通工具，信息可以实时更新；最后一点，互动性。一对一的营销沟通，使得企业可以充分利用消费者的意见和建议，从而用于产品的规划和设计，并充分考虑消费者的实际需求，切实实现商品的实用性。通过互动，能够促进相互学习、相互启发，尤其是通过“换位思考”常会带来全新的观察问题的视角。

M&M’s是美国知名的巧克力品牌，它曾围绕着年轻群体钟爱的电影策划了一次“M&M’s邀你呼朋唤友看大片”的活动，通过短信、彩信、Wap等移动营销手段等的整合推广，在年轻人中间迅速得到了积极响应。M&M’s借助这一互动活动，将“快乐、分享、美味”的品牌精神和品牌个性精准生动地传达给了充满活力且具有数字新生活主张的年轻人群。

还有麦当劳。快餐业的顾客流失是非常快的，即使是全球性的品牌麦当劳，也不例外。所以，麦当劳需要时时刻刻增加新的消费者。在2010年世界杯期间，麦当劳曾经进行过一项这样的活动，它利用手机短信，并结合世界杯的最新消息，来吸引消费者，不仅仅是吃快餐，而且是吃麦当劳的快餐。活动期间，麦当劳仅在上海就发出了十五万条的手机短信，它所发出的短信是非常有针对性的，只针对目标顾客，并且是在正确的地方、合适的时间、合适的场合，把手机短信传递给顾客。这次活动的效果非常好，短信的回应率达到了12%，而传统的直接促销手段通常只能达到1%～5%的回应率。这成为麦当劳实施过的最为有效、最为成功的营销活动之一，为麦当劳赢得了大量的新顾客。

由于直复营销与互动营销比普通的营销方式更有针对性，也更能产生效果，于是催生了一批特殊的企业，他们通过出售、出租极具针对性的目标营销数据来获得利润。罗维公司就是这样一家企业，而且还做成了很大的规模。它的客户有数百家，其中相当一部分还是“世界500强”企业。

罗维公司每向客户提供一条详细的个人信息（含有电话、地址、电子邮件、收入、兴趣爱好等），收取的费用大约在一元钱左右（收费会根据服务要求的不同而变化）。虽然相对于发行量大的平面媒体而言，这种目标营销的单个成本比较高，但因为“点对点”的推广定位准、效果好，客户还是非常乐意接受的。

联邦快递就曾经花费200万在上海推广其“一日到达”的快递服务，以拓展中小企业快递市场，但200万的投入却只带来几个客户。而与罗维公司合作后，通过直复营销，仅花费了20万，就获得了500多个客户。

直复营销与互动营销的确更能见效果，但它们也必须面对一个严峻的难题，那就是消费者对个人信息与隐私外流的戒心以及法律法规的底线。企业获取用户信息时，要注意方式方法，不能引起用户的反感，否则，会大大影响到营销的效果。

口碑营销：口口相传的传播力

口碑营销包括在线式或者非在线的很多种形式，有以下三个显著特性：信赖度、个人化和及时性。

——科特勒《营销管理》

科特勒认为，口碑营销是一种重要的营销方式，它的特性在于：其一，可信赖，口碑传播是发生在消费者群体之中的口口相传，很多情况下还是发生于彼此熟悉、彼此信任的人之间的，这使得所传递的信息更具有可信度，也就更能说服人、更具影响力；其二，及时性，口碑营销往往发生在人们需要某个信息，或者是在一些令人体验深刻的节事之后，这样传递出去的信息更及时、更具引导力。

口碑营销的好处是很明显的，一方面，它能让消费者替企业免费宣传，其可信度比营销人员自卖自夸不知要强多少倍，口碑营销甚至可以创造“立竿见影”的效果，消费者上午听亲朋好友介绍说不错，或者在网络上看到风评很好，很可能下午就会立刻去购买，这种效果是很多营销手段所难以比肩的。另一方面，则是几何级数的扩散，超乎想象的传播速度。拿报纸来说，如果发行 10 万份，平均每份传阅 3 次，覆盖量 30 万，这就已经很不错了；拿电视来说，在千万人口的城市收视率如果按 5%算，覆盖量 50 万，也算不错的。而口碑传播会是什么样的效果呢？假使企业有 3 个初始的满意顾客，这 3 个人平均每人向他人传播 3 次，那么只要 12 层口碑传播就足以超越电视广告的效果。当然，这是在理想状态下，现实中，受各种因素制约，会打很大折扣，但从中仍然可以窥见口碑传播的威力。

怎样才能让口碑营销发挥出最大的威力和效果？这需要营销人员从这样几个方面去努力：

第一，提供有品质的产品和服务。品质是口碑传播的基石，产品与服务如果没有品质做保障，那么，不可能在消费者群体中形成广泛的口碑传播效应。即使有，那也是负面的传播，是终结品牌生命与企业生命的传播。中国的很多老字号，就是靠着扎扎实实做好品质，一点一点、一年一年积累口碑，最终成为让同类品牌望尘莫及的“金字招牌”。

第二，给新顾客留下满意印象。经营好了新顾客就等于为自己积累了一位老顾客，新顾客如果获得了完美的体验，有了超级满意的购物经历，那么，他不仅有可能会再次购买，而且还可能带动身边的人来消费。

第二，记住老顾客。这一点非常重要，要想让老顾客做口碑传播者，首先要让他满意。

美国的推销之神乔·吉拉德很推崇 250 定律，也就是在每位顾客的背后，都大约站着 250 个人，这是与他关系比较亲近的人：同事、邻居、亲戚、朋友。所以，在任何情况下，都不要轻易得罪任何一个顾客。

乔·吉拉德几乎每月都要给他的一万多名顾客寄去一张贺卡。一月份祝贺新年，二月份纪念华盛顿诞辰日，三月份祝贺圣帕特里克日……还有顾客的生日、顾客家人的生日、顾客买车的纪念日，等等。凡是在他那里买了汽车的人，都会不时地收到他的贺卡。乔·吉拉德没有忘记自己的顾客，顾客也没有忘记乔·吉拉德。比方说，仅在 1976 年，老顾客推荐而来的生意就有 150 单，占到了那一年乔·吉拉德个人销售成绩的三分之一，这一年里，为了维护这些老顾客，他付出的花费是 1400 美元，而从中收获的佣金却是 75000 美元。

要维护好老顾客，首先就应对其有足够的了解，乔·吉拉德的做法是，记下所有与顾客有关的资料，他们的孩子、嗜好、学历、职务、成就、旅行过的地方、年龄、文化背景及其他任何与他们有关的事情，了解够深，服务才能更加到位。乔·吉拉德能够连续 12 年平均每天销售 6 辆车，保持至今无人能破的世界吉尼斯纪录，与他善于经营老顾客是密不可分的。

乔·吉拉德的这些做法与经验对营销人员来说具有很大的借鉴意义。只有服务好了每一位顾客，让顾客获得超乎寻常的满意感，才能使顾客成为品牌的义务宣传员，也才能点燃口碑营销的这一把火。

个人推销：面对面的交互式沟通

个人推销是购买过程的后阶段中最有效的工具，特别是有助于建立购买者的偏好、忠诚以及行为。

——科特勒《营销管理》

个人推销，是指企业通过派出销售人员与一个或一个以上可能成为购买者的人交流、展示，以推销商品，促进和扩大销售。推销员是实现公司与消费者双向沟通的桥梁和媒介之一。科特勒认为，人员推销与其他的营销沟通方式相比，有三个显著的特性：

其一，交互式。人员推销能创造交互式的交流情景，双方能够充分地沟通。其二，有利于培养关系。推销人员与消费者通过面对面的接触与沟通，可以培养起双方之间的关系，这不仅仅限于注重利益的买卖关系，还可以升华为深厚的友谊。其三，即时反应。推销人员能够直观地观察到消费者的反应，也可以当场对一些问题拿出应对方案，最终促成现场成交。

推销人员在企业的营销活动、特别是促销活动中的地位和作用是不容忽视的。在消费者面前，他们就是企业的代表和象征，有现场经理、市场专家、销售工程师这样的称号。越是在竞争激烈、形势复杂的市场上，企业就越需要应变能力强、创造力强的开拓型推销员。

有的人认为，人员推销无非就是多磨嘴皮、多跑腿，把手里的商品卖出去，把顾客口袋里的钱赚回来。甚至有人认为推销跟骗术没有两样。事实上，人员推销是一种专业性很强的工作，是一种互惠互利的推销活动，它必须同时满足买卖双方的不同需求，解决各自不同的问题，而并非只注意片面的产品推销。

专业的人员推销不仅是卖的过程，还是买的过程，也就是说作为顾客的顾问角色，帮助他们购买产品。推销员只有将推销工作理解为顾客的购买工作，才能使推销工作进行得卓有成效，达到双方满意的目的。换句话说，人员推销不是推销产品本身，而是推销产品的使用价值和实际利益。顾客不是购买产品实体本身，而是购买某种需要的满足。推销员不是推销单纯的产品，而是推销一种可以解决某些问题的答案。从这种角度而言，人员推销是一种专业性和技术性都很强的工作。

对于推销人员来说，要达成的目的主要有三点：

第一，了解消费者对企业产品的接受情况以及市场需求情况，找出有可能成为购买者的目标顾客、潜在顾客。

第二，收集、整理、分析信息，并尽可能消除消费者对产品和推销员的疑虑，说服他们采取购买行动，成为产品真正的购买者。

第三，服务好顾客，维持和提高顾客对企业、产品及推销员的满意程度，并推动顾客进行再次购买，扩大销售机会。

人员推销虽然成本较高，但它可以完成很多其他的营销手段所难以达成的目标，它的效果往往是显著的。尤其是在销售性能复杂的产品，或者需要解决问题和说服他人时，人员推销可以说是一种最佳的选择。

选择营销沟通组合时必须考虑的因素

公司在制定他们的营销沟通组合时必须考虑几个因素：产品的市场类型、消费者购买产品前的准备以及产品所处的生命周期，而公司占有市场份额的排名也是很重要的一点。

——科特勒《营销管理》

科特勒认为，企业在确定其营销沟通组合的时候，必须要考虑到各种营销沟通模式的优点、缺点以及成本等，而决定营销沟通组合的最关键的几个因素是：产品的市场类型、消费者所处的购买阶段以及产品所处的生命周期，最后，还要考虑到企业在市场中所居的地位和占据的市场份额。

第一，产品的市场类型。不同的产品类型适用不同的市场营销沟通组合。比方说，消费品市场营销就常将广告作为主要的促销工具，而产业用品的市场营销则更多地要靠人员推销。当然，这并不是说，广告在产业用品市场营销中不重要，或者说人员推销在消费品市场营销上不重要。这种观点是片面和错误的。

在产业用品市场营销中，广告可以帮助企业让目标客户了解并理解企业与产品，同时扩大企业与产品的知名度和影响力。而在消费品市场营销中，很多人认为推销员的工作无足轻重，无非就是把产品摆上货架，处理好与渠道商的关系，而事实上，一个训练有素的推销员是能做出很大贡献的。他们能够说服渠道商承销更多的企业产品，为本企业产品增加更多的货位空间，争取更有利的销售机会；还能帮助渠道商以及终端用户建立起对企业及其产品的信心与信任，从而带动终端的销售。

第二，消费者所处的购买阶段。对处于不同购买阶段的消费者来说，每一种沟通工具所产生的性价比是不一样的。具体来说，广告和宣传在建立顾客知晓度阶段最为重要；而要加深顾客的理解和认识，就需要更多地运用广告和人员推销的力量；要让顾客对产品产生坚定的信心，人员推销很重要；而最后促成顾客购买，则通常是人员推销和促销来唱主角；要吸引顾客再次购买，那么提醒性的广告和促销就很关键。

广告、销售促进和宣传在建立消费者的认知方面，性价比通常要比人员推销高。就是说，要让消费者对企业及其产品产生了解认知，广告的成本效益一般要好于人员推销。而要让目标消费者建立起对企业及产品的信任，则人员推销的影响力又要大一些，而广告次之。此外，消费者最后到底是否做出实际的购买行为以及买多少，这受人员推销的影响较大。

所以说，企业可以在推销工作的最初阶段派出少量推销人员，而将推销的主要力量集中在推销工作的关键部分，也就是促成交易的环节，这样，可以提高经济效益，克服推销工作的盲目性，尽力以有限的投入取得最大的产出。

第三，产品所处的生命周期。一个新推出来的产品与一个正在走下坡路的老产品，它们所适用的营销沟通组合自然是有差异的。对于处在导入期的产品来说，广告、节事和体验、宣传都有很高的性价比，其次是覆盖度高的个人推销、促销以及吸引消费者试用的直复营销。当产品进入成长期时，口碑传播对刺激消费者需求与消费是最为有效的。而在成熟期阶段，广告、节事和体验以及个人推销都变得更重要。到衰退期的时候，促销依然很重要，但其他的营销沟通工具就会减少了，而且，推销人员对这一类渐渐失去市场生命力的产品，也不太关注了。

除了这三点之外，企业在市场中的地位与规模也会影响到营销沟通组合的选择。规模与实力强大的企业，可以分配出较多的资源投入广告与宣传中；而对小企业而言，要在广告、宣传上进行大投入，显然会力不从心，因此，会尝试其他更为经济的营销沟通模式。

营销沟通活动必须经过整合才能更好传递信息

营销沟通活动必须进行一定的整合，才能更好地传递一致的信息，实现战略定位。

——科特勒《营销管理》

在科特勒看来，营销沟通活动必须加以整合，要传递一致的信息，为企业的战略定位以及营销目标服务。在确定营销沟通计划时，营销人员第一步要做的就是去分析目标消费者可能与企业及其产品发生的潜在交互影响。举例来说，如果一个消费者想买一个智能手机，那么，他会怎样去了解，去获取信息呢？他可能会与别人交流，会关注各种相关的广告，会上网查找信息、了解风评，会去专卖店里实地地看看甚至试用一下手机。而这些对于营销人员制定沟通计划，有着现实的指导意义。

营销人员还需要去评估哪些因素会影响到消费者的决策与消费。这样，才能更有效地分配用于各种营销沟通方式的预算，设计和完善合适的沟通计划。

企业为了达成营销目标，可能会采取多种营销沟通方式，但绝对不能让每一种营销沟通方式都各行其是，各自为政，而应该统一和加以整合，这也就是科特勒所说的“用不同方式发出同一种声音”。我们可以来看一个“保丽净”的案例。

保丽净是中美史克在 2010 年引入中国的一个假牙清洁产品。在保丽净之前，假牙清洁的产品几乎是空白。可以说，对国内的假牙佩戴者而言，保丽净不仅是一个全新的品牌，也是一个全新的产品品类，而保丽净要做的，就是引导那些过去只对假牙进行简单清洗的消费者接受这种全新的健康清洁理念。

在产品试销中，保丽净发现，其最终用户很大一部分是“空巢”老人，而真正的购买者却往往是其子女。对于出门在外打拼的子女来说，他们内心通常对父母怀有一种愧疚感。因此，保丽净打算利用好子女想对父母尽孝的感情，让他们找到感恩父母的途径和办法。针对这样的特殊背景，保丽净决定放弃传统的电视媒体广告这一传播方式，而运用别开生面的多种营销沟通方式发起了一个名为“爱系千里，亲情无间”的活动。

保丽净将这个活动划分为三步：

第一步，关爱系数测试。保丽净通过微博，吸引大家在网络地图上标出自己和父母目前各自生活的位置，然后，保丽净会运用移动位置服务也就是 LBS 技术测算出子女离父母之间的亲情距离，这个测算值可以分享到微博。接着，还有一份简洁的“关爱系数”的测试问卷，只要网友们填写好，就能得出一个关爱系数。这个系数越大，说明子女对父母的关爱越少；系数越小，说明对父母的关爱越多。这第一步以互动营销的形式，唤醒目标用户群体认识到与父母之间的“亲情距离”，催生一种愧疚感。

第二步，发布亲情视频。保丽净征集的原创亲情视频短篇《日记篇》、《结婚前夕篇》、《距离篇》等一发布，就引发了一众网友的共鸣，点击量猛增。保丽净还发动大家给父母发送“微家书”，网友们只需在保丽净设计的模板上写上想说的话，就可以以短信形式发送给父母。这既让网友表达了对父母的思念祝福之意，又很好地宣传了保丽净这个品牌。

第三步，免费体验。在前期充分的宣传之后，保丽净趁热打铁，展开了免费试用活动，每天提供 2000 份试用装，感兴趣的网友可以免费申领，保丽净会直接递送到申领人的父母手中。

保丽净这一系列活动的时间选得也很巧妙，从 2011 年的 4 月持续到 6 月，正好这期间覆盖了母亲节和父亲节。通过这样的营销活动，保丽净收到了明显的效益，其微博粉丝在短短八周内由 0 涨到 6.9 万，视频在优酷和土豆的总播放量达到 800 多万，有 100 多万人参与了亲情距离的测试，有 80 多万人撰写了微家书，活跃度非常高。更重要的是，在活动期间，保丽净的销售量得到明显提升，销售比平时增加了 80%，而销售热线的询问次数也比平时增加了 150%。

在这个案例中，保丽净运用到了多种营销沟通方式，互动营销、直复营销、公共关系与宣传、口碑营销、节事与体验营销，等等，我们可以看到，每一种营销方式都很好地结合在了一起，环环相扣，多方合力，相互促进，共同实现了保丽净的营销目的。这就是一场卓有成效的整合营销沟通。

第3章
广告：力求传播效果与销售效果兼得

一个完美的广告应该确保满足六点

为了增加营销沟通成功的可能性，我们需要增大每一步完成的机会。从广告的观点出发，一个完美的广告项目应该确保满足以下几点：

1. 在恰当的时间、恰当的地点，将恰当的信息传递给适合的消费者。
2. 广告要吸引消费者的关注，但是又不能将其注意力从目标信息上分散。
3. 广告要恰当地反映出消费者对于产品和品牌的理解和行为层次。
4. 广告要能从可满足和可传达的差异性和相似性角度定位产品。
5. 广告要激励消费者购买该产品。
6. 广告要能通过已有的这些沟通效果建立强烈的品牌联想，使得消费者在决定购买时能有印象。

——科特勒《营销管理》

科特勒认为，完美的广告要满足六点，一是恰当，无论是时机、地点、信息内容，还是目标对象，都要恰当；二是要将消费者注意力吸引到目标信息上；三是要能照顾到消费者对产品和品牌的认知与理解层次；四是要能体现出产品的差异化与相似性的特点；五是要能引导、刺激消费者购买；六是要能在消费者心中建立强烈的品牌联想，留下深刻的印象。

广告是一个企业营销沟通组合中的重要组成部分，是企业开拓市场的先导。一则好的广告甚至可以让一个品牌起死回生。相反，一则差的广告，不仅会给消费者造成误导，还会使产品落入无人问津甚至人人厌弃的困境。所以，企业必须要在制定合理的广告策略上下工夫，使自己的产品在同类产品中脱颖而出。

一个好的广告一定要能引起目标消费者共鸣，还要表达出一个直接、清晰的观点，有的企业在制作广告的时候，总是希望花出去的巨额广告费值得，因此总想着在一段仅仅几十秒的广告里放上几十条想要表达的东西，这样反而会造成信息传达的模糊，消费者很难记住你到底想说什么。此外，广告还需要在创意上进行比拼，只有在创意上战胜竞争对手，企业才更有可能让广告一鸣惊人，使产品深入人心，最终成为同类产品中的赢家。

曾经执掌美国福特汽车公司与克莱斯勒汽车公司的艾柯卡可以说是一名广告奇才，他巧妙运用广告力量，创造出骄人的销售业绩。他曾说过："做广告跟起标题一样，醒目是成功的前提。"他在福特公司时，为了打破当时汽车销售疲软的局面，在推出新研制的轿车时，艾柯卡就宣言："新车必须华丽时髦、引人注目……"为此，他专门请来广告代理商为新车取名为"野马"。这款新型的"野马"轿车问世当天，福特公司专门选择了 2600 家报纸刊登整版广告。用艾柯卡的话说："整版广告可以避免视觉噪音、引人注目。"在广告宣传配合下，"野马"车第一季度的销量就创下福特汽车公司历史上的最高纪录。

同样，另一世界知名汽车业巨子法国雪铁龙公司也有经典案例。该公司每年的广告投入高达 9 亿欧元，它最为令人称道的一次大手笔是在埃菲尔铁塔上做文章。它曾在埃菲尔铁塔上装上由霓虹灯组成的 7 个字母——CITROEN（雪铁龙），这一巨型霓虹灯广告共耗费 20 万只 6 种不同颜色的灯泡，所用电线长达 600 公里，这个广告即使在 40 公里之外都清晰可见。如此规模的广告在当时堪称举世无双，当时这独特的广告不仅在巴黎乃至整个欧洲都引起轰动，也使雪铁龙这一汽车品牌名声大振，深入人心。

雪铁龙公司的广告从策划到制作一般都要经过这样几个审慎的步骤：一是市场背景调查，明晰产品目前的市场定位、竞争者的情况以及本品牌的优势等；二是确定广告的主题和目标顾客群体，明确广告的类型；三是制作广告，确定对外推出的时机，并对广告样本进行评估确认。在广告正式与观众见面前，公司会邀请一些观众来充当"审片人"的角色，他们不是随意被抽选出来的，而是具有一定消费意向的特定的消费人群。通过这样的层层把关，才能从最大程度上保证广告的效果。

随着消费者越来越成熟，曾经的那种"一招鲜，吃遍天"的传播方式已经很难再行得通。单纯想要靠一条广告语，或者一个广告创意，或者一波广告投放，就打响一个品牌，几乎是难于登天的任务。企业要征服消费者，必须在广告上不断创新，从创意到发布都要精益求精。

广告之难在于"穿透混乱"，吸引消费者注意

广告饱和至极以及媒体的细分化使得新产品推介越来越复杂。在传递目的信息的同时，"穿透混乱"吸引消费者注意，成了最有创造力策略中的一个挑战。

——科特勒《营销管理》

科特勒认为，现在广告所要突破的最大难题在于"穿透混乱"吸引消费者注意。广告饱和已经是一个很现实的问题。一个居住在大城市的普通居民，平均每天要接触到大约 2000 个广告或信息刺激，而能给他留下印象的信息却只占极少的一部分。广告曾经是品牌建设最有效的方法和新产品渗透的原动力，但现在却面临着巨大的难题。

对今天的企业来说，最短缺的资源不是资金，而是怎样想办法赢得最多、最广的消费者注意力。

在过去，广告是一种企业说消费者听的单向的沟通形式，而现在则大不相同。现在的消费者更喜欢自己来充当内容的创造者，而不是一个纯粹的观众，他们喜欢把自己的内容放在一个平台上和其他有志同道合兴趣的人一起分享。对这样的消费者来讲，如果企业现在还专注于做 30 秒的广告来沟通，这 30 秒的广告已经没有以往那样大的威力了，而且现在广告投放的价格越来越昂贵，同样是 30 秒的广告，5 年、10 年前所创造出来的影响力和现在创造出来的影响力不可同日而语。

现在的产品不断更新换代，你方唱罢我方又登场，同类产品的相似度很高。而广告的表现力就是要突出产品让人记住它。广告要想快速抓住消费者的眼球，最关键的是要能“穿透混乱”，将信息简洁、准确且富有创意地传递给消费者。

我们可以看一个沃尔沃（Volvo）的广告案例。沃尔沃是一家以安全性能卓越著称的汽车厂商。多年来，无论是何种形式的广告，还是公关活动，沃尔沃始终将“安全”放在品牌传播的首位。沃尔沃最值得称道的一则广告就是“安全别针”广告。

这则广告是这样设计的——在空大的留白版面上，有一个用大型的安全别针曲成的一辆汽车外形，旁边是显眼的大标题——“你可信赖的汽车”。这则广告看起来极为简单，但却让人印象深刻，回味无穷。用曲别针来摆出汽车的造型，这本身就新意十足，而这种曲别针在欧洲被称为“安全别针”，消费者一看到这个“安全别针”就会将沃尔沃汽车与“安全”联系起来。

这一广告摘得了当年戛纳国际广告节唯一的“全场大奖”（从所有参赛类别获得金奖的作品中评选出的最高奖），专家评委们给出的评价就是“最简单却最有创意”。事实上，沃尔沃的这则广告不仅简单有创意，更是强烈地凸显出了其品牌核心——“安全”。事实上，广告只需要清晰传达这一点就足够了，如果人们想要了解沃尔沃汽车的详细信息，他们完全可以从其他途径很方便地获取，而“安全别针”广告则强化了消费者对于这一品牌的认知。

第二年，沃尔沃推出的另一则同样以“安全”为核心诉求的广告再次摘取了戛纳之奖，这一则广告更富有温情，广告画面是一个酣然入睡、面带微笑的可爱婴儿躺在母亲的双乳之间。这则广告同样清晰传达出了“安全感”的理念。

从这两个广告例子中可以看出，沃尔沃的广告不仅富有创意，最重要的是，它真正做到了“穿透混乱”。它没有在广告中讲述历史传奇、制造工艺、驾驶感等，它多年来只围绕一个关键词，那就是“安全”。所以，沃尔沃才收获了如今的成果——消费者只要想到沃尔沃，第一印象就是“安全”，消费者若想买一辆“安全”的车，第一想到的品牌也就是沃尔沃。这就是最佳的广告。

制定广告方案要明确的 5M

在制定广告方案时，营销经理首先必须确定目标市场和购买者动机。然后，他们才能作出制定广告方案的五项主要决策，也就是 5M：任务，即广告的目标是什么；资金，即广告要花多少钱；信息，即广告要传送什么信息；媒体，即广告使用什么媒体；衡量，即如何评价广告结果。

——科特勒《营销管理》

科特勒认为，企业制定广告方案，必须理清楚 5M，具体来说，是这样的五大要点：

任务（Mission），也就是广告所要完成的目标、所要达成的特定的传播任务和所要达到的沟通程度。一个广告所要达成的目标可以大致划分为说明、说服、提醒、强化四大类。

说明型的广告，其目标是要告诉消费者有关产品的信息，为产品创造品牌知名度与了解。它通过向消费者介绍广告的性能、用途、价格等，以刺激消费者的初始需求。除此之外，说明型的广告还能达到纠正消费者对产品的错误印象，减少消费者畏惧心理，建立公司形象的目的。当一种新产品进入市场时，人们对它还不了解，市场上也无同类产品出现，因而广告的重点是向潜在消费者介绍产品，以及产品能满足消费者什么样的需要。

说服型的广告，当目标消费者已经产生了购买某种产品的兴趣，但还没有形成对特定产品偏好时，劝说广告的目的是促其形成选择性需求，即购买本企业的产品。劝说广告突出介绍本企业产品的特色，或通过与其他品牌产品进行比较来建立一种品牌优势。

提醒型的广告，有些产品在市场上销售多年，虽已有相当的知名度，但厂商仍需要推出提醒型广告来提醒购买者，不要忘了他们的产品。这是一种备忘性广告。这种广告有利于保持产品在消费者心目中的形象。像可口可乐虽早已具有全球的品牌知名度，但它仍要花很多钱在电视广告上，其目的主要是要提醒人们不要忘了它。

强化型的广告，其目的在于说服现有的购买者相信他们购买这种产品的决定是正确的，帮助消费者坚定信心，并引导他们重复购买，再次消费。

资金（Money），也就是广告要花多少钱。企业在制定广告预算时，要从以下的五个因素出发：

第一，产品生命周期。新产品往往需要投入大量广告预算以建立知名度，吸引消费者；而已经建立起来的成熟品牌所需的广告预算就相对要少一些。

第二，市场份额和消费者基础。市场份额高、品牌知名度高的品牌，其广告预算占销售额的百分比通常较低，而需要通过扩大市场增加销售来提高市场份额的话，那么，企业需要投入大量的广告费用。

第三，竞争与干扰。如果一个市场中有很多竞争者，那么，企业往往需要加大宣传力度，以便盖过市场的干扰与噪声，让消费者能够听得见企业的声音。

第四，广告频率。品牌信息传达给消费者所需要的重复次数，这在很大程度上会影响到广告预算。

第五，产品替代性。如果产品与同类竞争产品之间的差异化很小，那么，往往需要加大广告投放，以树立起有差别的形象。

信息（Message），广告到底要传送什么信息，如何将这种信息准确地表达出来，并给目标受众留下深刻印象，这是广告最关键的地方，也是最难的地方。

媒体（Media），广告制作出来了，选择什么平台来推出广告，也是一个不容轻视的环节。在选择媒体时，企业要考虑以下的几个因素：

第一，目标受众的媒体习惯。广告必须要让目标受众看到并记住，才能发挥其效力。因此，目标受众的媒体习惯直接影响到企业发布广告时的媒体选择。比方说，对年轻人群体来说，网络几乎可以说是他们的主战场，因此，如果企业的广告是针对这类群体的，那么，就不应忽视网络这个广告平台。

第二，产品特点。不同的媒介往往都有它们各自的独特优势，在表现力、形象化、解释力、可信度还有色彩呈现等方面各有不同的潜力。比方说，女性的时装广告登在彩色印刷的杂志上时最吸引人。而一些复杂的高科技产品，如果能够在专业的行业杂志上登广告，则会显得更有可信度。

第三，信息特点。举例来说，如果某个超市或商场在周六日将会举行大规模的促销活动，那么这样的信息最好能通过当地的广播、报纸或者公交地铁传媒来传播；而如果是包含有大量技术资料的广告信息，那么，可以考虑采用专业性的杂志或者邮件来发布广告。

第四，成本。不同广告媒体的价格相差悬殊，像电视广告的费用就很昂贵，不同的时段要价也大不一样，而报纸广告则相对便宜些。选择媒体时，要从广告的预算出发，控制好成本。

效果衡量（Measurement），企业投入大笔资金做广告，就必须要对广告的效果进行评估与衡量，以保证投入能收到相应的回报。广告效果应从两方面去分析，一是传播效果，是指广告是否有效地传播；二是销售效果，是指广告将增加多少销售量。现在越来越多的公司都在努力衡量广告支出的销售效果，而不再仅仅满足于对传播效果的衡量。

一个好的广告通常只强调一个销售主题

一个好的广告通常只强调一个销售主题。作为品牌定位的一部分，广告人应该依靠市场调研，确定哪一个是目标受众的最好诉求。

——科特勒《营销管理》

“一个好的广告通常只强调一个销售主题”，科特勒的这句话很有深意。广告大师罗瑟·瑞夫斯曾说，企业应为每一种品牌建立唯一的销售主张，并坚持这一主张。广告同样是如此。一个品牌、一个产品，可能的确存在多种优势，但并不是每一种优势都能成为很好的区别因素。

举个例子，有家公司是生产土特产食品的，他们的产品在当地销量还不错，现在公司决定全力拓展外地市场，为此，计划投放一定量的广告。在与专业的广告制作公司设计广告方案时，该公司负责人提出，关于他们的土特产品，有一个有意思的传说，可否加入到广告之中，制作方认为这个值得尝试。后来，该公司又提出，他们的产品曾经获过一些比较有分量的奖项，这个也应该加入到广告中去。此外，他们的创始人是当地有名的青年创业先锋，很多品牌的广告中都会出现创始人或者研发者本人的形象，这家公司希望也能让自己公司的创始人出现在广告中。广告制作方听到这些要求，指出，如果按照这家公司的这些想法来做，那么制作出来的就不是广告片，而是纪录片了。制作方强调，该公司的产品的确产地好，文化底蕴深厚，拿过大奖，有过认证，但是，好的广告只强调其中最能打动消费者的一点，而且只要这一点被目标受众所接受，这个广告就成功了。

这样的例子在很多企业都能看得到。这些企业过于注重投资回报率，认为既然大笔投入做了广告，就应该尽量多传达一些信息，多多益善。可是，从消费者角度来说，一段广告，通常只能吸引他们看一两眼，有时甚至直接屏蔽掉，只有那些新鲜、有创意、有吸引力的广告才可能引得人们细看。而如果一则广告中堆了太多信息的话，不仅不能引起消费者的注意，还可能会因为广告内容的繁杂使人失去看广告的兴致，最终得不偿失。在信息泛滥的社会中，消费者的注意力是有限的，广告不是要将尽可能多的信息传递给消费者，而是要将最能打动消费者的某个信息集中地、强化地传递出去。

舒肤佳的广告一直以来宣扬的就是一种新的皮肤清洁观念，香皂既要去污，更要杀菌。它的电视广告，通过显微镜下的对比，表明使用舒肤佳的产品比使用普通香皂，皮肤上残留的细菌要少得多，以此突显其杀菌能力。纵观多年来舒肤佳的广告，无论广告创意如何变，演员如何变，情节如何变，但其广告所要表达的卖点永远不变，那就是有效抑菌。正是因为多年来持续不断地强调这一卖点，因此才使得舒肤佳这一品牌深入人心，使得其有效抑菌的理念深入人心。

除了舒肤佳，还有很多品牌所打造的家喻户晓的广告同样也是如此。比方说，高露洁牙膏的“没有蛀牙”，雀巢咖啡的“味道好极了”，还有奥利奥的“扭一扭，舔一舔，泡一泡”，脑白金的“今年过节不收礼，收礼还收脑白金”，白加黑的“白天吃白片，不瞌睡，晚上吃黑片，睡得香”，等等，它们的共同点在于只专心地强调一个主题、一个特色。

广告表达得越多，主题就越模糊，一支模糊的广告是不可能给目标受众留下清晰的印象的。好的广告不在于说得多，而在于是否能将最有分量的一个主题说到消费者的心里去。

名人代言策略的优势与弊端

一个经过慎重选择的名人可以为品牌和产品吸引更多的注意，或者说名人的神秘性可以转化到品牌上。名人的选择至关重要。他（她）不仅要有很高的知名度和积极的影响，而且也要很适合这个产品。

——科特勒《营销管理》

科特勒认为，企业在选择名人作为品牌和产品的代言人时，要慎重选择。由于名人具有一定的公信力和偶像影响，消费者往往会对名人产生崇拜、信赖或者是消费观念上的追随心理，这种心理就是所谓的“名人效应”。企业可以利用消费者这种心理，来促进产品的销售，这是一种有效的“借势”促销手段。通常情况下，名人宣传的效果会远远大于一般的宣传效果。

代言人的最大价值是，通过一个熟悉的面孔让一个陌生的品牌被消费者快速认知。例如，刘德华让我们记住了金立手机，成龙让我们知道了霸王洗发水，安踏聘请孔令辉实现销售业绩翻番，特步借助谢霆锋捧红了烽火鞋，德尔惠聘请周杰伦成功转向时尚领域，等等。品牌与代言人之间的相互成就，耐克公司与迈克尔·乔丹是一个典型的例子。

耐克成立的早期，在美国运动鞋市场占据统治地位的是阿迪达斯、彪马和虎牌。耐克为了赶上阿迪达斯，历尽艰辛终于发明了自己的新式运动鞋，并为它取名“耐克”，这一年是 1972 年。也是这一年，耐克鞋首次在竞赛中亮相就让运动员取得了第四名的好成绩，但第一至第三名，依然由穿着阿迪达斯产品的运动员包揽，耐克决心向阿迪达斯学习。

耐克向阿迪达斯看齐，学习对手的看家本领——即瞄准运动员，努力同那些前途无量的运动员建立长期而密切的关系。每设计出一款新的运动鞋都耐心地征求他们的意见，然后免费送给他们试穿。在广告支出上，耐克也学着阿迪达斯进行大规模的投入。耐克还看准奥运会这块金字招牌，它承诺并兑现：凡是在奥运会上穿着耐克鞋取得金牌者，耐克将提供 3 万美元奖金。

耐克制造体育英雄神话的战略终于取得了成功。而成就这一神话的就是迈克尔·乔丹，尽管乔丹曾经是阿迪达斯的拥戴者，却毅然地投入了耐克的怀抱，这其中除了丰厚的代言费的原因之外，乔丹还被拥有自己的乔丹产品并能够在产品设计中施加自身影响这一承诺所吸引，而耐克也彻底地挖掘出乔丹的无穷潜力，成功地树立起了明星的高大形象。乔丹象征着清澈与坚定，他以一种近乎于神佛般的地位成了一位绝对的赢家，他是运动场上受人崇拜的全民偶像，购买他所代言的品牌和产品是对他最好的支持和拥戴。就像曾经的阿迪达斯一样，耐克也借助乔丹，将自己的形象树立成为“胜利者的品牌”。

耐克与乔丹之间的这一场“联姻”，双方都成了赢家。尤其是耐克公司，它进入了飞速发展的阶段，在很长一段时期内，耐克的百货商店、体育用品商店和经销商中的一半以上都要提前订货才能供应得上。耐克的市场占有率节节攀升，在短短几年时间内，就登上了行业霸主的地位。

代言人成就品牌的案例不胜枚举，一个好的代言人能够为企业节约百万甚至千万的营销费用。但是要注意的是，名人对于企业来说也是一把双刃剑，应该慎重行事，如果运用失当，其负面效应更不可低估。比方说，代言人在更新合同的时候可能会漫天要价或是拒签，而且就像电影和唱片一样，名人代言的活动往往花费巨大，却存在风险，有可能代言费花出去了，品牌仍然打不响。此外，名人也可能遭遇“雪藏”、“封杀”，甚至身陷绯闻、丑闻和各种尴尬处境，这些都会直接影响到他们所代言的品牌。所以，企业对名人代言应当有清醒的认识和把握。

值得一提的是，名人代言并非品牌塑造的唯一方式。品牌的提升是多方面的，这包括设计、生产、质量、市场等各个因素，代言人只是丰富企业的品牌语言、品牌精神、品牌内涵的一个补充，是一种“锦上添花”，对品牌提升起的是推动作用，而不是决定性作用。持续的产品创新、研发升级、管理变革甚至渠道拓展才是支撑一个优秀品牌的基础。

尝试新媒体，达到更好的营销传播效果

人们渐渐地不再投放旧媒体，也是因为旧媒体的效率在降低。未来会有一种整合的沟通方式，实现新旧媒体的平衡，推行一种“整合营销沟通”，媒体组合是为了支持产品组合与服务组合，在不同的点上触动顾客，带给他们高感触。

——科特勒接受《中欧商业评论》采访

科特勒曾经在一次采访中说，企业需要考虑新媒体给营销界和传媒界带来的巨大冲击，新媒体正在一点点取代旧媒体，举例来说，有家公司将原计划投放于旧媒体的广告预算的10%抽了出来，雇佣了一个精熟新媒体的玩家，这个年轻人将公司广告和信息放上了Facebook，在Twitter上联系顾客、开通博客，等等，他知道哪些方式能起作用，对那些有用的方式，公司再去追加5%的投入。这样做，既没有完全放弃传统媒体的努力，又全面地运用到了新媒体，双剑合璧，赢得最佳的营销效果。

现在，广告投放的媒介从早期单一的报纸，到图文声音一体化的电视，再到无孔不入的网络，多样化媒体的出现促进了营销方式的创新。特别是微博的出现，使得信息传播更加透明、丰富、迅捷。微博以良好的互动形式和病毒式传播的特点，一经开发问世便建立了广泛的受众基础，成为当前企业投放广告不可不考虑的新兴途径之一。

消费者接受信息的方式正在发生巨大改变。在以前的品牌传播中，消费者属于单向接受信息的一方，与企业、与品牌之间很少存在互动，而现在，互联网改变了一切，它让平时很难与品牌进行沟通的消费者可以通过网络与之直接对话，告诉企业他们想要什么，不想要什么，喜欢什么，不喜欢什么……互联网拉近了企业和消费者之间的距离，企业可以主动获得和使用一些互联网媒体和工具，了解消费者，与消费者互动、对话，最终与消费者构建关系。

现在的企业不光要向消费者传达讯息，还要调动他们的兴趣，让他们参与进来，通过和消费者紧密的联系和接触，带给他们真切的印象，促进人与人之间的交流、沟通与互动，而这些正是新媒体所擅长的。

就目前而言，虽然新媒体风头正健，但并不意味着传统媒体的退出。当前最行之有效的传播方式，应该是“推”和“拉”结合，是传统媒体与新媒体之间的相辅相成整合营销：先用传统媒体将产品或者信息“推”给消费者，再用新媒体将消费者“拉”到信息的周围，并引导消费者主动分享信息。

有报告指出，在生产消费产品的大公司的最高管理层和营销团队中，超过70%的人喜欢用整合营销传播作为改进它们传播影响的工具，而新媒体的兴起也让整合营销传播有了新的发展。譬如美宝莲的新媒体整合营销传播。

在2008年的各大城市的地铁、公交视频广告中，“美宝莲”的视频广告无疑是一大亮点。其主题为“Mabel（美宝）约会视频”，视频内容根据女主角Mabel约会对象的特质和美宝莲的睫毛膏色彩种类，分为四个不同篇章，并设计了“约会突发状况情境”来表现产品的“防水”特性。当目标受众观看完趣味十足的约会视频后，广告的

最后出现了一条文字提醒："你觉得 Mabel 最适合和谁交往呢?"并在屏幕下方附上了投票的网址。

美宝莲的这一次广告片与以往截然不同的是，这次采取的是互动广告。除了互动视频广告之外，美宝莲还整合了多种传播方式，尤其是对新媒体的运用，它将 Web2.0、博客、视频、手机、社交网站等整合了起来。视频广告最后的投票邀请将广告的性质由"接受"变为"交互"，并巧妙地将与消费者的沟通平台转移到了"网络"和"手机"。美宝莲选择了 Web2.0 网站 POCO 网作为投票互动平台，用户在这个网站上除了可以替视频主角 Mabel 投票选择男友外，还能欣赏"化妆视频"，体验"恋爱测试"，还可以了解更多美宝莲产品。POCO 网的用户基数大、流量高，用户层年轻时尚，避开了门户、娱乐、视频等网站用户相对较为分散、人群广泛、互动度相对低等不足。

美宝莲花了较少的投资，整合了尽量多的资源，并且通过传统媒体、新媒体等多种传播方式的整合，达到了品牌传播效果的最大化和最佳化。

要实现良好的营销传播效果，就必须将传统媒体和新媒体整合起来。品牌的活化在内部而言是通过产品的不断创新来实现；而在外部而言，则是通过传播方式的不断整合来实现。现在的消费者眼球大多聚焦在三块屏幕上：电视屏幕、电脑屏幕和手机屏幕。目前，电视屏幕还是主导，是企业不能忽视的营销平台。而电脑屏幕和手机屏幕属于新媒体，企业应贴近新型消费者的媒体接触习惯，积极尝试类似微博这样新兴的传播方式。

定期评估广告效果，不断完善与改进广告营销

"你知道有一半儿的广告费打了水漂儿，但是你永远不知道那些钱到底花在了哪里！"企业都想要衡量一个广告的传播效果，此外，他们更想衡量广告对销售的效果。

——科特勒《科特勒市场营销教程》

科特勒指出，企业对一个广告，不仅要衡量其传播效果，更要衡量其销售效果。广告主大笔地投入广告费，自然想要得到物有所值的产出。然而，广告投放与销售效果到底有怎样的关系？却并不是每一个广告主都能明白的。因此，我们需要对广告效果进行科学的调查，了解广告投放产生的效果。

广告效果评估是对于企业正确认识广告的作用和效果、开发成功的广告、提高广告支出的效率，提升产品、品牌形象、拉动销售等具有十分重要的意义。通过认真的效果评估，企业可以获得很多有价值的信息。例如，消费者对广告活动的反应、广告主题是否明确、广告诉求是否准确有效、广告预算安排是否经济合理、媒体选择是否正确，等等。这样的分析能够帮助企业积累宝贵的经验和教训，为以后更好地制定广告活动战略提供正确的指南。

现在，很多企业倾向于将大部分钱花在广告的设计、制作和投放上，而只有极小部分的资金花在广告效果的评估上。而明智的做法是，企业应该对效果评估给予更多的重视。营销专家建议，为了让广告发挥最大的效用，企业最好首先在一个或几个城市开展广告活动并评估其进行情况与效果，然后再进行全面铺开。

企业在进行广告效果调查前，可以在一两个试验地区投放广告，然后同时观察试验地区与尚未推出广告的地区，根据目标受众的反映情况，比较试验区与一般地区之间的差异，就可以对广告促销活动的效果作出基本的判断。这是一种广告效果评估普遍采用的方式。

宝洁公司旗下品牌众多，每年要投放巨额的广告，但宝洁所做的广告从来不是盲目的，而是有着一套完善的体系。

宝洁自20世纪50年代起相继在欧洲、东南亚、拉丁美洲等地建立了外销事业部和科技中心。为了使产品更贴近消费者、能够更有效力，宝洁非常注意日常对顾客的访问和调查，它首创了"一日回忆法"和查询电话制度。一日回忆法就是调查顾客对一天之内所接触到和正在使用的生活用品的感受，有何不便之处，有无新的要求。查询电话制度则要求每天有50位员工从早到晚通过电话来回答顾客的询问，以便从中受到启发，使自己不断得到改进和完善。

宝洁公司坚信"拥有了顾客，才是拥有了产品，拥有了市场"这一主旨，通过在广告播出前后进行广泛的市场调查，然后集中全力定位产品，满足消费者的不同需求。在宝洁看来，广告固然重要，但是，顾客对广告的效果反馈才是最好的一块试金石。

对广告的效果评估，主要包括以下三点：

第一，广告的传播效果。广告的传播效果最先产生、最好量化，而且对于大多数广告而言，良好的广告到达或接触效果也是其最直接的广告目的。

第二，广告的销售效果。是指由于广告活动而引发的产品销售以及利润的变化，广告主所期望广告活动达到的销售目标主要是提高产品的销售量和市场占有率，确定广告活动对销售量的增长和市场占有率提高所作的贡献。

第三，广告的品牌效果。主要从这三方面来评估：品牌意识方面，主要包括到达率和品牌知名度、品牌识别率等指标；品牌联想方面，主要包括品牌形象评价和品牌理解力等指标；品牌态度方面，主要包括美誉度、偏好度、忠诚度、渗透率等指标。

广告不得超越社会规范和法律准则

广告商和它们的代理商必须保证它们创造的广告不超越社会规范和法律准则。公共政策机构已制定了大量法律和规则来管理广告。

——科特勒《营销管理》

科特勒提醒企业，广告是有底线的，它不能超越社会规范和法律准则。例如，在美国，企业就不得发布虚假广告和欺诈广告，而且广告要承担社会责任，不得冒犯任何种族团体、少数民族或特殊利益团体，否则，企业将付出相当沉重的代价。

在广告创意和传播中，无论是创意的内容还是表达方式，都要考虑到当地的现实因素，广告必须尊重目标受众的文化习惯。如果过分追求创意的新奇以及注意力效果，往往会给企业带来市场认同的风险，因此，企业必须学会控制广告创意风险。广告的最大风险是没有效果、默默无闻，其次才是由于某些环节上的失误引来负面争议。因此，很多企业往往更注意由广告创意带来的知名度，为了一鸣惊人而不惜刻意地出奇出新。的确，一些被争议的广告在短期可能对企业知名度或产品销售等方面产生效果，但从长期看，则可能对企业的品牌带来破坏性风险与危机。因此，不能说广告吸引来了注意就是好广告。

可以看到，很多跨国企业在进入中国市场时，虽然都采取了本土化的传播策略和营销方案，但仍然会出现一些“水土不服”所带来的失误，给企业造成名誉上或是经济上的损失。

耐克曾经播出名为“恐惧斗室”的篮球鞋广告片，为了迎合中国市场，其中嵌入了一些中国元素，但是，这样的嵌入反而引起了观众的极大不满。广告中有这样的场景：NBA 明星詹姆斯走到一个大厅内，这里摆着擂台，台阶旁还立着两个石狮子。突然从空中飘下一位中国人模样的老者，身穿长袍。两个人随后开始“打斗”。突然，詹姆斯做出一个杂耍般的动作，从背后将篮球扔出，经柱子反弹将老者击倒，后跃起上篮得分。与此类似的还有“敦煌壁飞天造型”、“中国龙”等形象，都被詹姆斯一一击败，并投篮得分。

广告宣传想要融入当地文化、吸引受众、达到自己的宣传目的，而采取一些独特的创意，这本身是没有什么可指责的。耐克的广告，其本意绝不是轻视中国人，他们可能只是觉得，用这样带有中国文化特色的元素更能贴近中国消费者，进而吸引人们购买其产品。然而，耐克所选择的中国元素，像“中国龙”、“中国狮”、“敦煌壁飞天造型”，它们都是中国人耳熟能详的文化的象征，有着深厚的历史渊源，从某种程度上来说，它们代表的就是中华民族的一种精神。而在耐克广告中，詹姆斯却轻而易举地将它们击败，这当然会伤害观众的感情。所以，耐克“恐惧斗室”主题的系列广告因为“损害国家尊严”而遭到禁播。

广告创意应该考虑到广告与文化的联系，以及广告面向的受众的文化背景、文化心理等因素。如果忽略了这些，这样的广告就会引起人们的反感，叫人产生不舒服的感觉。特别是在企业国际化的过程中，各国对于广告往往有不同的规范与准则，这需要企业多加留意。例如，挪威、比利时和法国不允许烟酒进行电视广告，奥地利、意大利对于针对儿童的电视广告有严格的管制，等等。

除此之外，广告的内容也要规范，要避免虚假、误导和欺骗，要有广告的道德。广告的不道德主要体现于两个方面，一方面是广告直接以虚假的承诺欺骗消费者，对消费者的权益造成直接损害，这不仅仅是违反道德的问题，还可能会使企业面临法律诉讼；另一方面是广告使用某些手段、方法，例如夸张、对比、打击等方式，只突出和强调对企业有利的信息，而不告诉消费者全面客观的信息，使用吹捧或修饰性技巧美化了企业的产品和服务，如果再请知名人物来代言，就更具有欺骗性。现在广告的真实性受到越来越多的消费者的怀疑。

广告在现代社会中已经不仅仅是一种引导消费的文化，更引导人们的社会生活与道德风尚，所以说，广告应该倡导积极向上的风尚，而不应该走低级趣味、哗众取宠之路。比方说，某市房地产商打出广告“你有二房吗”，某方便面广告打出的广告词是“只等你来泡”，这些广告就等于是对公众的侮辱，特别是对未成年人来说，更会产生不良的影响，这也就是为什么说广告要守规则、守道德的原因所在。

第 4 章
公共关系与口碑：信誉美誉是企业的“护身符”

好的企业形象是精心经营出来的

公司不仅要建设性地与它的顾客、供应者和经销商建立关系，而且也要与大量对它感兴趣的公众建立关系。公共关系包括被设计用来推广或保护一个公司形象或它的个别产品的各种计划。许多公司今天应用营销公关以支持它们的营销部门或产品推广。

——科特勒《营销管理》

科特勒认为，企业不仅要与顾客、供应商、经销商建立好关系，同时还要在公众面前树立好形象。传统的营销 4P 理论已经盛行几十年，而科特勒在 4P 理论上又添加了两个 P，即权力（Power）和公共关系（Public Relations）。这是企业营销的大势所趋，也是企业必须加以重视的。

企业要在公众面前树立起一个良好的形象，就必须做好公共关系和宣传。公共关系是企业的一种有效的营销传播手段，它在企业与消费者和公众之间建立起了解、信任的关系，并通过这种关系树立企业的形象，进而带动企业产品的销售。

与公共关系紧密相连的一个概念就是公众。所谓公众，是指对企业实现目标的能力具有实际的或者潜在利益或影响力的任何一组群体。公众对企业的态度有时甚至还会决定着企业的命运。按照公众对企业的影响方式，大致可将其分为七类——金融公众、媒介公众、政府公众、民间公众、地方公众、一般公众和内部公众。各类公众具有不同的特点，其影响方式和途径也就各不相同。比方说，金融公众主要是指银行、投资公司和股东等，它们能影响一个公司获得资金的能力；媒介公众像报纸、杂志、电视、广播、网络等，它们能通过发表新闻、评论等来影响企业形象；政府公众则能在一些关于产品、广告宣传等方面制定的政策法规来影响企业的运营。由此可见，公众是一个复杂的微观环境因素，创造一个良好的公众环境至关重要。

古话说：“水能载舟，亦能覆舟。”对企业来说，公众就好比流水，企业就好比水上航行的木舟，既可由流水托起并推动，同时也能被流水所颠覆。企业若想要顺利远航，那就必须要熟悉“水性”，要能获得公众的理解、认同与支持。总之，若想取得市场营销的成功，就必须要保持并处理好各方面关系，并努力保证微观环境因素各方的利益不受到损害。

好的形象对提高企业的知名度、信誉度和美誉度，增强企业内部的凝聚力，提升公众的吸引力，提高企业经济效益等都有着重要的作用。经济越发展，市场越开放，企业面对的社会公众就越来越多，与社会公众的关系也越发显得错综复杂。

日本著名的公关专家八卷俊雄曾说：“环绕着企业各层次的关系者对公司的看法、观念，构成了该公司的企业形象。内部、外界对公司的看法、观念，应合乎企业实态，若不尽相合，就必须加以修正。换言之，企业实态应接近形象状态。当形象状态优于企业实态时，就必须改善企业，使之与企业形象相符；反之，当企业实态优于形象状态时，就应改进企业形象，使之正确地反映企业实态。”

要让企业的形象和企业实态达到和谐一致，积极开展公共关系活动就是一个重要的途径。找到社会公众与企业利益之间的最佳结合点，通过新闻、广告、慈善、赞助、文艺等适当的方式传播给社会公众，唤起公众对于企业的认识、理解、认同、关心和支持，从而建立起企业的优良形象。这就是公共关系和宣传所要达成的使命和目的。

企业的公关部门主要开展五项活动

一个聪明的公司采用具体的步骤来管理与它有关的关键公共关系。大多数公司有一个公共关系部门，用于监视公众的态度，发布和传播信息，以建立良好的信誉。公关部门负责开展下述五项活动：建设好与媒体的关系，产品宣传，公司信息传播，游说和咨询。

——科特勒《营销管理》

科特勒认为，企业的公关部门应及时地向管理层提出咨询意见与建议，并采用积极的方案去解决问题，在第一时间疏导并化解负面的宣传与消息。企业的公关部门需要做好五项工作：

第一，建设好与媒体的关系。用“成也媒体，败也媒体”这句话来形容媒体的重要性是一点都不为过的。一个企业、一个品牌的成功，离不开媒体的宣传与追捧，而企业的负面新闻与事件也往往经由媒体传播开去。公关部门必须与媒体维持良好的关系，用最正面的形式展示关于企业的新闻和信息。

第二，产品宣传。公关部门作为企业的一个组成部分，其终极目标必须与企业的终极目标保持高度一致。企业需要将产品推销出去，从而获得赢利，公关部门也必须担负起这一使命。

第三，公司信息传播。企业需要获得公众的认知与理解，而要做到这一点，公关部门就必须通过内部与外部的信息传播，引导公众深入地了解企业。

第四，游说。这主要指的是与政府、立法机关、行业的规则制定者打交道，以促进或者阻止某些规定的出台。

第五，咨询。公关部门应该是最了解公众、最了解舆情的部门，当企业面临良好的时机或者困难的处境时，公关部门要能够就事件问题向管理层反馈信息，并提供建议和方案。

越来越多的企业认识到，通过公关部门卓有成效的公共关系宣传，企业有可能以远远低于广告的代价对公众心理产生甚至比广告更强的影响。

与人员推销、广告宣传、营业推广等营销沟通方式相比，公共关系宣传具有以下优势：

一是传递信息的全面性。企业开展公共关系活动，通过一定媒体把有关企业的信息有计划地传递给公众，是为了塑造良好的企业形象，取得公众的信赖与支持。因此，它所传递的信息是大量而全面的，既传递企业技术、设备、财务等方面的信息，又传递企业员工福利、企业前途及社会责任等方面的信息，甚至还传递企业素质、人才培养、股票价值等方面的信息。

二是对公众影响的多元性。公共关系所面对的不仅仅是目标客户群体，还包括供应厂商、社区成员、媒介、政府和企业内部员工等。媒体中的报纸或广播对企业的一篇针砭的报道，即可使企业多年苦心经营的市场毁于一旦；政府的一纸决定，就能使企业的商品在一夜之间由畅销变为滞销。

三是成效的多面性。从心理学的角度看，人们的感情普遍存在一种由此及彼的扩展和迁移特性，也就是移情。公共关系正是恰到好处地把握人们的这种移情心理，通过集中力量塑造企业形象，使公众热爱企业，最终不仅能促进产品销售，而且还有鼓励和吸引投资、吸引优秀人才等效果。

四是成本较低。与购买媒体的广告版面或时间相比，制作新闻及说服媒体刊发所投入的花费要少得多。而公共关系促销所产生的价值可能要巨额的广告费用才能体现出来。公共关系可以用远远低于广告的代价而对公众心理产生较强的影响。

企业公关的手段不仅仅只有新闻媒体一种，常用的公共关系宣传手段还包括：公开出版物、新闻、公益服务活动、专题活动、公关广告、企业形象识别，等等。

营销公关的意义远不止于单纯的公众宣传

很多公司正在寻求设立一个营销公关的专门机构，直接支持公司或产品推广以及形象塑造。营销公关的意义远远超过了单纯的公众宣传。

——科特勒《营销管理》

科特勒认为，营销公关除了做好单纯的公众宣传之外，它还能协助新产品上市，能帮助成熟期的产品实现再定位，能引导消费者建立对某些种类商品的兴趣，譬如2004 年“非典”爆发之后，亚都空气净化器将空气净化的理念适时地带到了公众的面前，这使得亚都的产品大受欢迎，销量猛增。营销公关还可以影响特定的目标群体，可以保护那些已经出现公众问题的产品，并有助于建设有利于表现企业特质的形象。例如，很多企业的管理者通过著书、演说或者参与有影响力的公众活动来帮助企业建立起独特的形象。

营销公关运用得当，可以为企业做出多方面的贡献，其意义主要体现在：

第一，树立良好的企业形象。营销公关既是一种短线投资，又是一项长期投资。它既可以收到眼前的回报，更可以与各种社会力量，如政府、行业协会、媒体、专家、消费者甚至竞争对手等建立良好的关系，使企业有一个良好的发展环境。比方说，可口可乐中国有限公司向中国希望工程捐款，捐建52所希望小学，使6万多名失学儿童得以重返校园。在中国实施“希望工程远程教育计划”之后，该公司又在贫困地区建立20所“希望学校——可口可乐网络学习中心”，帮助贫困地区的青少年获得“数字时代”教育和发展的机会，这为可口可乐公司树立良好的社会形象起到了重要作用。

第二，建立良好的企业信誉。信誉对于任何一个企业来说，都是至关重要的。随着我国商品经济的发展，企业越来越频繁地遭遇消费者的信任危机。现在的企业只建立产品的信誉已经远远不够了，还需要建立企业的信誉。公关营销可以大幅度地提升企业的认知度、信誉度、美誉度，这是形成企业品牌忠诚度的基础，也是营造企业品牌的有效途径之一。

第三，挽救企业危机。相当一部分企业领导人认为“企业发生危机如同死亡和税收一样，是不可避免的”。企业在发展之中，难免会遇到各式各样的危机，经营上、管理上、法律上、公共关系上，有的危机还会给企业带来致命的威胁。而恰到好处的营销公关就可能化解危机，甚至变危机为转机，使企业形象和品牌信誉得到提升。

第四，以低成本启动市场。当企业没有足够的资金实力通过广告来宣传新产品开启新市场的时候，可以尝试通过营销公关来开辟另一条可行的途径。通过公共关系宣传让消费者加深对企业及新产品的了解和认识，只要运用得当，同样也能为企业打开市场。

在企业发展的初期，企业更注重产品的销售与市场的拓展，这一阶段，可运用功能性广告向消费者宣传产品与服务的利益与价值，将企业有限的人、财、物等资源用于宣传推广上，而公关就可以作为营销的一个重要的促进手段，为营销助力。当企业发展到一定阶段，产品和品牌打响了知名度时，企业就应更加关注形象建设、信誉建设，向公众表明对其负责的态度，以获得他们的理解与信任，获得忠诚的顾客群体。

企业不仅是商业环境中的主体，更是社会有机体的一分子。一个真正对社会负责的企业，在采取任何行动之前，都应该关心公众的意见和态度。

创造性的公共关系比耗费巨资的广告更有效

借助于一部分广告费用，创造性的公共关系可以在公众知晓方面产生令人难忘的影响力。假如公司编出一个有趣的情节，所有的新闻媒体就会加以宣传，这就相当于价值数百万美元的广告，并且这种宣传比广告的可信度还要高。

——科特勒《营销管理》

科特勒曾指出，常用的公关工具主要有三种：新闻、特殊事件和网络。企业如果能够创造性地运用这些工具，就有可能产生数百万美元广告才能换来的营销效果。科特勒相信，创造性的公关可以用远远低于广告的代价而对公众心理产生较强的影响。公司可通过安排一些特殊的事件来吸引顾客对其新产品和公司其他事件的注意。这些事件包括记者招待会、讨论会、郊游、展览会、竞赛或周年庆祝活动，以及运动会和文化赞助等，以接近目标公众。

创造性的公共关系活动集新闻效应、广告效应、公共关系、形象传播、客户关系于一体。它通过具有话题性、新闻性的活动引发公众的注意，使得企业的产品和品牌可以在同质化泛滥的信息中脱颖而出，走入消费者的视线，这样才有获得被购买的可能。

诺贝尔经济学奖获得者赫伯特·西蒙曾说："随着信息的发展，有价值的不是信息，而是注意力。"这种观点被形象地描述为"注意力经济"，也叫"眼球经济"。而成功的营销公关要创造的就是这种"注意力经济"，就像科特勒所说的，公关人员可以制造一些事件行动来制造新闻，或者设计一些独特活动，推出新颖的产品和服务，甚至故意引发一些争议，吸引媒体与公众的目光。

美国公关大师罗伯特·伍德曾经讲述他为伍尔沃思百货公司所做的一个名为"总裁擦皮鞋"的企划，那也是一个能引起公关人员深思的案例。

罗伯特·伍德在回忆起这件事时介绍道：伍尔沃思百货公司长期以来以一个自以为是、倔强傲慢的形象而著称。然而，他却知道，这个公司在它贵族式的外表背后有着真正的热情，所以他一直在想办法使这一真相广为人知。

一天，他很偶然地遇到了一个名叫迈克的可敬的老先生，这位老先生在伍尔沃思百货公司是一张熟面孔，他几十年来一直在伍尔沃思百货公司给人擦皮鞋。这个老人骄傲地说，整整 50 年，他就靠擦皮鞋养家糊口，而且，他还用这微薄的收入将两个孩子送进了大学。

伍德有了主意，他建议公司在办公大楼为这位老先生举行一个祝贺他在伍尔沃思公司工作满 50 周年的晚会。公司管理层看到了这个提议的价值所在，于是很快就批准了这个方案。报界和电视台也为这一消息所吸引，伍德有把握通过这次公关事件吸引大量的有利于公司的报道。

伍德在准备实行这一方案的过程中，有了一个更好的主意。他找到公司总裁鲍勃·柯克伍德，他说："柯克伍德先生，我可能会因此被解雇，但我还是愿意提个建议……我觉得如果你要是能在晚会上给迈克擦擦鞋的话，这将是个很好的举动。"

总裁目瞪口呆地盯着伍德，好半天都缓不过神来，但他很快就明白了伍德的用意所在，这个提议太精彩了。他点头，让伍德准备好鞋刷和鞋油。

于是，在为迈克举办的 50 周年晚会上，出现了大出人们意料的场景——这家公司的总裁给公司的擦鞋工擦皮鞋。随后，全国的报纸照片和电视屏幕上都再现了这一幕情景。伍尔沃思百货公司那种自大、傲慢的形象烟消云散了。

要改变一个公司长期以来给人留下的根深蒂固的印象，这绝非一件容易的事，甚至可以说是不可能完成的任务。而伍德却创造性地借助于一次特殊事件，以一场出色的营销公关，引来了媒体的聚焦，进而一举刷新了公司形象。

一般来讲，越是能引起人们注意的争议或议论，越能激发人们的好奇心，也越能吸引人们有意识的注意，越能驱使人们去主动认识、理解和记忆。企业的营销公关完全可以利用这一心理来"制造"争议，在争议中扩大产品与品牌的知名度，促进产品销售。

品牌危机管理：让公共关系走到危机的前面

管理危机的关键是能够让顾客看到公司迅速又真诚的反映。顾客能感觉到公司真的采取了非常认真的态度去对待这个事件。仅仅听听是不够的。营销管理者一定要能够应对品牌随时随地可能产生的各种类型的危机，让公共关系走到危机的前面。

——科特勒《营销管理》

“让公共关系走到危机的前面”，科特勒这句话的意思是指，企业应该要在危机爆发之前就做好预防措施，最好能够做到“防患于未然”。科特勒认为，一个企业在其发展过程中必然会经历许多危机，众多企业在危机过程中成长、成熟，或者衰退、消亡。现在我们耳熟能详的很多知名品牌其实都经历过导致严重衰退的品牌危机，都是从危机之中走出来的。像雀巢、星巴克、可口可乐、微软、亨氏、苹果，等等，它们不仅没有在危机中倒下，反而变得更加成熟和理性。

“千里之堤，溃于蚁穴。”企业的成败兴衰也许只因为一件不起眼的小事。再有实力的企业如果不重视细小的漏洞，也会自食恶果。在危机面前，企业反应的时间越晚，就越有可能让负面消息传播开去。更糟糕的是，如果企业未能在消费者心智中占据一定地位的话，那么危机一爆发，消费者很可能永久性地转向其他的品牌、其他的产品。所以说，在危机到来之前预防它，是化解危机的最好方法。

兵家贵在神速，企业经营也是如此。越是商誉卓著的名牌企业，对危机越要持谨慎态度。有时候，某一项决定也许会使自身受到损失，但公司暂时的损失会换来消费者长久的信赖，所以，及时对危机做出反应是必要的，危机的处理一定要从消费者的利益出发。

作为置身危机旋涡中的企业，如何将自身利益、公众利益和传媒公信力协调一致，在短时间内以最恰当的渠道传播给公众真实、客观的情况，挽回企业品牌的信誉，将企业损失降至最低，是企业危机公关至为关键的问题。

科特勒曾经说过这样一番话：“我觉得公关是一支笔。如果你有公开出版物，你可以做一系列的文章，应该多使用这样的方法，比如说每年赞助一些活动。还有就是利用新闻，参与一些社会支持活动，游说，社会投资等，这些都是非常好的步骤。”

SOHO掌门人潘石屹就做到了这一点，他处理危机的方式可以说是别具一格。

早年，潘石屹推出的将居住与工作合二为一的SOHO模式（小型办公、居家办公），曾经在房地产业激起千层浪，这个概念甚至遭到恶批，有人还曾撰文写下“SOHO、SOHO，你瞒谁?”SOHO模式刚刚出世，就差点淹没在这些批评与攻击之中。面对这样的负面新闻，潘石屹却不急不恼，他借力打力，大搞“危机公关”，把这些批评意见收集起来，编成了一本装裱精美的书出版，书名很赚人眼球，就叫《投诉潘石屹，批判现代城》，这一举动不仅震撼了公众，就连SOHO的攻击者和批评者们也大跌眼镜、惊诧不已。

一般来说，如果项目被众人批评，开发商往往对于批评的内容躲闪还来不及，但潘石屹却反其道而行，独辟蹊径，大肆张扬，竟收到了意想不到的轰动效果，这在业界传为美谈。SOHO 概念经过这么一炒，变得炙手可热，人尽皆知，SOHO 中国开发的项目也获得了巨大的商业成功。

在一些企业看来，似乎公关就只是帮企业做做宣传，或者在媒体上发发宣传文章，再不然，就是应酬往来、上下打点的行当。而至于说危机公关，那就更是可做可不做的。当这些企业遇到突发事件时，总想尽量大事化小，小事化了，能捂就捂，能避就避，将此作为最好的解决法则，殊不知在这个资讯高度发达的社会，任何事情都能透过媒介迅速传达到每一个受众面前，当受众想了解事情的真相却又难以得知时，就会出现各种各样的猜测，反而变成了欲盖弥彰，无事生非了。

现在的消费者越来越成熟，对企业社会责任的期望值也将越来越高，这意味着企业一旦遇到问题，就有可能发生危机。企业要想真正赢得消费者的信任，就要真正把为顾客服务的理念落到实处。既然危机不可避免，企业就应绷紧危机这根弦，防范危机，未雨绸缪，扭转危机，亡羊补牢。

美国的危机公关专家杰弗瑞·卡珀尼格若曾指出，当今社会最容易发生危机的 10 类企业中，有处于市场“第一品牌”的企业、迅速成长的企业和连锁企业等。这也就是说，高知名度带来的往往是高风险。因此，越是知名企业越要有危机意识，不能被目前的成功所麻痹，要及早制定危机公关计划，以便在危机出现时能够掌握主动，抓住机遇，渡过难关。越早意识到危机的存在，越早采取适当的行动，就越有可能控制事态的发展。

积极的口碑需要人为的管理和推进

从某些方面讲，积极的口碑是从小规模的广告宣传开始一点点积累起来的，但是更多情况下，积极的口碑还需要人为的管理和推进。

——科特勒《营销管理》

很多营销人员有这样一种观点，他们认为，口碑营销是消费者之间的信息传播，自己能够施加的影响是有限的。而事实并非如此，口碑营销就好比一场化学实验，这个实验本身能进行，只是反应较慢，转化率低，如果往其中加入催化剂，或者改变一些实验条件，那么，就能将转化率和反应速率都提上去。而企业一方及其营销人员就应该做这个投放催化剂的角色，要推动并引导口碑营销的传播。这就是科特勒所说的“积极的口碑还需要人为的管理和推进”的意思所在。

企业需要经历一个从口碑营销到营销口碑的提升和跨越。在信息较为闭塞的时期，口碑营销的概念更多的是指“做口碑”，也就是通过加强产品品质、价格等方面来获得用户的认可，从而在人们之间形成正面的口口相传的传播影响，“酒香不怕巷子深”就是这种口碑营销的体现。而现在，随着媒体与网络的不断发展，企业可以借助各种信息渠道和创造性的营销活动来营销口碑。

口碑行销的权威专家瑞吉斯·麦肯纳认为，口碑深具威力，因为它是活的、直接的、经验的、面对面的一个过程。口碑营销与传统的沟通方式之间存在的最大差异在于，信息来源的可信度。口碑之所以能发挥那么大的效力，最主要的原因就是它来自于确实可信的信息来源，例如朋友、家人、同事、权威专家，等等。而相形之下，当一个推销员或者企业自身对其产品大加称赞时，我们会对其所说的东西抱有一定的戒心与怀疑，不会不加考虑地全盘接纳。而如果是一个朋友来提供一些产品建议，我们很容易就会相信，这就是口碑的威力。

电影《海角七号》的导演并非名导，是个新人，演员也不是一线明星。这位导演没有什么知名度，也缺少资金，为了凑钱拍这部影片，他将自己的资产抵押出去，贷款3000多万，终于拍完了这部电影。但这时候，要再拿出大笔钱来做宣传推广，就已经不可能了。这个导演怎么做呢？他请了一万多人来免费观影，这个人数的影响面在中国台湾地区来说已经算不小了。这些观众看完影片后很多都被感动了，他们向身边人推荐这部影片，再加之各类媒体的推波助澜，影片的知名度大涨，吸引了一批批观众掏钱去电影院看。《海角七号》也因为这样的人气一举成名。

《海角七号》就是一个人为推进口碑传播的案例。这个案例对于那些缺乏推广资金的中小企业很有启发意义。

要管理并推进口碑营销，企业需要做好这样的几点：

第一，制造稀缺，引爆口碑。能够引发疯狂传播的信息必然有其独特之处。这条信息要足够酷，要有话题附着力，要有新鲜感和创意，这样才容易引爆流行，掀起一场口碑营销的风暴。像苹果公司，就很擅长营销口碑，它的产品总是限量供应，而话题却层出不穷，引得众多苹果粉丝为之疯狂。

第二，要整合营销传播。口碑营销的核心就在于“传播”，如果没有各种各样便利的传播途径与方式，那么，很难形成大面积传播的口碑。口碑营销需要整合广告、直复营销、公共关系、人员推广、促销等多种营销方式，发挥协同效应，才能使传播效果最大化。

第三，实施口碑奖励计划。天下没有免费的午餐，这个道理在口碑营销中同样适用。当企业给予消费者适当的奖励，例如优惠券、代金券、折扣、奖品，等等，那么，口碑营销进程会大大提速。比方说，当前火热的微博营销，很多企业在运用这一方式推广产品或服务时，会给予一些奖励。譬如，转发给多少个好友，就能参与抽奖，或者得到购物券，或者得到免费的样品等等，这样的奖励能够激励网友积极地转发传播。

第四，加强口碑引导，倾听用户声音。一千个人眼中有一千个哈姆雷特，企业当然希望口碑传播的都是利于企业的积极正面的信息，但在实际的口碑传播中，难免会出现企业不希望听到的声音。所以，监督并引导口碑是营销人员必须做好的工作。

需要注意的是，堵不如疏，屏蔽或者压制负面信息并不是最佳的解决之道，营销人员应该主动地去倾听用户的声音，收集消费者的口碑信息，找到产品服务的不足之处，处理消费者的投诉，降低消费者的抱怨，回答消费者的问题，引导消费者口碑向好的方向传播。

寻找意见领袖，激发口碑传播

意见领袖是指在一个参考群体里，因特殊技能、知识、人格和其他特质等因素而能对群体里的其他成员产生影响力的人。

——科特勒《科特勒市场营销教程》

科特勒指出，企业应努力争取“口碑领导者”或“意见领袖”的好感，他们可能是行业内的权威专家，或者是最具影响力的媒体，也可能是明星名人。意见领袖具有强大的影响力和号召力，因此，经他们传播的口碑，其威力要远远大于普通人的口碑传播效力。

在口碑网络中，意见领袖扮演了一个特别的角色，因为他能影响多数的采用者。找到了意见领袖，营销人员就不需要大费周章地将所有的信息传达给所有可能的消费者，而只需要锁定少数的几个意见领袖便可，传达信息给这些意见领袖，说服他们认同、支持甚至采用企业的产品与服务，并且促使他们推荐给他们能够影响到的其他人。

那么，到底什么样的人可以担当意见领袖的角色？有什么样的评判标准呢？传播学研究认为，社会接触越频繁的人越可能成为意见领袖。比如，对青少年来说，偶像歌手、艺人是他们心目中具有广泛影响力的意见领袖，此外还有学者、老师、企业家等。具体来说，要选择一位意见领袖，以下几类标准可作为参考：

一是习性相近原则。企业寻找意见领袖，是为了去吸引某一个目标群体。那么，这个意见领袖首先就应该是该群体所认同、所亲近的人物，他们之间应有着相似、相近的价值观和处世态度，这是第一条标准。

二是社会地位原则。通常而言，意见领袖的社会地位要比其影响的群体略高一些，但不会高出太多。这种略高一筹的地位差异，既不会使意见领袖离群体太远，又能让其在说服他人时更有力量。

三是教育程度原则。在很多情况下，意见领袖是受教育程度较高的某个领域的专家甚至是权威，他们获取信息的渠道更为多元，也更加全面，在专业度上有足够的说服力。

四是信用原则。与企业所派出的营销人员或推销人员不同的是，意见领袖往往处在中立的立场，他们并不代表某个特定的企业的利益，他们更多地会站在目标群体的立场，享有良好的信用，正因此，他们更能够赢得目标群体的信任。

五是创新原则。意见领袖的创新能力并不表现为他们能够创造新产品或类似的东西，而在于他们能根据自己的经验、常识来把握新的消费机会，而比较少受现有的消费习惯影响。可以说，意见领袖往往是引领时尚或潮流的人物，他们敢于做“第一个吃螃蟹的人”。

星巴克在打入某个陌生的城市开设第一家店时，会列一张当地颇具影响力的贵宾人选的名单，这其中可能会包括星巴克员工的朋友和家人、当地的持股人、享受过邮购服务的顾客、潜在顾客的代表，还有星巴克慈善事业的支持者等。在即将开业的那段日子里，它会举办一系列活动，会邀请当地记者、评论家和厨师免费品尝自己的产品；还会举行庆典聚会，邀请当地有影响力的组织参加，并举行产品赠送活动等。通过这些铺垫与努力，星巴克能够迅速获得当地中上层人士以及关键人物的认同，它的名声也就可以迅速传播开来，为新店的开张打好基础。

星巴克的这种口碑营销方式可以推而广之，如果你是销售汽车的，那么可以邀请汽车专业媒体的记者来试驾一番，通过他们图文并茂的报道来传播产品信息，便可以较高的可信度征服消费者；如果企业的产品主要消费人群是青年学生，那么可以找到班上学习成绩最好的学生或者班长、班主任来体验产品，让他们发布自己的使用心得、体会，从而影响更多的学生，这也是为什么很多补脑、益智还有学习教辅类的产品喜欢找高考状元来代言的原因所在。

这样的例子不胜枚举，每个人都生活在圈子中，每个圈子中也都有一个最有分量的意见领袖。而营销人员的工作就是要找到这个意见领袖，从而让口碑营销传播更加迅速、更具效力。

社交网络已成为重要的口碑营销力量

一些社交网络，如 MySpace 和 Facebook，已经变成了一种重要的力量，无论是企业对消费者，还是企业对企业的营销活动，社交网络都产生了重要的影响。社交网络中一个重要的特点就是口碑以及不同的群体沟通和交流的次数以及内容。

——科特勒 2011 年《21 世纪》采访

2011 年 6 月，科特勒出席在中国举办的 GMC 制造商联盟“引领中国制造营销革命”活动时，曾经说过：“社会化网络营销是一个营销趋势，如 Facebook、Twitter 等社会化网络工具，他们甚至有改变社会的能力。中国是社会化网络营销的巨大市场，蕴藏了巨大的商业价值和机会，很多企业都正在瞄准这个市场。中国企业应该利用对本土市场的认识，抢占先机。有些中国企业已经在网络营销方面占据了很大优势，采取了有效行动。我建议中国企业能够结合自身的企业需求，选择合适的媒体进行营销，这样会事半功倍。”

互联网时代的到来成为网络口碑营销产生的大背景，每一个消费者都可以变被动为主动，拥有更多的发言权，消费者之间的经验传授、使用感受分享等都可以影响另一批消费者，逐渐形成一个庞大的消费群体。通过社交网络，用户可以通过建立个人资料页面来认识具有相似爱好或背景的人，同时与已认识的人保持联系，交流彼此的信息和观点。从本质上讲，社交网络就是一个人与人之间交往互动的平台，用户之间良好的参与性、分享性、互动性使之具备了传统互联网所无法比拟的传播效果，彻底改变了用户获取信息、交流信息的方式。

现在的消费者在购买一些金额较大、较为复杂的产品时，网络已经成了必不可少的信息渠道。有研究报告显示，网上社区网友的意见在购买行为影响因素中位居第一，成为影响网民购买行为的第一因素。

那么，如何选择社交网络，如何构建社区，如何借助社交网络来实现口碑营销呢？这需要企业把握好这样几点：

第一步是观察，观察目标群体通常聚集于哪些社交网络，他们在谈论什么，对公司、产品以及主要的竞争者都作何评论，哪个同类品牌正越来越流行，等等。

第二步是评估平台，企业所选定的社交网络是否有足够的目标用户，是否有足够的影响力，活跃程度如何，等等，这些都是需要企业加以评估的。

第三步是构建社区。要构建一个社区，就必须先凝聚起一个核心群体，这个群体愿意谈论这家企业及其产品，以及企业的前景和未来的发展策略，等等。

第四步是引发参与。引发参与的关键就是要有一个好的内容，一个能够触动社区人群神经的好内容，围绕这个好内容，营销人员再加以引导和推进，促成口碑营销的传播。

第五步是提升。对一个社交网络来说，用户体验是相当重要的，如果没有优质的体验，那么，用户会迅速地流失、转移。所以，企业必须不断地提升用户体验，在网站上加入新的内容，对其进行变革、创新，使之更便捷、更实用、更友好、更有益和更有趣。

社交网络的核心价值是人与人之间的关系。这种紧密的关系使得用户之间相互信任、共享信息、相互影响消费决策。通过社交网络来开展营销活动，可以将营销信息渗透到用户的人际关系网络中，使每个用户都成为品牌口碑的传播者，从而以较低的成本达到口碑传播的最佳效果。

口碑营销对于小规模公司特别有效

口碑对于那些小规模的公司显得特别有效，因为这些小企业与顾客之间更多地体现为私人关系。

——科特勒《营销管理》

科特勒认为，口碑营销对小规模的企业特别有益。小企业在宣传推广方面，缺乏大企业那样的投入力度。它们想打开知名度，但传统媒体的广告费极其昂贵，因此，小企业往往只能采用费用较低廉的方式宣传自己，比如散发传单、自己上网发布信息，或者在收费不那么昂贵的报纸期刊上宣传自己。但这些方式往往很难得到消费者的喜欢，甚至会引发强烈的排拒心理，效果自然也就大打折扣。

有的小企业认为，口碑营销跟广告一样，是大企业才“玩得转”的，但实际上，在口碑营销上，小企业反而还略占优势一些。就像科特勒所说的，小企业与顾客之间存在着一种大企业很难拥有的私人关系。小企业与顾客之间的联系更加紧密，在每一位顾客身上也可以倾注更多的精力和心血，并以这种方式扎扎实实地经营好每一位顾客，从而形成良好的口碑传播。

大投入的广告的确可以在短时间内提高知名度，但良好的口碑却可以让企业保持长久的美誉度。广告一旦停止，就好比被截了流，产品的人气和热度就可能慢慢下降，但口碑却会始终流传于人们的心里和嘴上。所以说，小企业即使拿不出大笔的预算来投放广告，也完全可以通过口碑营销来宣传和推广自己的品牌和产品。

小企业进行口碑营销，可以采用就近原则，从最熟悉的市场和地域做起，因为这些地方的消费者对企业和产品有较多的理解，也就更能保证口碑的真实性与有效性，才能在传播上更有可信度和美誉度。具体而言，需要注意这样几点：

第一，从最亲信的朋友开始。口碑营销真正展开之前，营销人员可以先试着说服身边最要好的朋友来购买或使用企业的产品或服务。口碑本身就是一个在信任的人之间一次一次传递产品信息的过程，如果正面的产品信息在营销人员与其朋友之间都无法顺畅地传递，那么又怎么指望它们会通过口碑的形式在更大的范围内被广泛传播呢?

第二，选择多样化的口碑传播渠道。口碑营销是消费者或谈论者主动通过网络、人际交往、线下活动等多种渠道实现，可以为企业节省大量传播成本。只要是消费者出现的地方，企业都可以进行口碑渗透，像门户网站、论坛、BBS、博客等网络平台，它们如同一个集市，聚集了大量活跃的、希望交流或者搜寻信息的消费者，企业要做的就是在这些“集市”上建立一个正向口碑的扩音器，从而达到营销目的。

第三，借助老客户的人脉网络。与大企业相比，小企业所拥有的客户人数要少很多，但是与客户之间的关系却往往较为紧密，因此，小企业可以借助于老客户的人脉网络，发动老客户群体帮助企业进行口碑宣传，相对应地，企业可以给老客户实行一些奖励计划，以激发其传播的热情。

第四，口碑营销重在坚持。口碑的传播是需要时间和耐性的。我们可以看到，有的企业在刚开始进行口碑营销时，往往抱着很大的热忱，积极地通过各种途径推动口碑的传播，但是，时间久了，尤其是当看不到口碑营销带来显著的效果之后，企业就很可能产生挫败感，进而放松对口碑的管理和推进，导致功亏一篑。这样的状态与心态是不可取的。小企业要把口碑做起来，本身就不是一件容易的事情，企业要做好打持久战的准备。

病毒式营销：鼓励公众在线传播和交换产品信息

病毒式营销是口碑的另一种形式，可以称之为“鼠碑行销”，鼓励消费者到其他的网站上宣传其公司的产品、服务或者一切相关的音频、视频以及文字信息等。

——科特勒《科特勒市场营销教程》

病毒式营销是一种较为特别的口碑营销。它的特别之处就在于它是一种主要以网络为载体的，令人上瘾的、自动传播的“鼠碑行销”。病毒式营销通过类似计算机病毒一般的传播方式，也就是自我复制的病毒式传播过程，利用社交网络去提升品牌知名度或者达到其他的市场营销目的。

大众媒体发布广告的营销方式一般是“一点对多点”的辐射状传播，企业难以确定广告信息是否真正到达了目标受众。而病毒式营销则是自发的、扩张性的信息推广，它并非均衡地、同时地、无分别地传给社会上每一个人，而是通过类似于人际传播和群体传播的网络与渠道来传递信息。

“杜甫很忙”就是一个病毒式营销的案例，它从微博爆红，成为人们茶余饭后的热点话题。“杜甫很忙”其实就是网友以自己的创意和巧思，将杜甫的画像添添改改，改成各种造型、各种模样，时而手扛机枪，时而挥刀切瓜，时而身骑白马，时而脚踏摩托，让人看了忍不住发笑，又不得不为其中的创意所折服。就是这样一系列的涂鸦，在网络上可以说是全面爆红。

我们可以简单分析一下“杜甫很忙”为什么会迅速红起来，第一个原因，杜甫是知名人物，对他的形象进行的加工，很容易引起人们的关注；第二个原因，带有恶搞、诙谐意味的图文在网络上总是很惹人注意，尤其是对作为网络主力军的年轻人来说，看到学生时代课本里中规中矩的杜甫被改造成现代、摩登而且幽默的新形象时，在会心一笑的同时，难免会勾起怀旧心理；第三个原因，“杜甫很忙”系列的涂鸦，创作起来并不难，只要稍有功底，都能拿着杜甫的画像，按照自己的奇思妙想画出来，这种简单易行、可供分享的创作形式，能让每一个“围观者”都参与其中，享乐其中。这些大概就是“杜甫很忙”吸引无数眼球的主要原因，同时，也是病毒营销能够发挥巨大威力的原因所在。能够在短时间内迅速传播的病毒营销，往往也具有这些特点——社会热点事件，诙谐有趣，吸引力强，能让人充分参与其中并分享，能触及某个大群体的心理，等等。

世界上最大的免费电子邮件服务提供商 Hotmail 就是通过病毒式营销迅速获取用户的。

Hotmail 采用的营销方式很简单，它总是在邮件的结尾处附上一句“现在就获取您的 Hotmail 免费信箱”的链接。这样一来，每个用户在发出每一封邮件时，都等于是充当了 Hotmail 免费推广员，并且是朋友间的值得信任的推广员。几乎不需要花费多少营销费用，Hotmail 就实现了无法想象的用户增长。它在一年之内实现了从 50 万用户到 1200 万用户的疯狂增长，而且那还是在 1997 年，它也因此被尊为网络病毒式营销的鼻祖。

病毒式营销，并不是真的以传播病毒的方式开展营销，而是通过用户的口碑宣传网络，信息像病毒一样传播和扩散，利用快速复制的方式传向数以千计、数以百万计的受众。它的过程简单地说，其实就是制造一个有足够“传染力”的传播亮点，设计一个好的营销方案，然后放手让人们去传播。它可以通过网络，用低廉的费用实现高效的传播。病毒式营销往往以社区中一群经过精心挑选过的流行爱好者为目标，他们喜欢用电话或者互联网来交流传播有关产品、事件或者服务的信息，将具备“传染力”的信息通过他们散播出去，往往能收到很好的传播效果。

第5章

直复营销与互动营销：去除中间环节，让沟通无间

直复营销，直接面向单一的目标顾客

直复营销是一种直接在公司和消费者之间建立产品和服务销售的渠道，而省去了中间环节销售人员的销售方式。直复营销人员使用多种形式的渠道，直接接触到单一目标顾客。

——科特勒《营销管理》

直复营销，顾名思义，就是企业省去中间环节，直接与消费者建立联系，直接接触到每一个目标顾客。直复营销常通过直邮、目录、电话、电视、报纸、网站和移动装置等途径实现与顾客的直接沟通和交流。

直复营销其实并不是一个新鲜的概念与模式。可以说，自打有交易开始，直复营销就存在了。从某种层面上说，直复营销堪称是最原始的营销手法。现在，直复营销已经成了当前增长最快的营销方式之一，尤其是在与传统的市场销售与日俱增的高成本相比之下，直复营销效果明显。通过直复营销的传统手段与顾客进行沟通，销售量能够有迅速的增长。

直复营销能在一对一互动的基础上直接与顾客交流。无论是把直复营销作为完整的商业模式使用，还是作为一个更广泛的营销组合的补充，直复营销都会给购买者和企业带来许多好处。

直复营销中的电子邮件营销在很多人看来是一种有些过气的营销方式，用户对广告邮件越来越排斥，促销、广告性质的电子邮件打开率如果能达到3%～5%就算很成功了。但是也有例外，在国外，有两家互联网巨头的邮件营销尤其成功，可以说是登峰造极。一家是世界上最令人瞩目的团购巨头Groupon，一家是全球在线旅游巨头Travelzoo。其中的Groupon拥有多达1.15亿的订阅用户，其邮件打开率达到了惊人的66%。Travelzoo的订阅用户为2400万，虽然它没有公开邮件打开率这一核心数据，但是从全球2000多家旅游商户都争相与其合作来看，它的电子邮件营销做得定然也是相当有成效。

Groupon 和 Travelzoo 的商业模式并不复杂，这两家公司都是帮助商家向消费者提供特惠产品或服务的折扣信息的第三方平台，只是在具体的运作模式上有各自的特点。

Groupon 的一个独特优势是对于各类特惠商品能做出非凡的描绘。它从来不接受合作的商家所提供的商品描述，而是坚持一种语不惊人死不休的态度，努力创造出了一种独特的 Groupon 风格，它拥有一个庞大的写作和编辑团队，这支有着音乐家、诗人、演员、记者等背景的编辑策划团队，就像一个时尚生活杂志的编辑室，融合创意、广告、编辑于一体。他们每天绞尽脑汁，给即将出笼的特惠套餐进行语言提炼，给每一个团购项目增添色彩，使之带有一点文艺范与幽默感，由此来刺激用户打开并阅读邮件的兴趣。Groupon 的邮件虽然是不折不扣的广告，可是它以简短、幽默和夺人眼球的标题，以趣味性、可读性俱佳的文案，以毫无陈腐老套商业气息的风格，让用户忍不住点开阅读，继而从中去选择自己爱好的美容、温泉、度假、餐饮等产品和服务。

Travelzoo 同样也是靠邮件营销打遍天下，这家公司扎根于旅游市场，其主打产品叫“Top20”，它每周三定期向用户发送一封邮件，邮件中包含当地 20 条限时的超值的旅游情报，以及来自世界各地酒店、航空公司、旅行社等方面的限时优惠旅行套餐。与 Groupon 不同的是，Travelzoo 的邮件不追求图文并茂和炫酷效果，只有文字介绍，而且标题永远是“本周 Travelzoo Top20 精品推荐”，正文是最简单的文本设计，不配图片，格式固定，极其简约。这反而体现出了邮件营销的真谛，也形成了 Travelzoo 的独特风格，简单而固定的版式，可以让用户形成习惯，因为 Travelzoo 的用户关心的并不是邮件形式，而是有哪些超值的旅游套餐可供选用，而且无论是用电脑，还是用手机去打开 Travelzoo 的邮件，因为是没有图片的文本邮件，所以打开非常迅速便捷，Travelzoo 的这一招很厉害，它确保了邮件打开率。

Groupon 和 Travelzoo 已经形成了一种直复营销的马太效应：庞大的用户基础，邮件的高打开率和点击率，促销信息精准而有效地到达，而后形成规模化的销售转化率，以及高度的用户忠诚，而这些又能让 Groupon 和 Travelzoo 在商户面前更有话语权，从而让商家给出更大幅度的让利优惠，进而获得更多的客户。这是一个良性的循环。

从表面而言，直复式营销与传统营销相比，似乎只是推广媒介与渠道的不同，企业更多地通过邮件或销售电话、电视购物广告等与消费者发生联系。而实际上，更本质的东西在于消费者与竞争对手看不到的后台，那就是庞大而翔实的用户数据与营销数据，还有与用户之间紧密的互动和联系。这些才是直复营销的精髓所在。

直复营销能更准确、及时地满足顾客需求

直复营销人员可以针对每个客户，进行用户化和个人化的信息沟通，建立持续性的关系。直复营销能够准确地、及时地满足顾客的某些方面的需求，并且会带来更多方面的惊喜。

——科特勒《营销管理》

科特勒认为，直复营销拿走了企业与顾客之间的中间环节，实现了企业与顾客之

间的直接接触和交流，这使得企业的营销人员可以更准确、及时地把握并满足顾客的需求，并制造更多的惊喜。

直复营销往往以庞大的数据库为基础，一个好的客户数据库是高效直销的前提保证，客户数据库会包括很多的信息，在这个数据库中，记录着关于顾客的详细信息：姓名、年龄、职业、教育背景、工作背景，甚至是不是左撇子，有几个孩子，爱好什么，等等。数据库中的这些数据可帮助企业来确定潜在客户，还可以帮助企业改进、升级产品与服务，从而不断精准地满足顾客需求。营销人员可以清楚地了解自己的每一个顾客，并且能够为每一个顾客提供定制化、个性化的产品和信息，他们基于自身丰富的营销知识还能够为每一位有价值的顾客制定终生客户营销计划。

《哈佛商业评论》是哈佛商学院主办的一本管理杂志，2002年它将内容独家授权给国内的《哈佛商业评论》杂志，其新杂志定价70元，读者定位是企业的高级管理人员。

如此之高的价格和定位决定了《哈佛商业评论》难以适用普通杂志零售为主的发行模式，《哈佛商业评论》的发行主要靠订阅，而除了直复营销，它没有更好的推广办法。

直复营销的第一步便是要找到目标客户群体的名单。这一点，《哈佛商业评论》在美国不存在多大的困难，因为在美国，个人名址很多是公开的，通过数据租赁公司就可以向目标客户发送产品推广的信函，但这一点，在中国却很难办到。搜集私人信息，向私人名址发送广告邮件，这很容易引发隐私保护方面的纷争，而且要找到具有职位、年龄、收入等充分信息量的客户详细资料并不是一件容易的事。

那么，《哈佛商业评论》是如何做的呢？它的做法是找到潜在读者比较集中的机构，像商学院、企业家协会等机构，以合作的形式参与到各种活动中，直接接触到目标读者群，获得相关资料。在得到客户资料之后，再存入数据库中，然后进行邮件推广，提供针对性的服务。比如，如果某个客户在金融业工作，那么，《哈佛商业评论》会在推广邮件中放上一些与金融相关的文章；如果客户所在的企业正准备上市，那么，《哈佛商业评论》会在邮件中添加与上市相关的一些文章。此外《哈佛商业评论》还设有专门的呼叫中心，以便及时处理客户的订单和进行一对一的沟通。

《哈佛商业评论》所采取的直复营销举措收到了立竿见影的成效，其发行量在短短两年内就做到近8万册。

从上面这个案例中，可以看出直复营销的一些特点：

第一是对数据库的依赖性，通过建立数据库，企业可以选出其目标顾客，并加深了解，丰富的信息可作为直复营销活动运行和反馈的依据。

第二是精准性，正是有了数据库的支持，营销人员对顾客各方面的了解更多，也就更能把握准顾客的需求，从而提供更有针对性的产品和服务。

第三是直接反应性，直复营销大多采用能直接引起目标顾客反应的各种媒介，如电话、网络、邮件等，使得顾客接受这些信息之后可以立即作出实质性的反应，形成直复营销者与目标顾客强烈的互动性。

第四是效果易测量，直复营销人员可以通过顾客回复的信息确切地知道何种交流方式使目标顾客产生了反应行为，并且能知道顾客具体是什么样的反应，此外，在每一种直复营销方式上投入了多少成本，收到了多少回报，也可以估算得出来。

最常见的几类直复营销渠道

直复营销的主要渠道包括：面对面推销、直邮、产品目录营销、电话营销、电视、自动售货亭、网站和移动设备等。

——科特勒《营销管理》

随着信息技术的快速发展和信用体系的不断完善，直复营销得到了空前的发展，而且，现代生活节奏不断加快，消费者也越来越青睐这种便利、快捷、省事的营销方式。在电话、电视以及互联网等全面普及之后，直复营销的形式变得越来越丰富。常见的直复营销形式主要有：

一是面对面推销。现在很多企业绝大部分的销售活动都是通过人与人、面对面的形式进行的，通过这种面对面推销，营销人员与客户之间可以进行直接的沟通和交流，有问题可以及时得到解决和处理，能够有效地推进销售。经验丰富的销售人员可以为企业带来巨大的销售额，形成强大的竞争力。

二是直接邮寄营销。直邮是指营销人员将信函、样品、优惠券、邀请券或者广告等直接寄给精心筛选出来的目标顾客的营销过程。在邮寄的时候，营销人员应注意名单的重复，以免同一份邮寄品两次以上寄给同一顾客，给人留下垃圾邮件的印象，引起反感。

三是目录营销。营销人员给目标顾客邮寄目录，或者提供目录随时供顾客索取。有的企业会寄发全线产品的目录，有的则发出有针对性的客户产品目录或者商务用产品目录。这些目录通常印刷成册子，有时也会做成光盘、录像或者电子版形式。

目录营销适用于很多产品类别，像服装、饰品、家庭用具、食品、日用品，等等。目录中往往会包含各种商品的图片以及品质、规格和用途的说明，信息量大，利于顾客进行比较和选择。还有一类专题性的目录，与综合目录不同，专题性目录一般包罗了同一类商品的各种规格和品牌，对于消费者的需要更具有针对性。

美国《直复营销》杂志曾统计出一组数据：女性比男性更偏爱目录营销，25～54岁年龄阶段的消费者占相当大的比重，目录购买者往往显得更能融入时尚。

四是电话营销。电话推销是使用电话和呼叫中心服务向目标顾客介绍产品，吸引并使目标顾客产生对产品的兴趣，为顾客提供订单服务，并且回答客户提出的各种问题。电话推销方式帮助公司提高销售量，降低销售成本，并且提高了顾客满意度。营销人员可以通过电话向目标顾客进行营销活动。但现在很多的消费者对电话营销有强烈排拒心理，这给营销人员的工作带来了很大的困难和挑战。

五是电视营销。企业可以通过电视来介绍产品，或者赞助某个推销商品的专题节目，开展营销活动。现在电视可以说是普及最广的媒介，虽然在网络普及之后被分流了很大一部分，但是电视仍然拥有广大的受众。通过电视营销，企业可以更好地展现产品的价值与特色，吸引顾客购买。

六是网络营销和其他移动设备。营销人员可以通过互联网、传真、手机等载体来开展营销活动。电子商务的蓬勃发展、网络购物的兴盛不衰、消费者对网络的高度依赖，这些都是企业开展网络营销的有利条件。现在的消费者离不开三块屏幕，电视屏幕、电脑屏幕、手机屏幕，要吸引目标消费者，企业就应该在这“三块屏幕”上做好文章。

直复营销遭遇的公共和道德问题

直复营销人员和顾客之间良好的关系，是需要双方的相互回报来共同维持的。但是偶尔也会出现一些消极、阴暗的影响。

——科特勒《科特勒市场营销教程》

科特勒提醒企业，在进行直复营销的同时，也要看到直复营销存在的负面影响，要防止直复营销给消费者带来不愉快的经历和体验。直复营销人员通常情况下能和顾客共同营造一种于双方都有利的关系，但是，偶尔也会有不愉快的情况，会造成一些负面的影响。这主要体现在对顾客造成骚扰、侵犯顾客隐私、欺骗和欺诈等。

一是对顾客造成骚扰。现在越来越多的企业认识到，直复营销之下的销售正在愈演愈烈，并且有的已经泛滥成为一种硬式销售，成了一种让顾客避之不及、不堪其扰的东西。有的消费者不喜欢直复营销者在电视上专门的商业节目中所作的广告，认为那些广告又吵又费时间，还带有很强的欺诈性。他们对于用餐时间或者晚间打来的陌生直销电话也缺乏好感，尤其是当一个未接受过良好培训的销售员或者一个冷冰冰的自动化电脑录音系统打来直销电话时，更会激起顾客的不悦、反感甚至是愤怒。

二是侵犯顾客隐私。侵犯顾客隐私这一问题大概是困扰直复营销模式的最为棘手的难题了。直复营销的出发点就是顾客信息，而这些信息如何获取，如何保存，如何使用，如何保证其安全和不被滥用，这已经不仅仅是顾客所关心的问题，而是一个社会话题了。顾客的姓名、地址、电话、背景资料、购物习惯，等等，这些个人隐私的信息被录入企业的数据库中，虽然顾客可以从这种数据库中得到某些好处——他们可以收到更多与自己的兴趣爱好以及需求相吻合的产品及服务信息，但是，很显然地，他们更担心自己的隐私和安全。当接到莫名其妙到来的产品推广信息或电话、邮件时，顾客的恼怒与担忧要远远超过获得信息的喜悦。所以说，企业开展直复营销，就必须先想好如何应对顾客对于侵犯隐私的质疑和抗拒，既要利用好顾客的信息，更要充分尊重并保护好顾客的隐私。

三是欺骗和欺诈。有的直复营销人员为了把顾客吸引过来，争得最佳的营销效果，不惜弄虚作假，他们夸大产品的性能和价值，故意虚报价格，甚至伪造一些荣誉证书与奖章等。这样的事件屡见不鲜。这种欺骗与欺诈不仅伤害顾客的利益，更伤及顾客的感情，严重的情况下，还会受到相关部门的严厉处罚，使企业的品牌和名誉扫地，这样的直复营销是不道德的，也是得不偿失的。

以电视购物为例，不少频道在较为冷清的时段都会冒出大量的电视购物广告——“只要 998 元，免费上网 20 年，再送价值 4999 元笔记本电脑，货到付款，包退包换!”

"使用我们的瘦身产品，半个月瘦下 20 斤，不是天方夜谭，帮您找回自信!"诸如此类，亢奋而煽情的产品宣传，无限夸大产品功效，以低到超乎想象的价格吸引观众，这样的电视购物广告抓住消费者贪图便宜、急于求成的心理，通过拍摄技巧、电脑特效等手段制作出虚假画面，诱惑消费者中招。很多购买者投诉反映，收到的产品实物，使用起来的效果与性能和电视广告所宣传的大相径庭。而且，最令人觉得可恨的是，这些厂家一般都是在不同时节推出不同产品，打一枪换一个地方，换一个招牌，产品能卖出就是赚。很多消费者都吃了这些虚假广告的苦头。正是这些无良的商家，给整个行业抹了黑，也给直复营销这种模式抹了黑，造成了消费者信任感和安全感的缺失。

这几大问题是每一家从事直复营销的企业不得不面对的，如果对这些问题置之不理的话，将会引起越来越严重的消费者的反感和不断下降的信任度，还会导致地区乃至整个国家加强立法对直复营销活动加以严格的约束。所以说，直复营销者必须严格地约束自己，维护好消费者的信任，这样才可能凭借这种模式创造出营销佳绩。

互动营销，在线沟通，更具交互性与个性化

互动式营销通过网站、在线广告、促销和其他方式，为营销人员提供了获得更为互动和个性化的机会。

——科特勒《科特勒市场营销教程》

科特勒曾经说过这样一番话，他说，化妆品行业的先锋雅诗兰黛创始人曾经提起，她通过三种沟通方式使自己的生意做到了数百万美元的规模：电话、电报和交谈，但是如果用现代环境和理念来看，她也必须加上网络。科特勒认为，互联网为营销人员和顾客提供了更多的互动和个性化的机会。现在，如果缺少了网络，那么没有几个营销计划可以顺利完成。

互动式营销就是一种通过网络、在线广告、促销等方式来与顾客互动的营销方法。互动营销创造的利益是独一无二的。企业可以通过发送能够反映并满足顾客兴趣和行为的定制化信息来赢得顾客。

我们可以看一个雀巢"笨 NANA"的互动营销案例。

"笨 NANA"是雀巢于 2011 年推出的一款冰激凌，售价 3 元。这款冰激凌与众不同之处在于，它很像香蕉，黄色外皮可以像香蕉一样剥开，剥开后里面是牛奶雪条，外皮的口感与果冻接近，也可以吃掉。如果从口味来说，这种冰激凌并无稀奇，其独特卖点在于吃的时候比普通冰激凌多了一个"剥开"的动作。

"笨 NANA"推出不到三个月，微博、SNS 等社交媒体就吸引了上百万人讨论这款冰激凌，有哪些有趣的吃法，去哪里购买，味道如何等等。比如"史上第一支可以剥开吃的冰棍"、"吃香蕉不吐香蕉皮"、"心急吃不了笨 NANA"，"有一种崩溃叫买不到笨 NANA……有一种甜蜜叫今年我们一起追的笨 NANA"等趣味性的评价被大量转发。

社交媒体的热议，迅速且直接地拉高了雀巢这款新产品的销量，上市两个月不到，"笨 NANA"就已经成为雀巢大中华区销售排名第二的单品，仅次于已经推出七八年的

老产品“八次方”冰激凌。

“笨NANA”所获得的高关注率，并不是“意外走红”，而是精心策划的结果。从计划把“笨NANA”引入中国那天起，雀巢就已经决定，改变以往冰淇淋产品大肆砸钱做电视广告的营销策略，替之以成本低得多的更强调与用户互动的新营销模式。雀巢发现，中国的年轻人几乎都是互联网、手机用户，他们喜欢谈论新鲜事物，并且尤其相信口碑传播，他们花费在传统电视频道上的时间已经越来越少。而雀巢“笨NA-NA”的“剥开”，可以满足年轻人追求新鲜、好玩、时尚，并且乐于分享的消费心理。雀巢希望借助于网络互动营销让晒“笨NANA”成为一种新时尚，让广大用户成为雀巢“笨NANA”的代言人。而从市场表现来看，“笨NANA”的确成功做到了这一点。

从“笨NANA”的这个案例中，我们可以得出互动营销的一些关键的要素：

第一个是便捷易操作。互动营销就是要让用户很方便地参与其中，融入其中，如果要经过复杂的过程与很高的难度才能参与，那么用户参与互动的概率与热情都会降好几个层次。特别是对网民而言，惰性更大，如果要让他们先注册、再参与冗长的调查，然后再提出申请等等，那他们很难提得起兴致走完这整个的流程。互动营销一定要简洁、简单，这样才能吸引更多人参与。像“笨NANA”之所以能吸引百万、千万的网友热议，就是因为它的吃法虽然简单，可着实有趣，任何人只要将自己的吃法、吃相发布到微博上，就可能引来众网友围观、捧场。

第二个要素是要注重体验。互动营销从根本上而言，就是基于用户体验的营销。如果没有良好的用户体验，那么，用户根本就不大可能会帮助企业去传播。像“笨NANA”，它的确给人们带来了甜美的口感和有趣的创意，所以人们才会愿意去传播它。

第三个要素是利益。如果用户在参与互动的同时，还能获得一些额外的奖励与利益，那么，他们会有更大的热情和兴趣。比方说企业可以进行有奖调查，开展产品的免费试用等等，这样做能够大大提升互动营销的效果。

企业应该紧跟潮流，选择最佳互动营销方式

公司需要选择究竟哪类互动式营销手段，既满足成本有效性，又能够达到沟通和销售的目标。

——科特勒《科特勒市场营销教程》

互动营销的方式很多，比方说，公司网站、社交网站、电子邮件，等等。互联网络为互动营销提供了一个广阔的平台，随着网络技术、模式的不断发展和创新，互动营销也有了更大的施展空间和更多的施展方式。传统的网络营销模式在网络应用创新的冲击下发生了极大的变迁，基于论坛BBS、博客、SNS（社交网站）、微博等社交平台的互动营销模式，凭借庞大的用户资源和使用黏性等优势，逐渐成了企业营销的新宠。

就拿当下备受关注的社交网站来说，这就是很多企业正在积极尝试的一种新营销方式。早在2010年发布的《中国网民社交网站应用研究报告》中，就有这样一组数

据，中国社交网站的用户规模达 2.35 亿人，活跃用户规模约为 1.5 亿人，社交网站在网民中的使用率达 51.4%。在 2009 年的时候，就有 63%的广告主将他们的很大一部分预算全部挪到了社交网站上。

社交网络已经或者说正在引领一场营销革命。不同行业、不同类型，B2B 或 B2C 的企业，都能找到与社交网络嫁接的点。只要企业的创造力和想象力足够丰富，那么社交网络甚至可以成为无所不能的营销平台。

比如，一位旅客因为天气原因不得不滞留机场，他很无奈地在微博上吐槽“天气糟糕，飞机延误，今晚滞留某某机场，不知该如何度过”，他发布微博本是为了打发无聊的时间，但是不到两三分钟，立刻就有机场附近的某个酒店的微博关注他，并回复他：“先生，您好，我们是某某酒店，得知您的飞机延误，我们为您感到抱歉。我们酒店距离机场 20 分钟车程，我们已经为您预备好了一间客房，您可以享受八折优惠。您可以拨打电话××××确认入住信息，我们会立刻派车去机场接您。”

这就是一个典型的依靠社交网络进行有效营销的出色案例。如果你是这位旅客，你不为这家酒店的服务所打动吗？你难道不想入住吗？而这家酒店为了争取这个顾客，付出的营销成本极其低，几乎为零。这足以显示出这种营销模式的魅力。

再看一个优衣库的案例。在生活中，排队，尤其是排长队，那是一件让人无比厌烦的事情，可是优衣库却联手社交网站人人网借助互动营销，将排队变成了一件趣事，变成了一种营销利器。

2010 年 12 月，优衣库在人人网上推出了一个名为“Uniqlo lucky line”的网上排队小游戏。这款小游戏有着时尚的卡通界面和诱人的糖果色，用户只需登录人人网，就可以在优衣库的虚拟店面前排起一串长长的队伍等着抽奖。

在奖项设置上，优衣库做了精心准备，它为参加排队游戏的用户提供了随机抽取的满 300 元打 9 折的优惠券。为了激励用户及时消费，优惠券上还印着日期，两日内消费有效。另外，对于排到 888、8888、88888 等幸运数字，以及排到 50 万、100 万、150 万等特殊位段的用户，优衣库会提供特别的衣服奖品，甚至还有 20 件摇粒绒衣服大礼包相赠。每隔 7 天，优衣库还会送出一台 iPhone 或者 iPad 大奖。

在这个排队游戏里，你会走过长长的队伍，队伍里或许还会有你在人人网里的好朋友，你可以跟他打声招呼或者交流一下中奖的信息。当轮到你抽奖的时候，游戏会立即告诉你是否中奖。如果两手落空了也没关系，因为 5 分钟后又可以再去排队，而且可以一遍遍这样每 5 分钟排一次队地重复下去，直到你中奖为止。9 折优惠券的机会几乎人人有份，这些都为排队者提供了源源不断的动力。这几类奖项的目的都是尽量使参与者保持持续的热情，而中奖率最高的九折优惠券既能让参与者不会空手而回，对优衣库来说，还能有效地在圣诞季期间促进实体店的销售业绩。

优衣库的这次互动营销活动大获成功，第一天的参与人数就突破了 10 万，第一周内，参与人数达 93 万。到第二周活动结束时，共吸引了 133 万人参与排队游戏，极大地拉动了优衣库的实体店销售。

优衣库的这次 O2O（Online to Offline）互动营销，紧密地将线上社交网站与网店和线下店面联系了起来，取得了令人惊喜的丰硕成果。

不管是机场酒店的案例，还是优衣库的案例，都体现出了社交网络互动营销的特点：定位精准、互动性强、快速传播、覆盖面广。几个小时，几天时间，就将品牌及产品信息传递给几十万人，吸引他们的注意与参与，这样的营销成果在传统媒体以赚取眼球为主的传播时代是很难做到的，而在社交网络主导的互动交流时代，却是“一切皆有可能”。

《微博力》作者谢尔·以色列曾说：“我们正从传播时代迈入交流时代。”虽然电视、平面媒体等仍将存在，企业也还会使用这些广告形式来销售产品，但是，它们的受众正不断流失，广告投资回报已经不复过去的辉煌。在这样的情势下，企业应该认真思考并调整营销载体的选择和投放策略。企业的前景取决于与用户之间的密切程度，取决于企业是否可以尽快了解并满足用户在产品和服务方面的需求。正因为此，企业必须跟紧消费者的潮流，尝试并选择既具有成本优势又能够达到沟通和销售目标的互动营销方式。

第 6 章
销售促进：短期性的刺激工具

销售促进产生的是购买的激励

销售促进是营销活动的一个重要组成部分，包括各种短期性的激励工具，用以激励消费者和贸易商较迅速或较大量地购买某一特定产品或服务。

——科特勒《科特勒市场营销教程》

科特勒曾说："如果广告提供了购买的理由，那么销售促进则产生购买的激励。"也就是说，广告将消费者吸引了过来，而销售促进则帮助消费者创造了立即购买的理由。销售促进是一种短期性的刺激工具，它用来刺激消费者和贸易商迅速或较大量地购买某一特定产品或服务。

销售促进方式对消费者的刺激作用极大，即使原本对这个品牌不感兴趣，但看到破天荒一般的优惠活动，消费者也很有可能改变初衷，做出购买行为。

具体地说，销售促进从功能上区分的话，可以分为：

宣传型，主要是为了扩大企业、品牌以及产品的知名度，吸引消费者；上市型，主要是为新产品上市做铺排准备；上量型，主要是为了快速扩大销量；应对型，主要是为了抗击竞争对手；减损型，主要是为了清理库存或即将到期的产品，回笼资金。

销售促进从对象来分，则可以分为针对消费者的，针对中间商和批发商的，以及针对业务和销售队伍的。对消费者，销售促进要鼓励消费者更多地使用商品和大批量购买，要吸引未使用者试用，同时还要"挖墙脚"，吸引竞争者品牌的使用者。对中间商、渠道商，销售促进要吸引零售商经营新的商品品目，维持较高水平的存货，抵消竞争性的促销影响，建立零售商的品牌忠诚和获得进入新的零售网点的机会。对销售队伍，销售促进要激励他们寻找更多的潜在顾客和刺激他们推销商品。

销售促进的方法有很多，如样品、优惠券、现金返还、减价、赠品、奖金、光顾奖励、免费试用、产品保证、产品陈列和示范、购买折让、贸易展览会、销售竞赛，等等。企业在运用销售促进时，必须建立目标，选择工具，制订方案，预试方案，实施和控制方案，并评价结果。企业通过巧妙的销售促进，可以获得很好的即时效果，争取到那些因价格而止步的潜在客户。

销售促进既有利也有弊

大量使用销售促进有可能会降低品牌忠诚度，增加顾客对价格的敏感度，淡化品牌质量概念，偏重短期行为。

——科特勒《营销管理》

科特勒指出，销售促进被企业视为一种必不可少的营销方式，这是由内外部因素所共同影响的。从外部而言，销售促进能够帮助企业应对增加销售额的更大的压力；从外部而言，市场上品牌数量的增加，产品同质化严重，竞争对手频繁使用促销手段，消费者看重促销的利益，经销商要求更多的优惠，传统广告的效率和效果下降，等等，这些都促使企业谋求通过销售促进来实现突破。

尽管销售促进能给企业带来一些现实的利益，但科特勒同时也指出，销售促进存在着一些弊端，其一，销售促进活动可能会降低消费者对品牌的长期忠诚度，因为很多消费者会对促销形成依赖感和习惯性，他们更关心优惠，而不是品牌。其二，某些销售促进方式可以刺激渠道商，但它们很可能会得寸进尺，要求更多的优惠、额外的折让，这是企业所不乐意看到的。其三，销售促进费用实际上可能要比预想的更为昂贵，而且销售促进的一部分支出不可避免地浪费在了非目标消费者身上。最后一点，不同的企业在进行销售促进时，经常会相互模仿跟随，这导致了同质化现象，造成了促销喧嚣的局面，就像广告喧嚣一样。企业必须要克服这种促销混乱，使用更吸引人的方式来打动消费者。

降低品牌忠诚度，这是销售促进所带来的最大隐患。如果某个品牌经常靠价格来促销的话，消费者会认为它是廉价的品牌，于是会习惯于只在大减价时去买它。销售促进主要吸引的是那些追求交易优惠的消费者，这些消费者只要能获得交易优惠就会转换品牌，因此，销售促进不大会在成熟的市场内争取到新的和长期的购买者。而对于原本忠诚于品牌的购买者来说，他们不会轻易地由于该品牌的竞争者采取竞争性的促销就改变他们的忠诚，但是，如果他们所忠诚的品牌不停地打折、减价，他们的心理上会受到伤害，会对这个品牌产生怀疑和不满。这也就是说，频繁的销售促进很可能使一个品牌失去原有的忠诚用户，同时，还无法赢得那些新用户的忠诚。

对于名牌产品，特别是高档的奢侈品牌来说，销售促进对品牌的伤害尤其大。试想，如果LV满大街都在卖，打八折，打五折的话，那么，这个品牌的形象和价值很可能会遭遇毁灭性打击。有研究称，一个有名的品牌如果有30％以上的时间在打折，那就很可能存在着危险。这些优势品牌只能偶尔地、小幅度地运用销售促进。

通常来说，销售促进对于市场份额低的企业是比较有效的，这些企业负担不起可与市场领先者匹敌的大笔广告宣传费。如果它们不提供交易折让就得不到售货货架，不给予消费者刺激就吸引不来购买者。所以，弱小的品牌通常用价格竞争来设法提高其市场份额。

企业在实施销售促进时要注意这样几点：

第一，非常规销售促进一定要找到让消费者信服的“借口”，比如说在春节促销，会让消费者感到一年才有一次，机不可失。

第二，销售促进形式要有变化，让消费者感到这一次与以往的活动有所不同，才会吸引消费者关注的目光。

第三，让利幅度应该控制在合理范围以内，要维护自身品牌的价值感和利润空间。

第四，通过相对让利幅度让消费者感觉实惠。感觉实惠不等于越便宜越好，不要盲目与其他品牌比较，而要将注意力集中到品牌自身，这也可以避免陷入促销混乱的泥潭。

第五，销售促进频率控制得当。销售促进失败的原因，不是力度不够，而是频率和节奏紊乱。适当的频率可以让销售促进更有价值感和吸引力，不至于让消费者麻木而不予关注。

销售促进在短期内可以激发人们的购买热情，使顾客尽快地了解产品。但是，大量使用这种方法会削弱顾客的品牌价值感。所以，有志于打造品牌的企业要兼顾销售提升和品牌价值的塑造与维护，不能像游商走贩一样仅考虑销售回款，抛售甩买。

针对消费者的销售促进工具

针对消费者的销售促进工具有：样品，优惠券，部分现金返还，降价，赠品或礼物，频率奖励，奖品，光顾奖励，产品保证，一体化销售促进，交叉销售促进。

——科特勒《营销管理》

科特勒指出，企业通过刺激型的促销方式，可以吸引新的试用者，可以奖励忠诚的顾客，还可以提高偶然性用户的重复购买率。对销售促进反应最敏感的是那些在多个品牌之间频频转换的消费者，他们寻求的就是低价格、大优惠。销售促进能够吸引他们购买，但却很难让他们成为忠诚的品牌使用者。

针对消费者的销售促进工具有很多，常见的类型有：

样品。免费提供给消费者或供其试用。可以邮寄、送上门或在商店提供。赠样品是最有效也是最昂贵的介绍新产品的方式。为了让顾客认识并使用的产品，营销人员常常开展免费试用活动，让消费者免费享受企业的商品或服务，获得消费者的好感，以期培养他们作为企业长期的忠诚顾客。

优惠券。是一个证明持有者在购买某特定产品时可凭此券按规定少付若干金钱的凭据。优惠券可以有效地刺激成熟期产品的销售，诱导对新产品的早期使用。优惠券上一般印有产品的原价、折价比例、购买数量及有效时间。顾客可以凭券购买并获得实惠。

部分现金返还。像“满 300 减 30”、“满 100 送 20 元下次消费用的抵价券”等，就是现金返还的例子。企业在返还时很少会直接返现金，而是会尽量吸引用户下次使用时享受折扣或优惠。

降价。让消费者可以在商品标签或商品包装的标价上以一定的折扣购买商品。像

“打八折”、“减 50”等就是降价的例子。

赠品或礼物。赠品促销是现代商业活动中常见的一种产品促销手段，也是广大商家采用的主要促销方式之一。当顾客买一件产品时，赠送另一件相对成本低廉或免费的物品作为购买的激励。赠品最好与产品具有一定的相关性，这样可以让产品及品牌给人更深的印象与联想，比方说买套装送领带、丝巾，买牙膏送漱口杯，买沐浴露，送沐浴球，等等。

频率奖励。这是指根据顾客光顾的频率和购买公司产品或服务的频率提供相应的奖励。比方说，有的商店会给顾客办会员卡，顾客购买得越勤，消费金额越大，获得的奖励就越多、越丰厚。

奖品。顾客购买产品后，可以参与抽奖，或者直接获得一些奖品。

光顾奖励。有的商店为了积聚人气，增加客流量，会给予光顾奖励，顾客只要到店里看看产品或者购买产品，就能获得某些礼品。

产品保证。这主要是从售后的角度来说的，为了让顾客买得放心，用得安心，企业做出一些特别的承诺与保证，比方说，在某一段时间内，如果产品出现了问题，可以包退包换等。

一体化销售促进。这是指两个或多个企业或品牌联合起来，采取减价、优惠或其他活动以促进销售。

交叉销售促进。指的是两个非竞争的品牌联合起来，相互之间进行推广，像可口可乐和麦当劳、百事可乐和肯德基，就属于这样的形式。

有的企业认为，只要在销售促进上加大投入，那么就没有必要再花钱做广告推广了，其实不然。有研究表明，单纯地进行促销，销售量提升 15%；当与广告相结合时，销售量提升 19%；当与广告还有终端陈列相结合时，销售量提升 24%。所以说，为了吸引更多消费者、扩大销售量，企业应该将销售促进与广告和其他的营销方法结合起来，综合运用。

针对中间商的贸易促进工具

制造商可以使用一系列的贸易促销工具。制造商在贸易促销上耗资有四个原因：用于说服零售商和批发商经销制造商的品牌；用于说服零售商和批发商比平时多进货；用于使零售商通过宣传产品特色、展示以及降价来推广品牌；用于刺激零售商和推销人员推销商品。

——科特勒《营销管理》

科特勒举出过一组数据：企业用于交易促销，也就是针对中间商的资金（46.9%）要多于用于消费者促销（27.9%）和媒体广告（25.2%）的费用。这从某种程度上也呼应了营销界盛行一时的“渠道为王”的说法。在渠道中间商环节投入大量资金进行销售促进，首先是为了获得中间商的支持，打通渠道，让中间商愿意经销企业的产品；然后，是为了让中间商分销更多；再进一步，则是为了在中间商那里为产品争得更好的销售环境与支持。比方说，重点推广、显眼的陈列位置等。

谁掌握了终端，谁就有更大的话语权。渠道中间商就是这样一个掌控终端的角色，这也就使得中间商在制造企业面前有了更多的谈判底气。他们要求更低的进货折扣，要求更多的促销资金，要求各种各样的优惠。有的中间商甚至暗地里窜货，将一个区域的产品转移到更有“赚头”的另一个区域，成为市场的一个很大的不安定因素。如果中间商的要求得不到很好的满足，制造企业的产品就很难打通通向终端用户的渠道。

针对中间商的销售促进主要有以下几种方式：

折让。几乎所有的制造商企业都会采取折让的方式激励中间商，这也是最有效的激励方式之一，像购买折让、销售额折让、回款折让，等等，它们能刺激中间商多进货、多销货、快回款。

广告宣传激励。制造商企业为了提升中间商的销售额，增强其分销产品的信心，通常会在一些有影响的媒体平台上，由厂家出资进行广告宣传，或者也可以由制造商下拨经费给中间商，由中间商来进行广告宣传。

特别的赞助。这里所说的赞助并不一定限于钱物。制造商可以对中间商进行财物上的补贴和支援，同时，还可以协助或者联合中间商举办技术交流会、产品展销会等，以传递产品信息，扩大市场影响力。此外，制造商还可以帮助中间商培养营销、管理、技术等方面的人才，扶助中间商的成长。

提高中间商的经销地位。如果某些中间商做得特别出色，制造商可以允许其使用厂家的品牌，成为某地区的特约经销商或者总经销商，以享受厂家更多的优惠政策。制造商往往会根据中间商的规模、实力以及表现来划分层级，不同的层次享受到的优惠政策是有较大差别的。提高中间商的经销地位，实际上就是在提升中间商的潜在收益，这能产生很大的激励作用。

销售竞赛。制造商可以发动中间商参与销售竞赛，对于完成销售额成绩最为突出的中间商给予现金或实物奖励，这种方式可以极大地提高中间商的推销热情。

附赠品。制造商可以向中间商赠送相关的设备或广告赠品，像陈列货柜、广告宣传册、海报、促销赠品、电子秤、日常办公用品，等等，都可以作为附赠品。

负激励。这是在最糟糕的状况下使用的方法，如果制造商做了一切努力，个别中间商仍然表现消极，业绩上远远不如其他的中间商，那么，制造商可以给予惩罚作为负激励策略，典型做法有降低经销级别、降低优惠政策、取消经销资格，甚至终止合作等。

需要注意的是，这些销售促进举措都应遵循两个前提条件，一是中间商将产品成功地销售给了最终消费者，二是中间商增加了产品的配销数量或者增加了它们的货架空间。针对中间商的销售促进，能够强化产品在市场中的竞争力，能够配合中间商对消费者促销活动的开展，从而改善并提升销售局面。

针对业务和销售队伍的促进工具

公司投入大笔花费用于业务和销售队伍的促销，主要是为了达到下列目的：收集有关业务信息和情报，加深顾客印象，奖励客户以及激励销售人员努力工作。

——科特勒《营销管理》

科特勒指出，业务和销售人员直接同目标市场的顾客建立联系，传递信息，促进商品和服务销售的活动。他们具有亲切感强、说服力强、灵活性强、反馈及时、竞争性强等显著特点。他们能实现的功能有：销售功能、宣传功能、协调功能、服务功能、反馈功能和评价功能。

业务和销售队伍是促进企业成长、扩大市场份额以及提高获利能力的关键因素之一。有数据表明，大多数的消费品公司在销售队伍的成本投入占到其销售额的7%，更有20%的交易与促销方面的费用是被销售部门用掉的。

在激烈的竞争环境中，拥有一支有能力又高效率的业务与销售队伍去争夺市场份额，去打通渠道，去推进促销活动，这对于一家企业来说太重要了。中间商越来越壮大，他们比以往更加在意产品类别的动态变化、产品利润率、销售速度、广告宣传、消费者行为等，他们要求供应商企业做得更好，而这些需要业务和销售队伍来达成。

针对业务和销售队伍的促进工具主要有：

贸易展览会。在很多行业里，一般都会有年度的商品展览会或者行业的集会。企业需要抽出一部分营销预算用于这些展览会或集会。一次展览会所吸引的参观者少则几千人，多则几万人，企业能从中找到新的业务集会，能够维持与老顾客的接触、推介自己的新产品、开发新客户资源，还可以实地向现有的顾客销售产品，同时，也可以通过广告宣传册、样品展示、视听材料、用户体验等途径来说服并教育顾客。

销售竞赛。销售竞赛是一种业务团队与中间商均可参与其中的竞赛，其目的在于激励业务团队和中间商提升销售额，给企业创造更多的利润。很多企业都会将目标市场按照地理区域进行分区，然后让不同区域的销售团队进行比拼，营造一种你追我赶、积极向上的氛围，最大化地激发出团队的士气和潜力。

纪念品广告。在拜访顾客或者与顾客打交道的过程中，业务人员有时候需要向顾客赠送一些有用的但价格不贵的物品，或者是与产品相关的资料与广告，以增进与顾客的关系，让顾客对企业和产品多一些了解。这些纪念品与广告能够给顾客留下较深的印象，加深好感，从而帮助业务人员更好地达成销售。所以，企业应在纪念品广告方面给业务团队以支持。

培训与指导。业务和销售队伍的专业与能力，直接影响着销售的业绩，同时也代表着企业的整体形象和水平。提升业务团队的能力，就等于是在为提升企业的销售额打基础。所以，很多企业都非常重视业务团队的培训与辅导，通过这种方式来帮助业务人员和整个团队的成长，这样团队才会在市场拼杀中表现得更加出色。

业务和销售队伍是公司最具生产力和最昂贵的资产之一。打造好这样的一支力量，企业才能以更强的实力争取更大的市场份额。

销售人员是公司与顾客之间的纽带

销售人员是公司与顾客之间的纽带。对许多顾客来说，销售代表是公司的象征，反过来，销售代表又给公司带回许多有关顾客的有用信息。

——科特勒《营销管理》

科特勒指出，在旧的观念里，销售队伍就是“销售，销售，再销售”，而后来，这种观点有了变化，销售人员不再是单一的销售“工具”，而更像是公司与顾客之间的纽带。他们帮助顾客分析问题并拿出解决问题的建议和方案，向公司反馈市场情势与顾客的需求及意见，努力使得公司和顾客站到同一条线上，成为“分享利润的合伙人”。

人员销售是促销组合中一种人与人之间直接接触进行推销的方式，销售人员的任务就是充分运用各种推销策略，想方设法推销现有的产品，寻找顾客，取得订单，达成交易。人员销售是一种有效的销售推进方式。正如科特勒所说，在很大程度上，促销人员代表企业的形象，能够面对面地争取到顾客，促成购买行为，具有较强的促销效果。

人员促销的最大优点就是通过与顾客面对面的交流，根据不同潜在顾客的需要、购买动机、态度和反应，及时发现问题，有针对性地采取相应的推销策略，诱发顾客的购买欲望，及时促成交易。在人员促销中，推销人员代表企业与消费者进行面对面沟通，可以融洽双方的感情，使双方由单纯的买卖关系发展到建立浓厚的友谊、彼此信任，相互间建立起良好的人际关系，更有助于后续产品的促销。

但人员促销也有其缺憾，例如成本高，需要的时间长，销售的面较窄，对推销员的素质要求较高等。企业可将人员推销与其他营销方式结合应用。常用的人员推销方式有：一对一推销，即一个推销员当面或通过电话与某个顾客进行交谈，向其推销产品；个对群推销，即一个推销员向一个采购小组介绍并推销产品；群对群推销，即一个推销小组向一个采购小组推销产品；会议推销，即推销人员或推销小组同买方举行洽谈会，共同探讨有关交易的问题；研讨会推销，即通过召开由企业技术人员向买方技术人员介绍某项最新技术的研讨会，让客户了解本企业的最新研究成果，促使其购买本企业产品。

由于人员促销是推销人员直接面对消费者，一方面，推销人员可以向顾客介绍产品本身以及与商品有关的信息，以激发其购买欲望，促进产品的销售；另一方面，消费者也可以向推销人员咨询各种信息，同时，推销人员可以把从顾客那里收集了解到与本企业及产品有关的信息如竞争者的各种情况、市场新动向、顾客意见等，反馈给企业，便于企业及时调整广告推进策略。好的销售人员能够帮助企业开拓市场，培养顾客忠诚，因此，科特勒提醒企业应该培训大量的销售人员并通过各种方式激励他们。

销售队伍的工作要获得成功，中心问题是选择高效率的销售代表。优秀的销售人员对公司、产品、客户、竞争对手、经管地区和职责都有着深刻、清醒的认识，他们以其专业性和细致周到的服务力，深得顾客信赖与喜爱。现在越来越多的企业评判销售代表不仅看他们的销售量，而且看他们创造顾客和利润的能力。企业的销售经理必须对企业的销售岗位进行分类，明确各个岗位的任务与性质，然后再考虑在相应的岗位上应当安置怎样的销售人员，这样才能使销售人员的才能得到充分的发挥。

销售人员应成为顾客的解决方案提供者

销售团队曾经那种“除了销售还是销售”的日子已经一去不复返了。如今的销售代表必须了解如何诊断顾客的问题并能够提出解决的方案。与以往相比，他们更加注重以客户为导向的销售策略，帮助顾客争取并提高利益。

——科特勒《营销管理》

科特勒从专业与能力的角度，将销售人员划分成了几个不同的层次：

第一层是递送人员，这一级别的销售人员所做的主要工作就是递送产品。

第二层是订单人员，也就是处理订单明细的人员。

第三层是传教士，这一级别的销售人员，他们最主要的任务并不是将产品真正销售出去，而在于促使顾客更多地了解企业和产品，形成购买意愿，也就是教育潜在的顾客群，为交易打下基础。

第四层是技术人员，他们具有高水平的技术知识，能够给顾客进行专业的演示，并提供专业的咨询解答服务。

第五层是需求制造者，这类销售人员以创意的销售方法唤醒顾客的潜在需求，进而销售产品。

最高层次是解决方案提供者，这一级别的销售人员能够利用自身的专业知识和技能以及公司的产品和服务系统，拿出切实可行的解决方案，帮助顾客发现并解决问题。这也就是科特勒所说的“以客户为导向，帮助顾客争取并提高利益”的销售人员。

并不是说，企业要将所有销售人员都培养成为解决方案提供者，也并非所有的顾客都要求这种标准的服务。但是，有的行业和产品，的确对销售人员有着很高的要求，销售人员的销售技巧对销售活动的成败有很大影响。这部分顾客对自己的需求满足有着更严格的要求与更大的预算支出，千篇一律的促销方式已经很难让他们心动。他们更希望那些能提供“解决方案营销”的出色的销售人员来帮助自己发现问题并解决问题，而企业更是需要这样的员工来拓展市场。

如果仔细观察IT、通信、软件、工业品、金融等行业的媒体广告，我们常能发现“一站式”、“定制化”、“整体解决方案”等字眼频频显现。还有，如在商场里的化妆品区，除了有一般销售区域外，还会有一块类似于“VIP体验区”一样的区域，部分消费者在这里，不仅能更完整地体验到产品的良好表现，而且还可以接受专业人士提供的包括美容建议、长期服务、其他服务赠送等增值服务。再譬如，在一些家电、家居、办公用品卖场，我们能看到有专门针对企业用户、事业单位以及团购类客户的“大客户部门”或者专门通道，由专人来为这些客户提供不一样的购买决策、产品价格以及售后服务等。这些都足以表明，很多企业正在尝试从一个单纯的产品提供者向满足顾客个性需求的解决方案提供者这样一种角色转变。

一家致力于提供“解决方案营销”的企业，其销售人员需要利用各种办法去改变与顾客的沟通方式。当接收到任何一个对购买感兴趣的信号时，销售人员都必须将信息记录下来，并主动地出击跟进，此外，销售人员还要主动与区域范围内的潜在客户保持联系，不可错过某些大型客户的潜在购买需求。也就是说，企业除了享有消费者送上来的利润之外，还需要自己去寻找利润。要求“解决方案营销”的顾客大都有着更为苛刻的要求与条件，销售人员要赢得顾客，就必须要付出非一般的努力。

有效的激励让销售人员创造更高销售额

有些销售代表不需要管理层的指导就会尽其所能努力工作，然而，大多数销售代表是需要鼓励和特殊的刺激才会努力工作的。为吸引高素质的销售代表，公司应拟定一个具有吸引力的激励计划。

——科特勒《营销管理》

科特勒指出，有效的激励能让销售人员实现更好的业绩。很大一部分销售人员都是单独工作的，工作时间长短不定，而且常常要远离家人；他们面临着咄咄逼人的竞争对手；在顾客面前，他们很容易被放到低人一等的位置；他们常常缺乏足够的赢得客户所必需的权力；他们有时会失去经努力工作而赢得的大量订单。他们处于这样的状况之中，如果没有有效的激励，很难提得起士气。

科特勒建议，作为销售经理，应使销售人员认识到，通过不断的学习与磨砺，可以把业绩做得更好，要得到突出的成绩，就必须付出额外的努力，而取得了突出的成绩，就能获得更多的奖励。有研究发现，激励越大，他们的努力也就越大，更多的奖赏将会激发更大的满足感，而更大的满足感又将起到更大的激励作用。对大多数销售人员来说，最直接的激励方式就是报酬，然后是提升个人发展和作为团队成员的成就感与荣誉感，而最基础的奖励是好感与尊敬、安全感和表扬。

销售管理的一项重要工作是通过设立业绩标准，并将其作为销售人员的考核指标，并依此确定销售人员的报酬水平。这也是对销售人员和销售过程实现控制的有效方法。销售人员的计酬和奖励办法是调动销售人员积极性的最重要的方面。目前常用的计酬方法有以下几种：

固定工资。即将报酬与销售业绩分开，采取按时给员工颁发固定工资的做法。这种方法能使销售人员收入趋于稳定，但对刺激销售的力度并不大。

销售提成法。即按照实际销售量的一定比例进行提成计酬的方法，这种方法简便易行，对销售刺激的力度大，但销售人员收入的稳定性很差，从而也可能使销售人员的流动性比较大。

混合奖酬法。大多是以一部分基本工资为底数（俗称“底薪”），然后再根据销售业绩提成。这种方法既能维持销售人员基本收入的稳定性，又能在一定程度上刺激销售人员提高销售额的积极性，所以被越来越多的企业所使用。

销售竞赛法。即采用设立较高的销售奖项，鼓励销售人员开展销售竞赛，对优胜者除其原有报酬外再给予重奖。这种奖酬方法常用于全年一次性奖励或某项重大的突击性销售活动。销售竞赛不宜滥用，否则有可能导致恶性倾销，影响产品声誉和企业形象。

除了物质上的激励，企业还可以采取很多的辅助激励措施。比方说，与老板进行面对面交流的机会、参加能力提升的相关培训等都可以起到一定的激励作用。企业还可以举行内部的评比，激励那些工作努力、成绩突出的个人与团队。一些集体活动也能起到激励效果，像有的公司内部就常会定期举行“企业度假会议”，每年公司会选出一批才能出众的年轻人，聚在一起，一起吃喝玩，一起脑力激荡，培养感情，也培养团队的归属感。

第⑫篇

混沌常态下的管理和营销

第1章

新商业时代：混沌成为新常态

衰退和动荡永远是两面的双刃剑

衰退和动荡永远是两面的双刃剑。一方面是威胁，另一方面是机遇。有一些公司说动荡是一个机会，来增长我们的企业。而这些企业是受益于一些其他的公司无法增长，因为我们的这种平衡被打破，在打破之后对一些公司意味着机遇。

——2009年科特勒启动天阶计划的演讲

科特勒认为，现在的企业之所以要面对更多的动荡，有两个主要的因素，一是全球化越来越明显，对于公司来讲，它会得到从国外提供的供给，他们也向国外提供产品，贸易大，干预也多，尤其是对供应链而言。而这一点可能会伤害到一些公司。另一个则是数字化，在数字化时代里，信息传播是极快的，有好消息，也有坏消息，都是同样的快速。而结果是，每一家公司都在一个锅里面，都面临周围那么多注视的目光和耳朵。无论做的是好事还是坏事，都会快速地传到千里之外，这样一些糟糕的消息有可能会破坏公司的均衡，因此企业要保持敏感性，时刻关注周围的环境。

动荡给企业带来了两大影响。一是冲击，企业为此要做好防御；二是机遇，需要靠企业自身挖掘。危机对于大多数企业来说是“危”；但对少数企业来说，却是“机”。危机中，一个强大的企业能借机打败竞争对手，甚至能以极具优势的价格将对手吞并。一旦你的企业保留了关键成本，而你的竞争对手全都没这么做，那么你的机会就来了。

确实，对于某些公司而言，经济危机带来了发展的好机会。

世界上最大的零售企业沃尔玛的CEO就曾说：“当出现动荡的时候，我们从中获利。”即便在美国国内经济形势不太乐观的大背景下，沃尔玛公司仍保持着正向的增长，业绩仍远超其他零售公司。

类似的情况还发生在亚马逊网站身上。在经济危机降临的2008年，当许多实体零售店和大卖场对消费额的大幅下降叫苦不迭时，亚马逊购物网站却对外宣称：“2008年的假日销售是迄今为止最好的，销售订单增长了17%。”在其最畅销的产品中，不乏任天堂的游戏机、三星电子的 52 英寸液晶高清晰度电视机和苹果的 iPod touch 音乐播放机等高端消费品，摩根大通还将其股票评级由“中性”调升为“增持”。

这样的例子还有很多。借用巴菲特的一句投资箴言来说，就是“在别人贪婪的时候恐惧，在别人恐惧的时候贪婪。”在危险中发现机会，创造机会。“强者愈强，弱者愈弱”，在危机与动荡面前，有人叫苦不迭，有人却能沉稳应对，更有人借机扩张发展，上演了一场实实在在的优胜劣汰。

丁磊曾说：“有危机，才能形成超越危机的商机。”危机，危机，危中有“机”，机会是你的，也是我的，归根到底是属于有准备的人的，能否抓住，就看谁准备更仔细、更有决断和更积极主动了。

成功让人麻痹，而混沌让人睁大双眼

成功是你的敌人，成功使得我们慢下来，因为一切都非常不错，只有当出现问题的时候，我们才真正睁大双眼。中国常说当暴风雨来临之时一些人忙于修葺城墙，但是一些人在建厂。建墙显然不能增加价值，但是把暴风雨通过能量建成风厂是明智的做法。因此在一个衰退当中是否有最好的策略，它取决于这个公司有怎样的实力和优势。

——2009 年科特勒启动天阶计划的演讲

居安思危是提升企业持续发展的动力能源之一。现在，许多企业都处于成长期或平稳发展期，太平盛世最易让人放松警惕、懈怠不前，但市场是瞬息不变的。在变化中求生存、求发展的企业必然要求它的员工有积极创新的意识和开拓创新的能力。

从某种意义上来说，成功是企业的一种包袱，一个企业若是以行业老大自居，就会失去创业期的进取精神，丧失应有的危机感，故步自封。我们都知道“温水煮青蛙”的故事，由于很多企业，特别是在这个领域已经做到领导地位的企业，赢利和福利水平在行业中都是不错的，员工流失率比较低，只要不犯大错，基本就能安稳地工作下去。在这样一个大家都认为非常舒适的环境中，大多数人没有意识到危机的来临，一些本来不符合企业文化和核心价值观的现象在大家的舒适区中反而形成了主流文化和价值观。很多人都隐约意识到有不妥的地方，但是没有人真正想去改变，或者是做些什么来影响到最后的结果，因为竞争的残酷和个人的生存环境没有突然恶化到威胁自身利益的状况，所以满足于现状是最好、最安逸的选择，就跟在温水中的青蛙一模一样。

大到一个国家，小到一个组织、一个企业乃至个人，没有生存的危机感，自然会懈怠、轻敌，最终被残酷的现实淘汰。当企业在高处沾沾自喜的时候，竞争对手可能已经在做情报收集研究并详细分析，吸收经验并发展新技术，急速发展壮大。当企业察觉时才惊讶对方跟自己攀上行业同级别水平甚至更上一个新的台阶，那时候，一切都为时已晚！也许企业目前的发展确实顺风顺水，某些技术等优势高出其他同行竞争者，但是企业不能因此而忘乎所以，停止继续发展的步伐。

任正非在警示华为的员工时曾说：“冬天已经不远了，我们在春天与夏天要念着冬天的问题。有些事情对别的公司来说不一定是冬天，而对我们的公司可能就是冬天，我们的冬天可能来得更冷、更冷一些。你有没有在春天和夏天就念着冬天的问题呢?有没有做好应对市场变化的准备呢?”

作为企业，绝对不能被暂时的繁荣所迷惑，也许繁荣的表面掩盖了许多我们不曾注意到的问题。同时，客观的自然规律表明，繁荣的背后就是萧条。然而危机的存在是必然的，而且来临时，是无声无息的。这就要求企业时刻保持高度的危机感与紧迫感，既报喜又报忧，变压力为动力，不断变革创新，不断提升猎食的技能，提高企业的效率，以便在日益激烈的竞争中立于不败之地。

“骄兵必败”这四个字已有无数案例故事作为验证参考和总结教训。因此，企业在保持自身竞争力优势的同时，更要着眼于广阔的市场环境，时刻保持居安思危的心态。一方面不断地审视自身所处的环境和关注收集竞争对手的发展情况，适当进行竞争情报调研；另一方面着眼于自身经营、管理、素质等内部情况以及外部环境关系的处理，防患于未然。

居安思危能让我们更冷静、清醒地面对现状，预测下一步的计划。同时，面对现实社会激烈的竞争现状，一旦懈怠，就意味着退步。只有企业整体保持对同类竞争与社会发展的高度敏感性，才不会降低企业的效率，使企业一直保持高效的运转，拥有旺盛的生命力。

企业存亡关键在于发现动荡、预期混沌和管理风险

现在以及将来，企业拥有和生产什么远远不及企业发现动荡、预期混沌以及管理风险的能力更为关键。

——科特勒《混沌时代的管理和营销》

动荡产生的速度快得惊人，使许多企业猝不及防，以至在动荡带来的混乱面前异常脆弱。进入这一新时代后企业会面临巨大的机会，但也会有重大的风险。虽然商业动荡不可避免，但是企业可以选择自己面对动荡的方式：它们可以航行于动荡之中，也可以陷入动荡的泥潭；它们可以忽视或抵抗动荡带来的混乱，同时设法坚持并生存下来；也可以先人一招，将动荡的力量为己所用。

事实证明，优秀的企业可以在经济动荡甚至长期衰退的恶劣市场环境中生存下来。而要在恶劣的市场环境中生存下来，很重要的一点就是企业要有一个抵御风险的预警系统。企业必须培养、制定能够快速发现并预测自身环境中动荡的技能、系统、程序和方法，并从随后出现的混沌中确定自身的缺陷和面临的机会。企业必须明智、慎重而坚定地进行应对。

马云曾说：“嗅不到冬天味道的CEO不是合格的CEO。千万不能弄到形式不好的时候改革，下雨天你要修屋顶的时候一定麻烦大了。所以阳光灿烂的时候借雨伞，修屋顶。我记得我们比别人先动了一下，果然，后来（2001年）互联网冬天到了，所有投资者开始收的时候，我们突然发现自己还有2000多万美金。你每一天做企业都是在做冬天。我坚信今天很残酷，明天更残酷，后天很美好，但是绝大部分死在明天晚上，

没机会。”马云不仅如此说，也真正地做到了这一点。无论阿里巴巴多么成功，在股市表现上如何风光，马云始终保持着强烈的危机意识，保持着对“冬天”的警醒。正是他对互联网大形势的精准判断和对危机的时刻提防，使得阿里巴巴一次次从“冬天”中熬了过来。

2000 年，马云第一次预感到了“冬天”的到来，他说，当时听说中国一个星期诞生 1000 家互联网公司，他马上警觉起来，并宣布公司处于高度危机中。他认为，“中国不可能一个礼拜有 1000 家互联网公司诞生，如果这样的话，可能一个礼拜就有 1000 家互联网公司倒闭”。在大多数企业尚未感受到“寒意”之时，马云已经开始采取行动应对即将来临的互联网“寒冬”。阿里巴巴及时刹住了扩张的脚步，开始大规模撤站裁员，办事处由原来的 10 个砍成 3 个，原来工号 100 以内的老员工裁掉了一半。马云这样形容当时的状况：“2000 年我们已经进入冬天了。我们把西部办事处关了，美国办事处很多人我们都请他们离开了，香港办事处很多人也离开了。2001 年，有一次挺低沉的，在长安街上走了 15 分钟，那天下午回到房间里睡了 2 小时，然后起来说：重新来过!”

2001～2003 年，在这漫长的“寒冬”里，马云带着阿里巴巴人开始大搞阿里企业文化、组织结构和人才培养建设，这三件大事被马云称为“延安整风运动”、“抗日军政大学”、“南泥湾开荒”。“延安整风运动”是指统一公司上下的价值观、统一思想，按马云的话说就是“通过运动，把没有共同价值观、没有共同使命感的人，统统开除出我们公司”。“抗日军政大学”是指培训干部团队的管理能力。“南泥湾开荒”是指培养销售人员面对客户应有的观念、方法和技巧。马云说：“普通企业想到的，可能是把能看到的客户口袋里的 5 块钱赚到手，而‘南泥湾开荒’追求的是帮助客户把 5 块钱变成 50 块钱，再从中拿出我们应得的 5 块钱。”

就这样，当一批批互联网公司在寒冬里倒下时，阿里巴巴的情况却是“外面很冷，我们里面却热火朝天，都在那儿学习，在努力”。当马云完成了这一系列工作之后，他惊讶地发现，阿里巴巴发生了实质性的改变，员工在成长，客户在成长，新会员再次猛增，公司实力在稳健而快速地增强。阿里巴巴不仅熬过了寒冬，而且由小米加步枪变成了一支真正现代化的集团军。

在 2008 年 7 月，马云又一次预感到了危机的来临，他给全体员工发出了题为《冬天的使命》的内部邮件，警示道：“我的看法是，整个经济形势不容乐观，接下来的冬天会比大家想象得更长！更寒冷！更复杂！我们准备过冬吧!”这一次，马云又带着阿里巴巴提前一步，做好了“过冬”准备。

马云点评《赢在中国》时有这样一句话：“一个优秀的 CEO 和领导者，在给员工展示未来美好前景的时候，一定要给他们展示未来的灾难是什么，想清楚未来的灾难你才能度过未来的灾难，没想清楚，天天想好的，一般就会再度关门。”企业必须让自己具备发现动荡、预期混沌、管理风险的能力，如此，才能安然渡过危机。

混沌时代的天平倾向于快而活的进攻者

在混沌时代，竞争的天平从行动迟缓、试图捍卫其地位的主导者明显倒向行动快速、具有旨在专门颠覆市场领袖竞争优势战略的进攻者。竞争优势愈发昙花一现，最成功的企业是那些在动荡和混沌中从一个竞争地位转向另一个竞争地位的企业。

——科特勒《混沌时代的管理和营销》

快鱼吃慢鱼这条规则在混沌时代更是一条颠扑不破的真理。在混沌的超级竞争环境中，那些创造新竞争优势的速度慢于旧竞争优势消亡速度的企业的利润会比较微薄，尤其是在过时的高代价战略使得许多企业无法快速适应并采纳新的混沌管理系统行为的情况下。

原来在市场中占据领袖地位、拥有更多传统竞争优势的企业，现在要想保住自己的主导地位，越来越困难。因为，就像科特勒所指出的，混沌时代的天平倾向于快而活的进攻者，那些善于察觉机会、敢于冒险的进攻者将会是市场领袖者最大的威胁。

对于成功的企业家来说，敢冒风险、果断快速攻城夺地的前提是明了胜算的大小。调查表明，那些敢于快而活地“下注”的企业家在决定采取冒险行动之前，无不经过慎重的调查分析，制定周密的行动方案以及与之配套的应变计划。

李嘉诚在长江EMBA（高级管理人员工商管理硕士）“与大师同行”讲座中曾经提出过一个命题——“我个人和公司都是在竞争中成长起来的，我事业刚起步时，除了个人赤手空拳，我没有比其他竞争对手更优越的条件，一点也没有，这包括资金、人脉、市场，等等。很多人常常有一个误解，以为我们公司快速扩展是和垄断市场有关，其实我个人和公司跟一般小公司一样，都要在不断的竞争中成长。当我整理公司发展资料时，最明显的是我们参与不同行业的时候，市场内已有很强和颇具实力的竞争对手担当主导角色，究竟老二如何变第一？或者更正确地说，老三、老四、老五如何变第一、第二?”

李嘉诚所提出的这个问题不论是对企业、企业家还是对普通员工来说，都是很想探求其答案的。在李嘉诚看来，老三、老四、老五如何变第一、第二，很关键的一点就是要懂得抓紧时机。李嘉诚旗下的长江实业收购香港希尔顿酒店就是一个很经典的范例。

他在接受采访时披露了当时收购的内情，他说，有一次，他去酒会，听到酒会上有两个外国人在聊天，一个说中区有一个酒店要卖，另一个就问卖家是谁？他们知道酒会上有太多人，说出去不好，于是那个人就有些隐秘地回答说，卖家在Texas（德州）。

李嘉诚听到后，立即便猜到他们所说的是指希尔顿酒店。于是，酒会还没结束，他已经找到了卖方永高公司的稽核人员，当即跟对方提出，他要买这个酒店。那位稽核人员当时就说真奇怪，我们两个小时之前才决定要卖的，你怎么知道的？李嘉诚笑而不答，他只是强调道：如果你们真的要卖这个酒店，我就要买。

李嘉诚当时的估计是，全香港的酒店在两三年内租金会直线上扬。永高公司是一家上市公司，它旗下的香港希尔顿的资产值得买。由于独占先机，长江实业最终以2.3亿港元收购希尔顿酒店所属的永高公司，这是长江实业上市第一次重大收购案，整项交易用了不到一周时间。

有记者觉得很奇怪，难道这起收购长江实业就没有碰到别的竞争者吗？李嘉诚笑着回答道：“第一，因为没有人知道。第二，我出手非常快，其他人没这么快。我在酒会听到了，就马上打电话给我一个董事，他是做稽核那一行的，我一问，他和永高的稽核是好朋友，所以我马上到他办公室谈这笔交易。”说完，李嘉诚指着地上，自豪地对记者说：“你今天坐的地方，就是希尔顿一部分地址。那笔交易我买过来后，公司的资产一年增值一倍。”

这笔收购完全可以用迅雷不及掩耳来形容，李嘉诚多次大手笔的商业运作，几乎都离不开他这种快速且灵活的商战手法。

在混沌和动荡的常态中，机会本就是十分稀缺的，当机会浮现时，如果慢了哪怕几秒钟，都有可能与这个宝贵的机会擦身而过。李嘉诚对机会的把握能力还有快速果断的行动能力，使得他能一次次稳稳地把握住机会。虽然这过程有些冒险，但不冒险，势必就错失了机会。

对管理者来说，最大的冒险就是不冒险。当主要信息已经掌握，市场局势大体明朗时，如果还因某些细枝末节而犹豫不决，必然会丧失时机，造成整体战略的失败。商场如同战场，管理者不仅应是战略家，还要是勇敢的冒险家。在生意场中，只要看准机会，就要大胆“下注”。成功的管理者常常会实施果敢的变革或投资战略，有时几乎是以公司命运做赌注。

如果你一直关注着变化，就不会感到惊讶

如果你一直关注着变化就不会感到惊讶。我们需要有一个预警系统。预警系统使得我们可以看到在变化到来之前的一些势头和踪迹。

——2009 年科特勒启动天阶计划的演讲

“混沌”这个词，顾名思义，就是云遮雾罩、让人不能一眼看透、一眼看清。而混沌时代就是如此，身处其中的企业无时无刻不面临着变化与动荡，而且，这些变化与动荡往往很难预先准确地被判断出来或者被感知出来。但即便如此，企业仍然不能放松一丝一毫，正如科特勒所说“如果你一直关注着变化，就不会感到惊讶”，企业需要有一个预警系统，以便尽可能地侦测到变化到来之前的势头与踪迹。

预警体系指的是对一些主要领域应该进行紧密的观测，如果在这些领域出现动荡的话，到时候你不应该觉得震惊。科特勒是这样举例的：

如果有两个麻省理工学院的工程师，他们在一个仓库里面工作，生产的是电池，他们认为已经提出一个解决方案，使得这些电池可以让汽车持续运行 200 英里，而你的公司现在发明出来的电池只能够供汽车使用 45 英里，你是不是应该知道这两个人正在做的事情呢？你这家公司是不是应该了解这样的研究团体，他们在创造着一些“破坏性的创新”。

这种“破坏性的创新”指的是以更好的标准替代现有标准的东西。这是非常有趣的情况，比如在英特尔公司，如果竞争对手模仿了他们的芯片，使用他们十分之一的

成本模仿他们的芯片，他们要做什么呢？英特尔的人说我们自杀吧，因为我们没有办法赢，如果竞争对手能够生产同样的东西，只用十分之一的成本没有办法赢的。但是有一个聪明的人说，让我们也搞清楚如何用十分之一的成本做的这个芯片，这就叫作持续的创新。也就是说你能够比竞争对手捷足先登，不要被一些创新震住。

对于这样的企业你应该紧密观测，看有没有其他技术人员突然有了一个突破性的发明，能够激活你的企业。在哪里你都要有自己的耳目，不管是前面、旁边还是后面，你不能被别人打倒。

“唯一不变的就是变化”，这句话确实经典。在一个不断变化的世界，所谓的稳定都是相对的，暂时的。世间万物无不是瞬息万变，不变是转瞬即逝的、表面的，唯有变化才是永恒的。社会随着时间的推移不断地变化着，市场随着社会的变化不断地变化着，人也会随着环境的变迁不断变化。

无论我们喜欢与否，变化总是无处不在，它悄无声息而又如影相随。变化意味着不确定性，因此变化总是两面的，它可能带给你的是机会，也可能带给你的是风险。在面对这样的不确定时，我们如何应对呢？是拥抱变化，抓住机会呢；还是因噎废食，一味地躲避呢？没有人可以控制自己身边的变化，但至少做到关注变化，学会怎样让外部的变化使自己变得更强。既然企业无法改变变化，唯一需要改变和提升的就是企业自身。否则，企业很快就会被淹没在变化的大潮中，被时代和环境淘汰。

企业竞争力的本质就是变化与动荡之中的生存能力。在内外部环境不利、突发事件发生的时候表现为强于竞争对手的规避风险能力和免疫能力；在正常经营环境下表现为优于竞争对手的有效整合资源能力，获得所提供产品和服务质量、成本、服务、速度优势的运营能力；在内外环境出现机会时，表现为其创造条件以把握机遇的能力。

眼睛不仅要向前看，还要有余光

眼睛不仅要向前看，还要有余光，还要有周围的视野，要克服你的短视心理，不仅仅看到眼前的东西。在市场营销领域有个著名的词叫“营销短视”，有些公司太过集中产品，他们忘记更重要的东西，他们的产品将会被更好的产品而替代，你不能有太窄的视角，这种情况下你必须要利用自己的余光进行扫射，用横向的方法进行联系，看看有哪些因素影响我们的企业。

——2009年科特勒启动天阶计划的演讲

有一句话叫：“不能只低头拉车，不抬头看路。”做企业、做营销同样也是如此，在“低头拉车”的同时，还要“抬头看路”，看路的时候不仅要看前方的路，还要看两侧、看后方、看方方面面。

企业在动荡混沌之中，风险与未知时刻存在，稍有不慎，或者被超越，或者被淘汰，甚至一败涂地。所以，企业必须要洞察自己的客户、竞争对手和渠道发生怎样的变化，包括技术，还有那些有影响力的人和政治以及法律体系发生怎样的变化。这就是科特勒所说的“不仅仅眼睛要向前看，还要有余光，还要有周围的视野，要克服营销短视”。在这方面，王安电脑公司的衰亡很值得借鉴。

王安电脑公司曾是美国IT企业界一颗闪亮的明星。美籍华裔科学家王安在美国波士顿创办了一家驰名世界的“王安电脑公司”，他从600美元投资开始，经过40多年的艰苦奋斗，发展到拥有3万多名员工、30多亿美元资产，在大约60多个国家和地区设有250个分公司的世界级大企业。成功给他带来荣誉和地位，还给他带来了16亿美元的巨额资产。

王安电脑公司对科研的投入很大，使公司产品日新月异，迅速占领了市场。在生产对数电脑、小型商用电脑、文字处理机以及其他办公室自动化设备上，王安电脑都走在时代的前列。王安博士甚至雄心勃勃地想与电脑行业霸主IBM公司一争雌雄。

然而，到了20世纪80年代末期，王安公司却快速地由兴盛走向衰退。到1992年的时候，王安公司的市场价值跌至不足1亿美元。4年前，鼎盛时期的王安公司雇员达3.15万人，后来却减至8000人。正如十几年前王安公司神奇地崛起一般，它又以惊人的速度衰败了。

是什么使一个强大而繁荣的年轻电脑帝国在短短的五六年中崩溃了呢？首先是王安未能急流勇退，推出新人。晚年的王安失去了蓬勃向上的进取精神，在经营上故步自封，判断力趋向迟钝，使公司失去了原有的日新月异的优势，可谓王安公司衰落的原因之一。最为关键的是，以他的天才，居然没有发现向更廉价和多功能化方向发展的个人电脑必将淘汰他的功能单一的文字处理机和大体型的微机。当IBM等公司致力于发展个人电脑之际，王安却不听下属劝告，拒绝开发这类产品。当电脑行业向更开放、更工业化、标准化的方向发展时，王安却坚持自己老一套的专有的生产线。这时王安公司的产品不但未赶上发展兼容性高的个人电脑这一电脑新潮流，而且失去了王安电脑原有的宝贵特征和性能。在电脑这一高科技含量且高速发展的行业中，新产品开发与市场脱离必然导致一个公司的失败。

此外，在最后关键性的3年中，公司决策羁于优柔寡断，没有作出坚决的选择，以达到迅速降低产品成本的目的。他们没有生产出为更多客户所期待的新产品，反而通过对已售出产品的维修、软体换代和其他附加费从顾客兜里榨取钱。这种只顾眼前利益、损伤公司形象、侵蚀“上帝”信任的做法，最终将公司引向末路。

错过了一个趋势，就错过了一个时代。王安没能看清电脑由商用向大众化转变的趋势，脱离了市场，最终也被市场所抛弃。

“你不能有太窄的视角，你必须要利用自己的余光进行扫射，用横向的方法进行联系，看看有哪些因素影响我们的企业。”科特勒的这句话告诉我们，企业要关注的不仅仅是自身的问题与发展，还要盯市场、盯竞争对手、盯与企业有关的一切动向与趋势。

第2章
动荡袭来，企业最常犯的错误

经济不确定性就像一副迷药，最精明的CEO也会中招

经济不确定性就像是一副迷药，它可以导致最通达语练的首席执行官犯下严重错误。当恐慌蔓延并且达到顶峰时，许多商界领袖都会退缩：他们在不该削减成本的地方削减了成本；他们解雇英才、回避风险、减少技术和产品开发；最糟糕的是，他们让恐惧主宰了自己的决策。这些行为不仅会严重阻碍企业的发展，甚至可能会毁掉企业。

——科特勒《混沌时代的管理和营销》

科特勒提出，商界的动荡常会使管理层做出错误的应对。许多企业的管理者在应对动荡及其带来的混乱时，会考虑采用下述两种传统方法中的一种：一是很少采取预防措施，寄希望于风暴终将散去；二是茫然之下随便做出决策，不是削减成本就是不顾一切地陷入“奇想”，在一些新的无关领域进行投资和下赌注。

科特勒提醒商界领袖在动荡袭来时要警惕最常犯的几类错误：破坏核心战略和文化的资源分配决策；全面削减开支与集中审慎的行动；维持现金流量的快速解决方案，危及利益相关者；削减营销、品牌以及新产品开发的费用；销售降低时的价格折扣；降低销售相关费用以摆脱客户；在经济危机时期削减培训和发展开支；轻视供应商和分销商。

一个企业就像在大海中航行的船，而CEO则是船长，船长的指挥关系全船的命运，来不得半点儿马虎。任何一个盲目轻率的指令都可能给航船带来灭顶之灾。没有哪个CEO愿意犯错，是客观因素和主观因素让他犯错。导致他们中招的因素有五个：客观因素是决策信息不充分，而主观因素则是情感、情绪、价值偏好和思维惯性。

第一，决策信息不充分。

任何一个决策，都是为企业的未来确立目标和选择措施。但未来总是不确定的，市场的变化迅猛无常，人们最多也只能大体上把握市场变化的趋势，不可能绝对准确地预测。正是这种市场变化的不确定性和国家政策法规变化的不确定性，使企业的决策总是处于一种信息不完全的状态，很多企业因决策不当而陷入困境。

决策信息收集不充分，信息量过大，不知如何取舍，或者有了信息不知道如何运用，这些都可能会令企业管理者做出错误的决策。

第二，情感。

情感会影响人的判断和决策。企业管理者在经营的过程中，如果把他情感所注重的内容放到了不应该有的高度，就必然会使它背离企业发展最大化目标的选择。在这一点上，福特汽车创始人老福特就是一个例子。

老福特研究发明了一种结构简单、造价低廉的黑色 T 型车。他的福特汽车公司由此获得了很大的成功。他对自己创造的这一产品有着深厚的情感。后来，市场发生了很大的变化，人们的消费水平提高了，不再满足于这样一种产品，而追求档次更高、有一定个性化的产品。但他无视这种变化，固执地仍只生产他自己的黑色 T 型车。他的儿子把握住市场变化趋势，组织人力、物力，研发出适应市场变化的新产品。但老福特对这种黑色 T 型车存在特殊的情感，不愿意接受市场的变化，拒绝适应这种变化。他野蛮地否定了他儿子的努力，公开砸毁了由他儿子主持研发出来的新产品。然而，他的企业也为这一决策付出了惨重的代价，败给了通用汽车，从汽车行业的龙头宝座上走了下来。

第三，情绪。

情绪与情感有联系，但二者并不相同。情绪是一种心理反应，当一个人的心情好和不好的时候，会做出截然不同的决策。凯恩斯认为，当人的情绪好的时候，对事物发展的预测会美好；当人的情绪低落的时候，对事物发展的预测则是阴暗的、悲观的。他认定这种情绪的变化是社会经济发展周期性波动的根本原因。这有他偏颇的地方，但情绪的好坏会对决策人的决策带来直接的影响，这却是一个不争的事实。

第四，价值偏好。

人在决策时，价值偏好会像一层浓雾蒙着你的眼睛，让你无法理智地做出选择，使自己在所设定的价值偏好圈子里挣扎。所谓价值偏好就是自己所选择的一种价值观念，认定什么是有意义的，什么是没有意义的。正是这种认定，让自己陷入了自我设定的陷阱中不能自拔，从而使自己的选择远离了真正要寻求的目标。

第五，思维惯性。

它是人们按照已经获得太多成功的既定思路制定决策，把这种成功模式不加区别地到处套用，最后因为忽略外部环境的变化和所处时机的差别而使自己的决策脱离实际，成为败笔。

企业管理者要避免受这些因素影响，一是要在做决定前深入调查研究，这是科学决策的基础。正确的决策都是来源于对实际情况心中有数，来源于准确的分析判断和认真的比较选择。二是要尊重知识、尊重人才，这是科学决策的保证。决策前必须咨询专家意见。管理者要借助“外脑”的知识和智慧，集思广益，进一步完善决策方案，对多种决策方案进行反复比较，作出正确选择。三是要善于决断，敢于负责，这是管理者必须具备的决策素质。尤基是在突发事件或出现危机之时，往往更需要管理者具备高度的责任心，敢于承担风险，果断决策，才能不贻误时机，避免或减少损失。

在经济衰退的时候最糟糕的是不采取任何行动

我觉得在经济衰退的时候最糟糕的是不采取任何的行动。而且很糟糕的另外一种情况是出现恐慌。

——2009年科特勒启动天阶计划的演讲

对企业来说，最棘手的就是在经济危机的情况下如何应对。科特勒说，他不愿意看到企业裁减员工、削减营销预算，但他同样不希望企业无所事事，因为危机之下是采取行动的时候。对于一个企业来说，困难的时候，应该坐下来和员工一起商量大家今后朝着什么方向前进、大家的愿景是什么，要看一下在5年后大家的愿景能否实现。如果答案是肯定的，那么企业就应该坚持原来的愿景。之后，再回过头来看看怎么做才能达到5年之后的愿景和实现既定的目标，进而明确现在如何有所作为。

有相关机构曾经做过调研，结果显示，在所有行业中，均有超过半数的企业表示已采取行动应对危机，而其中制造业表现得最为积极，比重达75.17%。同时很多企业表示不会采取太多措施，会静待危机结束，其中农牧业显得最为保守，有近56%的企业倾向于不采取任何行动。

在东北，有一个很有意思的词来形容过冬，叫“猫冬”。很形象，冬天冷，人们就像猫一样猫着，等待冬天过去。在经济危机到来时，很多企业也采取了“猫冬”策略，最典型的就是：暂时关闭企业、企业放长假、暂时停工停产、大裁员，最悲壮的要数倒闭了。于是乎，很多人都把这些企业“猫冬”的原因归咎于金融风暴，都说是金融风暴惹的祸。乍一听这话，似乎有些道理，然而，细一想，并不客观。因为，市场经济的法则永远是优胜劣汰，即使没有金融风暴袭来，也照例还会有倒闭和关停的企业。就像一个人，抵抗力不强、身体虚弱、长期靠药物维持生命，一旦暴风雪袭来，不倒下才怪呢。然而，那些身强力壮、体质好的人，说不定还要迎着暴风雪高呼：“让暴风雪来得更猛烈些吧!”

那些被“冬天”冻死而倒闭的企业，恐怕再也活不过来了。但是，那些没被冻死、还处在“猫冬”或者“冬眠”状态下的企业，似乎没有任何理由继续“猫”下去、“眠”下去了，应该出来晒一晒冬日里的太阳，死等没有出路，要知道，阳光不会直射你猫冬的角落。

在经济衰退的时候，企业即便抽不出精力做一些大动作、大变革，但是，有一些事情是完全可以做，也应该做的：

一是利用“猫冬”的时期，好好反省，认真检讨。平时没有时间认真思考的问题，现在应该有了，要从“猫冬”的教训中走出来。前事不忘后事之师，跌倒了再爬起来。二是好好调整一下企业经营战略、产品结构、市场策略。三是好好调整一下企业组织管理结构、劳动组织结构、人才结构、股本结构。四是好好搞一搞企业的法人治理、制度建设、机制建设。如果这个没什么必要了，那就主动寻求并购的出路，总不能在一个树上吊死人。五是好好抓一抓员工培训，尤其是中高层的培训。六是好好搞一搞设备检修。七是如果有条件，还可以搞搞市场调研、企业咨询、新产品研发。

对企业来说，生存下去的技巧是：既要不做，又要去做。所谓不做，就是不做那些消耗资源、加重企业负担、高风险的事。而去做，则是去做那些发现机会、可以突破困局的事。“猫冬”不是坐以待毙，而应该是养精蓄锐、待机而发。

绝大多数企业并没有一个混沌管理系统

所有需要在风险性（可测度的）和不确定性（不可测度的）中生存的企业，必须建立一个早期预警系统、远景方案构建系统和快速反应系统，以便在经济衰退和动荡时期进行管理和营销。但我们发现绝大多数企业并没有在“混沌管理系统”下运作，他们的防御措施因而不够系统和充分。

——科特勒《混沌时代的管理和营销》

科特勒所指的混沌管理系统是发现、分析动荡和混乱并做出响应的一套系统管理方法。如果没有这套混沌管理系统，那么，处于动荡环境之中的企业就容易失去嗅觉与听觉，失去洞察与判断，也就很难生存。企业在构建这套混沌管理系统时，应先考虑 9 个重点问题：

我们过去的盲点有哪些？过去的这些盲点目前正发生着什么样的变化？其他行业是否存在有益的相似之处？我们把哪些重要信号排除掉了？在我们的行业里谁善于捕捉微弱信号并超前采取行动？和我们持不同意见的人以及局外人试图告诉我们什么？将来什么样的意外可能会真正伤害（或帮助）我们？什么样的新兴技术可能会改变游戏规则？是否存在一个想象不到的远景方案？

梳理清楚这九大问题，企业才能更理性地去构建自己的混沌管理系统。这套系统要包括三个部分：第一，通过构建早期预警系统发现动荡源；第二，通过构建重点远景方案对混乱做出响应；第三，根据远景方案的轻重缓急和风险态度选择战略。

我们知道，动荡可能会在任何时候、任何地方以明显或隐藏的方式出现。动荡未被发现，或动荡已被发现但管理者无法或不愿意采取行动，抑或不愿意足够快速地采取行动，都会给企业造成混乱。想象一下航行中的飞机如果没有气象雷达和监测系统会是一种什么样的状况，会有什么样的后果。混沌管理系统对处于动荡之中的企业来说，就是气象雷达，就是监测系统。

正如飞行员和机组人员要为每一次航班做充分准备一样，企业管理者及其组织也必须为推动商业战略并在动荡时期实施这些战略做好准备。第一步就是要建立一套有效的早期预警系统。这个系统将尽快、尽早地发现尽可能多的动荡迹象。

企业最大的危险是那些即将到来却没有被发现的风险。了解这些风险并预测机遇需要强有力的周边视野。当企业领导人开始考虑在企业内部建立正式的预警系统时，首先要研究的事情之一就是他们及其组织以前错过的并给他们带来最大意外的重要信息和市场情报。企业必须关注的重点领域包括客户和渠道、竞争对手和互补企业、新兴技术和科学发展（颠覆性创新和技术）、政治、法律、社会和经济力量、影响者和塑造者。

破坏核心战略和文化去适应动荡无异于饮鸩止渴

企业在动荡袭来时最常犯的错误之一：破坏核心战略和文化的资源分配决策。

——科特勒《混沌时代的管理和营销》

在经济紧缩期或更加糟糕的经济停滞期，每家企业都面临着艰难的选择。但是，在动荡时期，领导者所做的决策将会产生更加深远的意义。这些决策不仅对经营结果，而且对员工、士气以及企业特有的文化和价值观都会产生深远的影响，尤其是当决策破坏了企业的基本准则、未能满足顾客的期望时更是如此。

很多企业在顺风顺水的时候，一般都会很注重企业核心战略的构建和企业核心价值观的塑造，但是，当面临动荡的时候，有一些企业为了生存下去，就会渐渐偏离原先设定的核心战略和核心价值观，越走越远。

在一些企业里，有详细的员工行为规范手册，甚至细化到了员工举手投足间的每一个动作，然而却无法产生精神层面在企业行为和员工行为上的有效反映，反过来也一样，二者无法对称。事实上，很多企业的行为都从根本上忽略了企业价值观无形的存在和作用，有时甚至会严重偏离企业所倡导的价值观。

企业的所有行为都要真正体现企业价值观，否则就是“魂不附体”。必须要将企业价值观变成企业的一种自觉行为，融入每一个行为体系中去，才能实现从心的一致到行的一致，实现理念与行为的统一，最终为企业与社会创造更多价值。不管是在平稳时期，还是在动荡时期，核心战略和核心价值观都不应该被轻易地撼动。

还有的企业，由于处在刚起步阶段或者求生存的阶段，往往连核心战略和核心价值观都没有。他们认为：对于自己而言，最要紧的是生存问题，打开市场、搞好销售、积累资本、做强做大才是关键，还谈不上企业文化问题，等企业发展壮大了再谈企业文化和价值观问题。

果真如此吗？事实上，每个组织，无论是在车库里创业的两个人的企业，还是拥有数十万员工的跨国企业集团，都有一套价值观和原则，它们决定什么行为可以接受，什么行为不可以接受。企业文化规范和行为习惯反映了企业的价值观和原则，不同的价值观能对组织产生不同的影响。高绩效的公司在与价值观有关的各个方面，远远领先于低效率的公司。在运用价值体系进行运作并真正关注所有关键人员的高绩效组织中，没有哪一部分的人被忽视，一视同仁是最普遍的特征。这一承诺通常被描述为“正直的品质”和“做该做的事”。

科特勒曾说：“永远不能忽视企业的核心价值观。破坏文化和资源重新配置可能会造成长期负面影响，这不仅能弱化企业的基本原则，而且很可能对其品牌造成负面影响。”

“沟通、尊重、诚信、卓越”，这个价值观曾经属于一家闻名全球的公司，这些词语掷地有声，简洁明了，意味深长，听起来很有味道，不是吗？然而，这条年报上的价值观，却并未落实到企业的实际运营中去，甚至是背道而驰，这家企业就是安然。

安然公司曾是一家位于美国得克萨斯州的能源类公司。在2001年宣告破产之前，安然拥有两万多名雇员，是世界上最大的电力、天然气以及电讯公司之一，2000 年披露的营业额达 1010 亿美元之巨。公司连续六年被《财富》杂志评选为“美国最具创新精神公司”，然而真正使安然公司在全世界声名大噪的，却是这个拥有上千亿资产的公司 2002 年在几周内破产。事件的起因是一件财务数据造假事件。2001 年年初，一家有着良好声誉的短期投资机构老板吉姆・切欧斯公开对安然的赢利模式表示了怀疑。他指出：“虽然安然的业务看起来很辉煌，但实际上赚不到什么钱，也没有人能够说清安然是怎么赚钱的。”到了 8 月中旬，人们对于安然的疑问越来越多，并最终导致了股价下跌。11 月 8 日，安然被迫承认做了假账，自 1997 年以来，安然虚报赢利共计近 6 亿美元。最终，安然于 12 月 2 日正式向法院申请破产保护，破产清单中所列资产高达 498 亿美元，成为美国历史上最大的破产企业。

安然事件告诉我们，背离自己的价值观后果是极其严重的，甚至事关企业的生死。安然是一个极端的例子，但拥有这种空洞的价值观的公司并非安然一家。很多企业的价值观宣言表面充斥豪言壮语，竭尽完美之词：诚信、团队精神、责任、效率、服务以及创新，等等，这些都是良好的品质，但这样的术语不能成为指导员工行动的明确纲领，因而也就毫无实效可言，或者根本就是自欺欺人。这样的价值观的破坏力极大——他们可以使员工变得玩世不恭、士气低落、疏远客户，并削弱管理层的可信度。

企业在提炼自己的价值观时，在确认价值观以后，要对核心价值观做出详尽的解释。价值观一旦确立，就必须被严格地履行。不管动荡不动荡，不管危机不危机，企业都应该守住自己核心的战略、文化、价值观。这是能够帮助企业顺利渡过难关的精神之源。

挑起价格混战并不能保全企业的利润与份额

企业在动荡袭来时最常犯的错误之一：降低价格，大幅度使用折扣。

——科特勒《混沌时代的管理和营销》

科特勒不希望企业采取价格战的方式来应对动荡的环境。很多管理大师都秉持着和他一样的看法。美国著名的营销战略专家杰克・特劳特认为，当价格成为传播信息的焦点或者企业营销活动的焦点时，你就是在破坏可持续的生存法则，因为这会让价格成为顾客选择你而不是你的竞争对手的主要考虑因素，你因此而成为低价的代名词。迈克尔・波特则说得更明白，他说，如果你的竞争对手能把价格降得和你一样低，那么降价就是一种愚蠢的行为。

价格战一般指的是企业之间通过竞相降低商品的市场价格展开的一种商业竞争行为，其主要内部动力有市场拉动、成本推动和技术推动，目的是打压竞争对手、占领更多市场份额、消化库存等。同时，价格战也泛指通过把价格作为竞争策略的各种市场竞争行为。

经济危机，物价上涨，这样的大背景使得人们开始节衣缩食，压抑消费意愿。而物美价廉的商品更是成为很大一部分人的首选或者说必选。相应地，企业为了迎合消费者，也更愿意在价格上做文章。

价格战本身是一种市场竞争手段，具有杀伤力强、短平快等诸多优点，被广大厂商所看好和采用，尤其是在一些特定的行业更为普遍。目前的价格战实际上是指价格竞争，是企业应用价格战略的一个突出表现。价格竞争实际上是市场经济下最基本的竞争形式，也是最容易应用的竞争形式。

引发价格战的原因很多，最主要的不外乎以下几个：

一是抢占市场。国内企业竞争同质化情况严重，因此中国企业的价格战更容易爆发。中国市场经济发展时间较短，还很不成熟，在当前的发展阶段大部分行业都有众多的企业参与市场竞争，这些企业规模很小、效率较低，成为价格战的沃土。而西方市场已比较成熟，在几个势均力敌的寡头企业的控制下，通过价格战来获利的可能越来越少。这种降价一般会降低自己的赢利水平，尤其在引起其他卖方跟随降价之后，就很可能会导致企业的轮番降价，引起价格大战。

二是成本带动。行业规模经济会导致行业成本降低。目前的计算机和手机行业就是一个显著的代表。由于行业已成规模，技术更新换代快，因此整个行业的成本都会下降，成本的下降自然会带动价格的下降。有些企业通过规模经营、建立健康的成本结构和有效的管理措施使自己在行业内部获得较大的成本优势，从而可以使自己持续地进行价格战，并可以在价格上给竞争对手形成长期的压力。

三是供过于求，生产能力过剩，恶性竞争意识浓烈。企业的生产成本降低、技术进步导致企业的生产能力过剩，为降低库存收回成本，企业开始在价格上大做文章。且许多企业未能有效做好市场调查，未能调整经营策略，未做好打价格战必备的长期发展战略部署，只顾度过眼前的困境，盲目跟风降价，你降我也降，反而带来了整个行业的恶性混战。

四是被迫应战。更多的企业在市场实际运作中都是被逼参与价格战，由于自身企业实力、价格政策、市场规范程度等与大企业无法相比，结果往往是损失惨重、市场沦陷、企业利益受损。

价格战是以牺牲利润为代价来获取营业额的增长方式，跟饮鸩止渴、竭泽而渔差不多。如果企业长期搞低价销售，那么利润会减少，相应会减少在研发、创新、营销、管理等领域的投入，致使发展后劲不足。而发展后劲不足又会反过来进一步影响企业的经营业绩，使得企业陷入恶性循环的泥淖。所以，企业还是要保持合理的利润，保障产品的质量，方能持续经营和永续生存。

退缩是最不能摆平动荡的下下策略

企业在动荡袭来时最常犯的错误之一：中止产品开发，退出全球化，退缩到围城内。

——科特勒《混沌时代的管理和营销》

在全球金融危机的巨大冲击下，有的企业订单少了，产品销售积压，裁减员工；更严重一些的，甚至濒临破产。在这样的环境和形势下，有很大一部分企业开始采取收缩或者是退缩的策略。就如科特勒所说的——中止新产品的开发，退出全球化，不再有大的动作，全面削减开支，退缩到自己最有把握的一块市场。

在动荡和混沌已经成为一种新常态的环境下，退缩战略可以让企业保存最后的实力，不至于有毁灭性的损失，但同时，退守一隅也使得企业失去了进一步扩张发展的机会。

有一位足球运动员说过一句话——“进攻才是最好的防守”，这很值得回味。如果是一味的防守，那么除了自保，基本上就没有翻身的余地。而如果尝试进攻，即使处在劣势，也能为自己找到翻牌的机会。与其坐以待毙，不如绝地出击，这一点不仅适用于足球赛场，同样适用于企业。

2003 年的“非典”带给人们的不仅仅是对“SARS”病毒的恐慌，对很多企业也是一种前所未有的冲击和考验。虽然炎炎夏季来临，但冰激凌市场却被冻结在“冰点”。不必说“吃冰激凌不利于预防‘非典’”的传言，也不必说店铺纷纷关门，单论大街上锐减的人流，对于随意消费、冲动购买型的产品——冰激凌来说，销量大幅下滑几乎就是注定的。4 月时，冰激凌整体销量急剧下滑，一些小厂相继关停。但危机历来就是双面性的，对退缩者而言是坟墓，对进取者而言是天堂。乱“市”出英雄，旧的市场格局每动乱一次，行业格局就调整一次。蒙牛就在这期间打了一场胜利的营销仗。它在三个方面采取了与众不同的措施。

第一，转移阵地，开辟第二渠道。

食品一旦走出工厂，最基本的营销法则就是到“嘴多”、“胃多”的地方去。既然“非典”把人们逼到了社区，那么，社区就是最佳的卖场。阵地变了，策略跟着变。蒙牛冰激凌紧急调整部署，在社区发展经销商和销售点。同时，改换包装形式，根据人们在“非典”期间不愿打开包装而愿整箱购买的现状，发展家庭装、组合装。结果领先一步，蒙牛“抢位”成功。许多社区都打出了“不让‘非典’进社区”的口号，蒙牛冰激凌何以出入社区？两个字：中转。到了小区门口，打个电话到里面，只交流货，不交流人。

第二，大投广告，强化品牌经营。

进入 5 月份，冰激凌市场萎靡不振，许多在中央电视台播放广告的强势品牌不愿再做“守望者”，纷纷撤下广告。连 2002 年销量第一的冰激凌品牌，大概也不堪重负，同样撤下了在央视播放的广告。销量第二的蒙牛却反其道而行之，不但不撤广告，甚至加大了播出密度，蒙牛冰激凌广告与液体奶广告双双雄飞，气势逼人；同时在全国 15 家卫视联播中也加大了播出密度。为什么这样做？因为“非典”将人们堵在家里，电视成为联系外界的主要窗口，正是品牌传播的好机会。而别人都撤了广告，那又横添了一样好处：品牌的相互干扰减少。

第三，众志成城，采取播种行动。

当时担任蒙牛冰激凌销售部长的赵全生说：“非典”到来，有的冰激凌品牌选择了放弃，业务员放假的放假，观望的观望。蒙牛的营销队伍却选择了“播种”，戴上口罩，主动出击。在产品结构调整上，集中目标，聚焦收效，“随变”、“绿色心情”、“顶呱呱”等产品，随着“你变我也变”、“绿色好心情”、“健康顶呱呱”的宣传主题，一路畅销。

有无相生，祸福相依。只要精神不滑坡，办法总比困难多。全国市场一会儿这里燃起一团火，一会儿那里燃起一团火，众人拾柴火焰高，“冰点”化作了“沸点”，蒙牛冰激凌5月份的销量比上年同期翻了一番，工厂所有机器满负荷运转，仍然供不应求，一再断货。6月份销势更猛。

蒙牛的这场营销之战证明，最好的防守就是进攻，当别人都退缩起来不敢出击的时候，正是最好的扩展市场、扩大市场份额的机会。逆流而上不一定能活下来，但随波逐流注定会失败。商场如战场，以进攻的姿态面对，是在努力争取机遇和成功，它让企业时刻站在信息的前沿，更主动地去拼搏，更积极地去应对。然而，被动的防守或者是退缩则会令企业在瞬息万变的商场上，痛失一次次机会而无法支撑，能退一时，但最后终将退无可退。

营销是肌肉，不是脂肪，拿营销费用开刀非理性

在进行支出削减时，营销费用似乎总是第一个被削减的对象，其次是新产品开发费用。这是个错误的做法，有可能会毁掉企业的市场份额，破坏企业的创新能力。营销是肌肉，而不是脂肪。当你削减营销开支时，你的退出会给竞争对手创造在前沿发布他们的信息并争取更大市场份额的机会。在疲软或动荡的经济条件下，营销资金就像干涸沙漠中的水——越少越珍贵。

——科特勒《混沌时代的管理和营销》

无论经济环境是否景气，企业管理者都必须控制成本。董事会和股东们会要求企业管理者持续地削减不必要的开支，以便将节约下来的资源投入到回报最高的业务中去。他们的要求并非难以实现——即使是高利润水平的企业也常常存在着显著降低成本的空间，只是面对复杂的业务和变化的市场环境，要恰到好处地进行成本控制，极富挑战。

当经济不太景气的时候，大多数企业下意识的第一反应就是削减开支。现实是严酷的，经济下滑时期，企业确实有必要削减某些成本，有时为了生存，企业还必须大幅度地削减成本。在经济低迷的时候，成本削减是必要的，但并不是所有省钱的方法都行之有效。缩减开支绝不能以牺牲长远利益作为代价。节省费用的措施不能损害企业的独特性，不能去回避客户的需求和期望或危害企业文化和价值观。

企业在削减成本时，不应该对各种开支不加辨别，“一视同仁”。如果企业管理者不分青红皂白，把每一项看似多余的开支都削减掉，则很可能因削弱企业的竞争力而影响到销售额，结果得不偿失。反之，管理者应从企业战略的角度出发来控制成本，避免损害那些决定企业核心价值的要素。

科特勒曾剖析过四种不同类型企业的预算削减——关于预算削减，要看一下这个企业属于哪种类型。在我看来，一共有四种不同类型的企业：第一种类型的企业财务非常好，营销做得十分优秀。对于这样的企业来说，它们可以更多地进行广告宣传和传播活动，可以利用现在的经济不景气，从比较弱的竞争对手那里得到更多的客户。第二类企业财务状况良好，但品牌不是很强大，这些企业可以拿出充足的资金购买其

他很好的品牌。第三类企业指的是有着非常好的品牌，但是手中没有钱，这些企业就必须削减成本。第四类企业无论是在财务还是在营销方面都比较弱，这些企业就只能关闭了，它们面临的问题是什么时候出售自己的企业。营销预算面临同样的情况，如果市场上出现了机会，企业要进行更多的营销，增加营销支出。如果出现了相反的情况，那就要削减营销预算。

“营销是肌肉，而不是脂肪。”很多企业在削减成本时，总是习惯拿营销费用开刀，譬如广告投入费用、促销推广费用，等等。科特勒这句话是告诉企业，在削减成本的时候，不能盲目地动营销费用。企业要向自然界的动物们学习，冬天时尽可能降低自身消耗，要管控好心脏、呼吸等关键环节，以挨过寒冬。企业也是如此，能不花的钱的确要少花甚至不花，降低非必要性开支，消减企业中可有可无的部门，减少成品、半成品、原材料的库存量，取消不必要的扩张计划等。但是削减营销费用一定要谨慎，即便要削减，也要掌握好分寸。

对于企业而言，在较短的一段时间内削减某项开支而不影响运营并非难事。因此，像市场营销、维修保养、人员培训这样的开支往往会首当其冲成为牺牲品。但是，企业如果不能为这些被削减的资源找到有效的替代措施，其长期的经营业绩将受到影响。结果，企业为了重获失去的资源，必将支出恢复到以往的水平。如运气不错，那么在缺失资源的恢复过程中，可能不会对企业产生实质性的损害。反之，这种短期的成本削减行为就可能迅速地破坏品牌形象，损害消费体验，并导致其他无法挽回的后果——所有的这些最终将损害企业的价值。

在营销投入上，要精打细算，避实就虚，不进行大规模、高投入、风险性大的营销投入，减少大众化广告传播和品牌传播费用；可以专攻一个点或进行低成本营销，比如口碑营销、网络营销等。

裁减人才就是在裁剪复苏时的最稀缺资源

当一家企业裁减人才时，其竞争对手很可能在第二天就雇用这个人，来帮助他们更好地进行财务前景定位，并在过渡时期帮助他们推动创新。当经济复苏时，大多数企业最稀缺的资源是人才，而不是资本。管理者如果不理解或不能接受在创造和推动企业创新中人才的重要价值，那么他们将会与其他停滞不前的企业一起徘徊在商业食物链的底层。

——科特勒《混沌时代的管理和营销》

人力资本是企业的第一资本，在很多企业的成本构成中比例并不是最大的，反而是生产、制造、物流、广告、市场等占有较大成本份额。人力资本尽管是企业的成本之一，但同时也是最能为企业带来价值的一项投资。

在面对危机和陷入经营困境的时候，许多企业首先想到的就是裁员，甚至被视为各行各业代表的一些名牌企业也常常这么做。对现代企业经营者来说，裁员可能是简单易行、能快速降低经营成本的捷径。一旦成本降低，利润也就会随之而上升，从而保住企业元气。这一简单的逻辑听起来似乎有理，而事实上，裁减人才是有很大隐患的。

第一，从裁员的成果来看，有愈来愈多的情况表明，想借助于裁减人员来自保的公司，不但亏损未能得到制止和改善，反而效益降低。对进行裁员的500家公司所作的调查表明，有一半以上的企业所留的职工士气涣散，2/3的公司未见效益有任何提高，1/2的公司利润未见增长。除了经营无起色外，投资人的信心也未增强，许多裁员公司的股票下跌就充分地反映了这一事实。

第二，裁员对于员工的心理与组织关系产生了不良影响。裁员后，无论被请走的或留下的职工，心里都不好受。被裁减的员工心理受到创伤；被留下职工不熟悉被裁员工的工作，因而工时延长，再加负担又重，在生理和心理的双重压力下，可能会对公司产生埋怨情绪，以致工作马虎、责任心下降。许多研究证明，公司裁员之后，被留职工变得心胸狭窄，士气低落，不信任领导层，这种现象被称之为“幸存者综合征”。

第三，影响效率，产品质量缺乏保障。裁员所带来的心理恐慌必然会影响士气，再加之工作交接之后需要磨合，这些都会最终影响到企业的效率和产品的质量。企业把员工当作成本裁去了，员工又怎么可能全心全意地扑到工作上？

第四，裁员后成本可能不降反升。究其原因，主要有三，一是公司在决定裁员时，其经营情况往往已无力回天，裁减职工也只能苟延残喘一段时间。二是大幅裁减了某些功能部门的职工后，还需花高薪聘请顾问来补救一些功能的缺失。三是培训留下的职工去替补被裁人员时的工作，所花费比原班人马更高。如果人手不够，只得启用临时工，其费用不断上升。

第五，裁减人才就是在裁减复兴的资本。科特勒所说的“当经济复苏时，大多数企业最稀缺的资源是人才，而不是资本”，就是这个意思。当企业裁员时，竞争对手很可能就会将这些人才揽至旗下，而到了经济形势好转，企业想要再度扩张的时候，再想重新招募人才就会很困难，因为复苏之时，人才就是第一资本。

松下幸之助创立的松下公司号称“电器王国”，但在几十年的发展过程中，松下公司也出现过波折，甚至危及自身的生存。然而每一次，松下幸之助都能凭借自己的智慧安然渡过难关。

20世纪50年代，日本经济出现了大幅度的滑坡现象，所有的公司企业都受到了影响，松下公司也不例外。面对经济的不景气、产品的大量积压，有人建议松下幸之助缩减公司职员，从而渡过难关。消息传出后，大家都很担忧，生怕自己被裁掉。

当时松下幸之助正生病住院，公司负责人武久和井植向他提出裁员的建议，松下却不容置疑地说：“我决定了，不裁员！”他认为，裁员意味着公司处于困境。其他公司就会借机来谈条件，那样的话公司的景况会更加困难。如果不裁员就会显露公司的实力。其他人才不会看不起松下人。

松下不仅坚持不裁一人，更是做出了员工“只上半天班，工资按全天发”的惊人决定。松下员工获悉后，感佩交加，工作更加努力，誓与公司共患难。而其他公司听到这一消息，更是震惊于松下的魄力和实力，对于与松下的合作也更有信心。

最终，在松下公司全体员工的一致努力下，以前积压的那些产品在两个月的时间里全部销售完毕。

很多企业认为裁员是削减成本的好法子，但事实上，不盲目裁员才是公司稳定和发展的最简单有效方法。在经济下行的情况下，如果盲目裁员，特别是针对级别较低的员工，对于企业应对金融危机、走出困境，并非能达到企业所真正预期的效果。相反地，企业裁掉的员工可能来自各个部门，这些员工的离去暂时是给企业“减负”了，但却严重冲击了企业的凝聚力和向心力。一旦经济回暖，企业想重塑企业文化、重建企业价值观就比较困难了。

企业的意外并非因为动荡，而是因为不敢正视动荡

大多数企业意外的出现并非因为缺乏早期迹象，而是缺乏正视的心态。企业管理者处理迫在眉睫的麻烦时会过于自信，往往不承认所处的行业或企业面临任何真正的危险。

——科特勒《混沌时代的管理和营销》

科特勒 2009 年到访中国启动天阶计划时，曾分享过通用汽车的案例：

“像通用汽车这样的公司，他破产或者失败是因为什么呢？是因为这个公司经历五个阶段：第一个阶段是如此成功的公司，觉得自己什么都能做，以至于这家公司自我感觉过于膨胀，他们有如此之高的荣誉感和骄傲感，事实上他们有点儿偏离了现实。第二个阶段是一家公司觉得自己无所不为，开始做的太多。第三个阶段是已经出现了一些问题的迹象，但是这个公司拒绝承认它，就好像通用汽车公司，他们在很多年当中都否认他们的战略是不成功的，他们不想公开说出这一点。我不知道他们内部是否讨论了。你的战略已经达到了一个转折点，在这个转折点上，过去的战略就不再正确了。否认这一点是极其错误的。结果是什么呢？大众开始了解到这一点，而每个人都在相互交谈这个公司现在面临非常严峻的问题，这个问题已经不再是隐秘不知的。而这个公司现在必须要展示，采取怎样有效的方法来解脱自己的危机。这就是第四个阶段，他们开始重新设计产品，改善他们的流程。其中很多的做法并不产生作用。如果确实不能产生作用的话进入第五个阶段，就是一个破产的公司，也就是说它的欠债高于它的资产。”

从自我膨胀、无所不为到拒不承认问题，再到仓皇应对，最后直至破产，这是很多企业都走过的一条由盛而衰的路。可以说，很多企业的意外并不是因为动荡，也不是因为在动荡开始之前没有迹象示警，而是因为缺乏一种正视的心态。

科特勒指出，有的企业管理者处理迫在眉睫的麻烦时会过于自信，往往不承认所处的行业或企业面临任何真正的危险。然后，当经济衰退成为不争的事实时，他们就匆匆忙忙开始全面削减开支，包括从营销和研发开支到员工人数的所有项目。最后，当复苏的迹象随处可见时，他们又打开支出的闸门，以显示他们的实力并重建士气。虽然这些方法在形势严峻的时候似乎是合理的，但是它们最终会损害企业的竞争地位和财务业绩。在动荡年代，这种损害可能会造成不可挽回的损失。

危机已经不可避免，也无法回避，即使是原来的行业大腕也逐渐变得有点儿憔悴和不堪一击。危机面前，到底该如何应对？如何化解危机？在这方面我们看到一些公司在悄然布局。既然利润下滑，甚至亏损、裁员已经变得不可避免，那么就应该积极寻找对策，起码能让市场感知到公司的发展前景和未来的预期。

在严峻和不稳定的市场经济下，企业以积极而开放的心态直面危机，正视动荡的来临，并想方设法去应对，这样才是正确而理性的。如果像鸵鸟一样把头埋进沙堆里，不敢正视眼前的动荡与危机，那么，企业很难熬得过“冬天”。

第 3 章

混沌营销管理：在动荡中赢得蒸蒸日上

顺利度过动荡期的关键就是要有不屈不挠的心态

顺利度过动荡时期的关键之一是要有一种不屈不挠的心态。在艰难时期，实用主义通常会占上风。由于经营业绩不佳，企业很容易把一切归咎于经济环境。但是，即使在最艰难的时期，一些竞争者也会超越其他企业。以胜利者的姿态走出动荡的唯一方法就是抓住时机：做出强硬、切合实际的决策，给企业及其产品带来生存甚至繁荣兴旺的机会。

——科特勒《混沌时代的管理和营销》

2008 年的全球金融危机对每一家企业都是前所未有的考验，而应对危机和挑战必须凝聚力量、迎难而上。要做到这一点，不屈不挠、百折不回的精神是前提，越是在困难的时候，越要看到机遇和希望。不屈不挠、百折不回的精神是战胜一切困难和挑战的法宝。

在首届全球智库峰会上，宝洁公司副董事长沃纳·葛斯勒先生曾发表演讲，介绍宝洁公司的危机应对之道，他说——

事实上衰退只是我们生活当中的一个部分，也就是现实存在，经济时好时坏，这是一个必然的现象。从过去的一个世纪当中，美国的经济有 25%的时间都是处在一种收缩的时期，有一些可能时间更短一点。过去的这段时间，四分之三的时间，全球的经济都是在扩张的，而事实上中文里危机就有这样的含义，一方面它是危险或者风险，另外一方面它会带来机遇。经济危机也是如此，它能够进一步增强我们核心的商业的能力，从而使得我们在经济危机过后变得更加强大，而且能够不断地发展。

过去 170 多年的历史当中，宝洁公司也经历了很多经济的衰退和很多经济的复苏。通过这些危机的周期，我们也得到了不断的壮大和发展。大家看到，尽管有危机，人们还会继续洗头，继续刷牙，也继续洗他们的衣服。所以在经济危机的时候，他们可能只是用另一种更加经济的方式来使用这些产品，但是不可能不用我们的产品。在我们的产品分类当中，大家可以看到有一些销售逐渐地放缓，但是我们的目标也是非常现实的，而且我们应该有能力不断地增加我们的投资，确保危机之后，能够比危机之前变得更加强大。

战胜危机有四个基本点，不管是经济好的时候还是不好的时候，都要坚持这四点。第一个是卓越的品牌，第二是有更好的消费者的价值，第三要有领先的创新，第四就是成本和效益。我们参加这个游戏是长远的游戏，因此我们也必须要继续对我们的人才进行投资。我们当然也认识到在经济不景气的时候，产品价廉物美也是非常重要的要素。我们要确保尽可能多的消费者能够买得起我们的产品，也要为尽可能多的消费者来设计我们的产品。我们知道有些高端的客户还是愿意花更多的钱购买更高端的产品，但是在消费金字塔的低端有大量的消费者，我们必须为他们专门设计符合他们需求的产品。因此给消费者带来快乐，而不是稀释我们的产品目标群，这是我们非常重要的一个原则。

说到底，我们的生意就是要不断地满足消费者的期待或者需求，同时要让消费者信任我们，只有这种信任才能带来他们对品牌的忠诚度。这也是我们渡过难关的重要一点。

在经济好的时候成为一个好公司是比较容易的，但是我们同时要看到水涨船高，在非常艰难环境中一个公司的优点更容易显现出来，因此我们将会持续不断地和我们的股东共同地努力，使他们为我们提供更多的投资，同时我们也会更多地满足消费者的需求。第一，我们将会继续使消费者满意，不会通过降低品质来渡过危机。第二，我们将会和合作伙伴保持良好的合作关系，包括我们的供应商和分销商。第三，我们要保证员工能够得到非常好的待遇，同时不断地提高他们的能力。我们现在还不能够保证终身的雇佣，但是我们会保证终身的技能。第四，我们将会继续做一个好的企业公民和中国的社区继续地合作，以及和中国政府继续合作，来进一步提高消费者的生活水平。最后我们也会不断地使我们的品牌发展壮大。宝洁公司将不断致力于中国经济的恢复过程。

从沃纳·葛斯勒先生的这番演讲中，我们能看出宝洁充足的信心和出色的应对。我们常讲，“事不避难，知难而进”。“知难”是“进”的前提，“进”是“知难”的目的。但“知难”是否一定能“进”，还要看有没有迎难而上、不屈不挠的信心和勇气，这便是精神状态问题。经验告诉我们：再小的困难，丧失信心，只能被困难吓倒；再大的困难，坚定信心，就能把困难战胜。在困难面前，我们“要有一种不屈不挠的精神”、坚定的信心和必胜的信念。

衰退不等于没机会，营销只有在缺少想象力时才会失败

机会永远存在，缺少的只是去发现。衰退期的营销并不意味着失败，营销只有在缺少想象力的时候才会失败。

——科特勒《科特勒说》

科特勒说，机会永远存在，缺少的只是去发现。衰退期的营销并不意味着失败，

营销只有在缺少想象力的时候才会失败。在经济不景气的环境中，企业之间的竞争与正常状态相比并不会发生很大的变化。有人在经济不景气时看到的是绝望，有人恰恰相反，看到的是机会。富有远见的企业抓住这个机会很有可能改变自己在全球市场竞争中的地位。

综观世界历史，战乱、经济萧条、股市崩塌、自然灾害……种种事情带来的经济问题并没有让所有企业一蹶不振，它们中有在经济最萧条时脱颖而出的品牌，有在经济最困窘时打造的名牌，有在经济最低迷时依然繁荣的品牌。

好莱坞是美国加利福尼亚州洛杉矶市的一个小区，如今已经成为美国电影的代名词，它在全世界享有盛名。但最初的好莱坞并不如现在华丽，它是一个真正崛起于美国经济萧条时期的产物。

熟悉美国历史的人都知道，1929 年美国出现了股市大崩盘，随之而来的是经济大恐慌，1929～1933 年被称为美国经济大萧条时期，加之随后爆发的第二次世界大战。经济大恐慌导致的是上百万工人失业，大批农民被迫放弃耕地，工厂、商店纷纷关门，大批企业相继倒闭……

据统计，从 1950～1973 年，只有 60% 的美国影片其制作是完全出自美国国内。1949 年，在海外生产的美国电影仅为 19 部，但到了 1969 年这个数字则增加到 183 部，其中大多数是在欧洲拍摄完成的。

二战期间，欧洲电影工业大受伤害，德国、意大利等国家的国有电影企业纷纷倒闭破产，而它们在经济窘困面前的退缩给了美国影片乘虚而入的机会，也给了好莱坞一个千载难逢的机会。1945 年～1949 年，意大利进口美国影片达 2000 部。而在中国抗战胜利后，好莱坞电影也是在第一时间抓住机遇挺进中国，终于在中国成为家喻户晓的品牌名字。

当美国国内因为通货膨胀而导致海外市场拓展不顺利的时候，好莱坞将注意力转向了国内市场，并在产品上保持独有的创新精神，大力开发新的动作类影片。好莱坞的努力并没有白费，如今好莱坞不仅在国内拥有庞大的市场，而且对于非洲市场的开发也已经形成了巨大的规模。如今，非洲市场有将近一半以上播放的影片来自美国。

不管国内国外的经济形势如何，好莱坞在全球的扩张很少会受到经济波动的影响，20 世纪 80 年代墨西哥和阿根廷两国正处于经济萧条时期，货币贬值严重，而好莱坞正是在这一时期一举打入这两个非英语语系的电影大国，奠定了自己今天的地位。到了 80 年代中期，传统电影大国日本也成为好莱坞最主要的海外利润来源之一。随后的历史发展也就成为一种必然，全球市场似乎都在为好莱坞的品牌垄断地位大亮绿灯。

好莱坞逆势飞扬的发展再次验证了科特勒的话，衰退不等于没机会，衰退会对企业有比较大的影响，但是，它并不会完全堵死发展的机遇。富有远见的企业面对经济不景气，考虑的并不是如何在经济萧条中生存，而是如何在经济萧条期过后有更大的发展。

企业对未来必须要有三种情景规划的设想

在日益动荡的时期，当遇到情景规划的时候，对于一个公司来说要进行设想，也许将来会有三种情景，一种是悲观的情景，一种是常态的情景，还有一种是乐观的情景。

——2009年科特勒启动天阶计划的演讲

一个高明的棋手总是能在对弈的时候，清晰地想象下一步和下几步棋的多种可能的“情景”，而企业同样需要这样的“棋手思维”。企业仅仅有一个商业规划是不够的，因为很多企业只有一个商业或者企业规划，对于未来并不太确定。企业必须做好准备，预测未来。未来有三个情况，一种是悲观的，一种是正常的，一种是乐观的。每一种不同的未来都要做好准备，去应对。

“情景规划”就是一种能提供预防机制，让管理者“处变不惊”的方法。它更接近于一种虚拟性身临其境的博弈游戏，在问题没有发生之前，想象性地进入到可能的情景中预演，当想象过的情景真正出现时，我们将能从容和周密地加以应对。

情景规划是理清扑朔迷离的未来的一种重要方法。它要求公司先设计几种未来可能发生的情形，接着再去想象会有哪些出人意料的事发生。这种分析方法使企业可以开展充分客观的讨论，使得战略更具弹性。总的说来，情景规划就是对系统未来发展的可能性和导致系统从现状向未来发展的一系列动力、事件、结果的描述和分析，目的在于增加政策的弹性和对未来不确定性的应变能力，从而及时、有效地指导实践行动。

一个公司在做远景规划的时候，要对未来进行设想：要全面考虑到三种情景，一种是悲观的情景，一种是常态的情景，还有一种是乐观的情景。就每种情景都要进行界定，如果这样的情景发生了，将采取什么样的行动。科特勒强调说：“远景规划控制的是‘在风险和不确定性之间的风险’。”其中的重要原则就是，对公司来说，无论发生什么情况都要确保自己的安全，把自己所可能遭受的伤害降低到最小，即使出现了糟糕的情况，企业还是能够存活下去，在可预测性和不确定性中寻找企业发展的最关键路径。

情景规划是一种修炼方法，它可以想象可能的未来，许多公司曾将其运用到甚为广泛的问题中。皇家荷兰壳牌公司从20世纪70年代就已开始将其作为一种建立和评估战略选择的方法。壳牌公司在石油预测方面始终比其他大石油公司做得好，因此首先看到了油轮业务和欧洲石化业务的产能过剩。

1972年，传奇式的情景规划大师，法国人皮埃尔·瓦克领导着壳牌情景规划小组。当时该小组发展了一个名为“能源危机”的情景。他们想象，一旦西方的石油公司失去对世界石油供给的控制，将会发生什么，以及怎样应对。在1973～1974年冬季欧佩克（石油输出国组织）宣布石油禁运政策时，壳牌已经做好了充足的准备，成为唯一一家能够抵挡这次危机的大石油公司。从此，壳牌公司从“七姐妹（指世界七大石油公司）中最小最丑的一个”，一跃成为世界第二大石油公司。

1982年皮埃尔·瓦克退休，接任他的是彼得·舒瓦茨。在1986年石油价格崩落前夕，壳牌情景规划小组又一次预先指出了这种可能性，因此壳牌并没有效仿其他的各大石油公司在价格崩溃之前收购其他的石油公司和油田以扩大生产，而是在价格崩落之后，花 35 亿美金购买了大量油田，彼得·舒瓦茨说这一举措为壳牌锁定了 20 余年的价格优势。

情景规划所描述的是可能的未来，而不是应对未来的特别战略，所以邀请外部人员，如主要的客户、重要的供应商、政府协调员、咨询顾问和学者参加这个过程很有意义，目的就在于根据基本的趋势和不确定性广泛考察未来。一线的经理形成基本看法，而参谋人员，如规划人员，则后续建立书面描述，填补差异，发现新的信息等等。全部的目的就在于为建立一个大家共享的战略思维框架，这种战略思维鼓励对外部变化与机遇做出多样性的和更为敏锐的洞察。

高层管理者必须开始亲自观察变化

商界领袖及高层管理人员必须开始亲自观察变化。他们应当考察正在发生变化的地方。他们必须亲身感受这种变化，而不仅仅是阅读商业杂志、通过顾问了解到某种变化或者从员工的报告中获取相关信息。

——科特勒《混沌时代的管理和营销》

“商界领袖及高层管理人员必须开始亲自观察变化”——科特勒非常重视这一点，他认为，高层管理者如果不能亲自观察变化，而仅仅是通过下属获取信息的话，那么，企业会很危险。他说：“我们正在进入一个新的时期——动荡年代。之所以这样说，原因有两个：第一个是全球化，全球化使得各个国家、各个企业之间的关联度增强了；第二个是数字化的进程，无论好的消息还是坏的消息都会迅速传播。所以我建议，对于企业的 CEO 来说，他们甚至不能睡觉，因为如果他们睡觉，在睡觉的八个小时中，可能会出现不好的情况。所以我强调我们一周 7 天，每天 24 小时都要非常警觉。”

至于高层管理者到底应该怎样去观察变化，科特勒举例说，他们应当跟一群 20 来岁的青年人交谈以便了解他们的所思所想，甚至与狂热的环保主义者或反全球化分子进行讨论。管理者是通过别人来完成工作。他们做出决策、分配资源、指导别人的活动，从而实现工作目标。企业内的管理者因职权和部门的不同执行不同的工作，对于企业而言，管理者是中流砥柱，他们的思路和决策对企业发展影响深远。低层次的管理者只会做事；中层次的管理者除了做事，主要的精力是做市场；高层次的管理者除了做市场，更重要的是观察变化，做趋势。

做市场的管理者是最具开拓性的工作。因要应对市场的竞争，他必须满足客户需求，必须以客户为中心，或以服务的对象为导向开展工作，这样才会赢得客户，获得市场的回报。由于市场变化是难以预测的，竞争是残酷的，客户又常以上帝自居，因此，这种类型的管理者的工作必须随时适应环境的变化，才会长久立于不败之地。

而会做趋势的管理者就更难，他必须准确判断未来，判断环境变化的趋势，时刻超越竞争对手进行创新，创造蓝海，引导客户，主导市场，赢得竞争的时间和空间，取得市场的丰厚回报，其领导的组织也会有不凡的业绩，同时也赢得社会的尊重。

低层次的管理者很容易陷入事务性的工作，很少去关注市场及环境的变化，很难适应今天多变的环境，在竞争激烈的市场中落败是必然的。一些职业经理人也一样，容易陷入老经验、老模式的错误当中，不关注新市场、新环境的变化，不注重学习，工作过程同样也会走弯路、犯错误，给组织带来重大的损失。

未来，企业管理者必须要升格到做趋势的层面，积极创新，转变经济发展方式，时刻关注外部环境变化，抓住机遇，变劣势为优势，其管理的组织才会持续成功，自己才会有所作为。

做最坏的打算，同时专注于最优势的领域

最好的高层管理者通常都会避免采取那种不顾一切的极端做法，而是会在做最坏打算的同时，把业务集中于企业的优势领域。而不论市场环境如何，混乱都会给那些在目前环境中找到机会的企业带来好处。从本质上来说，我们可以亲切地称之为混乱本身的物竞天择过程，这个过程决定着企业的胜负。

——科特勒《混沌时代的管理和营销》

在中国企业500强发布仪式上，复星集团董事长郭广昌曾经说过这么一番话，他说："现在，民营企业在一起讨论最多的是两个话题。一个话题是改革开放已经30年，那么，后30年我们该怎么办？另外一个紧迫的话题就是'冬天来了，民企该怎样过冬'。大家普遍地感觉到，整个经济下滑的态势已经形成。面对经济的不确定性，民营企业该怎样过冬？复星这几年始终坚持这一点：任何时候都要做最坏的打算，任何时候都要竭尽全力做最好的努力。"做最坏的打算，做最好的努力，这一条理念对于企业度过最艰难的时期有着极其重大的意义。

李开复在谈及创新工场时曾这样说——

"我觉得任何人在做一件事情的时候，都要考虑最坏的情况是什么，让它尽量不要发生，但要有心理准备，因为任何事情都可能有最坏情况发生，如果不好的情况发生了，至少你心里有一个准备。如果没有发生你尽力把它做得更好。最坏的情况是什么呢？

创新工场本身我们投的很多公司，每一个确实是有风险的，我觉得投任何一个创业公司，有人说十个里会失败一个，有人说五个里会失败一个，有人说就算我们精挑细选加上优秀的人，三个里两个里总要失败一个，这个不可避免，超过一半的我们投资的公司都会失败的，但是千万不要认为我们投资任何一个公司，有50%失败的可能就代表创新工场会失败，因为这是一个统计概念，如果一年我们投十几二十个公司，五年投了100个公司，那么这100个公司肯定有若干个失败的，也许50、也许60、也许70、也许80，一定会有若干成功，初期创业公司成功了回报率是非常惊人的，我们只要碰到了一个有阿里巴巴1/100好的公司，我们其实就已经有足够的回报率给所有的投资人了。

所以在投资回报率上我觉得应该不会让我血本无归，如果说从回报来说，最好的情况是打造世界级公司，上亿、上十亿美元的公司，给每个投资人最好的回报；最坏的可能也许是我们倒掉的公司太多，最坏的打算跟投资人说，不好意思投资没有到我们的期望，但是你投的本金在这里，没有赚太多的钱给你。我觉得最坏的可能是这个，

我不认为这是不可接受的灾难性的结果，因为在我们五年、十年时间里，如果投了一两百个公司，投了一两千个创业者和工程师，我觉得就算一两百公司倒掉了，这一两千个创业者和工程师，我相信他们每一个人都得到了成长，而且一定有若干个在未来会得到巨大的成功，会为中国作巨大的贡献，想到这一点我觉得非常欣慰。”

预想到了最坏的情况，那么，企业就能备好应对之策，不管情势多糟糕，都不会慌了阵脚，反而可以破釜沉舟、背水一战。而做最好的努力，尤其是在自己最优势的领域深耕细作，这也能大大增强企业对于风险与动荡的抵抗能力。

在危机来临时，企业的资源和机会将变得十分有限，如果将战线全面拉开，那是不理性的，这种时候最应该做的就是集中资源，放到企业最核心、最优势的领域上，使强项更强，增强企业的核心竞争力。

在动荡的市场上，必须使最强劲的品牌和产品更强大

保住强项，摒弃弱项。在动荡的市场上，你必须使你最强劲的品牌和产品更强大。不要把时间或资金浪费在没有强劲价值主张或坚实顾客基础的那些收益不大的品牌或过于脆弱的产品上。要将安全和价值需求结合起来，以巩固已经强大的品牌，并提供强大的服务或产品。请记住，在抵御动荡经济的巨浪之时，你的品牌永远都不够强大。

——科特勒《混沌时代的管理和营销》

科特勒说：“在抵御动荡经济的巨浪之时，你的品牌永远都不够强大。”企业的品牌越强大，抵御动荡的能力就越强大，这就好比是狂风暴雨中的树，树干越粗壮，树根越扎实，抗风暴能力也就越强。为了应对全球经济的频繁动荡，企业必须要强化自身的核心竞争力，使自己最强劲的品牌和产品更强大。在这一点上，杰克·韦尔奇在领导通用电气时就是这样做的。

杰克·韦尔奇曾说：“当你是市场中的第四或第五的时候，老大打一个喷嚏，你就会染上肺炎。当你是老大的时候，你就能够掌握自己的命运。”只有占据第一或与第一差距不大的地位，才会具备巨大的绝对优势。所以杰克·韦尔奇提出了 GE 著名的“数一数二”理论，他对所有的 GE 业务总经理提出了要求：要么成为行业中的第一名或第二名，要么遭受整顿、关闭和出售。他表示，GE 只栽培那些赚钱和具备绝对竞争力的事业，因为提供平凡产品和服务的公司在商场上将没有生存的空间。

他在 1983 年放弃 GE 的家电事业部便是一个典型案例。

对于很多的 GE 员工，尤其是老员工来说，杰克·韦尔奇放弃 GE 家电部的举措是一次令人痛心的败家行为，因为小家电业务是 GE 最初赖以成家的业务。在很多人看来，放弃了烤面包机、电熨斗和电风扇，GE 就不再是 GE 了。所以，当韦尔奇做出这一决定时，受到了几乎是全体员工的反对，他们不断对韦尔奇进行责问：你怎么可以放弃小家电业务？那是我们的根基。但是韦尔奇丝毫也不曾为之心动，在他看来，GE 的小家电业务在未来根本毫无竞争力可言。

他出售犹他国际时更是引起了所有人的大惑不解，因为犹他国际当时赢利能力很

强，是一家拥有20亿美元资产的大型子公司。有人甚至指责说："GE正在支离破碎般被他一个个卖掉，他真的是疯了，败家子。"那些卖掉公司的日子，韦尔奇整天生活在人们的诅咒中。

在韦尔奇任职CEO的最初几年里，GE共出售了价值110亿美元的企业，解雇了17万员工，韦尔奇因其狠心决绝得了"中子弹"的绰号。在淘汰的同时，GE也买进了价值260亿美元的新企业。韦尔奇几乎是以"铁血手腕"将"数一数二"理论变成了现实，他始终相信，在全球竞争激烈的市场中，只有绝对领先对手的企业才能立于不败之地。任何事业部门存在的条件是在市场上"数一数二"，否则就要被砍掉、整顿、关闭或出售。

对企业来说，只有把自己的核心品牌经营得足够强，甚至在市场上做到数一数二，这样才能更稳当地生存。成了第一第二，企业就有了相当的资本，可以掌握自己的命运，不会因为"老大打一个喷嚏"，就"染上肺炎"，也不会因为市场的动荡，而摇摇欲坠、朝不保夕。

杰克·韦尔奇曾跟华尔街分析家们描述过他眼中未来商战的赢家，它们是这样一些公司——能够洞察到那些真正有前途的行业并加入其中，并且坚持在自己进入的每一个行业里做到数一数二的位置，无论是在精干、高效，还是成本控制、全球化经营等方面都是数一数二。这跟科特勒所提倡的"不要把时间或资金浪费在没有强劲价值主张或坚实顾客基础的那些收益不大的品牌或过于脆弱的产品上。要将安全和价值需求结合起来，以巩固已经强大的品牌并提供强大的服务或产品"是一致的。"宁打一口井，不挖十个坑"，尤其是在动荡的经济环境中，专注于自己最强大、最有潜力的品牌和产品比什么都重要。

削减营销开支时有四大块费用不可减

节省费用的措施不能损害企业的独特性，不能去回避客户的需求和期望或危害企业文化和价值观。如果必须要削减营销的预算，将会保留哪部分呢？一是营销调研花费，二是产品创新研发费用，三是关键客户维护费用，四是促销费用。

——2009年科特勒接受《新营销》的采访

经济危机的寒冬到来时，无论是大型企业，还是中小型企业，这个时候都会尽可能做到裹紧棉衣御寒，防止仅剩的热气在一阵突如其来的冷风后消失殆尽。为了增加"棉衣"的厚度、减少"热气"的散发，有的企业进行大刀阔斧的业务模式转变，有的企业忙不迭地削减成本。

科特勒形容道："CEO会说我们要削减，所有东西要达到40%或者20%的削减。我认为不要这么做，不要进行全盘的削减。为什么这样说呢？因为每个公司都有自己忠诚的客户，他们之所以忠诚是出于各种原因。有一个公司提供很好的服务，所以客户喜欢它。如果进行20%的削减，把自己良好的服务削减了20%，我认为你之所以出名的这些因素不能进行削减，应该对自己比较薄弱的业务而不是核心的环节进行削减。"

也就是说，企业削减营销开支，不是不可以，但是，有一些费用要谨慎，不能想砍就砍。科特勒建议企业最好尽量保留这样几大块费用——

“首先要确保在市场营销调研方面花费一些金钱，因为这将会是一个关键。这将让你知道你的客户发生怎样的趋势变化，帮你识别一些机会。

“其次，你要有一些钱和预算，来了解你产品的特征将如何改变，你需要知道如何使你的产品包装、规格以及它的品位、味道更适合客户，在这方面能够使你做得更好。

“还要花一些钱触及到关键客户，因为这些关键客户占据很大的业务比重，并且不断给最优秀的客户提供信息。你不需要发出信息触及每个客户，但是毫无疑问核心客户是非常必要的。

“你还要花一些钱做消费者和贸易的促销活动，是因为人们想买便宜货，所以你必须要有促销活动，以便激起人们的兴奋感。

“接下来还需要有一些资金，如果有新的创新，这个创新会非常成功的话，你就需要投入这个研发。所以当你削减这些预算的时候，即便是在削减整体的市场营销，预算也需要为刚才所说的诸项活动保留一定的预算。”

具体说来，在考虑削减营销开支的时候，有两点一定要考虑到：首先，别指望一个点子就可以彻底改变公司或部门的成本结构，一蹴而就地解决问题，如果有这样的方式，风险可能会很大，公司就不会愿意付诸实施。相反，企业应该制订计划，采取多项举措来达成目标。第二点，削减成本的力度越大，对公司产生的冲击通常就越大。因此，应该根据节约开支的目标，确定成本削减的力度。渐进地削减成本对企业部门的影响较小。

严格地说，削减成本是一种短期战术而非长期战略，成本的削减只能保企业于一时，而不能保一世。就像科特勒一再强调的，不管再怎么削减，那些可能损害到企业的独特性、可能损害到客户的需求和期望、可能危害到企业文化与价值观的费用，绝对不能轻易削减，因为那样做会动摇企业的根本，它所带来的危害甚至比动荡的环境所造成的影响更大。

打破层级和障碍，第一时间获取市场信息

高层管理者必须消除中间过滤环节。企业领袖必须确保他们的观点不会被他人修改，确保他们接触不愉快的真相的途径不会被组织内可能出于自我保护的某些人所破坏。

——科特勒《混沌时代的管理和营销》

科特勒认为，很多企业在动荡的环境中，之所以有时候难以发现动荡、预期混沌，有很大一部分原因是因为层级与障碍，中间过滤的环节太多了，市场信息一层一层从现场传递回企业，难免会失真，甚至被完全扭曲，这势必会对企业的决策造成一定的影响。

科特勒建议说，企业的高层管理者要试着去与那些不购买本企业产品的潜在客户交谈；或者和手下思想最活跃的雇员外出共进晚餐；甚至可以考虑成立一个影子董事

会，其成员平均年龄比真正的董事会成员年轻 10～20 岁，并不一定要倚靠他们来做决策，重点在于获得更新鲜更新颖的信息；对从未获得部门主管或副总裁批准的建议进行复审；还要告诉企业里的每个人，首席执行官办公室接受来自员工的署名或匿名电子邮件。

具体说来，每一家企业所需要的信息有区别于其他行业的鲜明特点，重点需要关注的信息有市场环境方面的信息、零售户信息、产品信息、销量信息、供求结构信息、不同品牌市场占有率信息、零售户业态分布信息、客户诚信度状况、市场变化以及原因，等等。这其中有两个重点，一是消费者信息，消费者的购买能力、品牌偏好、品牌意识、消费动机，对产品、包装、价格方面的意见等都是十分有用的信息；另一个则是目标市场的经济状况和社会发展情况，这些虽然不是直接的市场信息，但却直接影响着市场的变化。

在获取市场信息时，时效性和准确性是很关键的。如果企业在搜集信息时，没有科学的计划，不仅浪费时间，而且不能对市场信息及时有效地梳理；另外，市场信息收集是需要耐心、深入调查的，如果企业派出的人员不认真、不深入，走马观花，效果是可想而知的。所以，为获取市场信息，企业需要制定好计划，并做好充足的准备，最好能深入到市场之中，尽量挖掘一手的、即时的信息。

对企业而言，其实还有一个更为简单也更为直接的获取市场信息的方法，那就是客户的投诉和建议。客户的投诉、发牢骚尽管是在表达他们的不满，可是只要仔细分析，深入挖掘，就可能发现其中蕴含着的极其有价值的市场信息。有的企业对于客户提出的建议和意见当成耳旁风，不重视，不仅会引起零售户的不满，还会错过发现市场信息的良好机会。

积极的企业不会坐等客户上门来发出抱怨，然后再去提取市场信息，他们会主动地将客户经理派到客户中间，跟客户建立感情，建立信任，然后再从客户那里获得更为真实也更有分量的信息。在这个过程中，不仅得到了信息，更加强了与客户之间的联系，可谓一举两得。

企业通过各个渠道搜集来的市场信息是需要进行甄别的。这些信息有的是间接的，有的是直接的，有的来自客户经理自己的观察分析，有的则来自于渠道商的反馈，很多信息可能参与进了一些主观臆断。或者在表述中有误，或者有些诚信度不高的信息提供者故意掩盖真实信息，等等，因此客户从市场上直接获取的信息的真实性有待核实。此外，市场信息有时候具有假象。因此，对信息进行鉴别、过滤虚假信息是很重要的。

科特勒还提到了一点——“确保他们接触不愉快的真相的途径不会被组织内可能出于自我保护的某些人所破坏”，这是在提醒企业，对于那些糟糕的、不愉快的、麻烦的市场信息要更为重视，因为在这些信息里往往潜藏着企业真正的问题和需要改进之处。

第⑬篇

科特勒营销新思维

第1章

网络营销：冲击传统的一场新工业革命

网络正在使市场营销发生着激烈的变革

受新科技尤其是因特网的鼓舞，企业正在进行一场激烈的变革，这不亚于一场新的工业革命。为了生存和发展，管理者需要用一套新规则武装大脑。21世纪的企业必须适应通过网络的管理。因特网正在使我们的思维发生一场革命，换句话说，它正在使市场营销发生革命。新模式将从根本上改变顾客对便利、速度、价格、产品、信息和服务的观念。这种新的顾客思维将会影响到各行各业。

——科特勒《科特勒市场营销教程》

科特勒指出，互联网曾经是为具有一定的资金实力和科学技术的一群个体保留的一个精英王国。如今，几乎每一个社会与经济团体都在积极使用互联网。随着科学的发展，互联网的应用变得越来越广泛，它把世界各地的人们以近乎零成本的方式联系在一起，人们也越来越离不开互联网。建立在互联网基础之上的网络营销可以说是营销家族中的新生儿，可它的成长速度却是前所未有的。网络营销虽没有改变市场营销的本质，但却深深改变了顾客获取信息、消费和沟通的方式，进而强烈地冲击着传统营销模式。

基于网络的营销有着鲜明的特点：

第一，跨时空。互联网络可超越时间约束和空间限制进行信息交换，使得企业与顾客之间脱离时空限制达成交易成为可能，企业能有更多的时间和更大的空间进行营销，可24小时随时随地提供全球性营销服务。

第二，高效性。传统营销依赖于一层层严密的渠道，还需要投入大量人力与广告以取得市场，而在网络时代却大不一样，在传统的人员推销中要几十个人甚至成百上千号人做的事，可能在网上只需要一两个人，甚至只需要一个较为完善的系统就能完成了。在未来，人员推销、市场调查、广告促销、经销代理等传统营销组合手法必将与网络相结合，并充分运用网上的各项资源，形成以最低成本投入、获得最大市场销售量的新型营销模式。

第三，多媒体。互联网络被设计成可以传输多种媒体的信息，如文字、声音、图像等信息，使得为达成交易进行的信息交换可以以多种形式存在和交换，可以充分发挥营销人员的创造性和能动性。

第四，个性化。网络营销是一对一的、理性的、以消费者为主导的、非强迫性的、循序渐进的营销过程。顾客可以在网上了解产品的最新价格，选择各种商品，做出购买决策，自行决定运输方式，自行下订单，从而获得最大的消费满足。

第五，整合性。互联网络上的营销可从商品信息、收款至售后服务一气呵成，是一种全程的营销渠道。另一方面，企业可以借助互联网，将不同的传播营销活动进行统一设计规划和协调实施，以统一的传播资讯向消费者传达信息，避免不同的传播产生不一致性的消极影响。

第六，速效性。网络营销的运用使营销进程加快，电子版本的产品目录、说明书等随时可以更新。而在软件、书籍、歌曲、影视节目等知识性产品的消费上，人们可以直接从网上下载，采用电子方式交付货款。

网络的蓬勃发展使得企业内外部沟通与经营管理均需要依赖网络，网络成了主要的渠道与信息源，甚至成了企业间竞争的主战场。贝塔斯曼败走中国市场的例子就很值得借鉴：

贝塔斯曼这个名字，想必很多读者都不陌生。它刚进入中国时，曾被视为即将逐步放开的中国出版业的最大威胁。然而，让人意外的是，13 年后，贝塔斯曼却在中国折戟沉沙，关闭了零售门店和书友会，无奈撤退。

营销专家分析认为，贝塔斯曼在中国的“水土不服”主要在于它生搬书友会模式以及没能大力发展网络书店。早在 2000 年，贝塔斯曼就将主要的精力集中在网络的销售上。到 2003 年，贝塔斯曼在中国建立网站，同时面向书友会会员和非会员，会员则享受更多的便利和优惠。本来，庞大的会员数量曾经是贝塔斯曼与图书供应商讨价还价的资本。由于其拥有 100 多万庞大的会员网络支持，贝塔斯曼的进货量通常是当当或卓越的2～3 倍。再加上不退货的特点，贝塔斯曼的采购折扣一般能谈到 3.8 折，低于当当和卓越网的 4～4.5 折。

但可惜的是，贝塔斯曼在网络销售上“起了个大早，赶了个晚集”。业内专家表示，德国人的固执亲手葬送了贝塔斯曼书友会在华转型的最后机会，当时来自贝塔斯曼高层的意见是，传统书友会将来仍然是主营收入，并不看好在线书店。贝塔斯曼坚守着书友会模式，忽视了网络书店的大潮。结果是，作为“后生”一辈的当当、卓越等网上书城抓住了网络的机遇，远远地超越了贝塔斯曼，让这个“大佬”惨败中国市场。

“谁获得客户，谁就获得市场。”这是商业社会中颠扑不破的真理。现今，消费者获得品牌与产品的渠道已经悄然从电视、报纸等传统媒体逐渐转向了互联网。贝塔斯曼如果能在十年之前，抓住网络的机遇，凭借它庞大的会员网络，定能在市场中分得一块大蛋糕。然而，贝塔斯曼轻视了网络书店的发展大势，最终只能出局。所以说，现在的企业要想赢得客户，就必须要在网络市场谋得立足之地。

形成网络时代的四股主要力量

在重塑世界经济的过程中，有四股主要力量构成了网络时代的基础：数字化、互联网爆炸、新型中间商、顾客定制。今天许多业务是经由连接的网络流动的数字信息运作的。如今内部网、外部网以及互联网将人们和企业之间以及与重要的信息联系在了一起。互联网已经爆炸式地增长，变成新千年革命式的科技，赋予了消费者和企业联系的强大力量。

——科特勒《科特勒市场营销教程》

在网络时代的背景下，科特勒所总结的四股力量——数字化、互联网爆炸、新型中间商和顾客定制，这四者既是企业必须面对的挑战，同时也是企业最好的助力。

第一，数字化。数字化的时代已经到来。很多企业都开始运用数字化营销来争取更好的营销效果。比方说，国际茶饮巨头立顿公司就很擅长借用数字化工具来营销。中国人有一个特点，就是特别讲究礼尚往来，很喜欢互赠一些小礼物。立顿就抓住了这一点，它通过手机、网络发出广告信息，用户只需要向立顿公司提供亲友的姓名、手机号码和地址，立顿就会以该用户的名义向其亲友送出一份礼品。短短一个月时间，手机用户、网络用户参与活跃，共有 10 万人获得了立顿赠送的红茶礼盒。这不仅帮助立顿打开了红茶产品的市场，更掌握了一个准确而庞大的客户数据库，为未来的营销计划打下了良好基础。

第二，互联网爆炸。互联网的快速发展与普及，不仅增加了网民的数量，更提升了网民的活跃度。在过去，信息传递大都是“一传十，十传百”，而现在，互联网却能产生爆炸效应，一个消息可以瞬间传遍网络的角角落落。

比方说，2012 年 4 月 26 日，人民网官方微博上的一段话引起了极大的关注——“‘微博女王’姚晨让人民日报人有了强烈的‘危机感’。一位年轻编辑在社内培训时举出姚晨粉丝 1955 万的事例，这意味着她每一次发言的受众，比《人民日报》发行量多出近 7 倍。”人民网所作的这样一番对比，让人不得不惊叹，互联网时代的力量真的是强大至极。互联网爆炸就真真切切地发生在我们身边。

第三，新型中间商。互联网和其他新科技已经改变了企业为其市场服务的方式。新互联网营销商和渠道关系已经发展并替代了一些传统营销商。像搜索服务、网上商城、数字出版、电子支付，等等，这些数字化时代和网络时代所催生出来的新生产物发展势头强劲，甚至形成了初具雏形的、庞大的新兴产业。企业必须要积极地去了解、研究、运用这些新型中间商，从而给企业削减更多成本，提升更高的效率。

第四，顾客定制。在过去，大多数企业采取的是大规模生产的模式，而到了网络时代，时空观被打破了，从时间上来说，网络使得企业可以动态地响应用户的即时需求，可以及时为顾客提供产品与服务；从空间上来说，虚拟企业可以彻底打破地理上的限制，订单生产完全可以实现。市场主导权由企业向顾客转移。个性化定制成为越来越多的企业吸引顾客的途径。比方说，戴尔就是如此，用户如果登录戴尔官网选配自己的电脑的话，可以提出自己的定制化方案，从机身颜色到内部配置，戴尔会竭尽所能满足顾客的需求。

虽然目前来说，很多企业在实施定制化策略时，由于诸多限制，仍然只能让消费者在有限的范围内进行挑选和定制，还不能做到完全的个性化定制，但在未来，顾客定制会是一个大方向。

据相关权威部门统计，中国网民在 2011 年底已经突破 5 亿的人数，位居全球第一。面对网络时代巨大的消费群体、潜藏的巨大商机，企业只有紧紧跟上，才能从网络经济中分得一杯羹，而慢半拍就可能被甩下一大截。网络科技正在使行业之间的界线变得模糊，企业如果能够把握好网络时代的发展大势，运用好四股力量，积极地进行转型和变革，那么，网络就会成为企业最佳的平台和机遇。

网络营销使买卖双方均受益匪浅

网络营销使买卖双方均受益。对买方而言，网络使购买更方便而且更隐秘，提供了更多产品的获取和选择，提供了一个产品和信息的宝库。它是互动而又快捷的，这使消费者得到对购买过程更大的控制权。对卖方而言，网络是建立顾客关系的一个强有力的工具。它也提高了买方的速度和效率，有助于降低销售成本。网络还提供了更大的灵活性，使全球市场变得更容易进入。

——科特勒《科特勒市场营销教程》

网络的出现使得我们的生活产生了翻天覆地的变化，对于商业市场，网络同样也带来了巨大的推动力。通过互联网，购买者能够接触到新的供应商、降低采购成本并加速订购货物的处理和运送；同样，企业也可充分地利用互联网，首先，网络是同顾客建立关系的有效方式，因为其一对一、互动型的性质，网络成了十分有效的营销工具。企业通过在网上与顾客的互动联系可以了解到顾客的具体需要和欲望。反过来，网上的顾客也可提出问题或者主动反馈意见。以这种不断进行的互动为基础，企业能够提供更为精致的服务和产品来增加顾客价值和满意度。

很明显，对于买卖双方来说，互联网在削减成本、简化购买程序以提高效率、促进信息共享与对称以及减少购买流程时间等方面有着无与伦比的优势。通过网络这个平台，企业能够跟顾客走得更近，联系更紧，甚至能够一夜之间红遍整个市场；而顾客则获得了更自由的选择权和更有力的控制权。下面的两个例子，就可以体现出网络对买卖双方的巨大影响力。

一枚普通的曲别针换一栋房子，你信吗？这不是天方夜谭，美国一位名叫凯尔·麦克唐纳的男子就通过网络实现了这一“天方夜谭”。麦克唐纳与女友还有几位室友一起在蒙特利尔租房子住，每月 300 美元租金，他最大的梦想是拥有自己的房子，但他没有固定职业，根本没有能力买下一栋房子。于是，他突发奇想，在网上发布了一条信息，想以一个红色曲别针换一个较大或更好的物品。

结果，短短几天过去后，温哥华就有两位妇女通过网络联系他，说愿意用一支鱼形笔换他的曲别针。而后不到十分钟，西雅图又有一位女士联络他，用一个画着笑脸的陶瓷门把换了他的鱼形笔。后来，他又用门把手换来了一个野营炉，用野营炉换了一个发电机……几个月之后，他跟吉普林镇做了最后一次交换，换来了该镇的一栋免费的房子。

在现实生活中成功性几乎为零的事情，在网络上却成了现实，麦克唐纳真的用一枚曲别针换来了一套房子。无独有偶，美国有一个家电制造商同样利用网络创造了一段传奇。

某家用搅拌机的生产商为了展示他们搅拌机的性能，在 YouTube 上推出了一个很有意思的视频，在视频里，他们把 iPhone 手机丢进搅拌机里，然后将其搅成了一团黑糊糊。这个简单的视频让该生产商爆红，视频迅速在网络上传播开来，到现在已经有了过亿的点击量，而这家生产商的业绩也足足成长了七倍。这段网络视频也被称为"有史以来最有效的病毒视频营销"。

从这两个故事中可以看出，网络营销如果运用得当，不管是买方还是卖方，都能从中受益良多，甚至，传统营销难以达成甚至根本不可能达成的目标，通过网络营销，都有可能实现。

网络营销是一种新型的商业营销，是一种互动的、直接的、即时交互的，客户始终参与营销全过程的营销模式，它始终面向日益个性化和多样化的客户需求。与此同时，网络时代也是一个竞争激烈的时代。企业要想在竞争中获胜，关键还在于能否把握商业机会，采取合理的新营销方式，开拓市场，提升企业竞争力。

互联网给企业营销带来了极大的挑战

互联网不仅拥有客观的美好前景，它也面临着许多挑战。对大多数企业而言，在线营销将变成一套整合的营销组合的一个重要部分。对其他企业，它将变成其为市场服务的主要方式。然而，互联网也给企业带来了许多挑战，其中包括有限的顾客接触和购买、用户背景的不均衡、混乱、安全和道德问题。尽管存在这些挑战，大多数企业都在迅速将网上营销融入其营销战略和组合中去。

——科特勒《科特勒市场营销教程》

互联网无疑正在改变着用户的行为和消费方式，企业或品牌的运营也因受其影响而将逐渐发生改变。越来越多的企业由此走进网络营销，企业家或营销人都想借助这个拥有数亿人的平台抢占到更多的市场份额。但对那些在传统渠道耕耘多年的企业或品牌而言，互联网带来机遇的同时，也带来了极大的挑战。

第一，有限的顾客接触和购买。诚然，互联网使得企业的市场空间更广阔了，能接触到的顾客群也更大了，很多的业务运营起来也更加便捷了，但是，无论如何扩展，网络营销仍然只能到达有限的市场空间。而且，许多网络用户更多的是通过网络浏览网页，从事产品调查而非真正的购买。

第二，用户背景的不均衡。虽然网络用户正变成主流，他们依然比大众的层次和科技的倾向要高一点。这些网上营销成为营销电脑软硬件、家用电器、金融服务和其他特定种类产品的理想工具。然而，这也决定了网上营销并非万能，某些主流产品通过网络销售效果就不会那么理想。

第三，混乱。互联网提供了成百上千万的网站和数量大得令人瞠目结舌的信息，这就像一把双刃剑，既给顾客提供了一个信息的海洋，但同时也容易让人迷失其中，产生疲劳感。因此，对很多顾客而言，浏览互联网会变得令人沮丧、摸不着头脑而又耗费时间。在如此混乱的环境中，许多网络广告和网页根本就不会被注意或者打开。即使被注意到，营销人也可能很难吸引顾客的注意。有研究表明，一个网站必须在 8 秒钟内抓住网上冲浪者的注意力，要不然就会将其拱手让给其他网站。这使营销人仅有极短的时间来推广和销售其产品。

第四，安全问题。一些顾客依然担心一些处心积虑的人会偷窥他们的网上交易或盗用其账号未经授权就进行购买。同样地，进行网上业务的企业也担心其他人出于商业间谍甚至破坏的目的使用互联网侵入他们的电脑系统。近年来，网络安全问题已经得到了很大程度的解决，能让人放心许多。但网络毕竟是网络，不安全的因素始终存在，这些既是顾客的顾虑，也是摆在企业面前的一道关卡。

第五，道德问题。现代人越来越注重个人隐私，很多人不愿意自己的信息被陌生人所知。而通过互联网，企业往往能够轻而易举地跟踪网站的访问者，获取顾客的大量个人信息。如果企业未经授权就利用这些信息营销其产品或与其他企业交换顾客的电子列表，这使顾客很容易受到信息滥用的侵害。除此之外，还存在着隔离和歧视的问题。互联网目前能很好地为上层消费者服务。然而，较贫困的消费者接触互联网的机会依然很少，这使其对产品、服务和价格了解得更少。

市场决定着市场营销战略，在互联网巨大影响下的市场必然要求市场营销战略的更新。企业必须以市场为生命，从市场营销因素最基本的 4P 组合来调整、更新自己的营销战略。

在产品与服务上，互联网所提供的产品，除了要充分显示产品的性能、特点、质量以及售后服务等内容外，更重要的是能够对个别需求进行一对一的营销服务。企业要根据用户对产品提出的具体或特殊要求进行产品的生产供应，最大限度地满足消费者的需求。

在价格上，因为消费者可通过网络查询产品价格和市场相关产品的价格，进而在此基础上理性地购买价格合理的产品。所以企业一定要在对网上企业相关产品价格和竞争情况进行认真调研和实时监测基础上，合理估计本企业产品在消费者心目中的形象，进而确定产品的价格。

在渠道上，网络能将企业和消费者连在一起，售前、售中和售后几乎都能通过网络来实现，与传统的渠道相比，网络具有很大的优势。企业要利用好这一特殊的渠道，通过网络经营好顾客，吸引更多的顾客群体。

在销售促进上，网上的促销在很大程度上是被动的，因此，企业需要解决的一个难题就是：如何吸引消费者上网，并提供具有价值诱因的商品信息，吸引顾客购买。

网络消费者比传统消费者更具主动性和控制力

消费者现在不仅仅在被动地收看、收听厂商的广告，他们可以访问点评类网站，去看哪家企业的产品最好。他们也可以联系自己的朋友听取他们的建议。他们也可以在Twitter或Facebook上提出问题，征求别人的意见。市场已经由独白变成了对白和众声喧哗。“对话”具有至尊的地位，塑造着企业和产品的形象。在极端情形下，一个消费者便可以宣判一个令人失望的公司的死刑。

——2011年科特勒《IT经理世界》采访

“一个消费者便可以宣判一个令人失望的公司的死刑”，科特勒所说的这句话，听起来似乎很夸张，但事实就是如此，互联网将世界各地的消费者联系了起来，在这样一个网络平台上，信息可以瞬间传递到网络的每一个角落。

在购买的方式以及对营销的反应方面，互联网消费者不同于传统的网下消费者。在互联网时代的交易过程中，顾客的主动性和控制能力更强。互联网用户十分珍视信息，对目的在于销售的信息一般也比较反感。传统的市场营销是以一些被动的观众为目标，然而网络市场营销的目标顾客却可以主动地选择访问哪些网站，接受有关怎样的产品和服务、以怎样的购买条件进行交易的信息。

过去，如果某顾客想要买一辆车，那么，他可能会去几家4S店看看价格，试试车，他可能会问问身边亲人、朋友的意见，看他们有没有好的推荐。但现在，顾客想买车的话，他可以上很多的汽车网站，查询到全国各地的汽车价格；可以进入论坛，看其他的熟悉某款车或者购买过某款车的顾客的使用感受；可以对比很多家汽车销售商的价格与优惠政策，然后选择条件最好的几家，前去实地考察。他在选择买家、选择自己心仪产品的时候，更为主动，更具有控制力。他对信息即便谈不上了如指掌，但至少心中有底，不会任意地被销售商牵着鼻子走。

网络营销的发展让消费者有了重新回归个性消费的机会，消费的主动性得以增强，同时也更追求购物方便性和购物的乐趣。随着网络的不断发展，消费者价值观发生了很大变革，网络营销为消费带来了新的改革：

第一，以消费者为导向，强调个性化。消费者将拥有比过去更大的选择自由，他们可根据自己的个性特点和需求在全球范围内找寻满足品，几乎不受地域限制。通过进入感兴趣的企业网址或虚拟商店，消费者可获取产品的更多的相关信息，使购物更显个性。

第二，企业和消费者联系更为紧密。将网络的互动功能广泛应用于商业的各个领域，企业就能察觉在哪些领域有机会借开放自助工具给消费者，进而替代他们更好的服务。现在这些工具已相当普遍，企业可以通过创造自己的频道、网络和节目，实现和消费者的对话。

第三，顾客很容易联系上企业，并提出意见和征询。顾客对于企业是否能迅速且适当地回答自己以各种形式提出的问题与投诉，抱有愈来愈高的期待。现在，企业向顾客开放的沟通渠道非常多，顾客可以随时、随地地表达自己的意见，买卖双方之间的沟通交流更无间。

网络营销与传统营销相比，最大的不同不是成本的降低、传播形式的创新、广告方式的丰富，等等，因为这一切都是对企业而言。对消费者而言，网络带来的最大不同是：以往他们只能被动接受，而今天，他们可以主动选择、屏蔽，甚至是创造他所喜欢的信息。可以这样说，以前消费者等着大众媒体或者别人告诉他们信息，靠着外界帮助他们去发现。而今天，他们习惯于靠自己去探索、获取和收集。

借助于互联网，消费者较以往相比，能够更为便捷、更为自由地表达自己的想法和意见。就像科特勒所强调的那样——“市场已经由独白变成了对白和众声喧哗。‘对话’具有至尊的地位。”如果说在过去的消费市场，企业占据了更为主动、更为主导的位置的话，那么，现今则反转过来，消费者更具主动性和控制力。

互联网时代，网络口碑对购买有着至深影响力

人们加入到互联网兴趣组去分享信息，结果“网上口碑”增加了口碑对购买的影响力。对好的企业和产品的赞誉将迅速传开，对坏的企业和产品的批评传得更快。

——科特勒《科特勒市场营销教程》

科特勒认为，在互联网时代，网络口碑绝对不能小视，它对购买有着至深的影响力。

2010 年，互联网时尚品牌凡客诚品邀请青年作家韩寒和青年偶像王珞丹出任形象代言人，并推出了风靡网络的“凡客体”广告——“爱网络、爱自由；爱晚起、爱夜间大排档……”该广告系列贴近年轻人，朗朗上口，风格独具，一推出，就在网络上走红，至今不衰。网友们纷纷在“凡客体”的基础上再加工，千余位明星都成了被恶搞或者被追捧的对象，譬如，某网友为郭德纲创作的“凡客体”为“爱相声、爱演戏、爱豪宅、爱得瑟、爱谁谁……我是郭德纲”，极富调侃，令人捧腹。网络上掀起了一股全民创作“凡客体”的热潮，从大众明星到社会名人，从虚拟人物到单个物品，纷纷成为“被凡客”的对象。凡客体如一粒种子遇到了潮湿的土壤，于是开始疯狂生长，并很快开花结果，成为风靡一时的公众性网络营销事件。凡客也借势其打造的“凡客体”风潮，使其品牌在短时间内迅速成为热议话题，通过植入式品牌传播的巧妙策略，展开了全面的网络营销，效果显著。

凡客的这一场营销，借助的正是网络口碑的力量。网络媒体的特性决定了网络信息传播的速度和广度，热点话题又决定了大众的关注度和参与度，可以成功吸引公众的注意力，因此企业或品牌以网络为传播平台，创造出热点话题，精心策划开展有效的网络营销，能够迅速提升营销的覆盖范围和效果。

在传统营销中，有一个“250 定律”，也就是每一个顾客的身后还站着 250 位顾客，每个顾客都能影响到另外的 250 位顾客。而在网络世界里，这条定律被放大了无数倍。一个顾客的不满意很可能会引发成千上万人的关注。

企业暴露出来的很多问题，如果不是在网络盛行的时代，那会是再普通不过的一个小插曲，最多也就是在“250”的圈子里传播。但在互联网的世界里，这些问题却很可能演变成轰动一时的热点事件，引发成百上千万网友的围观与传播。

网络口碑比传统营销中的口碑更具有力度和力量。在网络时代，企业面对消费者，应更为谨慎，每一个细小的环节都不能放松，真正做到“顾客至上”。俗话说：“好事

不出门，坏事行千里。”而在互联网上，“坏事”的传播速度更是极其惊人的。一个哪怕是不经意的疏忽和错误，都可能会引发网络上千万用户的关注，形成负面的口碑，对企业的声誉和品牌造成难以估量的影响。

企业必须迅速将网络营销融入整个营销战略中去

关键问题不是是否要运用互联网技术——如果要生存，企业就没有选择——而是如何来运用它。无论是大公司还是小企业都应迅速将网上营销融入到它们的整个营销战略和组合中去。随着网上营销的继续成长，事实证明它将是更快更有效地建立顾客关系、提高销售、交流企业和产品信息并提供产品和服务的一个强有力的工具。

——科特勒《科特勒市场营销教程》

互联网作为新兴媒体的强大作用日益显现，互联网营销传播纵深化的影响力逐渐获得大众用户的认可，网络营销也从试水的营销角色逐渐向营销领跑的角色过渡。网络营销使得品牌传播更具交互性，并赋予了品牌更丰富的创造空间，带动了营销领域新的发展。

越来越多的企业走进网络营销，走进电子商务，每个企业都想在这个拥有数亿人的平台当中抢占到自己的份额。企业要想通过网络营销获得真正的效果，就必须避免以下的几个误区：

第一，孤立化，没有整合化。

把网络营销自成系统地封闭运作，把网络营销与企业的其他营销活动分离开来，缺乏统筹思考。举个例子，很多企业花了好几万块钱建起来的网站，平时的更新维护却没有人做。有的企业在名片上都忘了将自己的网址印上去，更不用说，将网络营销与上门推销、展览销售、户外广告等营销方法相结合了，这样的网络营销效果肯定是要令人失望的。企业既不能无视网络带来的营销价值，更不能因为有了网络营销的运用就忽略或放弃其他的营销努力。当然，更要避免网络营销和其他的营销各行其是、各自为政、毫不关联的情况。

第二，网络化，没有营销化。

网络营销，顾名思义，网络只是手段，营销才是根本。企业要做好网络营销，首先就要剥离网络营销的神秘外衣，网络营销的第一属性是“营销”，网络只是一种营销介质或者实现手段。事实上很多企业以及网络服务提供商对于这点，还是未能抓住本质。比如，有的企业为了信息化、网络化，会专门成立网络部，招聘网络维护人员和程序人员，可是，在招聘人才时却偏重技术而忽视营销，于是，结果就变成，这个网络部只做了一些基础的公司内部的电脑、网络、软硬件维护这样的事，跟网络营销很难搭上边。从这个层面来看，造成对于网络营销的缺失与公司资源的浪费。

第三，盲目化，没有理性化。

有些企业对于网络营销非常重视，但不知道考虑网络媒介之间的差异，也没有从企业或者项目自身的目标受众、表达方式、营销效果等方面来进行监测与衡量，只要有网络服务项目就上。其实网络营销同样需要规划，每个企业类型、客户类型、活动预期效果不同，那么选择的服务也许就会大相径庭。而没有规划、盲目投资的结果是本来可以少花的钱花了，本来花的钱该有更多的效果没有了。企业必须将网络营销融入整个营销战略中来，而不是孤立地、盲目地去做。

首先，企业要明确网络营销的前提——先让客户找到你，才有了解以及成交的机会。目前在网络营销的过程中最常见的一种方式就是采用免费和付费的推广方式，像百度、谷歌等一系列的平台，还有一些企业采用各种各样的免费推广技巧，如搜索引擎优化、邮件营销、博客营销、论坛营销等手段。企业要选择最适合自己的方式吸引网络用户的注意。

其次，企业要找准网络营销的关键。花费了大量的人力和财力做了付费和免费的推广，其最主要的目的是什么呢？无非就是想让更多的目标客户以及潜在客户进到网站来了解企业和产品，而要让客户“看过来”，企业必须明确自己在互联网上的定位，只有定位清晰，企业才能有的放矢地从众多的网络用户中找出目标客户来。

最后，企业要始终明确网络营销的目的，那就是把目标客户“娶回家”，无论企业事先做了多少工作，如果在最后客户将要购买的某个环节出现了任何一点差错，就会降低客户的体验度和信赖度，最终导致客户的流失，而且客户流失之后想找也找不回来甚至会成为竞争对手的客户。所以，企业的网络营销从某种意义上而言，跟传统营销并无不同，都是为了创造顾客价值和满意，都需要精心地去经营。

企业可以通过四种主要方式开展网络营销

如今各种类型的企业都在涉足网络营销业务。企业可以用以下四种方式中的任意一种开展网络营销：创建网站，在线开展广告和推广活动，建立或者加入网上社区，使用电子邮件或者网上投票。

——科特勒《科特勒市场营销教程》

有一句话说：“如果你错过了互联网，那么，你就错过了一个时代。”随着互联网的日益发展，网络营销已成为企业营销必不可缺的一部分。企业开展网络营销，最主要的方式有四种：

第一，创建网站。

网站已经成了企业对外宣传的一个重要“窗口”，是企业与合作伙伴、消费者之间一个双向互动和良好沟通的重要桥梁。企业创建网站，首先要明确为什么要做网站，要做什么样的网站，希望达到什么目的。网站一般要达到两个目的，一是展示良好的企业形象，二是介绍产品和服务，一定要始终围绕这两个目标来建设网站。通过网站进行形象展示虽然很重要，但也不能一味地追求华丽和动感，让客户方便地找到他们所要的信息才是最重要的，实用永远是第一位的。此外，网站本身做得再好，如果不能有效推广出去，也是达不到目的的。并不是网站做完了，生意就找上门，网站其实像是一个门面，门面也得开在人多的地方，也需要大力的宣传和推广。

第二，在线广告和推广。

投放广告是最普通的方式，也是最常见的方式，不过价格比较高，企业可根据自身实力进行投放。当然，也可以采取资源整合的方式进行投放：如广告位互换、文字链接互换、频道入口互换，等等。企业进行在线广告和推广时，应充分挑选目标顾客可能会登录的网站。网络广告有利于提升网友心中的品牌关注度，形成正面的产品广告曝光效应。

第三，建立并融入社区。

网络对现代人社会生活最大的影响莫过于网上社区的形成。网上社区的形成逆转了都市化与大众化、分众与社区的力量。人不再从属于一个社区，而是可以拥有好几个社区，更容易自由选择社区，随时加入或退出。企业可以以兴趣主题或现实生活中的社群为基础，在网上开辟一个属于社群成员的生活空间，并且免费让这些会员自己创造内容，号召有共同兴趣喜好或相同身份特征的网友，呼朋引伴地在网络上定居，形成一个个具备特色的小众团体。这个特色一方面提供了分众的基础，使同一类的人集中在一处，利于分众营销；另一方面共同特色使会员对社区产生忠诚度，会员与会员间联系更紧密，企业可以利用社区内的关系与舆论从事营销。

第四，电子邮件或网上互动。

Email 营销通常与其他营销形式配合使用，以较低的成本覆盖更多目标客户，实现产品促销推广、销售机会挖掘、客户关怀等营销目标，帮助用户增加潜在客户定位的准确度、增强与客户的关系、提高品牌忠诚度。

除了这四种方式之外，企业还可以大胆尝试更多的、更有效的网络营销方式，比方说网络软文营销、活动专题营销、论坛推广、威客营销，等等。

网络营销同样需要对网上受众进行细分和定位

网络营销策略只是被数字化了的营销手段和营销渠道的组合，在产品的市场流通环节中，消费者永远都是最终消费行为的决定者，这是最重要的一环，因此数字化时代下的网络营销依然要以消费者为中心。而且，要善于利用网络平台更精准地定位消费者，更全面地拥抱消费者，能够更加亲近消费者，及时了解消费者的需求，因为在网络盛行的时代，消费者的心理行为变化也非常快。

——科特勒《科特勒市场营销教程》

科特勒指出，即使是网络营销，同样也要处理好市场细分和市场定位的问题。与传统营销相比，网络营销面向的受众要多得多，也要复杂得多，正因此，网络营销要想取得好的成效，更需要对网上受众进行细分和定位。

现在很多企业都认可互联网的各种优势，例如降低营销成本、提高利润率和扩大市场空间，等等，但实际操作过程中却总不尽如人意，例如点击量低、反响不强烈、订单不足、营销方式杂乱，等等。为什么会出现这种现象呢？是大环境不好、人才不足、理念落后，还是网络营销“中听不中用”呢？

其实仔细地剖析就会发觉，网络营销和现实营销一样，它没有必然的成功率，只有继续一步步解决问题，而首先要解决的就是细分和定位，或者说先做到精准营销。因为适合的才是最好的，适合的目标、适合的客户、适合的市场、适合的方式、适合的定价，等等，只有每一个步骤都到位了，网络营销才能发挥出它的威力。

现在，很多出色的网站大都有着清晰的定位。例如，麦包包，它的定位就在“包”；优众网，其定位就在奢侈品；红孩子，它的定位主要是婴幼儿产品……正是因为市场明确，目标消费群体明确，它们才能在互联网这个“红海”中脱颖而出。如果不进行细分、不明确定位的话，那么企业在互联网上将要面对的是海量的网络用户，这就跟大海捞针差不多，营销的效率和效果都会降到极低。所以，细分和定位是做好网络营销的重中之重。

通过互联网这个平台，通过准确的细分和定位，企业为不同的消费者提供不同的产品和服务不再是天方夜谭。企业能以更人性化与顾客导向的方式，针对个别需求做出一对一的营销服务。常见的方式有：利用电子布告栏或电子邮件提供在线售后服务或与消费者进行双向沟通；提供消费者与消费者、消费者与企业在网络上的共同讨论区，借此了解消费者需求、市场趋势等，以作为企业改进产品开发的参考；提供在线自动服务系统，可依据顾客需求，自动在适当时机经由网络提供有关产品与服务的信息；企业各部门人员可经由网络进行在线研发讨论，将有关产品构想或雏形在网络上公告，以引发全球各地有关人员的充分讨论；通过网络对消费者进行意见调查，以便了解消费者对产品特性、品质、包装及样式等的意见，协助产品的研发与改进；在网络上提供与产品相关的专业知识，以进一步为消费者服务，此举不但可增加产品的价值，同时也可提升企业形象；可鼓励消费者在网络上设计产品需求，提供个性化的产品与服务，如顾客可在网络上选择服装样式与花色的组合，购车者可在网络上决定所需的颜色与配件等。

在竞争激烈的市场中，企业必须比客户想的再多那么一点点儿，才能做到真正的精益求精。企业只有通过网络营销及时和迅速地收集客户的想法和意见建议，并根据相关信息提供更多更好的产品和服务，形成公司的品牌效应，才能将网络营销的效果长期保持并不断推高。

第 2 章

国际营销：与其被国际化，不如去国际化

全球化带来新挑战，国际化成为大趋势

如果国内市场足够大，大部分的公司宁愿留在国内。在国内做生意更容易，也更安全。不过以下因素会将企业吸引到国际市场上：有些国际市场比国内市场的赢利机会更大；为了达到规模经济，公司需要更大的客户群；公司希望削弱对于单一市场的依赖性；公司希望在国际对手的本土市场对其进行打击；顾客正在走向国外，因而要求国际化的服务。

——科特勒《营销管理》

科特勒曾在接受采访时说："在海外做生意，风险总会有的，但如果你不去进入新兴市场而只待在本国，风险依然很大，主要是随着国内的发展，国外竞争者不断进入，也会在自己家门口遇到冲击。所以每家公司都要平衡两点：建造堡垒来保卫自己的本土，或者向外部市场积极拓展。如果只待在自家的领地，或者冒失地进行大量海外投资，到最后也会失去领地。对此我的意见是：对于大公司而言，要么国际化，要么等死。"

海尔集团有一个口号："无内不稳，无外不强。"随着市场经济的发展和国际经济的一体化，国内企业越来越强烈地感受到国际化的压力和诱惑。国际化能给企业带来的最主要的利益有：

一是扩大市场规模。在国际市场销售公司产品和服务，开辟新的市场，能提高收益，特别是那些处在有限增长的本国市场的公司，进入国际市场能有更大的发展空间。

二是充分发挥生产能力和尽快收回投资。一些企业的大规模投资，包括工厂、设备和研发，为得到应有的投资回报，需要巨大的市场规模，而国际化则是最好的选择。

三是规模效应。国际市场扩张后，企业规模会进一步扩大，有可能取得优化的规模效应，如汽车工业。同时，国际市场也为企业转移核心竞争力提供了机会，它为跨越国界的资源和知识共享创造了条件。

四是学习效应。不同的市场和不同的实践为跨国公司提供了很多学习机会，包括发达国家的企业也能从新兴市场的运行中学习新的东西。

五是降低成本。在劳动力、原材料或技术费用比较低的国家建立生产工厂可以降低成本。很多国外企业将制造和生产流程转移到中国，其中最主要的原因之一就是降低成本。

六是分散商业风险。公司通过在不同的国外市场上经营建立了广泛的市场基础，与完全地依靠本国市场相比，风险被大大分散了。

这几点对企业的发展都有着深远的影响。随着国际竞争越来越激烈，如果企业仅满足于在本土市场上的发展，势必会被淘汰。

北京一家知名企业的副总裁就曾说："我一直认为我们是被国际化的，因为现在的情况不是说你想走出去或者不想走出去，实际上国际化的竞争已经在你的家门口，甚至每一个商场、每一个门店和每一个小区展开。这种情况下，如果企业没有做好准备，不能够认清形势，面临的就是被淘汰。真正的国际化不是说我们要走出去，而是我们要先做好自己的企业，在本土做好自己的事情。国际化不仅仅是走出去或者是请进来，要从管理、供应和内心真正的国际化，要做中国的国际，而不要做国际的中国。"

国际化的竞争已经在家门口，企业必须审时度势，把本土企业放在国际化的大背景和大环境下，制定相应的战略，把握机遇将企业推向国际。

走向国际市场前企业必须认清的风险观念

在决定走向国际市场之前，公司必须认识并评估以下风险：公司可能不能理解国外的偏好，因而无法提供有竞争力的产品；公司可能不能理解国外的商业文化；公司可能不能理解国外的法规，因而发生预期之外的费用；公司可能缺乏具有国际化管理的人才；在外国可能需要面对改变的商业法规、汇率贬值，甚至政变和财产被没收的情况。

——科特勒《营销管理》

科特勒曾说："一家国际化的公司必须对自己接下来的长期战略走向有清晰认识，往往刚进入时会亏钱，因为有大量固定资产投资、买地建厂，等等，商家可能希望从进入的国家的银行获得资金，但它也要花高薪雇用很多有技能的人员。所以，要进入一个新的国家，往往要有十年的战略眼光，进入后赔钱又退出的不乏其例；不过，倘若能提供当地缺乏的东西，比如较好的基础设施、高质量的服务、快速交付、建立好的价值链，往往能在长期内获得较好的回报。"

在经济全球化、市场国际化的经济形势下，任何企业都想要从中分到一杯羹，而因此带来的是激烈的竞争与残酷的淘汰法则。

要在国际市场中生存，企业必须对国际化的风险有清晰的认识。就像科特勒所说的，国外的商业文化、法规、国际化的人才、政治与经济风险，等等，这些都会成为企业迈向国际化的巨大障碍。

在全球化市场的经济背景中，首当其冲的挑战就是文化与价值观的挑战，国内企业想要迈出全球化的步子，首先遭遇到的是各个国家和地区多种多样的文化与价值观的碰撞。对于很多国内企业而言，这将是实现全球化整合的最大障碍之一，也是在全球化背景下取得出色业绩的最大障碍之一。双方文化与价值观的不同，很容易导致双方的沟通发生障碍。而在一个合作项目的促成中沟通是必要的，只有良性的沟通才能达成良好的合作，所以说解决双方的沟通问题是首要的。

当文化与价值观得到有效解决之后，接下来的问题就是国际型人才的缺失。人才是企业的核心竞争力，如何让国际化的人才融合在一起，形成一个优良的团队，同样是一大挑战。

当企业达到良性沟通、人才具备以及形成了良好的团队合作氛围之后，过硬的技术保障就显得尤为重要。企业必须要尽快转型成拥有自己的核心技术、自主知识产权的高效率技术创新型企业，以技术来带动企业发展，而不能单单只依靠一些低端产业来带动自身发展。

所以说，企业顺应全球化的趋势走向国际化市场，是必然的，但同时也是任重而道远的。在这方面，华为在国际化道路的尝试，对那些以国际化为战略的中国公司，是有着积极的启发和借鉴意义的。

华为国际化成功的一条重要经验就是秉承“压强原则”：“在成功关键要素和选定的战略生长点上，以超过竞争对手的强度配置资源，要么不做，要做就极大地集中人力、物力和财力，实现重点突破”。华为在进入俄罗斯市场时，正是用在苏联卫国战争期间被苏联军民广为传诵的名言作为其战略宣言：“俄罗斯大地辽阔，可我们已无退路，后面就是莫斯科!”没有攻不下的市场堡垒，只有攻不下市场堡垒的人。国际市场也并不是坚不可摧的，华为在俄罗斯市场上历经 8 年从 36 美元到 3 亿美元，最重要的一条就在于对国际化战略的坚持和信仰。

国际化最关键之处就是企业的核心竞争力，从长期来看，价格优势不能成为中国企业的核心竞争力，中国企业取得国际市场竞争优势的关键还是体现自身实力的核心竞争力，其中包括企业的核心技术和市场营销能力。华为在进入国际市场时，坚持把“最好的产品拿出去”。华为在与世界五个电信巨无霸公司长达一年多的竞争过程中，最终以技术、质量第一，价格排名第三，获得了阿联酋电信 3G 项目的商用局，就是一个最好的案例。这也再次证明了一条真理，国际市场不相信眼泪，国际市场依靠的是实力。每年将营业额的 10%以上投入研发，使得华为能够在国际市场竞争过程中有个高起点，华为的智能网用户数量全球排名第一，下一代通信网全球排名第二，传输亚洲排名第一、全球排名第四，交换机品牌排名第二，数据通信也成功地进入了美国和全球市场。这些业绩是以核心技术和自由知识产权为后盾的。

国际化的另一大瓶颈是管理。华为有一套经多年时间和实践构建起来的与世界级一流企业接轨的管理体系，以及长期探索而来的充满活力的企业机制。正是早期与国外通讯巨头的竞争与合作的过程，使华为认识到先进的企业内部管理体系在国际化过程中的基础作用，这也是华为义无反顾地走向国际化的信心来源。华为信奉并长期坚持的一条重要理念是：管理是真正的核心竞争力。自 1997 年以来，华为在公司运作、质量体系、财务、人力资源四个主要方面进行了持续不断的变革，经过这些年的努力，基本建立了与国际接轨的管理运作体系，国际营运商对华为产品的认可，实际上是对华为整体管理体系的认可与尊重。

华为的国际化历程表明了，对中国企业来说，国际化的道路并不是简单地把产品和服务投向国际市场那么简单，国际化意味着中国企业的核心竞争力、经营战略以及管理体系全面地与国际惯例接轨。只有“内功”扎实，对国际市场的风险有足够的认识和充足的应对，企业才能真正走上国际舞台。

在决定候选国时，企业要拿捏好三个标准

公司还必须考虑国家的选择。一个国家是否有吸引力，取决于产品本身，也受到这个国家的地理位置、收入和人口数量以及政治环境的影响。在决定是否走向国外的时候，国内公司需要确定其国际营销目标和政策。公司要决定是在少数几个国家还是许多个国家开拓市场。公司也要决定哪些国家值得考虑。一般来说候选国应该根据三个标准来衡量：市场吸引力、风险和竞争优势。

——科特勒《营销管理》

当一个企业做好了充足的准备，也具备足够的实力进军国际市场时，它应当怎样选择市场？先进入哪个国家？后进入哪个国家？是先集中力量于某一个市场，还是选择好几个市场多点出击，或者是将摊子一下子全铺开来？这是一个关键性的问题。古语有云：“谋定而后动。”企业国际化首要的就是要选定候选国，选定自己的目标市场。

科特勒认为，考察一个候选国，应秉持三个标准：

一是市场吸引力。这不仅要考虑一国当前的市场潜力和长期的潜在需求，评估现有市场潜量，预测未来市场潜量、成本、利润和投资报酬率，还应考虑该国的经济结构、政治制度、地理位置、资源条件、人口和居民收入，等等。按照现在普遍的划分法，美、日、欧被认为是“三强市场”，东南亚诸国被看作是新兴工业国，还有很大一部分亚、非、拉美国家则被看作是第三世界。而现在，像中国、印度这样的国家发展势头和发展潜力不容小觑，成为很多企业在进行国际营销时必先考量的重点市场。

二是风险。国际化绝对不是让企业跨出国门那么简单，更重要的是，企业必须能够真正融入目标市场中去。“走出去”，到一个陌生的国家开拓市场，企业是要冒非常大的风险的。比方说，金融上的风险、政治法律上的风险、民情风俗上的风险、专业性服务上的风险、世界经济形势不明朗的风险、战略管理能力上的风险、竞争方面的风险等，都可能存在很多绊脚石与拦路虎。可以说，企业一旦开始国际化，就犹如将船驶进大海，既可能乘风破浪，也可能有倾覆之祸。哪怕是最细微的一个隐患，都可能引来不期而至的惊涛骇浪。

比方说，TCL 在收购法国汤姆逊彩电事业部后，组建起了全球最大的彩电制造企业 TTE，但接下来的发展并不顺利。努力想要打开欧美市场的 TCL，并没能成功接手汤姆逊的销售渠道，同时，TCL 不得不面临裁员难、招人难的尴尬困境。更令人料想不到的是，就在那几年中，平板电视迅速取代 CRT 电视，这意味着 TCL 想通过与汤姆逊合作获取 CRT 电视霸主地位的目标变得毫无意义。管理上的难题、利润的下降、

资金链紧张等原因导致这场收购最后并不那么尽如人意。

这个例子也表明，国际化之路虽然看似风光，但实际上极具风险。而这些风险是需要企业预先进行深入而谨慎评估的。

三是竞争优势。“竞争战略之父”迈克尔·波特博士也曾提出同样观点，他认为，关于国际化，企业必须要有自己的竞争优势。如果将国际化征程比作一场赌博的话，那么，企业必须评估自己是否具备参与赌局的资本，是否具有胜出赌局的一手好底牌。企业只有明确了自身的竞争优势，才能更好地在国际市场中扬长避短，将优势更全面地发挥出来，形成自身在国际市场的核心竞争力。

总之，在选择候选国这一阶段，企业不能只是凭经验、个人好恶、语言和文化的一致性或距离的远近就匆匆作出决定，而要收集大量的客观资料，请有关机构和专家进行认真的分析和预测，谨慎从事。

选择最适合的模式进军国际市场

一旦公司决定了将一个国家作为目标市场，它就必须决定进入市场的最佳模式。可选择的模式包括：间接出口、直接出口、许可经营、合资以及直接投资。这五种方式依次要求更多的投入、风险、控制和赢利潜力。越靠后的策略意味着越多的投入、越大的风险、越多的控制权和越大的赢利潜力。

——科特勒《营销管理》

科特勒认为，国际化就是企业从事跨国经营，从间接出口到直接出口，到在境外建立子公司，直至完全的国际化经营。在实践中，国内企业参与国际竞争主要的方式有四种：

第一种是跨国公司模式，以海尔为典型代表，在海外直接建厂，实现了生产、人员、营销、研发、设计的当地化；第二种是海外并购模式，以联想、吉利为典型代表，并购海外的成熟品牌，利用原有品牌的影响力、渠道、人才进入国际市场；第三种是OEM加工出口模式，以富士康为代表，主要是外国企业选定产品，委托中国企业生产，然后由他们自己出口销售，这是本土企业大量采用的一种模式，广泛存在于服装、家电、手机等行业；第四种是代理销售模式。委托海外的渠道商开拓市场。

企业决定进入国际市场时，一定要选择最适合自己的最佳进入方式，以谨慎、务实为本。在这方面，中国最大的照明品牌供应商雷士照明就是个很好的榜样。

2011年7月18日，对雷士照明来说，是值得大书特书的一个日子。这天，雷士照明与亚奥理事会签约，正式成为“亚奥理事会照明及服务合作伙伴”。根据双方签订的协议，雷士照明将为今后亚奥理事会在亚洲地区开展的赛事活动提供专业的灯光照明产品及服务方案。这将帮助雷士照明实现“点亮亚洲，照耀全球”的国际化战略。

在13年前，雷士照明还只是广东惠州一家注册资金100万的小厂。创立之初，雷士照明创始人吴长江就在厂门口竖起“创世界品牌，争行业第一”的牌子。如今这家企业已经成为中国照明行业领导品牌，提供各种照明解决方案，其中包括提供设计服务并生产定制产品，满足专业及其大型项目终端客户的特殊需求。从研发能力、制造能力、渠道建设、品牌知名度到承接大型工程，雷士照明都拥有明显的竞争优势。近年来，在奠定了国内第一大照明品牌供应商的市场地位后，雷士照明加快了开拓国际市场的步伐。

尽管早在成立之初就打出“创世界品牌”的旗号，但雷士照明非常务实，吴长江说：“中国市场这么大，如果在自己家门口都做不好，与国外品牌竞争靠什么？所以，前几年，我提出本土化就是国际化的时候，有人说我们是在国际上没做起来才这么说。实际上，一些企业在国内还没发展好，就盲目到国外去收购，最后铩羽而归，这都是教训。国际化是一个路径，但这个路径的设置一定要务实，要顺势而为，它是企业在国内积累优势后自然而然发展的结果。从我开始做雷士照明开始，就是向着国际市场去的，从未停过。”

早在2006年，雷士照明就开始开拓海外市场，最早采取的是贸易出口方式，同时谋划自主品牌销售。2007年6月，雷士照明在英国收购了一家照明销售公司，将渠道交给有经验的当地人去开拓，开始进入欧盟市场。截至2010年年底，雷士照明英国公司的门店数目达到了200家。

2010年5月20日，雷士照明在香港联交所主板上市。更为重要的是，直接参与2008年北京奥运会、2010年广州亚运会、2010年上海世博会、2010年南非世界杯和武广高铁等重大照明项目建设，充分彰显了雷士照明具备承接世界级大型工程项目的实力，尤其是承接国际体育赛事照明工程，让雷士照明积累了丰富的经验。此外，雷士照明成功开发巴西、卡塔尔市场，在澳洲与南非的知名度也大幅度提升，并承接了德班机场室内照明项目。

“我们的国际化营销战略很扎实。雷士的海外分公司，在东南亚、英国做得都很好，规模占到整个销售额的20%左右。我们在海外的扩展增速大于国内，自主品牌的扩张大于OEM。”吴长江说，未来在中东与东南亚市场，雷士照明将通过专卖店、专柜进一步拓展渠道，但他同时强调说：“国际化是一个很复杂的过程。我们要做国际化的企业，不仅是把产品卖到国外，还要输出文化，把自己的网络推向全球，这才是真正的国际化。”

从扎实地经营本地市场，到贸易出口，再到收购国外企业，最后全面进军国际市场，雷士照明每一步都稳打稳扎，从不冒进。有句话说：“国际化只有走得稳，才能走得快。”雷士照明的国际化进程正是这番话的最佳佐证。

企业要国际化，找对合作伙伴很关键

绝大多数国际化的品牌拥有营销方面的合作伙伴，来帮助公司在国际市场上获得分销、营利性和附加值等方面的优势。

——科特勒《营销管理》

现在我们处在一个讲求合作与共赢的商业时代。在竞争日趋激烈的市场上，企业仅仅靠单枪匹马闯天下的做法已经过时，而合作共赢成为必然的趋势。尤其是在国际化的过程中，更是如此。中国有句俗语说得好：“强龙不压地头蛇。”当一个企业要进入一个陌生的、风险重重的国外市场时，如果能找到一个可靠的、有实力的、熟悉当地市场的合作伙伴，那么，国际化的征程会顺畅很多，风险也会降低很多。所以，我们经常可以看到，即使是规模再大、实力再雄厚的跨国公司，在进入国外市场时，也会认真地研究和实施合作战略，寻找优势互补的合作伙伴。

比方说，回顾2002年的家电业，就会发现，当年最引人注目的莫过于海尔与三洋、TCL和松下、TCL和飞利浦的合作。

2002年1月18日，三洋电机与海尔集团宣布了海尔与三洋的合作。三洋与海尔的合作方式主要有以下4点：第一，充分利用海尔的销售网络，在中国销售三洋的产品。第二，海尔与三洋合资成立在日本销售海尔产品的销售公司。第三，推进双方在生产基地方面的相互合作。第四，扩大三洋主要零部件向海尔的供应及技术协作。

2002年4月9日，TCL集团与松下宣布开始进行一揽子合作谈判。松下与TCL磋商的合作内容包括：第一，充分利用TCL的销售网络，在中国农村地区销售松下品牌的家电产品；第二，由TCL供应低价格普及型电视、由松下供应高品质的平面电视，双方互相提供OEM；第三，TCL协助松下普及可刻录DVD标准的DVD－RAM制式；第四，松下向TCL提供全环保型空调冷媒技术及关键零部件；第五，松下投资TCL以及双方相互持股等事宜。

2002年8月22日，飞利浦也和TCL签署了销售渠道合作。主要内容是TCL将利用其销售渠道和网络优势，在广西、贵州、江西、安徽和山西5个省，独家代理销售飞利浦彩电。

这三项合作计划，形象一点说，正是外来的“强龙”与本地的“地头蛇”之间的强强联合、优势互补。通过这样的合作，“强龙”能够以最为保险的方式在中国市场快速发展，而“地头蛇”同样从中获益，渠道成了特殊的商品。类似这样的战略合作，在当前全球化的时代背景下，只会越来越频繁，越来越紧密。

这样的合作战略实际上就是企业间形成战略联盟。企业通过一定方式与合作伙伴形成一种紧密的合作关系，使它们的资源、能力和核心竞争力相结合，从而实现各方在设计、制造、产品和服务上的共同利益。这种合作是对经济活动、技术发展和经济全球化所带来的市场迅速而巨大变化的及时和理性的反应。许多公司通过合作联盟加强了竞争能力，为公司进入新业务、新市场提供了帮助。通过这样的合作，企业可以获得这样几个优势：

一是扩大市场份额。通过战略合作联盟，双方可以利用彼此的网络进入新的市场，减少开拓市场的时间和费用，增加产品销售量及市场份额。

二是迅速获取新的技术。技术创新是企业发展的动力，通过战略合作联盟企业能够增强技术创新能力，缩短新产品、新项目开发时间，跟上科技发展的步伐。

三是经营国际化。同国外公司进行联盟，通过合资、合作等方式进入国际市场，可以减少在国外直接投资存在的资金大、风险大等许多局限，顺利实现国际扩张。

四是降低风险。战略合作联盟能够做到风险共担，降低企业风险。如共同开发新技术、新产品，增强了科研能力，提高了开发效率和效益。

科特勒在接受《中欧商业评论》的采访时曾说——“企业应把自己变成一家

'Glocal'（global 和 local 的综合）公司——既是全球的，又是当地的，知道如何在每一个进入的国家，将自己所提供的产品和服务本地化。正因此，需要有一个好的本地合作伙伴，它知道如何处理后续的工作，做好各种关系联络，了解当地的重要角色，包括政府官员，熟谙文化，知道买主和经销商喜欢什么。因此我们说，进入新地盘做营销，本地合作伙伴会提高效率。"

所以说，现代企业在进军国际市场时，不独要有强烈的竞争意识，更要有强烈的合作意识，选对了合作伙伴，国际化就迈出了成功的第一步。

在全新市场里，不要在品牌建设上走捷径

在全新的市场里，品牌建设要从零做起，不要在品牌建设上走捷径。这既体现在战略上（在建立品牌形象前先建立品牌知名度），也体现在战术上（在新市场上建立品牌资产的来源）。

——科特勒《营销管理》

在世界经济发展放缓、国际金融危机不断蔓延的形势下，中国的发展势头成了世界经济的亮点。中国的品牌也呈现出越来越强大的竞争力，虽然位列世界 500 强的中国品牌数目还不太多，但众多中国品牌做大做强、走向世界成就国际品牌的壮志雄心也正日益高涨。有国际化的梦想和野心是必要的，但有战略、有策略、够务实更是必需的。

有的企业总在寻思着能够有一夜之间成为国际品牌的超级捷径，幻想着一夜之间从国内走向世界。常见的三种走捷径创国际品牌的方式有：

一是收购国外品牌。收购品牌的时候，企业一定要睁开慧眼，千万不要走私"洋垃圾"品牌，也就是一些含金量极低、价值极低、而"养育"成本高昂的品牌。另外，企业还要防止将原本含金量高的品牌收购过来，结果在自己手中贬值，变成"洋垃圾"品牌。

二是"挂羊头卖狗肉"。要么直接子虚乌有地宣称自己源自国外，在美国在欧洲多么有号召力，产品多么受欢迎；要么就是通过在国外注册品牌的形式，然后在国内以国际品牌自居，招摇过市，蒙骗消费者。这两种情况，一旦东窗事发，无论是这些品牌及企业的信赖度，还是产品的销量，都会受到毁灭性的打击，例如欧典地板。

欧典曾经号称是德国拥有百年基业的地板品牌，也是中国地板市场最吸引眼球的品牌。早在 2004 年，当市场上高档地板均价仅在 200～300 时，欧典就推出了每平方米 2008 元的天价地板。当时 2008 元每平方米的地板是什么概念？天价地板面市，人们惊呼：地板的价格居然快赶上房价了！

而欧典当时对该天价地板的介绍则是：真木纹系列由德国欧典投资 800 万欧元，历时两年研发成功；莱茵河畔的维尔茨堡，由于 1945 年曾受到严重摧毁，德国政府进行了两次大规模修复，而在这两次修复中，有上百家地板品牌同时竞标，而德国欧典地板技压群雄，最终为九座大厅提供了极优良的地面材料。德国欧典创建于 1903 年，在欧洲拥有 1 个研发中心、5 个生产基地，产品行销全球 80 多个国家。此外，在德国

巴伐利亚州罗森海姆市拥有占地超过50万平方米的办公和生产厂区。

2006年3月15日，央视“3·15”晚会上欧典事件曝光。经记者实地调查发现，欧典根本不是德国品牌，无论是国外，还是国内，都没有一家名叫欧典的公司注册过。所谓的“百年欧典”其实就是在北京通州进行生产和包装。

此事件曝光后，欧典被北京市工商局处以高达747万多元的罚款，而这个品牌的声誉也一落千丈。

欧典地板的例子表明，走捷径创品牌，虽然短时期内能够取得一定成效，但长远来看，还是有着极大的风险，严重的时候，品牌会毁于一旦。

第三种走捷径创品牌的方法就是品牌租赁，也就是将国际品牌租过来，国内企业没有所有权，但拥有使用权。品牌的打造一定需要很长的周期、很多的资金、很大的精力。如果操作得当，引进已经有知名度有市场基础的国际品牌，抄一条近道亦是一种不错的考虑。但如果操作不当，就会是舍了孩子套不了狼，眼睁睁地看着自己含辛茹苦养大的孩子被其“生母”领了回去，留下来的是国内企业的欲哭无泪。短期的租赁，若市场表现不好，损失的不但是为数不菲的租用费用，更重要的还有浪费掉的“机会成本”，毕竟市场不等人，时机不再来；更深层次的担忧是，短期的品牌租赁，一旦市场表现不错，合约到期之后就会被品牌拥有者如期回收，然后坐享其成，将已经打下的江山轻松地接收过来。这对国内企业而言是毁灭性打击。

企业要创建国际化品牌，还是要更理性、更稳健一些，切忌急功近利。国际品牌是一步步走出来的，先做好本土的市场才是关键，然后步步为营，像海尔、华为，国际化之路一步一个脚印，走得踏实、稳重。如果采取收购国际品牌的方式，那更要明确自己的品牌到底需要什么，对方品牌能否满足自己的愿望，需要进行全面、系统、着眼长远的价值评估，并为之准备好系列的软硬件配套，否则即使将国际化品牌揽入了怀中，也难以使之成长成熟，真正为己所用。

适应与融入是国际营销的生死关

公司在考虑国际营销的时候，一定要考虑如何根据当地情况调整营销项目。在产品层面上，公司可以考虑直接扩张、产品适应或产品创新的策略。在沟通层面上，公司可以采取沟通适应或双向调整。在价格层面上，公司可能遇到价格上涨、倾销指控、灰色市场和低价仿冒品等问题。在分销层面上，公司需要对产品是如何通过渠道送到终端用户手上有整体把握。在创造营销项目的各个元素时，公司必须了解在其他国家可能遇到的文化、社会、政治、科技、环境和法制的种种限制。

——科特勒《营销管理》

企业在国际化市场推广产品和服务的时候，必须懂得“入乡随俗”，要很好地适应和融入国外市场。对此，科特勒举了很多个现实的例子，比方说，当伊卡璐在德国推出名为“Mist Stick”的卷发棒时，发现“mist”在当地有粪便的意思；银子弹啤酒的广告语“Turn it loose”（让他释放吧），翻译成西班牙文的时候，读音和“Suffer from diarrhea”（腹泻带来的痛苦）的西班牙读音一样；一款洗衣皂的广告语是“Really dirty parts”（洗净特别脏的部分），在魁北克法语区被翻译成了“A soap for washing private parts”（洗私处的香皂）；裴顿世家的口号“It takes a tough man to make a tender chicken”（大男人也能做出口感细腻的鸡肉），被翻译成西班牙文时候变成了“一个性欲高涨的男人才能把鸡肉做得柔情似水”；庄臣公司曾在日本推出地板蜡，结果失败了，原因是这种蜡会让地板很滑，而庄臣公司忽略了日本人在家不穿鞋的习惯；更让人哭笑不得的是，伊莱克斯吸尘器在英国的广告语是“Nothing sucks like an Electrolux”（没有什么的吸力能比过伊莱克斯），到了美国会被理解为“没有比伊莱克斯更差劲的了”！

这些案例都表明，国际化绝对不是“走出去”那么简单，更重要的是“融进去”，融入当地的文化与环境和当地的消费者群体中，就像索尼所提倡的那样——“国际化策略，本地化运营”。比方说产品，很多产品在世界的某些地区是受到限制或者禁止的，像烟草产品在很多国家要受严格规章制度的限制。再比如，在很多国家，像挪威、瑞典等，未满 12 岁的孩子不能拍摄广告，为了安全起见，麦当劳在瑞典把自己宣传成了一个家庭餐馆的形象。这些细节都需要企业深入地去体察，然后去依循，如果企业忽视了这些，那么，轻则有损在当地的业绩与口碑，重则拖垮整个企业。在“国际化策略，本地化运营”方面，宝洁是一个很好的典范。

宝洁公司久负盛名，但它在国际化的过程中，也曾因为世界各国各地之间巨大的文化差异，经历了一些意想不到的失败或成功。

宝洁进军日本时，曾将其在美国旺销的纸尿裤投放到市场，并在各大医院的产房留下免费试用的样品，还派人到居民区巡视，一看到哪家居民阳台上晾晒着婴儿尿布，便免费送上纸尿裤样品。一开始此招还真灵验：其产品的市场占有率一下子从 2%升到 10%，但其中的一大隐患却没有被公司高层管理人员察觉，那就是日本人为购买纸尿裤，每个婴儿每个月需花费 50 美元。在美国，这方面的花费就相对少一些。为什么呢？因为在养育婴儿的习惯方法上两国存在着较大的差异：美国的母亲平均每天只给婴儿换 6 次尿布，而日本的母亲则平均每天要给婴儿换 14 次尿布，难怪日本人要抱怨尿布的花费这么多。而此时一家日本本地的公司乘虚而入，生产出一种轻薄型的纸尿裤，不仅价格便宜，而且其使用和贮存都更加方便。由于这种产品物美价廉，还适合日本母亲的需求，所以日本母亲们更愿意购买这种名为“月芽”的纸尿裤，而宝洁的纸尿裤则不大受市场欢迎。

而拓展波兰市场的时候，宝洁公司却因为深谙当地居民的心理而取得了极大的成功。波兰本国的洗涤产品特点是质量低劣，并有许多假冒的外国品牌；居民想买外国公司的产品，但又怕买到“假洋鬼子”。宝洁公司便在自己产品的外包装贴上一些错误百出的波兰文写成的标签，这些波兰文不是拼写有错误，便是语法乱七八糟。可是，波兰人看到这些错误百出的商品标签，却马上意识到这是真正的外国公司的产品，它们只是还没来得及学会用正确的波兰文字来表达而已。一时间，这些贴有错误百出的标签的商品反而卖得十分红火。

而在韩国和中国，宝洁公司学会了使用不符合美国标准的颜色。例如纸尿裤在美国分为浅蓝色与粉红色，浅蓝色是男婴的，粉红色是女婴的。而在韩国和中国，由于大男子主义盛行，很多重男轻女的人们以生男婴为值得夸耀的事情，生了女婴的妇女去买纸尿裤，就不愿意让局外人知道自己生的是女孩，而这种念头在西方人眼里却不可能产生。宝洁公司意识到了这一点，于是他们在亚洲推销的纸尿裤便都统一换成了中性的白色。宝洁的这一举措，受到了中韩两国母亲的极大欢迎，她们再也不用为买尿布而忧心忡忡了。宝洁正是凭借这种敏锐的市场“嗅觉”来获取节节胜利的。

宝洁深知，企业的任何商业行为都是在一定的文化背景下进行的。消费者只会接受与他们的文化相适应、与他们的价值取向一致的商品。所以宝洁非常重视对市场和消费者的调研，然后为消费者量身定制，这样宝洁产品才能顺利地融入国外市场，受到各地消费者的欢迎。

消费者是千差万别的，同一地域的不同消费者有不同的需求标准，不同地域的消费者更有不同的需求标准，因此，没有一种产品可以在全世界各个地方受到同样程度的欢迎。成功的经营者总是知道如何利用公共关系制定不同的营销策略，针对不同的消费群体生产多样化的产品，以满足不同消费者的需求。

企业国际化与国家形象利害攸关

原产国印象是由一个特定的国家激发出来的精神上的联系和信仰。政府官员希望加强本国的形象，以帮助本国的营销人员来开发和吸引国外公司和投资者。营销人员也希望运用正面的原产国印象来推销他们自己的产品和服务。

——科特勒《营销管理》

科特勒指出，消费者对于来自不同国家的品牌有不同的态度和想法。原产国印象可能直接或间接地影响消费者的决策。在国内市场上，这种印象可能激发消费者的爱国情感，或使他们想到自己的过去。随着国际化贸易的发展，消费者更是将一些品牌当作自己文化的遗产和身份标识，而将其赋予象征意义。爱国热情在全世界都可以作为营销策略的基础，尽可能地利用这种印象带来的优势是营销的一项重要任务。

关于这种原产国印象，其实很好理解，比方说，提到德国产品，人们会想到精密、严谨、质量精良；提到法国产品，人们会想到时尚、浪漫；提到中国产品，人们会想到物美价廉……这些就是原产国印象。可以说，国家形象与企业的国际化是相得益彰的，一荣俱荣，一损俱损，有良好的原产国印象作为助力，该国的产品在国际市场更容易赢得认同和认可；而某国产品在国际市场的表现，同样也会影响到该国的国家形象，这就像是父与子的关系，既看父敬子，也看子敬父。

企业的国际化表面上看，只是企业的个体行为，但实际上，其意义远不止于此，它是与国家形象息息相关的。企业应力求在国际舞台上有上佳的表现，从而树立可信和值得尊敬的原产国印象。索尼的国际化征程就体现了这一点。

盛田昭夫早年做环球考察时曾去过美国，穿梭的轿车、宽阔的道路、遥远的距离以及直冲云天的建筑，高度发达的美国经济使他感到窒息。盛田昭夫满腹疑虑：一个小小的日本公司在这样一个巨大的国家里是否有生存的机会？而当时的日本制造，基本上是与小饰品及廉价仿制品联系在一起，他永远不会忘记那时产生的懊恼。

环球考察回来，盛田决心给公司起个带有全球视野的名字，他抛开了日本企业传统的取名习惯，揣摩美国市场消费者的想象力，给公司取名为“SONY”，后来索尼在美国上市，SONY 广告铺天盖地，大多数美国消费者仍然没有意识到这是一家日本公司。

索尼在美国市场刚起步时，找不到经销商。盛田昭夫亲自去美国同一家家经销商接洽谈判。终于有了一个对半导体收音机感兴趣、并且订单为 10 万台的大客户，条件是以经销商布罗瓦的名义销售，即索尼为这家美国公司做代工，理由是“没人听说过索尼”。10 万台是一笔大订单，价值超过了公司当时的总资本。那是索尼非常饥饿的年代，董事会一致意见是盛田不能拒绝这笔订单。技术官井深都饿怕了，禁不住这个巨大的诱惑，几次给盛田打电话，强调应该接受布罗瓦的条件。

但是，对盛田来说，他想让索尼的名字响彻全世界，公司在美国市场上尚未立足，此时的妥协将会招致索尼最终的失败。他坚持拒绝这份订单。如果董事会再行相逼，他就辞去董事职务。若干年后，盛田说：“拒绝 10 万台的订单是我在职业生涯中所做的最好的商业决策。”

为了树立索尼品牌，盛田肩负着很多。有的经销商折损自己所得，主动降价以低价格、大折扣推销索尼收音机的活动使盛田震怒，盛田不惜与他们断绝关系，回购商品甚至给出赔偿。盛田不会忘记第一次踏上美国时，看到的日本制造都是些便宜货、小东西的代名词。这一点对他的刺激太深刻了。盛田决定让索尼成为一个优质产品的制造商，以消除与日本制造相联系的耻辱。盛田就是凭借这种坚持打响了索尼这个品牌。

放弃自己的品牌，为国外企业代工——这个曾经摆在盛田昭夫面前的难题，现在又摆在了很多试图跨国经营的企业面前。索尼创始人在一个饥不择食的时代，却谨记全球化品牌经营的思维，在背负巨大亏损的创业初期，却执着于自主品牌的打造和原产国形象的维护，终于发现并回归到支撑品牌的精神原点，这一点非常值得许多企业学习。

第3章

水平营销：跳出盒子，而不是坐在盒子里思考

纵向营销会导致一个过度细分而无利可图的市场

在最为发达的市场，基本的营销策略（如市场细分、目标锁定、定位）作为能产生竞争优势因而转化成商业机遇和新产品的机制，日渐开始暴露出其不足之处。企业可以继续细分市场，但最终结果将是市场小得无利可图。纵向思维的反复运用会导致一个过度细分的市场，在这种情况下，细分或利基市场将小到无利可图。

——科特勒《水平营销》

科特勒对传统营销理论进行了系统的审视，他认为：传统的营销是一种“纵向营销”的模式。纵向营销的运行步骤是：第一步，市场营销就是发现还没有被满足的需求并满足它，而这个过程里需求分析是起点，通过市场调研，确定一个可能成为潜在市场的群体；第二步，划定了潜在的市场后，运用STP也就是市场细分、目标锁定、定位等方式形成产品或服务的竞争策略；第三步，运用4P等营销组合来贯彻竞争策略，将产品或服务推向市场。纵向营销通过差异化的方式不断地为细分市场提供个性化的产品，它使企业的专业化营销能力得以提升，最终惠及消费者。

尽管纵向营销是一种成熟的营销理念，但它也有很大的弊端。当市场被首次细分时，细分的企业往往能得到良好回报，但随着细分加剧，子市场越来越小，细分市场缩小成利基市场，那么企业利润也就会越来越薄。由于纵向营销不能创造出新的产品、新的市场，最终的结果必然是特定市场的无限细分和需求饱和，重复的市场细分导致市场的过度零碎化，这也是当前许多企业的营销困境所在。

2009年，刚过完百岁生日的通用汽车走上了破产重组的道路。曾经不可一世的汽车巨头沦落至此，让人不得不惋惜。关于通用汽车为何会陷入困境，众说纷纭，各有各论，但如果从营销的角度去分析会发现，通用汽车在营销方面的失误早在几十年前就埋下了失败的种子。

早在1924年，通用汽车的第八任总裁阿尔费雷德·斯隆就提出了“不同的钱包、不同的目标、不同的车型”的市场细分战略，根据价格水平对美国汽车市场进行细分，最终目标是通用汽车每个品牌的产品针对一个特定的细分市场。斯隆的这一战略奠定了通用汽车多品牌战略的理论基石。当时，美国的中产阶级迅速崛起，消费者对个性化汽车的追求成为一种潮流，同期的福特汽车提供的基本是千篇一律的汽车，而通用汽车则采取多品牌战略，让产品线覆盖几乎所有的潜在购买者，在其鼎盛时期，通用汽车旗下拥有凯迪拉克、别克、雪佛兰、土星、庞蒂亚克等多个品牌，还参股了五十铃、菲亚特等汽车公司，俨然一个庞大的汽车帝国。这种细分的战略使得通用汽车在近80年的时间里称霸汽车市场。

然而，随着时间推移，通用汽车的战略日渐显露弊端。各个品牌独立运作，各自为政，品牌之间沟通困难，在研发、制造、营销、服务等方面难以有效整合，使得成本居高不下。而且，由于对市场的过度细分，形成了众多的品牌，品牌之间界限模糊不清，不仅给消费者带来了选择的困惑，更演变成了“多生孩子打群架”的自有品牌之间的内耗。最为关键的是，受困于市场细分和多品牌战略，通用汽车一直无法集中各方力量来开发一款能够真正拉动销量的全球战略车型，它只能不停地在各个细分市场进行研发，不仅加大了成本，而且失去了宝贵的市场和利润增长空间。而彼时的丰田、本田却凭借着花冠、凯美瑞、雅阁、思域等全球战略车型的优异表现迅速崛起。

科特勒曾说：“界定市场提供了竞争领域的框架，而选择潜在需求、个体与情境的同时，也就是在放弃我们满足不了的需求、个体与情境。当营销人员确立了一种类别，他们便认为其中的要素都是不变的。通常，他们将不再考虑这些要素。”也就是说，在对市场进行细分并确定自己的目标市场后，企业很容易陷入一种困境——只盯着自己的细分市场，却忽视了选定的细分市场之外的其他市场与空间的可能性。通用汽车市场细分与多品牌战略的出发点是没有错的，但它过分局限在细分市场，不仅增加了制造成本和营销成本，造成了品牌间的内耗，也忽视了全球化的市场，错过了横扫全球市场的机遇。

企业在运用纵向营销的过程中，一定要警惕市场的过度细分，既要防止别人更要防止自己蚕食自己的市场。如今的营销亟需一种能取代细分而赢利的新策略。这也就是科特勒所提倡的水平营销创新策略。水平营销是通过对产品做适当改动来产生新用途、新情境、新目标市场以开创新类别，从而重组市场。水平营销是市场充分细分时代进行产品创新的一大法宝，我们看到在“新用途、新情境、新目标”的指引下，新产品纷纷问世，但是这些新产品有一个共同点——并没有瓜分固有的市场，而是满足了新需求，开发了新市场。形象一点说，如果把市场比作一块蛋糕的话，那么，纵向营销是在试图将蛋糕切得更细，然后获取自己的那一份；而水平营销则是在试图将这块蛋糕做大。企业要综合地运用这两种策略，以纵向营销来进行选择，以水平营销来进行创造，实现二者的优势互补。

水平营销是纵向营销的必要补充

纵向营销和水平营销是两种截然不同的创新之道：前者是在某一特定市场内部做调整，后者是通过对产品做适当改动来产生新用途、新情境、新目标市场以开创新类别，从而重组市场。水平营销并不是纵向营销的替代方式。实际上，两者是不可或缺的互补，而且，如果在新类别发现后没有纵向营销来提供多样性，水平营销也就不能充分地发展。

——科特勒《水平营销》

纵向营销是在市场界定过程中，通过采取市场细分与定位策略，调整现有的产品和服务，以使市场多样化。而水平营销是将已知信息进行重组，通过更富探索性、可能性和诱导性的创新思维，激发出新的市场和利润增长点。纵向营销是利用市场界定来创造竞争优势，创新即在该界定过程中进行。市场界定使我们在推出创新、拓展业务时能保持目标一致。水平营销则基于通过接近那些我们在对产品或服务做市场界定时所淘汰的一种或多种需求、用途、目标或情境来努力开拓市场。这意味着需要改变我们的产品。

纵向营销容易导致市场的过度细分，使得企业要面对极其激烈的市场竞争和极其微薄的市场利润，而相比之下，水平营销却往往能通过原创性的理念和产品开发开辟出另一片广阔天地。因此，水平营销越来越受重视，而纵向营销越来越式微。很多企业甚至认为，水平营销要优于纵向营销，或者水平营销将替代纵向营销，事实绝非如此。

纵向营销的作用在于：它为扩大特定市场提供思路；它促使特定市场的潜在顾客转化为现实顾客；它使产品能够出现于现有市场所有可能的情境中；它有助于产品在特定市场实现最大程度的渗透；它使得企业在特定的市场中找到新的定位。纵向营销与水平营销的不同主要体现在以下几个方面：

水平营销过程跳出原来的方向，而纵向营销沿着一个固定的方向前进。水平营销具有启发性，而纵向市场营销具分析性。纵向营销遵循一定的序列，而水平营销则会跳跃到其他产品或类别上，以捕捉可能的点子和产生的变化。纵向营销通过淘汰法进行选择，而水平营销不淘汰任何可能导致新概念的选择。水平营销利用那些与产品无关的种类或产品，而纵向营销排除那些处于我们的潜在市场定义之外的概念。水平营销的方式不甚明显，而纵向市场营销则以序列的明显方式进行着。水平营销是一个充满可能性的过程，而纵向营销则是一个确定性的过程。

如果要用一句恰当的话来形容纵向营销与水平营销的关系，那么就是——纵向营销进行选择，而水平营销进行创造，水平营销是纵向营销的必要补充。

水平营销就是通过创新激发出新的市场和利润点

在一个过度细分和品牌过多的成熟市场，最有效的竞争方式便是开创新市场或新类别。水平营销就是跨越原有的产品和市场，通过创新激发出新的市场和利润增长点，它是跳出盒子的思考，而不是坐在盒子里思考。

——科特勒“2005 新思维全球巡回论坛”演讲

水平营销是一种创造性的思考，科特勒形象地称其为“跳出盒子的思考”，它试图用一种崭新的、刺激思维的角度考虑产品的某个侧面，从而催生原创性的理念。传统的纵向营销有三个层面，市场定义层面、产品层面和营销组合层面。每一个层面又有很多因素，比如市场定义层面包含了消费者、使用情境等因素。水平营销就是要选出一个层面，再对该层面的某一因素展开横向思考，比如用途、目标市场等，从而催生全新的产品。

比方说，日本曾有几个大学生，看到学校里学生需要复印很多资料，于是想了个点子——免费复印。他们将所有复印纸的背面作为广告版，供企业投放广告，而正面则用来复印。广告费中抽出一小部分，就足以支付复印的成本。这一举，不仅大受学生欢迎，也得到了很多企业的青睐，此模式在各校推广开后，这群创业者因此获得了每月1000万日元左右的销售额。

再比方说，剃刀通常被认为是针对男性的产品，可是吉列却认为，女性也有对剃刀的需求，于是，吉列开发出了适合女性需要的、更女性化设计的剃刀。

还有中药，在日本，西药称霸，中药销路不好，药材大量积压，有一家专门从中国进口中药的贸易公司，想了个主意，将中药和日本人习惯的茶饮联系起来，在东京中央区开办了一家把中药与茶结合起来的新店，结果这个名为“汉方吃茶店”的生意之好，令人羡慕。中药和茶并无本质上的关联，但跳出中药的行销领域，该公司创造出了新的市场。

上述这些都是非常出色的水平营销创新策略。它们通过改变市场、产品和营销组合，重新定义了市场和需求。这些方面的质变带来了新类别的产品或新的市场，进而给企业带来了营销上的重大突破。传统上多数公司采用的分析式的营销创新方法无助于根本性的创新。要想创造可能深刻改变市场的新概念，水平营销是更好的方法，因为它所依赖的正是有助于催生真正新思想的创造性技巧。

这并不是说，纵向营销就不能创新，它同样在创新，而且，纵向营销的创新更容易被顾客接受和理解，因为这种创新是在原有的产品、市场和营销组合上进行的一些细微调整或改动。而水平营销的创新往往是出乎人们意料的，如果这种创新非常奇特的话，接纳起来甚至需要更多的时间。所以，水平营销人员在向先行者、早期接受者、首批大量接受者和后期大量接受者传播创新产品时，必须放慢脚步。在采用水平营销创新时，企业在教育、沟通及销售上要付出更多的努力和耐心。

借助水平营销，企业就可能在新市场拔得头筹

水平营销的思考对于企业的营销部门无疑是重要的，正是在这个意义上，科特勒说，“伟大的产品是营销部门创造的”。在这个产品和技术可以低成本复制的营销时代，我们已经见证了太多的特定市场的同质化竞争。而借助水平营销，企业就可能在新的市场拔得头筹，因为创意是无法复制的。

——科特勒《水平营销》

在今天这个网络化、全球化的竞争市场上，越来越多的企业开始感受到营销的尴

尬，痛切于企业孱弱的赢利能力。一方面，传统的广告促销等营销组合已经无法有效激发消费者的消费诉求；另一方面，企业之间的竞争在每个传统的营销层面上刀刃互现，价格战、成本战等恶性竞争已经将企业竞争推向“他人即地狱”的境地。

无论是在传统的日化行业，还是在新兴的数字电子行业，企业的有机增长已经越来越困难。按照科特勒的说法，在日益复杂的现代营销作用下，新产品、新品牌迅速地推出，但相当比例的这些新产品、新品牌不能避免“一出现即注定失败”的命运。

科特勒对现在的市场生态的系统总结是：品牌数量剧增；产品生命周期大大缩短；更新比维修便宜；数字化技术引发多个市场的革命；商标数与专利数迅速上升；市场极度细分；广告饱和；新品推介越来越复杂，消费者越来越难以打动。毫无疑问，竞争加剧和又一轮的产能过剩已经将企业再次推向了微利时代。

在市场上，很大一部分产品经过一段时间后，就会变得陈旧过时。无论在意识层面还是潜意识层面，客户都需要不断变化。很多公司的创新，只是简单地推出新口味的食品、新类型的洗发水、新款的汽车，但实际上这些所谓的新产品与从前的产品大同小异，所以脱颖而出的机会微乎其微。而借助水平而非垂直的思考，在很多情况下，企业不但能够发掘出新产品，而且能够发现令市场振奋且满意的新的产品类别。

麦当劳拓展印度市场时就做过很大的创新。众所周知，印度是一个具有特别饮食风格的国度，他们对舶来食品向来缺乏兴趣，很少问津。麦当劳最初打入印度市场时，与其他外来快餐业一样，运营情况非常糟糕。后来，有一位员工提出了一个想法：既然印度的咖喱和香料举世闻名，那么如果在麦当劳的传统快餐中加些香料会怎样？结果，正是这个员工的创造性想法让麦当劳在印度牢牢站稳了脚跟。再后来，麦当劳还根据印度人特有的饮食习惯，开发出了多种具有印度风情的快餐，很快打开了市场。

抛开麦当劳原有的风格，将印度本土的咖喱和香料添加进来，既实现了产品的创新，更迎合了印度的市场，让麦当劳在当地站稳了脚跟。

从这个例子可以看出，当今的企业必须以水平营销另辟蹊径来创造出有市场价值的新产品。市场营销已经到了亟需新思路的转折点，未来占据主流的新商业理念，将会走不同的创新路线，而不是延续昨日无限细分市场的老路。

水平营销：没有创意，一切免谈

没有创意，一切免谈。对于寻求新构想产生办法的需求从来没有比现在更迫切。在大多数市场中，产品和服务都被视为商品。竞争者会迅速地察觉到新构想，并加以仿效。没有公司可以停下脚步，只有那些不断致力于创造和革新的公司才有机会拥有美好的未来。

——科特勒《水平营销》

由于经济的高速发展，全球的市场早已进入过剩经济时代。在这个时代里，消费者的需求已经从对产品的单纯功能要求提升到对产品的综合价值需求这一更高的层面上来。精神的物化、情感的体验、产品的文化性是当代消费者判断商品价值的重要元素，差异化、个性化、多样性是未来市场的主题。正是由于整个经济背景、社会背景和市场需求的变化，使得创意经济应运而生。美国早就发出了“资本时代已经过去，创意经济时代已经来临”的呼声。在创意经济时代，人的智力与想象力能达到什么样的程度，企业就能发展到怎样的程度。

就像科特勒所言：“没有创意，一切免谈。”创意是水平营销的关键所在，没有好的创意，水平营销就无从谈起。很多好的新产品都是在好创意的基础上诞生的。

“金达巧克力蛋”是一种用巧克力做的包着精巧玩具的蛋形儿童糖果。其创意来自意大利糖果业巨头费列罗。该产品首次在意大利亮相后，很快就征服了所有欧洲人的心，包括小孩和大人。“金达巧克力蛋”刚面世的时候，零食市场主要的品种包括糖果、口香糖、坚果、花生和巧克力等。当时市场已经细分到一定程度，如今更是有过之而无不及；而巧克力类的品牌更是趋于饱和，市面上的巧克力不仅大小各异、种类各异，而且口味齐全，为的是竞相赢得小孩和父母的偏爱。费列罗很好地把握了这一点。

当公司决定推出一种新的巧克力产品时，本可以考虑改变该产品的味道或功能、成分、设计等，但是，费列罗推出了一个新奇的概念：附带有玩具的巧克力蛋——每颗巧克力蛋里的玩具都是可供儿童收集的一系列玩具中的一员。

巧克力里包玩具？假如我们考虑在巧克力市场中寻求创新，玩具会是不合逻辑的选择。“金达巧克力蛋”在电视广告上将自己定位为健康食品——富含热量和碳水化合物，而蛋形的大小给儿童提供了合适的巧克力摄取量。当孩子们打开巧克力蛋时，他们会被里边的玩具所吸引，并开始玩起里边的玩具，不再嚷着要更多的巧克力了。这两点使得父母们相信“金达巧克力蛋”就是他们在众多糖果中的最佳选择。

对儿童而言，“金达巧克力蛋”可谓一吃两得：巧克力和玩具。“金达巧克力蛋”通过创造新的功能，重新定义了客户价值和糖果市场。也就是说，儿童需求糖果不仅仅是好吃，同样也为好玩。“金达巧克力蛋”在很长一段时间内始终是该领域的领导者，尚无其他竞争者可以与之抗衡。

“金达巧克力蛋”的成功就源于一个创意——将巧克力与玩具结合起来，创造新的功能、新的产品和新的市场。

未来学家托夫勒曾说：“谁占领了创意的制高点，谁就能控制全球。”那么创意从何而来？科特勒认为，水平营销的关键在创意，而创意的关键在人。在创意时代，人是企业创造力的最重要来源。创意是基于个人的，企业的营销部门乃至整个组织是否拥有一批充满创意、富有想象力的人员，直接影响到企业的创造力，这样，尽量雇佣一些有创造力的员工已是企业发展的必然要义。如果企业内部充满了惯于传统思考的人，这时候管理者应该警觉，企业的新思想将可能无处激发，这对企业将是先天致命的。

拥有了具备创造潜质的员工，企业还必须让这些员工得到足够的水平思维训练，对员工进行水平思维的培训是企业创造力的放大器。此外，企业还需要创造一种能够容纳个人创造性的文化氛围，要特别鼓励员工的创造性思想，例如在内部设立奖项，对于勤于思考、富有创意的员工给予特别的奖励，这是培育组织创造性土壤的一个举措。

水平营销的三步：焦点，空白，联结

在选择一种产品或服务后，水平营销过程的步骤如下：第一步，选择一个焦点进行横向置换；第二步，进行横向置换以形成空白；第三步，考虑联结该空白的办法。

——科特勒《水平营销》

科特勒所总结的水平营销的三步骤，可以用一个简单的例子来阐明。例如，“花”就可以是一个焦点，横向置换是对逻辑思维的一种中断，这个中断就是一个空白，也就是创造力的来源。以“花”为焦点，“永不凋谢”就是对花的特征的置换。“花”和“永不凋谢”之间形成了空白。我们联结这种空白的方法就是把这种花想象成“假花”，因为假花永不凋谢。这就是水平营销的三个基本步骤。

科特勒认为，水平营销和纵向营销的主要区别在于进行横向置换时是否出现空白。例如，倘若我们要对汽车的“快”这一性能进行横向置换，便不存在需要解决的空白。假如我们打算利用“低耗油量”这一性能或是对奶酪购买者的“大宗消费者”进行横向置换，空白仍然不存在。没有空白就表明我们进行的是纵向，而非横向思维，我们只是在对一个特定的市场或产品进行细分而已。下面这个“好奇训练裤”的例子就是一种典型的水平营销思维。

众所周知，两三岁的小孩将面临慢慢脱离尿片的艰难任务。在这个阶段，小孩要学会向大人示意自己的需要，这样他们才不会尿湿裤子。很多小孩在这个阶段都会遇到不少麻烦和挫折。所以，提起纸尿片，人们最常想到的都是3岁以下的小孩子。而大多数的纸尿片生产商，也确实将3岁以下孩子视为主打的目标市场。

有一家公司不这么想，它思考的是：3岁以下孩子的纸尿片市场竞争太激烈了，怎样才能把纸尿片继续卖给3岁以上的孩子呢？

这家公司于是把纸尿片改装成类似儿童穿的短衬裤。给小孩穿这种特殊的纸尿裤，他们认为自己穿的不是尿布，自然感觉更舒服、更成熟、更像个大人。要是小孩真的控制不了冲动，训练裤外面的图案会消失，这样大人们就知道发生什么事了。这种训练裤不会给孩子带来挫折感，相反，它将在取代内裤的过程中指导孩子。这种纸尿裤一推向市场，就获得了巨大的成功。

当大多数人都认为只有3岁以下孩子才有纸尿片需求的时候，该公司选择了一个空白，那就是3岁以上孩子也有纸尿片的需要。通过这样一联结，公司把消费群体扩大到了年龄更大的儿童。倘若该公司仅限于在现有的尿片市场里创新，就绝不可能取得如此战果。

一般来说，市场营销应该是要满足客户需要，从目标顾客的角度出发定义产品，但科特勒指出的水平营销却是从选择产品或服务开始。按照他的说法，这么做的原因是因为创造力发端于具体的事物，现在，我们回到水平营销的步骤。

第一，选择一个焦点进行横向置换。关于这一点，科特勒建议把纵向营销过程分成三个层面，市场层面、产品层面和营销组合层面，水平营销就是要选出一个层面，再对该层面的某一因素展开横向思考，比如用途、目标市场等，从而催生全新的产品。

第二，进行横向置换形成空白。科特勒指出了水平营销的六种横向置换的创新技巧，并分别应用到市场层面、产品层面和营销组合层面上。这六种技巧分别是：替代、反转、组合、夸张、去除、换序。这六种技巧在下一节中会详细介绍。

第三，建立联结。科特勒指出，要进行联结，就必须分析刺激中的信息，对其进行价值评估。这种评估的技巧有三种：

一种是跟踪购买程序，发现有价值的点子。例如，情侣们去看电影时，都喜欢买爆米花，而吃爆米花会引起口渴，那么提供免费的爆米花就可卖出更多的饮料。

另一种是提取有用的积极事物。例如，有的顾客买了画之后如果不满意，有两种选择，要么退货，要么换货，对卖家而言，当然是换货更理想一些，于是，围绕换货这个点，就有了一种新的服务方式：出租。画廊将画租给顾客，顾客可以每 6 个月免费换一次画。也就是顾客买下一幅画，并不拥有它，而是在一段时间内享有使用权。

还有一种方法是找一个可能的情境来使刺激产生意义，然后，移动或改变刺激，直到它适合那个情境为止。例如，玫瑰花往往在情人节是最火的，但它也能被用在其他的情境中，商家可以推销这样一个点子，用 5 朵玫瑰花来代表“s—o—r—r—y”这 5 个英文字母，这样，当男女双方有一方想跟对方道歉时，就可以考虑送 5 朵玫瑰花，这样，就使得玫瑰花不仅在情人节能火，在日常生活中的很多时刻也同样能卖得好。

横向置换制造空白的六种方法

水平营销的基础就是制造空白，没有空白，就没有水平营销。空白的存在要求我们必须跳过它。横向置换制造空白有六种方法：替代、反转、组合、夸张、去除、换序。

——科特勒《水平营销》

关于这六种制造空白的方法，科特勒举了一个生活中的例子来说明。比方说，情人节送玫瑰花，要对此进行横向置换的话，可以这样做——

替代：情人节不送玫瑰花，送其他的，譬如柠檬。

反转：一年之中就情人节不送花，剩余的每一天都送玫瑰花。

组合：情人节不仅送玫瑰花，还送铅笔。

夸张：扩大夸张，情人节送 999 朵玫瑰花；缩小夸张，情人节就送 1 朵玫瑰花。

去除：情人节不送玫瑰花。

换序：情人节由被爱的人向其倾慕者送玫瑰花。

这六种操作方法从表面上看，似乎都不合逻辑，显得荒唐，但它们都产生了一个空白。如果能够制造空白，那么，水平营销就成功了一半。

一旦选好了产品或服务，并确定了焦点，就可以从这六种操作方法中任选一种并应用于焦点上，便可制造一个空白。例如，著名的“芭比娃娃”就是一个用“替代”进行横向置换的案例。

20世纪50年代的时候，露丝·汉德勒看到女儿芭比在玩纸娃娃，并把纸娃娃想象成各种大人的角色。当时的纸娃娃都是婴儿娃娃，虽然各种各样的玩具娃娃价格不等、大小不一、国籍不同、设计各异、服饰各异，连眼睛和头发颜色都不同，但从外形上说却是大同小异的，都像可爱的小天使，圆乎乎、胖乎乎的，类似著名童星秀兰·邓波儿。“娃娃就是婴儿”这种概念使得新娃娃的问世都来自对婴儿的某项特征的改变。

露丝却灵感突发，她想，为什么娃娃一定要是婴儿呢？为什么不能是成熟的、大人模样的玩具娃娃呢？童星秀兰的形象是大人们对小孩子们玩具的想象，从大孩子们的角度来看，这种玩具略显“幼稚”，因为大孩子们需要的是跟自己年龄相仿的玩伴，而不是一个小宝宝。

到底要把自己的娃娃做成什么样子呢？露丝苦苦思索。正好这时，她要到欧洲出差。来到德国后，她看到了一个叫“丽莉”的娃娃。“丽莉”十分漂亮，首制于1955年，是照着《西德时报比尔德》中一个著名卡通形象制作的，高18～30厘米，长长的头发扎成马尾拖至脑后，身穿华丽的衣裙，身材无可挑剔，各种体征应有尽有，而且穿着非常暴露。

于是，露丝买下了3个“丽莉”，带回美国。她告诉公司的男员工，自己想设计一款“成熟”的玩具，但他们认为“丽莉”衣着太暴露，是满足男人幻想的产物，并不适合孩子玩。露丝没有气馁，她想，为什么不能将这两点结合起来呢？孩子们需要的是一种成熟但不暴露的娃娃。于是，“芭比娃娃”的形象在露丝的脑子里越来越成熟了。不久，在公司技师和工程师的帮助下，露丝终于设计出了“芭比娃娃”。

接着，露丝又请来服装设计师夏洛特为“芭比娃娃”设计服装。1958年，露丝获得了生产“芭比娃娃”的专利权。从此，这种娃娃改变了一个时代。

与以往的娃娃不一样的是，“芭比娃娃”是个大人，虽然只有45厘米高，但四肢修长、清新动人，脸上还流露出美国著名明星玛丽莲·梦露般的神秘。最后，露丝把自己的女儿芭芭拉的昵称“芭比”给了这款可爱的娃娃。

第一批“芭比娃娃”是在日本制造的，并在1959年美国玩具博览会上首次亮相，参展的主题是“芭比——少女的榜样”。但出乎露丝意料的是，“芭比娃娃”并没有被抢购一空，而是遭到了玩具经销商的冷遇。但市场证明露丝的判断是正确的。摆在经销商货架角落里的“芭比娃娃”受到了孩子们的欢迎，尤其是小女孩。

1960年，经销商们完全改变了想法，订单像雪片一样飞来，公司花了10年时间才满足人们对“芭比娃娃”的需求。10年里，“芭比娃娃”的销售金额也达到了5亿美元。

芭比娃娃的诞生是典型的水平营销的结果，露丝以成熟的、大人模样的娃娃形象替代了原来的小天使一般的娃娃形象。她把娃娃和大人联结了起来，设计出了“大人娃娃”，跳出了娃娃外形应该是婴儿的传统观念束缚，最终取得成功。

市场层面的水平营销：改变维度是最有效的

市场层面包括功能或需求（为何），消费者和购买者（谁），以及用途或情境（何时、何地、和谁一起）。市场层面的水平营销，改变维度是最有效的技巧，就是以市场

的一个维度替代另一个被淘汰了的维度。

——科特勒《水平营销》

“维度”指的是一种视角，是评价和确定一个事物多方位、多角度、多层次的条件和概念，而用在营销上，就是指产品的生产和提供所具有的多方位的功能和条件。市场是需求、目标、时间、地点、情境、体验的结合体，市场层面包含了产品和服务竞争的若干维度。任何一种产品或服务都不能脱离这些维度而存在。因此，我们可以用上横向置换制造空白的六种方法，来改变市场层面的这些维度，例如去除一个维度、为某个维度换序、组合两个维度和对某个维度进行夸张，等等。

第一，改变需求。

改变需求就是分析现有消费群体的某一个现有需求，挖掘与之相关的其他需求或者剖析需求内部本来不重要的那一部分，采用一种商业模式，能够同时满足所创造出来的新需求，或者去除没有必要的那部分需求。

例如，红牛饮料在解渴的需求之外，还导入了补充能量的需求，这个改变需求的做法也使红牛饮料开发了广大的市场。红牛的做法改变的维度是需求，即涵盖了另一种功能。

第二，改变目标。

改变目标是在已有目标市场之外发掘新的市场。在纵向营销中，厂商通常是通过圈定目标客户，然后对潜在目标群体和现实目标群体进行定位和细分来确定目标市场。比如汇源的“她他”营养素水，就是在已有市场中进行重新细分，把饮料分男女。

而在水平营销中，需要跳出常规，挖掘产品的非潜在客户，调整或改变产品以满足对于那些原来不太可能购买或使用产品的客户的需求。比如，赛车原本只用于方程式赛车的正规比赛，一般只有赛车选手才有机会接触这种刺激的运动，而在“卡丁车俱乐部”，普通人也能有机会与赛车亲密接触。

要想确定非潜在目标群体，最有效的方法就是去分析到底什么因素阻碍了非潜在目标群体的购买或消费，并找出方法清除障碍，这样就可以吸引新的客户群，开发出新的产品市场，进而增加销量。

第三，改变时间。

改变时间是指在新的时间组合中来购买、使用或消费企业供应品。由于许多产品都与特定的使用时间相连，比如在早餐中享用牛奶，而茶和咖啡更适合午饭后享用。而通过改变时间维度后，新的使用时间被发掘出来，而创新也就自然而然地产生。

例如，人们习惯于在早餐中享用牛奶。虽然营养专家常常建议说“每天睡觉之前喝一杯牛奶，能享受一夜安睡，尤其是生长期的孩子，骨骼能在睡眠中得到钙质的滋养。”但是众多商家还是在“早餐奶”这一品类进行着激烈的竞争。而蒙牛却抓住机会推出了“晚上好奶”。“晚上好奶”也是一个新品类，与“早餐奶”相比，这个产品就没有明确的竞争对手。这个产品为蒙牛开发了一个全新的市场——包括失眠人群、美容饮奶人群和成长型饮奶人群，虽然这个市场与早餐奶市场相比明显份额较小，但是却是少有竞争的“蓝海”市场，也开创了一个新的品类。

第四，改变地点。

是指把产品置于新的购买地点、使用地点或消费地点以创造新的价值。产品不仅与特定的时间相联系，也与特定的地点相连，比如在看电影的时候吃爆米花，在飞机上吃花生，等等。而改变地点就是通过颠覆常规，把产品置于一个新的情境下以创造新的需求。

第五，改变场合。

是指改变产品与某种特定事件的联系，创造新的使用事件和组合，赋予产品新的含义。举个有趣的例子，在中国传统的观念里面，结婚是需要亲朋好友庆祝的，而离婚则往往是低调而沉默的。但有一些公司则看到了其中的商机，他们开始“离婚庆典”的策划。如果夫妇俩无法营造和睦、愉快的婚姻，离婚是可以接受的方式，而“离婚庆典”既意味着婚姻当事人获得了新生，也宣布他们无须再对前妻或前夫负责。“离婚庆典”包括为离婚人士策划晚宴、郊游等活动，邀请家人和朋友参加，以此宣告婚姻破裂。对于“离婚庆典”这项特殊的服务，65%的离婚者认为“离婚庆典”可帮助双方重新生活。不少人认为，毕竟双方牵手走过了一段岁月，离婚时能通过这种庆典留下美丽的回忆也是一件不错的事情。

第六，改变体验。

是指将产品置于各种新的体验当中，将原本与产品不相联系的体验与产品联系起来，为客户提供新的购买和消费方式。有一些体验原本与产品毫不相干，看似无法增加产品吸引力，但是这些在过去看似不相干的体验在现今社会就是能通过改变体验感受来吸引消费人群。像现在在很多城市都流行的“哭吧”就是典型的例子。

十几平方米的空间，或者温馨或者残酷的装修主题，一张桌子、几把椅子、一杯温水，或许还有拳击玩偶和“出气鸡”——这就是“哭吧”。很多人都愿意花钱到这样的一个隐秘地方痛哭一场。“哭吧”顾客女性居多，她们往往受失恋、离婚、失子等情感问题困扰，却又找不到倾诉的对象和场所。在这里大哭宣泄一场后，她们中的很多人能恢复心理平衡，重新回到现实生活中。除了女性，也有很多平时有泪不轻弹的男性顾客光顾“哭吧”，发泄自己心底深藏的情绪。

产品层面的水平营销：去除或改变某种产品元素

产品是有人按规定的方式把独立的元素组织在一起的结果。为了改变它，我们必须再次分解它。产品的维度分解具体包括以下几个主要层面：有形的产品或服务、包装、品牌特征、使用或购买把客体分成各个部分后，我们必须通过横向置换去除或改变其中的某些部分。

——科特勒《水平营销》

每一件成熟的产品，都是由很多个元素组合起来的，而产品层面的水平营销，首先就要将一个完整的产品分解开来，打破原有模型的结构。对产品分解之后，我们就能够更加清晰地看到每个元素的性质以及与产品的关系。可以说，产品层面的水平营销起点就在于对产品和服务的分解。科特勒提出的产品层面的四大维度——有形的产品或服务、包装、品牌特征、使用或购买，就是水平营销的切入点。

第一，改变产品或服务。改变产品和服务，这里我们指的是改变“核心产品”、“有形产品”中非自然要素中作为产品重要组成架构的元素，从而实现彻底的产品革新。

麦片是一种很常见的产品，它有很多好处：富含营养，有益健康。希洛公司生产各种食品，但在早餐麦片市场占有的份额却不高。公司如何在麦片市场提高占有率？麦片市场早已饱和了，希洛公司为避免卷入价格战，它选择的出路是重新定义麦片的使用价值。它选择了把麦片当作任何时候都能食用的健康食品，而不是当作常吃的早餐。如果把当点心的麦片用袋装，会很不方便，所以公司就采用一种客户熟悉的巧克力条的形状。麦片加上巧克力条的形状就出现了新的产品——麦条。

这种现在看起来寻常的产品，在当时却是一个突破。它是一个新的产品，并由此创造了新的消费市场。如今该公司是欧洲市场麦条类产品的领头羊之一。

第二，改变包装。包装也是“有形产品”的重要组成部分，是纵向营销创新思维经常试图改变的产品要素。水平营销对包装的改变与纵向营销的不同之处是：纵向营销改变包装的实质是为了满足消费者的不同使用情境；而水平营销改变包装却经常是由包装本身创造新价值。例如，往常的牛奶都是用玻璃或塑料作为包装，后来，有了纸盒包装，这导致了利乐包装公司利乐无菌纸盒的产生。

第三，改变品牌特征。水平营销的创新思维可以用于进行品牌定位、改变品牌特征和塑造品牌形象。例如，西服原本是舶来品，然而柒牌公司却反其道而行之，赋予它传统中装的特色，形成了独特的中华立领西服，结果它卖得非常火爆。

第四，改变使用和购买情况。购买和使用情况也是产品的一部分，是“附加产品”的重要组成部分，体现了企业提供产品的完整质量。对购买和使用情况的改良，也能产生焕然一新的产品。例如，可口可乐公司与冰箱企业达成协议，在冰箱内安装一个开关，一按就能流出冰水的那种，将可乐精溶于水中，可乐就制好了。这对酷爱可口可乐的消费者来说十分理想，而且价钱便宜很多。还有，爆米花先包装再爆的创想给我们带来了微波爆米花。这些，都是通过改变使用和购买情况来实现水平营销。

市场营销组合层面的水平营销：在4P上寻求创新突破

营销组合层面的水平营销，其余营销组合因素（价格、地点和促销）意味着改变当前向顾客呈现产品或服务的方式，但不改变产品或服务的本质，也不改变需求、目标或产品、服务的适用情境。它可能带来类别之内的分销、定价或沟通方式的创新，而产品或服务将保持不变。

——科特勒《水平营销》

在纵向营销范畴之内，我们谈营销组合必提起4P，也就是产品、价格、地点和促销方式。介于在水平营销范畴之内，对产品的改变不是以需求为起点的，是一个单独的逻辑思考范畴，我们在营销组合层面只考量价格、地点和促销方式的创新。

第一，改变价格的创新。

传统营销对价格的创新主要考量消费者为满足需求所愿付出的成本，水平营销却对“价格”要素实现了彻底的颠覆。水平营销范畴之内与价格相关的词汇是“低价格”、“零价格”甚至“负价格”，有的时候你使用产品，商家还要向你支付费用，因为他们从其他消费人群中赢利。例如，美国曾有银行推出一项服务——有孩子的家长可以使用银行贷款来购买纸尿片，而贷款不用立即偿还，等到孩子5岁时，银行再来收取。这一服务使得很多年轻夫妇放下了经济上的负担，更愿意生育孩子。

还有一个很好的例子，有一家很有特色的“不标价”商店，他们有一套系统，可以获取同样的一个产品在当地的同类商店中标价的最新信息，这个系统还会自动生成一个比同类商店更低的价格，这样就使得顾客们不用去多家商店“货比三家”，就能购买到最低价位的商品。

第二，改变购买地点的创新。

同样一个仿制的古董艺术品，在跳蚤市场的摊位上、在礼品店的橱窗里、在北京王府井大街的工艺美术商店和在秦始皇兵马俑的纪念馆里售卖，地点不一样，能够吸引的顾客群也不一样。

传统纵向营销中，通过分销来实现购买地点的差异，地点的创新是营销定位策略的体现。但是在水平营销中，地点本身可能就成了卖点。

第三，改变促销方式的创新。

促销手段的创新是传统纵向营销的拿手好戏，但是随着竞争的激烈化，促销方式有严重的同质化，消费者也越来越精明，普通的促销根本难以吸引他们。而水平营销在改变促销方式方面重点关注两点：沟通和销售方式。

沟通方式的创新。比方说，通常商家在展示鞋子的时候都是摆在货架上或展台上供顾客挑选，而百丽曾经有一段时间却采取了一种别开生面的营销活动，它在东方新天地开展橱窗真人秀，请真人模特在橱窗内不断更换百丽的新款鞋子，以吸引顾客眼球。再比方说，痔疮药的广告，这种广告无论是做电视广告还是平面广告，都会让人难以接受，而在公共卫生间的门上做一则广告，那么不仅让人难以忽视，而且效果会非常好。

销售方式的创新。比方说，现在大多数的电影院不再是单单出售电影票，而是会出售像电影票＋饮料＋爆米花这样组合起来的优惠套餐，这要比一张张出售电影票要高明得多。再比方说，有一家节能产品生产商，他们销售产品的方式很特别，他们会跟大型的酒店集团或大规模的企业合作，向他们免费提供产品，免费安装产品，不需要客户付一分钱，但是，每年客户通过使用节能产品所节省下来的钱，他们要分走七成。这种销售方式使该生产商迅速地打开了市场。

第 4 章
社会责任营销：企业可持续发展的原动力

每个企业都应考虑商业道德与社会责任

每个企业都应当考虑两件事情：商业道德和企业社会责任。商业道德是关于企业员工的内部行为的，而企业社会责任关注的是企业为社会事业做出的贡献。越来越多的人开始用企业产品的质量、企业解决用户困难的热心程度、企业表现出的正直来评判一个企业。

——科特勒《科特勒说》

科特勒一直都在强调企业要表现出更多的社会责任感和商业道德，他认为，商业道德已成为评价企业的一个标准，很多的共同基金投资的时候更愿意选择有社会责任心的公司。我们应当通过一个企业的行为来对它做出判断，而不是它的宣传口号，它有没有慈善捐款，是否支持过公益事业，运营是否透明，等等。他同时指出，有的时候，某些企业很会伪装，比方说，安然就曾拿出过几百万的慈善捐款，但在这善款背后，这家企业却是一个“邪恶帝国”。

企业的社会责任营销是企业形成新竞争力的重要方法。因为现在的人们越来越重视企业能否承担高层次的社会责任，他们会根据企业承担的责任和展现出来的商业道德去判断企业的产品及其形象。企业要冷静而实际地确定和预测企业的经营行为有些什么社会影响。如果处理不当，即使是一些小影响也可能成为企业的危机和丑闻。社会迟早会认为这种影响是对社会正直的一种侵犯，会对那些没有负责地为消除这种影响或找出解决办法而努力的企业索取高昂的代价，冠生园就是这样一个例子。

冠生园是中国的名牌老字号，它一向以质量上乘、诚信经营而著称。但就是顶着这样响当当的老字号桂冠的一家企业——南京冠生园食品企业，却在新闻媒体的一次“陈馅事件”的曝光中破产倒闭。把过期的食品用料“陈馅”翻炒后，再制成月饼出售，这种行为在冠生园人看来，并不是很严重的，但他们没有想到企业会因这样的“小事”而倒闭。

在“陈馅事件”被媒体曝光后，冠生园的第一个反应就是“媒体害了企业”。即使在企业破产倒闭后，冠生园仍旧对媒体耿耿于怀：“好端端一个企业要不是被媒体曝光，怎么会倒?”

面对企业所遭遇的诚信危机，南京冠生园依旧陷于为自己行为的辩解中，而没有表现出一丝纠正行为过失的应有的诚信。该企业先是辩解称这种做法在行业内“非常普遍”，随后又匆忙发出了一封公开信继续辩解，在所有的补救措施中，唯独没有向消费者做出任何的道歉。正是这种没有任何反省之意的行为，不仅令消费者更加寒心，也进一步使企业自身信誉丧失殆尽。

一直到企业破产倒闭，冠生园公司的管理层仍然将企业破产的原因归咎于媒体曝光，丝毫也没有意识到社会责任的缺失才是导致企业倒闭的最根本的原因。责任是企业的生存之本，如果企业缺失了对于社会公众和消费者基本的责任，社会公众和消费者就会毫不留情地抛弃企业。

社会是企业利益的最终来源，如果企业能够主动、勇敢地承担社会责任，就能赢得良好的社会声誉，得到全社会的支持与认可；另一方面，企业这样做，也能更好地、充分地展现自己的文化取向和价值观念，为以后的长远发展营造更良好的社会氛围，从而保持自己旺盛的生命力，实现健康、平稳、可持续的发展。

社会责任营销是企业在承担一定的社会责任（如为慈善机构捐款、保护环境、建立希望小学、扶贫）的同时，借助新闻舆论和广告宣传来改善企业的名声、提高企业形象的层次、提升其品牌知名度、增加客户忠诚度并最终增加销售额的营销形式。

社会责任营销的核心就是信任营销。社会责任营销的目的实质上就是与客户建立信任的纽带，取得客户的信赖，最终得到“基业长青”的回报，达到企业和社会的双赢目的。

正确的价值观会为企业带来丰厚回报

拥有正确的价值观会为企业带来几方面的回报：首先，这些企业会形成人才竞争优势，能够吸引和留住更好的员工；其次，在良好价值观的引导下，员工的生产率也会大幅提高。最后，员工还会成为服务消费者的企业代言人，企业能够更有效地管理组织内部的差异，这一点对大型公司来说尤为重要。

——科特勒《营销革命 3.0》

科特勒认为，正确的价值观念能让企业受益多多。企业进行社会责任营销，归根结底还是为了促进自己的“营销”。企业秉持正确的价值观，做好社会责任营销，能收到这样几大回报：

一是有利于提高企业的市场开拓能力。企业社会责任建设为企业原本的功利性价值观注入了非功利性价值的内容，企业从重利轻义的单一价值观向义利并举的价值观念升华。企业社会责任作为一种激励机制，对企业管理来说，是一场新的革命，更是提高企业开拓能力的动力源泉。

二是有利于推动企业的文化建设。企业文化是指企业在发展过程中形成的理想信念、价值体系与行为规范的总和。企业社会责任是一种企业文化的外在表现和重要内容，也是企业文化逻辑发展的必然趋势和要求。企业社会责任作为企业文化的新内容，可重新塑造企业文化的价值观念，推进企业文化的相关建设。

三是有利于增强企业的竞争力。经济全球化使企业之间的竞争激烈程度空前高涨，竞争的范围也逐步扩大。现代企业的竞争已不仅仅是市场份额的竞争、产品的竞争或品牌的竞争，更重要的是服务的竞争以及企业形象的竞争，企业承担社会责任使企业在公众心目中树立起良好的口碑。

四是有利于企业获得更广阔的生存空间。企业承担社会责任有利于企业创造更广阔的生存环境：如提高企业员工的责任感、积极性和创造性，有助于企业生产活动的有序进行，使决策者和经营者具有更大的灵活性和自主性，有利于获得相关企业的信任、合作与帮助，有助于得到政府的信任，进而更多地得到政府的资助和优惠政策。同时企业承担社会责任也是一种长期的促销手段和吸引顾客的广告形式，从而能够长期、稳定地获得大量的客户。

五是有利于提高企业良好的社会信誉。承担社会责任的企业更能获得社会和公众的认同与信赖。良好的社会形象是企业生存和发展的重要条件。良好的声望有助于企业吸引顾客、投资者、潜在员工和商业伙伴。

美国学者柯提思·维厄斯库与伊丽莎白·墨菲曾进行过一项专门针对企业社会责任与财务业绩的研究。该研究将《商业伦理》杂志评出的 100 家“最佳企业公民”与“标准普尔 500 强”中其他企业的财务业绩进行比较。他们得出结论：“最佳企业公民”的整体财务状况要远远优于标准普尔 500 强的其他企业，前者的平均得分要比后者的平均值高出 10 个百分点。越来越多的企业实践和众多的研究成果充分说明，在社会责任和企业绩效之间存在正向关联，企业完全可以将社会责任转化为实实在在的竞争力。

有营销专家曾说：“社会责任是一个很好的营销诱饵。”确实，企业履行好社会责任，是最好的公关和广告，也是最好的营销。

企业声誉难得而易失，难成而易败

声誉需要长期逐步建立。良好的声誉可以使企业度过危机，进入持久的未来。声誉很容易被损害。损害声誉的时间要比建立声誉的时间短得多。由于错误的判断、丑闻、质量或正直性的下降，可能会使声誉在一夜之间消失。想要长期生存下去的企业，在经济景气时期和不景气时期，尤其在经济不景气时必须管理这些因素，而且要认真仔细地管理。

——科特勒《混沌时代的管理和营销》

声誉，是指一个企业获得社会公众信任和赞美的程度以及企业在社会公众中影响效果好坏的程度。声誉管理是对企业声誉的创建和维护，是指企业以正确决策为核心，通过声誉投资、交往等手段，从每个员工做起，建立和维持与社会公众的信任关系的一种现代管理方法。声誉管理已成为影响企业成功的重要指标。

世界经济论坛与福莱国际曾对 132 家世界领先的跨国公司联合调查，结果显示：

企业声誉超过财务业绩成为衡量企业成功的重要指标。而另一项对欧洲、亚洲、北美洲首席执行官的调查显示：公司名誉是全球范围的首席执行官们越来越关心的一个重要问题，并且CEO们越来越倾向于从战略的角度考虑这个问题。有专家认为："企业之间的竞争经历了价格竞争、质量竞争和服务竞争，当今已开始进入一个新的阶段——声誉竞争。"

市场研究集团益普索的一项全球调查显示，公众对于一个企业的评价已经不仅仅来自于其财务表现和具体的产品与服务，企业的社会责任履行对于企业声誉建设正变得越来越重要。50%的公众认为企业应该在关注财务表现的同时，关注社会责任和保护环境。而30%的公众表示，相对于财务表现，企业应更加注重社会责任和保护环境。

有很多世界知名的企业都非常重视社会责任，重视企业声誉。松下电器的一位负责人就曾说，松下所理解的企业声誉就是企业形象。企业的社会责任的问题，也就是CSR（Corporate Social Responsibility）的概念。松下的CSR是基于经营理念基础上的，松下认为推行CSR之后，可以获得一个相辅相成的效果。

惠普也是如此。惠普公司有非常系统的制度规定把企业社会责任上升到公司发展战略的高度，并把它作为企业竞争优势的一部分。为了兑现对社会的承诺，惠普公司鼓励员工为社区建设出钱出力。在美国，惠普的员工每个月要花4小时为社区学校或非营利组织工作，公司照常为员工发工资。为了节省能源，惠普公司甚至鼓励员工在家里工作。通讯的发展节约了能源和原料，给公司带来了可以衡量的财务收益，包括：减少了驾驶给环境的影响，减少废气排放，缓解了交通堵塞等。在供应商的采购方面，惠普企业公民体系提出多样化要求，每年制定针对妇女公司和小公司的采购计划，并进行专门的统计。员工个人职业生涯规划也被纳入到惠普公司的企业公民体系中。

很多企业愈来愈理解公司声誉的重要性。万向集团鲁冠球先生曾建言中国企业家"要像追逐利润一样追逐声誉"。据估计，如今70%～80%的公司价值来自品牌、智力资本和商誉等无形资产。作为一种隐性的公司资产，良好而独特的声誉可以吸引优秀的人才，增加同供应商、分销商和潜在合作伙伴谈判的筹码，提高产品和服务的溢价并增强消费者的忠诚度，方便在资本市场上的融资和提升股票估值。

企业声誉需要经过很长时间才可以建立，失去声誉却非常快。尤其在重大公众事件发生时，由于公众对事件和企业行为的高度关注，使得企业的行为对企业声誉方面的影响被呈几何倍数的放大。因此企业在积极履行社会责任的同时，还应关注在重大事件中的企业声誉建设和发展。

企业应该事先做好准备，认识到哪些新闻报道对于本企业声誉是敏感的，哪些消息对于企业的声誉是不敏感的。公众很少能够"真实"地描述发生的事情，他们会倾向于相信媒体，在重大事件中，一些媒体会侧重客观事实，一些媒体更倾向于对于情境的主观感受。因此企业首先要选择正确的媒体，并与相关的媒体保持通畅、透明的交流渠道，以确保正面的新闻大量传播，而负面新闻能最大限度地减少；同时对媒体报道需要特别关注，实时掌握言论的导向和对自身企业的报道情况，这对调整传播内容、提供正面信息以及及时处理公关危机非常重要。

事业关联营销：让企业因为做好事而发展得更好

事业关联营销已经成为公司奉献社会的主要方式。通过将购买公司的产品或服务与为有意义的事业或慈善组织筹集资金相联系，它让公司“因为做好事而发展得更好”。如果处理得当，事业关联营销可以为公司和事业都带来巨大的利益。公司在建立更加积极的公众形象的同时，也获得了一种有效的市场营销工具。

——科特勒《混沌时代的管理和营销》

科特勒认为，企业的社会责任营销应将社会责任和企业的营销活动相结合，而事业关联营销就是一种很好的方式，既可以建立企业声誉，又能进行企业推广，可以说既得名也得利。例如，宝洁公司就曾经开展过一次非常成功的事业关联营销活动。

2008 年，事业关联营销论坛为促进事业关联的健康运用而设置的大奖——“金色光环奖”颁给了宝洁公司的“潘婷美丽长度”活动。

“潘婷美丽长度”是一次涵盖非常广、影响非常大的营销活动，宝洁公司用明星代言人戴安·莱恩（Diane Lane）在《今日秀》（Today Show）节目为捐款、捐头发的事件揭开了活动的序幕。从那以后，该活动在主要出版物、电视节目和网站上产生了超过 7 亿次媒体曝光，共收到超过 24000 份捐献的马尾辫，超过 3000 套免费假发通过美国癌症社团“全国假发银行”的网络被分发到需要的患者手中，这个数字比过去十多年由慈善机构“爱之锁”创造的 2000 套假发纪录高得多。“潘婷美丽长度”还捐献了 100 万多美元给好莱坞娱乐产业基金会女性癌症研究基金，为受到癌症影响的数百万女性及其家庭募集资金和给予关注。“潘婷美丽长度”还吸引了两次奥斯卡奖获得者希拉里·斯旺克，她也为潘婷的这项活动剪短了头发，并成了该活动的合作伙伴。

宝洁的这次事业关联营销不仅达到了履行社会责任的目的，更扩大了企业的影响，收到了很好的营销效果。一般来说，事业关联营销有这样几种形式：

一是销量决定型。产品销量越多，企业的捐赠也越多。

二是公益事业冠名型。将公益事业冠以公司或产品的名称，例如蒙牛与“超级女声”的携手。

三是义卖捐赠型。销售所得全部作为捐赠款。

四是抽奖捐赠型。顾客购买产品，即可参加公益捐赠抽奖活动。如果抽中，企业将以顾客的私人名义向有关机构捐助一份产品。

五是主题活动型。像宝洁的“潘婷美丽长度”就属于此类。

六是设立基金或奖项型。例如，很多大学都有由企业或名人设立的基金与奖项。

事业关联营销活动要想达到既体现社会责任又推动企业营销的双重目的，需要注意以下几点：

第一，传播的意识要强，做了好事要留名。

企业利用事业关联营销的最终目的是要提升品牌的影响力并创造良好的价值，因此做了事就要及时、主动地宣传出去，通过传播手段传达给消费者。在时间分配上，为了使事件在最佳的时期以最佳的姿态呈现在人们眼前，要对媒体的发布进行科学的管理，过早或过晚都会使受众对事件的反应大打折扣。

第二，主动传播，雁过留声，做了好事自己讲。

钱锺书曾说过："一个人不说你坏话的时间的长短，取决于你最近一次请他吃饭所点菜的好坏。"在如今的注意力经济时代，一个企业受尊重的价值往往是用物质无法衡量的，这是一笔无形的资产。所以在事业关联营销中，要从全局上把握住宣传的关键点，抓住传播的新闻点、新闻由头，为媒体提供新闻素材，达到事件同步传播的程度。这样就发动了媒体的传播势能，最终也就抓住了目标受众的眼球。

第三，加强传播的强度和跨度。

事业关联营销成功的企业无不把事业关联营销看作积累品牌的长期战略，通过长期、连续的事业关联营销传播，品牌得以持续积累。事业关联营销要"花一分钱做事，花九分钱宣传"，同时更要保持事业关联营销的长期宣传效应，将事业关联营销作为长期的品牌发展战略，更加系统地整合利用各种营销手段，使各种营销手段间能有机地配合和互补。

公益营销：融合企业社会责任倡议与营销活动

公益更像一种立意长远的营销活动。一次成功的善因营销项目可以提高社会的福利；制造品牌定位差异化；建立稳固的消费者联结；在政府官员和其他决策者心目中增强企业公众形象；积累企业商誉；提升内部士气和激励员工；促使销售额增长；提高企业的市场价值。

从公众的利益和情感出发，既表达企业的社会责任感，又使社会受众群体对企业产生良好的印象，实际上是做了一次变相的企业形象广告。

——科特勒《营销革命 3.0》

公益营销就是企业抛开以往单纯为销售而销售的营销模式，转而从公众的利益和情感出发，搭建一个能让消费者认同并且具有社会公信背景的平台，让公益与营销相结合，实施公益化的营销手段。换句话说，就是企业在营销活动中要为社会和消费者多做好事，让人们记住你做过的好事，记住你的品牌。

英特尔全球副总裁简睿杰曾说："企业开展的公益活动与促销活动一般都会给社会带来利益。企业将自己一部分利益回馈社会，开展各种公益活动，不仅满足了社会公益活动中对资金的需求，同时企业又将良好的企业道德伦理思想与观念带给了社会，提高了社会道德水平。"

一次成功的公益营销活动不仅能够提高企业的品牌形象，提高企业经济效益，还能拉近与消费者的关系，提高社会效益。据美国的一项对 469 家不同行业公司的调查结果显示：资产、销售、投资回报率均与企业的公众形象有着不同程度的正比关系。对企业内部来说，能有力地调动员工的积极性。企业公民行为调查研究的结果显示，与没有从事过公益事业的公司相比，频繁从事公益事业公司的员工忠诚度大约高出 25%。而超过 75%的员工之所以选择为目前的公司工作，部分原因在于看重该公司对各种社会公益事业的承诺，即企业员工的企业荣誉感使其更加忠诚于企业。有很多企业就是通过公益营销在不断地巩固企业在消费者心目中的地位和形象。

可口可乐在中国投身于希望工程，并且十年如一日地坚持着。从 1993 年至今，可口可乐公司已在中国捐建了 52 所希望小学、100 多个希望书库，帮助 6 万多名儿童重返校园。在可口可乐公益事务部的电脑里，存有捐建的 52 所希望小学的详细资料和信息，并与 28 个装瓶厂紧密配合，一同为这些希望小学持续服务。可口可乐这种一以贯之的公益举措是其打开中国市场的金钥匙，这也是其一直以来被大众喜爱和接受的原因之一。

还有青岛啤酒，2008 年的时候，中国南方遭遇了五十年一遇的罕见冰雪灾害。青岛啤酒紧急抽调湖南区域上百名员工，给上万名在京珠高速湖南段受困的群众送去了面包、饼干、纯净水、棉大衣等救助物资。青岛啤酒员工与政府、媒体一线记者、广大部队官兵在刺骨的寒风暴雪中共同给受困数日的群众带去温暖。从 1 月 29 日早 8 点到 30 日凌晨 2 点，一百多名青岛啤酒员工奔走在京珠高速上，在救灾物资都已发放完毕的情况下，青岛啤酒员工毫不犹豫地将身上的棉袄也脱了下来，送给被寒冷折磨的司机和乘客。而他们穿着单薄的衣裳继续传递爱心。

在全国助残日活动期间，青岛啤酒特为残奥会捐赠 150 万元人民币，用于残奥会的筹备和赛事使用，支援中国残疾人体育代表团更好地备战残奥会，让更多的残疾朋友参与进来，感受奥运带给大家的激情与活力。青岛啤酒用爱心的火炬传递履行奥运公民责任，尽显对推动全民奥运的专注。作为中国“最具社会责任感企业”之一和“中国最受尊敬企业”，青岛啤酒靠的是实实在在的行动，社会的认可和肯定是它“社会价值高于企业价值”的充分体现。

有句话说：“追逐利润是企业的本性。”其实，公益营销只要运用得当，同样能为企业带来利润，甚至是更大的利润。现在有很多企业在发现一个机会并计划执行一个事件营销活动时，往往没有什么具体的目标，而是仅仅站在事件营销本身来做，没有进行系统的规划或是为了做事件而去做，反而忽视了最终的目的，自然无法促进销售和提升品牌。一个明确的目标不仅对营销本身具有指导作用，也是能否成功的重要前提。目标的确定不能脱离品牌的核心理念，其中要考虑的主要是公众的关注点、企业的诉求点和事件的核心点三个方面，如果能够做到三位一体，必能击中目标。

提高社会责任营销水平需要三管齐下

提高社会责任营销水平需要三管齐下：合适的法律行为、伦理道德行为和社会责任行为。企业必须通过其法律、道德和社会言行来实践社会责任。

——科特勒《混沌时代的管理和营销》

科特勒指出，企业提高社会责任营销水平，要从三方面入手：一是遵守法律法规，二是遵守伦理道德，三是履行社会责任。

第一条是法律行为，企业必须保证每个员工都知道并遵循相关的法律。在企业社会责任这个话题上，有很多的说法，但是，无论是对国外企业还是对国内企业来说，遵守法律都是社会责任营销的第一步，而且是至为关键的第一步。法律是一根底线，企业如果逾越了这根底线，那将面临的就是灭顶之灾。

第二条是伦理道德行为。有一些商业行为是明显不道德的或者犯法的，这些行为包括贿赂、窃取商业机密、虚假的或令人误解的广告宣传、独家销售和捆绑式协议、质量或安全缺陷、虚假质保、错误标签、限价或者过度歧视，以及进入壁垒和掠夺性竞争等。企业必须有一套严格遵守的道德准则，建立企业道德行为传统，督促自己产生遵守伦理道德和法律条文的完全责任感。

圣雄甘地曾提出毁灭人类的“七宗罪”，其中有一条就是“没有道德的商业”。美国商界也有句话说：“好的伦理为经营之道。”企业竞争不只是策略、技术和创新的竞争，最后决定胜负的关键，往往掌握在品德手上。这也恰如中国的那句话：“小胜凭智，大胜靠德。”

前几年出现的安然等一系列知名企业的丑闻弊案，一度掀起了全球对公司治理和企业道德高度重视的热潮。而在国内，近几年来，最让人忧心的莫过于食品安全问题。“一滴香”、“苏丹红”、“毒奶粉”、“瘦肉精”、“地沟油”……每当这些内幕被媒体爆料出来，很多人都会归咎为法律和监管的不到位，但事实上，法律和制度应该属于“补丁”的性质，真正引发这些食品安全事件的却是商业伦理道德的缺失。

美国总统林肯有句话很有名——“你可以在部分时间骗所有人，也可以在所有时间骗部分人，但不能在所有时间欺骗所有人。”伦理道德就是如此，一个没有商业伦理道德的企业，很难赢得消费者的认同与信任，也很难在市场立足，即使它能在一段时间内欺骗住消费者，赚取利润，但它不能“在所有时间欺骗所有人”。

在市场经济条件下，商业伦理是商业与社会关系的基础，在一定程度上是社会伦理的灵魂和核心。市场经济是法治经济，更是道德经济，发达的市场经济必须有先进的商业伦理为之做支撑。只有这样，市场经济才会有序、有活力，才会低成本，才会安全，才会有真正的和谐社会。企业必须扭转“一切向钱看”的心态，必须正视商业伦理的严重问题。

第三条就是社会责任行为。每个营销者在和顾客、利益相关者打交道时，必须拥有“社会良知”，要担负起企业应尽的责任和义务，真正为社会和消费者群体做一些实在的事情。

心灵营销：心灵份额比市场份额更具营销意义

企业可以通过营销传播积极的信息，解决社会问题，树立社会责任，从而获得人们的心灵。心灵营销就是企业通过履行自己的社会责任，获得人们认同，从而提升品牌价值。心灵份额是基于企业通过履行社会责任而获得的公众认可，比传统的市场份额、印象份额具有更高层次的营销意义。

——2012年科特勒在第一届世界营销峰会上的演讲

这是一个信息爆棚的时代。每天有数以亿计的信息进入消费者的接收系统。很显然，要让消费者记住一个企业、记住一个品牌不是一件容易的事情。那些懂得洞悉消费者的心灵、并能紧紧占据消费者心灵份额的企业，才能成为真正的赢家。

营销传播的真实价值在于消费者心灵的认同程度。市场营销并不是企业做了些什么，而是消费者对企业所做的认知了什么。营销战场并非是琳琅满目的商品陈列场，更不是企业老板的办公间，也不是心情复杂的谈判桌和竞争激烈的“市场”，而是消费者的心灵。我们的整合营销传播策略没有任何价值，如果它不能成功将企业和品牌烙印于消费者心灵的话。

2008 年 5 月 12 日，汶川大地震发生，举国悲痛。几天之后的 5 月 18 日晚，由多个部委和央视联合举办的募捐晚会上，“王老吉”的生产商广东加多宝集团因为 1 亿元的巨额捐款而“一夜成名”。加多宝集团代表阳先生手持一张硕大的红色支票说：“希望灾区人民能早日离苦得乐。”这 1 亿元的捐款成为当时国内单笔最高捐款企业，加多宝集团顿时吸引住了全中国人民的眼球。

就在加多宝宣布捐款 1 亿元的时候，这家企业和这个品牌所产生的口碑效应立即在网络上蔓延，消息传出 10 分钟后许多网友第一时间搜索加多宝相关信息，加多宝网站随即被刷爆。接下来，“要捐就捐 1 个亿，要喝就喝王老吉”，“中国人，只喝王老吉”等言论迅速得到众多网友追捧。

加多宝王老吉的真情实意打动了每一个中国人的心，道德之举产生了巨大的经济效应，许多网友发帖说：“喝王老吉不仅仅会甜在嘴里而且还会甜进心里！”网上一个名为“‘封杀’王老吉”的帖子号召大家“买光超市的王老吉，上一罐买一罐”。仅 5 月 19、20 日这两天，王老吉就在全国多地出现了卖断货。

《礼记》中说：“德者，得也。”以“德”感动消费者的心，占稳心灵份额，这比占据市场份额更有意义，也更有价值。以消费者心灵为营销战场的企业，比那些以市场为营销战场的企业，更能在这个商业时代生存发展下去。

经营好企业是最基本的社会责任的底线

经营好企业是企业最基本的社会责任的底线，企业在承担社会责任时，要预防走向另外一个极端：过分地追求社会声誉，承担了与自己的企业不协调、承载能力不适当的、过多的社会责任。

——科特勒 2011 年 GMC 总裁论坛巡回演讲

“做好企业本身就是最实际的社会贡献”，科特勒这句话是很有道理的。如果问一个企业家经营企业是为了什么，99.99%的人会回答：赚钱。这个答案无可厚非，因为，市场的机制决定了不赚钱的企业将无法维持生存，会被市场淘汰。这样一来，影响的不仅仅是企业自身，还有企业的全体员工和股东，还有与企业有业务往来的其他企业，如果这个企业的规模很大，那么，它无法赢利和赚钱，还会直接拖当地经济的后腿。

现在很大一部分企业都越来越看重企业社会责任，也开始投入更多的精力、时间还有资金到社会责任上去。这是一种好现象，是值得鼓励的，但是，就像科特勒所担忧的那样，有的企业在尽社会责任的过程中，走向了另外一个极端——好大喜功。为了追求声誉，企业担负起远远超过自身承受能力的社会责任，这就极其危险了。

2011年，中国绿色公司年会在青岛隆重开幕，联想老帅柳传志在会上说，自己是典型的“种地派”的企业家，种好自己的一亩三分地是摆在第一位，做好企业本身就是最实际的社会贡献。企业家要记得自己不只是一个人，肩上担负的是企业里更多人的责任，企业垮了，是对股东和全体员工不负责任。因此，要记住自己的本分，把自己的企业办好。

2005年的时候，万晓林34岁，他被任命为四川省建筑机械化工程公司（以下简称川建机司）的总经理，成了这家公司历史上最年轻的掌门人。但此时，摆在他面前的根本不是锦绣前程，而是一个负债累累、濒临倒闭的省属特困企业，公司已经连续10年巨额亏损，债务金额高达2.6亿元以上；拖欠职工工资及各项费用共9000多万元；公司资产负债率高达107.6%，账上资金余额寥寥无几。万晓林可以说是临危授命。

为了让企业起死回生，他结合企业和市场需求，根据资源配置的实际情况，充分利用项目部和企业内外的各种资源，制定并实施了几大项目商业营运模式：第一是对项目部实行责任目标考核；第二是项目经理竞聘上岗；第三是公司与项目部实行模拟股份制，进行利润分成；第四是项目经理部可以自主承接项目，可以进行责任承包；第五是通过合法程序吸引资金和人力资源，实现资源共享，利润分成。

这几大改革不仅让公司起死回生，而且使公司实现了超常规发展，截至2010年12月，企业在建项目规模突破70亿元，与2005年的7.5亿元相比增长8.3倍，年均递增55%左右；职工年平均收入4.5万元，与2005年不足1万元相比增长3.5倍，年均递增35%左右；利税突破1亿元。企业实现了从一个濒临倒闭的省属国有大型特困企业到一个有较强赢利能力和较大发展潜力企业的跨越。

万晓林说，如果员工连饭都吃不饱，你还寄希望他为企业尽心尽力吗？企业效益好转，万晓林做的第一件事就是提高员工的福利待遇：上调工资（年均30%的涨幅）、恢复住房公积金以及提高缴存比例、社保足额按时缴纳，提高离退休职工的生活补贴，组织全体职工体检，开展丰富多彩的员工集体活动，改善员工生活水平。

在走出困境后，万晓林带领公司积极履行社会责任：面对各种灾难，公司积极投入设备，调配人力物力全力参与抢险救灾，特别是2008年汶川特大地震，公司先后调派了300余名各类专业人员，投入人力895人次，调动了60余台（套）大型机械设备，积极参与抗震救灾。近五年，公司参加抢险救灾，为贫困山区、贫困学生、失学儿童、受灾地区，送物资、捐资金共计投入近430万元。

试想，如果万晓林没能带着这家企业走出困境，实现赢利，又如何能够提升员工的待遇，又如何能尽到后来的那些社会责任？

日本的经营之神松下幸之助说过：企业不赚钱就是犯罪。换一种说法来说，如果企业能够正当地赚钱，正当地赢利，那么，企业就是在为社会创造价值、履行责任。企业的本分就是做好企业，没有这个基础，企业尽多少社会责任都不能算是称职的。